Horst Dreier

Idee und Gestalt des freiheitlichen Verfassungsstaates

Horst Dreier

Idee und Gestalt des freiheitlichen Verfassungsstaates

Mohr Siebeck

HORST DREIER, geboren 1954; Studium der Rechtswissenschaften; 1985 Promotion, 1989 Habilitation; nach Stationen in Heidelberg und Hamburg seit 1995 Ordinarius für Rechtsphilosophie, Staats- und Verwaltungsrecht an der Bayerischen Julius-Maximilians-Universität Würzburg; 2001–2007 Mitglied des Nationalen Ethikrates; seit 2003 ordentliches Mitglied der Bayerischen Akademie der Wissenschaften (philosophisch-historische Klasse); seit 2007 Mitglied der Leopoldina – Nationale Akademie der Wissenschaften (Sektion Kulturwissenschaften).

ISBN 9780-16-153486-7

Die Deutsche Nationalbibliothek verzeichnet diese Publikation in der Deutschen Nationalbibliographie; detaillierte bibliographische Daten sind im Internet über *http://dnb.dnb.de* abrufbar.

Das Buch wurde von Martin Fischer in Tübingen aus der Sabon gesetzt, von Gulde-Druck in Tübingen auf alterungsbeständiges Werkdruckpapier gedruckt und von der Buchbinderei Spinner in Ottersweier gebunden.

Für
M *und* C

Vorwort

Wer die keineswegs besonders originelle Idee verfolgt, einige seiner bereits anderweitig erschienenen Publikationen unter Beigabe einzelner Erstveröffentlichungen in Gestalt eines kompakten Sammelbandes zu edieren, muß vor sich und dem Publikum Rechenschaft über die Sinnhaftigkeit und Legitimierungsfähigkeit eines solchen Projektes ablegen. Denn die bloße Eitelkeit des Autors reicht ja ebensowenig hin wie noch so strahlende Vorbilder anderer deutscher Staatsrechtslehrer.

Im vorliegenden Fall hegt der Verfasser vor allem die Hoffnung, die Komposition und die daraus resultierende Möglichkeit der Zusammenschau der hier vorgelegten Beiträge könnte für den geneigten Leser einen Erkenntnisgewinn erbringen, der durch den bloßen Verweis auf die disparaten Orte der Erstveröffentlichung niemals zu erzielen wäre. Dabei dienen die im ersten Abschnitt zusammengefaßten und zum Teil für die Zwecke dieses Buches zugeschnittenen Arbeiten dem Ziel, ein tragfähiges ideen- wie verfassungsgeschichtliches Rüstzeug zur Verfügung zu stellen und so dem höchst anspruchsvollen Konzept eines freiheitlichen Verfassungsstaates klare Konturen und ein scharfes Profil zu verleihen. Die „Strukturen" überschriebene zweite Abteilung wendet sich sodann dessen maßgeblichen Ausprägungen zu. Vor allem das fundamentale Demokratieprinzip und die Grundrechte mit ihren plurifunktionalen Gehalten erfahren eine nähere Betrachtung, indem sie in ihren verschiedenen Bedeutungsschichten analysiert und auf ihre Grenzen hin befragt werden. Die dritte Abteilung demonstriert, daß auch bei klarer Begrifflichkeit und breitem Konsens über wichtige Strukturmerkmale vehemente Kontroversen über Reichweite und Konsequenzen verfassungsstaatlicher Verbürgungen und Rechtsgrundsätze nicht ausbleiben. Demgemäß sind hier Beiträge versammelt, die sich einigen in den letzten beiden Jahrzehnten außerordentlich umstrittenen und mit großer Heftigkeit, ja ungewöhnlicher Leidenschaft ausgetragenen verfassungsrechtlichen Grundfragen widmen; das Themenspektrum reicht von der Bioethik und der Strafbarkeit der Mauerschützen bis hin zur direkten Demokratie und der Bedeutung des Schlußartikels des Grundgesetzes. Der letzte Beitrag kann durchaus als Versuch gelesen werden, eine Art Resümee zu ziehen, dürfte aber wegen seines pointiert liberalen Standpunktes selbst wiederum in die Rubrik der Kontroversen gehören.

In formaler Hinsicht ist – über die Erläuterungen in den Nachweisen am Ende des Buches hinaus – vor allem zu erwähnen, daß die Zitierweise in den Fußnoten ebenso durchgängig vereinheitlicht worden ist wie die Gliederungsstruktur der Texte; in einem Fall sind Zwischenüberschriften hinzugefügt worden. Druckfehler oder sonstige offenkundige Unrichtigkeiten wurden stillschweigend getilgt, desgleichen kleinere sprachliche Unebenheiten ausgebessert.

Es ist mir ein großes Bedürfnis, all jenen meinen aufrichtigen Dank zu sagen, die im Laufe der vergangenen anderthalb Jahre am Entstehen dieses Buches beteiligt waren. Als Sekretärinnen haben Frau Beate Stümmer-Ledig und Frau Sabine Keßler vor allem die älteren Texte elektronisch erfaßt und für die Drucklegung vorbereitet. Meinen schon vielfach bewährten Assistenten, Herrn Dr. Klaus Jünemann und Herrn David Kuch, fiel die Aufgabe der formalen Vereinheitlichung der Texte, der Anfertigung des Personenregisters sowie der akribischen Lektüre von Manuskripten, Fahnen und Umbrüchen zu, die sie wie immer mit Bravour gemeistert haben. Bei dieser Arbeit erfuhren sie in der Schlußphase Hilfe und Unterstützung durch zwei weitere wissenschaftliche Mitarbeiterinnen des Lehrstuhls, Frau Daniela Taudt und Frau Elena Dengel. Einen wichtigen Beitrag lieferten auch die studentischen Hilfskräfte, die an allen Recherchearbeiten und Kontrollgängen intensiv beteiligt waren. Ihnen allen gilt mein herzlicher Dank für die Mitarbeit und die stets überobligatorische Einsatzbereitschaft!

Zu Dank verpflichtet bin ich in besonderer Weise auch Herrn Prof. Dr. Fabian Wittreck (Münster) für seine spontane Zustimmung, den in Ko-Autorschaft verfaßten Beitrag über „Repräsentative und direkte Demokratie im Grundgesetz" in diesen Sammelband mit aufzunehmen – für mich zugleich beglückendes Zeichen einer langjährigen intensiven Verbundenheit. Von einer solchen kann und darf desgleichen in Bezug auf den juristischen Lektor des Verlages Mohr Siebeck, Herrn Dr. Franz-Peter Gillig, die Rede sein. Es war auch bei diesem Buchprojekt wie stets in den letzten 25 Jahren eine große Freude für mich, mit ihm zusammenarbeiten zu dürfen. Ich hege die Hoffnung, daß diese so überaus angenehme Kooperation noch eine Weile fortdauern wird.

Würzburg, 7. September 2014 Horst Dreier

Inhaltsverzeichnis

Abkürzungsverzeichnis

a.A.	andere(r) Ansicht
Abs.	Absatz, Absätze
Anm.	Anmerkung(en)
AöR	Archiv des öffentlichen Rechts
APuZ	Aus Politik und Zeitgeschichte. Beilage zur Wochenzeitschrift „Das Parlament“
ARSP	Archiv für Rechts- und Sozialphilosophie
Art.	Artikel
Aufl.	Auflage
BayVBl.	Bayerische Verwaltungsblätter. Zeitschrift für öffentliches Recht und öffentliche Verwaltung
BayVerfGH	Bayerischer Verfassungsgerichtshof
BayVerfGHE	Entscheidungen des Bayerischen Verfassungsgerichtshofs
Bd.	Band
Bde.	Bände
BGBl.	Bundesgesetzblatt
BGH	Bundesgerichtshof
BGHSt	Entscheidungen des Bundesgerichtshofs in Strafsachen
BGHZ	Entscheidungen des Bundesgerichtshofs in Zivilsachen
BremStGH	Bremischer Staatsgerichtshof
BVerfG	Bundesverfassungsgericht
BVerfGE	Entscheidungen des Bundesverfassungsgerichts
BVerwGE	Entscheidungen des Bundesverwaltungsgerichts
ch.	chapitre, chapter
ders.	derselbe
dies.	dieselbe(n)
DÖV	Die Öffentliche Verwaltung. Zeitschrift für öffentliches Recht und Verwaltungswissenschaft
DRiZ	Deutsche Richterzeitung
DVBl.	Deutsches Verwaltungsblatt
ebd.	ebenda
ed.	editor, edition
eds.	editors
EGMR	Europäischer Gerichtshof für Menschenrechte
etc.	et cetera
EuGRZ	Europäische Grundrechte-Zeitschrift
EuR	Europarecht
f.	folgend(e) (Singular)
FAZ	Frankfurter Allgemeine Zeitung
ff.	folgende (Plural)
Fn.	Fußnote

Frhr.	Freiherr
GG	Grundgesetz für die Bundesrepublik Deutschland vom 23.5.1949
ggf.	gegebenenfalls
GVBl.	Gesetz- und Verordnungsblatt
HambVerfG	Hamburgisches Verfassungsgericht
Hrsg.	Herausgeber
hrsgg.	herausgegeben
HStR	Handbuch des Staatsrechts der Bundesrepublik Deutschland, herausgegeben von Josef Isensee und Paul Kirchhof, 10 Bde., 1./2. Aufl., Heidelberg 1987–2001 (Bd. I: 1987/1995; Bd. II: 1987/1998; Bd. III: 1988/1996; Bd. IV: 1990/1999; Bd. V: 1992/2000; Bd. VI: 1989/2001; Bd. VII: 1992; Bd. VIII: 1995; Bd. IX: 1997; Bd. X: 2000)
$HStR^3$	Handbuch des Staatsrecht der Bundesrepublik Deutschland, herausgegeben von Josef Isensee und Paul Kirchhof, 3. Aufl., Heidelberg 2003 ff. (Bd. I: 2003; Bd. II: 2004; Bd. III: 2005; Bd. IV: 2006; Bd. V: 2007; Bd. VI: 2008; Bd. VII: 2009; Bd. VIII: 2010; Bd. IX: 2011; Bd. X: 2012; Bd. XI: 2013)
HZ	Historische Zeitschrift
i.E.	im Ergebnis
insb.	insbesondere
i.S.v.	im Sinne von
i.ü.	im übrigen
i.V.m.	in Verbindung mit
JA	Juristische Arbeitsblätter
JöR	Jahrbuch des öffentlichen Rechts der Gegenwart
JR	Juristische Rundschau
Jura	Juristische Ausbildung
JuS	Juristische Schulung
JW	Juristische Wochenschrift
JZ	Juristenzeitung
KritJ	Kritische Justiz
KritV	Kritische Vierteljahresschrift für Gesetzgebung und Rechtswissenschaft
LKV	Landes- und Kommunalverwaltung
m.w.N.	mit weiteren Nachweisen
ND	Nachdruck
NdsStGH	Niedersächsischer Staatsgerichtshof
NdsVBl.	Niedersächsische Verwaltungsblätter. Zeitschrift für öffentliches Recht und öffentliche Verwaltung
NJ	Neue Justiz
NJW	Neue Juristische Wochenschrift
NordÖR	Zeitschrift für öffentliches Recht in Norddeutschland
NStZ	Neue Zeitschrift für Strafrecht
NVwZ	Neue Zeitschrift für Verwaltungsrecht
PVS	Politische Vierteljahresschrift
resp.	respektive
RG	Reichsgericht
RGZ	Entscheidungen des Reichsgerichts in Zivilsachen

Rn.	Randnummer(n)
RuP	Recht und Politik
RV 1871	Verfassung des Deutschen Reichs vom 16.4.1871 (Reichsverfassung)
S.	Seite(n)
SächsVBl.	Sächsische Verwaltungsblätter. Zeitschrift für öffentliches Recht und öffentliche Verwaltung
SächsVerfGH	Sächsischer Verfassungsgerichtshof
SJZ	Süddeutsche Juristen-Zeitung
sog.	sogenannt(e, r)
Sp.	Spalte(n)
st. Rspr.	ständige(r) Rechtsprechung
StWStP	Staatswissenschaften und Staatspraxis. Rechts-, wirtschafts- und sozialwissenschaftliche Beiträge zum staatlichen Handeln
SZ	Süddeutsche Zeitung
ThürVBl.	Thüringer Verwaltungsblätter. Zeitschrift für öffentliches Recht und öffentliche Verwaltung
ThürVerfGH	Thüringer Verfassungsgerichtshof
u.a.	und andere(n), unter anderem
u.ö.	und öfter
VBlBW	Verwaltungsblätter für Baden-Württemberg. Zeitschrift für öffentliches Recht und öffentliche Verwaltung
VerfG Bbg	Verfassungsgericht des Landes Brandenburg
VerwArch.	Verwaltungsarchiv. Zeitschrift für Verwaltungslehre, Verwaltungsrecht und Verwaltungspolitik
vgl.	vergleiche
VVDStRL	Veröffentlichungen der Vereinigung der Deutschen Staatsrechtslehrer
WRV	Verfassung des Deutschen Reichs vom 11.8.1919 (Weimarer Reichsverfassung)
z.B.	zum Beispiel
ZNR	Zeitschrift für Neuere Rechtsgeschichte
ZöR	Zeitschrift für öffentliches Recht
ZParl.	Zeitschrift für Parlamentsfragen
ZRG GA	Zeitschrift der Savigny-Stiftung für Rechtsgeschichte, Germanistische Abteilung
ZRG KA	Zeitschrift der Savigny-Stiftung für Rechtsgeschichte, Kanonistische Abteilung
ZRP	Zeitschrift für Rechtspolitik
ZStW	Zeitschrift für die gesamte Strafrechtswissenschaft

Begriffe

Verfassung

I. Vom deskriptiven zum präskriptiven Verfassungsbegriff

Bei Verfassung, einem in Deutschland erst im 14. Jahrhundert aufkommenden Wort[1], und seinem sehr viel älteren fremdsprachlichen Äquivalent „Konstitution" (lat. *constitutio*; engl., franz. *constitution*) kann es sich in einem ganz allgemeinen und fundamentalen Sinne um eine Zustandsbeschreibung handeln, so wie man in der Medizin von der (gesundheitlichen) Verfassung einer Person oder ihrer physisch-psychischen Konstitution spricht[2]. Infolge seines Übergangs in die politisch-rechtliche Sprache wird der Terminus ‚Verfassung' nicht mehr allein auf den menschlichen Körper des Einzelnen, sondern den politischen Körper eines größeren Personenverbandes, letztlich des Staates, bezogen; von dieser Affinität zeh-

[1] H. Mohnhaupt, Art. Verfassung (I), in: Geschichtliche Grundbegriffe. Historisches Lexikon zur politisch-sozialen Sprache in Deutschland, hrsgg. v. O. Brunner, W. Conze u. R. Koselleck, Bd. 6, 1990, S. 831 ff. (839).

[2] Mohnhaupt, Verfassung (Fn. 1), S. 832, 842 f.

ren organologische Staatslehren[3]. Verfassung umschreibt dann in ebenso umfassender wie unspezifischer Weise zunächst den empirisch faßbaren Gesamtzustand eines politischen Gemeinwesens, wie er sich neben Territorium, Bevölkerung, Klima und Naturschätzen vor allem durch seine faktischen Machtverhältnisse und politischen Institutionen darstellt. In diesem Sinne *ist* jeder Staat in einer bestimmten Verfassung[4].

Im Laufe der frühen Neuzeit erfuhr der Begriff einen entscheidenden Wandel im Sinne einer zweistufigen normativen Verengung. Sie führte in einem ersten Schritt zu der Frage, welche Verfassung ein Staat *hat*, dann zu der nächsten, welche er haben *soll*. Als erstes trat eine wesentliche Eingrenzung dergestalt ein, daß unter Abstoßung aller nichtnormativen Elemente mit Verfassung bzw. Konstitution die für ein Staatswesen wesentlichen Rechtsregeln und -dokumente bezeichnet wurden, wobei herausragende Bedeutung den *leges fundamentales* (*lois fondamentales*) zukam (in Frankreich etwa *loi salique* aus dem 14. Jahrhundert, in Deutschland Goldene Bulle 1356, Ewiger Landfrieden 1495, Augsburger Religionsfrieden 1555 etc.)[5]. Schon in der Antike wurde *politeia* (deren Übersetzung mit Verfassung nicht unproblematisch ist) jedenfalls als Klassifikationsbegriff für die verschiedenen Staats- bzw. Regierungsformen verwendet; in Rom und bis weit ins Mittelalter hinein bezeichnete man mit Konstitutionen die kaiserlichen Gesetze und damit eine besondere Klasse von Rechtsakten. Eine Verfassung *hat* in diesem inhaltlich noch nicht näher qualifizierten Sinne eigentlich jede Form politischer Herrschaft, im Extremfall selbst eine Despotie oder Diktatur, sofern nur irgendeine Form explizit staatsbezogener Machtausübung erkennbar ist und nicht reine Anarchie herrscht[6]. In diesen thematischen Zusammenhang gehört, wenn auch auf ganz andere und weitaus entwickeltere Verhältnisse bezogen, Bolingbrokes klassische Kennzeichnung der britischen Verfassung als „Assemblage of Laws, Institutions and Customs, derived from certain fix'd Principles of Reason

[3] E.-W. Böckenförde, Art. Organ, Organismus, Organisation, politischer Körper (VII–IX), in: Geschichtliche Grundbegriffe. Historisches Lexikon zur politisch-sozialen Sprache in Deutschland, hrsgg. v. O. Brunner, W. Conze u. R. Koselleck, Bd. 4, 1978, S. 561 ff. (561 ff., 566 ff.).

[4] D. Grimm, Ursprung und Wandel der Verfassung, in: HStR[3] I, § 1 Rn. 1.

[5] Vgl. H. Mohnhaupt, Die Lehre von der „Lex Fundamentalis“ und die Hausgesetzgebung europäischer Dynastien, in: J. Kunisch (Hrsg.), Der dynastische Fürstenstaat, 1982, S. 1 ff.; ders., Verfassung (Fn. 1), S. 857 f.; E.-W. Böckenförde, Geschichtliche Entwicklung und Bedeutungswandel der Verfassung (1984), in: ders., Staat, Verfassung, Demokratie, 1991, S. 29 ff.

[6] G. Jellinek, Allgemeine Staatslehre (1900), 3. Aufl. 1914, S. 505.

[...] that compose the general System, according to which Community hath agreed to be governed“[7].

Erst mit der zweiten normativen Engführung, wie sie – nach einem kurzlebigen „Präludium“[8] im republikanischen England Cromwells – die Ereignisse der amerikanischen und französischen Revolution am Ende des 18. Jahrhunderts herbeiführen, tritt das noch heute gültige Modell des modernen Verfassungsstaates in Erscheinung, das dann in der zweiten Hälfte des 20. Jahrhunderts einen gewaltigen Siegeszug verzeichnen konnte. Jetzt wird Verfassung ein präskriptiver Begriff mit angebbaren typusprägenden Elementen (s.u. II.). Er beschreibt nicht mehr nur die unterschiedlichen und möglicherweise noch so rudimentären Formen und Normbestände der Staaten, sondern formuliert ein anspruchsvolles Programm für die Ausbildung einer höchsten innerstaatlichen Rechtsebene, die Grundlage und Vorgabe für die Organisation und Ausübung politischer Herrschaft sein und den Staat in entsprechender Weise formen und ordnen soll. Nun kann ein Staat, der dieses Ziel verfehlt, zwingender Logik zufolge eben auch gar keine Verfassung haben, wie es der berühmte Art. 16 der franz. *Déclaration des droits de l'homme et du citoyen* vom 26.8.1789 formuliert: „Toute société, dans laquelle la garantie des droits n'est pas assurée ni la séparation des pouvoirs déterminée, n'a point de constitution“. (Eine Gesellschaft, in der die Verbürgung der Rechte nicht gesichert und die Gewaltenteilung nicht festgelegt ist, hat keine Verfassung.) Verfassung wird somit zu einer Rechtmäßigkeitsvoraussetzung für staatliche Herrschaft: „government without a constitution, is power without a right“, konstatierte Thomas Paine ebenso lapidar wie vernichtend[9]. Entsprechend fällt Europa in der Zeit der französischen Revolution in ein heftiges „Verfassungsfieber“[10]. Heute ist ‚Verfassung‘ ohne Zweifel einer der ganz zentralen Begriffe nicht allein des Staatsrechts, sondern auch der (politischen) Philosophie. Speziell in der verfassungsgeschichtlichen Literatur hebt man teils eher auf die kodifizierten Verfassungen modernen Zuschnitts bzw. auf die von ihnen inaugurierte Epoche ab[11], teils begreift man Verfassungs-

---

[7] H. Bolingbroke, A Dissertation upon Parties, 5th ed., London 1739, S. 108.

[8] D. Gosewinkel/J. Masing, Einführung in die Texte: Grundlinien der europäischen Verfassungsentwicklung, in: dies. (Hrsg.), Die Verfassungen in Europa 1789–1949. Eine wissenschaftliche Textedition, 2006, S. 9ff. (11).

[9] T. Paine, Rights of Man, London 1792, Part two, Chapter IV (zit. nach der Ausgabe Harmondsworth 1985, dort S. 185).

[10] H. Hofmann, Über Verfassungsfieber, in: Ius Commune XVII (1990), S. 310ff.

[11] D. Grimm, Deutsche Verfassungsgeschichte 1776–1866, 1988; E.R. Huber, Deutsche Verfassungsgeschichte seit 1789, 8 Bde., 1967ff. (mit sehr weitem Verfassungsbegriff).

geschichte umfassender und historisch weiter zurückgreifend im Sinne rechtlich strukturierter politischer Herrschaft gemäß derjenigen Regeln und Strukturen, die ein Gemeinwesen prägen[12].

II. Zur Problem- und Begriffsgeschichte: Genese und Gestalt des modernen Verfassungsstaates

Seine maßgebliche Ausprägung erfährt der moderne Verfassungsstaat in den fundamentalen Rechtsdokumenten aus der Zeit der amerikanischen und französischen Revolution. In Amerika nahm diese Revolution die Gestalt einer Sezession vom englischen Mutterland an, in Frankreich brach sie die Herrschaft der absoluten Monarchie. Bei allen daraus und aus weiteren Umständen folgenden Differenzen sind und bleiben sie die unverrückbaren Ur- und strahlenden Vorbilder für den modernen Verfassungsstaat, gewissermaßen dessen „Prototypen"[13]. Vor dem Hintergrund gewaltiger sozialer und politischer Umbrüche und auf der Grundlage zentraler Prämissen wie Gewißheiten des rationalen Naturrechts unternehmen es die Revolutionäre diesseits und jenseits des Atlantiks, politische Herrschaft zugleich auf die anerkannten Wahrheiten einer aufklärerischen Sozialphilosophie wie auf den demokratischen Willen ihrer (auf weiße Männer reduzierten) Bürgerschaft zu stützen[14]. Der konstruktiv-analytische Individualismus des rationalen Naturrechts gewinnt hier staatskonstitutive Funktion. Die berühmten Eingangsworte der amerikanischen Verfassung („we the people [...] do ordain and establish this constitution") bringen diese Selbstermächtigung, wenn nicht „Selbsterhöhung des Individuums"[15] zur Selbstgesetzgebung in ebenso markanter wie grundsätzlicher Weise

[12] So etwa D. WILLOWEIT, Deutsche Verfassungsgeschichte. Vom Frankenreich bis zur Wiedervereinigung Deutschlands, 5. Aufl. 2005, § 1 et passim. Zu unterschiedlichen Konzepten eingehend E. GROTHE, Zwischen Geschichte und Recht. Deutsche Verfassungsgeschichtsschreibung 1900–1970, 2005.

[13] D. GRIMM, Art. Verfassung, in: Staatslexikon der Görres-Gesellschaft, 7. Aufl., Bd. 5, 1989, Sp. 633 ff. (634).

[14] S.-J. SAMWER, Die französische Erklärung der Menschen und Bürgerrechte von 1789/1791, 1970; J. SANDWEG, Rationales Naturrecht und revolutionäre Praxis, 1972; W. P. ADAMS, Republikanische Verfassung und bürgerliche Freiheit, 1973.

[15] E. ZWEIG, Die Lehre vom Pouvoir Constituant, 1909, S. 2; vgl. auch GOSEWINKEL/MASING, Einführung (Fn. 8), S. 13: „Emanzipation des Subjekts".

zum Ausdruck. Verfassungsgebung wird als ein Schöpfungsakt aus eigenem Recht begriffen[16].

Am Anfang stehen nicht zufällig Rechteerklärungen (*Virginia Bill of Rights* 1776, Franz. Erklärung 1789), die aber bezeichnenderweise bereits wesentliche staatsorganisatorische Regelungen (etwa Wahlrecht, Gesetzgebung, Miliz) treffen. Die Rechte werden in universeller Weise allen Menschen zugesprochen und als unveräußerlich und unverletzlich, als von Natur gegeben und im Staat nicht aufgebbar charakterisiert (Virginia 1776: „That all men are by nature equally free and independent and have certain inherent rights"; Frankreich 1789: „les droits naturels, inalienables et sacrés de l'homme"; ähnlich *Declaration of Independence* 1776: „we hold these truths to be self-evident [...]"). Während man in Frankreich die Erklärung von 1789 der Verfassung von 1791 voranstellt (die in ihrem Titel I eine Reihe von natürlichen und bürgerlichen Rechten noch einmal aufführt), ist die amerikanische Bundesverfassung von 1787 zunächst als reines Organisationsstatut konzipiert, wird aber sogleich mit den ersten zehn Amendments von 1791 (*Federal Bill of Rights*) um einen Grundrechtsteil ergänzt. Damit liegt das Gliederungsschema moderner Verfassungen, wie es einige Gliedstaaten der USA schon in den 1780er Jahren kannten, fest. Als rechtliche Grundordnung des politischen Gemeinwesens garantiert die Verfassung zum einen die Rechte des Einzelnen in Gestalt einer „*bill of rights*" und regelt zum anderen Struktur und Organisation des Staates („*frame of government*") einschließlich der politischen Willensbildung. Die Verfassung organisiert, rationalisiert und diszipliniert den politischen Prozeß; ist Sinnbild der Einheit der Rechtsordnung; legitimiert staatliche Herrschaft und limitiert sie zugleich, ist also Herrschaftsbegründung und Herrschaftsbegrenzung in einem. Die „freiheitsstiftende Disziplinierung der Herrschaft und die friedensstiftende Neutralisierung und Rationalisierung des politischen Prozesses"[17] bilden die historisch erfolgreichen und bleibenden Errungenschaften des Konzepts moderner Verfassungsstaatlichkeit.

Die grundsätzlich neue Qualität dieser Art von Verfassungen ist in dreifacher und überaus kompakter Weise beschrieben worden als (i) herrschaftsbegründend und nicht nur herrschaftsmodifizierend, als (ii) umfassend und nicht nur punktuell sowie als (iii) universal und nicht nur partikular[18]. Vor

---

[16] Böckenförde, Entwicklung (Fn. 5), S. 42ff.; Gosewinkel/Masing, Einführung (Fn. 8), S. 11.

[17] P. Badura, Art. Verfassung, in: Evangelisches Staatslexikon, hrsgg. v. R. Herzog u.a., 3. Aufl., Bd. II, 1987, Sp. 3737ff. (3741).

[18] Grimm, Verfassungsgeschichte (Fn. 11), S. 12.

diesem Hintergrund lassen einige im folgenden zu skizzierende Merkmale die Gestalt des modernen Verfassungsstaates mit seinen typusprägenden Elementen auch und gerade gegenüber älteren Vorläufern und späteren Modifikationen und Abweichungen vielleicht noch deutlicher hervortreten.

1. *Verfassungsurkunde*

Zum Typus des modernen Verfassungsstaates gehört die schriftliche Fixierung in einer Urkunde als der Verfassung im „formellen Sinn“[19]. Dabei geht es nicht allein um Schriftlichkeit, denn selbstverständlich waren und sind auch die *leges fundamentales* des Alten Reiches oder die britischen Verfassungsdokumente sowie zahllose Texte weit geringerer Bedeutung aus Gründen der Transparenz und der Rechtsklarheit schriftlich fixiert. Entscheidend ist vielmehr der fundamental neue, umfassende Charakter der modernen Staatsverfassung. Jetzt verdrängt ganz im Sinne der von R. Koselleck so genannten ‚Kollektivsingulare‘ die *eine* Urkunde die alte Vielzahl von Herrschaftsverträgen und Fundamentalgesetzen[20]. Und diese bietet nicht lediglich eine äußerliche Zusammenfügung bestehender Elemente oder eine neue Sortierung des bereits vorhandenen Stoffes, sondern hat Kodifikationscharakter, indem sie in umfassender und systematischer Weise die formellen wie materiellen Voraussetzungen und Modalitäten der Ausübung der Staatsgewalt regelt[21]. „Dieser bewußte Wille zur einheitlichen Bestimmung des politischen Schicksals durch Systematisierung und Rationalisierung der Rechtsverfassung [...] unterscheidet die modernen Verfassungsurkunden seit dem 18. Jahrhundert von ihren Vorläuferinnen“[22]. Die auch insofern ganz andersgeartete britische ‚*constitution*‘ charakterisiert man hingegen zu Recht als „partly written and wholly uncodified“[23].

---

[19] J. ISENSEE, Staat und Verfassung, in: HStR^3 II, § 15 Rn. 167.

[20] Zum Hintergrund H. HOFMANN, Zu Entstehung, Entwicklung und Krise des Verfassungsbegriffs, in: Liber Amicorum für Peter Häberle, 2004, S. 157ff. (157f.).

[21] H. HELLER, Staatslehre, 1934, S. 270ff.; H. HOFMANN, Zur Idee des Staatsgrundgesetzes, in: ders., Recht – Politik – Verfassung, 1986, S. 261ff. (280ff.); P. UNRUH, Der Verfassungsbegriff des Grundgesetzes, 2002, S. 90ff., 166f.

[22] HELLER, Staatslehre (Fn. 21), S. 270f.; vgl. H. KELSEN, Allgemeine Staatslehre, 1925, S. 253.

[23] I. BUDGE ET AL., The new British Politics, 4th ed., Harlow 2007, S. 83.

2. *Verfassunggebende Gewalt*

Während die britische Verfassung ungeplantes und unsystematisches Produkt langer historischer Evolution ist, benennt die moderne Verfassung als ihren konkreten Urheber und Schöpfer ein bestimmtes (Kollektiv-) Subjekt: das Volk resp. die Nation (Virginia 1776: „the good people of Virginia"; US-Verfassung 1787: „we the people"; Frankreich 1789: „Les représentants du peuple français, constitués en Assemblée nationale [...]"). Zentrale Legitimationsfunktion kommt dabei der Figur der verfassunggebenden Gewalt des Volkes zu[24], die am präzisesten vom französischen Verfassungskonstrukteur Emmanuel J. Sieyes formuliert worden ist, wenngleich schon zuvor in den nordamerikanischen Kolonien (hier wurde der Terminus *constituent power* 1777 geprägt) die Praxis der Verfassungsgebung durch besonders herausgehobene ‚*constitutional conventions*' geläufig war[25]. Sieyes unterscheidet zwischen einem unauslöschlich bei der Nation liegenden Recht, sich eine Grundverfassung zu geben, und den auf dieser Basis etablierten, damit aber zugleich nachrangigen Staatsgewalten. Die verfassunggebende Gewalt (*pouvoir constituant*) legt in einem außerordentlichen Urakt der Rechtsschöpfung, der freilich nicht völlig willkürlich ausfallen darf, sondern an die vorgängigen Prinzipien der Individualrechte und der Gewaltenteilung gebunden bleibt[26], demgemäß den Grund für die anderen Staatsgewalten und -organe, die als *pouvoirs constitués* durch diesen Akt erst erzeugt, zugleich aber in ihrem Aktionsradius beschränkt werden[27]. Mit dieser Lehre bietet Sieyes „das Deutungsschema und den Beurteilungsmaßstab für eine Verfassungsentstehung nach den Grundsätzen der Volkssouveränität"[28].

---

[24] E.-W. Böckenförde, Die verfassunggebende Gewalt des Volkes, 1986; H. Dreier, in: ders. (Hrsg.), Grundgesetz-Kommentar, Bd. I, 2. Aufl. 2004, Präambel Rn. 51 ff., insb. 64 ff.; C. Winterhoff, Verfassung – Verfassunggebung – Verfassungsänderung, 2007, S. 123 ff.

[25] G. S. Wood, The Creation of the American Republic 1776–1787, New York 1969, S. 306 ff.; Adams, Verfassung (Fn. 14), insb. S. 19 ff., 68 ff., 121 ff.; H. J. Boehl, Verfassunggebung im Bundesstaat, 1997, S. 24 ff.

[26] Hofmann, Entstehung (Fn. 20), S. 163 f.

[27] E. J. Sieyes, Was ist der Dritte Stand?, 1789 (zit. nach: E.J. Sieyes, Politische Schriften 1788–1790, hrsgg. v. E. Schmitt/R. Reichardt, 2. Aufl. 1981, S. 117 ff. [167 f.]). – Näher dazu H. Hofmann, Repräsentation. Studien zur Wort- und Begriffsgeschichte von der Antike bis ins 19. Jahrhundert (1974), 4. Aufl. 2003, S. 406 ff.; Dreier (Fn. 24), Präambel Rn. 64 ff. m.w.N.

[28] P. Badura, Verfassung und Verfassungsgesetz, in: Festschrift für Ulrich Scheuner, 1973, S. 19 ff. (36).

Da das Volk nun aber nicht als unorganisierte Größe handeln kann, bedarf es besonderer Repräsentationsformen für die Ausübung der verfassunggebenden Gewalt (politische Repräsentation). In der verfassungsgeschichtlichen Entwicklung haben sich das Nationalversammlungsmodell (Beratung und verbindliche Verabschiedung) und das Konventsmodell (Erarbeitung eines Entwurfs mit anschließender Volksabstimmung) als Grundformen herausgebildet. Insgesamt stellt der moderne Verfassungsstaat gemäß den gegen Ende des 18. Jahrhunderts maßgeblichen Vorstellungen einen fundamentalen Neugründungsakt dar, von dem aus die Zukunft wie nach einer Art Bauplan gestaltet werden sollte[29]. Früh und wirkmächtig hatte der Natur- und Völkerrechtler Emer de Vattel davon gesprochen, Verfassung sei „im Grunde nichts anderes als die Aufstellung des Systems, nach welchem eine Nation gemeinschaftlich für die Erlangung der Vorteile arbeiten will, zu deren Erreichung die politische Gemeinschaft errichtet worden ist", „der Plan der Nation für ihr Streben nach dem Glück"[30]. Exakt gegen diese Vorstellung von etwas künstlich Gemachtem und Hergestelltem richtet sich der Einspruch Hegels[31].

3. Verfassungsänderung

Auch wenn eine, wenn nicht *die* ganz zentrale Funktion einer Verfassung als höchster innerstaatlicher Rechtsebene in der dauerhaften und stabilen Grundlegung des politischen Gemeinwesens bestand und sie demgemäß „die Grundlage, der Grundsatz, das Ruhende und Feste"[32] sein sollte, so konnte sie doch schon aus Gründen der Generationengerechtigkeit sowie wegen der Entwicklungsdynamik moderner Gesellschaften schwerlich als ewig und unveränderlich konzipiert werden. Mit der Möglichkeit der Verfassungsänderung wurde diesem Umstand Rechnung getragen und damit nur scheinbar paradoxerweise zugleich ein Beitrag zu ihrer Stabilität gelei-

---

[29] Vgl. A. Hollerbach, Ideologie und Verfassung, in: W. Maihofer (Hrsg.), Ideologie und Recht, 1969, S. 37 ff. (48); vertiefend Hofmann, Idee (Fn. 21), S. 290 ff.

[30] E. de Vattel, Le droit des gens ou principes de la loi naturelle, 1758, Buch I, Kap. III, § 27 und Kap. IV, § 46 (dt.: Das Völkerrecht oder Grundsätze des Naturrechts, eingel. v. P. Guggenheim, 1959); dazu Hofmann, Idee (Fn. 21), S. 277 f.; ders., Entstehung (Fn. 20), S. 158 f.

[31] G. W. F. Hegel, Grundlinien der Philosophie des Rechts oder Naturrecht und Staatwissenschaft im Grundrisse (1821), § 273 a. E. (zit. nach: Werke, Bd. 7, 1986, S. 439).

[32] R. v. Mohl, Encyklopädie der Staatswissenschaften, Bd. 1, 1859, S. 131.

stet. In der Verfassung selbst Vorkehrungen für ihre Änderung zu treffen, war den älteren *leges fundamentales* und vergleichbaren Dokumenten weitestgehend unbekannt und galt daher Ende des 18. Jahrhunderts als „bewundertes Novum"[33]. Auf dem europäischen Kontinent hatte Emer de Vattel wichtige begrifflich-systematische Vorarbeit geleistet[34]. Die Verfassung sollte nun kraft eines gewissermaßen eingebauten Lernmechanismus selbst die „Mittel zu ihrer Verbesserung" bieten (Condorcet)[35]. Das war etwas durchaus Besonderes und Gewagtes. Denn nunmehr war das Staatsgrundgesetz nicht ein für alle Mal wie beschlossen gültig und konnte nur durch eine neue Verfassung, also auf – juristisch – revolutionärem Wege abgelöst werden. Vielmehr stellte es sich gewissermaßen selbst zumindest partiell zur Disposition, indem es die Notwendigkeit oder Unausweichlichkeit seiner eigenen Änderbarkeit vorhersah, ohne die verfassunggebende Gewalt erneut mobilisieren zu müssen. Diese Kompetenz zur Verfassungsänderung versteht sich keineswegs von selbst, wie man schon daran erkennt, daß die Befugnis zur Revision einem anderen als dem ursprünglichen Normgeber zugewiesen wird. In der Architektonik der Normebenen schiebt sich somit zwischen den Verfassungsgeber (*pouvoir constituant*, *constituent power*) und die nachgeordneten Staatsgewalten (*pouvoirs constitués*, *legislative power*) eine dritte, die verfassungsändernde Gewalt (*pouvoir constituant constitué*, *amending power*). Typischerweise ist die Änderung der Verfassung, deren Möglichkeit einen festen Bestandteil kodifizierter Staatsgrundgesetze bildet, heutzutage im Verhältnis zur einfachen Gesetzgebung erschwert[36], während es in Großbritannien für eine Rechtsfigur wie den verfassungsändernden Gesetzgeber keinen systematischen Ort gibt. Freilich vermag das Erfordernis förmlicher Verfassungsänderungen Prozesse „stillen" Verfassungswandels, bei denen sich der inhaltliche Aussagegehalt einer Norm ohne ausdrückliche Textrevision ändert, also Sinnänderung ohne Textänderung vorliegt, nicht aus-

---

[33] G. Stourzh, Vom Widerstandsrecht zur Verfassungsgerichtsbarkeit: Zum Problem der Verfassungswidrigkeit im 18. Jahrhundert (1974), in: ders., Wege zur Grundrechtsdemokratie, 1989, S. 37ff. (57); vgl. auch Unruh, Verfassungsbegriff (Fn. 21), S. 92ff., 197ff.

[34] Vattel, Droit (Fn. 30), Buch 1, Kap. III, §§ 33ff.; dazu Hofmann, Idee (Fn. 21), S. 277ff.

[35] Zitiert bei Zweig, Lehre (Fn. 15), S. 98.

[36] Rechtsvergleichender Überblick bei H. Dreier, in: ders. (Hrsg.), Grundgesetz-Kommentar, Bd. II, 2. Aufl. 2006, Art. 79 II Rn. 9ff.; Winterhoff, Verfassung (Fn. 24), S. 166ff., 183ff.; vgl. auch die Beiträge in: R. Wahl (Hrsg.), Verfassungsänderung, Verfassungswandel, Verfassungsinterpretation, 2008.

zuschließen[37], wobei der Vorgang verfassungstheoretisch schwer zu fassen und rechtspraktisch noch schwieriger zu disziplinieren ist.

4. *Vorrang der Verfassung*

Es ist nicht nur die besondere Genese der Verfassung und die fraglos überragende Bedeutung ihres Inhalts, die sie als höchste innerstaatliche Rechtsquelle über die sonstige Rechtsordnung hinaushebt. Vielmehr stellt der Vorrang der Verfassung[38] das wichtigste Element moderner Verfassungsstaatlichkeit für das gesamtstaatliche Gefüge mit sowohl rechtsstrukturellen und -dogmatischen als auch zentralen politischen Konsequenzen dar. Eine Art von logischem bzw. automatisch eintretendem Vorrang[39] der formellen Verfassung besteht darin, daß allein schon ihre Organisations-, Kreations-, Kompetenz- und Verfahrensnormen regulierend und kanalisierend wirken. In seiner elaborierten Version meint Vorrang aber darüber hinausgehend – und zusätzlich zur erschwerten Abänderung – die Verfassungsbindung aller staatlichen Gewalten, und zwar in letzter Konsequenz auch der parlamentarischen Legislative. Verfassung ist in dieser Sichtweise gewissermaßen „Gesetz für den Gesetzgeber"[40], welcher somit – anders als im noch heute gültigen britischen Modell der Parlamentssouveränität – seiner unbeschränkten Entscheidungsbefugnis beraubt ist. In der wegweisenden Entscheidung des amerikanischen *Supreme Court* aus dem Jahre 1803 (Marbury v. Madison)[41] ist diese Sichtweise der Verfassung als ‚*paramount law*' bzw. ‚*supreme law*' ebenso nachdrücklich formuliert und jurisdiktionell umgesetzt worden wie die Bindung des Gesetzgebers, während in den meisten anderen Ländern jedenfalls eine vollumfängliche, gerichtlich überprüfbare Bindung der Legislative bis Mitte des 20. Jahrhunderts entweder unbekannt oder stark eingeschränkt war. Insbesondere in Frankreich bereitet seit jeher die rousseauistische Hochschätzung des

[37] Vgl. H. Dreier, in: ders., GGK II (Fn. 36), Art. 79 I Rn. 38ff.

[38] R. Wahl, Der Vorrang der Verfassung, in: Der Staat 20 (1981), S. 485ff.; H. Dreier, Landesverfassungsänderung durch quorenlosen Volksentscheid aus der Sicht des Grundgesetzes, in: BayVBl. 1999, S. 513ff. (515ff.); Unruh, Verfassungsbegriff (Fn. 21), S. 80ff., 155ff., 399ff.

[39] Vgl. Kelsen, Staatslehre (Fn. 22), S. 234, 248ff.

[40] Zweig, Lehre (Fn. 15), S. 92.

[41] W. Heun, Die Geburt der Verfassungsgerichtsbarkeit – 200 Jahre Marbury v. Madison, in: Der Staat 42 (2003), S. 267ff.; W. Hoffmann-Riem, Das Ringen um die verfassungsgerichtliche Normenkontrolle in den USA und Europa, in: JZ 2003, S. 269ff.

Gesetzes als Ausdruck der *volonté générale* der Durchsetzung der Idee, ein Verstoß gegen die Verfassung müsse unweigerlich die Nichtigkeit des Gesetzgebungsaktes zur Folge haben, große Schwierigkeiten. Denn Vorrang der Verfassung meint eben Nachrang des Gesetzgebers[42]. Allerdings wird bei der Vorrangfrage das Augenmerk zu oft allzu einseitig allein auf die Möglichkeit gerichtlicher Verwerfung eines förmlichen Gesetzes gelegt und die Wirkungsweise sonstiger Bindungswirkungen verkannt. Außerdem ist mit der Akzeptanz umfassender verfassungsgerichtlicher Legislativkontrolle zwingend das theoretisch kaum lösbare, aber rechtspraktisch immer wieder neu zu bewältigende Problem einer Juridifizierung der Politik und einer Politisierung der Justiz aufgeworfen.

5. *Grundrechte*

Den Grundrechtskatalogen liegt ein Freiheitsbegriff zugrunde, der sich nicht einfach als „Quersumme ständischer Freiheiten" begreifen läßt[43], sondern ein anspruchsvolles neues Prinzip etabliert. Wie die *eine* Verfassungsurkunde die Vielzahl von Herrschaftsverträgen und Fundamentalgesetzen verdrängt, so tritt der *eine* umfassende Freiheitsgedanke an die Stelle der bunten ständischen Vielfalt an Privilegien oder wohlerworbenen Rechten. Kant bringt diesen Kollektivsingular prägnant auf den Punkt: „Freiheit [...] ist dieses einzige, ursprüngliche, jedem Menschen, kraft seiner Menschheit, zustehende Recht"[44]. Zwar belassen es nun die einschlägigen Verfassungsdokumente früher wie heute nicht beim Rekurs auf dieses Urrecht, sondern listen im einzelnen durchaus unterschiedlich ausgestaltete Kataloge bestimmter Freiheits- und Gleichheitsrechte auf; auch bei Kant finden etwa Wissenschafts- oder Auswanderungsfreiheit der Sache nach Erwähnung. Doch sind das lediglich Konkretisierungen des zentralen Prinzips mit Blick auf konkrete historische Gefährdungslagen. Entscheidend ist, was der Abbé Sieyes in seiner Schrift über den ‚Dritten Stand' formuliert hat: Man ist nicht frei durch Privilegien, sondern

---

[42] Wahl, Vorrang (Fn. 38), S. 487.

[43] Treffend C. Dipper, Art. Freiheit (VII), in: Geschichtliche Grundbegriffe. Historisches Lexikon zur politisch-sozialen Sprache in Deutschland, hrsgg. v. O. Brunner, W. Conze u. R. Koselleck, Bd. 2, 1975, S. 488 ff. (488).

[44] I. Kant, Metaphysik der Sitten. Erster Teil: Metaphysische Anfangsgründe der Rechtslehre (1797), B. Allgemeine Eintheilung der Rechte (Akademieausgabe, Bd. VI, S. 237).

durch Rechte, die allen gehören[45]. Freiheit meint immer die gleiche Freiheit aller. Die Grundrechte sollen zudem „basis and foundation of government" (Virginia 1776) sein und gewähren daher von Anbeginn nicht nur liberale Abwehrrechte, sondern zugleich politische Beteiligungsrechte[46]. Auch die französische Menschenrechtserklärung „beschwört die Autonomie des Individuums und die Souveränität der Nation buchstäblich in einem Atemzug"[47]. Allein deren Existenz sowie der mit ihnen verknüpfte umfassende Gedanke demokratischer Selbstherrschaft zeigt, daß es nicht nur um die Bewältigung und prohibitive Verarbeitung konkreter Unrechtserfahrungen, sondern um die Konzeptualisierung einer ganz neuen Form politischer Autonomie geht[48].

6. *Staatsorganisation*

Die größte Gestaltungsvielfalt findet sich im Bereich der Staatsorganisation. Durch Begriff und Idee der modernen Verfassung definitiv vorgegeben ist eigentlich nur eine gewaltenteilige Struktur, die freilich – anders als noch bei Montesquieu – durchweg auf dem Prinzip der Volkssouveränität und somit auf dem Vorrang des Gesetzes beruht; auch elementare Grundsätze des Rechtsstaates sind ungeachtet dessen Vielgestaltigkeit impliziert. Keine Präjudizierung gibt es hingegen für die Alternative zwischen präsidentiellem oder parlamentarischem Regierungssystem, ebensowenig für die Austarierung des Verhältnisses von direkter oder repräsentativer Demokratie – solange es sich nur der berühmten Sentenz Abraham Lincolns aus der *Gettysburg Address* 1863 um ein „government of the people, by the people, for the people" handelt. Eine föderale Struktur zählt nicht zu den unaufgebbaren Insignien freiheitlicher Verfassungsstaaten.

7. *Verfassungsgerichtsbarkeit*

In gewisser Weise liegt die Einrichtung einer Verfassungsgerichtsbarkeit in der Logik verfassungsstaatlicher Entwicklung, weil ohne eine derartige

---

45 Vgl. Sieyes, Dritter Stand (Fn. 27), S. 126.

46 H. Dreier, in: ders., GGK I (Fn. 24), Vorb. Rn. 8 ff.

47 Hofmann, Entstehung (Fn. 20), S. 160.

48 H. Hofmann, Menschenrechtliche Autonomieansprüche. Zum politischen Gehalt der Menschenrechtserklärungen, in: JZ 1992, S. 165 ff.

Kontrolle die Gefahr des Leerlaufens der Verfassungsnormen besteht[49]. Es handelt sich bei ihr also um eine „spezifische Form der Verfassungssicherung“[50], die dem Geltungsanspruch der Verfassung institutionell Ausdruck und ihrem Vorrang Durchsetzungskraft verleiht. Historisch kräftige Wurzeln der Verfassungsgerichtsbarkeit liegen in den nach Rechtskontrolle verlangenden Über- und Unterordnungsverhältnissen föderaler Staatsverfassungen sowie in der Verrechtlichung der Konfliktbewältigung zwischen verschiedenen Staatsorganen[51]. Über entsprechende Zuständigkeiten (Organstreit, Kompetenzkonflikt im Verhältnis Reich-Länder) verfügte in Deutschland schon der Weimarer Staatsgerichtshof. Mit der bemerkenswerten Ausnahme der USA (Marbury v. Madison) konnte sich aber die Idee einer verfassungsgerichtlichen Überprüfung und Verwerfung auch der förmlichen Bundes- oder Reichsgesetze lange Zeit nicht durchsetzen; sie zählt bis zum heutigen Tag nicht zum selbstverständlichen Kompetenzarsenal der Verfassungsgerichte.

III. Verfassungsentwicklung in der Epoche des Konstitutionalismus

Die Verfassungsidee der bürgerlichen Revolutionen in Amerika und Frankreich strahlte weit und nachhaltig aus. Ihrem Einfluß konnten sich zwar letztlich auch die deutschen Monarchien nicht entziehen. Doch bestand die Verfassungsentwicklung im 19. Jahrhundert (ebensowenig wie im 20.) keineswegs in bruchloser Kontinuität und Fortführung der revolutionären Verfassungsideen, sondern wies – bei weitem nicht nur in Deutschland[52] – eine große Variationsbreite bis hin zu Formen des Semi- und Scheinkonstitutionalismus auf; als Muster für die letztgenannte Form gelten die Verfassungen der napoleonischen Kunststaaten wie z. B. die kurzlebige Verfassung für das Königreich Westfalen von 1807[53]. Als sehr viel langlebiger

---

[49] So schon Jellinek, Staatslehre (Fn. 6), S. 538.

[50] E.-W. Böckenförde, Verfassungsgerichtsbarkeit: Strukturfragen, Organisation, Legitimation, in: NJW 1999, S. 9 ff. (10); vgl. zur Sache R. Wahl, Elemente der Verfassungsstaatlichkeit, in: JuS 2001, S. 1041 ff. (1042); Unruh, Verfassungsbegriff (Fn. 21), S. 108 ff.

[51] K. Schlaich/S. Korioth, Das Bundesverfassungsgericht. Stellung, Verfahren, Entscheidungen, 7. Aufl. 2007, Rn. 80, 103 ff.

[52] Instruktiv Gosewinkel/Masing, Einführung (Fn. 8), S. 21 ff., 25 ff., 32 ff., 37 ff.

[53] Differenzierend M. Hecker, Napoleonischer Konstitutionalismus in Deutschland, 2005.

erwies sich die konstitutionelle Ära nach Napoleon. Gemäß Art. 13 der Deutschen Bundesakte von 1815 sollte in allen Bundesstaaten eine „landständische Verfassung stattfinden“. Die immerhin bis zum Ende des Ersten Weltkrieges dauernde, wenn auch durch eine eigentümliche Schwebelage zwischen dem sog. monarchischen Prinzip der Fürstensouveränität (Art. 57 der Wiener Schlußakte von 1820) einerseits und der Volkssouveränität andererseits gekennzeichnete Epoche konstitutioneller Monarchien in Deutschland verlieh dem Verfassungsgedanken eine sehr spezifische, in mancherlei Hinsicht von den Prototypen abweichende Gestalt[54]. So weisen die in drei – jeweils durch Umbrüche in Frankreich ausgelösten – Wellen verabschiedeten Verfassungen durchweg Urkundscharakter auf und können, entgegen gelegentlicher Selbsttitulierung als oktroyiert, durchaus als umfassende Form der Regulierung der Herrschaftsausübung angesehen werden; doch blieb ihre herrschaftskonstitutive Funktion wegen der prätendierten Souveränität der Monarchen prekär. Auch bildeten staatsorganisatorische Regeln sowie die Rechte der (Staats-) Bürger[55] das Grundgerüst der konstitutionellen Verfassungen, jedoch waren diese Rechte wegen einer gewissen „Nationalisierung“[56] des Verfassungsbegriffs nicht als universale Menschenrechte gefaßt, und der Status der Repräsentativkörperschaften (Landtage) blieb trotz eines beachtlichen Kompetenzzuwachses im Laufe der Zeit letztlich auf Kontrolle der Regierung und Mitgesetzgebung beschränkt. In Ermangelung der Durchsetzung des Gedankens der Volkssouveränität mußte es an einem deutlich hervorgehobenen Prozeß der Verfassungsgebung ebenso fehlen wie an einem speziellen Verfahren zur Verfassungsänderung. Entsprechend blieb für einen klar ausformulierten Vorrang der Verfassung ungeachtet mancher in diese Richtung weisenden Teilelemente[57] kein Raum. Auch die ganz herrschende Lehre in der Staatsrechtswissenschaft vermochte dieser ‚amerikanischen‘ Lehre nicht zu folgen: Labands wirkmächtiger Charakterisierung zufolge war die Verfassung ausdrücklich keine „mystische Gewalt, welche *über* dem Staat schwebt, sondern gleich jedem anderen Gesetz ein Willensakt *des* Staates und mithin

---

[54] Zum folgenden Abschnitt vorzüglich W. HEUN, Die Struktur des deutschen Konstitutionalismus des 19. Jh. im verfassungsgeschichtlichen Vergleich, in: Der Staat 45 (2006), S. 365 ff.

[55] Umfänglich J. HILKER, Grundrechte im deutschen Frühkonstitutionalismus, 2005.

[56] HOFMANN, Entstehung (Fn. 20), S. 162.

[57] Dazu C.H. SCHMIDT, Vorrang der Verfassung und konstitutionelle Monarchie, 2000, S. 41 ff., 93 ff.

nach dem Willen des Staates veränderlich"[58]. Von daher galt auch eine Verfassungsgerichtsbarkeit als gleichsam strukturell unmöglich, weil mit der dualistischen Struktur der konstitutionellen Monarchien nicht vereinbar[59]. Von all diesen Beschränkungen machte sich erst die von einer gewählten Nationalversammlung geschaffene, aber politisch gescheiterte Paulskirchenverfassung frei, was ein weiteres Mal deren erstaunliche Modernität demonstriert. Die endgültige Ablösung des konstitutionellen Dualismus durch einen konsequenten Monismus der Volkssouveränität brachte erst die Weimarer Reichsverfassung von 1919 (WRV).

IV. Das Grundgesetz als Verfassung der Bundesrepublik Deutschland

Im Grundgesetz für die Bundesrepublik Deutschland vom 23. Mai 1949 (GG) sind die typusbildenden Merkmale moderner Verfassungsstaatlichkeit durchweg klar und kräftig ausgeprägt[60]. So wird die kodifikatorische Geschlossenheit der Verfassungsurkunde durch das Inkorporationsgebot des Art. 79 Abs. 1 GG, wonach deren Änderung nur durch ausdrückliche Änderung oder Ergänzung des GG-Textes erfolgen kann, in besonderer Weise gesichert, da Verfassungstextdurchbrechungen damit ausgeschlossen sind. Weiterhin stützt sich das Grundgesetz ausweislich seiner Präambel auf den Gedanken der verfassunggebenden Gewalt des Volkes, auch wenn die besonderen Umstände seiner Genese dazu führten, daß es weder von einer frei gewählten Nationalversammlung verabschiedet noch dem Volk zur Abstimmung vorgelegt wurde. Es reproduziert die Grundstruktur von Rechteerklärung und Staatsorganisation, wobei die Grundrechte – angeführt vom Satz von der Menschenwürde (Art. 1 Abs. 1 GG) – bewußt an den Anfang gestellt wurden. Das Grundgesetz statuiert konsequenter und unmißverständlicher als die WRV die umfassende Grundrechtsbindung aller staatlichen Gewalten (Art. 1 Abs. 3 GG) und unterwirft ihr ausdrücklich auch das Parlament als formellem Gesetzgeber; es etabliert und sichert darüber hinaus ganz allgemein den Vorrang der Verfassung (Art. 20 Abs. 3 GG). Des weiteren sieht das Grundgesetz die Möglichkeit seiner

[58] P. Laband, Das Staatsrecht des Deutschen Reiches, 5. Aufl., Bd. 2, 1911, S. 39.

[59] R. Wahl, Die Entwicklung des deutschen Verfassungsstaates bis 1866, in: HStR^3 I, § 2 Rn. 54ff.

[60] Zum folgenden H. Dreier, Grundlagen und Grundzüge staatlichen Verfassungsrechts: Deutschland, in: A. v. Bogdandy/P. Cruz Villalón/P.M. Huber (Hrsg.), Handbuch Ius Publicum Europaeum, Bd. I, 2007, § 1 Rn. 2ff., 26ff., 85ff., 93ff., 133ff.

Änderung bei Vorliegen einer Zweidrittelmehrheit in Bundestag und Bundesrat vor (Art. 79 Abs. 1 und 2 GG), von der oft und intensiv Gebrauch gemacht worden ist – nicht zuletzt deshalb, weil sie ganz in den Bahnen des normalen Gesetzgebungsverfahrens verläuft, andere Faktoren wie das Volk nicht beteiligt und weitere Erschwerungen nicht vorgesehen sind. Gewissermaßen kompensatorisch wirkt insofern die sog. Ewigkeitsklausel (Art. 79 Abs. 3 GG), seinerzeit ein verfassungsrechtliches Novum, die der Verfassungsrevision unübersteigbare materielle Grenzen zieht. Deutlich und vielfältig sind die rechtsstaatlichen Elemente ausgeprägt. Die schon in der WRV enthaltene klassische Formel der Volkssouveränität („Alle Staatsgewalt geht vom Volke aus") findet sich in Art. 20 Abs. 2 GG. Die nähere Ausgestaltung ist allerdings rein repräsentativ; Formen direkter Demokratie kennt das GG im Unterschied zu den Verfassungen aller sechzehn Bundesländer – und auch zur WRV, mit der es die Verknüpfung liberaler Traditionen mit republikanischen, rechts- und sozialstaatlichen Gehalten teilt – nicht. Mit der Einrichtung eines kompetenzstarken, insbesondere auch zur Überprüfung und Verwerfung förmlicher Bundesgesetze befugten Verfassungsgerichts (Art. 93, 100 Abs. 1 GG) wurde eine bald schon höchst anerkannte Deutungs- und Durchsetzungsinstanz für die Bewahrung und Weiterentwicklung der Verfassungsnormen geschaffen[61].

V. Entwicklungstendenzen

Heutzutage läßt sich ohne Übertreibung ein weltweiter „Siegeszug"[62] des modernen Verfassungsstaates konstatieren, wie er in wesentlichen Elementen bereits Ende des 18. Jahrhunderts ausgeformt war. Gleichwohl bleibt die Entwicklung nicht stehen, treten andere Tendenzen auf den Plan.

Den gemeinsamen Nenner der im folgenden ohne jeden Anspruch auf Vollständigkeit präsentierten und durchaus kritisch zu sehenden Entwicklungstendenzen moderner Verfassungsstaaten (zur Entformalisierung: Rechtsstaat) bildet der Umstand, daß Verfassung jeweils über den traditionell auf die öffentliche Gewalt eines Nationalstaates bezogenen Bereich hinausgreift – sei es durch Hineinwirken in die Sphäre der Gesellschaft, sei es durch Erstreckung auf die überstaatliche Ebene.

---

[61] Schlaich/Korioth, Bundesverfassungsgericht (Fn. 51), Rn. 134 f., 548 ff.; vgl. auch die Beiträge in: P. Badura/H. Dreier (Hrsg.), Festschrift 50 Jahre Bundesverfassungsgericht, 2 Bde., 2001.

[62] Statt vieler Hofmann, Entstehung (Fn. 20), S. 166.

1. Erstreckung auf die Gesamtgesellschaft?

Die herkömmliche und allgemein akzeptierte Vorstellung von Verfassung als einer Grundordnung des Staates wird transzendiert, wenn man ihr über die liberale Ausgrenzungs- und politische Gestaltungsfunktion der Grundrechte hinaus auch eine Fundierungs- und Orientierungsfunktion für die „Rationalisierung des Gesamtpolitikums" zuerkennt und in ihr „institutionelle Handlungsanreize und Motive für verantwortliches Bürgerhandeln enthalten"[63] sieht. Zwar weisen Staatsziele wie Sozial- oder Umweltstaat oder auch die Drittwirkung der Grundrechte seit jeher eine gesellschaftsbezogene Tendenz auf, doch soll nun – darüber weit hinausgehend – Verfassung im Sinne eines ‚neuen Konstitutionalismus' eine Staat wie Gesellschaft gleichermaßen umgreifende Grundordnung bilden. Nicht minder problematisch erscheint die in die gleiche Richtung gehende Vorstellung, Verfassung als „gute Ordnung" der Gesamtgesellschaft zu konzipieren[64]. Im einen wie im anderen Fall wäre kritisch zu fragen, ob solche raumgreifenden Konzepte sich mit der maßgeblich durch die Aufklärung und Immanuel Kant geprägten Vorstellungswelt einer Trennung von Recht und Moral (Moral und Recht), von Rechts- und Tugendpflichten als vereinbar erweisen können und ob damit nicht das zentrale Konzept liberaler Freiheit latent preisgegeben wird[65]. Der mittlerweile endemisch gewordene und immer stärker auch rechtlich instrumentalisierte Topos der Diskriminierung bildet ein Beispiel.

2. Verfassungsfähigkeit der Europäischen Union?

Verfassung war ursprünglich auf den (National-) Staat bezogen und sollte die hier ausgeübte politische Herrschaft einer umfassenden Verrechtlichung und Rationalisierung unterziehen. Durch die Errichtung der EG/EU, einer mit Hoheitsrechten ausgestatteten Rechtsgemeinschaft eigener und sehr besonderer Art, hat sich eine veränderte Lage ergeben, weil das aus autonomer Quelle fließende europäische Gemeinschaftsrecht in den Mitgliedstaaten ohne weitere Umsetzungs- oder Vollzugsakte direkt und unmittelbar (Durchgriffswirkung) sowie mit Vorrang gegenüber den na-

---

[63] U.K. Preuss, Art. Verfassung, in: Historisches Wörterbuch der Philosophie, Bd. 11, hrsgg. v. J. Ritter, K. Gründer u. G. Gabriel, 2001, Sp. 636ff. (640).

[64] M. Morlok, Art. Verfassung, in: Evangelisches Staatslexikon, hrsgg. v. W. Heun u.a., Neuausgabe 2006, Sp. 1556ff. (1558).

[65] Frühe Kritik bei Böckenförde, Entwicklung (Fn. 5), S. 47ff.

tionalen Rechtsordnungen gilt. Neben die von der nationalen Verfassung gehegte Staatsgewalt tritt somit eine zweite, nunmehr supranationale, öffentliche Gewalt. Der Grundsatz des Vorrangs des Gemeinschaftsrechts macht dabei auch vor den nationalen Verfassungen nicht halt, wobei Existenz und Reichweite letzter unantastbarer, gewissermaßen ‚europafester' nationaler Verfassungsgrundsätze umstritten ist. Klar ist aber, daß sich unterhalb dieser Schwelle aufgrund der Überlagerung und Durchdringung des nationalen Rechts auch der Sinngehalt von Verfassungsbestimmungen ändern kann[66]. Im Grundgesetz wird das etwa bei der Bestimmung des Wortes „inländisch" in Art. 19 Abs. 3 GG oder bei der Frage des Grundrechtsschutzes für EU-Bürger im Bereich der sog. Deutschengrundrechte (z.B. Art. 8, 9, 12 GG) spürbar. Insgesamt läßt sich als wichtigste Tendenz ausmachen, daß infolge des supranationalen Integrationsprozesses der umfassende Regelungsgehalt der nationalen Verfassung abnimmt und sie zumindest partiell auf den Status einer Teilrechtsordnung herabsinkt[67].

In gewissermaßen gegenläufiger Perspektive stellt sich das Problem, ob die Europäische Gemeinschaft ihrerseits Gegenstand eines Verfassungsgebungsprozesses werden könnte wie etwa seinerzeit die USA (‚Vereinigte Staaten von Europa'). Das bleibt virulent auch nach dem Scheitern des (zu) ambitionierten Projekts einer zumindest dem äußeren Anschein nach kompletten Verfassung für Europa (einschließlich Präambel, Grundrechtsteil und staatlicher Symbole), und zwar auch und ganz unabhängig von der Frage der Wiederholung eines solchen Versuches oder seiner verhüllten Realisierung in Gestalt des Lissabon-Vertrages. Die Frage nach der Verfassungsfähigkeit der Europäischen Union ist umstritten wie eh und je[68], gerade weil sie zweifelsohne eine zentrale, freilich nicht annähernd bewältigte Herausforderung an die Verfassungstheorie darstellt[69]. Kompromißmetaphern wie die vom Verfassungsverbund, vom Mehrebenensystem

---

[66] H. BAUER, Europäisierung des Verfassungsrechts, in: Juristische Blätter 2000, S. 750ff.

[67] K. HESSE, Grundzüge des Verfassungsrechts der Bundesrepublik Deutschland, 20. Aufl. 1995, Rn. 105 ff.

[68] D. GRIMM, Braucht Europa eine Verfassung?, 1995; E. PACHE, Eine Verfassung für Europa – Krönung oder Kollaps der europäischen Integration?, in: EuR 37 (2002), S. 767ff.; H. DREIER, Erosionsprozesse des Verfassungsstaates, in: C. Gestrich (Hrsg.), Die herausgeforderte Demokratie, 2003, S. 51 ff. (68 ff.); U. SCHLIESKY, Souveränität und Legitimität von Herrschaftsgewalt, 2004, S. 443 ff., 507 ff., 588 ff.

[69] Vgl. G. LÜBBE-WOLFF, Volk, Demokratie, Verfassung – Die „Verfassung für Europa" als Herausforderung an die Verfassungstheorie, in: W. Kluth (Hrsg.), Europäische Integration und nationales Verfassungsrecht, 2007, S. 47 ff.

oder – unvermeidlich englisch – einem *multilevel constitutionalism*[70] legen in der Sache die „Rückkehr zu der vorrevolutionären Pluralität der leges fundamentales"[71] offen. Außerdem können sie nicht über die nach wie vor starke völkerrechtliche Vertragskomponente hinwegtäuschen, die insbesondere beim Beitritt neuer Mitgliedstaaten sowie bei sonstiger Veränderung der Vertragsgrundlagen zutage tritt[72]. Auf absehbare Zeit fehlt es an einer identifizierbaren verfassunggebenden Gewalt eines sich als Einheit begreifenden Volkes, an einem spezifischen Änderungsverfahren der EG/EU-'Verfassung' und insbesondere an einem überzeugenden Konzept demokratischer Legitimation[73].

3. Konstitutionalisierung des Völkerrechts?

Ob der allgemeine Siegeszug des Verfassungsgedankens auf internationaler Ebene seine Fortsetzung finden könnte, wird unter dem Titel einer ‚Konstitutionalisierung' des Völkerrechts diskutiert: also der graduellen Transformation des internationalen Rechts oder von Teilen desselben in eine Art von Weltrechtsordnung[74]. In der nicht selten durch rhetorischen Nebel verunklarten Diskussion wird eine entsprechende Tendenz oft schon bejaht, wenn sich auf überstaatlicher Ebene die typischen Inhalte moderner Verfassungsstaatlichkeit (wie etwa die Menschenrechte) wiederfinden bzw. diese dort als folgenreiche Regelungen etabliert oder anerkannt sind. Wichtiger erscheint jedoch die eher formal-strukturelle Frage, ob sich hier auch schon Prozesse der Ausbildung bestimmter Formen, Strukturen und Verfahren ausmachen lassen, die die Generierung und Kontrolle von Rechtsregeln in ähnlicher Weise prägen wie dies im Verhältnis nationalstaatlicher Verfassungen zu nationalen Rechtsnormen der Fall ist. Hier dürfte der Ertrag schon angesichts gegenläufiger Großmachtinteressen

---

[70] Schliesky, Souveränität (Fn. 68), S. 502 ff.; I. Pernice, Multilevel constitutionalism in the European Union, in: European Law Review 27 (2002), S. 511 ff.; F. W. Scharpf, Reflections on Multilevel Legitimacy, 2007.

[71] Hofmann, Entstehung (Fn. 20), S. 171.

[72] H. Köppen, Verfassungsfunktionen – Vertragsfunktionen. Strukturelle Divergenz zwischen bundesstaatlichen Verfassungen und EU-Gründungsverträgen aus funktioneller Sicht, 2002.

[73] H. Dreier, in: ders., GGK II (Fn. 36), Art. 20 (Demokratie), Rn. 33 ff., 46 ff.

[74] R. Wahl, Konstitutionalisierung – Leitbegriff oder Allerweltsbegriff?, in: Festschrift für Winfried Brohm, 2002, S. 191 ff.; M. Knauff, Konstitutionalisierung im inner- und überstaatlichen Recht – Konvergenz oder Divergenz?, in: Zeitschrift für ausländisches öffentliches Recht und Völkerrecht 68 (2008), S. 453 ff.

vorerst wohl eher mager bleiben. Gegenüber hochfahrenden Ideen einer Weltrepublik oder einer globalen ‚*constitutional order*' bleibt nüchtern festzuhalten, daß es auf internationaler Ebene an einem einheitlich konstitutionsfähigen Gegenstand fehlt: „Die sich herausbildende internationale Ordnung erinnert vielmehr in ihrer Pluralität unverbundener Herrschaftszentren und Rechtsquellen an vorstaatliche Zustände. Ihre Bündelung und ihre demokratische Legitimierung liegen in weiter Ferne."[75]

[75] GRIMM, Ursprung (Fn. 4), § 1 Rn. 101.

Rechtsstaat

I. Annäherungen an den Begriff

Beim Rechtsstaat handelt es sich um „eine dem deutschen Sprachraum eigene Wortverbindung und Begriffsprägung“[1], ohne daß für seine substantiellen Gehalte ein entsprechendes Exklusivrecht reklamiert werden könnte; gleichwohl dürfen die Differenzen zum angloamerikanischen Konzept der *rule of law* nicht übersehen werden[2]. In sinnvariierender und generalklauselartiger Weise verknüpfen sich mit seiner nicht selten auch politisch-kämpferischen Nennung und Anrufung Gedanken einer Gerechtigkeit des Rechts, der Hegung und Rationalisierung politischer Herrschaft und ihrer Ausübung nach Recht und Gerechtigkeit, des Ziels umfassender Formbindung und (auch) dadurch bewirkter Begrenztheit allen staatlichen

---

[1] E.-W. Böckenförde, Entstehung und Wandel des Rechtsstaatsbegriffs, in: Festschrift für Adolf Arndt, 1969, S. 53 ff. (54); vgl. auch K. Stern, Der Rechtsstaat, 1971, S. 6; H. Hofmann, Geschichtlichkeit und Universalitätsanspruch des Rechtsstaats, in: Der Staat 34 (1995), S. 1 ff. (1).

[2] Zur Differenz J.-Y. Morin, The Rule of Law and the Rechtsstaat Concept: A Comparison, in: E. McWhinney/J. Zaslove/W. Wolf (eds.), Federalism-in-the-Making, Dordrecht u.a. 1992, S. 60 ff.; O. Lepsius, Verwaltungsrecht unter dem Common Law, 1997, S. 207 ff.

Dreier, DÖV 21, 229 (230)

Handelns, der Garantie unveräußerlicher Grund- und Menschenrechte des Einzelnen sowie demokratischer Selbstbestimmung einer Gesellschaft Freier und Gleicher. „Government of laws not of men" (Art. 30 Verf. Massachusetts 1780; Marbury v. Madison, 5 U.S. 137, 163 [1803]) könnte als denkbar breitgelagerte Losung dienen, die ebenso gern wie anfechtbar schon bei Platon und Aristoteles verortet wird[3]. Substantiell tiefer greift der Gedanke, daß die Etablierung des Rechts als eines gegenüber Politik und Religion relativ selbständigen Mediums und eines akzeptierten Gestaltungs- und Entscheidungsmechanismus, dem letztlich auch die Träger politischer Herrschaft unterworfen sind, die westliche Rechtstradition mit ihrem vergleichsweise hohen Grad an Verwissenschaftlichung und Intellektualisierung in ganz entscheidender Weise geprägt hat[4].

Dies alles demonstriert, daß dem Rechtsstaatsbegriff ein überschießendes Moment emphatischer Qualität innewohnt, das sich durch definitorische Engführungen nicht endgültig bannen läßt. Gerade wegen seiner vielschichtigen Verwurzelung sowie wegen des hohen Allgemeinheitsgrades inhaltlicher Qualifizierungen steht er allerdings stets in Gefahr, als beliebig abrufbare Vokabel für wünschenswerte politische Zustände und als eine Art Generalnenner für Beschränkungen staatlicher Gewalt, Menschenrechte, demokratische Selbstorganisation oder gar die außerordentlich voraussetzungsvolle Verfassungsbindung des Gesetzgebers bzw. andere Bausteine moderner Verfassungsstaatlichkeit zu dienen. Vor allem kann nicht jede, auch in Antike und Mittelalter anzutreffende Erwägung oder Maßnahme zur Mäßigung politischer Herrschaft sinnvollerweise bereits mit dem Etikett ‚Rechtsstaat' versehen werden.

Dem im politischen wie im wissenschaftlichen Diskurs virulenten Problem einer allzu unspezifischen, wenn nicht leerformelhaften Redeweise von Rechtsstaat mit entsprechenden terminologischen Unschärfen begegnet man am ehesten durch eine Vergewisserung der spezifischen Entwicklungsgeschichte des Rechtsstaatsbegriffs (dazu II.) und der Rekapitulation derjenigen normativen Gehalte, die durch den Rechtsstaat im Grundgesetz für die Bundesrepublik Deutschland abgedeckt und gesichert werden (III.); knappe Hinweise auf wesentliche Herausforderungen und Zukunftsperspektiven bilden den Schluß (IV.).

---

[3] Vgl. J. Brand/H. Hattenhauer, Der europäische Rechtsstaat, 1994, S. 3 f.

[4] H.J. Berman, Recht und Revolution, 2. Aufl. 1991, S. 144 ff., 439 ff., 468 ff.; Hofmann, Geschichtlichkeit (Fn. 1), S. 8 f.; P. Nemo, Was ist der Westen? Die Genese der abendländischen Zivilisation, 2005, S. 21 ff., 45 ff.

II. Zur Begriffs- und Problemgeschichte: Entwicklungslinien im Überblick

Seit dem Ende des 18. Jahrhunderts hat die Idee des Rechtsstaats Staatsentwicklung wie Staatstheorie in verschiedener Sinngebung und Deutung geprägt und namentlich im 19. Jahrhundert seine weitgehend noch bis heute gültigen typusprägenden Elemente entfaltet. Dabei ist einer prägnanten Wendung von Otto Mayer zufolge das „Wort [...] aufgekommen, nachdem die Sache bereits im Gange war"[5]. Der freiheitlich-vernunftrechtliche Sachgehalt ist schon bei Kant – etwa in der Definition des Staates als einer „Vereinigung einer Menge von Menschen unter Rechtsgesetzen"[6] – und ähnlich bei anderen Vertretern des Deutschen Idealismus[7] sowie ansatzweise in der preußischen Kodifikation des Allgemeinen Landrechts von 1794 präsent[8]; einzelne Regelungsaspekte, insbesondere der Gedanke des Rechtsschutzes und die Justizgewährung, lassen sich bis zu spätmittelalterlichen und frühneuzeitlichen Gewährleistungen des Alten Reiches zurückverfolgen[9]. Erst im 19. Jh. jedoch wird Rechtsstaat in maßgeblicher Weise zum „Kristallisationspunkt der deutschen Verfassungsentwicklung"[10]. Sukzessive rückt der Begriff des Gesetzes in den Mittelpunkt. In der Staatsrechtslehre der konstitutionellen Ära erfährt er seine wesentliche Prägung, die in der ersten Phase noch deutlich und stark durch materiale Aspekte und das Ringen um wesentliche verfassungsrechtliche Verbürgungen charakterisiert ist, später dann aber einer zunehmenden Akzentuierung eher formaler Elemente weicht. Über diese Art von Formalisierung greift im 20. Jh. nochmals weit hinaus die hochabstrakte Rechtstheorie Hans Kelsens, in welcher der

---

[5] O. Mayer, Deutsches Verwaltungsrecht, Bd. I, 1895, S. 61.

[6] I. Kant, Metaphysik der Sitten. Erster Teil: Metaphysische Anfangsgründe der Rechtslehre (1797), § 45 (Akademieausgabe, Bd. VI, S. 313).

[7] Zu Kant H. Dreier, Kants Republik, in: ders. (Hrsg.), Rechts- und staatstheoretische Schlüsselbegriffe: Legitimität – Repräsentation – Freiheit. Symposion für Hasso Hofmann zum 70. Geburtstag, 2005, S. 151 ff.; zu Humboldt J. Petersen, Wilhelm von Humboldts Rechtsphilosophie, 2. Aufl. 2007, insb. S. 53 ff., 58 ff.

[8] H. Conrad/G. Kleinheyer (Hrsg.), Vorträge über Recht und Staat von Carl Gottlieb Svarez (1746–1798), 1960; G. Birtsch/D. Willoweit (Hrsg.), Reformabsolutismus und ständische Gesellschaft. Zweihundert Jahre Preußisches Allgemeines Landrecht, 1998.

[9] T. Würtenberger, Zu den Wurzeln des Rechtsstaates in Deutschland, in: B. Rill (Hrsg.), Fünfzig Jahre freiheitlich-demokratischer Rechtsstaat, 1999, S. 15 ff.; H. Hattenhauer, Europäische Rechtsgeschichte, 4. Aufl. 2004, S. 720 ff., 725 ff.

[10] H. Schulze-Fielitz, in: H. Dreier (Hrsg.), Grundgesetz-Kommentar, Bd. II, 2. Aufl. 2006, Art. 20 (Rechtsstaat), Rn. 10.

Rechtsstaatsbegriff vollends jegliche Kontur und eigenständig-abgrenzende Bedeutung verliert; in frappanter Übereinstimmung mit dem frühen Carl Schmitt ist für Kelsen gemäß der These von der Identität von Staat und Recht auch der absolute Polizeistaat, ja eigentlich jeder Staat automatisch Rechtsstaat, ohne daß damit irgendwelche inhaltlichen Auszeichnungen verbunden wären[11].

Auch abgesehen von solchen Theorieentwürfen demonstriert die deutsche Geschichte des 19. Jh. in Gestalt der konstitutionellen Monarchien, daß die gedankliche Entwicklung und politische Realisierung rechtsstaatlicher Standards durchaus ohne gleichlaufende oder vorausgehende umfassende Herstellung demokratischer Verhältnisse möglich ist. Jedenfalls in Deutschland ist der Rechtsstaat älter als die Demokratie – und wohl auch stärker verwurzelt. Das zeigt sich im Tiefpunkt der deutschen Geschichte. Von Belang ist insofern weniger, daß in der ersten Zeit nach der Machtergreifung 1933 zunächst eine ebenso bizarre wie kurzlebige Debatte über den Rechtsstaat im Nationalsozialismus stattfand („Der deutsche Rechtsstaat Adolf Hitlers“[12]), der zeitgleich wichtige und im Laufe der weiteren Entwicklung praktisch alle rechtsstaatlichen Grundsätze außer Kraft setzte. Markanter erscheint, daß die Widerstandskreise gegen Hitler im Entwurf einer ersten Regierungserklärung nach erfolgreichem Attentat und Sturz des NS-Regimes zwar der „Wiederherstellung der vollständigen Majestät des Rechts“ oberste Priorität beimaßen, die neue politische Ordnung aber nicht als egalitäre Grundrechtsdemokratie, sondern eher nach (berufs-)ständischem Muster mit stark elitärer Prägung konzipierten[13]. Die in der neugegründeten Bundesrepublik vielbeschworene Re-Materialisierung des Rechtsstaates blieb oft vage oder naiv-naturrechtlich, setzte sich zuweilen in ein nicht unproblematisches Spannungsverhältnis zum Demokratieprinzip und konnte zudem nicht über den unverlierbaren Wert gerade der Formaspekte des Rechtsstaates hinwegtäuschen. Ernst Forsthoffs prononcierte Wendung vom Rechtsstaates als einem „System rechts-

---

[11] H. Kelsen, Allgemeine Staatslehre, 1925, S. 42, 44, 87, 91 u.ö.

[12] So H. Frank, Der deutsche Rechtsstaat Adolf Hitlers, in: Deutsches Recht IV (1934), S. 120ff. (120); vgl. M. Stolleis, Geschichte des öffentlichen Rechts in Deutschland, Bd. 3, 1999, S. 330ff.; C. Hilger, Rechtsstaatsbegriffe im Dritten Reich, 2003, S. 87ff.

[13] Vgl. H. Mommsen, Alternative zu Hitler, 2000, insb. S. 53ff., 159ff.; W. Graf Vitzthum, Vaterland Rechtsstaat. Zum Widerstandsmotiv „Wiederherstellung der vollkommenen Majestät des Rechts“, in: S. Schröder/C. Studt (Hrsg.), Der 20. Juli 1944 – Profile, Motive, Desiderate, 2008, S. 155ff.

technischer Kunstgriffe zur Gewährleistung gesetzlicher Freiheit"[14] war zugleich Ehrenrettung des Formalen wie ein Stück bewußt kalkulierter Provokation und wohl nicht zuletzt Protest gegen eine Amalgamierung des Rechtsstaatsbegriffs mit anderen Verfassungsprinzipien oder diffusen Gerechtigkeitserwägungen. Zu Recht nicht durchgesetzt hat sich allerdings seine These von der Unvereinbarkeit von Rechtsstaat und Sozialstaat auf Verfassungsebene[15].

1. *Frühkonstitutionelle Lehre*

Zu einem zentralen Topos wurde der Begriff des Rechtsstaates insbesondere durch frühliberale Autoren. Erste intentionale Verwendungen des Begriffs finden sich zu Beginn des 19. Jh. bei Carl Theodor Welcker und Joh. Christoph v. Aretin[16]. Besondere Schubkraft erfuhr er sodann durch die einschlägigen Schriften Robert v. Mohls[17]. Dieser wahre Klassiker des Rechtsstaatsgedankens verlieh ihm unter Verknüpfung formeller wie materieller Aspekte Profil, indem er die ‚Rechtsstaats-Gattung' deutlich von patriarchalischen, theokratischen und despotischen Formen anderer Staaten und Epochen absetzte. Als ‚Staat der Vernunft' (Welcker) bzw. als ‚Verstandesstaat' (v. Mohl) sollte der Rechtsstaat Hindernisse für die freie, allseitige Entfaltung der Bürger aus dem Wege räumen und deren Rechtsstellung durch unabhängige Gerichte sichern. Rechtsstaat fungiert hier deutlich als Kontrastbegriff zu Despotie und Willkürherrschaft, desgleichen zum fürstlichen Absolutismus mit seinen ‚Machtsprüchen' und einem zwangsbeglückenden Wohlfahrtsstaat; konstruktiv bildet er die Parole für eine Begrenzung der Staatszwecke auf Freiheit und Sicherheit des Einzelnen und ist somit Freiheitsrealisierungsprogramm. In dieser Frontstellung geht er freilich nicht auf: der allgemeine Wohlfahrtszweck (heute: Sozialstaat)

---

[14] E. FORSTHOFF, Die Umbildung des Verfassungsgesetzes, in: Festschrift für Carl Schmitt, 1959, S. 35 ff. (61).

[15] E. FORSTHOFF, Begriff und Wesen des sozialen Rechtsstaates, VVDStRL 12 (1954), S. 8 ff. (18 ff.). Zur Kritik: O. BACHOF, Begriff und Wesen des sozialen Rechtsstaates, ebd., S. 37 ff.; H.F. ZACHER, Das soziale Staatsziel, in: HStR³ II, § 28 Rn. 109 ff.

[16] C.T. WELCKER, Die letzten Gründe von Recht, Staat und Strafe, 1813, S. 25; J.C. FRHR. V. ARETIN, Staatsrecht der konstitutionellen Monarchie, Bd. I, 1824, S. 163.

[17] R. MOHL, Das Staatsrecht des Königreiches Württemberg, Erster Theil, das Verfassungsrecht, 1829; DERS., Die Polizei-Wissenschaft nach den Grundsätzen des Rechtsstaates, Bd. 1, 1832.

etwa wird im Unterschied zu späteren Entwicklungen zumeist noch als integraler Bestandteil des Rechtsstaates begriffen. Speziell für v. Mohl bildet die (zweckangemessen limitierte) Polizei nicht den Gegenpol zum Rechtsstaat, sondern neben der Rechtspflege als Sicherung individueller Rechte die zweite Säule desselben. Rechtsstaat enthält somit ein ganzes Bündel von Elementen und ist zugleich Abbreviatur für eine an Vernunftgrundsätzen orientierte Organisation des Staates. Repräsentativ heißt es dazu im Vorwort des Rotteck-Welckerschen Staatslexikons, „*echte* Staatswissenschaft" mahne die Inhaber der Staatsgewalt „einerseits zur *Enthaltung* von allem störenden oder hemmenden Einwirken auf den nach edlen Zwecken strebenden Menschengeist und andererseits zur *positiven Beförderung* durch kräftigen Schirm, auch durch weise Leitung und Unterstützung der Privattätigkeit überall da, wo solches nach der Natur des Gegenstandes als nützlich oder notwendig zu erkennen ist, d.h. also, sie hat den Beruf in sich, für die *Verfassung* und für die *Verwaltung* der Staaten diejenigen Grundsätze aufzustellen und geltend zu machen, welche der *Vernunftidee* vom Staat, d.i. vom *Rechtsstaat* wahrhaft entsprechend sind"[18].

2. *Spätkonstitutionelle Lehre*

Insbesondere in der zweiten Hälfte des 19. Jh. kommt es zu einer signifikanten Verengung des Rechtsstaatsbegriffs. Er wird nicht (mehr) als ein zuvörderst materiell bestimmbares Staatsprinzip mit der Implikation bestimmter Staatszwecke verstanden, sondern wandelt sich zum Formprinzip einer Mäßigung der Staatsgewalt ohne Rücksicht auf deren vom Rechtsstaat sozusagen nicht mehr erreichbaren Inhalte. Die klassische und später immer wieder aufgegriffene Formulierung für diese Reduktion prägte der hochkonservative, in der Bibel die oberste Rechtsautorität erblickende Rechtslehrer Friedrich Julius Stahl, der seine berühmten Worte bereits vor 1848 niederschrieb: „Der Staat soll *Rechtsstaat* sein, das ist die Losung und ist auch in Wahrheit der Entwickelungstrieb der neuern Zeit. Er soll die Bahnen und Grenzen seiner Wirksamkeit wie die freie Sphäre seiner Bürger in der Weise des Rechts genau bestimmen [...] Dies ist der Begriff des Rechtsstaats [...] er bedeutet überhaupt nicht Ziel und Inhalt

[18] C. v. Rotteck/C. Welcker, Vorwort, in: dies. (Hrsg.), Staatslexikon oder Encyklopädie der Staatswissenschaften, Bd. I, 1834, S. I ff. (IX). Zum Gesamtunternehmen vgl. R. Grawert, Die Staatswissenschaft des Rotteck-Welcker'schen „Staats-Lexikon", in: Der Staat 31 (1992), S. 114 ff.

des Staates, sondern nur Art und Charakter dieselben zu verwirklichen."[19] Insbesondere nachdem wesentliche rechtsstaatliche Forderungen der Vormärzzeit (vor allem in Preußen) verfassungsrechtlich verbürgt waren und der Rechtsstaat sich in Deutschland somit in Gestalt konstitutioneller Monarchien realisierte, setzte sich Stahls Auffassung weitgehend durch. ‚Rechtsstaat' wandelte sich infolgedessen von „einem staatstheoretischen und verfassungspolitischen zu einem staatsrechtlich-dogmatischen Begriff"[20] und erlangte kraft dieser Reduktion zugleich ein höheres Maß an juristischer Präzision. In gewisser Weise kommt dieser Verlagerung zusammen mit entsprechender Auslagerung allen ‚politischen Räsonnements' aus der Rechtswissenschaft durch den staatsrechtlichen Positivismus allerdings auch substitutive Funktion für die weitergehenden Ziele nationaler Repräsentation und Demokratie zu, wie sie in der gescheiterten Paulskirchenverfassung dokumentiert waren: Rechtsstaat wurde „Ersatz für die demokratische Partizipation der Bürger"[21] und war auch nach Auffassung Robert v. Mohls keineswegs zwingend an eine Volksherrschaft gebunden. Insbesondere für die weitere Entwicklung im Wilhelminischen Kaiserreich läßt sich konstatieren, daß man in der „Gesetzmäßigkeit, im Aufbau des gerichtlichen Schutzes wie in der Schaffung ergänzender Garantien (z.B. im Bereich der Amtshaftung)" die zentrale Aufgabe erblickte und „stetiges Streben nach weiterer Stärkung rechtsstaatlicher Garantien [...] die Signatur der Entwicklung" bildete[22]. Rudolf v. Gneist setzte besondere Akzente mit einer nur sehr vage am britischen Königreich orientierten Idee eines *self-government*, einer hochelitären und keineswegs liberal-individualistischen Vorstellung von (insbesondere kommunaler) Selbstverwaltung, sowie dem im Kern letztlich erfolgreichen Vorschlag der Errichtung spezieller Verwaltungsgerichte[23]. Das Plädoyer Otto Bährs für den Rechtsstaat wiederum konzentrierte sich auf der Basis der später von Otto v. Gierke eingehend begründeten Genossenschaftslehre auf die Forderung, das gesamte staatliche Handeln einheitlich der Kontrolle durch eine unabhängige

---

[19] F.J. Stahl, Die Philosophie des Rechts, 2. Aufl., Bd. 2, 1846, § 30 (Zitat: S. 106).

[20] Böckenförde, Entstehung (Fn. 1), S. 64.

[21] W. Reinhard, Rechtsstaat und Staatsgewalt: Historische Reflexionen, in: R. Kappel/H.W. Tobler/P. Waldmann (Hrsg.), Rechtsstaatlichkeit im Zeitalter der Globalisierung, 2005, S. 33ff. (35).

[22] Beide Zitate: U. Scheuner, Die neuere Entwicklung des Rechtsstaats in Deutschland, in: E. v. Caemmerer/E. Friesenhahn/R. Lange (Hrsg.), Hundert Jahre Deutsches Rechtsleben. Festschrift zum hundertjährigen Bestehen des Deutschen Juristentages 1860–1960, 1960, S. 229ff. (246).

[23] R. v. Gneist, Verwaltung, Justiz, Rechtsweg, 1869; ders., Der Rechtsstaat und die Verwaltungsgerichte in Deutschland, 2. Aufl. 1879.

Justiz, vorzugsweise der ordentlichen Gerichtsbarkeit, zu unterwerfen[24]. Vor dem Hintergrund der skizzierten Entwicklung und einer insgesamt gefestigten Diskussionslage konnte Richard Thoma in seinem wenige Jahre vor dem Ausbruch des Ersten Weltkrieges gezogenen Resümee[25] als gleichsam eherne Bestandteile des Rechtsstaats präsentieren: allgemein Maß und Form staatlicher Herrschaft mit möglichst klarer und fester Grenzziehung zur Freiheitssphäre des Bürgers; Gesetzmäßigkeit der Verwaltung; Kontrolle der Verwaltung durch unabhängige Gerichte; Amtshaftung. Als zentrale Aufgabe galt nun die Hinordnung des Verwaltungsrechts auf die Postulate des Rechtsstaats, wie das in Otto Mayers vielzitierter Wendung „Der Rechtsstaat ist der Staat des wohlgeordneten *Verwaltungsrechts*"[26] plastisch zum Ausdruck kam. Die insofern oft als formal-juristisch diskreditierte Rechtsstaatsidee warf allerdings ungeachtet ihrer tatsächlichen oder vermeintlichen „Formalisierung und Entpolitisierung"[27] nicht nur technisch-prozedurale, sondern durchaus die Grundlagen der Herrschaftsorganisation betreffende Fragen auf, wie sich etwa daran zeigt, daß Thoma nicht nur die Gesetzmäßigkeit der Verwaltung als „Fundament" des Gesamtkomplexes erscheinen, sondern diese Gesetzmäßigkeit – alles andere als unpolitisch – ihre „tiefste Verankerung [...] in der Existenz parlamentarischer Institutionen" finden läßt[28].

3. *Weimarer Republik*

An die rechtsstaatlichen Errungenschaften der konstitutionellen Ära konnte man in der Weimarer Republik anknüpfen und vieles, insbesondere die großen Justizgesetze des Wilhelminischen Kaiserreiches, fortführen. Manche Garantien fanden Eingang in die Verfassungsurkunde (vgl. Art. 102 ff. WRV: Rechtspflege, gesetzlicher Richter; Art. 116 WRV: *nulla poena sine lege*; Art. 131 WRV: Amtshaftung). In starker Anlehnung an die konstitutionelle Doktrin präsentierte Thoma für den Rechtsstaat noch am Ende der Republik folgende Definition: „Ein Staat [...] ist Rechtsstaat in dem Maße,

[24] O. Bähr, Der Rechtsstaat, 1864, S. 68 ff.

[25] R. Thoma, Rechtsstaatsidee und Verwaltungsrechtswissenschaft, in: JöR 4 (1910), S. 196 ff.; auch in: ders., Rechtsstaat – Demokratie – Grundrechte, hrsgg. und eingel. v. H. Dreier, 2008, S. 1 ff.

[26] O. Mayer, Deutsches Verwaltungsrecht, Bd. I, 3. Aufl. 1924, S. 58.

[27] M. Stolleis, Art. Rechtsstaat, in: A. Erler/E. Kaufmann (Hrsg.), Handwörterbuch zur deutschen Rechtsgeschichte, Bd. IV, 1990, Sp. 367 ff. (371).

[28] Beide Zitate: Thoma, Rechtsstaatsidee (Fn. 25), S. 205 bzw. S. 12.

in dem seine Rechtsordnung die Bahnen und Grenzen der öffentlichen Gewalt normalisiert und durch unabhängige Gerichte, deren Autorität respektiert wird, kontrolliert"[29]. Unerfüllt blieb der verfassungsrechtliche Auftrag (Art. 107 WRV) zur Schaffung eines Reichsverwaltungsgerichts; auch Pläne, durch stärkeren Ausbau der Staatsgerichtsbarkeit das Problem des diffusen richterlichen Prüfungsrechts einer Lösung zuzuführen, ließen sich nicht realisieren.

III. Rechtsstaat im Grundgesetz

Unter den in Art. 20 des bundesdeutschen Grundgesetzes (GG) vom 23. Mai 1949 aufgeführten Verfassungsprinzipien sucht man den Terminus ‚Rechtsstaat' zunächst vergeblich, doch findet sich die Kernsubstanz sehr wohl in einzelnen Normelementen des Art. 20 Abs. 2 und 3 GG sowie in weiteren sachspezifischen Artikeln wie etwa den Art. 92 ff., 101 ff. GG verbürgt. In Art. 28 Abs. 1 GG begegnet sogar die von Hermann Heller noch in Weimar geprägte Legitimationsformel vom „sozialen Rechtsstaat"[30]. Ohnehin sieht sich das Rechtsstaatsprinzip flankiert durch einen Katalog klassisch-liberaler Grundrechte und weitere Verfassungsprinzipien mit direktiver wie regulativer Kraft (allen voran das Demokratieprinzip) sowie andere Elemente moderner Verfassungsstaatlichkeit (wie dem Vorrang der Verfassung oder einer effektiven Verfassungsgerichtsbarkeit). Es muß also nicht die gesamte begriffliche wie sachliche Last einer freiheitlichen Grundrechtsdemokratie tragen und demgemäß – zumindest bei verfassungsdogmatischer Betrachtung – nicht mit anderen, wenn auch verwandten und oft implizit gedachten Elementen wie den allgemeinen Freiheits- und Gleichheitsrechten, einem Kanon demokratischer Grundsätze oder dem Gedanken eines strikten Verfassungsvorranges aufgeladen werden. Das erlaubt eine vergleichsweise präzise und konturenscharfe Erfassung dessen, was ‚Rechtsstaat' im Grundgesetz meint, auch wenn er sich niemals in der Summe seiner Teilelemente erschöpft. Die folgende Auflistung beschränkt sich auf die wesentlichen und allgemein konsentierten Aspekte. Daß auch diese sich nicht von selbst verstehen, wird daran ersichtlich, daß in thematisch einschlägigen rechtswissenschaftlichen

---

[29] R. THOMA, Der Vorbehalt der Legislative und das Prinzip der Gesetzmäßigkeit von Verwaltung und Rechtsprechung, in: G. Anschütz/R. Thoma (Hrsg.), Handbuch des Deutschen Staatsrechts, Bd. II, 1932, § 76, S. 221 ff. (233).

[30] H. HELLER, Rechtsstaat oder Diktatur?, 1930, S. 9, 26.

Habilitationen einerseits die Existenz eines allgemeinen Rechtsstaatsprinzips generell in Abrede gestellt[31], ihm andererseits nicht weniger als 141 einzelne Elemente entnommen und diese auf 17 Kernbestandteile reduziert wurden[32]. Unter Vermeidung allzu restriktiv-atomisierender wie allzu extensiv-inflationärer Begriffsstrategien sowie bei gebührender Berücksichtigung der ideen- wie verfassungsgeschichtlichen Entwicklung sind die folgenden sechs Elemente hervorzuheben und jeweils stichwortartig zu charakterisieren.

1. Gewaltenteilung

In Art. 20 Abs. 2 GG sind mit Gesetzgebung, vollziehender Gewalt und Rechtsprechung bestimmte staatliche Rechtsfunktionen benannt und zugleich ‚besonderen' Staatsorganen zugeordnet. ‚Besonders' heißt hier nicht exzeptionell, sondern meint ‚gesondert', also voneinander getrennt. Aus der Funktionentrennung folgt die Organtrennung, deren Effektivität durch Inkompatibilitätsvorschriften abgesichert werden muß. Dabei verläuft die Trennlinie zur Judikative relativ scharf, während sie zwischen Exekutive und Legislative bei weitem nicht so klar und streng gezogen wird. Der unverlierbare Sinn des eher funktional als Gliederungs- und weniger substantiell als Trennungsprinzip zu verstehenden Grundsatzes der Gewaltenteilung[33] besteht zweifelsohne im Schutz vor jeder Form totaler Machtkonzentration in Gestalt eines Gewaltenmonismus. Die angloamerikanische Redewendung von den *checks and balances* verleiht dem Gedanken ebenso plastischen Ausdruck wie Montesquieus Formel *Le pouvoir arrête le pouvoir*. Freilich sind die sozialen und politischen Voraussetzungen des Gewaltenteilungsmodells Montesquieus, das auf der Zuordnung gewisser staatlicher Funktionen zu vorhandenen politischen Größen und sozialen Kräften beruhte, in der egalitären Demokratie unserer Tage entfallen. Zudem wird in hochkomplexen modernen Gesellschaften durch die Gliederung und ‚Teilung' der Gewalten nicht die vermeintliche Allgewalt des staatlichen ‚Leviathan' künstlich gebrochen und in ihrem Effekt

---

[31] So P. Kunig, Das Rechtsstaatsprinzip, 1986, S. 457 ff.; dagegen zu Recht E. Schmidt-Assmann, Der Rechtsstaat, in: HStR³ II, § 26 Rn. 7 ff.

[32] K. Sobota, Das Prinzip Rechtsstaat, 1997, S. 27 ff., 253 ff., 471 ff.

[33] Vgl. K. Hesse, Grundzüge des Verfassungsrechts der Bundesrepublik Deutschland, 20. Aufl. 1995, Rn. 485 ff.; Schmidt-Assmann, Rechtsstaat (Fn. 31), § 26 Rn. 46 ff.; C. Möllers, Gewaltengliederung, 2005.

abgeschwächt. Vielmehr ist Gewaltenteilung bzw. -gliederung hier auch ein Mittel zur Effektivierung staatlicher Herrschaft, nicht zu ihrer Minimierung oder Schwächung[34]. Die funktionale Aufteilung hat einen wirksamkeitssteigernden, dem universalen Gedanken der Arbeitsteilung auch für die Ausgestaltung der Staatsapparatur Rechnung tragenden Effekt, den sich der moderne Staat zunutze macht.

2. *Vorrang und Vorbehalt des Gesetzes*

Mit der Bindung der Verwaltung an das Gesetz garantiert Art. 20 Abs. 3 GG den harten historischen Kern des Rechtsstaatsprinzips: die Gesetzmäßigkeit der Verwaltung[35]. Hier sind Vorrang und Vorbehalt des Gesetzes zu unterscheiden[36]. Nach dem Grundsatz des Vorrangs des Gesetzes, der sich zwanglos aus der Vorstellung eines Stufenbaus der Rechtsordnung (Adolf J. Merkl) ergibt, muß die Verwaltung die Gesetze beachten, darf somit weder von ihnen abweichen (Abweichungsverbot) noch sie ignorieren (Anwendungsgebot). Formelhaft verkürzt: keine Maßnahme gegen das Gesetz. Der weitergehende Vorbehalt des Gesetzes unterstellt die Verwaltungstätigkeit hingegen einer ausdrücklichen vorhergehenden Ermächtigung. Hier lautet der Merksatz: keine Maßnahme ohne Gesetz. Dieses wichtigste Erbstück der konstitutionellen Doktrin hat in der Rechtsentwicklung unter dem Grundgesetz zwei bedeutsame Weiterungen erfahren[37]. Über die klassischen Fälle der Eingriffe in Freiheit und Eigentum der Bürger hinaus gilt der Vorbehalt des Gesetzes nunmehr zum einen auch für ‚wesentliche' Entscheidungen unabhängig vom Vorliegen eines Eingriffs; und zum anderen ist die bis in die 1970er Jahre vorherrschende Auffassung überwunden, der Vorbehalt des Gesetzes komme in den sogenannten ‚besonderen Gewaltverhältnissen' (etwa gegenüber Strafgefangenen oder Schülern) gar nicht zum Tragen – mit der Folge, daß die entsprechende Regelungskompetenz der Exekutive zufiel.

---

[34] Vgl. H. DREIER, Hierarchische Verwaltung im demokratischen Staat, 1991, S. 175 ff. m.w.N.

[35] D. JESCH, Gesetz und Verwaltung, 1961.

[36] C. GUSY, Der Vorrang des Gesetzes, in: JuS 1983, S. 189 ff.; SCHULZE-FIELITZ (Fn. 10), Art. 20 (Rechtsstaat), Rn. 92 ff., 105 ff.

[37] Zu beiden H. MAURER, Allgemeines Verwaltungsrecht, 17. Aufl. 2009, § 6 Rn. 10 ff., 24 ff.; SCHULZE-FIELITZ (Fn. 10), Art. 20 (Rechtsstaat), Rn. 110, 113 ff.

3. Rechtsschutz und Justizgrundrechte

Zu den gefestigten Traditionsbeständen des Rechtsstaats zählt auch die Konfliktentscheidung durch einen unbeteiligten Dritten nach Maßgabe von Recht und Gesetz; Art. 97 GG garantiert demgemäß ausdrücklich die sachliche und persönliche Unabhängigkeit der Richter. Rechtsstaat meint immer auch Gerichtsstaat, der nicht als Rechtswegestaat denunziert werden sollte. Der allgemeine staatliche Justizgewährleistungsanspruch, der sich auf die Rechtsverhältnisse der Bürger untereinander bezieht, ergibt sich schon aus dem Gewaltmonopol des Staates und dem korrelierenden Verbot der Selbsthilfe. Gegen die öffentliche Gewalt wird ein solcher (effektiver) Rechtsschutz in Gestalt der Rechtsweggarantie des Art. 19 Abs. 4 GG, diesem „Schlußstein" im „Gewölbe des Rechtsstaats"[38], ausdrücklich verbürgt.

Die sogenannten Justizgrundrechte sollen im wesentlichen ein rechtsstaatlich faires und einwandfreies Verfahren gewährleisten: Dem dienen der Anspruch auf den gesetzlichen Richter (Art. 101 GG) sowie das in der Praxis überragend wichtige Recht auf rechtliches Gehör (Art. 103 Abs. 1 GG); bei Freiheitsentziehungen treten spezielle Sicherungen hinzu (Art. 104 GG). Art. 103 Abs. 2 GG fixiert den strafrechtlichen Kernsatz ‚*nulla poena sine lege*' und gestaltet ihn traditionsgesättigt im Sinne einer vierfachen Garantie aus: *lex scripta* (d.h.: Ausschluß des Gewohnheitsrechts), *lex stricta* (Analogieverbot), *lex certa* (Bestimmtheitsgebot) und *lex praevia* (Rückwirkungsverbot).

4. Rechtssicherheit

Wie das Rückwirkungsverbot im speziellen Bereich der Strafbarkeit, so will der Rechtsstaat allgemein und in einem ganz fundamentalen Sinne sicherstellen, daß der Einzelne weiß, ‚woran er ist'. Die staatliche Rechtsordnung soll ihm durch Aufzeigen seiner Rechts- und Pflichtenstellung eine feste Orientierungs- und Handlungsgrundlage bieten, Erwartungshaltungen stabilisieren und auf diese Weise in einer überaus komplexen Gesellschaft die Verläßlichkeit von Kommunikation, Interaktion und Entscheidungsfindung sicherstellen. Aber auch die Verwaltung bedarf für die

[38] Vgl. R. THOMA, Über die Grundrechte im Grundgesetz für die Bundesrepublik Deutschland, in: H. Wandersleb (Hrsg.), Recht – Staat – Wirtschaft, Bd. 3, bearb. v. E. Traumann, 1951, S. 9ff. (9); auch in: Thoma, Rechtsstaat (Fn. 25), S. 468ff. (468).

normgemäße Ausübung ihrer Kompetenzen hinlänglich präziser Vorgaben, nicht anders die Gerichte als Kontrollinstanzen. Demgemäß müssen die Rechtsnormen in ausreichendem Maße klar und bestimmt sein[39]. Der entsprechend zu fordernde Präzisierungsgrad hängt dabei freilich stark von der jeweiligen Sachmaterie ab. Unbestimmte, auch generalklauselartige Rechtsbegriffe sind daher ebensowenig strikt ausgeschlossen wie Ermessensspielräume[40].

Im regelungsintensiven Interventionsstaat unserer Tage kann zudem mit dauerhafter Beibehaltung oder gar Unveränderlichkeit des Rechts nicht gerechnet werden, dessen prinzipielle Revisibilität wie tatsächliche Änderung vielmehr herausragendes Signum der „Vollpositivierung des Rechts" (N. Luhmann) ist. Rechtsstaat impliziert keinen legislativen Immobilismus. Umso wichtiger ist es, das Vertrauen des Einzelnen in den bestehenden Rechtszustand im Sinne einer gewissen Kontinuitätsgewähr zu schützen[41]. Daß der strikte Ausschluß rückwirkender Strafgesetze gemäß Art. 103 Abs. 2 GG nicht das taugliche Modell für das weite Feld der sonstigen Zivil-, insbesondere der Wirtschaftsgesetzgebung bilden kann, liegt auf der Hand. Hier ist Rückwirkung also nicht von vornherein ausgeschlossen. Eine zuweilen verwirrende Kasuistik[42] läßt sich auf die Grundformel bringen, daß eine echte Rückwirkung von Gesetzen, die nachteilig in die Rechte respektive Besitzstände der Bürger eingreift, prinzipiell unzulässig, in begründeten Ausnahmefällen aber doch möglich ist, während eine sogenannte unechte Rückwirkung, bei der auf Sachverhalte Zugriff genommen wird, die gegenwärtig noch fortdauern, zwar prinzipiell zulässig ist, es aber auch hier Ausnahmefälle gibt, die zum Verdikt der Rechtsstaatswidrigkeit führen.

5. *Verhältnismäßigkeit*

Oft auch als Übermaßverbot tituliert und in anderen Verfassungsgrundsätzen wie etwa den Grundrechten verankert, hat sich der normtextlich im

[39] A. v. Arnauld, Rechtssicherheit. Perspektivische Annäherungen an eine idée directive des Rechts, 2006, S. 242 ff.

[40] Schulze-Fielitz (Fn. 10), Art. 20 (Rechtsstaat), Rn. 133 ff.

[41] H. Maurer, Kontinuitätsgewähr und Vertrauensschutz, in: HStR³ IV, § 79, insb. Rn. 75 f.; K.-A. Schwarz, Vertrauensschutz als Verfassungsprinzip, 2002, insb. S. 290 ff.

[42] Detailliert M. Stötzel, Vertrauensschutz und Gesetzesrückwirkung, 2002, insb. S. 101 ff.; Schulze-Fielitz (Fn. 10), Art. 20 (Rechtsstaat), Rn. 151 ff., 156 ff., 164 ff.

Grundgesetz nicht auffindbare Grundsatz der Verhältnismäßigkeit zu einer verfassungsrechtlichen Maxime von höchster Bedeutung entwickelt[43]. Im Kern dem Recht der Gefahrenabwehr (Polizeirecht) entstammend, verpflichtet er in verfassungsrechtlicher Expansion die staatlichen Gewalten unter Einschluß des parlamentarischen Gesetzgebers dazu, Eingriffe in die Rechtssphäre des Einzelnen möglichst freiheitsschonend auszugestalten. Dabei wird die jeweilige staatliche Maßnahme einer dreistufigen Prüfung daraufhin unterworfen, ob sie zur Erreichung eines legitimen staatlichen Zweckes *erstens* überhaupt geeignet ist (Gedanke der Zwecktauglichkeit); ob sie *zweitens* erforderlich ist, also nicht eine weniger gravierende Maßnahme den gleichen Effekt zeitigen könnte (Gedanke des Interventionsminimums); und ob sie *drittens* verhältnismäßig i.e.S. (auch: angemessen, proportional) ist, also die Schwere des grundrechtlichen Eingriffs in einer angemessenen Relation zur Relevanz der staatlichen Maßnahme steht (Gedanke der Zumutbarkeit). Mit diesem letztlich auf eine gewisse Rationalitätsgewähr abzielenden Kontrollprogramm werden nicht nur exekutive Maßnahmen, sondern auch formelle Gesetze auf ihre Verfassungsmäßigkeit hin überprüft. Dem grundrechtseinschränkenden Gesetzgeber sind auf diese Weise seinerseits Schranken gesetzt. In der Erweiterung des seinerzeit bloß formell verstandenen Gesetzesvorbehalts um die materielle Dimension einer verhältnismäßigen Regelung besteht der entscheidende Schritt über die Dogmatik der Weimarer Staatsrechtslehre hinaus.

6. *Staatliche Ersatzleistungen, insbesondere Amtshaftung*

Es stellt einen gerade in der deutschen Rechtstradition elementaren Gedanken dar, Verletzungen der Rechtssphäre des Einzelnen durch die staatliche Gewalt nicht einfach hinzunehmen, sondern zu kompensieren. Demgemäß ist der ursprüngliche Rechtszustand entweder in Gestalt von (Folgen-) Beseitigungsansprüchen wiederherzustellen oder sind die erlittenen Einbußen durch Ansprüche auf Schadenersatz, Entschädigung oder Aufopferung auszugleichen. Ein auch dogmatisch besonders wichtiges Feld betrifft Fälle der Beeinträchtigung des Eigentums (durch Enteignung, enteignende oder enteignungsgleiche Eingriffe). Davon abgesehen steht im Zentrum staatlicher Ersatzleistungen historisch die Amtshaftung als eine „Haftungsüber-

---

[43] H. Dreier, in: ders. (Hrsg.), Grundgesetz-Kommentar, Bd. I, 2. Aufl. 2004, Vorb. Rn. 145 ff.

leitungsnorm“[44], durch welche die verschuldensunabhängige Haftung des einzelnen Beamten auf den Staat übertragen und dem Geschädigten somit die Ersatzleistung garantiert wird. Diese in Art. 131 WRV verfassungsrechtlich verankerte Konstruktion galt als „ultima ratio des Rechtsstaats“ (W. Jellinek). Die heute in Art. 34 GG geregelte Amtshaftung bildet den Mittelpunkt eines anerkannt reformbedürftigen, wenig systematischen und auf ganz unterschiedliche Rechtsquellen zurückführbaren Geflechts differenter Normbestände, die in ihrer Heterogenität nur formal unter der Bezeichnung „Recht der staatlichen Ersatzleistungen“ zusammengeführt werden können[45]. Ein Staatshaftungsrecht aus einem Guß, wie es im Jahre 1981 aus Gründen (seinerzeit) fehlender Gesetzgebungskompetenz des Bundes gescheitert ist[46], bleibt ein rechtspolitisches Desiderat.

IV. Herausforderungen und Perspektiven

Mittlerweile zählt Rechtsstaatlichkeit in Art. 6 Abs. 1 EUV zu den allen Mitgliedstaaten der EU gemeinsamen Grundsätzen (in der engl. Version *rule of law*, in der franz. *L'État de droit*) und findet in den nach dem Zusammenbruch der Sowjetunion verabschiedeten nationalen Verfassungen der mittel- und osteuropäischen Staaten verläßlich einen zentralen Platz. Insofern scheint die Rede von einem Siegeszug der Rechtsstaatskonzeption durchaus nicht unangebracht, auch wenn man in Rechnung stellt, daß Rechtsstaat in Großbritannien oder Frankreich nicht zwingend dasselbe bedeuten muß wie in Deutschland. Dort, wo es in Rechtstexten, Verfassungen oder insbesondere in internationalen Konventionen wie der EMRK an detaillierten Regelungen fehlt, kann Rechtsstaat ungeachtet dessen als Interpretationsleitlinie und zuweilen stärker noch als Normspeicher fungieren, wie sich an der Rechtsprechung des EGMR zeigen läßt[47].

Viele Details des in der deutschen Gesetzgebung, Judikatur und Literatur sehr fein aus-, vielleicht auch partiell überdifferenzierten Rechtsstaatsprinzips mit seiner Tendenz zur „Kontrollmaximierung“ (E. Franßen) sehen sich einem nicht unerheblichen Veränderungsdruck durch die ‚Megatrends‘

---

[44] Maurer, Verwaltungsrecht (Fn. 37), § 25 Rn. 10.

[45] Maurer, Verwaltungsrecht (Fn. 37), § 25 Rn. 1 ff.

[46] Dazu statt vieler F. Ossenbühl, Staatshaftungsrecht, 5. Aufl. 1998, S. 4 f., 452 ff.

[47] E. Wiederin, Rechtsstaatlichkeit und Europäische Menschenrechtskonvention, in: R. Hofmann u.a. (Hrsg.), Rechtsstaatlichkeit in Europa, 1996, S. 297 ff.

der Globalisierung und Supranationalisierung ausgesetzt[48]. Auch deren dunkle Seite wie das verstärkte Auftreten eines internationalen Terrorismus sowie die ebenfalls grenzüberschreitend agierende organisierte Kriminalität führen zu neuen Konzepten eines Präventionsstaates[49] oder eines Feindstrafrechts[50], die geeignet erscheinen, gewachsene rechtsstaatliche Bestände zumindest partiell zu bedrohen. Aus spezifisch staatsrechtlicher Sicht kann bei aller Einsicht in gebotene Flexibilitätsstrategien die offenkundig zunehmende Entformalisierung staatlichen Handelns im Sinne eines verstärkten Rückgriffes auf informelle (Ver-) Handlungsstile keineswegs als unproblematisch gelten[51]. Nicht zuletzt die sich damit zum Teil überschneidenden Prozesse voranschreitender Ökonomisierung und Privatisierung vormals staatlicher Leistungsagenden[52] wollen rechtsstaatlich aufgefangen und bewältigt werden und stellen gewaltige Herausforderungen für ein modernes Verfassungs- und Verwaltungsrecht dar, das sich den tradierten Verbürgungen des Rechtsstaats ebenso verpflichtet weiß wie der Aufgabe seiner zeitgemäßen Fortschreibung.

[48] Schulze-Fielitz (Fn. 10), Art. 20 (Rechtsstaat), Rn. 60; Kappel/Tobler/Waldmann, Rechtsstaatlichkeit (Fn. 21).

[49] Vgl. die (kritische) Zwischenbilanz in: S. Huster (Hrsg.), Vom Rechtsstaat zum Präventionsstaat, 2008. Für das Strafrecht wichtig die Bestandsaufnahme von M. Hettinger, Entwicklungen im Strafrecht und Strafverfahrensrecht der Gegenwart, 1997; s. noch die Beiträge in: G. Kohlmann u.a. (Hrsg.), Entwicklungen und Probleme des Strafrechts an der Schwelle zum 21. Jahrhundert, 2004.

[50] G. Jakobs, Bürgerstrafrecht und Feindstrafrecht, in: Online-Zeitschrift für Höchstrichterliche Rechtsprechung im Strafrecht 2004, S. 88 ff.; zur Kritik statt vieler T. Hörnle, Deskriptive und normative Dimensionen des Begriffs „Feindstrafrecht", in: Goltdammer's Archiv für Strafrecht 2006, S. 80 ff.

[51] M. Morlok, Informalisierung und Entparlamentarisierung politischer Entscheidungen als Gefährdungen der Verfassung?, VVDStRL 62 (2003), S. 37 ff.; F. Schoch, Entformalisierung staatlichen Handelns, in: HStR[3] III, § 37, insb. Rn. 103 ff.

[52] H. Bauer, Privatisierung von Verwaltungsaufgaben, VVDStRL 54 (1995), S. 256 ff.; H. Dreier, Die drei Staatsgewalten im Zeichen von Europäisierung und Privatisierung, in: DÖV 2002, S. 37 ff.; H. Schulze-Fielitz, Grundmodi der Aufgabenwahrnehmung, in: W. Hoffmann-Riem/E. Schmidt-Aßmann/A. Voßkuhle (Hrsg.), Grundlagen des Verwaltungsrechts, Bd. I: Methoden, Maßstäbe, Aufgaben, Organisation, 2006, § 12 Rn. 91 ff.

Grund- und Menschenrechte

I. Terminologische Vorbemerkung

Der Doppelterminus von Grund- und Menschenrechten legt die keineswegs triviale Frage nach der sachlichen Differenz beider Wortbestandteile nahe. Am geläufigsten ist wohl die Vorstellung und die ihr (auch in nichtjuristischen Diskursen) korrespondierende Sprachpraxis, unter Menschenrechten Rechte vor- oder überpositiver Geltung zu verstehen, die der Rechtsordnung vorausliegen und unabhängig von faktischer Durchsetzbarkeit und sozialer Wirksamkeit universelle und ubiquitäre Geltung beanspruchen[1].

[1] Knapp und klar G. LOHMANN, Art. Menschenrechte, in: P. Prechtl/F.-P. Burkard (Hrsg.), Metzler Lexikon Philosophie, 3. Aufl. 2008, S. 369f. (369): „Menschenrechte sind universelle und egalitäre Rechte, die jedem Menschen als Individuum […] zustehen und die alle Menschen in der gleichen Weise beanspruchen können.

Menschenrechte stehen dann als Chiffre für die traditionell vor allem naturrechtlich begründete Idee bestimmter Rechte aller Menschen bzw. für Menschenrechte im moralischen Sinne[2]. Im Unterschied zu diesen – diffus adressierten[3] – Rechten werden als Grundrechte (gerade auch, aber bei weitem nicht nur im staatsrechtlichen Schrifttum) solche Rechte bezeichnet, die in der Verfassung eines Staates verbindlich positiviert und in der Regel justiziabel sind[4]. Grundrechte lassen sich insofern als positivierte Menschenrechte begreifen[5], erscheinen als „kodifiziertes Naturrecht"[6]; sie sind zeitlich und örtlich umgrenzt, aber objektiv geltendes und subjektiv durchsetzbares Recht. Die Unterscheidung verläuft in dieser Perspektive

[...] Der überwiegenden Auffassung nach sind Menschenrechte vorstaatliche, moralisch begründete Rechte". In den entsprechenden philosophischen Diskursen geht es dann um die nähere Begründung und Begründbarkeit solcher universeller, jedem Menschen zustehender Rechte. Vgl. aus der Überfülle der Literatur etwa die Beiträge in: S. Gosepath/G. Lohmann (Hrsg.), Philosophie der Menschenrechte, 1998; präzise auch L. Engi, Sind Menschenrechte moralische oder juridische Rechte?, in: Ancilla Iuris 2012, S. 135 ff. (136) m. w. N.

[2] Plastisch schon der Titel „Human Rights as Moral Claim Rights" (W. Hinsch/M. Stepanians, in: R. Martin/D.A. Reidy [ed.], Rawls's Law of Peoples. A Realistic Utopia?, Oxford 2006, S. 117 ff. [insb. 119 ff.]). – Zur Vorstellung klar S. Gosepath, Zur Begründung sozialer Menschenrechte, in: Gosepath/Lohmann (Fn. 1), S. 146 ff. (148 ff.: „Eine moralische Konzeption von Menschenrechten"): „Moralische Rechte sind moralisch begründete Ansprüche, das heißt, der Rechtsgrund ist ausschließlich ein moralischer. Legale Rechte im Unterschied dazu sind innerhalb eines Staates verliehene einklagbare Ansprüche [...]. Legale Rechte verlangen die Befolgung von allen Rechtsgenossen als Mitglieder einer bestimmten Rechtsgemeinschaft, während moralische Rechte universale Gültigkeit beanspruchen. [...] Menschenrechte sind eine Untermenge moralischer Rechte. [...] Menschenrechte gelten qua Mitgliedschaft in der Menschengemeinschaft [...]. Als moralische Rechte gelten Menschenrechte auch unabhängig von ihrer faktischen Anerkennung und Befolgung."

[3] Scharf gesehen von J. Isensee, Positivität und Überpositivität der Grundrechte, in: D. Merten/H.-J. Papier (Hrsg.), Handbuch der Grundrechte in Deutschland und Europa, Bd. II, 2006, § 26 Rn. 12.

[4] Ausführlich zum Begriff der Grundrechte D. Merten, Begriff und Abgrenzung der Grundrechte, in: ders./Papier, HGR II (Fn. 3), § 35 Rn. 57 ff. mit einer abschließenden Definition der Grundrechte in Rn. 129 mit mehr als einem halben Dutzend Begriffsmerkmalen.

[5] So die Darstellung von A. Hollerbach, Art. Menschenrechte, in: Staatslexikon der Görres-Gesellschaft, 7. Aufl., Bd. III, 1987, Sp. 1104 ff. unter IV. (Sp. 1109 ff.): „Die Positivierung der Menschenrechte". Ähnlich E. Klein, Universalität der Menschenrechte, in: Leitgedanken des Rechts. Paul Kirchhof zum 70. Geburtstag, 2013, § 43 Rn. 1.

[6] R. Poscher, Art. Grundrechte, Menschenrechte, in: W. Heun u. a. (Hrsg.), Evangelisches Staatslexikon, Neuausgabe 2006, Sp. 909 ff. (920).

anhand der Kriterien der Positivität und der juristischen Einklagbarkeit der Rechte[7]. Für diese im Kern zutreffende Sichtweise läßt sich nicht zuletzt das Grundgesetz selbst ins Feld führen, da es in Art. 1 Abs. 2 allgemein vom Bekenntnis zu den „Menschenrechten" spricht und damit deren universale, überstaatliche, naturrechtlich verankerte Idee meint[8], während Art. 1 Abs. 3 GG den genau bezeichneten Katalog der Grundrechtsgarantien des Grundgesetzes mit Verbindlichkeitsanspruch gegenüber der gesamten Staatsgewalt – als ausdrücklich genanntem Adressaten der Grundrechte – ausstattet und die vorstaatlichen Garantien damit zugleich positiviert wie effektiviert[9]. Der Präzisierung und gerichtlichen Durchsetzbarkeit der Grundrechte korrespondiert dann die Beschränkung ihres Geltungsbereichs auf die jeweilige Staatsgewalt, die der Idee der Menschenrechte als einer naturrechtlichen Vorstellung oder eines moralischen Rechtes „ohne Koppelung an ein einzelstaatliches System"[10] naturgemäß fremd sein muß. An seine Grenzen stößt diese vermeintlich sichere Unterscheidung allerdings, wenn in bestimmten Rechtsdokumenten selbst ein universalistischer Anspruch zum Ausdruck gebracht wird, wie dies in den Rechteerklärungen der Amerikanischen und Französischen Revolution der Fall war[11]. Auch die in jüngerer Zeit zunehmend wichtiger gewordenen völkerrechtlichen Menschenrechte, wie sie seit der Allgemeinen Menschenrechtserklärung von 1948 in einer Fülle von weiteren völkerrechtlichen Verträgen, Pakten und Erklärungen niedergelegt worden sind[12], entbehren angesichts ihrer Verankerung in schriftlichen Dokumenten nicht der Positivierung, fügen sich also nicht dem Dual von lediglich moralischer (aber universeller) Geltung einerseits, konkreten Rechtsgarantien für einen begrenzten staatlichen Bereich andererseits. Und auch wenn die Durchsetzungsmechanismen jedenfalls auf globaler Ebene (für die EMRK dürfte mittlerweile anderes gelten) im Vergleich zu den nationalen noch schwächer ausgeprägt sind, entbehren sie doch nicht der – wie auch immer im Einzelfall realisierten –

---

[7] Geradezu plakativ der Titel bei K. STERN, Idee der Menschenrechte und Positivität der Grundrechte, in: HStR[3] IX, § 184. Vergleichbar die Sentenz bei M. KRIELE, Einführung in die Staatslehre, 1975, S. 150 (6. Aufl. 2003, S. 111): „Grundrechte sind *positives Recht*, Menschenrechte sind *Naturrecht*."

[8] H. DREIER, in: ders. (Hrsg.), Grundgesetz-Kommentar, Bd. I, 3. Aufl. 2013, Art. 1 II Rn. 19 ff.; ISENSEE, Positivität (Fn. 3), § 26 Rn. 96 ff.

[9] Zu dieser Vorstellung ISENSEE, Positivität (Fn. 3), § 26 Rn. 10 ff.; DREIER, in: ders., GGK I (Fn. 8), Art. 1 III Rn. 32 ff., 37 ff., 53 ff.

[10] ENGI, Menschenrechte (Fn. 1), S. 153.

[11] Vgl. genauer unten bei und in Fn. 34 ff.

[12] Zu den wichtigsten Dokumenten siehe DREIER, in: ders., GGK I (Fn. 8), Vorb. Rn. 24 ff. mit umfänglichen Nachweisen.

Verbindlichkeit. Zentrale Menschenrechte werden vielmehr zunehmend als Völkergewohnheitsrecht, einige sogar als *ius cogens* eingestuft[13]. Unter Einbeziehung dieser internationalen Perspektive unterscheiden sich Grundrechte und Menschenrechte nicht länger im Hinblick auf Positivität/Überpositivität, sondern (nur noch) im Hinblick auf den Staatsbezug, der bei Grundrechten essentiell bleibt, bei Menschenrechten aber davon mehr oder minder stark entkoppelt ist. Unter Menschenrechten lassen sich dann sowohl vorpositive, (nur) mit moralischem Anspruch ausgestattete wie auch auf völkerrechtlicher oder supranationaler Ebene geltende Rechte der Individuen verstehen[14]. In den nachfolgenden Abschnitten (II–V) stehen die Grundrechte im Vordergrund, ohne daß die Menschenrechte völlig ausgeblendet würden[15].

Vor dem dargestellten begrifflichen Hintergrund sind Menschenrechte als Ansprüche aller Individuen auf prinzipielle Achtung als freie und gleiche Subjekte zu begreifen, seien diese Rechte allgemein moralischer Natur oder konkreter als Normen des Völkerrechts ausgeformt. Bei Grundrechten im eminenten Sinne handelt es sich dann um diejenigen in nationalen Verfassungen verbürgten Rechte des Einzelnen, die sich entweder als Abwehr-

---

[13] Dazu im Überblick Engi, Menschenrechte (Fn. 1), S. 155 ff.; Dreier (Fn. 12), Vorb. Rn. 25 mit w.N. in Fn. 148.

[14] In klarer begrifflicher Kompaktheit Isensee, Positivität (Fn. 3), § 26 Rn. 9: „Dagegen bezieht sich der Begriff der ‚Menschenrechte' auf die vorstaatliche Leitidee und die naturrechtlichen Grundsätze, die ihr entspringen, darüber hinaus auf die internationalen Gewährleistungen, wie sie das Völkergewohnheitsrecht sowie die weltweiten und die regionalen Deklarationen und Konventionen enthalten. Die Grundrechte unterscheiden sich von den Menschenrechten durch ihre Staatlichkeit, nicht notwendig aber durch ihre Positivität. Die Qualität des geschriebenen, gesetzten Rechts kommt auch den Garantien der internationalen Menschenrechtspakte und -konventionen zu. Staatliches Recht enthalten sie jedoch nicht. Menschenrechte in diesem Verständnis sind also ihrem Begriff nach überstaatlich: als solchen kann ihnen entweder überpositive oder positivrechtliche Geltung eignen. Daher ist bei ihnen zwischen zwei Geltungsebenen zu unterscheiden, der des Naturrechts und der des (in der Regel positivierten) Völkerrechts."

[15] Eine weitere begriffliche Komplikation ergibt sich daraus, daß das Grundgesetz einige Grundrechte (z.B. Art. 8, 9, 12 GG) nur deutschen Staatsangehörigen zuschreibt (sog. Deutschen-Grundrechte), die anderen aber allen Menschen unabhängig von ihrer Staatsangehörigkeit, und diese letztgenannten zuweilen zwecks Unterscheidung von den Deutschen-Grundrechten als „Menschenrechte" bezeichnet werden. Diese Komplikation mit möglicherweise verwirrenden Folgen läßt sich aber leicht dadurch beheben, daß man insofern nicht von Menschenrechten, sondern von „Jedermann-Grundrechten" spricht. So ausdrücklich Isensee, Positivität (Fn. 3), § 26 Rn. 7; Dreier (Fn. 12), Vorb. Rn. 72.

rechte gegen den Staat richten oder sich als politische Gestaltungs- oder soziale Leistungsrechte auf ihn beziehen und mit der je entsprechenden juristischen Wirkkraft verbürgt sind. Strikt individuelle Radizierung sowie das Vorliegen eines einheitlichen Herrschaftssubjekts sind für die Herausbildung von Grundrechten unabdingbar. Grundrechte setzen eine allgemeine Staatsgewalt als Gegenüber der systematisch vorrangigen Rechtsstellung des Individuums voraus. Dieser Primat des Individuums limitiert die Staatsgewalt und legitimiert sie zugleich. Die geläufige Wendung von der „Vorstaatlichkeit" der Grundrechte ist nicht als historische Aussage etwa im Sinne einer naiven Naturzustandsvorstellung zu mißverstehen, sondern betont die prinzipielle Freiheitsvermutung zugunsten des Einzelnen gegenüber dem Staat und bringt den logisch-systematischen Vorrang der Grundrechte und die Rechtfertigungsbedürftigkeit staatlicher Eingriffe plastisch zum Ausdruck[16].

II. Historischer Abriß

Bereits der Umstand, daß sich das Aufkommen der Redeweise von Grundrechten (*droits fondamentaux, fundamental rights*) um das Jahr 1770 herum datieren läßt[17], liefert ein erstes Indiz dafür, daß es sich bei ihnen um ein Phänomen der Neuzeit handelt. Zugleich kündet ihr Name von der Subjektivierung der sehr viel älteren Kategorie der *leges fundamentales*[18], die „seit dem Ende des 16. Jahrhunderts die unverfügbaren objektiven Grundlagen ‚souveräner' dynastischer Herrschaft im Ständestaat bezeichnet"[19].

---

[16] H. Hofmann, Grundpflichten als verfassungsrechtliche Dimension, VVDStRL 41 (1983), S. 42 ff. (49 ff.); s. auch H. Bethge, Mittelbare Grundrechtsbeeinträchtigungen, in: D. Merten/H.-J. Papier (Hrsg.), Handbuch der Grundrechte in Deutschland und Europa, Bd. III, 2009, § 58 Rn. 9.

[17] G. Oestreich, Geschichte der Menschenrechte und Grundfreiheiten im Umriß, 2. Aufl. 1978, S. 66; H. Hofmann, Grundpflichten und Grundrechte, in: HStR³ IX, § 195 Rn. 4.

[18] Siehe nur H. Mohnhaupt, Die Lehre von der „Lex Fundamentalis" und die Hausgesetzgebung europäischer Dynastien, in: J. Kunisch (Hrsg.), Der dynastische Fürstenstaat, 1982, S. 3 ff.; H. Hofmann, Zur Idee des Staatsgrundgesetzes, in: ders., Recht – Politik – Verfassung, 1986, S. 261 ff. (275 ff.).

[19] Hofmann, Grundpflichten (Fn. 17), § 195 Rn. 4. Einen Bezug zu individuellen Freiheitsrechten wiesen die leges fundamentales (mit der sogleich zu besprechenden Ausnahme des *ius emigrationis*) aber nicht auf.

1. Antike, Mittelalter, Frühe Neuzeit

Weder in der Antike noch im Mittelalter liegen die genannten Voraussetzungen individueller Radizierung der Freiheitsrechte und des gegenüberstehenden einheitlichen staatlichen Herrschaftssubjekts vor. In der griechischen Polis fehlte es, abgesehen von einzelnen sophistischen Lehren[20], an der Vorstellung allgemeiner Freiheit und Gleichheit aller Menschen, wie die Zulassung der Sklaverei zeigt. Fremd war der Zeit aber darüber hinaus insbesondere die für Grundrechte konstitutive Vorstellung einer gegen den Staat gerichteten subjektiven Rechtsstellung des Einzelnen. Frei war man in der Polis als deren Teil, nicht gegen sie. „Bei den Griechen beginnt die Geschichte der politischen Freiheit. Für die Griechen ist aber nicht der Mensch als Mensch frei, sondern als Bürger. [...] Frei ist nur der Bürger, der polites. Freiheit wird ermöglicht allein durch Teilnahme am Leben der Polis."[21] Ebenso kurz wie bestimmt konstatiert der Althistoriker: „Jeder Versuch, den Bürgerstatus in antiken Gesellschaften mittels des Konzepts von ‚individuellen Rechten' erfassen zu wollen, ist a priori ein Fehlgriff"[22]. Allerdings wurde besonders in der stoischen Schule (Chrysipp, Cicero, Seneca) der Gedanke der Gleichheit aller Menschen machtvoll ausformuliert und damit ein wichtiger ideengeschichtlicher Baustein für die modernen Menschenrechte gelegt[23]. Das blieb jedoch pflichtenethisch konnotiertes philosophisches Konzept; zu einer Wendung ins Politisch-Programmatische oder gar einer Transformation in ein System vorrangiger Rechts-

---

[20] Zu ihnen etwa H. OTTMANN, Geschichte des politischen Denkens, Bd. 1/1, 2001, S. 212ff., 217f.

[21] R. SCHRÖDER, Freier Bürger – freier Mensch. Zur Geschichte des europäischen Freiheitsverständnisses (1990), in: ders., Denken im Zwielicht, 1990, S. 130ff. (134f.). Siehe auch H. HOFMANN, Unsere Verfassungswerte und die christlich-weltanschaulichen Traditionen, in: ders., Recht und Kultur, 2009, S. 9ff. (11): „Die Vorstellung individueller Grundrechte gegen die Polis, gegen den ‚Staat', fehlte dagegen völlig." – Klassikertext: B. CONSTANT, Über die Freiheit der Alten im Vergleich zu der der Heutigen (1819), in: ders., Werke in vier Bänden, hrsgg. v. A. Blaeschke u. L. Gall, Bd. IV, 1972, S. 363ff.

[22] E. FLAIG, Menschenrechte ohne Gleichheit? Die athenische Demokratie im neoliberalen Gegenlicht, in: Rechtshistorisches Journal 16 (1997), S. 62ff. (80f.).

[23] Dazu näher F. FLÜCKIGER, Geschichte des Naturrechtes I, 1954, S. 213ff.; besonders eindringlich H. CANCIC, Gleichheit und Freiheit, in: G. Kehrer (Hrsg.), „Vor Gott sind alle gleich", 1983, S. 190ff. (198ff.); knapp OESTREICH, Geschichte (Fn. 17), S. 16f.; H. HOFMANN, Einführung in die Rechts- und Staatsphilosophie, 5. Aufl. 2011, S. 90; E. WOLGAST, Geschichte der Menschen- und Bürgerrechte, 2009, S. 12f.

ansprüche gegen den Staat kam es nicht[24]. So finden sich in der Antike von den Menschenrechten lediglich „Spurenelemente“[25].

Gleiches gilt für das Mittelalter und die frühe Neuzeit. Zwar kannte man hier besonders im Alten Reich in Parallele zur tiefgestaffelten Obrigkeitsstruktur der vielgestaltigen Herrschaftsverbände eine bunte Fülle von Berechtigungen, Privilegien, *iura et libertates*, aber nicht die gleiche Freiheit (im Singular) aller. Sieyes hat die entscheidende Differenz in seiner epochemachenden Abhandlung über den Dritten Stand von 1789 auf den Punkt gebracht: „Man ist nicht frei durch Privilegien, sondern durch Rechte, die allen gehören.“[26] Die moderne Grundrechtsidee stellt eben nicht lediglich „die zum Kollektivsingular verdichtete und auf alle Bürger ausgedehnte Art Quersumme ständischer Freiheiten dar“[27]. Von daher ist bei der oft präsentierten Ahnengalerie vermeintlicher Grundrechtsverbürgungen große Vorsicht geboten, wenn darin auch feudale Freiheitsbriefe wie die englische Magna Carta von 1215 oder andere Dokumente einer ständisch-dualistischen Verfassungswelt wie Herrschaftsverträge oder Wahlkapitulationen (z.B. Joyeuse Entrée 1356, Tübinger Vertrag 1514) einen prominenten Platz zugewiesen bekommen. Denn hier handelt es sich um „Freiheitsgewährleistungen innerhalb eines ständischen Verfassungssystems“, nicht um individuelle Ansprüche aller Menschen[28]. Sie bildeten keine Vorstufe,

---

[24] H. Hofmann, Zur Herkunft der Menschenrechtserklärungen, in: JuS 1988, S. 841 ff. (842, 844); ders., Menschenrechte und Demokratie, in: JZ 2001, S. 1 ff. (3). Immerhin gingen wohl von der stoischen Philosophie humanitäre Impulse aus, die auch Eingang in das antike Rechtsdenken fanden: O. Behrends, Institut und Prinzip, Bd. I, 2004, S. 417 ff. (427 ff., 436 ff.).

[25] Wolgast, Geschichte (Fn. 23), S. 11 ff.; s. auch T. Kammasch/S. Schwarz, Art. Menschenrechte, in: Der Neue Pauly. Enzyklopädie der Antike, Bd. 15/1, hrsgg. v. M. Landfester in Verbindung mit H. Cancik u. H. Schneider, 2001, Sp. 383 ff. (insb. 385 f.).

[26] E. J. Sieyes, Was ist der Dritte Stand? (1789), in: ders., Politische Schriften 1788–1790, hrsgg. von E. Schmitt u. R. Reichardt, 2. Aufl. 1981, S. 117 ff. (126).

[27] C. Dipper, Art. Freiheit (VII), in: Geschichtliche Grundbegriffe. Historisches Lexikon zur politisch-sozialen Sprache in Deutschland, hrsgg. v. O. Brunner, W. Conze u. R. Koselleck, Bd. 2, 1975, S. 488 ff. (488). Siehe auch Hans Maier, Die Grundrechte des Menschen im modernen Staat, 2. Aufl. 1974, S. 10 ff.

[28] E. Forsthoff, Art. Grundrechte, in: Historisches Wörterbuch der Philosophie, Bd. 3, hrsgg. v. J. Ritter, 1974, Sp. 922 ff. (922); ähnlich Poscher, Grundrechte, Menschenrechte (Fn. 6), Sp. 911; ausführlicher Oestreich, Geschichte (Fn. 17), S. 25 ff. Daher sieht H. Hofmann, Geschichtlichkeit und Universalitätsanspruch des Rechtsstaats, in: Der Staat 34 (1995), S. 1 ff. (18) in den späteren Dokumenten einen „qualitative[n] Sprung“; s. noch F. Hartung, Einleitung, in: ders., Die Entwicklung der Menschen- und Bürgerrechte von 1776 bis zur Gegenwart, 2. Aufl. 1954, S. 1 ff.; A. Voigt, Geschichte der Grundrechte, 1948, S. 10 (zur Magna Carta);

sondern ein aliud. Ständische Libertät vermochte politische Herrschaft zu begrenzen, fand ihren Grund aber keineswegs in der systembildenden Idee einer gleichen Freiheit aller. Durchgängig dominiert in den mittelalterlichen Verbürgungen eine korporative, dem Subjektivismus und Individualismus moderner Grundrechte letztlich fremde Struktur, aus der Ansprüche der Untertanen – wenn überhaupt – nur reflexartig erwachsen können. Freilich gibt es auch dafür signifikante und berühmte Beispiele wie etwa die frühe Garantie der Auswanderungsfreiheit in Art. 11 des Augsburger Religionsfriedens von 1555, die lediglich mittelbar als Milderung der Gewissenslast aus dem Konfessionsbestimmungsrecht des Landesherrn folgte (*cuius regio, eius religio*). Obwohl im Kern Reflex dieses *ius reformandi* des Landesherrn[29], stand es doch den konfessionsdivergenten Landeseinwohnern als Individualrecht zu und bildete so einen ersten Schritt zur Anerkennung des Grundrechts der Religionsfreiheit, zunächst „im Gewande des religiösen Freizügigkeitsrechts"[30].

2. *Neuzeit: Großbritannien, USA und Frankreich*

Die britische Verfassungstradition weist Besonderheiten auf, insofern die *birthrights* der Engländer in bemerkenswert weitem Umfang als Souveränitätsrechte des Parlaments und nicht als Rechtsgarantien eines jeden Einzelnen gegenüber dem Staat verstanden wurden, wie sich an den Verbriefungen der *Petition of Right* von 1628 und der *Bill of Rights* von

H. Maurer, Idee und Wirklichkeit der Grundrechte, in: JZ 1999, S. 689 ff. (689); D. Gosewinkel/J. Masing, Einführung in die Texte: Grundlinien der europäischen Verfassungsentwicklung, in: dies. (Hrsg.), Die Verfassungen in Europa 1789–1949. Eine wissenschaftliche Textedition, 2006, S. 9 ff.

[29] Wie anders geartet die Verhältnisse waren, läßt sich schon daraus ersehen, daß das *ius reformandi* ein Herrschaftsrecht darstellte, das dem Landesherrn die freie Entscheidung über seine eigene Konfessionszugehörigkeit garantierte, die dann die Untertanen band: Religions*freiheit* als Religions*hoheit*, Glaubensfreiheit *nicht gegen die* Obrigkeit, sondern *der* Obrigkeit.

[30] M. Heckel, Deutschland im konfessionellen Zeitalter, 1983, S. 48. Die weitere sukzessive Entwicklung der Religionsfreiheit ist ein spannendes, den vorliegenden Rahmen aber sprengendes Kapitel für sich. Siehe dazu G. Anschütz, Die Religionsfreiheit, in: ders./R. Thoma (Hrsg.), Handbuch des Deutschen Staatsrechts, Bd. 2, 1932, § 106 (S. 675 ff.); A. Frh. v. Campenhausen, Religionsfreiheit, in: HStR³ VII, § 157 (S. 597 ff.); M. Heckel, Vom Religionskonflikt zur Ausgleichsordnung, 2007; H. Dreier, Säkularisierung des Staates am Beispiel der Religionsfreiheit, in: Rechtsgeschichte 19 (2011), S. 72 ff.

1689 deutlich zeigt[31]. Nicht von ungefähr hat Georg Jellinek zwischen den einschlägigen britischen Dokumenten und den nordamerikanischen Rechteerklärungen eine „tiefe Kluft" gesehen[32], auch wenn sich die Geschichte einzelner Garantien wie etwa der Schutz vor willkürlicher Verhaftung (*habeas corpus*) als Geschichte ihrer sukzessiven personellen Erweiterung lesen läßt[33].

Die grundlegenden, wegweisenden und die weitere Entwicklung prägenden Grundrechtsdokumente sind Produkt der amerikanischen und französischen Revolution[34]. Den ersten geschlossenen Grundrechtskatalog bietet die wenige Wochen vor der Unabhängigkeitserklärung von den *representatives of the good people of Virginia, assembled in full and free convention* verabschiedete „Virginia Bill of Rights" vom 12. Juni 1776[35],

[31] HOLLERBACH, Menschenrechte (Fn. 5), Sp. 1106: „als Bestätigungen überkommener Privilegien bzw. parlamentarischer Freiheiten sind diese Rechte nicht als Menschenrechte anzusehen". – Zu erwähnen ist allerdings noch das (in mehreren Entwürfen ausgearbeitete) „Agreement of the People" aus dem Jahre 1647. Es stellte den erstaunlich modernen Entwurf einer Verfassung mit Vorrang gegenüber dem Gesetzgeber und spezifischen Grundrechtsgarantien (darunter das Recht auf Kriegsdienstverweigerung) sowie detaillierten Wahlrechtsbestimmungen dar und wurde seinerzeit zwar intensiv diskutiert, aber letztlich nach dem Sieg Cromwells nicht realisiert. Der Sache nach handelte es sich um eine der ersten modernen Grundrechtserklärungen überhaupt. Aus der Literatur nur E.S. MORGAN, Inventing the People, New York u.a. 1988, S. 72 ff.

[32] G. JELLINEK, Die Erklärung der Menschen- und Bürgerrechte (1895), 4. Aufl. 1927, abgedruckt in: R. Schnur (Hrsg.), Zur Geschichte der Erklärung der Menschenrechte, 1964, S. 1 ff. (31).

[33] Als einer von vielen HOLLERBACH, Menschenrechte (Fn. 5), Sp. 1106; skeptisch zu dieser Sichtweise H. HOFMANN, Die Entdeckung der Menschenrechte, 1999, S. 5 ff.

[34] OESTREICH, Geschichte (Fn. 17), S. 57 ff., 68 ff.; HOLLERBACH, Menschenrechte (Fn. 5), Sp. 1109 f.; H. HOFMANN, Zur Herkunft der Menschenrechtserklärungen (1988), in: ders., Verfassungsrechtliche Perspektiven, 1995, S. 8 ff.; POSCHER, Grundrechte, Menschenrechte (Fn. 6), Sp. 911 ff.; STERN, Idee (Fn. 7), § 184 Rn. 18 ff.

[35] Klassisch dazu JELLINEK, Erklärung (Fn. 32), S. 1 ff.; zum Umfeld und zur weiteren Entwicklung (insb. den „Federal Bill of Rights" von 1791) VOIGT, Geschichte (Fn. 28), S. 18 ff.; E. REIBSTEIN, Volkssouveränität und Freiheitsrechte, Bd. 2, 1972, S. 289 ff.; W.P. ADAMS, Republikanische Verfassung und bürgerliche Freiheit, 1973, S. 68 ff.; H. STEINBERGER, Konzeption und Grenzen freiheitlicher Demokratie, 1974, S. 84 ff.; H. VORLÄNDER, Forum Americanum – Kontinuität und Legitimität der Verfassung der Vereinigten Staaten von Amerika 1787–1987, in: JöR 36 (1987), S. 451 ff.; G. STOURZH, Zur Konstitutionalisierung der Individualrechte in der Amerikanischen und Französischen Revolution (1976/79), in: ders., Wege zur Grundrechtsdemokratie, 1989, S. 155 ff.; H. FENSKE, Der moderne Verfassungsstaat, 2001, S. 96 ff.; D. HOWARD, Die Grundlegung der amerikanischen Demokratie, 2001, S. 135 ff. (speziell zu Virginia S. 167 ff.).

der rasch zahlreiche vergleichbare Dokumente an die Seite treten[36]. Für die europäische Entwicklung von zunächst ungleich größerer Bedeutung war die französische „Déclaration des droits de l'homme et du citoyen" vom 26. August 1789[37]. Die Freiheit aller Individuen unabhängig von Stand, Rang oder korporativer Zugehörigkeit (noch nicht aber von Geschlecht oder Hautfarbe) wird nun zum allgemeinen, tragenden Prinzip. Beide Fundamentaltexte beruhen ungeachtet ihrer vielfachen situativen wie rechtsstrukturellen Unterschiede[38] auf der aufklärerischen Sozialphilosophie und dem rationalistischen Naturrecht des 17. und 18. Jahrhunderts[39], wie der universelle Ausgriff auf die Rechte aller Menschen sowie die Rede von den angeborenen und unveräußerlichen Rechten deutlich werden lassen (Virginia 1776, sec. 1: *That all men are by nature equally free and independent and have certain inherent rights, of which, when they enter into a state of society, they cannot by any compact deprive or divest their posterity, namely the enjoyment of life and liberty, with the means of acquiring and possessing property and pursuing and obtaining happiness and safety.* –

---

[36] Siehe ADAMS, Verfassung (Fn. 35), S. 68 ff., 132 ff., 149 ff. u.ö.; STOURZH, Konstitutionalisierung (Fn. 35), S. 162 ff. – In die amerikanische Bundesverfassung finden Grundrechte erst mit den Amendments I–X Eingang, die im Juni 1789 in den Kongreß eingebracht wurden und Ende 1791 in Kraft traten; sie werden auch als (Federal) Bill of Rights bezeichnet. Vgl. A. und W.P. Adams (Hrsg.), Die Amerikanische Revolution und die Verfassung 1754–1791, 1987, S. 442 ff.; knapp F.V. LANGE, Grundrechtsbindung des Gesetzgebers, 2010, S. 12 f.

[37] Dazu VOIGT, Geschichte (Fn. 28), S. 28 ff.; S.-J. SAMWER, Die französische Erklärung der Menschen- und Bürgerrechte von 1789/91, 1972; J. SANDWEG, Rationales Naturrecht und revolutionäre Praxis, 1972; M. GAUCHET, Die Erklärung der Menschenrechte, 1991; WOLGAST, Geschichte (Fn. 23), S. 53 ff.; LANGE, Grundrechtsbindung (Fn. 36), S. 22 ff.

[38] In Amerika ging es um die Neugründung eines politischen Gemeinwesens und die Legitimation der Sezession vom kolonialen Mutterland mit entsprechend starker Betonung der Freiheitskomponente, in Frankreich um den Abbau der feudal-absolutistischen Privilegienordnung mit entsprechend stärker ausgeprägter Gleichheitsdimension. Näher dazu J. HABERMAS, Naturrecht und Revolution (1963), in: ders., Theorie und Praxis, 2. Aufl. 1980, S. 89 ff. (93 ff., 111 ff.); STOURZH, Konstitutionalisierung (Fn. 35), S. 155 ff.; HOFMANN, Herkunft (Fn. 24), S. 844, 846 f.; J.-D. KÜHNE, Die französische Menschen- und Bürgerrechtserklärung im Rechtsvergleich mit den Vereinigten Staaten und Deutschland, in: JöR 39 (1990), S. 1 ff. (8 ff.); HANS MAIER, Wie universal sind die Menschenrechte?, 1997, S. 17 ff.; siehe auch MAURER, Idee (Fn. 28), S. 690; C. ENDERS, in: K.H. Friauf/W. Höfling (Hrsg.), Berliner Kommentar zum Grundgesetz, vor Art. 1 (2000), Rn. 7; D. GRIMM, Ursprung und Wandel der Verfassung, in: HStR[3] I, § 1 Rn. 11 f., 32.

[39] HOFMANN, Geschichtlichkeit (Fn. 28), S. 12 ff., 16 ff.; H. DREIER, Gilt das Grundgesetz ewig?, 2009, S. 7 ff.

Französische Erklärung 1789, Art. 1: *Les hommes naissent et demeurent libres et égaux en droits. […].* Art. 2: *Le but de toute association politique est la conservation des droits naturels et imprescriptibles de l'homme. Ces droits sont la liberté, la propriété, la sûreté et la résistance à l'oppression.*).

Gravierende Unterschiede betrafen vor allem den Status der Erklärungen. Die französische Deklaration verstand sich nicht in erster Linie – wie die amerikanischen Dokumente – als unmittelbar verbindlicher und justiziabler Rechtekatalog, sondern eher als Dokument zur Verkündung unverlierbarer sozialphilosophischer Einsichten[40], als „Belehrung der ganzen Welt"[41] gedacht, gültig „für alle Zeiten und für alle Länder"[42]. Die Deklaration enthielt in scharfem Kontrast zu den USA „Leitsätze für gesetzgeberische Aktivität eher denn Grenzsteine für die Begrenzung des Gesetzgebers"[43]. Das ändert freilich nichts an der identischen Stoßrichtung, die nicht nur gegen Unrechtserfahrungen aller Art gerichtet war, sondern eine gänzlich neue Legitimationsstruktur staatlicher Herrschaft einforderte: In Frankreich wie in Amerika verknüpfen die Dokumente Grundrechtsproklamation und Staatskonstitution, individuelle Selbstbestimmung und diejenige des politischen Verbandes; hier wie dort verkündet man in einem Zug Freiheits- und vor allem Gleichheitsrechte sowie Grundsätze der Staatsorganisation wie etwa Volkssouveränität oder Gewaltenteilung.

Schon das belegt die Brüchigkeit der gern kolportierten These, Grundrechte bildeten in ihrer „klassischen" Funktion Abwehrrechte gegen den Staat. Zwar ist und bleibt das eine ganz wichtige, wesentliche und niemals sich erübrigende Funktion, in der man gerade in rechtsdogmatischer Perspektive die Sinnmitte der Grundrechte verorten mag. Für Garantien wie das Recht auf Leben, die Freiheit der Person oder die Religionsfreiheit liegt das auf der Hand. Gerade bei rechtshistorischer Betrachtung erweist sich freilich die Beschränkung auf diesen *status negativus* (um sich an der Klassifikation von Georg Jellineks bleibend wertvoller Statuslehre zu orientieren)[44]

---

[40] SANDWEG, Naturrecht (Fn. 37), S. 296ff.; S. BREUER, Sozialgeschichte des Naturrechts, 1983, S. 377f.; HOFMANN, Herkunft (Fn. 24), S. 846.

[41] E. BOUTMY, Die Erklärung der Menschen- und Bürgerrechte und Georg Jellinek (1902), in: Schnur, Geschichte (Fn. 32), S. 78ff. (88f.).

[42] Genauer Nachweis des letzten Zitates aus den Debatten bei DREIER, Gilt das Grundgesetz (Fn. 39), S. 7; zur Sache ebd., S. 10ff. m.w.N. Siehe auch VOIGT, Geschichte (Fn. 28), S. 30; SANDWEG, Naturrecht (Fn. 37), S. 300; HOFMANN, Geschichtlichkeit (Fn. 28), S. 18.

[43] So treffend STOURZH, Konstitutionalisierung (Fn. 35), S. 173; s. noch LANGE, Grundrechtsbindung (Fn. 36), S. 23f.

[44] Vgl. G. JELLINEK, System der subjektiven öffentlichen Rechte, 2. Aufl. 1905, insb. S. 94ff.: *status negativus* oder *libertatis* (Abwehr staatlicher Eingriffe), *status*

als eindimensional und verfehlt. Grundrechte schirmen nicht nur einen Bereich privater Freiheit gegen den Zugriff einer den Bürgern äußerlichen Staatsgewalt ab, sondern sollen selbst *basis and foundation of government* (Virginia 1776) sein. Grundrechtsproklamation und Staatskonstitution bilden als Ausformungen individueller wie politischer Selbstbestimmung eine Einheit. Daher finden sich in beiden Erklärungen neben Regelungen zur Gewaltenteilung auch solche zum Wahl- bzw. Gesetzgebungsrecht (Virginia 1776, sec. 6; Französische Erklärung 1789, Art. 6), mithin Rechte des *status activus*. Die demokratiefunktionale Seite einzelner (Abwehr-)Grundrechte artikuliert plastisch die Charakterisierung der Pressefreiheit als *one of the great bulwarks of liberty* (Virginia 1776, sec. 12). Schließlich bleibt, zumindest in den Debatten der französischen Nationalversammlung, auch der *status positivus*, also der Gedanke sozialer Grundrechte und des Anspruchs auf staatliche Leistungen, nicht unerwähnt; entsprechende Normen finden zwar erst in der Jakobinerverfassung von 1793 (Art. 21, 22) ihren Platz, werden aber schon 1789 nicht nur beiläufig diskutiert[45]. Bereits bei der Genese der modernen Grund- und Menschenrechtserklärungen ist also von einer Pluralität von Grundrechtsfunktionen auszugehen.

3. Weltweiter Siegeszug im 20. Jahrhundert

Namentlich seit der zweiten Hälfte des 20. Jahrhunderts haben Grund- und Menschenrechte einen Siegeszug sondergleichen angetreten[46]. Demgemäß verfügen mittlerweile fast alle Verfassungen der modernen Staatenwelt über Grundrechtskataloge, von denen manche freilich das Papier nicht wert sind, auf dem sie gedruckt sind[47]. Heute wird praktisch weltweit

---

positivus (Anspruch auf staatliche „Leistungen“) und *status activus* (insb. politische Wahl- und Stimmrechte). Der *status passivus* bezeichnet den Bürger in seiner Rolle als der staatlichen Gewalt Unterworfener.

[45] So sieht etwa Sieyes' Entwurf für die Menschenrechtserklärung vom Juli 1789 einen entsprechenden Artikel vor. E. J. Sieyes, Einleitung zur Verfassung. Anerkennung und erklärende Darstellung der Menschen- und Bürgerrechte (1789), in: ders., Politische Schriften (Fn. 26), S. 239 ff. (256), Art. XXV: „Jeder Bürger, der außerstande ist, für seinen Lebensunterhalt selbst zu sorgen, hat Anspruch auf die Unterstützung seiner Mitbürger.“ Zu diesem Punkt noch M. Gauchet, Art. Menschenrechte, in: F. Furet/M. Ozouf (Hrsg.), Kritisches Wörterbuch der Französischen Revolution, Bd. 2, 1996, S. 1180 ff. (1191 f.).

[46] Im Überblick: Oestreich, Geschichte (Fn. 17), S. 118 ff.; H. J. Sandkühler, Recht und Staat nach menschlichem Maß, 2013, S. 141 ff.

[47] Zu solchen „Pseudo- oder Semikonstitutionen“ etwa Grimm, Ursprung (Fn. 38),

die Anerkennung von Menschenrechten zu den zentralen Legitimationserfordernissen staatlicher Herrschaft gerechnet[48]. Das dokumentiert sich vor allem in einer Fülle einschlägiger völkerrechtlicher Dokumente, für die die Allgemeine Erklärung der Menschenrechte vom 10. Dezember 1948 das strahlende Urbild liefert. Deren Anzahl ist mittlerweile (über-) groß und steigt beständig[49], mit ihr aber nicht unbedingt die praktische Durchschlagskraft und Effektivität des internationalen Menschenrechtsschutzes. Von beträchtlicher Relevanz für Deutschland und Europa war allerdings seit jeher die (Europäische) Menschenrechtskonvention von 1950, die durch die Zulassung der Individualbeschwerde zum EGMR im Jahre 1995 einen zusätzlichen starken Bedeutungsschub erlangt hat[50]. Als durchaus wirksam haben sich desgleichen grundrechtliche Garantien in der Europäischen Union erwiesen, zumal mit dem Vertrag von Lissabon die Charta der Grundrechte der Europäischen Union in Kraft getreten ist[51].

III. Grundrechtsentwicklung in Deutschland

1. Konstitutionalismus

Abgesehen von der bereits erwähnten Garantie der Auswanderungsfreiheit im Augsburger Religionsfrieden und von den kurzlebigen Schöpfungen

---

§ 1 Rn. 56; J. Isensee, Staat und Verfassung, in: HStR³ II, § 15 Rn. 169. Grundlegend K. Loewenstein, Verfassungslehre, 2. Aufl. 1969, S. 153 ff. mit dem Terminus der „semantischen" Verfassungen.

[48] H. Hofmann, Menschenrechtliche Autonomieansprüche (1992), in: ders., Verfassungsrechtliche Perspektiven (Fn. 34), S. 51 ff.; Stern, Idee (Fn. 7), § 184 Rn. 40 ff., 52 ff. (Rn. 43: „Signatur des neuzeitlichen Rechtsstaats westlicher Prägung").

[49] Eindrucksvolle Textsammlungen: B. Simma (Hrsg.), Menschenrechte. Ihr internationaler Schutz, 6. Aufl. 2010; R. K. M. Smith, Textbook on International Human Rights, 6th ed., Oxford 2014; I. Brownlie/G. S. Goodwin-Gill (eds.), Basic Documents on Human Rights, 5th ed., Oxford 2006 (mit über 1200 Seiten); aktuelle Übersichten bei T. Buergenthal/D. Thürer, Menschenrechte, 2010, § 5 (S. 44 ff.); M. Herdegen, Völkerrecht, 11. Aufl. 2012, §§ 48, 49 (S. 359 ff., 365 ff.).

[50] Wichtige Erläuterungswerke: J. A. Frowein/W. Peukert, Europäische Menschenrechtskonvention. EMRK-Kommentar, 3. Aufl. 2009; C. Grabenwarter/K. Pabel, Europäische Menschenrechtskonvention, 5. Aufl. 2012; A. Peters/T. Altwicker, Europäische Menschenrechtskonvention, 2. Aufl. 2012.

[51] Wichtige Erläuterungswerke: H. D. Jarass, Charta der Grundrechte der Europäischen Union, 2. Aufl. 2013; J. Schwarze (Hrsg.), EU-Kommentar, 3. Aufl. 2012; J. Meyer (Hrsg.), Charta der Grundrechte der Europäischen Union, 3. Aufl. 2011.

Napoleons in den sog. Modellstaaten, insb. dem Königreich Westphalen[52], wird die Grundrechtsentwicklung in Deutschland zunächst von der nachnapoleonischen französischen Entwicklung geprägt. In Anlehnung an die Charte Constitutionnelle von 1814 (Art. 1 ff.: „Staatsrechte der Franzosen") weisen etwa die Verfassungen des süddeutschen Konstitutionalismus (Bayern und Baden 1818, Württemberg 1819)[53] jeweils Abschnitte über Rechte (und Pflichten) der Bürger auf[54]. Gleiches gilt für die in einer zweiten Welle in den 1830er Jahren ergangenen Verfassungen etwa Kurhessens oder Sachsens[55]. Die Grundrechte wurden dabei überall in deutlicher Absetzung vom universalistischen Gestus der französischen Revolutionsära und ohne Anspruch auf zeitlose Gültigkeit als Normen des positiven Rechts begriffen: sie waren Staatsbürgerrechte der Untertanen[56] und in ihrer Wirkung durch die Besonderheiten des konstitutionellen Dualismus

---

[52] Dazu, insb. zur Modernität dieser Verfassungen: M. Hecker, Napoleonischer Konstitutionalismus in Deutschland, 2005.

[53] Dazu monographisch W. v. Rimscha, Die Grundrechte im süddeutschen Konstitutionalismus, 1973; J. Hilker, Grundrechte im deutschen Frühkonstitutionalismus, 2005; kürzere Würdigungen bei R. Scheyhing, Deutsche Verfassungsgeschichte der Neuzeit, 1968, S. 127 ff.; R. Wahl, Die Entwicklung des deutschen Verfassungsstaates bis 1866, in: HStR³ I, § 2 Rn. 23 ff.; D. Grimm, Deutsche Verfassungsgeschichte 1776–1866, 1988, S. 71 ff.; K. Stern, Das Staatsrecht der Bundesrepublik Deutschland, Bd. III/1, 1988, S. 106 ff.; D. Willoweit, Deutsche Verfassungsgeschichte – Vom Frankenreich bis zur Wiedervereinigung Deutschlands, 7. Aufl. 2013, § 29 I 3 (S. 239 ff.).

[54] Eingehend Hilker, Grundrechte (Fn. 53), S. 186 ff.

[55] Zu dieser zweiten Welle Scheyhing, Verfassungsgeschichte (Fn. 53), S. 133 ff.; Wolgast, Geschichte (Fn. 23), S. 123 ff. – Texte bei E.R. Huber (Hrsg.), Dokumente zur deutschen Verfassungsgeschichte, Bd. 1, 3. Aufl. 1978, S. 238 ff.; Würdigung bei E.R. Huber, Deutsche Verfassungsgeschichte seit 1789, Bd. 2, 3. Aufl. 1988, S. 62 ff., 76 ff.; speziell zum belgischen Einfluß R. Smend, Die Preußische Verfassungsurkunde im Vergleich mit der Belgischen, 1904. Mit der Verfassung Belgiens kommt es zu einem „Qualitätssprung in der Ausformung der Rechte des Individuums" (Wolgast, Geschichte [Fn. 23]), S. 122).

[56] D. Grimm, Die Grundrechte im Entstehungszusammenhang der bürgerlichen Gesellschaft (1988), in: ders., Die Zukunft der Verfassung, 1991, S. 67 ff. (86 ff.); W. Heun, Die Struktur des deutschen Konstitutionalismus des 19. Jh. im verfassungsgeschichtlichen Vergleich, in: Der Staat 45 (2006), S. 365 ff. (372 ff., 374 ff., 378 ff.); T. Würtenberger, Von der Aufklärung zum Vormärz, in: D. Merten/H.-J. Papier (Hrsg.), Handbuch der Grundrechte in Deutschland und Europa, Bd. I, 2004, § 2 Rn. 75 ff.; J.-D. Kühne, Von der bürgerlichen Revolution bis zum Ersten Weltkrieg, ebd., § 3 Rn. 62 ff.; Hilker, Grundrechte (Fn. 53), S. 363 ff.; Maier, Menschenrechte (Fn. 38), S. 25 ff.; K. Stern, Das Staatsrecht der Bundesrepublik Deutschland, Bd. V, 1999, S. 208 ff., 214 ff., 238 f.

beschränkt, so daß ihre Geltungskraft und Durchsetzungsmöglichkeit im einzelnen durchaus unklar und umstritten blieb.

2. *Paulskirchenverfassung 1848/49*

Einen frühen Höhe- und Gipfelpunkt freiheitlichen Verfassungsdenkens markiert die in jeder Hinsicht außergewöhnlich moderne Frankfurter Paulskirchenverfassung von 1848/49[57]. Dieser Meilenstein verfassungsstaatlicher Entwicklung verwendet nicht nur explizit den seinerzeit noch keineswegs fest eingebürgerten Terminus „Grundrechte"[58], sondern sieht zugleich außergewöhnlich vielfältige vorwärtsweisende Instrumente zu ihrer Befestigung und (auch [verfassungs]gerichtlichen) Durchsetzung vor. Der ausgebaute Katalog einschlägiger Grundrechte mit einem Schwerpunkt auf liberalen Gewährleistungen erstreckte sich, um nur einige Beispiele zu nennen, von der Auswanderungs- über die Meinungs-, Presse-, Glaubens- und Gewissens- bis hin zur Wissenschafts-, Versammlungs- und Vereinigungsfreiheit. Insgesamt standen die Grundrechte der Paulskirchenverfassung „nach Substanz und potentieller Wirkungskraft würdig neben den großen Grundrechtsdeklarationen von Nordamerika und Frankreich"[59]. Das am 27. Dezember 1848 eigens vorweg beschlossene „Gesetz betr. die Grundrechte des deutschen Volks" wurde im Reichsgesetzblatt verkündet – und nach dem Scheitern der Revolution am 23. August 1851 ordnungsgemäß durch Bundesbeschluß wieder aufgehoben[60]. Zwar schien die Paulskirchenverfassung auch und gerade wegen ihrer Grundrechtskonzeption ihrer Zeit allzu weit voraus, vermittelte aber wegen der Anknüp-

[57] Maßgeblich J.-D. KÜHNE, Die Reichsverfassung der Paulskirche (1985), 2. Aufl. 1998; siehe noch GRIMM, Verfassungsgeschichte (Fn. 53), S. 175ff., 194ff.; H. BOLDT, Die Reichsverfassung vom 28. März 1849, in: P. Bahners/G. Roellecke (Hrsg.), 1848 – Die Erfahrung der Freiheit, 1998, S. 49ff.; C.H. SCHMIDT, Vorrang der Verfassung und konstitutionelle Monarchie, 2000, S. 145ff.; HILKER, Grundrechte (Fn. 53), S. 353ff.; W. PAULY, Die Verfassung der Paulskirche und ihre Folgewirkungen, in: HStR^3 I, § 3 Rn. 19ff.; KÜHNE, Revolution (Fn. 56), § 3 Rn. 3ff.; WOLGAST, Geschichte (Fn. 23), S. 134ff.; WILLOWEIT, Verfassungsgeschichte (Fn. 53), § 31 (S. 253ff., insb. 261).

[58] Abschnitt VI ist überschrieben: „Die Grundrechte des deutschen Volkes". Dazu G. KLEINHEYER, Art. Grundrechte, in: Geschichtliche Grundbegriffe, Bd. 2 (Fn. 27), S. 1047ff. (1047, 1076).

[59] MAURER, Idee (Fn. 28), S. 691. Ähnlich WOLGAST, Geschichte (Fn. 23), S. 151.

[60] RGBl. 1848, S. 49, 57. Vgl. HUBER, Verfassungsgeschichte II (Fn. 55), S. 774ff.; DERS., Deutsche Verfassungsgeschichte seit 1789, Bd. 3, 3. Aufl. 1988, S. 136ff.

fung an die westliche Verfassungstradition der Zukunft ganz wesentliche Impulse und wurde Vorbild für spätere Verfassungsschöpfungen. Manche Grundrechte der Weimarer Reichsverfassung wurden wortwörtlich aus dem Grundrechtskatalog von 1848 übernommen und fanden Eingang in das exakt einhundert Jahre später beratene bundesdeutsche Grundgesetz.

3. *Reichsverfassung 1871*

Die Reichverfassung von 1871 war (abgesehen von Art. 3 [gemeinsames Indigenat, Schutz gegenüber dem Ausland], 20 [Reichswahlrecht] und 23 [Petitionsrecht]) grundrechtslos[61]. Das lag zwar auch an der prononciert föderalen Struktur des Reiches als eines Bundes deutscher Fürsten (und, vermittelt über den Norddeutschen Bund, dreier freier Städte)[62]. Zudem wiesen die Verfassungen der Mitgliedstaaten thematisch einschlägige Abschnitte in ihren – im Vergleich zur Paulskirche durchweg rückständigen – Verfassungen auf[63]. Vor allem aber fungierten als Grundrechtsäquivalente fundamentale Reichsgesetze wie die Gewerbeordnung auf dem Felde der Berufsfreiheit, die dem Schutz der Privatsphäre dienenden Gesetze zum Post- bzw. Telegraphengeheimnis sowie die prozessualen Garantien in den Reichsjustizgesetzen[64]. Sie traten an die Stelle des fehlenden Grundrechtskataloges und bildeten mit ihren durchweg rechtsstaatlich-liberalen Regelungen insofern „ein Stück deutscher Verfassungsgesetzgebung“[65]. Doch dokumentiert die Bismarckverfassung eben auch einen für Theorie wie Praxis des deutschen Spätkonstitutionalismus signifikanten Bedeutungs-

---

[61] F. GIESE, Die Grundrechte, 1905, S. 21 ff.; E. ECKHARDT, Die Grundrechte vom Wiener Kongress bis zur Gegenwart, 1913, S. 132 ff.; KÜHNE, Revolution (Fn. 56), § 3 Rn. 77 ff.

[62] Diesen Punkt hervorhebend: E.R. HUBER, Grundrechte im Bismarckschen Reichssystem, in: Festschrift für Ulrich Scheuner, 1973, S. 163 ff.

[63] Man vergleiche nur die typische Rückkehr zur vormärzlichen Terminologie in Titel II der bis 1918 gültigen Preußischen Verfassung von 1850: „Von den Rechten der Preußen“.

[64] Siehe im einzelnen G. ANSCHÜTZ, Deutsches Staatsrecht, in: F. v. Holtzendorff/J. Kohler (Hrsg.), Enzyklopädie der Rechtswissenschaft in systematischer Bearbeitung, Bd. 4, 7. Aufl. 1914, S. 1 ff. (89, 90); HUBER, Grundrechte (Fn. 62), S. 166 ff. (Auflistung S. 169); gleiche Auflistung bei K. KRÖGER, Grundrechtsentwicklung in Deutschland – Von ihren Anfängen bis zur Gegenwart, 1998, S. 39 f.; knapp WILLOWEIT, Verfassungsgeschichte (Fn. 53), § 34 III 2 (S. 287); STERN, Staatsrecht V (Fn. 56), S. 363 m.w.N.

[65] R. THOMA, Grundrechte und Polizeigewalt (1925), in: ders., Rechtsstaat – Demokratie – Grundrechte, hrsgg. und eingel. v. H. Dreier, 2008, S. 130 ff. (135).

verlust der Grundrechtsidee, die im allgemeinen Gesetzesvorbehalt ihre Erfüllung gefunden zu haben schien.

4. *Weimarer Reichsverfassung 1919*

Die Weimarer Reichsverfassung vom 11. August 1919[66] ging andere Wege, indem sie ihren gesamten zweiten Hauptteil den „Grundrechten und Grundpflichten der Deutschen" widmete, was nach herrschender zeitgenössischer Auffassung Ausländer von den Freiheitsgewährleistungen nicht pauschal ausschloß[67]. Entgegen einer hartnäckigen Legende handelte es sich bei den Grundrechten der Weimarer Verfassung keineswegs durchgängig um bloße „Programmsätze". Vielmehr bestand an der unmittelbaren Geltungskraft und Anwendbarkeit der vielen klassisch-liberalen Grundrechtsgarantien (etwa Auslieferungsverbot, Freiheit der Person, nulla poena sine lege, Versammlungs- und Vereinigungsfreiheit, Meinungs- und Pressefreiheit, Eigentumsgarantie, Freiheit der Kunst und der Wissenschaft) kein Zweifel[68].

---

[66] Überblick und Gesamtwürdigungen: E.R. Huber, Deutsche Verfassungsgeschichte seit 1789, Bd. 6, 1981, S. 94 ff., 103 ff., 119 ff.; Voigt, Geschichte (Fn. 28), S. 131 ff., 137 ff.; Stern, Staatsrecht III/1 (Fn. 53), S. 120 ff.; C. Gusy, Die Grundrechte in der Weimarer Republik, in: ZNR 15 (1993), S. 163 ff.; ders., Die Weimarer Reichsverfassung, 1997, S. 272 ff.; H. Dreier, Die Zwischenkriegszeit, in: Merten/Papier, HGR I (Fn. 56), § 4 Rn. 8 ff.; W. Pauly, Grundrechtslaboratorium Weimar, 2004. – Es hatte im übrigen seinerzeit durchaus Überlegungen gegeben, das Verfassungswerk mit dem Abschnitt über die Grundrechte zu beginnen (J.-D. Kühne, Zum Neuerungsgehalt der Weimarer Grundrechte, in: Festschrift für Klaus Stern, 2012, S. 59 ff.).

[67] Das betraf etwa die justiziellen Garantien, aber auch das Eigentumsrecht, den Schutz der Wohnung u.a. Siehe nur G. Anschütz, Die Verfassung des Deutschen Reichs vom 11. August 1919, 14. Aufl. 1933, S. 510 ff. (511): „Auch in die Freiheitssphäre der Ausländer darf die Verwaltung nicht ohne gesetzliche Grundlage eingreifen, und soweit die Grundrechte nichts anderes sind als Hervorhebungen einzelner Anwendungsfälle des allgemeinen Anspruchs auf Unterlassung ungesetzlicher Handhabung der öffentlichen Gewalt, stellen sie in Wahrheit nicht ‚*Bürgerrechte*', sondern ‚*Menschenrechte*' dar. Man wird gewiß nicht behaupten wollen, daß der deutsche Staat nur für die Inländer Rechtsstaat, für die Ausländer dagegen ein Staat der Willkürherrschaft, ‚Polizeistaat' sei; daß die persönliche Freiheit, die Wohnung, das Eigentum nur der Deutschen ‚unverletzlich', wenn aber Ausländern gehörig, nach Ermessen der Behörden ‚verletzlich' seien." (Hv. i. O., H.D.).

[68] Zur Bindungswirkung der (tradierten) Grundrechte als aktuelles, anwendbares Recht nur Anschütz, WRV (Fn. 67), S. 514 ff.; Voigt, Geschichte (Fn. 28), S. 137 ff.; Stern, Staatsrecht III/1 (Fn. 53), S. 123 ff.; Gusy, Grundrechte (Fn. 66), S. 175 ff.; ders., WRV (Fn. 66), S. 280 ff.; Willoweit, Verfassungsgeschichte (Fn. 53), § 37

Auch galten sie nicht durchweg – zweite Legende – lediglich „im Rahmen der Gesetze“, wie eine ebenso populäre wie pauschale Wendung behauptet. Denn als „leerlaufend“[69] ließen sich nur solche Grundrechte charakterisieren, die dem unbegrenzten Zugriff des (materiellen) Reichs- wie Landesgesetzgebers unterlagen; hier galt allein der – in seiner Stärke freilich keineswegs gering zu schätzende[70] – Grundsatz der Gesetzmäßigkeit der Verwaltung, also das allgemeine Recht auf „Freiheit von gesetzwidrigem Zwange“[71]. Darüber hinaus schützte aber die differenzierte Stufung der an der erhöhten Geltungskraft der Verfassungsurkunde partizipierenden Grundrechte (z. B. reichsverfassungskräftige, reichsgesetzkräftige, gesetzeskräftige)[72] vor jedwedem beliebigen Eingriff des einfachen Reichs- oder Landesgesetzgebers und somit vor ihrem allgemeinen „Leerlaufen“. Schließlich war auch keineswegs – drittes gängiges Vorurteil – die Grundrechtsbindung des (einfachen) Gesetzgebers umfassend ausgeschlossen, sondern etwa für die prominenten Fälle der Meinungs-, Religions- und Kunstfreiheit explizit anerkannt[73]. Allein dem reichsverfassungsändernden Gesetzgeber setzte die

IV 2 (S. 319); ausführlich DREIER, Zwischenkriegszeit (Fn. 66), § 4 Rn. 13 ff.; WOLGAST, Geschichte (Fn. 23), S. 179 ff. – Auch in der Judikatur von Reichsgericht und Staatsgerichtshof spielten die Grundrechte durchaus eine wichtige Rolle: vgl. nur A. HENSEL, Grundrechte und Rechtsprechung, in: O. Schreiber (Hrsg.), Die Reichsgerichtspraxis im deutschen Rechtsleben. Festgabe zum 50jährigen Bestehen des Reichsgerichts, Bd. I, 1929, S. 1 ff.; H. DREIER, Verfassungsgerichtsbarkeit in der Weimarer Republik, in: T. Simon/J. Kalwoda (Hrsg.), Schutz der Verfassung: Normen, Institutionen, Höchst- und Verfassungsgerichte, 2014, S. 317 ff. (328 ff., 340 ff., 351 ff.).

[69] Begriffsprägend THOMA, Grundrechte und Polizeigewalt (Fn. 65), S. 139. Ausführlicher zum angeblichen „Leerlaufen“ DREIER, Zwischenkriegszeit (Fn. 66), § 4 Rn. 20 ff.

[70] Zur wichtigen und freiheitssichernden Kraft des Gesetzmäßigkeitsgrundsatzes, die durch die Rede vom „Leerlaufen“ eher verdunkelt wird: DREIER, Zwischenkriegszeit (Fn. 66), § 4 Rn. 21 ff.

[71] JELLINEK, System (Fn. 44), S. 103: „Alle Freiheit ist einfach Freiheit von gesetzwidrigem Zwange.“ Siehe R. THOMA, Das System der subjektiven öffentlichen Rechte und Pflichten (1932), in: ders., Rechtsstaat (Fn. 65), S. 369 ff. (386); ANSCHÜTZ, WRV (Fn. 67), S. 511. Darstellung des gesamten Komplexes bei H. BAUER, Geschichtliche Grundlagen der Lehre vom subjektiven öffentlichen Recht, 1986, S. 90 ff.

[72] Diese Systematisierung stammt von R. THOMA, Die juristische Bedeutung der grundrechtlichen Sätze der deutschen Reichsverfassung im allgemeinen (1929), in: ders., Rechtsstaat (Fn. 65), S. 173 ff. (207 ff.); ihr schloß sich ANSCHÜTZ, WRV (Fn. 67), S. 517 ff. im wesentlichen an. – Vertiefend HUBER, Verfassungsgeschichte VI (Fn. 66), S. 98 f.; DREIER, Zwischenkriegszeit (Fn. 66), § 4 Rn. 24 ff., 39 ff.

[73] Siehe ANSCHÜTZ, WRV (Fn. 67), Art. 118 Anm. 3 (S. 553 ff.), Art. 135 Anm. 4, 6 (S. 619, 622), Art. 142 Anm. 3 (S. 660). Ohnehin ging hier der allgemeine Trend dahin, den formellen Gesetzgeber zunehmend als Adressaten der Grundrechte einzustufen: DREIER, Zwischenkriegszeit (Fn. 66), § 4 Rn. 35, 40. Näher zur differen-

Weimarer Reichsverfassung aus durchaus nachvollziehbaren Gründen und im Einklang mit anderen freiheitlichen Demokratien nach herrschender Auffassung keine Schranken[74]. In innovativer Weise hatte die verfassunggebende Nationalversammlung den überkommenen politischen und liberalen Grundrechten eine Vielzahl von sozialen Grundrechten, Staatszielen und Vorgaben für die „Lebensordnungen" hinzugefügt: das reichte von der sozialen Förderung der Familie, dem Schutz der Jugend vor Verwahrlosung oder der Schaffung gesunder Wohnverhältnisse über Regelungen zum Berufsbeamtentum, dem Schulwesen und der Lehrerbildung bis hin zur Nutzung der Bodenschätze, dem Sozialversicherungswesen oder der Bildung von Arbeiter- und Wirtschaftsräten. Die soziale Frage des 19. Jahrhunderts hatte die Ebene des Verfassungsrechts erreicht. So kann der Grundrechtsteil der Weimarer Reichsverfassung insgesamt als „Zeugnis eines ernsten und sittlich hohen Strebens nach einer gerechten Sozialordnung" gelten[75]. Ihn kennzeichnet die moderne, den Herausforderungen der Zeit gegenüber aufgeschlossene Weiterentwicklung tradierter Grundrechtsvorstellungen.

IV. Die Grundrechte des Grundgesetzes

1. Genese

Das Grundgesetz vom 23. Mai 1949 stellt den Abschnitt über die Grundrechte in signifikanter Weise an die Spitze der Verfassungsurkunde[76]. Über-

---

zierten Bindung des (Reichs- und Landes-)Gesetzgebers DREIER, Zwischenkriegszeit (Fn. 66), § 4 Rn. 39 ff.

[74] Eindringlich R. THOMA, Die Funktionen der Staatsgewalt. Grundbegriffe und Grundsätze (1932), in: ders., Rechtsstaat (Fn. 65), S. 301 ff. (360 ff.); weitere Nachweise bei DREIER, Zwischenkriegszeit (Fn. 66), § 4 Rn. 31, 41; zu den beachtlichen Gründen für Schrankenlosigkeit näher DREIER, Gilt das Grundgesetz (Fn. 39), S. 47 ff., 57 ff. – Praktisch relevant wurde diese vermeintliche Allmacht des verfassungsändernden Gesetzgebers ohnehin nur selten, weil es dafür (etwa die Beseitigung von Grundrechten) zumeist an den erforderlichen Mehrheiten fehlte.

[75] So SCHEYHING, Verfassungsgeschichte (Fn. 53), S. 226; vgl. auch HUBER, Verfassungsgeschichte VI (Fn. 66), S. 95: „Manifest gegen die soziale Revolution, aber für die soziale Reform"; zur Modernität weitere Nachweise bei DREIER, Zwischenkriegszeit (Fn. 66), § 4 Rn. 7, 10; s. noch WOLGAST, Geschichte (Fn. 23), S. 189 („lässt deutlichen Modernisierungsschub erkennen"), 190 („beträchtliche Qualitätssteigerung in der Entwicklung und Ausgestaltung"). – Das Reichsgericht bezeichnete die Grundrechte 1921 als ein „Heiligtum des deutschen Volkes" (RGZ 102, 161 [165]).

[76] Das war eine bewußte Entscheidung: siehe nur C. SCHMID, in: Der Parlamentarische Rat 1948–1949. Akten und Protokolle, hrsgg. v. Deutschen Bundestag u.

legungen, diese auf ein Organisationsstatut zu beschränken, waren rasch überwunden worden. Carlo Schmid trat entgegen eigenen ursprünglichen Bedenken schon in seinem Bericht über den Verfassungskonvent von Herrenchiemsee für einen Grundrechtsteil ein und prägte später im Parlamentarischen Rat die vielzitierten Worte zur Rechtsnatur der Grundrechte. Diese sollten nämlich „nicht bloß Deklamationen, Deklarationen oder Direktiven sein, nicht nur Anforderungen an die Länderverfassungen, nicht nur eine Garantie der Ländergrundrechte, sondern unmittelbar geltendes Bundesrecht, auf Grund dessen jeder einzelne Deutsche, jeder einzelne Bewohner unseres Landes vor den Gerichten soll Klage erheben können"[77].

Der Ausschuß für Grundsatzfragen[78] beschränkte sich bei der Erarbeitung eines Grundrechtskataloges weitgehend auf die klassisch-liberalen, justiziablen Grundrechte (Freiheit des Glaubens und des Gewissens, der Meinung und der Presse, der Wissenschaft und der Kunst, Schutz der Wohnung, des Brief-, Post- und Fernmeldegeheimnisses etc.)[79]. Deren herausragende Bedeutung lag nach der Zeit des Nationalsozialismus auf der Hand[80]. Die „Lebensordnungen", also den in der Weimarer Verfassung noch breit behandelten Gegenstandsbereich der sozialen Grundrechte, des Wirtschafts- und Gesellschaftslebens, sparte man (mit Ausnahme der dann

v. Bundesarchiv, Bd. 9: Plenum, bearbeitet v. W. Werner, 1996, S. 437. Zur Genese STERN, Staatsrecht III/1 (Fn. 53), S. 127 ff.; KRÖGER, Grundrechtsentwicklung (Fn. 64), S. 78 ff.; B. PIEROTH, Die Grundrechte des Grundgesetzes in der Verfassungstradition, in: Merten/Papier, HGR II (Fn. 3), § 25 Rn. 5 ff., 16 ff.; speziell zum Parlamentarischen Rat K. STERN, Altes und Neues aus der Genese der Grundrechte des Grundgesetzes (1984), in: ders., Der Staat des Grundgesetzes, 1992, S. 254 ff.; mit Blick auf die Staatsrechtslehre(r) M. STOLLEIS, Geschichte des Öffentlichen Rechts in Deutschland, Bd. IV, 2012, S. 122 ff.; s. noch V. OTTO, Das Staatsverständnis des Parlamentarischen Rates, 1971, S. 67 ff.

[77] JöR 1 (1951), S. 43 = Parl. Rat, Bd. 9 (Fn. 76), S. 37; mit gleicher Stoßrichtung C. SCHMID, in: Der Parlamentarische Rat 1948–1949. Akten und Protokolle, hrsgg. v. Deutschen Bundestag u. v. Bundesarchiv, Bd. 5: Ausschuß für Grundsatzfragen, bearbeitet v. E. Pikart u. W. Werner, 1993, S. 10.

[78] Vgl. Parl. Rat, Bd. 5 (Fn. 77), S. XXXII ff., 9 ff., 15 ff., 28 ff.

[79] Zu deren Umgrenzung R. POSCHER, Grundrechte als Abwehrrechte, 2003, S. 42 ff.; PIEROTH, Grundrechte (Fn. 76), § 25 Rn. 25 ff. (Rn. 50 ff. zu Grundrechten spezifisch deutscher Tradition).

[80] ZINN, in: Parl. Rat, Bd. 5 (Fn. 77), S. 34: „Nach den Exzessen der staatlichen Macht in den vergangenen 12 Jahren haben auch die klassischen Grundrechte wieder eine evidente Bedeutung erlangt." Ähnlich BERGSTRÄSSER, in: Parl. Rat, Bd. 5 (Fn. 77), S. 32. Näher H. DREIER, Grundlagen und Grundzüge staatlichen Verfassungsrechts: Deutschland, in: A. v. Bogdandy/P. Cruz Villalón/P. M. Huber (Hrsg.), Handbuch Ius Publicum Europaeum, Bd. I, 2007, § 1 Rn. 11; knapp K. STERN, Idee und Elemente eines Systems der Grundrechte, in: HStR³ IX, § 185 Rn. 7.

bezeichnenderweise sehr umstrittenen Bestimmungen über Ehe, Familie und Schulwesen[81]) aus, weil man deren Regelung angesichts der Teilung Deutschlands und der vorläufigen Natur des Grundgesetzes nicht für tunlich hielt und auf den größeren Eindruck unmittelbar geltender Rechtssätze im Vergleich zu vagen Direktiven setzte[82]. Auch Grundpflichten erwähnte man nicht explizit[83]. Neben die Rückbesinnung und Wiederaneignung traditioneller Garantien traten einige Grundrechtsinnovationen, zu denen man insbesondere Art. 4 Abs. 3 (Kriegsdienstverweigerung) und Art. 16 GG (Schutz vor Verlust der deutschen Staatsangehörigkeit, Asylrecht) zählt, die sich beide als Reaktion auf die nationalsozialistische Vergangenheit und den verlorenen Krieg deuten lassen[84]. Durchaus neu waren neben der Garantie der Menschenwürde und speziellen Gleichheitssätzen auch die explizite Regelung der Grundrechtsberechtigung juristischer Personen, die allgemeine Rechtsschutzgarantie sowie die Abschaffung der Todesstrafe[85].

Inhaltlich konnte man sich bei der Ausarbeitung des Grundrechtskataloges nicht nur auf die erwähnten großen Dokumente der amerikanischen und französischen Revolution sowie die deutschen Vorläufer der Paulskirche und Weimars stützen, sondern auch von der im Dezember 1948 verabschiedeten Allgemeinen Menschenrechtserklärung profitieren, die als wichtiger Referenztext fungierte[86].

---

[81] Dreier, Grundlagen (Fn. 80), § 1 Rn. 33 ff.

[82] Vgl. aus den Beratungen: Der Parlamentarische Rat 1948–1949. Akten und Protokolle, hrsgg. v. Deutschen Bundestag u. v. Bundesarchiv, Bd. 2: Der Verfassungskonvent auf Herrenchiemsee, bearbeitet v. P. Bucher, 1981, S. 513; Parl. Rat, Bd. 5 (Fn. 77), S. 10; Parl. Rat, Bd. 9 (Fn. 76), S. 437. Siehe R. Mussgnug, Zustandekommen des Grundgesetzes und Entstehen der Bundesrepublik Deutschland, in: HStR[3] I, § 8 Rn. 57 ff.; Stern, Staatsrecht III/1 (Fn. 53), S. 155, 168; knapp H. Bethge, Aktuelle Probleme der Grundrechtsdogmatik, in: Der Staat 24 (1985), S. 351 ff. (372 f.).

[83] Hofmann, Grundpflichten (Fn. 17), § 195 Rn. 2; zum impliziten Grundpflichtenbestand ebd., § 195 Rn. 18 ff.

[84] Vgl. Mussgnug, Zustandekommen (Fn. 82), § 8 Rn. 61; Dreier, Grundlagen (Fn. 80), § 1 Rn. 13 f. Das Recht zur Kriegsdienstverweigerung ging wesentlich auf Eingaben aus der Bevölkerung zurück: Parl. Rat, Bd. 5 (Fn. 77), S. XL f., 419 ff., 473 f.; T. Heuss befürchtete hingegen einen „Massenverschleiß des Gewissens" (JöR 1 [1951], S. 77).

[85] Zusammenfassend Pieroth, Grundrechte (Fn. 76), § 25 Rn. 59 ff.

[86] Vgl. nur: „Katalog der Grundrechte. Anregungen von Dr. Bergsträsser als Berichterstatter", als Dokument Nr. 3 abgedruckt in: Parl. Rat, Bd. 5 (Fn. 77), S. 15 ff. Hier wurde mehr als ein Dutzend Mal auf die Menschenrechtserklärung Bezug genommen.

2. Allgemeine Bedeutung

Grundrechte haben im Laufe des letzten halben Jahrhunderts in Deutschland eine kaum zu überschätzende Bedeutung nicht allein für die gesamte Rechtsordnung, sondern auch für das politische Leben sowie die gesellschaftliche Entwicklung im allgemeinen erlangt. Das Bundesverfassungsgericht sieht in ihnen den „eigentliche(n) Kern der freiheitlich-demokratischen Ordnung des staatlichen Lebens im Grundgesetz“[87], das „Essentiale der geltenden Verfassung“[88]. Grundrechte dürfen wortwörtlich als Basis des freiheitlichen Verfassungsstaates gelten, wie das schon die Virginia Bill of Rights von 1776 programmatisch zum Ausdruck gebracht hatte. Von daher wurden die Grundrechte ganz zutreffend „das wichtigste und für den demokratischen Verfassungsstaat spezifische Verfassungselement“[89] genannt sowie als „Mitte und Herz der Verfassung“[90] verortet. Im Vergleich zu Weimar wie auch zu vielen anderen freiheitlichen Demokratien haben die Grundrechte eine überragende Tragweite und Relevanz erlangt.

Die Gründe für den herausragenden Stellenwert der Grundrechte sind vielfältiger Art und teilweise im Grundgesetz selbst angelegt. An erster Stelle ist hier Art. 1 Abs. 3 GG zu nennen, der die unmittelbare Grundrechtsbindung der gesamten staatlichen Gewalt[91] festlegt: also nicht allein der Exekutive und Judikative, sondern – ein verfassungshistorisch wie verfassungsdogmatisch höchst bedeutsamer Vorgang – auch und explizit des (parlamentarischen) Gesetzgebers[92]. Von nicht geringerer Relevanz ist die bewußte Ausgestaltung der Grundrechte als subjektive, unmittelbar geltende und justitiable Rechte in Verbindung mit der umfänglichen Rechtsweggarantie des Art. 19 Abs. 4 GG und der Möglichkeit der Verfassungsbeschwerde beim Bundesverfassungsgericht[93]. Dieses mit ungewöhnlich umfangreichen Prüfungskompetenzen ausgestattete Gericht schließlich hat mit einer oft wegweisenden, durchaus mutigen, zunehmend selbst-

[87] BVerfGE 31, 58 (73). Aus der Literatur statt vieler U. Volkmann, Grundzüge einer Verfassungslehre der Bundesrepublik Deutschland, 2013, S. 219 ff.

[88] BVerfGE 37, 271 (280).

[89] Evangelische Kirche und freiheitliche Demokratie. Der Staat des Grundgesetzes als Angebot und Aufgabe. Eine Denkschrift der Evangelischen Kirche in Deutschland, 1985, S. 26.

[90] J. Isensee/P. Kirchhof, Vorwort, in: HStR³ VII, S. V ff. (VII).

[91] Dazu detailliert: Dreier, in: ders., GGK I (Fn. 8), Art. 1 III Rn. 37 ff., 53 ff.

[92] Speziell dazu ausführlich Lange, Grundrechtsbindung (Fn. 36). – Eine vergleichbare explizite Norm kannte die Weimarer Reichsverfassung nicht.

[93] Umfassend zur Verfassungsbeschwerde: H. Bethge, in: T. Maunz u.a. (Hrsg.), Bundesverfassungsgerichtsgesetz. Kommentar, § 90 (2013).

bewußt voranschreitenden und neue Wirkungsfelder und Funktionen der Grundrechte erschließenden Judikatur vermutlich den größten Anteil an der Bedeutungssteigerung der Grundrechte[94]. Das Resümee eines ebenso berufenen wie besonnenen Autors ging schon vor Jahren dahin, daß das Bundesverfassungsgericht insbesondere durch seine Grundrechtsjudikatur „weite Teile des Rechtslebens buchstäblich umgepflügt und neu bestellt“[95] habe.

3. *Relevanzsteigerung*

Cum grano salis haben vor allem drei Entwicklungen die juristische Relevanz der Grundrechte maßgeblich und kontinuierlich gesteigert: die Extensivierung des thematischen Einzugsbereiches der Grundrechte, die Intensivierung ihrer Geltendmachung gegenüber staatlichen Eingriffen und die Pluralisierung ihrer Funktionen. Sie seien abschließend beleuchtet[96].

a) Extensivierung

Die Extensivierung der Grundrechte hat mehrere Facetten. Ganz im Vordergrund steht hier das außergewöhnlich expansive Verständnis des Art. 2 Abs. 1 GG, wie es vom Bundesverfassungsgericht mit dem sog. Elfes-Urteil inauguriert wurde[97]. Dessen zentrale grundrechtsdogmatische Weichen-

---

[94] Gesamtwürdigungen etwa: H. DREIER, Dimensionen der Grundrechte, 1993, in diesem Bande S. 185 ff.; F. HUFEN, Entstehung und Entwicklung der Grundrechte, in: NJW 1999, S. 1504 ff.; K. STERN, Die Grundrechte und ihre Schranken, in: P. Badura/H. Dreier (Hrsg.), Festschrift 50 Jahre Bundesverfassungsgericht, Bd. II, 2001, S. 1 ff.; R. GRAWERT, Das Grundgesetz im Lichte seiner Grundrechte – Eine judikative Entwicklungsgeschichte, in: Der Staat 49 (2010), S. 507 ff.

[95] K. SCHLAICH, Das Bundesverfassungsgericht – Stellung, Verfahren, Entscheidungen, 4. Aufl. 1997, Rn. 195. Siehe auch K. HESSE, Verfassungsrechtsprechung im geschichtlichen Wandel, in: JZ 1995, S. 265 ff. (266 f.): Ausdehnung der Tragweite der Grundrechte „in einem bis dahin unbekannten Ausmaß“, „nahezu allumfassende praktische Bedeutung der Grundrechte“. Ganz ähnlich W. HEUN, Die Verfassungsordnung der Bundesrepublik Deutschland, 2012, S. 223: Die Grundrechte „haben praktisch alle Felder des Rechts fundamental transformiert und sind heute ein nicht hinwegzudenkender Teil des täglichen rechtlichen Lebens.“

[96] Im folgenden greife ich zurück auf einige Passagen aus: DREIER, Grundlagen (Fn. 80), § 1 Rn. 135 ff.

[97] BVerfGE 6, 32. Dieser Fall betraf die im Grundgesetz entgegen der Tradition nicht geregelte Ausreisefreiheit. Möglicherweise hat dieser Umstand zur Kreation eines Auffanggrundrechts beigetragen.

stellung bestand darin, das in Art. 2 Abs. 1 GG garantierte Recht „auf freie Entfaltung der Persönlichkeit" nicht auf besonders wichtige und bedeutende Aspekte des Persönlichkeitsschutzes zu begrenzen, sondern als umfassendes Auffanggrundrecht zu konzipieren. Der grundrechtliche Schutzbereich erweitert sich damit auf nahezu alle denkbaren Handlungen und Verhaltensweisen[98]. Fällt demnach eine bestimmte Betätigung nicht unter eines der kasuistisch aufgeführten Grundrechte, weil deren Schutzbereiche nicht berührt sind, so bleibt immer noch die Berufung auf Art. 2 Abs. 1 GG. Auch gänzlich banal anmutende Tätigkeiten des täglichen Lebens genießen auf diese Weise Grundrechtsschutz; letztlich ist keine Handlung zu gering oder zu belanglos, um als grundrechtsirrelevant ausgeschieden zu werden. Die Judikatur selbst bietet für diese Ausdehnung plastische Beispiele. Das Verbot des Taubenfütterns im Park, des Reitens im Walde oder des Mopedfahrens ohne Helm[99] – all diese vergleichsweise marginalen Einschränkungen können nun als Grundrechtseingriffe gewertet und nötigenfalls mit der Verfassungsbeschwerde einer verfassungsgerichtlichen Prüfung unterzogen werden[100]. Der Grundrechtsschutz wird lückenlos und flächendeckend[101]. Art. 2 Abs. 1 GG wandelt sich zum thematisch universalen Auffanggrundrecht.

Eine weitere, zumeist ebenfalls mit Art. 2 Abs. 1 GG verbundene Extensivierung besteht in der Kreation „neuer" Grundrechte, als deren wichtigstes das richterrechtlich entwickelte „allgemeine Persönlichkeitsrecht" gelten darf. Es wird vom Bundesverfassungsgericht in ständiger Rechtsprechung aus Art. 2 Abs. 1 i.V.m. Art. 1 Abs. 1 GG hergeleitet und stellt neben der allgemeinen Handlungsfreiheit eine selbständige Garantie dar[102]. Zum allgemeinen Persönlichkeitsrecht zählen u.a. das Recht am eigenen Bild und am eigenen Wort, der Schutz des Namens wie der Ehre und das Recht auf informationelle Selbstbestimmung[103], das in jüngerer Zeit um ein sog. Computer-Grundrecht („Gewährleistung der Vertraulichkeit und Integri-

---

[98] Im Detail H. Dreier, in: ders., GGK I (Fn. 8), Art. 2 I Rn. 26ff.

[99] In dieser Reihenfolge: BVerfGE 54, 143; 80, 137; 59, 275. Das eindringliche Sondervotum von Grimm in E 80, 137, 164ff. hat die Aussichtslosigkeit einer Kursänderung indirekt noch einmal bestätigt und war zudem fundierter akademischer Kritik ausgesetzt (B. Pieroth, Der Wert der Auffangfunktion des Art. 2 Abs. 1 GG, in: AöR 115 [1990], S. 33ff.).

[100] Zu den verfassungsprozessualen Konsequenzen Dreier (Fn. 98), Art. 2 I Rn. 42ff.

[101] Kröger, Grundrechtsentwicklung (Fn. 64), S. 94f.

[102] Im Detail Dreier (Fn. 98), Art. 2 I Rn. 21ff., 69ff.

[103] BVerfGE 65, 1.

tät informationstechnischer Systeme“[104]) ergänzt wurde[105]. Vor allem diese Fortentwicklungen belegen, daß das allgemeine Persönlichkeitsrecht als ein besonders flexibles Instrument fungiert, neuartigen Freiheitsgefährdungen zu begegnen.

Zur Extensivierung zählt schließlich auch die generelle Tendenz, die Schutzbereiche der speziellen Grundrechte (also den thematischen Einzugsbereich dessen, was z.B. als Meinungsäußerung, als Kunst, als Wohnung, als Eigentum etc. verstanden werden kann) prinzipiell entwicklungsoffen zu deuten und jedenfalls vorgängige Restriktionen zu vermeiden[106]. So fällt etwa die Pornographie nicht von vornherein aus der Kunstfreiheit heraus, kann das Mietrecht verfassungsrechtlich als Form des Eigentums gelten, werden ganz törichte und rein polemische Äußerungen von der Meinungsfreiheit umfaßt[107] – um nur drei Beispiele aus einer großen Fülle weiterer Fälle zu nennen. Es rundet die Extensivierungstendenz ab, daß man längst nicht mehr allein direkte, finale, imperative und rechtsförmige Maßnahmen des Staates als grundrechtsrelevante Eingriffe einstuft, gegen die sich der Betroffene wehren kann, sondern auch mittelbare Wirkungen oder faktische Einwirkungen als eingriffsgleich oder eingriffsähnlich behandelt, die das Schema grundrechtlicher Prüfung eröffnen[108].

b) Intensivierung

Mit der weiten Interpretation der grundrechtlichen Tatbestände sowie der Auffangmöglichkeit durch Art. 2 Abs. 1 GG (allgemeine Handlungsfreiheit) fallen nun zwar alle möglichen Tätigkeiten und Handlungsweisen in den Schutzbereich grundrechtlicher Garantien. Allerdings ist mit dieser Feststellung über die Zulässigkeit staatlicher Eingriffe, also die letztlich garantierte „Nettofreiheit“[109] des Einzelnen, noch nichts Endgültiges ausgesagt. Aus-

---

[104] BVerfGE 120, 274.

[105] Im Überblick F. Hufen, Staatsrecht II. Grundrechte, 4. Aufl. 2014, §§ 11, 12 (S. 177ff., 195ff.).

[106] Das ist im einzelnen ein diffiziles Thema, das in jüngerer Zeit vor allem mit der Debatte um den Gewährleistungsgehalt von Grundrechten verknüpft worden ist. Dazu näher Dreier (Fn. 12), Vorb. Rn. 119ff., 122.

[107] In der Reihenfolge der Beispiele: BVerfGE 83, 130; 89, 1; 81, 1.

[108] Zu diesem nach wie vor schwierigen Komplex Dreier (Fn. 12), Vorb. Rn. 123ff.; Bethge, Grundrechtsbeeinträchtigungen (Fn. 16), § 58 Rn. 16ff., 53ff.

[109] Terminus: M. Morlok, in: Dreier, GGK I (Fn. 8), Art. 4 Rn. 67, 123. Gleichsinnig die systematische Unterscheidung von Schutzbereich und „effektivem Garantiebereich“ bei G. Lübbe-Wolff, Grundrechte als Eingriffsabwehrrechte, 1988, S. 14, 25ff., 100.

schlaggebend ist insofern allein die Antwort auf die Frage, ob der staatliche Eingriff gerechtfertigt werden kann: nur wenn das nicht der Fall ist, liegt eine verfassungswidrige Verletzung des Grundrechts vor, ansonsten handelt es sich um dessen zulässige Einschränkung[110]. Entscheidend ist also das Ergebnis der vorzunehmenden Rechtfertigungsprüfung. Das erfordert nicht allein die Einhaltung von Kompetenz-, Verfahrens- und Zuständigkeitsvorschriften im Sinne des formellen Gesetzesvorbehalts. Die hohe Intensität, mit der die Rechtfertigung des Grundrechtseingriffes auch auf seine materielle Verfassungsmäßigkeit geprüft wird, verdankt sich im wesentlichen einer skrupulösen und mehrstufigen Untersuchung nach Maßgabe des Verhältnismäßigkeitsprinzips[111]. Mit diesem in seiner Bedeutung kaum zu überschätzenden, mittlerweile auch in andere Rechtsordnungen und auf die supranationale Ebene ausstrahlenden Prinzip[112] tritt neben die formelle Schutzfunktion des Gesetzesvorbehalts eine materielle Hürde, die dem grundrechtsbeschränkenden Zugriff des Gesetzgebers ihrerseits Schranken setzt und somit eine zu weitgehende Beschränkung oder gar Aushöhlung der Grundrechte verhindert[113]. Das Verhältnismäßigkeitsprinzip verbürgt mit seinem präzisen mehrstufigen Prüfprogramm[114] in erster Linie eine gewisse

---

[110] Zu diesem kanonisierten Dreischritt der Prüfung (Schutzbereich – Eingriff – verfassungsrechtliche Rechtfertigung des Eingriffs) statt vieler B. PIEROTH/B. SCHLINK/T. KINGREEN/R. POSCHER, Grundrechte. Staatsrecht II, 29. Aufl. 2013, Rn. 9ff., 212ff., 222ff., 239ff., 263ff.; HUFEN, Staatsrecht II (Fn. 105), § 1 Rn. 1ff., § 6 Rn. 1ff., § 8 Rn. 1ff., § 9 Rn. 1ff.

[111] Zur einschlägigen, kaum mehr überschaubaren Literatur Angaben in: DREIER (Fn. 12), Vorb. Rn. 145ff.; H. SCHULZE-FIELITZ, in: H. Dreier (Hrsg.), Grundgesetz-Kommentar, Bd. II, 2. Aufl. 2006, Art. 20 (Rechtsstaat), Rn. 179ff.

[112] Siehe J. SAURER, Die Globalisierung des Verhältnismäßigkeitsgrundsatzes, in: Der Staat 51 (2012), S. 3ff. sowie M. KLATT/M. MEISTER, Verhältnismäßigkeit als universelles Verfassungsprinzip, in: Der Staat 51 (2012), S. 159ff. Zum unionsrechtlichen Verhältnismäßigkeitsgrundsatz G. LIENBACHER, in: Schwarze, EU-Kommentar (Fn. 51), Art. 5 EUV Rn. 35ff.; A. HARATSCH/C. KOENIG/M. PECHSTEIN, Europarecht, 8. Aufl. 2012, S. 84f.

[113] In dieser Erweiterung des bloß formell verstandenen Gesetzesvorbehalts um die materielle Dimension einer verhältnismäßigen Regelung liegt der entscheidende Fortschritt gegenüber der Weimarer Reichsverfassung, wo es für diesen Gedanken allerdings (nach nur zwölf Jahren Geltung der Weimarer Reichsverfassung) bereits erste Ansätze gab (DREIER, Zwischenkriegszeit [Fn. 66], § 4 Rn. 33ff.). Unter dem Grundgesetz hat der Verhältnismäßigkeitsgrundsatz nach der pionierhaften Habilitationsschrift von PETER LERCHE (Übermaß und Verfassungsrecht, 1961) in der bundesverfassungsgerichtlichen Judikatur ebenfalls erst in den 1960er Jahren seinen Aufschwung genommen. Der Elfes-Entscheidung von 1957 war er noch unbekannt.

[114] Dazu und zum folgenden aus der Fülle der Literatur DREIER (Fn. 12), Vorb. Rn. 146ff.; SCHULZE-FIELITZ (Fn. 111), Art. 20 (Rechtsstaat), Rn. 182ff.;

Rationalitätskontrolle, was die Relation von Mitteln und Zweck angeht, die auf der letzten Stufe noch um eine Abwägungsentscheidung ergänzt wird[115]. Im einzelnen wird ganz grundsätzlich verlangt, daß der staatliche Eingriff einen legitimen Zweck erfüllt; bezogen auf diesen vorgängig zu ermittelnden Zweck muß dann die staatliche Maßnahme erstens prinzipiell geeignet sein, den beabsichtigten Zweck zu erfüllen, darf also zur Zweckverfolgung nicht von vornherein untauglich sein; sie muß zweitens erforderlich in dem Sinne sein, daß nicht eine mildere, den Grundrechtsträger weniger stark beeinträchtigende Maßnahme den gleichen Effekt hätte (Gedanke des Interventionsminimums). Sind beide Anforderungen erfüllt, ist schließlich auf der dritten Stufe der Proportionalität (auch: Angemessenheit, Zumutbarkeit, Verhältnismäßigkeit im engeren Sinne) noch eine Abwägung zwischen der Schwere der grundrechtlichen Beeinträchtigung einerseits, dem Gewicht des mit der Maßnahme verfolgten öffentlichen Belangs andererseits vorzunehmen. Bei dieser Güterabwägung spielen auch subjektive Wertungen eine entscheidende Rolle, weswegen hier durchaus Gefahren einer zu weitgehenden gerichtlichen Kontrolle legislativer oder exekutiver Gestaltungsfreiheit lauern. Doch unabhängig davon und mehr oder minder großzügig eingeräumter „Einschätzungsprärogativen" des Gesetzgebers ist evident, in welch enormen Ausmaß staatliche Maßnahmen einer Verträglichkeitsprüfung mit der Freiheitssphäre der Individuen unterzogen werden und somit die Bedeutungssteigerung der Grundrechte auch in Gestalt einer „Einhegung legislativer Entscheidungen"[116] nochmals deutlich hervortritt.

c) Pluralisierung

Ihrer traditionell am stärksten betonten Wirkweise gemäß sind Grundrechte Abwehrrechte gegen den Staat. Darin liegt ihre „Sinnmitte"[117] und ihr vom Ursprung liberaler Gesellschaftstheorie unabhängiger, unverlierbarer Kern. Die subjektiv-defensive Negation staatlicher Eingriffe in Freiheit und Eigentum stellt sich aber längst nicht mehr als die einzige Grundrechtsfunktion dar. Neue Dimensionen und Funktionen sind hinzugetreten, worin man die „spektakulärste Neuerung des deutschen Staatsrechts

---

D. Merten, Verhältnismäßigkeitsgrundsatz, in: ders./Papier, HGR III (Fn. 16), § 68 Rn. 24ff., 50ff.; C. Hillgruber, Grundrechtsschranken, in: HStR³ IX, § 201 Rn. 51ff.; Hufen, Staatsrecht II (Fn. 105), § 9 Rn. 14ff.

[115] Schulmäßige Prüfungen etwa in BVerfGE 81, 156 (188ff.); 91, 208 (222ff.); 128, 1 (47ff.).

[116] Heun, Verfassungsordnung (Fn. 95), S. 230.

[117] BVerfGE 61, 82 (101).

nach 1945" gesehen hat[118]. Im Sinne eines „funktionalen Pluralismus"[119] handelt es sich um zusätzliche „Bedeutungsschichten"[120], die auch die Jellineksche Statuslehre transzendieren[121]. Das Bezeichnende an diesen neuartigen Grundrechtsdimensionen oder -funktionen[122] ist, daß sie sowohl über den Staatsbezug als auch die Abwehrkomponente hinausgehen. Die beiden wichtigsten Aspekte seien kurz skizziert: Ausstrahlungswirkung und Schutzpflichtendoktrin.

aa) Ausstrahlungswirkung

Mit der Ausstrahlungswirkung der Grundrechte verbindet sich der fundamentale Gedanke, daß diese nicht nur wesentliche Elemente der Verfassung und des Öffentlichen Rechts bilden, sondern prägende Kraft für die gesamte Rechtsordnung entfalten. In der wegweisenden Lüth-Entscheidung hat das Bundesverfassungsgericht in großer Grundsätzlichkeit davon gesprochen, daß das Grundgesetz in seinem Grundrechtsabschnitt „auch eine objektive Wertordnung aufgerichtet hat und daß gerade hierin eine prinzipielle Verstärkung der Geltungskraft der Grundrechte zum Ausdruck kommt"[123]. Dieses „Wertsystem", fährt das Gericht fort, „muß als verfassungsrechtliche Grundentscheidung für alle Bereiche des Rechts gelten: Gesetzgebung, Verwaltung und Rechtsprechung empfangen von

---

[118] R. Wahl, Die objektiv-rechtliche Dimension der Grundrechte im internationalen Vergleich, in: Merten/Papier, HGR I (Fn. 56), § 19 Rn. 1.

[119] Terminus: Poscher, Grundrechte (Fn. 79), S. 84 ff.; eingehende Behandlung bei W. Cremer, Freiheitsgrundrechte, 2004, S. 180 ff. („Dritter Teil: Grundrechtliche Gewährleistungen jenseits des Abwehrrechts").

[120] So K. Hesse, Grundzüge des Verfassungsrechts der Bundesrepublik Deutschland, 20. Aufl. 1995, Rn. 290; ders., Verfassungsrechtsprechung (Fn. 95), S. 266. – Man bezeichnet den Prozeß auch als Funktions- oder Dimensionserweiterung, als Pluri- oder Multifunktionalität u.a.m. (dazu Nachweise bei Dreier [Fn. 12], Vorb. Rn. 82, 94).

[121] Es sind also nicht die – bereits Georg Jellinek geläufigen – politischen Teilhaberechte (*status activus*) oder sozialen Leistungsrechte (*status positivus*), die die neue Entwicklung kennzeichnen; zu jenen Dreier (Fn. 12), Vorb. Rn. 81, 89 ff.

[122] So eine geläufige Terminologie (vgl. nur Wahl, Dimension [Fn. 118], § 19 Rn. 1 ff. [objektiv-rechtliche Dimension], Rn. 28 ff. [objektiv-rechtliche Funktion]; H.D. Jarass, Funktionen und Dimensionen der Grundrechte, in: Merten/Papier, HGR II [Fn. 76], § 38). Verbreitet ist auch die Rede von objektiv-rechtlichen Grundrechtsgehalten oder -dimensionen: M. Dolderer, Objektivrechtliche Grundrechtsgehalte, 2000; Cremer, Freiheitsgrundrechte (Fn. 119), S. 191 ff.

[123] BVerfGE 7, 198 (205). Die Redeweise von der Wertordnung war Gegenstand langanhaltender kritischer Diskussion, auf die hier nicht näher eingegangen werden muß. Siehe Dreier, Dimensionen (Fn. 94), passim, in diesem Bande S. 185 ff.

ihm Richtlinien und Impulse. So beeinflußt es selbstverständlich auch das bürgerliche Recht; keine bürgerlich-rechtliche Vorschrift darf in Widerspruch zu ihm stehen, jede muß in seinem Geiste ausgelegt werden."[124] Die Grundrechte wirken also prägend und interpretationsleitend auf die gesamte einfache Rechtsordnung ein, die gleichsam „in den Bann der Grundrechte gerückt" wird[125]. Die grundrechtskonforme und die grundrechtsorientierte Auslegung bilden eine unmittelbare Konsequenz dieses Verständnisses. Die Wirkungskraft der Grundrechte geht somit über das Staat-Bürger-Verhältnis hinaus und erfaßt tendenziell auch die privatrechtlichen Verhältnisse und ihre gerichtliche Behandlung. Der Lehre von der mittelbaren Drittwirkung der Grundrechte gemäß sollen diese im Privatrecht insbesondere über die Generalklauseln und sonstigen wertungsoffenen Zentralbegriffe des bürgerlichen Rechts zur Geltung kommen[126]. Die Etablierung der Verfassung und ihrer Grundrechte als „oberste Bezugsebene der Teilrechtsgebiete"[127] bereitet der vermeintlichen Autonomie von Partialrechtsordnungen mit festgefügten dogmatischen Traditionsbeständen ebenso ein Ende wie einer verfassungsabstinenten Judikatur der Fachgerichte. Daß es dabei zu Friktionen kommt, verwundert nicht[128].

bb) Grundrechtliche Schutzpflichten

Bei den grundrechtlichen Schutzpflichten[129] geht es weniger um die Ausstrahlung auf die gesamte Rechtsordnung als eine grundrechtsspezifische

---

[124] BVerfGE 7, 198 (205).

[125] M. MORLOK, Entwicklungstendenzen des Grundrechtsschutzes im deutschen Verfassungsrecht, in: H. Bauer/P. M. Huber/Z. Niewiadomski (Hrsg.), Ius Publicum Europaeum, 2002, S. 41 ff. (64). Siehe auch WAHL, Dimension (Fn. 118), § 19 Rn. 10: „Nach deutschem Verständnis ist Gesetzesrecht ganz überwiegend grundrechtsgeleitet."

[126] Zu dieser nach wie vor am stärksten verbreiteten Lehre etwa STERN, Staatsrecht III/1 (Fn. 53), S. 1509 ff., 1543 ff., 1561 ff.; M. RUFFERT, Vorrang der Verfassung und Eigenständigkeit des Privatrechts, 2001, S. 63 ff.; H. D. JARASS, Die Grundrechte: Abwehrrechte und objektive Grundsatznormen, in: Badura/Dreier, Festschrift BVerfG II (Fn. 94), S. 35 ff. (40 ff.). – Die zahlreichen dogmatischen Konstruktionsfragen können hier nicht behandelt werden.

[127] MORLOK, Entwicklungstendenzen (Fn. 125), S. 45 f.

[128] Man denke nur an die umstrittene Judikatur des Bundesverfassungsgerichts zu Fällen gestörter Vertragsparität (grundlegend BVerfGE 89, 214; 103, 89). Kritisch dazu J. ISENSEE, Vertragsfreiheit im Griff der Grundrechte, in: Festschrift für Bernhard Großfeld, 1999, S. 485 ff.; eher wohlwollend M. BECKER, Der unfaire Vertrag, 2003, S. 16 ff.; eingehend CREMER, Freiheitsgrundrechte (Fn. 119), S. 470 ff.; M. CORNILS, Die Ausgestaltung der Grundrechte, 2005, S. 165 ff.

[129] Aus der Literatur etwa J. DIETLEIN, Die Lehre von den grundrechtlichen

Bewirkung staatlicher Handlungspflichten. Doch handelt es sich dabei um einen mindestens ebenso bemerkenswerten wie tiefgreifenden Vorgang. Denn ihrem dominanten Funktionsmodus zufolge wehren Grundrechte (unzulässige) staatliche Eingriffe kraft eines Unterlassungsanspruches ab. In gerader Umkehr dieser Wirkungsweise sinnt der Schutzpflichtgedanke dem Staat nunmehr an, aktiv zugunsten der Grundrechte tätig zu werden, sich einer vielzitierten Wendung gemäß „schützend und fördernd"[130] vor sie zu stellen. Vom Gefährder der Grundrechte mutiert der Staat zu ihrem Beschützer[131], wird in seinem Handeln nicht zurückgedrängt, sondern aktiv gefordert. Denn er hat der Gefahr, die den grundrechtlichen Schutzgütern Privater durch „Übergriffe"[132] anderer Privatpersonen erwächst, durch geeignete Maßnahmen zu begegnen. Deutlich ausgesprochen und systematisch entfaltet wurde das (zu Recht als „juristischer Paukenschlag"[133] eingestufte) Schutzpflichtenargument in der (ersten) Entscheidung zum Schwangerschaftsabbruch[134]. Dem folgte eine mittlerweile schon fast kanonisierte Sequenz weiterer Judikate, bei denen es nicht selten um die Abwehr von Schäden für die körperliche Unversehrtheit der Bürger durch umweltbelastende Maßnahmen oder gefährliche Techniken ging[135]. Hier wie auch beim tragischen Fall des entführten (und später ermordeten) Arbeitgeberpräsidenten Schleyer im Jahre 1977[136] zeigte sich allerdings deutlich die Besonderheit der rechtsdogmatischen Struktur grundrechtlicher Schutzpflichten. Anders als bei der abwehrrechtlichen Situation, wo das gebotene staatliche Handeln schlicht und einfach in der Unterlassung des unzulässigen Eingriffs besteht, wird den staatlichen Organen bei der Wahrnehmung ihrer grundrechtlichen Schutzpflichten zumindest verbal

---

Schutzpflichten, 1992; J. Isensee, Das Grundrecht als Abwehrrecht und als staatliche Schutzpflicht, in: HStR^3 IX, § 191 Rn. 217 ff.; K. Stern, Die Schutzpflichtendimension der Grundrechte: Eine juristische Entdeckung, in: DÖV 2010, S. 241 ff.; Dreier (Fn. 12), Vorb. Rn. 101 ff.

[130] Sie begegnet etwa in BVerfGE 39, 1 (42); 46, 160 (164); 56, 54 (73); 115, 118 (152).

[131] Morlok, Entwicklungstendenzen (Fn. 125), S. 65 spricht gar von einer „Verkehrung der Funktion der Grundrechte".

[132] Dieser Terminus zur deutlichen Unterscheidung von staatlichen „Eingriffen" (vgl. insb. Isensee, Grundrecht [Fn. 129], § 191 Rn. 225).

[133] So J. Isensee, Das Grundrecht auf Sicherheit, 1983, S. 27.

[134] BVerfGE 39, 1 (46 f.); dagegen wandte sich vor allem das Sondervotum von Rupp-v. Brünneck und Simon S. 68 ff.

[135] Atomkraftwerke: BVerfGE 49, 89; 53, 30. Straßenverkehrslärm: BVerfGE 79, 174. Lagerung chemischer Waffen: BVerfGE 77, 170.

[136] BVerfGE 46, 160.

ein „weiter Einschätzungs-, Wertungs- und Gestaltungsbereich"[137] zugestanden. Zumeist läßt sich nur das „Ob", nicht aber das „Wie" einer Schutzpflicht aus den Grundrechten deduzieren[138]. Auch bieten die Schutzpflichten allein noch keinen Eingriffstitel gegenüber den „grundrechtsgefährdenden" Privaten (also etwa den Betreibern emittierender Anlagen), sondern sind auf gesetzliche Mediatisierung und Konkretisierung angewiesen – wie etwa seit jeher in Gestalt der Strafgesetze. Das zeigt zugleich, daß die Schutzpflicht des Staates für seine Bürger selbstverständlich auf einer langen ideengeschichtlichen und verfassungshistorischen Tradition beruht und insofern nichts Neues ist; neu ist hingegen, daß die alte „Staatsaufgabe Sicherheit" nunmehr (auch) als Grundrechtsfrage thematisiert und ihre Erfüllung im Namen der Grundrechte eingefordert werden kann.

V. Fazit

Grund- und Menschenrechte prägen seit langem die Signatur der Moderne, sind Sinnbild und Garantie der fundamentalen Idee individueller Selbstbestimmung – national, supranational, international. Im Grundgesetz kommt ihnen ein besonders herausgehobener Stellenwert zu. Vor dem Hintergrund einer mittlerweile mehr als 60jährigen, höchst differenziert entfalteten Grundrechtsdogmatik und der Herausbildung einer im Kern stabilen Grundrechtskultur läßt sich heute das Resümee ziehen, daß im bundesdeutschen Verfassungsstaat umfassender Grundrechtsschutz ein zentrales Momentum darstellt, weil in der „Gewährleistung (nicht Gewährung) von Freiheitsrechten seine eigentliche raison d'être" besteht[139]. Von daher erscheint die Titulierung der Bundesrepublik Deutschland als einer „Grundrechtsrepublik"[140] durchaus nicht übertrieben.

---

[137] So BVerfGE 77, 170 (214); aus jüngerer Zeit E 117, 202 (227); 125, 39 (78). Dazu w.N. bei Dreier (Fn. 12), Vorb. Rn. 103.

[138] Obwohl in der Judikatur zumeist die Schutzpflicht für Art. 2 Abs. 2 GG (Leben und körperliche Unversehrtheit) in Rede stand, läßt sich der Grundgedanke auf andere Freiheitsrechte erstrecken (Dreier [Fn. 12], Vorb. Rn. 104). Hochaktuell insofern die Diskussion um Schutzpflichten gegen Übergriffe im Internet, die das allgemeine Persönlichkeitsrecht und dessen Ausprägungen berühren: U. Schliesky u. a., Schutzpflichten und Drittwirkung im Internet, 2014.

[139] Bethge, Grundrechtsbeeinträchtigungen (Fn. 16), § 58 Rn. 72.

[140] So Hufen, Staatsrecht II (Fn. 105), § 3 Rn. 20.

Menschenwürde

I. Menschenwürde als Universaltopos

Menschenwürde ist ein Begriff, der nicht nur in der Bundesrepublik Deutschland weit über das Feld des Rechts hinausstrahlt. Zwar ist von der menschlichen *dignitas* schon seit der Antike die Rede, doch begann sich die heutige Dominanz der Menschenwürde erst nach der Initialzündung ihrer Inkorporierung in das Grundgesetz zu entfalten. Dessen Grundrechtsteil wird mit dem Satz „Die Würde des Menschen ist unantastbar" wie mit einem Fanfarenstoß eröffnet. In unseren Tagen spielt der Begriff der

Menschenwürde „in vielen ethischen, rechtlichen und politischen Debatten eine Schlüsselrolle“[1], eben weil er zu einem „Schlüsselbegriff der moralphilosophischen Diskussion“[2] geworden ist. Vor allem in der philosophischen Literatur nimmt das Interesse an der Begründung wie der Bestimmung menschlicher Würde seit Jahrzehnten national wie international merklich zu[3], wobei vor allem Begriff und Ideengeschichte Beachtung erfahren[4]. In sprunghafter Expansion begriffen ist der Würdediskurs in der normativen und angewandten Ethik. Eine wahre Publikationsflut im Bereich von Philosophie[5] und Theologie[6] begleitet die medizin- und bioethische Diskussi-

---

[1] K. Bayertz, Art. Menschenwürde, in: H.J. Sandkühler (Hrsg.), Enzyklopädie Philosophie, Bd. 2, 2010, S. 1553 ff. (1553). Signifikant der Aufsatztitel von D. Mieth, Die Würde des Menschen als „norma normans“ aller Handlungen und Institutionen, in: W. Härle/B. Vogel (Hrsg.), Begründung von Menschenwürde und Menschenrechten, 2008, S. 107 ff.

[2] U. Volkmann, Grundzüge einer Verfassungslehre der Bundesrepublik Deutschland, 2013, S. 223.

[3] Neben den in den folgenden Fußnoten genannten (und vielen weiteren): R. Stoecker (Hrsg.), Menschenwürde. Annäherung an einen Begriff, Wien 2003; D. Luban, Legal ethics and human dignity, Cambridge 2007; H.J. Sandkühler (Hrsg.), Menschenwürde. Philosophische, theologische und juristische Analysen, 2007; Härle/Vogel, Begründung (Fn. 1); C. Thies (Hrsg.), Der Wert der Menschenwürde, 2009; H. Bielefeldt, Auslaufmodell Menschenwürde? Warum sie in Frage steht und warum wir sie verteidigen müssen, 2011; R. Spaemann, Love and the Dignity of Human Life. On Nature and Natural Law, Grand Rapids 2012; J. Waldron/M. Dan-Cohen, Dignity, Rank, and Rights, Oxford 2012. Deutlich früher A. Margalit, Politik der Würde. Über Achtung und Verachtung (The Decent Society, Cambridge 1996), 1999; hierzu die Beiträge in: E. Hilgendorf (Hrsg.), Menschenwürde und Demütigung. Die Menschenwürdekonzeption Avishai Margalits, 2013.

[4] D. von der Pfordten, Menschenwürde, Recht und Staat bei Kant. Fünf Untersuchungen, 2009; P. Schaber, Instrumentalisierung und Würde, 2010; G. Kateb, Human Dignity, Cambridge/Mass. 2011; M. Rosen, Dignity: its history and meaning, Cambridge/Mass. 2012; D. Birnbacher, Annäherungen an das Instrumentalisierungsverbot, in: G. Brudermüller/K. Seelmann (Hrsg.), Menschenwürde. Begründung, Konturen, Geschichte, 2008, S. 1 ff.; L. Honnefelder, Menschenwürde und Transzendenzbezug, in: Deutsche Zeitschrift für Philosophie 57 (2009), S. 273 ff.; J. Habermas, Das Konzept der Menschenwürde und die realistische Utopie der Menschenrechte, in: Deutsche Zeitschrift für Philosophie 58 (2010), S. 343 ff.

[5] P. Balzer/K.P. Rippe/P. Schaber (Hrsg.), Menschenwürde versus Würde der Kreatur. Begriffsbestimmung, Gentechnik, Ethikkommissionen, 1998; D. Beyleveld/R. Brownsword (Hrsg.), Human Dignity in Bioethics and Biolaw, Oxford 2001; O. Höffe u.a. (Hrsg.), Gentechnik und Menschenwürde, 2002; F. Fukuyama, Our Posthuman Future. Consequences of the Biotechnology Revolution, London 2002; M.J. Sandel, The Case against Perfection: Ethics in an Age of Genetic Engineering, Cambridge/Mass. 2007; M. Quante, Menschenwürde und personale Autonomie.

on in Politik und Recht, die man in den vergangenen Jahren zuweilen mit an Feindseligkeit grenzender Härte führte[7].

Das hiermit angedeutete breite Spektrum an einschlägigen wissenschaftlichen Disziplinen und schwierigen Fragestellungen im Zusammenhang mit der Menschenwürde kann im folgenden nicht annähernd ausgelotet, geschweige denn substantiell behandelt werden. Vielmehr konzentriert sich der Beitrag auf die im engeren Sinne verfassungsrechtlichen Aspekte, ohne freilich die ideen- und verfassungsgeschichtliche Dimension zu vernachlässigen. Zunächst wird demgemäß die Ausnahmestellung der Menschenwürde in der Verfassungsordnung der Bundesrepublik Deutschland einschließlich ihrer Genese genauer dargelegt (II.). Im Anschluß daran geht es um die Erkundung geistesgeschichtlicher Kontexte (III.), die sich bei der schwierigen Interpretation (IV.) dieses fundamentalen Rechtssatzes als relevant erweisen könnten. Dabei wird sich zeigen, daß sich die reklamierte Absolutheit und Unabwägbarkeit der Menschenwürdegarantie nur bewahren läßt, wenn man Tendenzen zur Inflationierung und Trivialisierung der Norm widersteht und ihren Anwendungsbereich auf wenige, dafür aber absolut eindeutige und allgemein konsentierte Fallkonstellationen beschränkt. Auch Versuche, die Menschenwürde mit einem „Menschenbild" des Grundgesetzes zu verknüpfen oder sie auf die menschliche Gattung als solche zu beziehen, stoßen auf durchgreifende Vorbehalte (V.).

II. Menschenwürde als Verfassungsgarantie

Der erste Abschnitt des Grundgesetzes über die Grundrechte dokumentiert die Wiedereingliederung Deutschlands in die nordatlantisch-westeuropäi-

---

Demokratische Werte im Kontext der Lebenswissenschaften, 2010; C. Foster, Human Dignity in Bioethics and Law, Oxford 2011.

[6] R. Anselm/U. H. J. Körtner (Hrsg.), Streitfall Biomedizin, 2003. Überblick bei K. Tanner, Die Religion(en) und die Bioethik, in: J. C. Joerden/T. Moos/C. Wewetzer (Hrsg.), Stammzellforschung in Europa: religiöse, ethische und rechtliche Probleme, 2009, S. 35 ff.

[7] Die seit Anfang der 1990er Jahre geführte Debatte nahm zeitweise die „Züge eines Glaubenskrieges" an, so H. Schmoll, Sackgassen der bioethischen Debatte, in: FAZ Nr. 182 v. 8.8.2001, S. 1; nach P. Bahners, Bürger Embryo, in: FAZ Nr. 150 v. 2.7.2001, S. 43 führte man sie mit „Begriffen eines geistigen Bürgerkrieges". Zum Bilder- und Begriffsstreit prägnant F. W. Graf, Missbrauchte Götter, 2009, S. 177 ff. – Die Sachprobleme aus primär verfassungsrechtlicher Perspektive beleuchtend H. Dreier, Bioethik – Politik und Verfassung, 2013.

sche Verfassungstradition[8]. Mit dem Satz „Die Würde des Menschen ist unantastbar" (Art. 1 Absatz 1 Satz 1 GG) fügte der Parlamentarische Rat dieser Tradition ein neues Element hinzu[9]. Der außergewöhnliche Rang und die Sonderstellung dieser Norm zählen zum konsentierten Grundstock in Judikatur und Literatur; ihrer war man sich bei der Schaffung des Grundgesetzes wohl bewußt. Das Bundesverfassungsgericht judiziert in ständiger Rechtsprechung, die Menschenwürde sei „oberster Wert"[10] und „tragendes Konstitutionsprinzip"[11] des Grundgesetzes; gelegentlich hat das Gericht sie auch als „Grundnorm"[12] der Verfassung bezeichnet. Die Literatur steht dem nicht nach: emphatisch weist man dem Menschenwürdesatz „das volle Gewicht einer normativen Grundlegung dieses geschichtlich-konkreten Gemeinwesens" zu[13], lokalisiert darin den „Sinn bundesrepublikanischer Staatlichkeit"[14] und betrachtet ihn schlicht „als die fundamentale Norm der Verfassung"[15]. Nicht wenige Autoren zelebrieren die Ausnahmestellung der Norm mit einer gehörigen Portion Pathos[16].

1. *Kurze Historie*

Ihren breiten Siegeszug als Rechtsnorm hat die Menschenwürde erst nach dem Zweiten Weltkrieg angetreten. Weder in den klassischen Menschenrechtserklärungen des ausgehenden 18. Jahrhunderts, näherhin der Virgi-

---

[8] Zu den verschiedenen historischen und genetischen Kontexten dieses Prozesses H. Dreier, Kontexte des Grundgesetzes, in: DVBl. 1999, S. 667 ff.

[9] Zur Genese H. Dreier, in: ders. (Hrsg.), Grundgesetz-Kommentar, Bd. I, 3. Aufl. 2013, Art. 1 I Rn. 23 ff.

[10] BVerfGE 5, 85 (204); 6, 32 (41); 27, 1 (6); 30, 173 (193); 32, 98 (108).

[11] Z.B. BVerfGE 50, 166 (175); 72, 105 (115); 87, 209 (228).

[12] BVerfGE 27, 344 (351); 34, 238 (245).

[13] So K. Hesse, Grundzüge des Verfassungsrechts der Bundesrepublik Deutschland, 20. Aufl. 1995, Rn. 116.

[14] H. Hofmann, Die versprochene Menschenwürde, in: AöR 118 (1993), S. 353 ff. (357). Ähnlich Volkmann, Grundzüge (Fn. 2), S. 225: Menschenwürde wird zum „normativen Bezugspunkt einer Staatsbegründung" und verweist „auf den inneren Geltungssinn der Grundrechtsordnung insgesamt".

[15] W. Heun, Die Verfassungsordnung der Bundesrepublik Deutschland, 2012, S. 235.

[16] Hymnisch U. Di Fabio, Grundrechte als Werteordnung, in: JZ 2004, S. 1 ff. (5): „Höchstwert des Weltrechts". Eine Aufzählung weiterer Qualifizierungen wie Fundament, Elementarprinzip, Grundfeste, rocher de bronce, norma normans, Prinzipalidee, archimedischer Punkt etc. pp. bei N. Teifke, Das Prinzip Menschenwürde, 2011, S. 76 ff.

nia Bill of Rights (1776) und der französischen Menschenrechtserklärung von 1789, noch in den einschlägigen Menschenrechtsdokumenten des 19. Jahrhunderts findet sich eine vergleichbare Verbürgung. Der Terminus begegnet dann in einigen Verfassungen der Zwischenkriegszeit (Irland 1937, Spanien 1938), in denen von Menschenwürde aber nur entweder in fragmentarischer oder in der Sache stark ambivalenter Weise die Rede ist, so daß hier von echter Traditionsstiftung noch keine Rede sein kann[17].

Erst das Ende des verheerenden Zweiten Weltkriegs markiert den eigentlichen Beginn der Menschenwürdegarantie als einer rechtlich verbindlichen und universalen Norm. Freilich sollte man nicht übersehen, daß in Verfassungsplänen des deutschen Widerstands aus dem Jahre 1943 die „Anerkennung der unverletzlichen Würde der menschlichen Person als Grundlage der zu erstrebenden Rechts- und Friedensordnung" gefordert worden war[18] und Sozialdemokraten im Londoner Exil ein Jahr später ganz Ähnliches formulierten[19]. Das waren Zeichen mit hoher Symbolkraft, denen die Realisierung zunächst (noch) versagt blieb. Eine wichtige Vorreiterrolle für die tatsächliche, rechtskräftige Durchsetzung der Menschenwürde übernahm die UN-Charta von 1945, in deren Präambel von „dignity and worth of the human person" die Rede ist[20]. Ihr folgten eine Reihe weiterer UN-Resolutionen bzw. -konventionen, allen voran die Allgemeine Erklärung der Menschenrechte von 1948, die in ihrem ersten

---

[17] Näher DREIER (Fn. 9), Art. 1 I Rn. 20f. m.w.N.

[18] Die Wendung stammt aus dem Kreisauer Memorandum „Grundlagen einer Außenpolitik für die Nachkriegszeit" (zitiert nach G. v. ROON, Neuordnung im Widerstand, 1967, S. 550ff. [551]; weitere Rekurse auf die Menschenwürde ebd., S. 548, 566, 593); vgl. dazu F.J. WETZ, Die Würde des Menschen – Ein Phantom?, in: ARSP 87 (2001), S. 311ff. (316); näher H. MOMMSEN, Gesellschaftsbild und Verfassungspläne des deutschen Widerstandes (1966), in: H. Graml (Hrsg.), Widerstand im Dritten Reich, 1984, S. 14ff. (25ff.); L. v. TROTT ZU SOLZ, Hans Peters und der Kreisauer Kreis, 1997, S. 140ff.

[19] In der Präambel zu den „Richtlinien für eine deutsche Staatsverfassung" der Union deutscher sozialistischer Organisationen heißt es: „Die Achtung und der Schutz der Freiheit und der Würde der Persönlichkeit sind die unveräußerlichen Grundlagen des staatlichen und gesellschaftlichen Lebens der deutschen Republik" (abgedruckt in: Zur Politik deutscher Sozialisten. Politische Kundgebungen und programmatische Richtlinien der Union deutscher sozialistischer Organisationen in Grossbritannien, 1945, S. 5); vgl. noch L. Eiber (Hrsg.), Die Sozialdemokratie in der Emigration, 1998, S. 364.

[20] Dazu T. RENDTORFF, Die ethischen Grundaussagen der Präambel der UN-Charta: Friede, Gerechtigkeit, Menschenwürde, Toleranz, in: S. Hobe (Hrsg.), Die Präambel der UN-Charta im Lichte der aktuellen Völkerrechtsentwicklung, 1997, S. 9ff. (13ff.); K. DICKE, Wir, die Völker der Vereinten Nationen – fest entschlossen ..., ebd., S. 47ff. (52ff.).

Artikel alle Menschen als „frei und gleich an Würde und Rechten geboren" anspricht[21]. Aus der Vielzahl weiterer einschlägiger Dokumente[22] sind die beiden Menschenrechtspakte von 1966 hervorzuheben, deren Präambeln jeweils die Formulierung von der Würde der menschlichen Person aufnehmen[23].

In nationaler Perspektive blieb das Grundgesetz der Bundesrepublik Deutschland von 1949 mit seinem signifikant an die Spitze gestellten Bekenntnis zur Menschenwürde zunächst eher die Ausnahme; es kann weder als Bestätigung einer allgemeinen Regel noch gar als Glied in einer zwingenden Entwicklungslogik gelten, wenngleich sich in den vorkonstitutionellen Verfassungen einiger Länder – oftmals übersehene – Vorläufer finden, so etwa in Bayern, Hessen und Bremen[24]. In den 1950er und 1960er Jahren wird es im übrigen Europa und auch weltweit um die Menschenwürde als Rechts- oder gar Verfassungsnorm eher still. Erst Mitte der 1970er Jahre nimmt die Menschenwürde in den Verfassungen von Staaten, die eine Militärdiktatur überwunden hatten, einen prominenten Rang ein: so in Griechenland, Spanien und Portugal[25]. Das findet eine Fortsetzung in den Verfassungen der fünf neuen Länder der Bundesrepublik Deutschland[26]. Bemerkenswert scheint auch, daß Art. 7 der revidierten Bundesverfassung der Schweiz von 2000 lautet: „Die Würde des Menschen ist zu

---

[21] Eingehend zur Entstehungsgeschichte W. Vögele, Menschenwürde zwischen Recht und Theologie, 2000, S. 200ff., 236ff.

[22] Im Überblick P. Häberle, Die Menschenwürde als Grundlage der staatlichen Gemeinschaft, in: HStR³ II, § 22 Rn. 1.

[23] Dreier (Fn. 9), Art. 1 I Rn. 28ff. m.w.N.

[24] Vgl. die Präambel sowie Art. 100 a.F. (Achtung der Würde der menschlichen Persönlichkeit) der Bayerischen Verfassung v. 8.12.1946; Art. 3 (Unantastbarkeit von Leben und Gesundheit, Ehre und Würde des Menschen) der Hessischen Verfassung v. 1.12.1946 sowie Art. 5 I (Anerkennung und Achtung der Würde der menschlichen Persönlichkeit) der Verfassung der Freien Hansestadt Bremen v. 21.10.1947. – Über den Normtext hinaus hat namentlich der Bayerische Verfassungsgerichtshof eine wichtige Vorreiterfunktion für die Deutung der Menschenwürdegarantie erfüllt; siehe BayVerfGHE 1, 29 (32); 2, 85 (91).

[25] Näher und m.w.N. P. Häberle, Ausstrahlungswirkungen des deutschen Grundgesetzes auf die Schweiz, in: U. Battis u.a. (Hrsg.), Das Grundgesetz im internationalen Wirkungszusammenhang der Verfassungen. 40 Jahre Grundgesetz, 1990, S. 17ff. (27).

[26] Art. 7 der Verfassung des Landes Brandenburg v. 20.8.1992; Art. 5 Abs. 2 der Verfassung des Landes Mecklenburg-Vorpommern v. 23.5.1993; Art. 14 der Sächsischen Verfassung v. 27.5.1992; Art. 4 Abs. 1 der Verfassung des Landes Sachsen-Anhalt v. 16.7.1992; Art. 1 Abs. 1 der Thüringischen Verfassung v. 25.10.1993.

achten und zu schützen."[27] Ganz eng an den Wortlaut des Art. 1 Abs. 1 GG lehnt sich auch Art. 1 der Europäischen Grundrechte-Charta an, die seit dem Vertrag von Lissabon 2009 volle Rechtsverbindlichkeit genießt[28].

In verfassungsgeschichtlicher Perspektive darf man also von einer ebenso kurzen wie erfolgreichen Vergangenheit der Menschenwürdegarantie als einer Norm des nationalen, europäischen und internationalen Rechts sprechen.

2. *Normativer Sonderstatus*

Der leitmotivische Würdegrundsatz nimmt in der Rechtsordnung der Bundesrepublik Deutschland eine absolut herausragende und zunehmend dominante Position ein[29]. Von den Schöpfern des Grundgesetzes war die Menschenwürde in erster Linie als Schutzwall gegen schwerste Formen von Mißhandlung, Verfolgung und Diskriminierung gedacht[30]. Diese Reaktion auf das erfahrene Unrecht nationalsozialistischer Gewaltherrschaft prägte die frühe Formel des Bundesverfassungsgerichts, wonach Art. 1 Abs. 1 GG die Menschenwürde vor „Erniedrigung, Brandmarkung, Verfolgung, Ächtung usw."[31] schütze. Insofern formuliert das Grundgesetz das Gegenprogramm zur totalitären Mißachtung des Individuums. Die zentrale rechtsdogmatische Problematik besteht darin, dem mit hohem Pathospotential ausgestatteten, aber auch mit normativem Höchstrang

---

[27] Dazu P. Mastronardi, Menschenwürde als materielle „Grundnorm" des Rechtsstaates, in: D. Thürer/J.-F. Aubert/J.P. Müller (Hrsg.), Verfassungsrecht der Schweiz, 2001, § 14 Rn. 18ff.; H. Wilms, Der Menschenwürdebegriff in der neuen Schweizerischen Bundesverfassung im Vergleich zu Deutschland und den Vereinigten Staaten, in: Festschrift für Helmut Steinberger, 2002, S. 1015ff. (1035ff.).

[28] Dazu statt vieler P. Wallau, Die Menschenwürde in der Grundrechtsordnung der Europäischen Union, 2010, S. 51ff.; K. Schwarzburg, Die Menschenwürde im Recht der Europäischen Union, 2012, S. 37ff. (insb. 40).

[29] T. Geddert-Steinacher, Menschenwürde als Verfassungsbegriff. Aspekte der Rechtsprechung des Bundesverfassungsgerichts zu Art. 1 Abs. 1 Grundgesetz, 1990; C. Enders, Die Menschenwürde in der Verfassungsordnung – Zur Dogmatik des Art. 1 GG, 1997; Häberle, Menschenwürde (Fn. 22), § 22; H.-G. Dederer, Die Garantie der Menschenwürde (Art. 1 Abs. 1 GG). Dogmatische Grundfragen auf dem Stand der Wissenschaft, in: JöR 57 (2009), S. 89ff.; Teifke, Prinzip (Fn. 16).

[30] Für diese einhellige Meinung siehe nur E. Benda, Menschenwürde und Persönlichkeitsrecht, in: ders./W. Maihofer/H.-J. Vogel (Hrsg.), Handbuch des Verfassungsrechts der Bundesrepublik Deutschland, 2. Aufl. 1994, § 6 Rn. 15. Aus der Judikatur BVerfGE 109, 279 (312).

[31] BVerfGE 1, 97 (104).

versehenen Verfassungsrechtssatz klare Konturen zu verleihen, damit sich seine Anwendung methodisch überprüfbar und rational nachvollziehbar gestaltet[32].

a) Rechtscharakter

So gut wie unbestritten ist der Rechtsnormcharakter des Art. 1 Abs. 1 GG. Es handelt sich nicht nur um eine feierliche Bekundung, eine präambelartige Motivationserklärung[33] oder einen bloßen Programmsatz, sondern um eine aktuell geltende Rechtsnorm mit Bindungswirkung für alle Träger staatlicher Gewalt[34]. Dementsprechend ist die Wendung von der Unantastbarkeit präskriptiv gemeint[35] und nicht etwa deskriptiv. Zwar trifft zu, daß der Geächtete, Gefolterte oder sonst unmenschlich Behandelte seine Würde nicht verliert und diese insofern tatsächlich unantastbar *ist* (und bleibt) – ein Gedanke, der letztlich in der stoischen Philosophie wurzelt[36]. Doch juristisch aktiviert wird die Menschenwürde gerade im Kontext ihrer Antastung, näher bei der Frage einer (möglichen) Verletzung des sich aus

---

[32] Wenn man allerdings Art. 1 Abs. 1 GG als Verankerung des Heiligen ansieht, wodurch es möglich werde, „das *mysterium tremendum* im heiligen Schauer zu erspüren" (U. HALTERN, Unsere protestantische Menschenwürde, in: P. Bahr/H. M. Heinig [Hrsg.], Menschenwürde in der säkularen Verfassungsordnung, 2006, S. 93 ff. [117]), wird die genannte Aufgabe nicht zu erfüllen sein.

[33] Obwohl der Duktus des Art. 1 Abs. 1 GG zweifellos etwas Präambelhaftes hat und zahlreiche andere Verfassungen Bekenntnisse zur Menschenwürde in der Präambel ablegen.

[34] Vgl. nur G. DÜRIG, in: T. Maunz/G. Dürig (Hrsg.), Grundgesetz. Kommentar, Art. 1 (Erstbearb. 1958), Rn. 4; J. ISENSEE, Würde des Menschen, in: D. Merten/H.-J. Papier (Hrsg.), Handbuch der Grundrechte in Deutschland und Europa, Bd. IV, 2012, § 87 Rn. 22; DREIER (Fn. 9), Art. 1 I Rn. 44; H. J. SANDKÜHLER, Menschenwürde und Menschenrechte, 2014, S. 212 ff. – Anders C. ENDERS, in: K. H. Friauf/W. Höfling (Hrsg.), Berliner Kommentar zum Grundgesetz, Art. 1 (2005/2011), Rn. 68 ff.

[35] Ganz überwiegende Auffassung: W. KRAWIETZ, Gewährt Art. 1 Abs. 1 GG dem Menschen ein Grundrecht auf Achtung und Schutz seiner Würde?, in: Gedächtnisschrift für Friedrich Klein, 1977, S. 245 ff. (255 f.); C. STARCK, in: H. v. Mangoldt/F. Klein/C. Starck (Hrsg.), Kommentar zum Grundgesetz, Bd. I, 6. Aufl. 2010, Art. 1 Rn. 33; HOFMANN, Menschenwürde (Fn. 14), S. 356. So auch schon BERGSTRÄSSER im Grundsatzausschuß (Der Parlamentarische Rat 1948–1949. Akten und Protokolle, hrsgg. v. Deutschen Bundestag u. v. Bundesarchiv, Bd. 5: Ausschuß für Grundsatzfragen, bearbeitet v. E. Pikart u. W. Werner, 1993, S. 913): „Sie sollte unantastbar sein!"

[36] MARGALIT, Würde (Fn. 3). Im Parlamentarischen Rat hatte CARLO SCHMID mehrfach auf Epiktet verwiesen (Parl. Rat, Bd. 5 [Fn. 35], S. 72); dazu ausführlicher C. GOOS, Innere Freiheit, 2011, S. 103 ff.

ihr ergebenden Achtungsanspruchs[37]; der Indikativ erweist sich sohin als „schärfste Form des Imperativs“[38]: Eingriffe jeglicher Art versieht Art. 1 Abs. 1 GG mit dem Verdikt der Verfassungswidrigkeit[39].

Nicht ganz unstreitig ist der Grundrechtscharakter der Norm. Das Bundesverfassungsgericht spricht in jüngerer Zeit recht unzweideutig vom „Grundrecht aus Art. 1 Abs. 1 GG“[40], und auch in der Lehre scheint diese Einordnung mittlerweile zu überwiegen[41]. Indes spricht die Singularität der Menschenwürdegarantie eher dafür, diese nicht als ein Grundrecht neben die anderen zu stellen[42]. Denn die Einordnung des Unikats Menschenwürde in die Gattung der Grundrechte könnte einer unbeabsichtigten Relativierung des Art. 1 Abs. 1 GG Vorschub leisten und im Ergebnis weniger zu seiner Stärkung als zu seiner Schwächung beitragen[43]. So können und dürfen alle (anderen) Grundrechte – auch jene, die das Grundgesetz als „unverletzlich“ charakterisiert (so Art. 4, 10, 13 GG) – unter bestimmten

---

[37] Vgl. BVerfGE 87, 209 (228); 109, 133 (150); 115, 118 (152).

[38] ISENSEE, Würde (Fn. 34), § 87 Rn. 4.

[39] Das ist in der Literatur die ganz überwiegende Anschauung. Nachweise bei DREIER (Fn. 9), Art. 1 I Rn. 46; C. ENDERS, in: K. Stern/F. Becker (Hrsg.), Grundrechte-Kommentar, 2010, Art. 1 GG Rn. 19, 35. Freilich mehren sich die Gegenstimmen: M. BALDUS, Menschenwürde und Absolutheitsthese, in: AöR 136 (2011), S. 529 ff.

[40] BVerfGE 109, 133 (151); 125, 175 (222). Sehr viel pauschaler früher BVerfGE 12, 113 (122); 28, 151 (163); 28, 243 (263).

[41] Für Grundrechtscharakter: H. C. NIPPERDEY, Die Würde des Menschen, in: F. L. Neumann/H. C. Nipperdey/U. Scheuner (Hrsg.), Die Grundrechte. Handbuch der Theorie und Praxis der Grundrechte, Bd. II, 1954, S. 1 ff. (11); KRAWIETZ, Gewährt (Fn. 35), S. 283 ff.; M. KLOEPFER, Leben und Würde des Menschen, in: P. Badura/H. Dreier (Hrsg.), Festschrift 50 Jahre Bundesverfassungsgericht, Bd. II, 2001, S. 77 ff. (86); M. HERDEGEN, in: Maunz/Dürig, GG (Fn. 34), Art. 1 Abs. 1 (2009), Rn. 29; STARCK (Fn. 35), Art. 1 Rn. 28 ff.; K. STERN, Das Staatsrecht der Bundesrepublik Deutschland, Bd. III/1, 1988, S. 26 f.; B. PIEROTH/B. SCHLINK, Grundrechte. Staatsrecht II, 28. Aufl. 2012, Rn. 365.

[42] DÜRIG (Fn. 34), Art. 1 Rn. 4; ENDERS, Menschenwürde (Fn. 29), S. 92 ff., 380 ff.; W. BRUGGER, Menschenwürde, Menschenrechte, Grundrechte, 1997, S. 9, 19 ff., 28; R. GRÖSCHNER, Menschenwürde und Sepulkralkultur in der grundgesetzlichen Ordnung, 1995, S. 45; V. NEUMANN, Menschenwürde und psychische Krankheit, in: KritV 76 (1993), S. 276 ff. (288); J. ISENSEE, Menschenrechte – Staatsordnung – sittliche Autonomie, in: J. Schwartländer (Hrsg.), Modernes Freiheitsethos und sittlicher Glaube, 1981, S. 70 ff. (71).

[43] Ebenso ENDERS (Fn. 39), Art. 1 Rn. 35; J. ISENSEE, Menschenwürde: die säkulare Gesellschaft auf der Suche nach dem Absoluten, in: AöR 131 (2006), S. 173 ff. (209 f.).

Voraussetzungen eingeschränkt werden[44]. Ein Eingriff in den Schutzbereich der Grundrechte stellt daher nicht zwingend eine Verletzung derselben dar, sondern ist rechtfertigungsfähig. Eine solche Abwägungsmöglichkeit und einen solchen Ausgleich mit konkurrierenden Verfassungsgütern kennt Art. 1 Abs. 1 GG gerade nicht. In jeder Antastung der Menschenwürde liegt unweigerlich ein Verfassungsverstoß[45]. Demgemäß hat das Bundesverfassungsgericht immer wieder deutlich gemacht, daß die Menschenwürde weder mit Einzelgrundrechten noch mit sonstigen Verfassungswerten abwägungsfähig, mithin nicht relativierbar ist[46]. Findet der typische „grundrechtliche Schematismus von Schutzbereich und Schranke“[47] bei ihr somit keine Entsprechung, spricht das eher gegen den Grundrechtsstatus dieser besonderen Verfassungsnorm.

b) Absolutheitscharakter

Die Unantastbarkeit der Menschenwürde bedeutet also ihre Unabwägbarkeit[48]. In dieser Unabwägbarkeit manifestiert sich der Absolutheitscharakter der Garantie[49]. Das bei der Fixierung der effektiven Reichweite von sonstigen Grundrechtsgewährleistungen vertraute „Spiel von Grund und Gegengrund“[50] findet bei der Menschenwürde prinzipiell nicht statt. Die konstruktiv einzig denkbare Ausnahme ist der Fall, in dem Würde gegen

---

[44] Zur Begrenzung normtextlich vorbehaltloser Grundrechte durch kollidierendes Verfassungsrecht H. Dreier, in: ders., GGK I (Fn. 9), Vorb. Rn. 139 ff.

[45] Deutlich Heun, Verfassungsordnung (Fn. 15), S. 236: „Anders als die nachfolgenden Grundrechte stellt der Menschenwürdegrundsatz daher eine absolute Garantie dar, die unabänderbar und unantastbar ist. Jeder Eingriff in den Schutzbereich der Menschenwürde ist automatisch eine Verletzung der Verfassung.“

[46] BVerfGE 75, 369 (380); 93, 266 (293); 107, 275 (283 f.); 109, 279 (313 f.); 130, 1 (22).

[47] Isensee, Würde (Fn. 34), § 84 Rn. 106 (ferner ebd., Rn. 160).

[48] Heun, Verfassungsordnung (Fn. 15), S. 236: „Während die Eingriffe in andere Rechte gerechtfertigt werden können, ist dies im Fall der Menschenwürde nicht möglich. Die Menschenwürde kann weder mit anderen Rechten abgewogen noch relativiert werden. Jeder Akt der öffentlichen Gewalt, der die Menschenwürde berührt, ist per se verfassungswidrig und nichtig.“

[49] An dieser herrschenden Meinung (Nachweise: Dreier [Fn. 9], Art. 1 I Rn. 46) werden in der Literatur zunehmend Zweifel laut. Eingehend und mit breiten Nachweisen Baldus, Menschenwürde (Fn. 39), S. 529 ff. – Eher verfassungspolitisches „Plädoyer für die Beibehaltung des Absolutheitsanspruchs“ bei J. von Bernstorff, Der Streit um die Menschenwürde im Grund- und Menschenrechtsschutz, in: JZ 2013, S. 905 ff. (913 f.).

[50] R. Alexy, Theorie der Grundrechte, 1985, S. 289.

Würde steht[51]. Diese außergewöhnlich hohe Einstufung des Art. 1 Abs. 1 GG, der normative Höchstrang in Verbindung mit dem mächtigen Pathos des Begriffs Menschenwürde, läßt den Satz von der Würde als Absolutum in einer zutiefst relativistischen Welt, als eine Art zivilreligiösen Anker[52] und als „Tabuisierungskategorie“[53] erscheinen. Versuche einer argumentativen Indienstnahme seiner Absolutheit sind im verfassungspolitischen wie gesellschaftlichen Diskurs beinahe allgegenwärtig. Demgegenüber ist aus verfassungsrechtlicher Sicht daran zu erinnern, daß die Menschenwürdegarantie gerade wegen ihres exzeptionellen Charakters – es gilt der Grundsatz: *singularia non sunt extenda* – nicht aus noch so ehrenwerten Motiven weit und umfassend verstanden werden sollte; man muß sie vielmehr, eben um ihres Sonderstatus willen, restriktiv auslegen[54].

c) Ewigkeitscharakter

Eine verfassungswidrige Antastung der Menschenwürde könnte selbst durch eine Änderung der Verfassung nicht ausgeräumt werden. Das belegt ein weiteres Mal die Ausnahmestellung der Norm. Der Grund liegt darin, daß Art. 1 GG unter die sog. Ewigkeitsgarantie des Art. 79 Abs. 3 GG fällt. Dieser Bestimmung zufolge sind „die in den Artikeln 1 und 20 niedergelegten Grundsätze“ dem Zugriff des verfassungsändernden Gesetzgebers entzogen; auch ihm sind insoweit die Hände gebunden. Maßnahmen, die als Verletzung der Menschenwürde eingestuft werden, sind also bis in alle (rechtsnormative) Ewigkeit hinein tabu. Art. 79 Abs. 3 GG schafft mit

---

[51] Zur schwierigen Problematik solcher Würdekollisionen zwischen dem (absoluten) Achtungs- und dem (ebenfalls absoluten) Schutzanspruch der Würdegarantie DREIER (Fn. 9), Art. 1 I Rn. 133 ff.

[52] Konstatiert bei E. HILGENDORF, Die mißbrauchte Menschenwürde. Probleme des Menschenwürdetopos am Beispiel der bioethischen Diskussion, in: Jahrbuch für Recht und Ethik 7 (1999), S. 137 ff. (137 f.). U. DI FABIO, Die Staatsrechtslehre und der Staat, 2003, S. 74 warnt vor der Gefahr einer Ausdeutung des Art. 1 Abs. 1 GG im Sinne „einer quasireligiösen Offenbarung“.

[53] U. BARTH, Herkunft und Bedeutung des Menschenwürdekonzepts, in: ders., Religion in der Moderne, 2003, S. 345 ff. (367), der aber zur Heiligkeitsanmutung der Menschenwürde durchaus differenziert argumentiert, indem er im folgenden zwischen verfassungsrechtlichen und theologischen Aussagen unterscheidet.

[54] Wie hier H.-H. TRUTE, Wissenschaft und Technik, in: HStR^3 IV, § 88 Rn. 31. Gegen die Ausdehnungstendenzen gerade im Bereich der Gentechnologie früh P. LERCHE, Verfassungsrechtliche Aspekte der Gentechnologie, in: R. Lukes/R. Scholz (Hrsg.), Rechtsfragen der Gentechnologie, 1986, S. 88 ff. (110).

einer von Udo Steiner geprägten Wendung eine „Hochsicherheitszone“[55]. Wenn bestimmte Praktiken oder Techniken etwa im humangenetischen Bereich als Eingriff in die Menschenwürde zu bewerten sind, ist deren Zulassung in Deutschland ein für alle Mal ausgeschlossen. Darauf ist die Charakterisierung gemünzt, bei Menschenwürdeargumenten handele es sich um „Gewinner-Argumente“[56]. Dieser Umstand erklärt zu einem Gutteil die überwältigende Präsenz des Art. 1 Abs. 1 GG in der biopolitischen Debatte – und zwar auch und gerade insofern, als sie nicht allein juristisch, sondern theologisch und philosophisch geführt wird[57].

III. Ideengeschichte

Im Unterschied zur Verfassungsgeschichte ist die Ideengeschichte der Menschenwürde denkbar lang, muß aber in differenzierter Weise rezipiert werden. Grundsätzlich bewahrt der verfassungsrechtlich positivierte Würdegrundsatz in der religiös-weltanschaulich neutralen Rechtsordnung seinen legitimatorischen Selbstand gegenüber Prinzipien des Glaubens oder der Moral; doch meint dies nicht seine strikte dogmatische Isolation. Gerade ein so umfassender, offener und geschichtsbeladener Begriff wie der der Menschenwürde kann nur unter Berücksichtigung des außerrechtlichen Ideenguts und allgemeiner geistiger Strömungen adäquat verstanden werden. Das sollte freilich nicht dazu verleiten, das Gerechtigkeitsdenken der Antike, das Christentum und die Aufklärung zu einem „metaphysischen Begründungsbrei“[58] zu verrühren. Oft ist bloß das Wort, nicht aber die Sache identisch. Bei genauerem Hinsehen zeigt sich, daß sich aus der geistesgeschichtlichen Tradition nur mit großer Vorsicht Verständnishilfen gewinnen lassen. Einige wenige Bemerkungen zu Antike (1.), Christentum (2.) und Neuzeit (3.) mögen das ansatzweise erläutern.

---

[55] U. Steiner, Der Schutz des Lebens durch das Grundgesetz, 1992, S. 12. Siehe auch Heun, Verfassungsordnung (Fn. 15), S. 236.

[56] Bayertz, Art. Menschenwürde (Fn. 1), S. 1555. Zugespitzt T. Gutmann, „Gattungsethik“ als Grenze der Verfügung des Menschen über sich selbst?, in: W. van den Daele (Hrsg.), Biopolitik, 2005 (= Leviathan-Sonderheft Nr. 23), S. 235 ff. (238): „*discussion stopper*“; ähnlich K.-H. Ladeur/I. Augsberg, Die Funktion der Menschenwürde im Verfassungsstaat, 2008, S. 10: „Stoppfunktion“.

[57] Dazu näher Dreier, Bioethik (Fn. 7), S. 8 ff., 23 ff.

[58] Hofmann, Menschenwürde (Fn. 14), S. 358 f.; ähnlich H. Ottmann, Die Würde des Menschen. Fragen zu einem fraglos anerkannten Begriff, in: Festschrift für Alfred Schöpf, 1998, S. 167 ff. (170 f.); H.A. Stöcker, Menschliche Würde und kritische Jurisprudenz, in: JZ 1968, S. 685 ff. (685).

1. Antikes Würdeverständnis

Der griechischen Antike war ein universeller Würdebegriff fremd, der von der Zuschreibung von Verdienst, Ruhm, persönlicher Ehre und Ansehen an den Würdeträger absetzbar gewesen wäre[59]. Auch die Römerzeit verstand unter *dignitas* einen nach Amt, Rang und persönlicher Bedeutung abgestuften Status; danach war man „Würdenträger" im noch heute üblichen Sinn[60]. Nicht die gleiche Würde aller, sondern soziale und politische Distinktion charakterisiert den Begriff. Als Beschreibung „des Ranges, der Auszeichnung folgt die Würde nicht der Logik der egalitären Gleichheit, sondern der Logik der proportionalen Gerechtigkeit, die jedem nach Rang und Verdienst das Seine zuteilen soll"[61]. Ähnliche Aussagen lassen sich in Bezug auf die Vorstellungswelt des Alten Testaments treffen[62].

Erst in der Philosophie der mittleren Stoa entstanden Ansätze für ein universalistisches Verständnis von Würde[63]. Cicero geht einen entscheidenden Schritt über die politisch-hierarchische Komponente hinaus, indem er von der „menschlichen Würde" im allgemeinen spricht, die allen Menschen zustehe[64]. Wurzelnd in der für die Stoa maßgeblichen Vorstellung von der Teilhabe des Menschen an der Weltvernunft und seiner Einsichtsfähigkeit in die als vernünftig strukturiert vorgestellte Ordnung der Dinge[65], folgt

---

[59] Hierzu und zum folgenden näher V. PÖSCHL, Art. Würde (I.), in: Geschichtliche Grundbegriffe, Historisches Lexikon zur politisch-sozialen Sprache in Deutschland, hrsgg. v. O. Brunner, W. Conze u. R. Koselleck, Bd. 7, 1992, S. 637ff.; kompakt BAYERTZ, Art. Menschenwürde (Fn. 1), S. 1553 f.; ausführlicher SANDKÜHLER, Menschenwürde (Fn. 34), S. 53ff.

[60] Zusammenfassend U. SCHLIESKY, Die Amtswürde im demokratischen Verfassungsstaat, in: Festschrift für Edzard Schmidt-Jortzig, 2011, S. 311ff. (316ff. m.w.N.). – Die Fortwirkung dieser Vorstellungen noch im frühen Christentum zeichnet nach P. LAMPE, Menschliche Würde in frühchristlicher Perspektive, in: E. Herms (Hrsg.), Menschenbild und Menschenwürde, 2001, S. 288ff. (289ff., 293ff.).

[61] W. HEUN, Einflüsse der Stoa auf die Entwicklung von Menschenwürde und Menschenrechten bis zum Ende des 18. Jahrhunderts, in: G.A. Lehmann u.a. (Hrsg.), Armut – Arbeit – Menschenwürde, 2012, S. 235ff. (239).

[62] Hier spielte die Figur der *miseria hominis* eine bedeutsame Rolle: vgl. T. KRÜGER, „Wie der Wind verfliegt meine Würde ..." (Hiob 30,15). Elend und Würde des Menschen in alttestamentlicher Sicht, in: Herms, Menschenbild (Fn. 60), S. 271ff. (274ff.).

[63] So auch R.P. HORSTMANN, Art. Menschenwürde, in: Historisches Wörterbuch der Philosophie, Bd. 5, hrsgg. v. J. Ritter u. K. Gründer, 1980, Sp. 1124ff. (1124).

[64] CICERO, De officiis, I 105ff. Dazu H. CANCIK, „Dignity of Man" and „Persona" in Stoic Anthropology. Some Remarks on Cicero, *de Officiis* I 105–107 (2002), in: ders., Europa – Antike – Humanismus, 2011, S. 327ff.

[65] Ausführlicher F. FLÜCKIGER, Geschichte des Naturrechtes I, 1954, S. 221ff.; des weiteren A. GRAESER, Stoa, in: O. Höffe (Hrsg.), Klassiker der Philosophie I, 1981,

aus dem Göttergeschenk der menschlichen Vernunft dennoch in erster Linie eine Verpflichtung: bestimmte Lebensformen, so erläutert Cicero an der vielzitierten Stelle, seien mit der Würde eines Menschen nicht vereinbar. Menschenwürde ist insofern weniger Anspruch oder Recht als Verpflichtung, „Vorgabe und Aufgabe zugleich“[66]. Als modern und weit in die Zukunft weisend muß ungeachtet dessen der theoretisch forcierte universalistische Gleichheitsgedanke der Stoa gelten, der Männer wie Frauen umfaßte und zur Ablehnung der Sklaverei führte[67].

2. *Spätantike und christliches Mittelalter*

Das Denken in Spätantike und Mittelalter wird geistig von den christlichen Lehren über den Menschen als Gottes Kreatur, von der Erbsünde und der Erlösung dominiert. Gestützt auf Gen 1, 27 und zumeist mit der biblischen Lehre vom Sündenfall verknüpft, entfaltet sich in Patristik und Scholastik die Vorstellung einer besonderen Auszeichnung des Menschen im Verhältnis zu Gott und zur sonstigen Schöpfung[68]. Der imago Dei-Lehre zufolge nimmt der Mensch unter Gottes Geschöpfen eine einzigartige Stellung ein[69]. Dabei war die Vorstellung eines Vorrangs des Menschen im Verhältnis zu den übrigen Geschöpfen der Antike seit jeher ganz geläufig. Die (keineswegs auf der Hand liegende oder sich aufdrängende) Verknüpfung

---

S. 116ff. (117, 134f.); M. Just, Das Verhältnis von Naturrecht und positivem Recht in der griechischen und römischen Rechtsanschauung, in: Gedächtnisschrift für Günther Küchenhoff, 1987, S. 117ff. (130).

[66] Isensee, Würde (Fn. 34), § 87 Rn. 67.

[67] H. Cancik, Gleichheit und Freiheit. Die antiken Grundlagen der Menschenrechte, in: G. Kehrer (Hrsg.), „Vor Gott sind alle gleich“, 1983, S. 190ff. (198ff.); H. Coing, Grundzüge der Rechtsphilosophie, 5. Aufl. 1993, S. 22.

[68] Vgl. H. Merki, Art. Ebenbildlichkeit, in: T. Klauser (Hrsg.), Reallexikon für Antike und Christentum, Bd. 4, 1959, Sp. 459ff. (464ff.); Lampe, Menschliche Würde (Fn. 60), S. 293ff., weist auf die unverkennbare Prägung christlicher Vorstellungen durch die römische Umwelt hin und beschreibt eine hierarchisch strukturierte „Würde-Skala“ (S. 293).

[69] Eingehend K. Koch, Imago Dei – Die Würde des Menschen im biblischen Text, 2000, S. 5ff.; knapp K. Kardinal Lehmann, Das Menschenbild als Maßstab, in: Bitburger Gespräche. Jahrbuch 2002/II, 2003, S. 123ff. (130f.); für das Alte Testament hat man sogar festgestellt: „Die Blickrichtung geht vom Menschen zu den Wesen unter ihm, nicht vom Menschen zu Gott“ (W. Gross, Art. Gottebenbildlichkeit [I. Altes Testament], in: W. Kasper u.a. [Hrsg.], Lexikon für Theologie und Kirche, Sonderausgabe 2006, Bd. 4, Sp. 871ff. [872]). Hierzu und zum folgenden m.w.N. Dreier (Fn. 9), Art. 1 I Rn. 5ff.

christlicher imago Dei-Vorstellungen mit dem stoischen Menschenwürdegedanken erfolgte auf langen, recht verschlungenen Wegen und stabilisierte sich vermutlich erst im 7. oder 8. nachchristlichen Jahrhundert[70]. Doch das gesamte Mittelalter bis in die frühe Neuzeit hindurch bleibt die Gottebenbildlichkeit beschränkt auf das Verhältnis der Menschen zu Gott und zu dessen Schöpfung. Aus der Sonderrolle des Menschen in dieser folgt gerade noch nichts Konkretes oder Verbindliches für Stellung, Wert und Würde der Menschen untereinander, in der sozialen und staatlichen Ordnung oder für eine bestimmte Ausgestaltung derselben[71]. Genau darum geht es aber in Art. 1 Abs. 1 GG.

Gleichwohl sprechen nicht wenige Autoren dem Christentum gewissermaßen die Urheberschaft am Gedanken der Menschenwürde zu[72].

Ob man das Christentum insoweit tatsächlich als „wesentliche – alternativenlose – Verfassungsstütze"[73] apostrophieren kann, scheint allerdings mehr als fraglich[74]. Eine solche Sichtweise muß schon deshalb Bedenken auslösen, weil sie die Möglichkeit einer nichtchristlichen oder nichtreligiösen Begründung der Menschenwürde negiert. Zudem ist sie mit der Real- und Dogmengeschichte nur schwer zu vereinbaren. Denn bis in das 19. und 20. Jahrhundert hinein wurde eine dem egalitären Charakter der Menschenwürde gemäß unserer heutigen Konzeption zuwiderlaufende soziale und politische Stufung nicht ausgeschlossen, wie sich an der Legitimation diverser vordemokratischer Gesellschaftsordnungen und in besonders krasser Weise an der Rechtfertigung von Sklaverei und Menschenhandel

---

[70] S. Schaede, Würde – Eine ideengeschichtliche Annäherung aus theologischer Perspektive, in: Bahr/Heinig, Menschenwürde (Fn. 32), S. 7 ff. (32 ff.; zuvor existierten zwischen beiden lediglich „rare Wegmarken einer nur zarten Allianz", ebd., S. 33); siehe noch Heun, Einflüsse (Fn. 61), S. 239 ff.

[71] Betont auch bei H. Hofmann, Unsere Verfassungswerte und die christlich-weltanschaulichen Traditionen, in: ders., Recht und Kultur. Drei Reden, 2009, S. 9 ff. (26); Bayertz, Art. Menschenwürde (Fn. 1), S. 1554.

[72] Etwa Benda, Menschenwürde (Fn. 30), § 6 Rn. 2 m.w.N.; G. Robbers, in: D.C. Umbach/T. Clemens (Hrsg.), Grundgesetz. Mitarbeiterkommentar und Handbuch, Bd. I, 2002, Art. 1 Rn. 8. – Weitere Hinweise bei Dreier (Fn. 9), Art. 1 I Rn. 6.

[73] So P. Kirchhof, Die Wertgebundenheit des Rechts, ihr Fundament und die Rationalität der Rechtsfortbildung, in: Herms, Menschenbild (Fn. 60), S. 156 ff. (162); ähnlich J. Isensee, Keine Freiheit für den Irrtum. Die Kritik der katholischen Kirche des 19. Jahrhunderts an den Menschenrechten als staatsphilosophisches Paradigma, in: ZRG KA 104 (1987), S. 296 ff. (333).

[74] Dazu bzw. dagegen eingehend H. Dreier, Säkularisierung und Sakralität, 2013, S. 79 ff.; wie dort Sandkühler, Menschenwürde (Fn. 34), S. 58 ff.

belegen läßt[75]. Ungeachtet der Lehre von der gleichen Gottebenbildlichkeit aller Menschen wurde eben „über Jahrhunderte durchaus folgenreich nach Christen, Häretikern und Nichtchristen sowie nach Männern und Frauen unterschieden."[76] Ein positives Verständnis von Menschenrechten und Menschenwürde haben sich die großen christlichen Kirchen erst mühsam und sukzessive abringen müssen[77]. In nicht geringem Umfang war der Gedanke der gleichen Würde aller „gerade *gegen* diese im christlichen Namen betriebene Theorie und Praxis"[78] durchzusetzen. Daß der denkbar breite Menschenrechte- und Menschenwürdekonsens heutzutage auch auf den Schultern der christlichen Kirchen ruht[79], stellt eine erfreuliche, aber späte Entwicklung dar.

3. *Neuzeit und Moderne*

Mit der vielzitierten Abhandlung des Renaissance-Denkers Pico della Mirandola „De hominis dignitate" von 1486 gelangt ein Denken zum Ausdruck, das sich ganz auf die in hochgestimmten Worten gepriesene schöp-

---

[75] J. SCHWARTLÄNDER, Art. Menschenwürde/Personwürde, in: W. Korff u.a. (Hrsg.), Lexikon der Bioethik, 1998, Bd. 2, S. 683 ff. (684).

[76] H. HOFMANN, Methodische Probleme der juristischen Menschenwürdeinterpretation, in: I. Appel/G. Hermes (Hrsg.), Mensch – Staat – Umwelt, 2008, S. 47 ff. (55). Ähnlich W. HUBER, Art. Menschenrechte/Menschenwürde, in: Theologische Realenzyklopädie, hrsgg. v. G. Müller, Bd. 22, 1992, S. 577 ff. (579).

[77] Grundlegend und ausführlich dazu R. UERTZ, Vom Gottesrecht zum Menschenrecht. Das katholische Staatsdenken in Deutschland von der Französischen Revolution bis zum II. Vatikanischen Konzil (1789–1965), 2005; s. auch T. BLOCH, Die Stellungnahmen der römisch-katholischen Amtskirche zur Frage der Menschenrechte seit 1215, 2008, S. 55 ff., 90 ff. – Zum Protestantismus M. SPIEKER, Christen, Grundgesetz und Grundrechte, in: R. Morsey/K. Repgen (Hrsg.), Christen und Grundgesetz, 1989, S. 127 ff. (131 ff.); T. KOCH, Menschenwürde als das Menschenrecht – Zur Grundlegung eines theologischen Begriffs des Rechts, in: Zeitschrift für Evangelische Ethik 35 (1991), S. 96 ff.; G. ROBBERS, Menschenrechte aus der Sicht des Protestantismus, in: D. Merten/H.-J. Papier (Hrsg.), Handbuch der Grundrechte in Deutschland und Europa, Bd. I, 2004, § 9 Rn. 27 ff.

[78] H. WELZEL, Naturrecht und materiale Gerechtigkeit, 4. Aufl. 1962, S. 144 f. m. Fn. 56; O. v. NELL-BREUNING, Gerechtigkeit und Freiheit. Grundzüge katholischer Soziallehre, 2. Aufl. 1985, S. 111: die Kirche sei den Begriffen von Menschenrechten und Menschenwürde „lange Zeit mit vorsichtiger, um nicht zu sagen mißtrauischer Zurückhaltung" begegnet.

[79] Siehe den materialreichen Überblick bei F. WITTRECK, Christentum und Menschenrechte, 2013.

ferische Potenz des Menschen als *plastes et fictor* konzentriert[80] und in durchaus modern anmutender Weise die das Vermögen freier Selbstfindung und aktiver Identitätsbildung betont[81], ohne bereits nähere politische oder soziale Konsequenzen zu ziehen. Erst in der Staatsphilosophie der Neuzeit und namentlich bei Vertretern des Vernunftnaturrechts wie John Locke oder Immanuel Kant bildet sich mit der Anerkennung freier politischer Selbstbestimmung des Menschen und seiner rationalen Erkenntnis- und Handlungsfähigkeiten eine Denkstruktur aus, die noch unsere heutige Vorstellungswelt prägt[82]. Anerkennung von Menschenrechten und Hochschätzung des Individuums als Dreh- und Angelpunkt der Staatslegitimation markieren die wesentlichen Punkte. Zentrale Begründungselemente und begriffliche Umschreibungen, die uns insbesondere bei Kant (freilich eher in der Tugend- als in der Rechtslehre) begegnen[83], prägen weithin das Verständnis von Würde in den aktuellen Debatten ethischer, theologischer oder verfassungsrechtlicher Art: Behandlung des Menschen niemals bloß als Mittel, sondern als Zweck an sich selbst; Würde als etwas, das kein Äquivalent verstattet; Autonomie als Würde der menschlichen Persönlichkeit; Würde als absoluter innerer Wert. Die Auseinandersetzungen um die rechte Interpretation und vor allem angemessene Applikation auf moderne Fragen sind mittlerweile Legion[84] und hier noch nicht einmal ansatzweise

[80] Der Text, in dem das Wort *dignitas* selbst nicht vorkommt, war ursprünglich als „Oratio" bezeichnet und erhielt seinen bekannten Titel erst später. Pico wollte mit dieser Rede ein von ihm angeregtes Treffen von Gelehrten aus aller Welt eröffnen. Der Papst untersagte die Veranstaltung. – Über Pico eingehend H. Reinhardt, Freiheit zu Gott, 1989; vgl. auch die „Einleitung" von A. Buck in der von ihm herausgegebenen lat.-dt. Ausgabe, 1990, S. VII ff.

[81] Eingehend zur *dignitas hominis* in der Renaissance Sandkühler, Menschenwürde (Fn. 34), S. 67 ff., speziell zu Pico S. 76 ff. – Für Picos Vorstellung vom Menschen als einem Mikrokosmos gab es bereits in der Patristik Vorbilder: siehe Schaede, Würde (Fn. 70), S. 54 ff.; T. Kobusch, Die Würde des Menschen – ein Erbe der christlichen Philosophie, in: R. Gröschner/S. Kirste/O.W. Lembcke (Hrsg.), Des Menschen Würde – entdeckt und erfunden im Humanismus der italienischen Renaissance, 2008, S. 235 ff. (236 ff., 242 ff.).

[82] Im Überblick zum folgenden Dreier (Fn. 9), Art. 1 I Rn. 10 ff.

[83] Maßgebliche Textgrundlagen: I. Kant, Grundlegung zur Metaphysik der Sitten (1785), Zweiter Abschnitt (Akademieausgabe, Bd. IV, S. 434 f., 439 f.); ders., Metaphysik der Sitten. Zweiter Teil: Metaphysische Anfangsgründe der Tugendlehre (1797), §§ 9, 11, 38, 39 (Akademieausgabe, Bd. IV, S. 429, 434 f., 462 f.). – Dazu eingehend G. Löhrer, Menschliche Würde, 1995, S. 34 ff.; Sandkühler, Menschenwürde (Fn. 34), S. 108 ff.

[84] Aus der Fülle der Literatur: B. Giese, Das Würdekonzept. Eine normfunktionale Explikation des Begriffes Würde in Art. 1 Abs. 1 GG, 1975, S. 35 ff.; W. Wolbert, Der Mensch als Mittel und Zweck, 1987, S. 14 ff., 27 ff.; J. Hruschka, Die Person als

auszubreiten. Notwendig erscheint jedoch der Hinweis, daß die Kantsche Philosophie keinen Exklusivanspruch auf die verbindliche Interpretation des Grundgesetzes erheben kann, weil diesem kein explizites philosophisches Modell zugrundeliegt[85].

Insgesamt bleibt festzuhalten, daß sich erst im 20. Jahrhundert Stellenwert und Funktion der Menschenwürde aufgrund einer veränderten Grundkonstellation und eines fundamentalen Wandels der Fragestellung verschieben. Dominierte bis dahin aufgrund einer „dualistischen Anthropologie" (P. Kondylis) der Ansatz, die Würde des Menschen aufgrund seiner Überlegenheit gegenüber der Natur- und Tierwelt zu profilieren und entsprechend seine Fähigkeit zu vernunftgesteuertem Handeln und rationaler Problembewältigung hervorzuheben[86], geht es nun – und insbesondere nach den totalitären Erfahrungen der ersten Hälfte des 20. Jahrhunderts – um den Schutz des Einzelnen gegen eine potentiell allmächtige Staatsgewalt. Menschenwürde konstituiert sich damit als eine stets gefährdete, aber philosophisch oder theologisch eigentlich nicht weiter begründungsbedürftige Größe[87].

IV. Schutzgehalt

Systematische Stellung, normativer Rang und grundsätzliche Bedeutung der Menschenwürdegarantie stehen insgesamt weitgehend außer Streit. Einen allgemein akzeptierten, dogmatisch präzisen Rechtsbegriff der Menschenwürde, der über die allgemeinen Aussagen zu Bedeutung, Rechtscharakter und Rang hinausginge, gibt es hingegen nicht[88]. Zwar werden

---

Zweck an sich selbst – Zur Grundlegung von Recht und Ethik bei August Friedrich Müller (1733) und Immanuel Kant (1785), in: JZ 1990, S. 1 ff.; K. Bayertz, Die Idee der Menschenwürde, in: ARSP 81 (1995), S. 465 ff. (468 f.); ausführlich R.A. Lorz, Modernes Grund- und Menschenrechtsverständnis und die Philosophie der Freiheit Kants, 1992, S. 119 ff., 125 ff., 271 ff.; S. König, Zur Begründung der Menschenrechte: Hobbes – Locke – Kant, 1994, S. 247 ff.; Enders, Menschenwürde (Fn. 29), S. 189 ff.; H. Folkers, Menschenwürde. Hintergründe und Grenzen eines Begriffs, in: ARSP 87 (2001), S. 329 ff.

[85] Dreier (Fn. 9), Art. 1 I Rn. 16; vertiefend F. Wittreck, Christus oder Kant?, in: ders. (Hrsg.), 60 Jahre Grundgesetz, 2010, S. 9 ff. (27).

[86] Ottmann, Würde (Fn. 58), S. 172.

[87] P. Kondylis, Art. Würde (II–VIII), in: Geschichtliche Grundbegriffe VII (Fn. 59), S. 645 ff. (676).

[88] Häberle, Menschenwürde (Fn. 22), § 22 Rn. 46 („keine ‚handliche' Formulierung […] erkennbar"); M. Nettesheim, Die Garantie der Menschenwürde zwischen metaphysischer Überhöhung und bloßem Abwägungstopos, in: AöR 130

einige Grundprämissen allgemein akzeptiert, doch handelt es sich dabei zumeist um einen Konsens auf hoher Abstraktionsebene, der bei konkreten Anwendungsfragen rasch zerbricht. Am ehesten läßt sich noch Einigkeit in Bezug auf diejenigen Fälle erzielen, die dem historischen Verfassunggeber vor Augen standen[89]. Hieran knüpfen die negativ-ausgrenzenden, am Verletzungsvorgang orientierten Interpretationen an. Doch gibt es durchaus auch positive Bestimmungsversuche dessen, was die Würde des Menschen ausmacht. Ohne intensivere Rezeption der verfügbaren Theorien hat vor allem das Bundesverfassungsgericht zu einer erheblichen Ausdehnung der Anwendungsfälle des Art. 1 Abs. 1 GG beigetragen. War die Menschenwürde bei ihrer Aufnahme in das Grundgesetz vor allem zu verstehen als Protest gegen die „unsäglichen Entwürdigungen der Menschen durch die totalitären Gewalten des 20. Jahrhunderts“[90], hat sich die Norm mittlerweile auf vielfältige Weise fortentwickelt. Ursprünglich gedacht für den extremen Ausnahmefall und als sichtbares Gegenprogramm zur totalitären Mißachtung des Individuums, ist die Menschenwürde heute zu einer regelrecht ubiquitären Größe geworden.

1. Interpretation

In Anbetracht des Entstehungszusammenhangs überrascht nicht, daß im Parlamentarischen Rat ungeachtet aller Übereinstimmung hinsichtlich der Aufnahme einer solch fundamentalen Bestimmung in das Grundgesetz zurückhaltende und vorsichtige Umschreibungen dominierten. So sprach Carlo Schmid von einer „Generalklausel für den ganzen Grundrechts-

(2005), S. 71 ff. (78): „unbestimmt und vage“; Bielefeldt, Auslaufmodell (Fn. 3), S. 8 („schwer, genauer anzugeben, was darunter zu verstehen ist“); Isensee, Würde (Fn. 34), § 87 Rn. 6 ff. („Schwierigkeiten juridischer Interpretation“), 45 ff. („Unbeschreiblichkeit der Menschenwürde“), 161.

[89] Vergleiche hierzu H. v. Mangoldt, in: Parl. Rat, Bd. 5 (Fn. 35), S. 63, 71; ders., Die Grundrechte, in: DÖV 1949, S. 261 ff.; R. Thoma, Kritische Würdigung des vom Gesetzesausschuß des Parlamentarischen Rates beschlossenen und veröffentlichten Grundrechtskatalogs (Oktober 1948), abgedruckt als Dok. Nr. 18 in: Parl. Rat, Bd. 5 (Fn. 35), S. 361 ff. (361 f.) bzw. in: R. Thoma, Rechtsstaat – Demokratie – Grundrechte, hrsgg. und eingel. v. H. Dreier, 2008, S. 443 ff. (443 f.). Aus der späteren Literatur nur P. Badura, Generalprävention und Würde des Menschen, in: JZ 1964, S. 337 ff. (341); K. Stern, Menschenwürde als Wurzel der Menschen- und Grundrechte (1983), in: ders., Der Staat des Grundgesetzes, 1992, S. 219 ff. (223); Benda, Menschenwürde (Fn. 30), § 6 Rn. 15.

[90] H. Hofmann, Die Entdeckung der Menschenrechte, 1999, S. 11.

katalog“[91], und noch radikaler stufte Theodor Heuss den Satz von der Menschenwürde als „nicht interpretierte These“[92] ein. Von dieser Nichtdefinition, in der nicht von ungefähr eine Art Definitionsscheu aufscheint, sind andere Interpretationsversuche zu unterscheiden.

a) Negativdefinition

Bei der sog. Negativdefinition wird der Inhalt der Menschenwürde gewissermaßen *ex negativo*, also „vom Verletzungsvorgang her“, in fallweiser Konkretisierung erschlossen[93]. Dieser Technik, die im strengen Sinne keine Definition ist, hat sich das Bundesverfassungsgericht mehrfach bedient[94]. Sie hat den Vorteil, von schwierigen, stets in der Gefahr der Versteinerung oder der Überspannung befindlichen definitorischen Festlegungen zu entlasten, nicht zuletzt auch neue Bedrohungen erfassen zu können und ein gewisses Maß an Flexibilität bei der Verfassungsinterpretation zu erhalten. Man verspricht sich eine wirkungsvolle Sicherung des rechtlichen Inhalts des Art. 1 Abs. 1 GG durch eine „Kasuistik klarer Verletzungstatbestände“[95]. Der Nachteil von Nicht- wie Negativdefinition besteht darin, im konkreten Fall auf Evidenz und Konsens, letztlich gar auf „Intuition“[96] angewiesen zu sein. Zwar reicht dies für einen zentralen Bereich einschlägiger Fälle (Folter, Erniedrigung, Ächtung etc.) aus; zudem wird damit die von partikularen ethischen, politischen oder weltanschaulichen Positionen unabhängige Basisfunktion der Menschenwürde betont. Doch dürfte eine solch überwältigende Plausibilität mit entsprechend breitem Konsens nur in wenigen Konstellationen vorliegen[97].

---

[91] C. SCHMID in der 4. Sitzung des Ausschusses für Grundsatzfragen v. 23.9.1948 (Parl. Rat, Bd. 5 [Fn. 35], S. 64).

[92] Parl. Rat, Bd. 5 (Fn. 35), S. 72. Dazu GOOS, Freiheit (Fn. 36), S. 87ff.

[93] Grundlegend DÜRIG (Fn. 34), Art. 1 Rn. 28 (dort auch die zitierte Wendung). Grundrechtsdogmatisch gesprochen argumentiert man vom Eingriff her, nicht vom Schutzbereich (vgl. PIEROTH/SCHLINK, Grundrechte [Fn. 41], Rn. 373b); W. HÖFLING, Offene Grundrechtsinterpretation, 1987, S. 109; GEDDERT-STEINACHER, Menschenwürde (Fn. 29), S. 27ff.; F. HUFEN, Menschenwürde. Vor die „Objektformel“ hat die Grundrechtsdogmatik die Bestimmung des Schutzbereichs gesetzt, in: Festschrift für Eibe Riedel, 2013, S. 459ff.

[94] BVerfGE 1, 97 (104); 27, 1 (6); 30, 1 (25); 72, 105 (115ff.); 109, 270 (311ff.).

[95] BADURA, Generalprävention (Fn. 89), S. 341; zu den Vorteilen der Negativdefinition W. GRAF VITZTHUM, Die Menschenwürde als Verfassungsbegriff, in: JZ 1985, S. 201ff. (202f.).

[96] DEDERER, Garantie (Fn. 29), S. 106.

[97] Von daher zieht man zunehmend eine insgesamt eher negative Bilanz: DEDERER,

Gravierenden Einwänden sieht sich insbesondere die von Günter Dürig popularisierte Objektformel ausgesetzt, auf die sich des öfteren auch das Bundesverfassungsgericht gestützt hat[98]. Ihr zufolge ist die Menschenwürde verletzt, wenn der „konkrete Mensch zum Objekt, zu einem bloßen Mittel, zur vertretbaren Größe herabgewürdigt wird"[99]. Die Formel nimmt Anleihen bei Immanuel Kants Instrumentalisierungsverbot, das seinerzeit von Arthur Schopenhauer als vage und „wenigsagend" kritisiert wurde[100]. Sie erweist sich bei näherem Hinsehen als tendenziell zirkulär (Menschen*würde* ist verletzt, wenn der Mensch herabge*würdigt* wird). Auch ist nicht zu leugnen, daß *de facto* zumindest bis zu einem gewissen Grade eine wechselseitige Instrumentalisierung der Menschen untereinander ebenso wie im Verhältnis zwischen Bürger und Staatsgewalt unvermeidlich ist[101]. In gewisser sachlicher Nähe zu ihr stehen neuere Versuche, Menschenwürde als Freiheit von Demütigungen zu bestimmen[102]. All diese Ansätze taugen mit ihrer Orientierung am Verletzungsvorgang nur zur Identifizierung evidenter Menschenwürdeverletzungen allgemein konsentierter Art, worin ihr begrenzter Erklärungsgehalt begründet liegt.

b) Positive Bestimmungsversuche

Im Laufe der Zeit hat es freilich auch an positiven Definitionsversuchen nicht gefehlt. In der verfassungsrechtlichen Literatur werden üblicherweise deren drei unterschieden: Wert- oder Mitgifttheorien, Leistungstheorien

---

Garantie (Fn. 29), S. 106; GOOS, Freiheit (Fn. 36), S. 29 f.; skeptisch auch J. FISCHER U. A., Grundkurs Ethik, 2. Aufl. 2008, S. 393 f.

[98] Vgl. BVerfGE 9, 89 (95); 27, 1 (6); 28, 386 (391); 45, 187 (228); 50, 166 (175); 50, 205 (215); 57, 250 (275); 72, 105 (116); 87, 209 (228); 109, 133 (149 f.); 115, 118 (153); 117, 71 (89).

[99] G. DÜRIG, Der Grundrechtssatz von der Menschenwürde, in: AöR 81 (1956), S. 117 ff. (127).

[100] A. SCHOPENHAUER, Die Welt als Wille und Vorstellung (1819), Bd. 1, hrsgg. v. A. Hübscher, 3. Aufl. 1972, S. 412.

[101] Siehe N. LUHMANN, Grundrechte als Institution, 1965, S. 60 m. Fn. 18; HOFMANN, Menschenwürde (Fn. 14), S. 360. Sofern man hier, wiederum auf Kant rekurrierend, dessen Einschränkung heranzieht, man solle den anderen nicht *bloß* als Mittel, sondern *zugleich* als Zweck behandeln, läuft die Objektformel resp. das Instrumentalisierungsverbot Gefahr, „seine erwünschte Absolutheit" einzubüßen (so jedenfalls BAYERTZ, Art. Menschenwürde [Fn. 1], S. 1556).

[102] P. SCHABER, Menschenwürde als Recht, nicht erniedrigt zu werden, in: Stoecker, Menschenwürde (Fn. 3), S. 119 ff.; T. HÖRNLE, Menschenwürde als Freiheit von Demütigungen, in: Zeitschrift für Rechtsphilosophie 6 (2008), S. 41 ff. (52 ff.).

und schließlich drittens die erst in jüngerer Zeit vorgetragene Kommunikationstheorie[103].

(1) Wert- oder Mitgifttheorien[104] verstehen unter Menschenwürde eine werthafte menschliche Eigenschaft, eine den Menschen auszeichnende Qualität – sei es in christlicher Deutung die besondere Stellung des Menschen in der göttlichen Schöpfungsordnung, sei es in naturrechtlich-idealistischer, kantianischer Prägung die Fähigkeit des Menschen zu sittlicher Autonomie[105]. Ein solcher Begriff von Menschenwürde dürfte ganz ohne Theologie oder Metaphysik kaum zu haben sein[106]. Dementsprechend liegt seine größte Schwäche darin, daß in einem weltanschaulich neutralen Staat bestimmte religiöse Glaubenssätze keine tragfähige Grundlage für das allgemeine, alle Bürger bindende Gesetz bilden können[107]. Genausowenig kann und darf bei der Interpretation der Verfassung eine Art Festlegung auf eine bestimmte philosophische Konzeption wie diejenige Kants erfolgen – ganz abgesehen davon, daß diese bei weitem nicht immer zutreffend rezipiert wird.

(2) Leistungstheorien begreifen Würde nicht als gleichsam substanzhaft Vorhandenes, sondern als etwas erst zu Erlangendes, ja geradezu als Verdienst. Würde muß man danach in einem gelingenden Prozeß der Identitätsbildung und Selbstbestimmung erst gewinnen[108]. Damit wird einerseits aus gutem Grund in Parallele zu den Freiheitsrechten das Moment individueller Autonomie und aktiver Selbstbestimmung des Einzelnen betont.

---

[103] Im Überblick zum folgenden DREIER (Fn. 9), Art. 1 I Rn. 56ff. m.w.N.

[104] Zur Terminologie DEDERER, Garantie (Fn. 29), S. 107.

[105] Die religiös-transzendente christliche Würdekonzeption stützt sich typischerweise auf die *imago Dei*-Lehre. Hierzu etwa L. SCHEFFCZYK, Die Frage nach der Gottebenbildlichkeit in der modernen Theologie, in: ders. (Hrsg.), Der Mensch als Bild Gottes, 1969, S. IX ff. (XXVIII). Die Philosophie Kants zeichnet sich demgegenüber durch ihre relative Unabhängigkeit von bestimmten Glaubensinhalten aus. Näher I.U. DALFERTH, Religion, Morality and Being Human: The Controversial Status of Human Dignity, in: P. Jonkers/M. Sarot (Hrsg.), Embodied Religion. Proceedings of the 2012 Conference of the European Society for Philosophy of Religion (= Ars Disputandi Suppl. VI), Utrecht 2013, S. 143ff. (156ff.). Zum keineswegs selbstverständlichen Entsprechungsverhältnis von imago Dei und Menschenwürde DREIER (Fn. 9), Art. 1 I Rn. 5f. m.w.N.

[106] So OTTMANN, Würde (Fn. 58), S. 176. Vgl. HOFMANN, Menschenwürde (Fn. 14), S. 361.

[107] Siehe DREIER, Säkularisierung (Fn. 74), S. 25ff.

[108] Zu nennen ist hier allen voran LUHMANN, Institution (Fn. 101), S. 53ff., 61, 68ff. Zur Kritik K.-E. HAIN, Die Grundsätze des Grundgesetzes. Eine Untersuchung zu Art. 79 Abs. 3 GG, 1999, S. 230ff., 233ff. Hinweis auf die Leistungskomponente antiker Würdevorstellungen z.B. bei LAMPE, Menschliche Würde (Fn. 60), S. 297.

Andererseits fällt es diesem Ansatz womöglich nicht ganz leicht, Würde ohne Rücksicht auf ihre tatsächliche Aktualisierung(smöglichkeit) und unter Absehung vom konkreten Zustand des einzelnen Menschen zuzusprechen[109]. Daher werden Leistungstheorien zumeist als verfassungsrechtlich bedenklich oder zumindest mißverständlich abgelehnt[110].

(3) Kommunikations- oder Anerkennungstheorien wiederum stellen die staatsstrukturelle Seite der Menschenwürde und ihre „Staatsgründungsfunktion"[111] in den Vordergrund. Würde ist ihnen zufolge kein Substanz-, Qualitäts- oder Leistungs-, sondern ein Relations- oder Kommunikationsbegriff. Sie konstituiert sich in einem Prozeß sozialer Anerkennung aus der Gegenseitigkeit von Achtungsansprüchen und entbirgt mitmenschliche Solidarität als ihren Kern[112]. Dieser Interpretationsansatz reflektiert die Einbettung der Menschenwürde in allgemeinere geistige Strömungen und gegebene normative Vorstellungen. Er unterstreicht, daß Menschenwürde nicht der Sphäre der Empirie, sondern der sozialen, geistigen bzw. ethischen Dimension angehört, und widerspricht der „naturalistischen Anbindung der Menschenwürde an biologische Eigenschaften"[113]. Beson-

---

[109] So beispielsweise im Falle psychisch kranker oder schwer dementer Personen. Zu diesbezüglichen Unzulänglichkeiten der Leistungstheorie HOFMANN, Menschenwürde (Fn. 14), S. 362; OTTMANN, Würde (Fn. 58), S. 173 f. – Den Leistungsgedanken darum implizit ablehnend BVerfGE 87, 209 (228).

[110] K. STERN, Das Staatsrecht der Bundesrepublik Deutschland, Bd. IV/1, 2006, S. 22; HÄBERLE, Menschenwürde (Fn. 22), § 22 Rn. 44; skeptisch auch F. HUFEN, Staatsrecht II. Grundrechte, 4. Aufl. 2014, § 10 Rn. 6. Positivere Deutung bei GOOS, Freiheit (Fn. 36), S. 30 ff.

[111] HOFMANN, Menschenwürde (Fn. 14), S. 368. Zustimmung bei G. FRANKENBERG, Die Würde des Klons und die Krise des Rechts, in: KritJ 33 (2000), S. 325 ff. (328 f.); T. HÖRNLE, Menschenwürde und Lebensschutz, in: ARSP 89 (2003), S. 319 ff. (323 ff.). Siehe auch DIES., Menschenwürde (Fn. 102), S. 58: Menschenwürde als „Relationsbegriff". Ähnlicher Ansatz bei VON BERNSTORFF, Streit (Fn. 49), S. 910 f. Eine biblisch-theologische Kommunikationstheorie, die die Gottebenbildlichkeit als „Kommunikationsverhältnis" deutet, hat K. KOCH, Perspektiven biblischen Menschenverständnisses im Zeitalter der Technologie, in: Herms, Menschenbild (Fn. 60), S. 48 ff. (53 f.) vorgelegt.

[112] HOFMANN, Menschenwürde (Fn. 14), S. 364, 368. Nicht unähnlich J. HABERMAS, Die Zukunft der menschlichen Natur. Auf dem Weg zu einer liberalen Eugenik?, 2001, S. 62: Menschenwürde sei keine „Eigenschaft, die man von Natur aus ‚besitzen' kann", sondern eine Form der „‚Unantastbarkeit', die allein in den interpersonalen Beziehungen reziproker Anerkennung, im egalitären Umgang von Personen miteinander eine Bedeutung haben kann".

[113] FISCHER U.A., Ethik (Fn. 97), S. 395; dort S. 105 ff., 395 ff. eine nähere Explikation der grundlegenden Differenz von sozialem Menschsein und Zugehörigkeit zur biologischen Spezies Mensch.

ders bei der Frage nach den Trägern der Menschenwürdegarantie erweist er sich als weiterführend[114].

c) Konsentierte Grundaussagen

Negativdefinition und positive Bestimmungsversuche stehen nicht im Verhältnis der Ausschließlichkeit zueinander[115]. In den allermeisten Fällen werden die Ansätze zu gleichen Ergebnissen gelangen.

In der Sache hat sich denn auch in der verfassungsrechtlichen Literatur wie Judikatur mittlerweile ein weitgehender Konsens darüber gebildet, daß die Menschenwürdegarantie in dreierlei Hinsicht einen inhaltlichen Grundstandard garantiert[116]. Das bezieht sich auf den Freiheits- und Gleichheitsstatus des Menschen sowie auf seine nackte Existenz. Die Menschenwürde schützt danach einmal gegen massive Verletzungen der Gleichheit: das richtet sich gegen Sklaverei, Leibeigenschaft, systematische Diskriminierungen, also gegen die Herabstufung zu Menschen zweiter Klasse. Insofern erweist sich Art. 1 Abs. 1 GG als ein egalitäres Prinzip. Sie soll zweitens bewahren vor massiven Verletzungen der körperlichen und seelischen Integrität und Identität: also vor Folter, Gehirnwäsche, schweren Demütigungen. Insofern erweist sich Art. 1 Abs. 1 GG als ein freiheitsschützender, liberaler Grundsatz. Schließlich bietet die Menschenwürdegarantie i.V.m. dem Sozialstaatsprinzip einen Anspruch auf staatliche Gewährung eines materiellen Existenzminimums, dessen Höhe naturgemäß variabel ist. Insofern weist Art. 1 Abs. 1 GG eine soziale Komponente auf.

Wenn man sich in dieser Weise auf wenige „harte" Anwendungsfälle der Menschenwürdegarantie beschränkt, die durch Evidenz und Konsens gesichert sind, trägt man der Absolutheit der Garantie und ihrem Ausnahmecharakter zweifelsohne Rechnung. Die Menschenwürde sichert eine Art Tabuzone, über deren Eingrenzung man sich ohne weiteres verständigen

---

114 Vgl. etwa L. Michael/M. Morlok, Grundrechte, 3. Aufl. 2012, Rn. 138. Kritisch aber Hain, Grundsätze (Fn. 108), S. 236ff.; P. Unruh, Der Verfassungsbegriff des Grundgesetzes, 2002, S. 376ff.

115 Eine Kombination von Mitgift- und Leistungstheorie versucht Gröschner, Menschenwürde (Fn. 42), S. 33; dazu Goos, Freiheit (Fn. 36), S. 75ff.

116 Vgl. zum folgenden Pieroth/Schlink, Grundrechte (Fn. 41), Rn. 372; Lerche, Aspekte (Fn. 54), S. 102; Hofmann, Menschenwürde (Fn. 14), S. 363; H. Müller-Dietz, Menschenwürde und Strafvollzug, 1994, S. 26. – Umfangreicher aufgrund seiner „Ensembletheorie" der Menschenwürde der Katalog von Hilgendorf, Menschenwürde (Fn. 52), S. 148.

kann. Freilich läuft Art. 1 Abs. 1 GG mit dieser Beschränkung weitgehend leer, oder besser gesagt: im Rechtsalltag spielt die Menschenwürde keine nennenswerte Rolle, weil massive Verstöße gegen sie in einem funktionierenden Verfassungsstaat nicht zu befürchten sind. Man könnte, wie gesagt worden ist, eigentlich alle strittigen Fragen auch ohne die Menschenwürdegarantie lösen, für die der Status einer Mahnung oder Erinnerung an dunkle, aber glücklicherweise überwundene Zeiten verbleibt.

2. *Entwicklungstendenz: Veralltäglichung der Ausnahmenorm*

Doch ist es, wie wir wissen, bei dieser restriktiven Interpretationslinie nicht geblieben. Im Gegenteil läßt sich heutzutage eine Ubiquität der Menschenwürde konstatieren, die im politischen wie gesellschaftlichen Diskurs, aber auch in rechtlichen Kontexten beständig angerufen und deren Verletzung in zahllosen Einzelfällen, aber auch auf vielen Feldern rechtspolitischer Kontroversen, behauptet wird. Nicht Restriktion, sondern Expansion kennzeichnet die Lage. Diese Veralltäglichungsprozesse sollen als zentraler Entwicklungsstrang etwas näher beleuchtet werden.

a) Menschenwürde als Wurzel aller Grundrechte?

Zum einen hat das Bundesverfassungsgericht in mehreren Entscheidungen der Vorstellung Vorschub geleistet, daß die im Grundgesetz verankerten speziellen Grundrechte allesamt als Konkretisierungen der Menschenwürde zu verstehen seien; diese bilde die „Wurzel aller Grundrechte"[117]. Das sachliche Fundierungsverhältnis, das zwischen der Menschenwürde und den Grundrechten besteht und seinen Niederschlag in der gestuften Architektur der drei Absätze des Art. 1 GG findet, wird auf diese Weise als genetisches Ableitungsprogramm mißverstanden. Der Plausibilität der Wurzelmetapher steht bereits entgegen, daß die grundlegenden Menschenrechtsdokumente von 1776 (*Virginia Bill of Rights*) oder 1789 (*Déclaration des droits de l'homme et du citoyen*) eine Garantie der Menschen-

[117] BVerfGE 93, 266 (293); 107, 275 (284). Zustimmend aufgegriffen in BGHZ 149, 247 (262f.). Soweit ersichtlich ist die Wendung zuerst 1954 von HANS CARL NIPPERDEY gebraucht worden: Art. 1 Abs. 1 GG als „letzte Wurzel und Quelle aller später formulierten Grundrechte" (NIPPERDEY, Würde [Fn. 41], S. 12). Siehe heute Art. 14 Abs. 2 der Verfassung des Freistaates Sachsen: „Die Unantastbarkeit der Würde des Menschen ist Quelle aller Grundrechte."

würde allesamt noch gar nicht kennen[118]. Selbst wenn man anstelle der historisch-genetischen eine legitimatorisch-normative Beziehung im Sinne der Menschenwürde als des letzten Grundes konstruiert[119], ist das Bild von der Wurzel letztlich verfehlt: Es nivelliert das prinzipielle Bedeutungsgefälle zwischen dem Höchstwert der Verfassung und den Einzelgrundrechten[120]. Dasselbe gilt für die in der Literatur verbreiteten Vorstellungen vom Menschenwürdegehalt oder Menschenwürdekern aller Grundrechte, die allesamt mehr Fragen und Probleme aufwerfen als lösen[121].

b) Normamalgamierungen

Das soeben angesprochene Menschenwürdekern-Argument markiert bereits eine erste Tendenz zur raumgreifenden Ausdehnung der Menschenwürde. Sie bleibt nicht begrenzt auf einen engen, festen, klaren Anwendungsbereich, der außerhalb jedweden Streits steht. Vielmehr dehnt sich der Menschenwürdebezug aus, erfaßt tendenziell auch andere Konstellationen, bei denen die Evidenz fraglich und der Konsens brüchig wird. Hinzu tritt ein zweiter Entwicklungstrend, der ebenfalls stark durch das Bundesverfassungsgericht forciert worden ist: die Kreation von Kombinationsgrundrechten durch Verknüpfung einer Grundrechtsnorm mit der Menschenwürdegarantie. Plastisch spricht man von einer „Anseilung"[122] der Menschenwürde an andere Grundrechtsnormen. Bekanntestes und

---

[118] Ähnlich wie hier I. v. MÜNCH, Die Würde des Menschen im deutschen Verfassungsrecht, in: Festschrift für Dietrich Rauschning, 2001, S. 27ff. (36); HUFEN, Grundrechte (Fn. 110), § 10 Rn. 46.

[119] So ISENSEE, Würde (Fn. 34), § 87 Rn. 111: Grundrechte bauen auf der Menschenwürde auf.

[120] Viel zu weitgehend und undifferenziert darum BVerfGE 93, 266 (293), wonach „nicht nur einzelne, sondern sämtliche Grundrechte Konkretisierungen der Menschenwürde" seien; ähnlich verfehlt E 107, 275 (284).

[121] Zur Kritik DREIER (Fn. 9), Art. 1 I Rn. 163 ff. m.w.N.: Erstens ist das Schale-Kern-Bild dogmatisch wenig fruchtbar und zweitens ungeeignet im Hinblick auf jene Grundrechte, die eines erkennbaren Menschenwürdebezugs sichtlich ermangeln (z.B. die Filmfreiheit in Art. 5 Abs. 1 GG oder die Privatschulfreiheit des Art. 7 Abs. 4 GG). Versuche einer Schematisierung von Grundrechten mit und ohne Menschenwürde-Kern bzw. nach dem jeweiligen Grad des Menschenwürdebezugs verschieben, drittens, das Problem lediglich: denn nach welchen Kriterien sollte die Zuordnung erfolgen?

[122] M. KLOEPFER, Grundrechtstatbestand und Grundrechtsschranken in der Rechtsprechung des Bundesverfassungsgerichts, in: Festgabe aus Anlaß des 25jährigen Bestehens des Bundesverfassungsgerichts, Bd. II, 1976, S. 405ff. (417); HÖFLING, Grundrechtsinterpretation (Fn. 93), S. 111.

wichtigstes Exempel ist das allgemeine Persönlichkeitsrecht, das abgeleitet wird aus „Art. 2 Abs. 1 i.V.m. Art. 1 Abs. 1 GG“ und in vielfältigen Konkretisierungen auftritt[123]. Das konstruktive Hauptproblem dieser und weiterer Normamalgamierungen besteht darin, daß die absolute Menschenwürde hier mit einschränkungs- und abwägungsfähigen Grundrechten kombiniert wird[124]. Doch niemand vermag jeweils genau anzugeben, wo die Grenze zwischen absolutem Kern (Art. 1 Abs. 1 GG) und einschränkbarem Umfeld (Art. 2 Abs. 1 GG) jeweils genau zu ziehen ist. Die Rechtsprechung fällt gerade wegen dieser vielen Unbekannten schwankend und wenig vorhersehbar aus, was sich etwa in den Fällen des Lauschangriffes oder der Tagebuchaufzeichnungen erwiesen hat[125]. In der Folge verflüchtigt sich die Absolutheit der Menschenwürdegarantie zugunsten einer Abwägungsprozedur, wie sie von anderen Grundrechten geläufig ist. Darin wird man den durchaus hohen Preis für die enorme Präsenz der Menschenwürde im Rechtsalltag sehen müssen.

c) Trivialisierungen

Der dritte Entwicklungstrend steigert die Extension zur Inflation[126]. Es grenzt an Trivialisierung, wenn Bürger auch bei ganz unerheblichen staatlichen Eingriffen und Belastungen, bei Lappalien wie dem Beibringen von Speisebelegen oder dem Tragen einer Amtstracht eine Verletzung ihrer Menschenwürde reklamieren und mehrere Gerichtsinstanzen damit beschäftigen[127]. Nicht weniger irritierend ist die latente Bereitschaft der Gerichte zum vorschnellen Rekurs auf die Menschenwürde, wenn sie in Fällen mit abwägungsbedürftigen Konstellationen die Entscheidung recht unvermittelt auf den höchsten Verfassungswert stützen. Beim Bundesverwaltungsgericht betrifft dies vor allem die Praxis der Wehrdienstsenate, die zweifelsohne vorliegende disziplinarische Verfehlungen in inflationär

---

[123] Siehe nur die vielfältigen Rechtsprechungshinweise bei HÄBERLE, Menschenwürde (Fn. 22), § 22 Rn. 20ff.; F. HUFEN, Schutz der Persönlichkeit und Recht auf informationelle Selbstbestimmung, in: Badura/Dreier, Festschrift BVerfG II (Fn. 41), S. 105ff.; K. MÖLLER, Paternalismus und Persönlichkeitsrecht, 2005, S. 45ff., 55ff.

[124] Zu dieser Problematik DREIER (Fn. 9), Art. 1 I Rn. 137.

[125] BVerfGE 80, 367; 109, 279.

[126] So auch HEUN, Verfassungsordnung (Fn. 15), S. 237: „Inflation des Menschenwürdearguments in der Rechtsprechung“.

[127] Spesenbelege: BVerfGE 2, 292 (295); Amtstracht: BVerfGE 26, 14 (15); weitere Beispiele bei DREIER (Fn. 9), Art. 1 I Rn. 49.

anmutender Manier als Verstoß gegen die Menschenwürde qualifizieren[128]. Aber auch die berühmt-berüchtigte erste Entscheidung in Sachen *Peep-Show* ließ die einschlägigen Normen der Gewerbeordnung geflissentlich beiseite, um sogleich eine Verletzung der Menschenwürde der Darstellerinnen zu diagnostizieren[129]. Ganz ähnlich hat man aus Anlaß der zivilrechtlichen Entscheidung des BGH zu den Patientenverfügungen aus dem Jahre 2003[130] kritisiert, daß spezifisch privatrechtliche Regelungen aus allgemeinen verfassungsrechtlichen Normen wie der Menschenwürde hergeleitet werden[131]. Beispiele ähnlich forscher Durchgriffe auf Art. 1 Abs. 1 GG lassen sich außerdem in der strafrechtlichen Judikatur finden, etwa in Form der (vom EGMR geteilten) Annahme, die Verabreichung von Brechmitteln an mutmaßliche Drogenkuriere verstoße ohne weiteres gegen den Würdegrundsatz[132]. Insgesamt drängt sich der Eindruck auf, daß die Menschenwürde-Garantie gern als Begründung oder eher als Begründungsrhetorik herangezogen wird, um in oft alltäglichen Fällen der eigenen, womöglich ganz anders motivierten Entscheidung mehr Durchschlagskraft zu verschaffen und sie als letztlich alternativenlos, weil durch die höchste Verfassungsnorm gewissermaßen präformiert oder gar diktiert auszuweisen. So droht der stolze erste Satz des Grundgesetzes durch seine Ubiquität, Allbezüglichkeit und Omnipräsenz zur „kleinen Münze" im juristischen Alltagsgeschäft zu werden[133]. Dadurch gerät die Menschen-

---

[128] BVerwGE 113, 19 (21 f.); BVerwG Urt. v. 9.11.2000 – 2 WD 10/00, Rn. 4. – Eingehende Analyse der Judikatur des Bundesverwaltungsgericht bei H. Dreier, Menschenwürde in der Rechtsprechung des Bundesverwaltungsgerichts, in: E. Schmidt-Aßmann u.a. (Hrsg.), Festgabe 50 Jahre Bundesverwaltungsgericht, 2003, S. 201 ff.

[129] BVerwGE 64, 274: Objektivierende Interpretation des Art. 1 Abs. 1 GG entgegen dem tatsächlichen Willen der Darstellerinnen, die gewissermaßen zur Ableistung von „Würde" gezwungen werden. Die Kritik an dieser Entscheidung war massiv; Nachweise bei Dreier, Menschenwürde (Fn. 128), S. 217 ff. (auch zur späteren Rechtsprechungsänderung).

[130] BGHZ 154, 205.

[131] E. Deutsch, Verfassungszivilrecht bei der Sterbehilfe, in: NJW 2003, S. 1567 f.

[132] OLG Frankfurt/M. NJW 1997, 1647 (1648 f.). BVerwG (K), NStZ 2000, 96 allerdings hat einen vergleichbaren Fall nicht zur Entscheidung angenommen und als *obiter dictum* ausgeführt, daß die Maßnahme „auch im Hinblick auf die durch Art. 1 I GG geschützte Menschenwürde [...] grundsätzlichen verfassungsrechtlichen Bedenken nicht begegnet". EGMR NJW 2006, 3117 (3121) wiederum sieht in der Verabreichung von Vomitivmitteln einen Verstoß gegen das Folterverbot, mithin eine der Konkretisierungen des konventionsrechtlich anerkannten Menschenwürdeschutzes.

[133] Eindringliche Warnung schon bei G. Dürig, Zur Bedeutung und Tragweite des Art. 79 Abs. 3 des Grundgesetzes (ein Plädoyer), in: Festgabe für Theodor Maunz, 1971, S. 41 ff. (43, 51). S. auch Hilgendorf, Menschenwürde (Fn. 52), S. 138: „Floskel für Sonntagsredner".

würde in die Gefahr der Beliebigkeit. Die immer häufigere Berufung auf die Menschenwürde stellt eine ernste Bedrohung für ihren exzeptionellen Rang und ihren Anspruch auf absolute Wirkkraft dar. Denn wie jede Inflation führt auch diese zur Entwertung[134].

d) Durchdringung der Gesamtrechtsordnung

Die den Grundrechten eigentümliche Funktion, sich nicht auf die Ebene der Verfassungsordnung zu beschränken, sondern die gesamte Rechtsordnung zu durchdringen, eignet auch dem Satz von der Menschenwürde. Schon wegen des in Deutschland verfassungsrechtlich anerkannten Grundsatzes einer Ausstrahlungswirkung der Grundrechte[135] sowie der Maximen einer verfassungskonformen wie verfassungsorientierten Auslegung[136] kommt es zu vielfältigen – wenngleich durchweg einer stärkeren methodologischen Kontrolle bedürftigen – Einwirkungen der Menschenwürdegarantie auf die Ebene des einfachen Rechts und somit der Gesamtrechtsordnung. Das kann einmal die Gestalt einer interpretatorischen Durchwirkung von Normen des einfachen Rechts annehmen; des weiteren bildet in manchen Fällen „Menschenwürde" den Bestandteil einfachrechtlicher Normtexte; und schließlich lassen sich mit dem Konzept der Menschenwürde anspruchsvolle dogmatische Grundfiguren anreichern.

(1) Im Zivilrecht sind es gefestigter Judikatur und Lehre zufolge vor allem die Generalklauseln des BGB, die als Einfallstore für die Wertungen gerade des Verfassungsrechts dienen[137]. Das trifft dem Grunde nach auch für die Menschenwürde zu, die somit als Referenzpunkt für die Bestimmung der „guten Sitten" in § 138 BGB fungieren, die inhaltliche Ausfüllung von „Treu und Glauben" gemäß § 242 BGB[138] mitgestalten

---

[134] Ähnlich HILGENDORF, Menschenwürde (Fn. 52), S. 140: „Tabuschwächung"; ISENSEE, Würde (Fn. 34), § 87 Rn. 110: Verflachung, Veralltäglichung der Menschenwürdegarantie.

[135] Näher ALEXY, Theorie (Fn. 50), S. 477 ff.

[136] Allgemein zur Einwirkung von Verfassungsrecht, insbesondere Grundrechten auf einfaches Gesetzesrecht DREIER (Fn. 44), Vorb. Rn. 96 ff.; B. RÜTHERS/ C. FISCHER/A. BIRK, Rechtstheorie, 7. Aufl. 2013, S. 443 ff.

[137] BVerfGE 7, 198 (205 f.); BGH NJW 1986, 2944 (2944); M. RUFFERT, Vorrang der Verfassung und Eigenständigkeit des Privatrechts. Eine verfassungsrechtliche Untersuchung zur Privatrechtswirkung des Grundgesetzes, 2001, S. 65 f.

[138] H. SODAN, Kontinuität und Wandel im Verfassungsrecht – Zum 60-jährigen Jubiläum des Grundgesetzes für die Bundesrepublik Deutschland, in: NVwZ 2009, S. 545 ff. (546). Vgl. C. GRÜNEBERG, in: O. Palandt, Bürgerliches Gesetzbuch. Kommentar, 72. Aufl. 2013, § 242 Rn. 7.

und bei der Bestimmung einer „vorsätzlichen sittenwidrigen Schädigung" (§ 826 BGB)[139] Bedeutung entfalten kann. Freilich erscheint der Selbstand des Bürgerlichen Rechts nach wie vor so dominant, daß zumindest in der Kommentarliteratur die Durchdringung der Fallkonstellationen mithilfe des Menschenwürdegedankens noch nicht besonders intensiv entfaltet ist, was angesichts der geschilderten Trivialisierungstendenzen durchaus zu begrüßen ist. Immer stärker expandiert indessen das bereits erwähnte Kombinationsgrundrecht des allgemeinen Persönlichkeitsrechts gem. Art. 2 Abs. 1 i.V.m. Art. 1 Abs. 1 GG mit seiner kaum mehr überschaubaren Bedeutungsvielfalt. Seine Ausstrahlungswirkung kennt mannigfache Anwendungsfälle im Bereich des Schuldrechts[140]; beispielsweise prägt es seit jeher den Inhalt der wechselseitigen Pflichten im Arbeitsverhältnis[141].

Weiterhin bietet das Wettbewerbsrecht Anschauungsmaterial für die privatrechtliche Relevanz der Menschenwürde: In den sog. *Benetton Advertising Cases* hat der BGH hartnäckig an der Einschätzung festgehalten, daß die streitgegenständliche Schockwerbung die Menschenwürde verletze und deshalb gegen die „guten Sitten" im Sinne des Wettbewerbsrechts verstoße[142]. Die wirkungsvollsten Bezugnahmen auf die Menschenwürdegarantie erfolgten in jüngerer Zeit bezeichnenderweise in einem Bereich, in dem persönliche Wertvorstellungen besonders schnell das juristische Urteilsvermögen trüben: der Frage nach dem „Kind als Schaden" (*wrongful birth* und *wrongful life*)[143]. Hier kam es sogar zu dem ausgesprochen

---

[139] BVerfGE 7, 198 (205 f.).

[140] Siehe H. Dreier, in: ders., GGK I (Fn. 9), Art. 2 I Rn. 71 ff. m.w.N.

[141] Dazu bereits W. Mallmann, Menschenwürde und „gute Sitten", in: JZ 1951, S. 27f. (27). Aus der neueren Literatur R. Richardi, Grundrechte im Arbeitsverhältnis, in: ders./O. Wlotzke (Hrsg.), Münchener Handbuch zum Arbeitsrecht, Bd. 1, 3. Aufl. 2009, § 12 Rn. 38.

[142] BGH Urt. v. 6.7.1995 – I ZR 180/94, Rn. 10ff. (= NJW 1995, 2492 [2493]); BGHZ 149, 247 (259ff.). Das Bundesverfassungsgericht hat einen Verstoß gegen Art. 1 Abs. 1 GG hingegen wiederholt verneint: siehe BVerfGE 102, 347 (366f.); 107, 275 (283 ff.).

[143] Im Überblick zu diesem letztlich irreführenden Topos G. Wagner, in: F.J. Säcker/R. Rixecker (Hrsg.), Münchener Kommentar zum Bürgerlichen Gesetzbuch, 6. Aufl., Bd. 5, 2013, § 823 BGB Rn. 148 ff.: *Wrongful birth* meint den Fall der ungewollten, aber aufgrund ärztlicher Fehldiagnose eingetretenen Geburt eines schwer geschädigten Kindes; in Rede steht hier ein (vertraglicher oder gesetzlicher) Schadensersatzanspruch der Eltern gegen den Arzt auf Ersatz der mit der Kindesgeburt verursachten Unterhaltsbelastungen – Stichwort „fehlgeschlagene Familienplanung". Dieser Anspruch ist nach inzwischen gefestigter Rechtsprechung anerkannt: BGHZ 143, 389 (393 ff.); 151, 133 (136ff.). *Wrongful life* steht für eine besonders problemträchtige eigene Fallgruppe. Hochumstritten ist hier etwa die Möglichkeit eines Er-

seltenen Schauspiel eines offenen Dissenses zwischen den beiden Senaten des Bundesverfassungsgerichts[144].

(2) Ausgesprochen stark vom Menschenwürdegedanken geprägt erweist sich das Strafrecht[145]. Von der Begründung der Strafe über die Fixierung bestimmter Straftatbestände des Kern- und Nebenstrafrechts einschließlich Rechtfertigungs- und Entschuldigungsgründen bis hin zur Festsetzung des Strafmaßes und der Durchführung des Strafvollzuges spielt die Menschenwürde durchgängig eine tragende Rolle[146]. Sie gilt als wesentlicher Bestimmungsfaktor bei der Auffassung vom Wesen der Strafe und vom Verhältnis von Schuld und Sühne. Das Gebot *nulla poena sine lege* hat man neben dem Rechtsstaatsprinzip und Art. 2 Abs. 1 GG auch und vor allem in der Menschenwürdegarantie verortet. Ebenso wird der im Grundgesetz nicht ausdrücklich genannte Nemo-tenetur-Grundsatz (Verbot des Zwangs zur Selbstbezichtigung) teilweise als in Art. 1 Abs. 1 GG verbürgt angesehen[147]. In den Tatbeständen positiver Rechtsnormen begegnet die Menschenwürde etwa in §§ 130, 131 StGB, des weiteren in Bestimmungen des Jugendschutzes oder des Wehrstrafgesetzes: hier findet die Verbindlichkeit eines militärischen Befehls eine Grenze an der Verletzung der Menschenwürde. Sodann ist die Menschenwürde nach verbreiteter Auffassung Grundlage

---

satzanspruchs des Kindes selbst auf Liquidation von Schäden, die auf dem Tatbestand der Nichtverhinderung der eigenen Geburt beruhen. Dies scheint eine Rechtsgutverletzung mit der Tatsache zu begründen, leben zu müssen.

[144] Der Zweite Senat hatte in einem *obiter dictum* die rechtliche Qualifikation des Kindes als Schadensquelle als Verstoß gegen Art. 1 Abs. 1 GG gewertet und eine Überprüfung der Rechtsprechung des BGH angemahnt: BVerfGE 88, 203 (Ls. 14; 296). Der Erste Senat hatte dem zu Recht widersprochen: E 96, 375 (399 ff.); denn keineswegs wird mit der Judikatur des BGH, die zentral mit dem Gedanken einer „fehlgeschlagenen Familienplanung" operiert (siehe vorherige Fn. 143), die Existenz des Kindes als Schaden eingestuft. Zu diesem denkwürdigen Konflikt zusammenfassend E. Deutsch, Berufshaftung und Menschenwürde: Akt III, in: NJW 1998, S. 510; D. Medicus, Entscheidungen des BGH als Marksteine für die Entwicklung des allgemeinen Zivilrechts, in: NJW 2000, S. 2921 ff. (2922 f.).

[145] Siehe nur C. Prittwitz/I. Manoledakis (Hrsg.), Strafrecht und Menschenwürde. Deutsch-Griechisches Symposium Thessaloniki 1995, 1998.

[146] O. Lagodny, Menschenwürde im Strafrecht – am Beispiel der grundrechtlichen Legitimation staatlichen Strafens, in: M. Fischer (Hrsg.), Der Begriff der Menschenwürde: Definition, Belastbarkeit und Grenzen, 2. Aufl. 2005, S. 65 ff.; U. Ebert, Menschenwürde im deutschen Strafrecht, in: C. Baumbach/P. Kunzmann (Hrsg.), Würde – dignité – godnosc – dignity. Die Menschenwürde im internationalen Vergleich, 2010, S. 111 ff.; B. Kelker, Grundfragen eines Zusammenhangs zwischen Menschenwürde und Strafrecht, in: Festschrift für Ingeborg Puppe, 2011, S. 1673 ff.

[147] N. Bosch, Aspekte des nemo-tenetur-Prinzips aus verfassungsrechtlicher und strafprozessualer Sicht, 1998, S. 37 ff.

von Regelungen wie § 168 StGB, die dem postmortalen Würdeschutz dienen[148]. Ferner legen die in § 228 StGB erwähnten „guten Sitten" einen Rekurs auf Art. 1 Abs. 1 GG nahe[149]. Im Bereich des Nebenstrafrechts rangiert in puncto Menschenwürdebezug natürlich das Medizinstrafrecht, namentlich das Embryonenschutzgesetz[150], an vorderster Stelle[151]. Vollends menschenwürdegetränkt präsentiert sich schlußendlich das Recht des Strafvollzuges mit dem alles überstrahlenden Ziel der Resozialisierung. Sowohl dessen Ratio als auch die Details der Durchführung sind von dem Gedanken bestimmt, „daß die Voraussetzungen eines menschenwürdigen Daseins dem Gefangenen auch in der Haft erhalten bleiben müssen und der Staat zu den dafür erforderlichen Leistungen verpflichtet ist"[152].

---

[148] Im größeren Zusammenhang dazu B. Kretschmer, Der Grab- und Leichenfrevel als strafwürdige Missetat, 2002, S. 228 ff. Richtiger Ansicht zufolge sollte nicht auf den Leichnam selbst als würdebegabte Persönlichkeit abgestellt werden: Gröschner, Menschenwürde (Fn. 42), S. 34 f., 50. Der Gesetzgeber hat zutreffend das „Pietätsempfinden" der Angehörigen und der Allgemeinheit als Schutzgut benannt: BT-Drs. 13/8587, S. 22 f. In der Judikatur wird aber zuweilen zusätzlich die über den Tod hinauswirkende Würde des Verstorbenen als Anknüpfungspunkt gewählt: BGH NJW 2005, 1876 (1878); OLG Bamberg NJW 2008, 1543 (1546). Zum Ganzen T. Hörnle, Grob anstößiges Verhalten, 2005, S. 367 ff.; Dreier (Fn. 9), Art. 1 I Rn. 74 ff.

[149] P.-R. Gülpen, Der Begriff der guten Sitten in § 228 StGB, 2009, S. 243 ff.

[150] Gesetz zum Schutz von Embryonen (Embryonenschutzgesetz – ESchG) v. 13.12.1990, BGBl. I S. 2746. Umfassende Kommentierung bei H.-L. Günther/P. Kaiser/J. Taupitz (Hrsg.), Kommentar zum Embryonenschutzgesetz, 2008; im Überblick J. Taupitz, Der rechtliche Rahmen des Klonens zu therapeutischen Zwecken, in: NJW 2001, S. 3433 ff.

[151] Aus der Fülle an Literatur: J. C. Joerden/E. Hilgendorf/F. Thiele (Hrsg.), Menschenwürde und Medizin. Ein interdisziplinäres Handbuch, 2013; H. Rosenau, Reproduktives und therapeutisches Klonen, in: Festschrift für Hans-Ludwig Schreiber, 2003, S. 761 ff.; L. Witteck/C. Erich, Straf- und verfassungsrechtliche Gedanken zum Verbot des Klonens von Menschen, in: Medizinrecht 2003, S. 258 ff.; E. Hilgendorf, Klonverbot und Menschenwürde – Vom Homo sapiens zum Homo xerox? Überlegungen zu § 6 Embryonenschutzgesetz, in: Festschrift für Hartmut Maurer, 2001, S. 1147 ff. Monographisch S. Beck, Stammzellforschung und Strafrecht. Zugleich eine Bewertung der Verwendung von Strafrecht in der Biotechnologie, 2006.

[152] BVerfGE 45, 187 (228); Zitat aus BVerfG Beschluß v. 13.11.2007 – 2 BvR 939/07, Rn. 12. Grundsätzlich BVerfGE 109, 133 (149 ff.). Aus der Literatur nur K. Lüderssen, Resozialisierung und Menschenwürde, in: Prittwitz/Manelodakis, Strafrecht (Fn. 145), S. 101 ff.; K. Laubenthal, Strafvollzug, 6. Aufl. 2011, S. 18 ff.; umfangreicher Überblick bei K. Jünemann, Gesetzgebungskompetenz für den Strafvollzug im föderalen System der Bundesrepublik Deutschland, 2012, S. 373 ff., insb. 383 ff., 434 ff.

(3) Menschenwürdeschutz bildet den Leitgedanken für das in Deutschland stark und differenziert ausgeformte Sozialrecht[153]. Das wird besonders deutlich daran, daß sowohl bei der Grundsicherung für Arbeitslose wie auch bei der Sozialhilfe und der Pflegeversicherung als Aufgabe und Ziel übereinstimmend genannt wird, den Betroffenen die Führung eines Lebens zu ermöglichen, „das der Würde des Menschen entspricht“ (§ 1 Abs. 1 SGB II). Genaue Quantifizierungen sind dabei aus Art. 1 Abs. 1 GG freilich nicht deduzierbar. Auch beim „Grundrecht auf Gewährleistung eines menschenwürdigen Existenzminimums“, welches das Bundesverfassungsgericht in Übereinstimmung mit der Lehre aus Art. 1 Abs. 1 GG i.V.m. dem Sozialstaatsprinzip in Art. 20 Abs. 1 GG abgeleitet hat[154], lassen sich Art und Höhe der entsprechenden Leistungen nicht punktgenau aus der Menschenwürdegarantie ableiten.

Besonders vielgestaltig stellt sich in Deutschland das Öffentliche Recht, namentlich das Besondere Verwaltungsrecht dar. Bei den hier angesiedelten spektakulären und stets hochumstrittenen Fällen wie Peep-Shows oder dem „Zwergenweitwurf“ auf Jahrmärkten[155] ging es in der Regel um die Interpretation der gewerberechtlichen Generalklausel über die „guten Sitten“, die als Einfallstor mit Potential zu recht waghalsigen Konkretisierungen fungierte. Ganz ähnlich dient das Schutzgut der „öffentlichen Ordnung“ im Gefahrenabwehrrecht als Importmöglichkeit für Wertungen, die der Menschenwürdegarantie entnommen werden – beispielsweise im Falle von Tötungsspielen wie *Laserdrome*[156] oder der „Körperwelten“-

---

[153] H.M. Heinig, Menschenwürde und Sozialstaat. Genesen – Grammatiken – Grenzen, in: Bahr/Heinig, Menschenwürde (Fn. 32), S. 251 ff. (265 ff.); E. Eichenhofer, Sozialrechtlicher Gehalt der Menschenwürde, in: R. Gröschner/O.W. Lembcke (Hrsg.), Das Dogma der Unantastbarkeit. Eine Auseinandersetzung mit dem Absolutheitsanspruch der Würde, 2009, S. 215 ff.

[154] BVerfGE 125, 175. Eingehend dazu S. Egidy, Casenote – The Fundamental Right to the Guarantee of a Subsistence Minimum in the *Hartz IV* Decision of the German Federal Constitutional Court, in: German Law Journal 12 (2011), S. 1961 ff. Für Ableitung allein aus dem Sozialstaatsprinzip C. Enders, Sozialstaatlichkeit im Spannungsfeld von Eigenverantwortung und Fürsorge, VVDStRL 64 (2005), S. 7 ff. (39 f.).

[155] BVerwGE 64, 274 (279) – Peepshow; s. hierzu Dreier, Menschenwürde (Fn. 128), S. 217 ff.; VG Neustadt NVwZ 1993, 98 – Zwergenweitwurf; hierzu Teifke, Prinzip (Fn. 16), S. 84 f.

[156] Darin erblickte das Bundesverwaltungsgericht einen Verstoß gegen die Menschenwürde: BVerwGE 115, 189 (199 ff.); BVerwG Urt. v. 13.12.2006 – 6 C 17/06, Rn. 25. Die Literatur sieht das zu Recht eher kritisch: T. Aubel, Das Menschenwürdeargument im Polizei- und Ordnungsrecht, in: Die Verwaltung 37 (2004), S. 229 ff. (231 ff.) m.w.N.

Ausstellung mit plastinierten Leichen[157]. Intensiv wurde die Vereinbarkeit bestimmter außerordentlich geschmackloser Fernsehformate (Big Brother, Dschungelcamp) mit der Menschenwürdegarantie diskutiert[158]. In all diesen Fallkonstellationen erweist sich als besonders heikler Punkt stets die „Freiwilligkeit" der Teilnehmer[159]. Zu erinnern bleibt daran, daß Geschmacklosigkeiten nicht automatisch eine Würdeverletzung i.S.d. Art. 1 Abs. 1 GG darstellen, auch wenn sich die Protagonisten in selbstdemütigender Weise der Lächerlichkeit preisgeben. Man würde den tiefen historischen und philosophischen Kern der Menschenwürdegarantie ebenso wie ihren Ausnahmecharakter verkennen, wenn man sie schlicht als normativ höchstrangiges Substrat paternalistischer Moralvorstellungen und fixer gesellschaftlicher Ordnungsmuster begreifen wollte. Immer besteht die Gefahr, Menschenwürde als ein objektives Wertkonzept zu mißinterpretieren und gegen ihr eigentliches Fundament, die individuelle Autonomie und den Gedanken der Selbstbestimmung über das eigene Leben und seinen Vollzug, auszuspielen. Sie mutiert dann von einem Freiheits- und Gleichheitsversprechen zugunsten aller Menschen zu einer staatlichen Eingriffsermächtigung. Das verkehrt ihren Sinn ins Gegenteil.

V. Menschenwürde als Individualgarantie

Art. 1 Abs. 1 GG zielt auf Achtung und Schutz der Würde jedes Einzelnen, ist also individualbezogen. Dessen ungeachtet versucht man nicht selten, die Menschenwürde von einem vermeintlichen Menschenbild des Grundgesetzes her zu begreifen (dazu 1.). Vor allem in der bioethischen Debatte und vereinzelt in der Judikatur wird ferner die Würde der Menschheit insgesamt als geschützt angesehen[160]. Sinngleich ist von der Gattungswürde

---

[157] BayVGH NJW 2003, 1618 (1620f.) – Körperwelten. Aufbereitet bei F. HUFEN, Verbot oder einschränkende Auflagen für die Ausstellung „Körperwelten", in: DÖV 2004, S. 611 ff.

[158] M. EIFERT, Menschenwürde im Medienrecht, in: Bahr/Heinig, Menschenwürde (Fn. 32), S. 321 ff. (327ff.); N. KLASS, Rechtliche Grenzen des Realitätsfernsehens, 2004, S. 46ff., 143 ff., 204 ff.

[159] Zum Folgenden DREIER (Fn. 9), Art. 1 I Rn. 149ff.; MÖLLER, Paternalismus (Fn. 123), S. 116ff.; TEIFKE, Prinzip (Fn. 16), S. 60ff., 80ff.

[160] Vgl. etwa J. ISENSEE, Die alten Grundrechte und die bioethische Revolution, in: Festschrift für Alexander Hollerbach, 2001, S. 243 ff. (253 f., 261 f.); W. HÖFLING, Biomedizinische Auflösung der Grundrechte?, in: Bitburger Gespräche (Fn. 69), S. 99ff. (114); J. LEGE, Das Recht der Bio- und Gentechnik, in: M. Schulte (Hrsg.),

oder der Würde des Menschen als Gattungswesen die Rede (2.). Solche Tendenzen sind äußerst problematisch.

1. Menschenbild des Grundgesetzes?

Die Rede vom Menschenbild des Grundgesetzes[161] ist nicht weniger ubiquitär als die von der Menschenwürde. So steigern sich die Probleme, wenn man die Menschenwürdegarantie unter Berufung auf das Menschenbild des Grundgesetzes inhaltlich zu erfassen sucht oder gar das eine mit dem anderen identifiziert. In diesem problematischen Sinne hat etwa Ernst-Wolfgang Böckenförde davon gesprochen, über die Anerkennung der Subjektstellung hinaus hänge die Ermittlung dessen, was die Menschenwürde erheischt oder verletzt, vom Menschenbild ab; der Würdebegriff sei durch das zugrundegelegte Menschenbild determiniert[162]. Das ist bedenklich nicht allein deswegen, weil das Grundgesetz den Terminus „Menschenbild" ebensowenig kennt wie die Landesverfassungen[163]. Stärker wiegt, daß die Rede von „dem" Menschenbild Einheitlichkeit und Einheit suggeriert, wo doch – wie im modernen pluralistischen Staat gar nicht anders möglich[164] – nur eine große Vielfalt von Selbstverständnissen, von Lebensentwürfen und sinnstiftenden Weltbildern zu konstatieren ist. Das einzige, was sich dem Grundgesetz entnehmen läßt, ist, daß es das Individuum

---

Handbuch des Technikrechts, 2003, S. 669 ff. (752 f.). Judikatur: BVerwG NVwZ 2002, 598 = DÖV 2002, 479 – *Laserdrome*.

[161] Etabliert durch die seitdem immer wieder aufgegriffene Wendung in BVerfGE 4, 7 (15 f.): „Das Menschenbild des Grundgesetzes ist nicht das eines isolierten souveränen Individuums; das Grundgesetz hat vielmehr die Spannung Individuum – Gemeinschaft im Sinne der Gemeinschaftsbezogenheit und Gemeinschaftsgebundenheit der Person entschieden, ohne dabei deren Eigenwert anzutasten." Aus der Literatur P. Häberle, Das Menschenbild im Verfassungsstaat, 1988, 4. Aufl. 2008; U. Becker, Das „Menschenbild des Grundgesetzes" in der Rechtsprechung des Bundesverfassungsgerichts, 1996, S. 33 ff.; C. Bumke, Der gesellschaftliche Grundkonsens im Spiegel der Rechtsprechung des Bundesverfassungsgerichts, in: G.F. Schuppert/C. Bumke (Hrsg.), Bundesverfassungsgericht und gesellschaftlicher Grundkonsens, 2000, S. 197 ff. – Zum folgenden ausführlicher und m.w.N. Dreier (Fn. 9), Art. 1 I Rn. 167 ff.

[162] E.-W. Böckenförde, Vom Wandel des Menschenbildes im Recht, 2001, S. 34 f.

[163] Betont bei W. Geiger, Menschenrecht und Menschenbild in der Verfassung der Bundesrepublik Deutschland, in: Festschrift für Hans Joachim Faller, 1984, S. 3 ff. (8).

[164] Siehe nur die vielzitierte Wendung vom „Faktum des Pluralismus" (John Rawls). Näher zu Faktizität und Normativität des Pluralismus Dreier, Bioethik (Fn. 7), S. 5 ff.

gerade nicht in ein bestimmtes Bild pressen will[165]. Wer anderes behauptet, strebt mit dem Rekurs auf das vermeintlich vorgegebene Bild meist gewisse, nicht als solche offengelegte rechtspolitische Ergebnisse an, wie sich in der bioethischen Debatte beobachten läßt[166]. Entsprechend vielfältig, um nicht zu sagen beliebig fallen denn auch die Ausmünzungen der Menschenbild-Formel in der Judikatur aus. Das Bundesverfassungsgericht hat die von ihm wenn auch nicht geschaffene, so doch prominent gemachte Figur[167] in den durchweg älteren Entscheidungen zudem weniger zur Ausdehnung individueller Freiheitsräume denn zur Begründung einer stärkeren Inpflichtnahme des Einzelnen benutzt[168]. Daß der irrlichternde Charakter der Menschenbild-Formel konkret faßbarer rechtsdogmatischer Konturen entbehrt und nahezu willkürliche Bezugnahmen erlaubt, wird deutlich, wenn man wieder die Judikatur des Bundesverwaltungsgerichts durchmustert. Hier treffen wir auf annähernd beliebige Verwendungen: das Menschenbild (des Grundgesetzes) kann wahl- und fallweise als Grundrechtsschranke oder gleichsam gegenläufig als Verstärkung des Grundrechts auf körperliche Integrität ausgemünzt werden[169]. Es wurde als (zusätzliche?) Begründung der Unschuldsvermutung[170], aber auch zur Fixierung der Grenzen herangezogen, „die nach den gesellschaftlichen Anschauungen und Wertvorstellungen des sexuellen Anstandes gezogen(en)“[171] sind. Das Menschenbild bietet demnach noch nicht einmal prinzipien- oder leitbildartig wirksame

---

[165] M. STOLLEIS, Das Menschenbild der Verfassung, in: H.-R. Duncker (Hrsg.), Beiträge zu einer aktuellen Anthropologie, 2006, S. 369 ff. (370 ff.).

[166] Mit dem Menschenbild argumentierte insbesondere die Benda-Kommission, die durchweg zu äußerst rigiden Ergebnissen gelangte: Bundesminister für Forschung und Technologie (Hrsg.), In-vitro-Fertilisation, Genomanalyse und Gentherapie. Bericht der gemeinsamen Arbeitsgruppe des Bundesministers für Forschung und Technologie und des Bundesministers für Justiz, 1985, S. 13; BENDA, Menschenwürde (Fn. 30), § 6 Rn. 40.

[167] Zur Herkunft näher BECKER, „Menschenbild des Grundgesetzes“ (Fn. 161), S. 33 ff.

[168] Siehe E. DENNINGER, Staatsrecht 1, 1973, S. 11 ff.; H. DREIER, Rez. v. Peter Häberle: Das Menschenbild im Verfassungsstaat (1988), in: AöR 116 (1991), S. 623 ff.; kritisch wegen der Pflichtenkomponente auch HÖFLING, Grundrechtsinterpretation (Fn. 93), S. 114 f.; GEDDERT-STEINACHER, Menschenwürde (Fn. 29), S. 187 f.

[169] Zu ersterem vgl. BVerwGE 4, 95; BVerwG NVwZ 1994, 584; zur körperlichen Integrität vgl. die Rechtsprechung der Wehrdienstsenate in jüngerer Zeit: BVerwGE 113, 217 (218 f.); BVerwG NVwZ-RR 2001, 42; NVwZ 2001, 1413 (1415).

[170] BVerwGE 26, 169 (170).

[171] BVerwGE 111, 291 (295).

Orientierungen, sondern dient als nach Gutdünken einsetzbares Konstrukt, als „interpretatorische Allzweckwaffe“[172].

Als besonders gefährlich erweist sich die Vermengung des Menschenbildes mit Art. 1 Abs. 1 GG schließlich wegen der Ideologieanfälligkeit der Formel. Es droht eine standortgebundene „Aufladung“ der Menschenwürde, ihre Besetzung mit partikularen ethischen Meinungen oder philosophischen Spekulationen, infolgedessen ihre Überdehnung wegen der letztendlich beliebigen Bejahung eines Menschenwürdeverstoßes. Die Menschenbildformel sollte daher bei der inhaltlichen Bestimmung des Art. 1 Abs. 1 GG tunlichst vermieden werden. Dies auch aus einem Grund, den Jörg Paul Müller benannt hat: „Das Prinzip Menschenwürde bedeutet gerade nicht die Garantie eines bestimmten objektiven Menschenbildes; eine solche bedrängt den Menschen eher, als dass sie ihn in seiner innern Würde bestätigt und freisetzt.“[173]

2. *Gattungswürde?*

Gleichsam noch eine Stufe höher etabliert und von daher gesteigerten Bedenken ausgesetzt ist schließlich die in jüngerer Zeit zu hörende Rede von der Gattungswürde oder sinngleich der Würde des Menschen als Gattungswesen[174]. Nun soll es also nicht mehr lediglich um die Würde des einzelnen Menschen gehen, sondern um die einer höheren Einheit, am Ende der gesamten „Menschheit“[175]. Als Gattungswürde kommt die Menschenwürde nicht als Norm gegen die Verletzung einzelner Subjekte ins Spiel, sondern wird gleichsam ins Kollektive, ins Gesamtgesellschaftliche gewendet. Verbreitet ist eine solche Sichtweise schon des längeren im ethisch-philosophischen Diskurs[176]. Als verfassungsrechtliche Kategorie stößt die Gattungswürde – jedenfalls insofern, als man sie auf die biologische Gattung bezieht – auf durchgreifende Vorbehalte.

---

[172] P. M. Huber, Das Menschenbild im Grundgesetz, in: Jura 1998, S. 505 ff. (505).

[173] J. P. Müller, Grundrechte in der Schweiz, 4. Aufl., Bern 2008, S. 4.

[174] Vgl. etwa Isensee, Grundrechte (Fn. 160), S. 253 f., 261 f.; Höfling, Auflösung (Fn. 160), S. 114; Lege, Bio- und Gentechnik (Fn. 160), S. 752 f.; ausdrücklich dagegen Frankenberg, Würde des Klons (Fn. 111), S. 331 f.; K.-A. Schwarz, „Therapeutisches Klonen“ – ein Angriff auf Lebensrecht und Menschenwürde des Embryos?, in: KritV 84 (2001), S. 182 ff. (203).

[175] Isensee, Würde (Fn. 34), § 87 Rn. 97, 139.

[176] Siehe etwa D. Birnbacher, Gefährdet die moderne Reproduktionsmedizin die menschliche Würde?, in: A. Leist (Hrsg.), Um Leben und Tod, 1990, S. 266 ff.

Ein solches Verständnis kann sich nämlich weder auf den Normtext noch auf die Normgenese der Menschenwürdegarantie stützen: mit der Würde des Menschen ist der konkrete Schutz konkreter Menschen gemeint, wie sich aus den Beratungen im Parlamentarischen Rat unzweideutig ergibt[177]. Auch das Bundesverfassungsgericht läßt sich für ein Konzept von Gattungswürde nicht ins Feld führen, obwohl gern dessen gelegentlich gebrauchte Wendung vom Menschen als „Gattungswesen"[178] als Referenz bemüht wird: denn das Gericht zielte in der betreffenden Entscheidung gerade darauf ab, den Schutz des Individuums zu stärken; ein entpersonalisierter Schutz war ausdrücklich nicht intendiert[179].

Ungeachtet dessen wird einer derartigen Lesart von manchen Autoren Bedeutung vor allem für die Beantwortung schwieriger bioethischer Fragen beigemessen, etwa im Bereich der Präimplantationsdiagnostik oder des Klonens. Dies deshalb, weil man hier richtigerweise eine Verletzung der individuellen Menschenwürde nicht erkennen kann[180]. Man glaubt aber, diesen Entwicklungen nur unter Bezugnahme auf die Menschenwürdegarantie entgegentreten zu können. Doch das ist in aller Regel ein Irrweg. Ähnlich wie beim Menschenbild oder dem Rekurs auf die Wesenhaftigkeit des Menschen werden hier normative Weichzeichnungen produziert, die zur beliebigen Begründung bestimmter Positionen herangezogen werden können. So wird beispielsweise in der Literatur postuliert, daß „die Unantastbarkeit des menschlichen Genoms" ein „integraler Bestandteil der Menschenwürde" und „die Verhinderung des zufallsgeprägten Entstehens neuer genetischer Kombinationen durch reproduktives Klonen […] eine Missachtung der dem Menschengeschlecht zukommenden Würde" bedeutet[181]. Hier ist aus der Würde des Menschen unversehens die Würde einer molekularen Struktur geworden. Das Würfelspiel der Verbindung zweier haploider Chromosomensätze erwächst in den Rang einer von der Ewigkeitsklausel des Art. 79 Abs. 3 GG abgesicherten und insofern unumstöß-

[177] Vgl. Dreier (Fn. 9), Art. 1 I Rn. 23 ff.

[178] BVerfGE 87, 209 (228).

[179] Treffende Analyse bei Aubel, Menschenwürde-Argument (Fn. 156) S. 246 ff.; s. auch Gutmann, „Gattungsethik" (Fn. 56), S. 242 f.; eingehend R. Müller-Terpitz, Der Schutz des pränatalen Lebens. Eine verfassungs-, völker- und gemeinschaftsrechtliche Statusbetrachtung an der Schwelle zum biomedizinischen Zeitalter, 2007, S. 328 ff.

[180] K. Seelmann, Gefährdungs- und Gefühlsschutzdelikte an den Rändern des Lebens, in: Festschrift für E.A. Wolff, 1998, S. 481 ff. (487, 491); Witteck/Erich, Verbot (Fn. 151), S. 261. Zum reproduktiven Klonen als Verstoß gegen die für die Rechtsgemeinschaft insgesamt konstitutive Würde Dreier (Fn. 9), Art. 1 I Rn. 110.

[181] Witteck/Erich, Verbot (Fn. 151), S. 262.

lichen Verfassungsgarantie. Die Gattungswürde fungiert anscheinend ähnlich wie das Menschenbild als rhetorische Allzweckwaffe. Wie dort bedient man sich ihrer als eines Konstruktes, das die jeweiligen eigenen Wertungen und Überzeugungen unmittelbar auf die höchste verfassungsrechtliche Ebene transportiert und so gegen alle Einwände immunisiert. Rationalität und Nachvollziehbarkeit der juristischen Argumentation bleiben auf der Strecke. Die Vorstellung einer Würde der menschlichen „Gattung" birgt zudem die Gefahr in sich, die Unantastbarkeit der individuellen Menschenwürde in ein Spannungsverhältnis zum Kollektivgut der Gattungswürde zu bringen und so zu relativieren[182]. Insgesamt fehlt es an einer tragfähigen und plausiblen Begründung für eine aus Art. 1 Abs. 1 GG ableitbare Gattungs- oder Menschheitswürde.

VI. Resümee

Die Menschenwürde nimmt in der Rechtsordnung der Bundesrepublik Deutschland einen herausragenden und exzeptionellen Rang ein. Gerade wegen ihrer Absolutheit und normativen Absicherung über Art. 79 Abs. 3 GG stellt es eine falsche und gefährliche Strategie dar, Art. 1 Abs. 1 GG ubiquitär in der Rechtsordnung zur Geltung zu bringen und in möglichst vielen Fallkonstellationen als streitentscheidenden Faktor zu positionieren. Der immer häufigere Einsatz der Menschenwürde als Argument in konkreten Rechtskonflikten steigert ihre Bedeutung nicht, sondern bewirkt – wie jede Inflation – eine Entwertung. Der zum „Inbegriff guter Ordnung gesteigerte Universalanspruch"[183] der Menschenwürde führt zudem zu einer unter rechtsstaatlichen Gesichtspunkten höchst bedenklichen Verflüssigung fester Rechtspositionen. Ebensowenig geht es an, die Menschenwürde als probaten „Auffangproblemlöser"[184] umstandslos zur Bewältigung epochaler Entwicklungen wie der Biotechnologie oder anderer gesamtgesellschaftlicher Wandlungsprozesse heranzuziehen. Man sollte nicht der fatalen Autosuggestion anheimfallen, die Lösung detaillierter gewerberechtlicher Fälle liege ebenso wie die Klärung unserer drängenden Zukunftsprobleme immer schon und allein im richtigen Verständnis des

---

[182] Gutmann, „Gattungsethik" (Fn. 56), S. 243.

[183] C. Enders, Die Würde des Menschen ist unantastbar – Die Leitidee des Grundgesetzes und ihr europäisches Schicksal, in: J. Masing/J. Wieland (Hrsg.), Menschenwürde – Demokratie – Grundrechte, 2011, S. 9 ff. (19).

[184] Treffend R. Wahl, Freiheit der Wissenschaft als Rechtsproblem, in: Freiburger Universitätsblätter, Heft 95, 1987, S. 19 ff. (29).

unverfügbaren Art. 1 Abs. 1 GG beschlossen. Das überschätzt dessen Gehalt – und es unterschätzt zugleich die Fähigkeit einer pluralen, freiheitlichen Gesellschaft zur individuellen und kollektiven Selbstbestimmung.

Souveränität

I. Begriffsdimensionen

Souveränität ist ein Schlüsselbegriff im Entstehungsprozeß des modernen Staates, eine „analytical implication of the concept of the state“[1]. Man versteht darunter ganz allgemein die höchste, unabgeleitete, ihrerseits keiner weiteren, fremden Bindung oder Derogationsmöglichkeit unterliegende staatliche Herrschaftsgewalt. Die sog. äußere (völkerrechtliche) Souveränität bezeichnet die Unabhängigkeit und Gleichheit der impermeabel gedachten Staaten als unmittelbare Subjekte des Völkerrechts[2]. Nach der klassischen Formulierung Emer de Vattels ist jede Nation souverän, „qui se gouverne elle-même, sous quelque forme que ce soit, sans dépendance d'aucun étranger“[3]. Eine solche Befehlsunabhängigkeit kraft unterstellter Exklusivität der eigenen Kompetenzordnung bei gleichzeitig bestehenden rechtsförmlichen Beziehungen der Staaten untereinander setzt die „innere“ (staatsrechtliche) Souveränität logisch wie historisch voraus[4]. Meint jene die äußere Unabhängigkeit, so zielt diese staatsintern auf eine zentrale Letztentscheidungsgewalt, historisch somit auf die Überwindung einer

[1] Q. SKINNER, The Foundations of Modern Political Thought, Bd. 2, Cambridge 1978, S. 287.

[2] Statt vieler A. VERDROSS/B. SIMMA, Universelles Völkerrecht, 3. Aufl. 1984, S. 29 f.

[3] E. DE VATTEL, Le Droit des Gens ou Principes de la Loi Naturelle, Bd. 1, London 1758, Buch I, Kap. I, § 4; auf deutsch greifbar in der Übersetzung von W. Euler und mit einer Einleitung von P. Guggenheim, 1959.

[4] Zu diesen beiden Seiten A. VERDROSS, Die völkerrechtliche und politische Souveränität der Staaten, in: Festschrift für Friedrich August Freiherr von der Heydte, 1977, S. 703 ff.

Vielzahl intermediärer Herrschaftsgewalten und die Konzentration aller staatlichen Gewalt in einem „Zentrum“[5].

II. Entwicklungsgeschichte

1. Der souveräne Staat hat keine exakt datierbare Geburtsstunde[6]. Begriff wie Sache fehlen in den antiken Stadtstaaten ebenso wie in den frühen Großreichen. Mit ihrer in der lehensrechtlichen Hierarchie sichtbar werdenden Pluralität von Herrschaftsträgern und einer daher vielfach gestaffelten Obrigkeit bildet die feudale Ordnung geradezu das Gegenbild zur Bündelung der Herrschaftsgewalt in einem Zentrum[7]. Im 13. Jahrhundert begann sich das französische Königtum in Anlehnung an die reklamierte *plenitudo potestatis* des Papstes[8] unter Rückgriff auf eine römisch-rechtliche Parömie gegenüber dem Kaiserreich als autonom zu begreifen: *rex imperator in regno suo*[9]. – Lange Zeit lediglich Bezeichnung für gewisse

[5] G. JELLINEK, Allgemeine Staatslehre (1900), 3. Aufl. 1914, S. 521. Als beschreibende Analyse des Prozesses der Konzentration und Zentralisation der Herrschaftsgewalt im Entwicklungsgang moderner Staaten A. DE TOCQUEVILLE, Über die Demokratie in Amerika (1835/40), hier zitiert nach der 2. Aufl. 1984, insb. S. 360ff., 785ff.; DERS., Der alte Staat und die Revolution (1856), 1978, S. 35ff.

[6] Schon insofern irreführend F.A. FRHR. VON DER HEYDTE, Die Geburtsstunde des souveränen Staates, 1952; dazu die scharfe kritische Rezension des Historikers H. HEIMPEL in: Göttingische Gelehrte Anzeigen 208 (1954), S. 197ff.

[7] Hierzu und zum folgenden näher H. DREIER, Der Ort der Souveränität, in: H. Dreier/J. Hofmann (Hrsg.), Parlamentarische Souveränität und technische Entwicklung, 1986, S. 11ff. (16ff.). Zur Ausbildung souveräner Staatlichkeit in verschiedenen Ländern West- und Osteuropas die Beiträge in: Ch. Tilly (Hrsg.), The Formation of National States in Western Europe, Princeton (N.J.) 1975 sowie P. ANDERSON, Die Entstehung des absolutistischen Staates, 1979.

[8] Insbesondere dazu M. WILKS, The Problem of Sovereignty in the Later Middle Ages, Cambridge 1963, insb. S. 83, 236f., 318; A. PASSERIN D'ENTRÈVES, The Notion of the State, Oxford 1967, S. 89ff., 96ff. – Allgemein zur herausragenden Rolle der Kanonistik W. ULLMANN, Law and Politics in the Middle Ages, London 1975, S. 119ff., 163ff.

[9] Zum Ursprung dieser Formel etwa S. GAGNÉR, Studien zur Ideengeschichte der Gesetzgebung, 1960, S. 334f., 343ff.; H. QUARITSCH, Staat und Souveränität, Bd. 1, 1970, S. 79ff.; H. HOFMANN, Repräsentation, 1974, S. 198; ULLMANN, Law (Fn. 8), S. 102f., 182; H.G. WALTHER, Imperiales Königtum, Konziliarismus und Volkssouveränität, 1976, S. 14ff., 78ff., 85ff. – Die Kategorie der Souveränität ist dem Urteil Otto Hintzes zufolge ohnehin nur aus der französischen Geschichte zu verstehen: O. HINTZE, Wesen und Wandlung des modernen Staats (1931), in: ders., Staat und Verfassung, 3. Aufl. 1970, S. 470ff. (477); zur Rolle Frankreichs auch JELLINEK, Staatslehre (Fn. 5), S. 440ff.

oberste Jurisdiktionsrechte, erfolgte der endgültige Durchbruch des Terminus Souveränität zum Inbegriff frühneuzeitlicher Staatlichkeit vor dem Hintergrund eines säkularen kulturellen Umbruchs sowie tiefgreifender sozialer und wirtschaftlicher Wandlungen (Bevölkerungsvermehrung, Aufstieg des Bürgertums, Frühkapitalismus) in den konfessionellen Bürgerkriegen des 16. und 17. Jahrhunderts. Zu einem guten Teil deren Produkt, wurde der souveräne Staat letzten Endes „Instrument zu ihrer Überwindung"[10]. Doch führte die Entwicklung ungeachtet der Verweltlichung der Staatszweck*lehre* und der Enttheologisierung des Staats*denkens*[11] nicht umweglos zu einer Etablierung als überkonfessioneller, Schutz und Sicherheit der Bürger garantierender Friedensanstalt mit umfassender Toleranz und Abstufung der theologischen Wahrheitsfrage zur Privatangelegenheit, wie der Augsburger Religionsfriede *(cuius regio, eius religio)* und die französische Entwicklung (Revokationsedikt von Fontainebleau 1685) zeigen. Einen Umschlagpunkt markieren die Religionskriege gleichwohl insofern, als sich das Verhältnis von Glaube und Politik veränderte: Konfessionelle Homogenität diente nicht allein dem rechten Glauben, sondern auch der Stabilisierung des weltlichen Herrschaftszentrums. Die erste geschlossene und zugleich grundlegende Theorie der Souveränität stammt vom wichtigsten Vertreter der „politiques"[12]. Jean Bodin entwarf inmitten der französischen Bürgerkriegswirren unter maßgeblicher theoretischer Durchdringung und Entfaltung des Souveränitätsbegriffs das zur klassischen Vorstellung avancierende Urbild einer gegenüber Universalmächten souveränen Staatsordnung mit einem mächtigen Herrscher an der Spitze, der unter weitgehender Ausschaltung intermediärer Gewalten ausgestattet ist mit der „puissance absolue et perpetuelle d'une République", als deren wichtigste das Gesetzgebungsrecht firmiert[13]. Obwohl prinzipiell *legibus solutus*, bleibt der Fürst den Geboten Gottes, den natürlichen Gesetzen sowie den *lois fondamentales* unterworfen[14].

---

[10] E. Forsthoff, Der Staat der Industriegesellschaft, 1971, S. 11.

[11] Hier liegt der Schwerpunkt der Überlegungen von E.-W. Böckenförde, Die Entstehung des Staates als Vorgang der Säkularisation (1967), in: ders., Staat, Gesellschaft, Freiheit, 1976, S. 42ff.

[12] Zu ihnen R. Schnur, Die französischen Juristen im konfessionellen Bürgerkrieg des 16. Jahrhunderts, 1962.

[13] Zentral J. Bodin, Six Livres de la Republique (1583), in deutscher Übersetzung von B. Wimmer, hrsgg. und mit Anmerkungen versehen von P.C. Mayer-Tasch, 1981/1986. Markante Stellen: Buch I, 8/122, 129, 133, 145, 156. – Speziell zu Tradition und Ausformung des Gesetzgebungsrechts M. Stolleis, Condere leges et interpretari, in: ZRG GA 101 (1984), S. 89ff. (92ff., 99ff.).

[14] Zu diesen Schranken etwa E. Zweig, Die Lehre vom Pouvoir Constituant, 1909,

2. Der deutsche Weg zur Souveränität weist Besonderheiten auf[15]. Das Heilige Römische Reich Deutscher Nation blieb trotz aller Bemühungen der Wahlkaiser um Zentralisierung der Reichsgewalt ein heterogener Verband ohne echte Spitze. In das klassische Schema der Staatsformen ließ sich seine irreguläre Gestalt (Pufendorf: *irregulare et monstro simile*) nicht einfügen, so daß die Reichspublizistik mit *majestas realis* und *majestas personalis* zwei Seiten der Souveränität unterscheiden und sie letztlich auf irgend eine Weise zwischen Kaiser und Reichsständen aufteilen mußte[16]. Zwar konnte auf Reichsebene die Glaubensspaltung letztlich durch Errichtung einer „überkonfessionellen Koexistenzordnung zwischen den beiden großen Konfessionsblöcken"[17] überbrückt werden (Augsburger Religionsfriede von 1555; Westfälischer Friede 1648). Doch obwohl das Reich durch die verfassungsrechtliche Kanalisierung des Konfessionsproblems (*itio in partes* sowie andere Formen des konfessionellen Ausgleichs) und damit durch Ausgrenzung der religiösen Wahrheitsfrage an innerer Stabilität gewann, fehlte ihm auf Dauer die zentrale Herrschaftsgewalt. Die politische Dynamik verlagerte sich zunehmend auf die großen Territorien. Nach der Reformation fielen dort anders als im Reich die „Ausbildung konfessioneller Landeskirchen und der Aufstieg der landesherrlichen Gewalt zur Souveränität"[18] zusammen. Entgegen dem Modell der Trennung von Theologie und Politik herrschte hier wie auch in den Reichsstädten noch lange Zeit eine starke konfessionelle Geschlossenheit mit fürstlichem Summepiskopat, Staatskirchentum, *ius reformandi* und weltlichem Kirchenbann. Diese Territorien erstarkten insb. seit Einräumung des Bündnisrechtes 1648 in der Folgezeit zu mächtigen Militär-, Wirtschafts- und Verwaltungsstaaten. Als bis heute charakteristische Attribute souveräner Staatlichkeit kristallisierten sich dabei heraus: Zentralisierung und Monopolisierung der Herrschaft unter Ausschaltung intermediärer Gewalten; Aufstellung eines stehenden Heeres; Steuermonopol; bürokratische Lan-

S. 175, 177; M. Landmann, Der Souveränetätsbegriff bei den französischen Theoretikern von Jean Bodin bis auf Jean Jacques Rousseau, 1896, S. 98f.

[15] Quaritsch, Staat und Souveränität (Fn. 9), S. 400ff.; F.H. Schubert, Volkssouveränität und Heiliges Römisches Reich, in: HZ 213 (1971), S. 91ff.; Walther, Königtum (Fn. 9), S. 213ff.; D. Willoweit, Rechtsgrundlagen der Territorialgewalt, 1975.

[16] Nachweise aus der Literatur mit ihren vielfältigen Positionen und Deutungen bei Dreier, Ort der Souveränität (Fn. 7), S. 26ff.

[17] M. Heckel, Korollarien zur Säkularisierung, 1981, S. 50.

[18] R. Vierhaus, Deutschland im Zeitalter des Absolutismus (1648–1763), in: B. Moeller u.a., Deutsche Geschichte, Bd. 2: Frühe Neuzeit, 1985, S. 355ff. (421).

desverwaltung mit einer loyalen Beamtenschaft; Orientierung der Staatstätigkeit am (weltlich interpretierten) *bonum commune* (Gemeinwohl); umfassende Sozialdisziplinierung[19]. Auch der bei allen sonstigen Unterschieden der Staatenentwicklung gemeineuropäische Vorgang fundamentalgesetzlicher Absicherung der Einheit des dynastischen Verbandes über Unteilbarkeitsregelungen (für Kurfürstentümer seit 1356) und Sukzessionsordnungen (Primogenitur) schuf wichtige Voraussetzungen für jenen epochalen Prozeß der Bürokratisierung, Rationalisierung und Intensivierung der Herrschaft, der schließlich zum modernen geschlossenen „Anstaltsstaat“[20] mit egalitärer Staatsbürgergesellschaft führte. Obwohl die Phase des absolutistischen Fürstenstaates als Höhepunkt souveräner Herrschaftsgewalt gilt, ist unter Berücksichtigung des „Nichtabsolutistischen im Absolutismus“[21] zu bedenken, daß es entgegen dem äußeren Anschein auch hier ein begrenztes Maß an autonomen Gegenkräften und Konsenszwängen gab. Der autokratische Monarch bildet zwar den Inbegriff eines von der altständischen Ordnung mit ihren *iura et libertates* durch das fürstliche *ius eminens* sich emanzipierenden politischen Gestaltungswillens, ist aber schon wegen der lange Zeit unangetasteten Sozialstruktur (Grundherrlichkeit) doch nicht der gottgleiche, allgewaltige, nur auf sich selbst gestellte Regent. Das zeigt, daß Souveränität faktisch niemals gänzlich unbeschränkte und ungebundene Omnipotenz, Omnipräsenz und Omnikompetenz[22] bedeuten kann, sondern lediglich einen stets relativen Grad an Unabhängigkeit der zentralen Entscheidungsinstanz von gewichtigen sozialen und politischen Kräften bezeichnet.

---

[19] Zur Sozialdisziplinierung (außer der vielschichtigen und nicht unproblematischen Pionierarbeit von N. Elias, Über den Prozeß der Zivilisation, 2 Bde. [1939], 1969, 7. Aufl. 1980) insb. G. Oestreich, Strukturprobleme des europäischen Absolutismus (1969), in: ders., Geist und Gestalt des frühmodernen Staates, 1969, S. 179 ff. (187 ff.). – Zusammenfassende Darstellung bei S. Breuer, Sozialdisziplinierung, in: C. Sachße/F. Tennstedt (Hrsg.), Soziale Sicherheit und soziale Disziplinierung, 1986, S. 45 ff.

[20] Begriffsprägung: M. Weber, Wirtschaft und Gesellschaft (1922), 5. Aufl. 1972 (ND 1980), S. 29 f., 514 ff., 822 ff. u.ö. – Siehe dazu etwa S. Breuer/H. Treiber/M. Walther, Entstehungsbedingungen des modernen Anstaltsstaates. Überlegungen im Anschluß an Max Weber, in: S. Breuer/H. Treiber (Hrsg.), Entstehung und Strukturwandel des Staates, 1982, S. 75 ff.

[21] Vielzitierte Wendung von Oestreich, Strukturprobleme (Fn. 19), S. 183. Zustimmend etwa J. Kunisch, Absolutismus, 1986, S. 182 ff.

[22] Formulierung in Anlehnung an H. Nawiasky, Allgemeine Staatslehre, Bd. 3, 1956, S. 44 („sachlich unbegrenzt, omnipotent, omnikompetent“), 51 („Allmacht, Omnipotenz, Omnikompetenz“).

III. Juristische Konstruktion

1. Staatsrechtlich ist die Souveränität lange Zeit nur als (theoretisch) unbeschränkte Herrschaft eines Fürsten vorstellbar (frühe Ausnahmen: Niederländische Generalstände 1587, Räte von Bern 1682 sowie die spezifisch englische Konstruktion des *King in Parliament*). Von daher erscheinen die Insignien der Souveränität in der juristischen Publizistik der frühen Neuzeit und selbst bei *Bodin* als induktiv gewonnene und historisch sukzessiv erworbene Hoheitsrechte. Die neuzeitlichen Sozial-Vertragstheorien hingegen erschließen im umgekehrten Verfahren die Summe der Einzelrechte des Souveräns deduktiv aus wenigen elementaren Voraussetzungen, insbesondere dem Streben der Individuen nach Selbsterhaltung. Prototypisch ist hier Thomas Hobbes, der die tradierte Figur des Herrschaftsvertrages unter analytischer Verwendung der uralten Naturzustandsidee in ganz neuer Weise auf die Einsetzung eines absoluten Souveräns, eines *Deus Mortalis*, bei gleichzeitigem Rückfall der Gesellschaftsmitglieder in die Rechtlosigkeit reduziert[23]. Diese Form rationaler Herrschaftslegitimation offenbart zwar eine gewisse Affinität zwischen Vernunftnaturrecht und politischem Absolutismus. Sie demonstriert aber trotz der absorptiven Repräsentation des Volkswillens zugleich, daß der Staatsverband auf Grund eines bewußten Kalküls der sich einvernehmlich vergesellschaftenden Individuen entsteht. Als Produkt rationaler Egoisten ist auch der absolute souveräne Staat auf diese Weise gegenüber älteren Vorstellungen radikal säkularisiert. – Die den Staatsverband verkörpernde Souveränität einer konkreten Herrschaftsperson ist schon wegen der bewußt gesetzten Parallele zur Allmacht Gottes unschwer vorstellbar[24]. Gravierende Willensbildungs- und Zurechnungsprobleme stellen sich indes mit dem Übergang von der personalen Herrschersouveränität zur kollektiven Volkssouveränität[25]. Denn solcherart demokratisierte Souveränität ist wegen der Notwendigkeit interner Meinungsbildung des Gesamtkörpers, also der Vorformung des Volkswillens, nicht einfach Fürstensouveränität mit anderen Vorzeichen, setzt vielmehr eine organische politikfähige Einheit im Grunde

---

[23] Siehe nur H. Hofmann, Die Lehre vom Naturzustand in der Rechtsphilosophie der Aufklärung (1982), in: ders., Recht – Politik – Verfassung, 1986, S. 93 ff. (insb. 101 ff.).

[24] Dazu und zum folgenden näher Dreier, Ort der Souveränität (Fn. 7), S. 14 ff.

[25] Aus der Überfülle der Literatur nur W. Hennis, Das Problem der Souveränität, Diss. jur. Göttingen, 1951; M. Drath, Die Entwicklung der Volksrepräsentation, 1954; Y. Onishi, Über Volkssouveränität, in: Festgabe für Carl Schmitt, 1968, S. 301 ff.; P. Graf Kielmansegg, Volkssouveränität, 1977.

bereits voraus. Jean-Jacques Rousseau hatte unter Ausschaltung des Unterwerfungsmomentes den Gesellschaftsvertrag als Errichtung einer von der souveränen *volonté générale* („la souveraineté n'étant que l'exercice de la volonté générale") bestimmten demokratischen Staatsform (nicht zwingend: Regierungsform) verstanden wissen wollen, in der ein jeder seine ursprüngliche Freiheit in freilich vollständig transformierter Form zurückerhält[26]. Sein für überschaubare Staatswesen wie Stadtgemeinden konzipiertes System einer unveräußerlichen und unteilbaren Souveränität des Volkes war dabei bewußt ohne Vertretungskörperschaften ausgestaltet und daher für institutionelle Flächenstaaten unbrauchbar. Dementsprechend ging die weitere Entwicklung in Theorie (Federalist Papers, Emmanuel Joseph Sieyes) und Verfassungspraxis (USA, Frankreich) gegen Ende des 18. Jahrhunderts andere Wege und überantwortete unter faktischem Rückgriff auf die mittelalterliche Korporationslehre die Ausübung der unveränderlich und unverrückbar beim Volk liegenden *suprema potestas* bestimmten Repräsentationsorganen[27]. Das System der französischen Verfassung von 1791 charakterisierte Georg Jellinek wegen der nahezu vollständigen Absorption des Volkswillens als „unbeschränkte Parlamentssouveränität"[28]. Die in Titre III Art. 1 enthaltene, den nationalstaatlichen (im Unterschied zum früheren dynastischen) Charakter der Souveränität betonende Bestimmung („elle appartient à la Nation") fungiert angesichts der ausschließlich repräsentativen Ausgestaltung der Herrschaftsbefugnisse ebenso als bloße Legitimitäts- und Zurechnungsformel wie das Bekenntnis zur Volkssouveränität in Art. 20 Abs. 2 GG.

2. Ausgestaltung und Konstruktion der Souveränität weisen in den verschiedenen Staaten vielfältige Varianten auf. In Deutschland führt der Konstitutionalismus des Vormärz zu ihrer der Lage im Alten Reich vergleichbaren Verdoppelung bzw. Aufspaltung[29]. Denn obwohl sich die Fürsten des Deutschen Bundes in bewußt gegenrevolutionärer Wendung dem monarchischen Prinzip gemäß ausdrücklich als „souverän" titulierten, banden sie sich doch auch in den oktroyierten Verfassungen in weitem

---

[26] Jean-Jacques Rousseau, Du Contrat Social (1762), Erstes Buch, Kapitel VI, VII; Zweites Buch, Kapitel I.

[27] Speziell zu Sieyes Hofmann, Repräsentation (Fn. 9), S. 406ff.; zu den Autoren der Federalist Papers B. Haller, Repräsentation, Diss. phil. Münster, 1987, S. 128ff.

[28] Jellinek, Allgemeine Staatslehre (Fn. 5), S. 523. – Der „Prozeß der Absorption des tatsächlichen Gemeinwillens" (S. Breuer, Sozialgeschichte des Naturrechts, 1983, S. 396) führte nach der berühmten Formulierung Egon Zweigs „von der Vertretung der souveränen Nation zur souveränen Vertretung der Nation" (Zweig, Pouvoir Constituant [Fn. 14], S. 239).

[29] Zum folgenden näher Dreier, Ort der Souveränität (Fn. 7), S. 30ff.

Maße an diese selbst sowie an die Mitwirkung der gewählten Vertretungskörperschaften[30]. Angesichts einer solchen Schwebelage zwischen Volks- und Fürstensouveränität mußte die Frage nach dem wahren Inhaber der souveränen Gewalt unbeantwortet bleiben[31]. Der staatsrechtliche Positivismus (Carl Friedrich v. Gerber, Paul Laband), der den Staat in endgültiger Überwindung aller patrimonial-privatrechtlichen Vorstellungen (Carl Ludwig von Haller, Romeo Maurenbrecher) als gewissermaßen „entleiblichte" juristische Persönlichkeit, als bloßes Willenszentrum konzipierte, verortete mit Hilfe des Begriffskompromisses der Staatssouveränität die höchste Gewalt bei einer abstrakten juristischen Person, ließ die eigentliche Machtfrage auf diese Weise unbeantwortet und verdünnte den Souveränitätsbegriff unter Verschiebung des sachlichen Problems auf die Ebene der Organsouveränität zu einer im Grunde subjektlosen Kategorie[32]. Bismarcks Reichsverfassung von 1871 wendete die staatenbündisch-föderative Struktur des Deutschen Reiches bewußt ins Antiparlamentarische und etablierte den Bundesrat als souveränes Repräsentationsorgan der im Kaiserreich vereinigten Fürsten und Städte. Um den Bundesstaaten das Moment der Staatlichkeit zu vindizieren, die Souveränität aber dem Reich als Gesamtheit vorzubehalten, traf die zeitgenössische Staatslehre eine eher künstlich anmutende Distinktion zwischen Souveränität und Staatsbegriff[33]. Im Rahmen des Grundgesetzes mit seiner exklusiven und im Prinzip unabänderlichen Kompetenzordnung ist für eine souveräne Gewalt *legibus solutus* schon wegen des Vorrangs der Verfassung kein Raum. In der konstitutionellen Demokratie betätigt sich selbst das Volk in Wahlen und Abstimmungen (Art. 20 Abs. 2 GG) anders als nach der Präambel und gemäß Art. 146 GG nicht als ursprüngliche Gewalt, sondern als bereits

---

[30] Siehe nur E.-W. Böckenförde, Der Verfassungstyp der deutschen konstitutionellen Monarchie im 19. Jahrhundert, in: Moderne deutsche Verfassungsgeschichte (1815–1914), hrsgg. v. E.-W. Böckenförde unter Mitarbeit von R. Wahl, 2. Aufl. 1981, S. 146ff.

[31] Quaritsch, Staat und Souveränität (Fn. 9), S. 487ff.; H. Boldt, Deutsche Staatslehre im Vormärz, 1975, S. 17ff., 25ff.; K.-J. Bieback, Die öffentliche Körperschaft, 1976, S. 79ff.

[32] D. Jesch, Gesetz und Verwaltung (1961), 2. Aufl. 1968, S. 84: „Während in der alten Souveränitätslehre das souveräne Subjekt Quelle der Staatsgewalt war, wird nun die Souveränität ein Element der Staatsgewalt und damit eigentlich subjektlos."

[33] Siehe nur P. Laband, Staatsrecht, in: R. Stammler u.a., Systematische Rechtswissenschaft, 1906, S. 293ff. (296f.). Die Problematik wurde der Weimarer Republik vererbt: R. Thoma, Das Reich als Bundesstaat, in: G. Anschütz/R. Thoma (Hrsg.), Handbuch des Deutschen Staatsrechts, Bd. I, 1930, S. 169ff.

verfaßtes Organ[34]. Indes ist die Unterscheidung zwischen der Artikulation des Volkswillens in Gestalt der obersten *pouvoir constitué* und derjenigen als *pouvoir constituant* lediglich begrifflich exakt zu treffen. Darüber hinaus läßt sich wegen des unverlierbaren Rechts des Volkes auf Selbstbestimmung auch durch derartige Bindungen des Volkswillens die Möglichkeit zu evolutionärer, aber auch revolutionärer Fundamentalerneuerung niemals ausschließen.

IV. Kritik

Im 20. Jahrhundert mehren sich Zweifel an der Tragfähigkeit, Leistungsfähigkeit und Haltbarkeit der Souveränitätsdoktrin. Sofern man hierbei lediglich anstelle der personal vorgestellten Staatsmacht das allgemein-unpersönlich-abstrakte „Recht" als souverän tituliert[35] oder aufgrund der These vom Primat des Völkerrechts und der Einheit des rechtlichen Weltbildes die Souveränität des einzelnen Staates aufheben, statt dessen die Völkerrechtsordnung als Gipfel der Normpyramide ansehen will und die staatliche Souveränität auf diese Weise in objektives Völkerrecht zu transformieren trachtet[36], handelt es sich eher um begrifflich-konstruktive „Entmachtungen" des Staates. Ungleich größere Bedeutung für das Staatsrecht erlangte die von Carl Schmitt bereits in der Weimarer Republik geprägte[37], nach 1949 dann mit einer zusätzlichen Wendung gegen die Staatsqualität der – wegen der Vorbehaltsrechte der Alliierten sowie der Feindstaatenklausel völkerrechtlich ohnehin nur beschränkt souveränen – Bundesrepublik Deutschland insbesondere von Werner Weber und Ernst Forsthoff fortgeführte Kritik am Verlust binnenstaatlicher Souveränität

[34] U. Scheuner, Art. 146 GG und das Problem der verfassunggebenden Gewalt (1953), in: H. Kurz (Hrsg.), Volkssouveränität und Staatssouveränität, 1970, S. 288 ff. (294, 297 f.); J. Isensee, Grundrechte und Demokratie, in: Der Staat 20 (1981), S. 161 ff. (164); E.-W. Böckenförde, Die verfassunggebende Gewalt des Volkes – Ein Grenzbegriff des Verfassungsrechts, 1986, S. 15, 23.

[35] H. Krabbe, Die Lehre der Rechtssouveränität, Groningen 1906, dem es freilich im Kern um die Abwehr eines kruden Machtstaatsgedankens und die Verankerung allen staatlichen Handelns in objektiven Rechtssätzen ging (vgl. etwa S. 47, 244 ff. u.ö.).

[36] H. Kelsen, Das Problem der Souveränität und die Theorie des Völkerrechts (1920), 2. Aufl. 1928, S. 9 ff.; ders., Reine Rechtslehre, 2. Aufl. 1960, S. 333 ff.

[37] C. Schmitt, Der Hüter der Verfassung, 1931, insb. S. 71 ff. („Pluralismus, Polykratie und Föderalismus").

infolge von Polykratie, Parteienstaatlichkeit und Verbändeherrschaft[38]. In gewisser Parallele zur These des jungen Harold Laski von der „Pluralität der Souveränitäten“[39] wird hier unter Fixierung auf einen vergleichsweise schmalen Zeitraum und unter weitreichender Vernachlässigung der auch im Modellfall des absolutistischen Fürstenstaates vorhandenen Gegenkräfte ziemlich abrupt das Ende der Staatlichkeit proklamiert[40]. Der moderne Staat sei von den sozialen Machtkomplexen weitgehend okkupiert und instrumentalisiert; zentrale Ordnungsleistungen erbringe er nicht länger als über den disparaten Interessengruppen stehende neutrale Größe, sondern als Exekutivorgan partikularer gesellschaftlicher Kräfte. Indes kann es der Verfassungsordnung des Grundgesetzes zufolge keine der Gesellschaft entrückte Staatsgewalt geben. Die verfallsgeschichtliche Perspektive bricht sich an dem Umstand, daß der demokratische Staat „Selbstorganisation der Gesellschaft“[41] und von daher auch Widerspiegelung der grundrechtlich abgestützten Beeinflussung wie Beschränkung staatlicher Gewalt ist. Allerdings schärft jene Kritik den Blick für Strukturparallelen zwischen dem modernen, in gewisser Hinsicht refeudalisierten Staat mit seiner korporativen, quasi ständischen Segmentierung der Hoheitsgewalt und den Verhältnissen im Alten Reich. Diese Auflockerung monolithischer Souveränität läßt sich sowohl als endgültiger Bruch mit der überkommenen Konzeption wie auch als letztlich unausweichliche evolutionäre Weiterentwicklung derselben deuten.

---

[38] W. WEBER, Spannungen und Kräfte im westdeutschen Verfassungssystem (1951), 3. Aufl. 1970; FORSTHOFF, Industriegesellschaft (Fn. 10).

[39] H. LASKI, A Grammar of Politics, London 1925, 4th ed. 1938, insb. S. x ff. (als kompakte Selbstkritik an früheren Auffassungen); DERS., The Foundations of Sovereignty and other Essays, New Haven 1921, insb. S. 232 ff.

[40] C. SCHMITT, Der Begriff des Politischen. Text von 1932 mit einem Vorwort und drei Corollarien, 1963, Vorwort, S. 9 ff. (11): „Die Epoche der Staatlichkeit geht jetzt zu Ende. Darüber ist kein Wort mehr zu verlieren.“

[41] Formulierung bei SCHMITT, Hüter (Fn. 37), S. 78, 79, 82, 96. Während Schmitt den Terminus betont kritisch verwendet, kommt es in der Sache zu einem grundsätzlich positiven Verständnis etwa bei H. HELLER, Staatslehre (1934), 6. Aufl. 1983, insb. S. 259 ff., 269 ff., sowie K. HESSE, Grundzüge des Verfassungsrechts der Bundesrepublik Deutschland, 9. Aufl. 1976, S. 5 ff., insb. 8: „Der demokratische Staat der Gegenwart, der kein einheitliches Subjekt der Herrschaft mehr kennt, wird zu einem Stück (was nicht bedeutet: zur) Selbstorganisation der modernen Industriegesellschaft“.

V. Perspektiven

Neben vielfältigen Formen internationaler Verflechtung und völkerrechtlicher Bindung gewinnt gerade im Bereich der Europäischen Gemeinschaften die Übertragung nationaler Hoheitsrechte auf zwischenstaatliche Einrichtungen an Gewicht. Diese in Art. 24 GG ausdrücklich vorgesehene Möglichkeit könnte sich als offene Flanke souveräner Binnenstaatlichkeit erweisen und im Ergebnis zu neuen Formen föderativer „Gemeinschaftssouveränität" führen[42]. Das Hauptproblem einer derart offenen Staatlichkeit besteht darin, daß der Souveränitätsgedanke in seiner modernen Gestalt genetisch mit der Nation als dem zentralen politischen Sinnprinzip verknüpft ist. Obwohl in manchen Staaten das Bewußtsein, ein einziger politischer Körper zu sein, erst Produkt der Staatsorganisation selbst ist, beruht auf dieser einheitsstiftenden Funktion (oder Fiktion) zu einem Großteil noch immer die relative Stabilität parlamentarischer Repräsentation. Daher wird mit der fortschreitenden Auflösung des souveränen Nationalstaates auch die demokratische Legitimation staatlicher Herrschaft prekär. Mit neuen Problemen wird das Konzept souveräner Staatlichkeit insofern konfrontiert, als neben wirtschaftlichen und wissenschaftlichen Interdependenzen die supranationalen Gefährdungspotentiale moderner Großtechnik die faktische Existenz einer „Weltgesellschaft"[43] verdeutlichen. Angesichts dessen erscheint die Vorstellung einer uneingeschränkten Souveränität des Einzelstaates – wie sie im Völkerrecht mit aller Schärfe noch von der Sowjetunion und manchen Entwicklungsländern vertreten wird – durchaus als „gefährliche Illusion"[44].

---

42 Zu diesem schwierigen Komplex einige Hinweise in: G. Ress (Hrsg.), Souveränitätsverständnis in den Europäischen Gemeinschaften, 1980.

43 N. Luhmann, Die Weltgesellschaft, in: ARSP 57 (1971), S. 1 ff.

44 N. Elias, in: DIE ZEIT Nr. 1 v. 26.12.1986, S. 29.

Strukturen

Das Majoritätsprinzip im demokratischen Verfassungsstaat*

I. Geltungsvoraussetzungen des Mehrheitsprinzips in historischer Entwicklung

Von Demokratie, so ist schon bei Polybios zu lesen, spricht man, „wenn in einem Gemeinwesen der Wille der Mehrheit maßgebend ist“[1]. Indes wäre es ein Irrtum anzunehmen, der Anwendungsbereich der Mehrheitsregel beschränke sich auf demokratisch verfaßte politische Verbände. Denn die Annahme legitimer Verbindlichkeit von Mehrheitsentscheidungen ist keineswegs untrennbar mit demokratischem Gedankengut und schon gar nicht mit der modernen, auf dem Boden einer egalitären Staatsbürgergesellschaft gewachsenen Idee der Volkssouveränität verbunden. Das Majoritätsprinzip hat vielmehr – trotz der gar nicht zu leugnenden

---

* Gleichzeitig eine Besprechung von WERNER HEUN, Das Mehrheitsprinzip in der Demokratie. Grundlagen – Struktur – Begrenzungen (= Schriften zum Öffentlichen Recht, Band 440), Berlin 1983 sowie von Bernd Guggenberger/Claus Offe (Hrsg.), An den Grenzen der Mehrheitsdemokratie. Politik und Soziologie der Mehrheitsregel, Opladen 1984. – *Alle im Text oder in den Fußnoten zitierten Belegstellen ohne weitere Zusätze (also lediglich Name u. Seite) beziehen sich auf diese beiden Bücher*; zur besseren Identifizierbarkeit ist ein *-Hinweis beigefügt. – Siehe auch die in der Zeitschrift für Parlamentsfragen geführte Diskussion über das Mehrheitsprinzip: H. SAHNER, Wer fordert die parlamentarische Mehrheitsdemokratie heraus?, ZParl. 15 (1984), S. 571 ff.; T. SARETZKI, Mehrheitsprinzip und Grundkonsens – eine Frage der Betonung?, ZParl. 16 (1985), S. 256 ff.; S. EISEL, Plädoyer für die Mehrheitsregel, ZParl. 16 (1985), S. 576 ff.

[1] POLYBIOS, Historiae, 6, 4, 5, zitiert nach: CHR. MEIER, Entstehung des Begriffs „Demokratie“ (1970), 4. Aufl. 1981, S. 68; nach ARISTOTELES ist eine Demokratie dann gegeben, wenn „die Freien und Armen, in der Mehrzahl befindlich, die oberste Staatsgewalt besitzen“ (Politik 1290 b 17).

gewissen „Affinität zu demokratischen Strukturen“[2] – eine lange vormoderne Tradition[3]. Sie reicht von der bei den griechischen Stämmen verbreiteten Praxis, bei Heeresversammlungen Zustimmung oder Ablehnung durch Waffengeklirr zum Ausdruck zu bringen, über die erstaunlich streng formalisierte Entscheidungsfindung in der griechischen Polisverfassung sowie bei den Römern bis hin zur im germanischen Recht begründeten Folgepflicht der unterlegenen Minderheit (*minor pars sequatur majorem*[4]) und zu der weiterentwickelten Vorstellung, daß der Mehrheitswille ohne weiteres als Ausdruck des Willens der Gesamtheit gilt. Dabei ist für die altgermanische Übung, Wahlen durch Zusammenschlagen der Speere (Zustimmung) bzw. Murren (Ablehnung) zu entscheiden, charakteristisch, daß die akustische Willensäußerung jedenfalls dem erwarteten Gang der Dinge nach unbedingt in einer *einhelligen* Willensäußerung enden sollte. Man ging davon aus, daß im Grunde alle zuzustimmen hatten und der zunächst murrende Teil schließlich von der lautstarken Mehrheit mitgerissen werden würde[5]. Die Minderheit, so offenbar die Vorstellung, würde nach und nach ihren Dissens unterdrücken und sich am Ende der Mehrheit anschließen: „Im wörtlichsten Sinne wird, wo Waffenklirren oder Zuruf üblich ist, der billigende oder mißbilligende Klang den Widerspruch übertönen, so daß man zuletzt nur Eine Stimme hört, welche sich damit als Willensäußerung der Gesammtheit offenbart.“[6]

Zweierlei wird damit deutlich: zum einen das Bemühen, trotz des Wissens um interne Streitigkeiten in der Phase der Willensbildung bei der

---

[2] U. Scheuner, Das Mehrheitsprinzip in der Demokratie, 1973, S. 9.

[3] Den besten Überblick bietet nach wie vor Scheuner, Mehrheitsprinzip (Fn. 2), S. 13ff.; vgl. ferner W. Jäger, Art. Mehrheit, Minderheit, Majorität, Minorität, in: Geschichtliche Grundbegriffe. Historisches Lexikon zur politisch-sozialen Sprache in Deutschland, hrsgg. v. O. Brunner, W. Conze u. R. Koselleck, Bd. 3, 1982, S. 1021ff. (1023ff.); s. als frühes Dokument der englischen Verfassungsgeschichte z.B. Art. 55, 61 der Magna Carta von 1215 (dazu der knappe Überblick bei A. Voigt, 750 Jahre Magna Carta Libertatum, in: JuS 1965, S. 218ff.); ausführlicher: W.S. McKechnie, Magna Charta, 2nd ed., New York 1958, S. 454f.; s. auch O. Prausnitz, Representation and the Majority Principle, in: Politica 1 (1934/35), S. 215ff. (215f.). Im englischen Unterhaus hatte das Mehrheitsprinzip schon immer Geltung (vgl. J. Redlich, Recht und Technik des Englischen Parlamentarismus, 1905, S. 536ff.).

[4] Ausführliche Nachweise bei O. v. Gierke, Das deutsche Genossenschaftsrecht, Bd. 2, 1873, S. 482f.; ferner F. Elsener, Zur Geschichte des Majoritätsprinzips (Pars maior und Pars sanior, insbesondere nach schweizerischen Quellen), in: ZRG KA 73 (1956), S. 73ff., Nachtrag S. 560ff. (82); H. Mitteis, Die deutsche Königswahl, 2. Aufl. 1944, S. 80, 85, 229 u.ö.

[5] Elsener, Geschichte (Fn. 4), S. 81; Jäger, Mehrheit (Fn. 3), S. 1025.

[6] v. Gierke, GenossR II (Fn. 4), S. 51f.

Präsentation der Entscheidung selbst den Dissens nicht mehr offen zutage treten zu lassen, statt dessen Einheit zu demonstrieren. Der Widerspruch Einzelner wurde (auch in entwickelteren Verhältnissen, wo bei unklarer Entscheidungslage oder offener Spaltung nicht länger die Gewalt der Waffen, sondern – etwa in gerichtlichen Verfahren – eine höhere Rechtsinstanz entschied) *vor* der endgültigen Beschlußfassung zu beseitigen gesucht, damit der Beschluß selbst in sinnlich erfaßbarer Weise als Wille aller, als Akt der Akklamation, erscheinen konnte. Und zum anderen, hiermit eng zusammenhängend und als mittelbarer Ausdruck der noch ganz kruden, naturalistischen Auffassung, daß der Mehrheitswille sich durchsetzt, „weil er von den widerstrebenden Theilen des gespaltenen Gesammtwillens der stärkere war“[7], zu begreifen, spielte der Gedanke der Folgepflicht[8] eine Rolle, der das Sprechen wie mit einer Stimme ja erst dadurch in die Praxis umsetzte, daß er die unterlegene Minderheit dazu verpflichtete, nicht nur nicht dem Mehrheitsbeschluß zuwiderzuhandeln, sondern ihn darüber hinaus als eigene Auffassung zu vertreten und auszuführen[9].

Heinrich Mitteis hat in seiner epochemachenden Darstellung der Bestallung der deutschen Könige gezeigt, daß eben jener Gedanke der Folgepflicht im Laufe der Entwicklung von einer internen Figur bei der Kür des Königs zu einem externen, erst nach der Wahl Platz greifenden Prinzip geworden ist, womit der Anschein eines im strikten Sinne gehandhabten

[7] v. GIERKE, GenossR II (Fn. 4), S. 480. Dieser Argumentationsstrang begnügt sich noch damit, die Majorität als bloßes „Mehr“ an Macht und Durchsetzungsfähigkeit zu fassen. Alle späteren Legitimationsversuche wollen darüber hinaus.

[8] Die Folgepflicht hatte vor allem eine wichtige sozialpsychologische Bedeutung: wenn dem Abstimmungsprozeß selbst auch und vor allem die Funktion zukam, der unterlegenen Minderheit die Aussichtslosigkeit potentiellen Widerstands vor Augen zu führen, so soll mit der „Idealforderung“ der Nachfolge der Minderheit die rein faktische Überlegenheit der Mehrheit zur rechten, alle Mitglieder des Verbandes verpflichtenden Wahrheit hypostasiert werden: die Majorität will nicht bloß die stärkere Gruppe, sie will die „natürliche Vertreterin der Gesamtheit“ (G. SIMMEL, Exkurs über die Überstimmung [1908], in: Guggenberger/Offe [Fn. *], S. 39 ff. [41]) sein.

[9] „Wie in alter Zeit im Waffengeklirr oder Geschrei der Mehrzahl die abweichende Meinung weniger verhallt und zuletzt nur Eine Willensäußerung der Volksgemeinde hörbar geworden war: so bildete auch jetzt die einstimmige, unwidersprochene, ‚mit Einem Munde‘ abgegebene Erklärung bei jeder größeren Versammlung durchaus die Regel, indem der offenbar überwiegenden Willensmeinung der Genoßen gegenüber der Einzelne seine abweichende Meinung für sich behielt, den laut gewordenen Widerspruch fallen ließ, äußersten Falles aber wohl auch jetzt noch vom lauteren Zuruf der Menge übertönt ward.“ (v. GIERKE, GenossR II [Fn. 4], S. 480); s. auch ELSENER, Geschichte (Fn. 4), S. 82, 83 m.w.N.

Einstimmigkeitsprinzips endgültig verschwand[10]. Für die frühe Phase der Königswahl läßt sich konstatieren, daß trotz eines vielleicht formlosen oder gar tumultarischen Verlaufs bei der Auswahl der Kandidaten „der zweite Teil, die Kür, sicherlich in festeren, ritual empfundenen Formen“[11] vor sich ging – und dieser zweite Teil hatte eben die Funktion, die Einhelligkeit und Einstimmigkeit aller zu demonstrieren und allgemein sichtbar zu machen. Daran ändert sich prinzipiell auch durch die Festlegung des Kreises der Abstimmungsberechtigten (1198) nichts. Noch bei der *electio per unum* Rudolfs I. (1273) schlägt sich das Bedürfnis nach deutlicher Trennung zwischen der einmütigen Erklärung der Wahl und dem vorhergehenden Prozeß der internen Willensbildung, also: der Herstellung und der Darstellung der Entscheidung, darin nieder, daß man zwischen *nominatio* und *electio* differenziert[12]. Nach außen hin erfolgte die Wahl also gewissermaßen immer einstimmig – das Mehrheitsprinzip galt, wie Mitteis es formuliert, nur „verdeckt“[13].

Den endgültigen Scheitel- und Umschlagspunkt markiert dann die Goldene Bulle von 1356, die mit der ausdrücklichen Festlegung der abstimmungsberechtigten Fürsten und eines Mehrheitserfordernisses von mindestens 4 Stimmen weniger neues Recht geschaffen als die in einem langen Entwicklungsprozeß entstandene reichsrechtliche Lage kodifiziert hat. Mit diesem Reichsgrundgesetz, das die *offene* Mehrheitsbildung gestattet und die zur „Verschleierung interner Differenzen“[14] dienende Figur der *electio per unum* obsolet werden läßt, ist die Folgepflicht aus dem Wahlakt selbst verschwunden und in die Zeit danach verlegt worden[15].

[10] Vgl. MITTEIS, Königswahl (Fn. 4), S. 169, 216f., 224, 227.

[11] W. BECKER, Der Kurfürstenrat, 1973, S. 27.

[12] MITTEIS, Königswahl (Fn. 4), S. 224ff.

[13] Wobei die Verdecktheit des Mehrheitsprinzips sich im wesentlichen dem Umstand verdankte, daß zwischen Einstimmigkeit und Mehrheitswahl gar keine scharfe Trennung möglich war; Quorum, Mehrheitswahl und Wahl „in concordia“ fielen wegen der Aufspaltung von Willensbildung und Willensbekundung sowie der Folgepflicht praktisch in eins (MITTEIS, Königswahl [Fn. 4], S. 209f., 216f., 224). BECKER, Kurfürstenrat (Fn. 11), S. 69 spricht noch drastischer davon, daß der Mehrheitsgedanke lange Zeit vom Prinzip der Folgepflicht „durchkreuzt“ worden sei.

[14] MITTEIS, Königswahl (Fn. 4), S. 217.

[15] MITTEIS, Königswahl (Fn. 4), S. 169, 227. In cap. II § 4 der Goldenen Bulle wird das hinreichend deutlich formuliert: „Nachdem sie (alle) oder die Mehrzahl von ihnen die Wahl an diesem Ort vollzogen haben, ist eine solche Wahl so zu halten und anzusehen, als ob sie von ihnen allen ohne jede Gegenstimme einhellig vollzogen worden wäre (postquam ipsi vel pars eorum maior numero elegerit, talis electio perinde haberi et reputari debebit, ac si foret ab ipsis omnibus nemine discrepante concorditer celebrata).“ (Leicht zugänglich der Text nunmehr in: Kaiser und Reich.

Auch hier ist natürlich der Einfluß des kanonischen Rechts – dieses „Führer(s) auf dem Wege zur Rationalität"[16] – auf Verfahren weltlich-politischer Art wohl kaum zu überschätzen. Schon vergleichsweise früh hatte die Kanonistik den zentralen Gedanken der Abstimmung nach der *maior et sanior pars*, d.h.: die Idee der Kontrolle kollegialer Mehrheitsentscheidungen auf ihre materiale Vernünftigkeit durch die in der Amtshierarchie nächsthöhere Instanz, ausgebildet. Für den einzig denkbaren Fall, in dem eine höhere Entscheidungsinstanz nicht zur Verfügung stand: der Papstwahl also, wurde seit 1179 der Sitz der „sanioritas" unwiderleglich bei der Mehrheit von 2/3 vermutet[17]. Die Entscheidung eines Teils des jeweiligen Kollegiums galt aus Ausdruck des Willens der Gesamtversammlung. Mit der Goldenen Bulle wird das Mehrheitsprinzip nun ebenfalls als Entscheidungsverfahren praktiziert, in dem die Mehrzahl der Stimmen des Kollegiums den Ausschlag gibt[18]: Die lange Zeit bestehende Notwendig-

---

Klassische Texte und Dokumente zur Verfassungsgeschichte des Heiligen Römischen Reiches Deutscher Nation vom Beginn des 12. Jahrhunderts bis zum Jahre 1806, hrsgg., eingeleitet und übertragen von A. Buschmann, 1984, S. 105 ff. [120]).

[16] M. Weber, Wirtschaft und Gesellschaft, 5. Aufl. 1974, S. 481. Vorbildhaft für die Ausbildung moderner Staatlichkeit mit ihrer Zentralisierung und Monopolisierung der Zwangsgewalt wie der damit einhergehenden Einebnung der Pluralität der Herrschaftsgewalten war die Kirche, auf deren Anstaltscharakter neben Max Weber auch Sohm und Gierke aufmerksam gemacht haben, vor allem z.Zt. der stärksten Machtentfaltung des Papsttums, das außer der alleinigen innerkirchlichen Rechtsetzung auch noch die Approbation der weltlich-kaiserlichen Rechtsakte für sich reklamierte (vgl. W. Ullmann, Die Machtstellung des Papsttums im Mittelalter, 1960, S. XXVII ff., 20 ff., 28 ff., 42 ff., 383 ff., 426 ff.; F. A. Frhr. v. d. Heydte, Die Geburtsstunde des souveränen Staates, 1952, S. 76 ff.; differenzierend und im Ergebnis die Gleichsetzung der päpstlichen *plenitudo potestatis* mit dem weltlichen Souveränitätsbegriff ablehnend H. Quaritsch, Staat und Souveränität, Bd. 1: Grundlagen, 1970, S. 51 ff., 65, 132 ff.); zur hierokratischen Lehre auch H. E. Feine, Kirchliche Rechtsgeschichte. Die katholische Kirche, 5. Aufl. 1972, S. 294 ff., 302 ff., 329 ff.

[17] C. G. Fürst, Art. Papstwahl, in: A. Erler/E. Kaufmann (Hrsg.), Handwörterbuch zur deutschen Rechtsgeschichte, Bd. III, 1984, Sp. 1488 ff. (1490); Elsener, Geschichte (Fn. 4), S. 86 f.; Scheuner, Mehrheitsprinzip (Fn. 2), S. 21 ff.; H. Hofmann, Repräsentation, 1974, S. 223 m.w.N.; H.-J. Becker, Art. Mehrheitsprinzip, in: Erler/Kaufmann, HRG III, ebd., Sp. 431 ff. (438). Auch für die große Anziehungskraft dieses Zahlenbruchteils gibt es römischrechtliche Vorbilder: Dig. 3, 4, 3; 50, 9, 2; Cod. Just. 10, 32 (31), 45 – vgl. dazu Hofmann, Repräsentation, a.a.O., S. 222.

[18] Den kanonischen Einfluß auf die Goldene Bulle faßt Hofmann, Repräsentation (Fn. 17), S. 228 in die Worte: „Mit der Anwendung des Mehrheitsprinzips wird der Kurfürstenrat zu einer Art Reichskapitel, zur Korporation."; vgl. auch Elsener, Geschichte (Fn. 4), S. 87 f.; allgemein zum Einfluß des kanonischen Rechts auf das staatliche Rechtssystem D. Wyduckel, Ius Publicum, 1984, S. 91 ff.; M. J. Odenheimer, Der christlich-kirchliche Anteil an der Verdrängung der mittelalterlichen Rechts-

keit der nach außen hin zu demonstrierenden Einmütigkeit entfällt, der einheitsstiftende Charakter reduziert sich auf eine gedankliche Operation. Denn nun artikuliert die Mehrheit den Willen des als Einheit verstandenen Kollegs: „Der Gesamtwille des Kollegs kam kraft seiner aus dem römischen Recht stammenden ‚fictio iuris' zustande, durch die der Wille der Mehrzahl der Mitglieder mit dem der Gesamtheit gleichgesetzt wurde."[19]

Niemals galt das Mehrheitsprinzip ausnahmslos. Schon immer fand es an mächtigen (Vor-)Rechten Einzelner seine Grenze. Zu einer weiteren Beschränkung führten die religiösen Konflikte des 16. und 17. Jahrhunderts. Zwar gewährte etwa der Augsburger Religionsfrieden von 1555 keine echte Religions-, sondern nur eine Wahlfreiheit zwischen zwei unterschiedlichen Bekenntnissen; und diese Freiheit stand auch nicht den Untertanen selbst, sondern den Reichsständen zu. Doch förderte das gleichwertige Nebeneinander verschiedener Konfessionen – von der Verknüpfung des landesherrlichen ius reformandi mit dem Emigrationsrecht (vgl. § 24 Augsburger Reichsabschied) einmal ganz abgesehen – unzweifelhaft die gegenseitige Toleranz. Und mit seinem Verbot der Stimmenmehrheit in Religionssachen markiert Art. V § 52 IPO bereits eine Vorstufe zu umfassender staatlicher Neutralität. Denn die Ersetzung der Mehrheitsentscheidung durch eine gütliche Einigung, eine *amicabilis compositio*, in allen Angelegenheiten, „die eins iden gewissen und seligkeit belangen tun", wie es in einem Vorentwurf der Protestation auf dem Reichstag zu Speyer 1529 hieß, zielt in der Tendenz auf eine prinzipielle Ausgliederung der Glaubensfrage aus der Verfügungsgewalt des Staates. Allerdings zeigt die ständisch-korporative Strukturierung der Konfliktlösung, daß an echt individualistische Freiheit noch nicht zu denken war.

---

strukturen und an der Entstehung der Vorherrschaft des staatlich gesetzten Rechts im deutschen und französischen Rechtsgebiet, 1957, S. 40ff., 65, 79ff.; s. auch S. GAGNÉR, Studien zur Ideengeschichte der Gesetzgebung, Stockholm u.a. 1960, S. 128ff., 146ff., 285ff., 307ff., 324ff.; E.-W. BÖCKENFÖRDE, Zum Verhältnis von Kirche und Moderner Welt, in: R. Koselleck (Hrsg.), Studien zum Beginn der modernen Welt, 1977, S. 154ff. (159ff.); F. WIEACKER, Privatrechtsgeschichte der Neuzeit, 2. Aufl. 1967, S. 71ff.

[19] BECKER, Kurfürstenrat (Fn. 11), S. 70. Nun verschlägt auch die früher konfliktträchtige Wahl „in discordia" nichts mehr. Zum römisch-rechtlichen Hintergrund dieser Fiktion „quod maior pars facit totum facere videtur" vgl. O. v. GIERKE, Das deutsche Genossenschaftsrecht, Bd. 3, 1881, S. 220ff., 322ff., 470f. Die Kanonisten griffen die Formel wieder auf und formten die Regel: „Quod maior pars capituli facit, totum capitulum facere videtur" (vgl. ELSENER, Geschichte [Fn. 4], S. 86; v. GIERKE, GenossR III, a.a.O., S. 323).

Überhaupt vermochte das vergleichsweise undifferenzierte Rechtsempfinden früherer Epochen den Gedanken eines auch noch nach der Entscheidungsfindung in irgendeiner – nicht unbedingt gewaltsamer – Form dokumentierten, also sichtbaren und auf spätere Änderung[20] gerichteten Dissenses kaum zu ertragen[21]. Insofern bringt erst der moderne Verfassungsstaat mit der Gewährleistung von Grundrechten die endgültige Wende: die Ausübung legaler Opposition (sei es in Form der Minderheitsfraktionen im Parlament, sei es in Form der Wahrnehmung politischer Grundrechte) ist der Gestalt gewordene, lebendige Beweis für die Vorläufigkeit und Relativität der einmal getroffenen Mehrheitsentscheidung, die ja lediglich *eine* von mehreren denkbaren Möglichkeiten als temporär verbindliche auszeichnet. Diese Art von „Freiheit zum Dissens“[22] ist eine späte politische Errungenschaft, weil sie die (evolutionär gesehen unwahrscheinliche) Möglichkeit voraussetzt, eine abweichende Meinung zu artikulieren und gleichzeitig die nicht konsentierten Normen zu befolgen.

Im übrigen gilt das Mehrheitsprinzip heute wie eh und je nicht allein im politischen Raum. In Vereinen, Aktiengesellschaften, privaten wie öffentlichen Körperschaften, kirchlichen Kapiteln und Richterkollegien[23]

---

[20] Typisch für die Frühformen des Rechts war, daß es als ewig geltend vorgestellt werden mußte: in den entsprechenden ausdrücklichen Bekräftigungen schwingt natürlich die Unsicherheit über die tatsächliche Geltungsdauer immer mit (vgl. R. GRAWERT, Historische Entwicklungslinien des neuzeitlichen Gesetzesrechts, in: Koselleck, Studien [Fn. 18], S. 218ff. [220f.]; N. LUHMANN, Rechtssoziologie, 2. Aufl. 1983, S. 199). Zur bereits relativ früh einsetzenden Vorstellung der Veränderbarkeit des Rechts im Mittelalter vgl. H. KRAUSE, Dauer und Vergänglichkeit im mittelalterlichen Recht, in: ZRG GA 75 (1958), S. 206ff.; R. SPRANDEL, Über das Problem neuen Rechts im früheren Mittelalter, in: ZRG KA 79 (1962), S. 117ff.; H.M. KLINKENBERG, Die Theorie der Veränderbarkeit des Rechts im frühen und hohen Mittelalter, in: P. Wilpert (Hrsg.), Lex et sacramentum im Mittelalter, 1969, S. 157ff.; WYDUCKEL, Ius Publicum (Fn. 18), S. 44, 52, 61.

[21] So war es in Großbritannien bis ins 18. Jahrhundert Übung, daß die unterlegene Minderheit vor Kampfabstimmungen das Haus verließ oder sich schweigsam verhielt, um eine sichtbare Zweiteilung zu verhindern (K. KLUXEN, Einführung, in: ders., Parlamentarismus, 5. Aufl. 1980, S. 393ff. [393]); R. THOMA, Das Mehrheitsprinzip, in: Dt. Literaturzeitung 40 (1919), Sp. 761ff. (763) spricht allgemein vom „Einhelligkeitsbedürfnis primitiver Gruppen“.

[22] HEUN, Mehrheitsprinzip (Fn. *), S. 264.

[23] Zum Einstimmigkeitserfordernis bei der englischen Jury s. R. HEINZE, Die Einstimmigkeit des Juryverdiktes, in: Archiv für Preußisches Strafrecht 13 (1865), S. 616ff., 665ff., 729ff. m. Hinweis auf die Bedeutung der Zwölfzahl (S. 618 Anm. 1). Die Normen des positiven Rechts bieten im übrigen eine kaum überschaubare Vielfalt an praktischen Beispielen für den Niederschlag des Mehrheitsprinzips im täglichen Rechtsleben (z.B. die auf entscheidungstheoretische Grundfragen verweisende Re-

wie allen möglichen anderen Kollektivorganen bedient man sich ganz selbstverständlich dieser Entscheidungsregel[24]. In der Tat legt ja auch die Frage nach Grund und Berechtigung des Majoritätsprinzips die (mehr als nur rhetorisch gemeinte) Gegenfrage nahe, was denn sonst gelten solle[25]. Denn *noch* weniger plausibel muß die Alternative erscheinen, sich nach einer Minderzahl richten zu müssen[26]. Deswegen gilt die Mehrheitsregel als nachgerade „natürlich“[27], man hält sie für „unanfechtbar“[28], weil ansonsten eben die (welche?) Minderheit über die Mehrheit herrschte. Und dieser auf der Ebene des gesunden Menschenverstandes angesiedelten Negativbegründung der Geltung der Mehrheitsregel tut es auch keinen

---

gelung des § 196 GVG; die Regelungen des WEG, die zwischen Problemen, die einstimmig, und solchen, die nach der Mehrheit der Stimmen entschieden werden müssen, differenzieren; zu aktuellen Fragen der Mehrheitskompetenzen im Recht der Personengesellschaften s. z. B. P. MARBURGER, Abschied vom Bestimmtheitsgrundsatz im Recht der Personengesellschaften?, in: NJW 1984, S. 2252 ff.).

[24] So auch JÄGER, Mehrheit (Fn. 3), S. 1021. Überall macht sich offensichtlich der „im Grunde mythische Glaube an die Macht der Wahrheit, an das schließliche Zusammenfallen des Logisch-Richtigen mit dem Psychologisch-Wirklichen“ (SIMMEL, Exkurs [Fn. 8], S. 40) bemerkbar. Erst unterhalb der Dreizahl, so merkt O. v. GIERKE, Über die Geschichte des Majoritätsprinzipes (1915), in: Guggenberger/Offe (Fn. *), S. 22 ff. (22) an, „versagt dieses Allheilmittel für Meinungsverschiedenheiten. In der Gemeinschaft zu Zweien gibt es keine Majorität. Die innigste aller menschlichen Verbindungen, die Ehe, muß sich ohne Abstimmungen behelfen.“

[25] Vgl. H. J. VARAIN, Die Bedeutung des Mehrheitsprinzips im Rahmen unserer politischen Ordnung (1964), in: Guggenberger/Offe (Fn. *), S. 48 ff. (48); B. GUGGENBERGER, An den Grenzen der Mehrheitsdemokratie (1982), in: Guggenberger/Offe (Fn. *), S. 184 ff. (188); s. auch W. FACH, Demokratie und Mehrheitsprinzip, in: ARSP 61 (1975), S. 201 ff. (205 f.).

[26] Dieses altehrwürdige Argument begegnet bereits bei F. DE VITORIA (Relectio de potestate civili [1528], vgl. die auszugsweise Übersetzung bei A. Voigt [Hrsg.], Der Herrschaftsvertrag, 1965, S. 86 ff. [90]). In Wirklichkeit ist das Problem natürlich noch vielschichtiger. Denn das Mehrheitsprinzip als solches schließt Veto- und Blockadepositionen einer Minderheit nicht aus, wie das Beispiel der 2/3-Mehrzeit zeigt (vgl. dazu die drastische Schilderung bei C. SCHMITT, Legalität und Legitimität [1932], in: ders., Verfassungsrechtliche Aufsätze, 2. Aufl. 1973, S. 263 ff. [305 f.]). Hier hindert eine Minderheit die Mehrheit daran, ihre Meinung durchzusetzen. Neutral gegenüber allen Alternativen wäre nur die einfache Mehrheitsregel (R. ESCHENBURG, Der ökonomische Ansatz zu einer Theorie der Verfassung, 1977, S. 174 f.).

[27] J. RAWLS, Eine Theorie der Gerechtigkeit, 1979, S. 392 (zur Begründung heißt es an der angegebenen Stelle weiter: „... denn bei einer Minderheitsregel gäbe es keinen eindeutigen Gesichtspunkt dafür, wer entscheiden soll, und die Gleichheit wäre verletzt.“).

[28] E. J. SIEYES, Was ist der Dritte Stand? (1789), in: ders., Politische Schriften 1788–1790, hrsgg. v. E. Schmitt u. R. Reichardt, 2. Aufl. 1981, S. 117 ff. (183); s. ferner S. 29 f., 57 f., 173, 226 f.

wesentlichen Abbruch, daß entscheidungstheoretische Analysen von Abstimmungen, die dem Majoritätsgrundsatz unterliegen, manch unauflösbares Paradox aufdecken: So z. B., daß bei einer Abstimmung von mehr als drei Personen über mindestens drei Möglichkeiten aus den individuellen Wertpräferenzen keine konsistente soziale Präferenzordnung ableitbar ist[29]. Denn unübersehbar bleiben bei alledem die Vorzüge mehrheitlicher Entscheidung: Schnelligkeit, Einfachheit, Durchsetzbarkeit, Klarheit, Praktikabilität[30]. Wirkliche Einstimmigkeit hingegen ist, wie schon Vitoria bemerkte[31], nur selten erreichbar.

Die anscheinend unangreifbare Evidenz des Mehrheitsprinzips, der höchstens das auf die Inferiorität der Masse zielende altbekannte Argument, „Verstand sei stets bei wen'gen nur gewesen"[32], also der Hinweis auf die

---

[29] Vgl. zu diesem bereits von CONDORCET entdeckten (Faksimile-Wiedergabe der Seiten XLVI–LXX seines Essays von 1785 in: A. Podlech [Hrsg.], Rechnen und Entscheiden, 1977, S. 265 ff.; dazu W. POPP, Soziale Mathematik der Mehrheitsentscheidung, ebd., S. 25 ff. [44 ff.]), auch als „Arrow-Paradox" bekannten Problem W. POPP/ B. SCHLINK, Präferenztheoretische Bedingungen einer sozialen Wertordnung, ebd., S. 61 ff. (63 ff.); s. ferner U. MÜLLER-PLANTENBERG, Mehrheit und Minderheiten zwischen Macht und Markt. Formen der Abwertung des Mehrheitsprinzips (1982), in: Guggenberger/Offe (Fn. *), S. 297 ff. (302); HEUN, Mehrheitsprinzip (Fn. *), S. 131 f.; H.-J. KOCH/H. RÜSSMANN, Juristische Begründungslehre, 1982, S. 356 f.; FACH, Demokratie (Fn. 25), S. 207 f. Zum sog. Ostrogorski-Paradox vgl. C. OFFE, Politische Legitimation durch Mehrheitsentscheidung? (1982), in: Guggenberger/ Offe (Fn. *), S. 150 ff. (163).

[30] Ordale, Orakel sowie alle anderen Formen dessen, was WEBER, Wirtschaft (Fn. 16), S. 396 formell irrationale Entscheidungsmittel nennt, werden im folgenden ebenso ausgeklammert wie die (faktisch weit verbreitete) Entscheidungsfindung durch einen qualifizierten Stab von Experten.

[31] Vgl. VITORIA, Relectio (Fn. 26), S. 90.

[32] Vgl. F. SCHILLER, Demetrius, 1. Aufzug (Saphiela); s. auch DERS., Maria Stuart, 2. Aufzug, 3. Szene: „Nicht Stimmenmehrheit ist des Rechtes Probe"; DERS., Fiesco von Genua, 2. Aufzug, 8. Szene; zur Ablehnung der Mehrheit als pöbelhafter Masse oder Menge bei GOETHE u. SCHILLER vgl. H. HÖPKER, Grundlagen, Entwicklung und Problematik des Mehrheitsprinzips und seine Stellung in der Demokratie, Diss. jur. Köln 1957, S. 206 ff.; äußerst folgenreich war die formelhafte Wendung von der „Tyrannei der Mehrheit" (A. DE TOCQUEVILLE, Über die Demokratie in Amerika, Erster Teil [1835], II. Teil, 7. Kapitel [2. Aufl. 1984, S. 289 ff.]), wenngleich das Schwergewicht der Prognosen TOCQUEVILLES auf der skeptischen Analyse der unvermeidbaren Mediokrität einer demokratischen Massenkultur lag (vgl. K. LÖWITH, Von Hegel zu Nietzsche, 1969, S. 276 ff.); zur konservativen Kritik des 19. Jahrhunderts am Mehrheitsprinzip als „Zahlenherrschaft" (F. J. STAHL) s. JÄGER, Mehrheit (Fn. 3), S. 1042 ff.; vgl. ferner VARAIN, Bedeutung (Fn. 25), S. 50 f.; HEUN, Mehrheitsprinzip (Fn. *), S. 102 m. Anm. 111. – Elitetheorien (PARETO, MOSCA, MICHELS) und massenpsychologische Ansätze (ORTEGA Y GASSET, LE BON) bleiben hier außer Betracht.

mangelnde Berücksichtigung qualitativer Anforderungen entgegenzusetzen wäre, mag ein Grund für die gemessen an seiner Bedeutung geringe fachwissenschaftliche Behandlung sein. Verwundern muß dies gleichwohl insofern, als die Mehrheitsregel mit der Durchsetzung des Gedankens der Volkssouveränität und der Etablierung demokratischer politischer Verhältnisse eine unübersehbare Bedeutungssteigerung erfahren hat. Sie gehört ohne Zweifel zu den ganz zentralen Faktoren demokratischer Legitimität. Ursächlich für die bis vor kurzen stiefmütterliche Behandlung dürfte die verbreitete, aber – wie zu zeigen sein wird – sehr angreifbare Einschätzung gewesen sein, das Mehrheitsprinzip stelle „keine Legitimierungsweise, sondern eine Verlegenheitslösung" dar[33], sei mithin als eine Art „Notlösung"[34] zu betrachten.

Andererseits liefert der Umstand allein, daß der Mehrheitsgedanke konkurrierende Entscheidungsfindungsverfahren an Plausibilität übertrifft, für sich genommen noch keine Rechtfertigung. Diese gilt es zunächst einmal zu erarbeiten – gerade unter demokratischen Vorzeichen. Ferner ist die reale Wirksamkeit des Mehrheitsprinzips keineswegs selbstverständlich. Eben weil es kein bloß technisches, völlig unpolitisches Formprinzip ist, läßt es sich auch nicht einfach „herbeidekretieren": Es bedarf im Gegenteil eines Zusammenspiels mehrerer jeweils höchst voraussetzungsvoller Bedingungen, um sein tatsächliches Funktionieren sicherzustellen und so zur Stabilität des demokratischen Verfassungsstaates beizutragen.

II. Grundlagen des Mehrheitsprinzips in der Demokratie

Geschichte, Grundlagen und Probleme des Mehrheitsprinzips werden in der Würzburger Dissertation von *Werner Heun* (Das Mehrheitsprinzip in der Demokratie. Grundlagen – Struktur – Begrenzungen, Berlin 1983) einer breiten und durchgängig sehr fundierten Analyse unterzogen. Dem ersten zentralen Kapitel über „Die Rechtfertigung des Mehrheitsprinzips in der Demokratie" (S. 79 ff.) stellt der Verfasser eine einleitende demo-

---

[33] So N. LUHMANN, Legitimation durch Verfahren (1969), Neuausgabe 1983, S. 196.

[34] H. ABROMEIT, Mehrheitsprinzip und Föderalismus, in: Guggenberger/Offe (Fn. *), S. 132 ff. (133); als „Notbehelf" erscheint das Mehrheitsprinzip auch bei H. PETERS, Art. Demokratie, in: Staatslexikon der Görres-Gesellschaft, Bd. 2, 6. Aufl. 1958, Sp. 560 ff. (566); anders aber z. B. P. HÄBERLE, Das Mehrheitsprinzip als Strukturelement der freiheitlich-demokratischen Grundordnung, in: JZ 1977, S. 241 ff. (245): das Mehrheitsprinzip sei mehr als eine „bloße ‚Verlegenheitstechnik'".

kratietheoretische Grundlegung voran, auf die ein kursorisch gehaltener historischer Rückblick folgt.

Dabei erweist sich der Versuch, dem im Grunde recht klar abgegrenzten Thema eine gleichsam metatheoretische Basis zu verleihen, indem verschiedene demokratietheoretische Ansätze sondiert und themenbezogen untersucht werden, als eher problematisch und im Ergebnis wenig gewinnbringend. Folge der Entscheidung, in wenigen Zügen überaus komplexe und vielschichtige Fragestellungen gleichsam vorab zu bündeln, ist eine für die Arbeit insgesamt keineswegs charakteristische vergröbernde Darstellung bestimmter politologischer oder verfassungsrechtlicher Positionen. Deswegen läßt gerade die Einleitung jene Differenzierungsfähigkeit und den ebenso behutsam wie sicher voranschreitenden Argumentationsstil vermissen, der das Buch ansonsten auszeichnet. So richtig Heun im Ergebnis hervorhebt, daß der demokratische Verfassungsstaat auf drei Säulen (die, wie zu ergänzen wäre, auch und zugleich Säulen demokratischer Legitimität sind) ruht: dem Schutz des Einzelnen vor dem Staat; seiner Teilhabe an der Ausübung staatlicher Herrschaft; schließlich der sachadäquaten Regierung des Gemeinwesens – so unzulänglich bleiben seine als „Grundlegung" apostrophierten Äußerungen, an die gerade wegen ihrer tragenden Bedeutung keine geringen Anforderungen zu stellen sind: vielleicht auch deshalb, weil sie über weite Strecken kaum mehr als eine Paraphrase zu der 1977 erschienenen Habilitationsschrift von Peter Graf Kielmansegg[35] darstellen.

Im überaus sorgfältig belegten historischen Teil (S. 41 ff.) rekapituliert Heun den in seinen wesentlichen Etappen bekannten Entwicklungsgang des Mehrheitsprinzips: von den Heeresversammlungen der Griechen über die streng formalisierten Verfahren im Römischen Reich[36] bis zur endgültigen Durchsetzung des Grundsatzes der Mehrheitsentscheidung auch im germanischen Rechtskreis. Der schon früh im kirchlichen Bereich herausgebildete, dort allerdings durch die hochwirksame Formel von der *maior et sanior pars* entscheidend modifizierte Gedanke der Maßgeblichkeit der hö-

---

[35] P. Graf Kielmansegg, Volkssouveränität, 1977.

[36] Nicht zufällig sind es zwei römisch-rechtliche Fundamentalsätze, die auf die nachfolgende Geschichte des Mehrheitsprinzips von ganz erheblichem Einfluß waren: Dig. 50, 1, 19: *Quod maior pars curiae effecit, pro eo habetur, ac si omnes egerint*; Dig. 50, 17, 160, 1: *Refertur ad universos, quod publice fit per maiorem partem* (s. dazu v. Gierke, Geschichte [Fn. 24], S. 23; Hofmann, Repräsentation [Fn. 17], S. 221 ff.; Becker, Kurfürstenrat [Fn. 11], S. 70).

heren Stimmenzahl[37] strahlte – die germanische Idee von der notwendigen Einstimmigkeit und Einhelligkeit aller mit der daraus resultierenden Folgepflicht der Minderheit langsam überspielend – in den weltlich-politischen Raum aus, was seinen sichtbarsten Ausdruck in der bereits erwähnten Goldenen Bulle von 1356 fand[38]. Mit vielfältigen Brüchen und Abschwächungen setzte sich das Mehrheitsprinzip dann auch in anderen Entscheidungsgremien durch. Das noch genauer zu untersuchende Argument stärkend, daß als notwendige Funktionsvoraussetzung des Mehrheitsprinzips ein durch nichtrechtliche Bande zusammengehaltenes soziales Ganzes existieren muß, läßt sich aufzeigen, daß die Mehrheitsregel überall dort vordrang, wo die Stände ein echtes Mitwirkungs- und Mitentscheidungsrecht innehatten und der Gedanke nationaler Repräsentation erstarkte[39]. Allein die Durchschlagskraft der Rationalität mehrheitlicher Entscheidung hätte zu ihrer historisch-politischen Realisierung wohl kaum ausgereicht. Es bedurfte dazu faktischer Machtumverteilungen. Denn die allgemeine Akzeptanz des Mehrheitsprinzips ist ja deshalb so schwer sicherzustellen,

---

[37] Vgl. v. Gierke, GenossR III (Fn. 19), S. 324 ff.; Elsener, Geschichte (Fn. 4), S. 104 ff.; Becker, Kurfürstenrat (Fn. 11), S. 69 ff. Wegen seiner Besonderheit, die darin lag, daß der jeweils zahlenmäßig unterlegene Teil durch Widerspruch beim Amtsoberen, dem superior, die *sanioritas* für sich reklamieren konnte, also das „Majoritätsprincip unter das hierarchische Autoritätsprincip" (v. Gierke, GenossR III [Fn. 19], S. 325) gestellt wurde, ließ sich dieser Mechanismus allerdings nicht ohne weiteres in den politischen Raum transferieren.

[38] Mit der Goldenen Bulle war allerdings weder das moderne Abstimmungsverfahren vorweggenommen noch für alle Staatshandlungen, insb. Rechtssetzungsakte, ein klares Verfahren nach Mehrheitsregeln akzeptiert. K. Schlaich, Maioritas – protestatio – itio in partes – corpus Evangelicorum, in: ZRG KA 94 (1977), S. 264 ff.; ZRG KA 95 (1978), S. 129 ff. zeigt sehr schön auf, daß noch in den folgenden Jahrhunderten das Mehrheitsverfahren „etwas Vorläufiges, Versuchsartiges" (S. 289) hatte (vgl. insb. S. 279 ff.).

[39] Vgl. Schlaich, Maioritas (Fn. 38), S. 285; Scheuner, Mehrheitsprinzip (Fn. 2), S. 27 Anm. 90. Sehr plastisch die die staatsrechtliche Situation des Reiches im 18. Jahrhundert charakterisierenden Bemerkungen bei C. F. Gerber, Über öffentliche Rechte (1852), 1913, S. 3 f.: „Von einer gleichmäßigen Wirksamkeit der Staatsgewalt auf alle Classen der Staatsangehörigen war meistens keine Rede; die Landeshoheit hatte um die gesellschaftlichen Mächte des Mittelalters, die Ritterschaft, Prälaten und Städte, in der Regel nur ein lockeres Band zu knüpfen gewußt, sie waren, wie sich die schwäbischen Ritter ausdrückten, der Landesherrschaft nicht sowohl unterworfen als ‚zugewendet'; die altständische Verfassung war nur ein Ausdruck dieser staatsfeindlichen individuellen Unabhängigkeit, und die Bestätigungen der ‚Landesfreiheiten', nach denen ‚die Ritterschaft, Prälaten, Städte bei allen ihren habenden Gerechtigkeiten, Privilegien, Handvesten, Briefen und Verträgen ungeirrt verbleiben sollten', waren lediglich eine stete Erneuerung des privatrechtlichen Vergleichs der einzelnen Berechtigten mit der Landesherrschaft."

weil es wegen der Existenz der unterlegenen Minderheit an der Sicherheit des Vollzuges der getroffenen Entscheidung fehlt (*Heun*, S. 61). Und an dieser Sicherheit fehlt es vor allem dort, wo die staatliche Macht noch nicht in Form des „Monopols legitimer Gewaltsamkeit" in einem Punkt zentralisiert, sondern auf verschiedene Träger mit faktischen, nicht nur verbalen Veto-Positionen verteilt ist[40], wo also, um mit Max Weber zu sprechen, die Trennung der sachlichen Verwaltungsmittel vom Verwaltungsstab und ihrer Konzentration in der Hand eines „Herrn"[41] noch nicht vollzogen ist. Das vielzitierte Extrembeispiel, das „liberum veto" im Polnischen Reichstag[42], ist Ausdruck der Dominanz und Stärke ungezügelter Partikular- und Individualinteressen, die durch keine zentralisierte territoriale Herrschaftsgewalt eingegrenzt sind. Als ebenso typisch kann angesehen werden, daß im Deutschen Reichstag die wohl seit der zweiten Hälfte des 15. Jahrhunderts – wenngleich vielfach modifiziert – praktizierte Mehrheitsregel immer auf die Abstimmung *in* den Kurien beschränkt war, *zwischen* denen dann Übereinstimmung erzielt werden mußte[43].

---

[40] Im internationalen Recht unserer Tage findet sich das Recht, ut singuli zu stimmen, etwa bei den fünf Großmächten im Sicherheitsrat der UNO (vgl. N. Bobbio, Die Mehrheitsregel: Grenzen und Aporien [1981], in: Guggenberger/Offe [Fn. *], S. 108 ff. [115]); zu den insgesamt heterogenen Abstimmungsverfahren in der UNO (Einstimmigkeitsprinzip, Vetorecht, Konsensusverfahren, Expertenvorschläge) vgl. Chr. Tomuschat, Tyrannei der Minderheit?, in: Jahrbuch für Internationales Recht 19 (1976), S. 278 ff.; zum Mehrheitsprinzip in Staatenverbindungen s. auch R. Herzog, Art. Staatenverbindung, in: Evangelisches Staatslexikon, hrsgg. v. H. Kunst, R. Herzog u. W. Schneemelcher, 2. Aufl. 1975, Sp. 2485 ff. (2493 f.).

[41] Vgl. Weber, Wirtschaft (Fn. 16), S. 566 f., 823 f., 825 f.

[42] Zu dieser „Form politischer Desintegration" (Chr. Müller, Das imperative und das freie Mandat, 1966, S. 202 Anm. 378) vgl. H. Roos, Ständewesen und parlamentarische Verfassung in Polen (1505–1772), in: D. Gerhard (Hrsg.), Ständische Vertretungen in Europa im 17. und 18. Jahrhundert, 1969, S. 310 ff. (363 ff.); Scheuner, Mehrheitsprinzip (Fn. 2), S. 34.

[43] Mit der infolge der Glaubensspaltung nach 1648 reichsrechtlich institutionalisierten Möglichkeit der *itio in partes* (vgl. dazu: F. Wolff, Corpus Evangelicorum und Corpus Catholicorum auf dem Westfälischen Friedenskongreß, 1966; M. Heckel, Itio in partes, in: ZRG KA 95 [1978], S. 180 ff.; Schlaich, Maioritas [Fn. 38], S. 146 ff.; W. Becker, Reformation und Revolution, 1974, S. 78 ff.) erfuhr der ‚reine' Mehrheitsgedanke eine weitere Schwächung, wenn dieser Vorgang der Privilegierung und Privatisierung von Glaubensfragen auch bereits auf noch näher zu diskutierende freiheitliche Schranken dieses Entscheidungsprinzips verweist. Als hierarchische Modifikation des Mehrheitsprinzips im Reichstag kann neben dem Verfahren der Re- und Correlation schließlich auch das Nebeneinander von Viril- und Kuriatsstimmen im Fürstenrat gelten.

Der in der Sozialvertragslehre des Naturrechts mit ihrem Postulat der notwendigen Zustimmung aller Mitglieder einer Gesellschaft bei deren Konstitution zu einem politischen Gemeinwesen bereits in nuce angelegte, von Rousseau dann im Konzept der Volkssouveränität explizierte Gedanke demokratischer Mehrheitsherrschaft erfährt seinen entscheidenden historischen Durchbruch im Jahre 1789. Hatte in der vernunftrechtlichen Vorstellung eines von allen konsentierten Urvertrages[44] – einer Vorstellung, die natürlich nicht den wahren historischen Ablauf getreulich widerspiegeln, sondern in rekonstruktiver Weise den vernünftigen Grund existenter staatlicher Herrschaftsverbände aufzeigen wollte – das Mehrheitsprinzip Eingang gefunden, indem man seine Einführung *uno actu* unterstellte[45], geriet in der politischen Realität vor allem der Kampf um das allgemeine und gleiche Wahlrecht[46] zum Signum politischer Demokratisierung. An seinem Ende steht dann mit der sukzessiven Etablierung des Verfassungsstaates, der Parlamentarisierung der Regierung und der im Zuge der Wahlreformen

---

[44] Und zwar unabhängig davon, ob dieser in erster Linie als Herrschafts- oder als Gesellschaftsvertrag oder als Kombination aus beiden aufgefaßt wurde (vgl. zu den entsprechenden Differenzierungen: O. v. GIERKE, Johannes Althusius und die Entwicklung der naturrechtlichen Staatstheorien, 3. Ausgabe 1913, S. 76ff.; J.W. GOUGH, The Social Contract, 2nd edition, Oxford 1957, reprint 1978, S. 2ff.; A. VOIGT, Einleitung, in: ders., Herrschaftsvertrag [Fn. 26], S. 7ff.; R. SCHOTTKY, Die staatsphilosophische Vertragstheorie als Theorie der Legitimation des Staates, in: P. Graf Kielmansegg [Hrsg.], Legitimationsprobleme politischer Systeme, PVS-Sonderheft 7, 1976, S. 81ff.; aus jüngster Zeit K. GRAF BALLESTREM, Vertragstheoretische Ansätze in der politischen Philosophie, in: Zeitschrift für Politik 30 [1983], S. 1ff.; P. KOLLER, Theorien des Sozialkontrakts als Rechtfertigungsmodelle politischer Institutionen, in: Festgabe für Ota Weinberger, 1984, S. 241ff.).

[45] Vgl. TH. HOBBES, Leviathan (1651), ch. XVIII (zit. nach: English Works, Vol. III, London 1839, 2nd reprint 1966, S. 162); J. LOCKE, Zwei Abhandlungen über die Regierung (1690), hrsgg. u. eingeleitet von W. Euchner, 1977, II, Kap. 8, § 96 (S. 260). Locke orientierte sich hierbei an der englischen Parlamentspraxis, vgl. J.W. GOUGH, John Locke's Political Philosophy, Oxford 1956, S. 63. Auch bei J.-J. ROUSSEAU (Du Contrat Social [1762], IV, 2) wird die volonté générale durch die Mehrheit bestimmt; eine Tyrannei in deren Namen gegen die zahlenmäßige Mehrheit ist daher nicht möglich. Im übrigen fordert Rousseau mit zunehmender Bedeutung der zu treffenden Entscheidung eine graduelle Annäherung an die Einstimmigkeit. – Siehe schließlich I. KANT, Über den Gemeinspruch: Das mag in der Theorie richtig sein, taugt aber nicht für die Praxis (1793), Akademieausgabe, Bd. VIII, 1923, S. 273ff. (296).

[46] Die „Wahlrechtsreform ist das Thema des 19. Jahrhunderts" (J. HABERMAS, Strukturwandel der Öffentlichkeit, 6. Aufl. 1974, S. 162); s. dazu R. SMEND, Maßstäbe des parlamentarischen Wahlrechts in der deutschen Staatstheorie des 19. Jahrhunderts, in: ders., Staatsrechtliche Abhandlungen, 2. Aufl. 1968, S. 19ff.; G. MEYER, Das parlamentarische Wahlrecht, 1901, S. 156ff.

des 19., zum Teil erst des 20. Jahrhunderts vollzogenen Ablösung des Zensus- und Mehrstimmenwahlrechts das rein quantitativ-mathematisch verstandene, jeder qualitativen Modifikation entbehrende Mehrheitsprinzip.

So beruht die demokratische Mehrheitsregel ganz zentral auf dem Gedanken gleicher Selbstbestimmung aller (*Heun*, S. 79 ff., 206). Damit zeigt sich bereits, daß sie, obwohl keineswegs auf demokratische Ordnungen beschränkt, eine prominente Rolle für deren Legitimitätsanspruch spielt. Von diesem Punkt aus läßt sich schließlich auch eine treffende Antwort auf *die* zentrale Frage des Mehrheitsprinzips finden, die Frage nach seiner normativen Rechtfertigung. Nachdem Heun die u.a. durch John Locke zu einer gewissen Berühmtheit gelangte Vorstellung einer auf die zahlenmäßige Überlegenheit und damit die faktische Übermacht abstellenden „Rechtfertigung"[47] als ebenso unbefriedigend abgelehnt hat wie die vom Gedanken identitärer Repräsentation getragene Korporationslehre und die ökonomisch orientierten Konzepte individueller wie kollektiver Nutzenmaximierung, nachdem er schließlich auch alle Versuche der Revitalisierung der Sozialvertragsidee ihres fiktiven Charakters wegen verworfen und eine rein „positivistische" Ableitung aus der Verfassung für defizitär erklärt hat, wendet er sich den beiden bedeutsamsten Versuchen einer materiellen Rechtfertigung des Mehrheitsprinzips zu (S. 79 ff.). Ideengeschichtlich konkurrieren hier in einer gewissen Vergröberung und Verkürzung zwei Argumentationsstränge miteinander.

Ein älterer, bis auf Aristoteles zurückreichender, allerdings nie abgerissener Begründungsweg rekurriert auf ein materiales Vernunftmoment, welches in der Entscheidung der Mehrzahl zum Ausdruck komme. Die Mehrheit hat dieser Auffassung zufolge die Vermutung der größeren Vernunft auf ihrer Seite[48], sie garantiert die verhältnismäßig größere Wahrscheinlichkeit für die Wahrheit, Gerechtigkeit und Angemessenheit der jeweiligen Entscheidung. Mehrheit steht in dieser Tradition als Synonym für die Annäherung an die Wahrheit; tragend ist der Glaube, „daß Viele leichter als Wenige das Wahre und Gute treffen werden"[49]. Der anderen

---

[47] LOCKE, Abhandlungen (Fn. 45), II, §§ 96, 97 (S. 260 ff.). E.R. BIERLING, Zur Kritik der juristischen Grundbegriffe, Erster Teil, 1877, S. 79 hatte bereits bemerkt, daß es „augenscheinlicher Nonsens sei, die Gehorsamspflicht irgend einer Minorität gegenüber der Majorität aus einem reinen Zahlenverhältnis ableiten zu wollen".

[48] Vgl. z.B. R. HERZOG, Art. Mehrheitsprinzip, in: EvStL (Fn. 40), Sp. 1547 ff. (1549); weitere Nachweise zu dieser Position bei HEUN, Mehrheitsprinzip (Fn. *), S. 84 f. Den im Grunde mythischen Gedanken, daß Gott mit der Majorität sei, hebt SIMMEL, Exkurs (Fn. 8), S. 44 hervor.

[49] V. GIERKE, GenossR III (Fn. 19), S. 324.

Meinung zufolge ist der Majoritätsgrundsatz in erster Linie „Ersatz für das demokratische Identitätsprinzip“[50], d.h.: er leitet sich nicht von der Annahme her, die Vernunft habe ihren Sitz regelmäßig bei der Mehrheit eines Abstimmungskörpers, sondern stellt auf den Gedanken der Selbstbestimmung ab. Wenn schon das absolut Wahre und Richtige nicht mit letzter Gewißheit aufgefunden und erkannt werden kann, dann soll wenigstens die Mehrheit in Übereinstimmung mit dem eigenen (nicht unbedingt richtigen, vernunftgemäßen) Willen leben[51].

Die zentrale Schwäche des Vernunft-Arguments liegt nun darin, daß es von der Vorstellung einer auffindbaren, objektiv richtigen Wahrheit ausgeht. Die läßt sich aber angesichts der in den modernen Gesellschaften offenbaren Wert- und Meinungspluralismen, der daraus sich ableitenden Prozeduralisierung der Rechtsetzungs- und Rechtsfindungsverfahren sowie der der Mehrheitsregel inhärenten Idee der Revisibilität nicht länger aufrechterhalten (vgl. *Heun*, S. 85 ff.). In einer historischen Situation, in der die legitimitätsstiftenden Prinzipien staatlicher Herrschaftsorganisation nicht von invarianten, ewigen Grundsätzen des rechten Tuns ableitbar sind, sondern nur das Ergebnis kommunikativer, begründungsfähiger und begründungsbedürftiger Prozesse sein können, sanktioniert die demokratische Mehrheitsentscheidung in erster Linie Interessen, Wertvorstellungen und Bedürfnisartikulationen, ohne daß die Majorität für sich in Anspruch nehmen könnte oder dürfte, eine höhere Wahrheit, eine objektive Vernunft zum Ausdruck zu bringen. Deswegen ist, wie Heun richtig feststellt, die These nicht haltbar, „daß die Summierung der Einzelentscheidungen, ihre Vektorensumme, höhere Vernünftigkeit bewirkt“ (S. 89 f.).

Als seiner Ansicht nach einzig tragfähiges Fundament für eine normative Rechtfertigung des Mehrheitsprinzips arbeitet Heun in enger sachlicher Nähe zur Position Kelsens[52] den Gedanken der Autonomie des Einzelnen

---

[50] M. KRIELE, Einführung in die Staatslehre, 1975, S. 188.

[51] Dieser Gedankengang ist in imponierender Schlichtheit entfaltet bei H. KELSEN, Vom Wesen und Wert der Demokratie, 2. Aufl. 1929, S. 3 ff. Dezidiert in dem Sinn, daß in einer pluralen heterogenen Gesellschaft allein der Selbstbestimmungs-, nicht der Vernunftgedanke Gültigkeit haben kann: VARAIN, Bedeutung (Fn. 25), S. 56; C. GUSY, Das Mehrheitsprinzip im demokratischen Staat (1981), in: Guggenberger/Offe (Fn. *), S. 61 ff. (67 ff.); ferner E. DENNINGER, Staatsrecht 2, 1979, S. 21 f.; K. HESSE, Grundzüge des Verfassungsrechts der Bundesrepublik Deutschland, 13. Aufl. 1982, Rn. 142; D. GRIMM, Reformalisierung des Rechtsstaats als Demokratiepostulat?, in: JuS 1980, S. 704 ff. (708); s. auch G. LEIBHOLZ, Begriff und Wesen der Demokratie (1956), in: ders., Strukturprobleme der modernen Demokratie, Neuausgabe 1974, S. 142 ff. (151) und THOMA, Mehrheitsprinzip (Fn. 21), Sp. 765.

[52] Vgl. neben KELSEN, Wesen (Fn. 51) vor allem: DERS., Demokratie (1927), in:

heraus: In erster Linie will und kann das Mehrheitsprinzip nicht die Vernünftigkeit verbindlicher Entscheidungen garantieren, sondern lediglich gewährleisten, daß sich die Herrschaftsunterworfenen in der Mehrzahl nur ihrem eigenen Willen beugen und dadurch die „Qual der Heteronomie“[53] ein Stück weit lindern. So gelangt Heun zu dem nicht überraschenden Ergebnis, daß das Mehrheitsprinzip angesichts der offenkundigen Unmöglichkeit, immer einstimmige Entscheidungen zu treffen[54], als insgesamt größtmögliche Annäherung an die Freiheit und Gleichheit der Staatsbürger zu rechtfertigen ist (S. 100)[55].

Der Blick auf die normative Rechtfertigungsmöglichkeit des Majoritätsgrundsatzes gibt die richtige Perspektive für die Untersuchung der faktischen Funktionsvoraussetzungen dieses Entscheidungsmechanismus frei – und zeigt damit zugleich dessen Grenzen auf. Wenn auch die demokratische Mehrheitsregel sich als mathematisch-quantitativer, von den Besonderheiten der Betroffenen wie der Entscheidungen absehender und den aristotelischen Gedanken proportionaler Gleichheit mit der Folge der Stimmenwägung unberücksichtigt lassender Mechanismus etabliert[56], wie

ders., Demokratie und Sozialismus, hrsgg. von N. Leser, 1967, S. 11 ff.; DERS., Foundations of Democracy, in: Ethics 66 (1955), S. 1 ff.

[53] KELSEN, Wesen (Fn. 51), S. 3; anzunehmen, daß mit dem demokratischen Majoritätsprinzip auch stets die inhaltlich richtige Entscheidung gewährleistet sei, hieße, das Volk „im Besitze der Wahrheit“ und der „Einsicht des Guten“ zu wähnen, ja „hieße an ein Gottesgnadentum des Volkes zu glauben“ (alles ebd., S. 99).

[54] Denn bei Anwendung des Einstimmigkeitsprinzips käme es zur Blockierung und, da auch Nichtentscheidung immer Entscheidung bedeutet, zur Unterwerfung der Mehrheit unter den Willen der Minorität (HEUN, Mehrheitsprinzip [Fn. *], S. 102) – das alte Argument von VITORIA, Relectio (Fn. 26).

[55] Während Kelsen bei der Analyse der normativen Rechtfertigung der Demokratie und des in ihr geltenden Prinzips mehrheitlicher Entscheidung der Idee der Freiheit Priorität beimißt und die Gleichheit als zwar ebenfalls unverzichtbare, aber doch sekundäre Größe behandelt, legitimiert sich für LEIBHOLZ das demokratische Mehrheitsprinzip vor allem aus dem Gleichheitsgedanken: „Demokratisch ist nun das Mehrheitsprinzip deshalb“, so heißt es bei ihm, „weil es innerhalb der Demokratie das größtmögliche Maß von Gleichheit gewährleistet“. Dann aber fährt er fort: „Erst durch das Mehrheitsprinzip erhalten möglichst viele Aktivbürger das Gefühl, nur dem eigenen Willen unterworfen zu sein.“ Und der nächste Satz lautet: „Erst durch das Mehrheitsprinzip wird die größtmögliche Übereinstimmung der Individualwillen mit dem Gemeinwillen verwirklicht.“ (LEIBHOLZ, Begriff und Wesen [Fn. 51], S. 151). Der Sache nach ist die Differenz zwischen KELSEN und LEIBHOLZ also denkbar gering (s. auch G. LEIBHOLZ, Art. Volksvertretung, in: EvStL [Fn. 40], Sp. 2836ff. [2840]).

[56] Darauf hat wiederholt Leibholz aufmerksam gemacht: s. vor allem G. LEIBHOLZ, Der Strukturwandel der modernen Demokratie (1962), in: ders., Strukturprobleme (Fn. 51), S. 78ff. (80, 86); DERS., Freiheitliche demokratische Grundordnung und

sich dies in der Losung: „one man, one vote“ niederschlägt, so folgt doch daraus keineswegs, daß sie eine bloße Zähltechnik, eine unpolitische, mathematische Form wäre, die sich losgelöst von ihren ideengeschichtlichen wie sozialen und politischen Genesebedingungen und Durchsetzungschancen verstehen und in Funktion setzen ließe. Vielmehr gilt als zentrale Voraussetzung für die Geltung des Mehrheitsprinzips – Heun referiert dies und belegt es wie alles andere auch mit außergewöhnlicher Akribie – ein alle Glieder der jeweiligen Gemeinschaft umschließendes rechtliches Band, ein Grundkonsens über die Akzeptierung dieser Abstimmungsregel mit der zukunftsgerichteten Bereitschaft, sich dem Willen der Majorität zu unterwerfen. Die klassische Formulierung Lockes[57] im Grunde paraphrasierend, hat Leibholz die Möglichkeit der Realisierung des Mehrheitsprinzips wie folgt erklärt: es funktioniere, „weil die dissentierende Minderheit sich der gleichen politischen Gemeinschaft wie die Mehrheit zurechnet und trotz der Mehrheit und Minderheit im Hinblick auf die letzten und wichtigsten Bindungen eine Übereinstimmung als latent vorhanden gedacht wird“[58]. Das wiederum setzt, wie Heun mit Blick für politische Zusammenhänge hervorhebt, die Anerkennung der Legitimität der politischen Ordnung als ganzer voraus (vgl. S. 175 f.). Eben deswegen verweist das Mehrheitsprinzip in letzter Konsequenz auf ein höchst voraussetzungsvolles Bedingungsgefüge, dessen Bestand nur durch die Bewahrung wie die stets zu

das Bonner Grundgesetz (1951), ebd., S. 132 ff. (132 ff.); DERS., Begriff und Wesen (Fn. 51), S. 147 ff., wo er vom „radikale(n) Egalitarismus“ des 20. Jahrhunderts spricht (S. 149). Plastisch die Beschreibung von BOBBIO, Mehrheitsregel (Fn. 40), S. 114: „Als technisches Mittel ist die Mehrheitsregel gleichgültig gegenüber der Tatsache, daß die zu zählenden Stimmen mehr oder weniger frei, aus Überzeugung oder aus Angst, aus Liebe oder aufgrund von Zwang abgegeben worden sind.“ Nicht von ungefähr hat gerade Kelsen immer wieder hervorgehoben, daß Demokratie im Grunde die Gewährung von Freiheitsrechten, das Bestehen einer Opposition und die Chance der Minderheit, zur Mehrheit zu werden, voraussetze: Der Wille der Mehrheit muß also, kurz gesagt, in seiner Genese auf freiheitlichen Voraussetzungen beruhen (vgl. KELSEN, Wesen [Fn. 51], S. 53 f., 101 f.; DERS., Demokratie [Fn. 52], S. 27, 34 f.; DERS., Staatsform und Weltanschauung, 1933, S. 14; DERS., Foundations [Fn. 52], S. 31, 39, 81). „Relativistisch“ und „formal“ bleibt diese Konzeption (nur) insofern, als sie dem Inhalt – im Unterschied zur Genese – der Beschlüsse keine Schranken setzt: die freie mehrheitliche Entscheidung, sich in die Sklaverei zu begeben, läßt sich durch demokratieinterne Mechanismen nicht verhindern, denn: „Eine Volksherrschaft kann nicht gegen das Volk bestehen bleiben.“ (H. KELSEN, Verteidigung der Demokratie [1932], in: ders., Demokratie und Sozialismus [Fn. 52], S. 60 ff. [68]).

[57] LOCKE, Abhandlungen (Fn. 45), II, §§ 95 ff. (S. 260 ff.).

[58] LEIBHOLZ, Begriff und Wesen (Fn. 51), S. 150.

erneuernde Einlösung des Legitimitätsanspruchs des politischen Systems zu garantieren ist.

Knapp listet Heun die hauptsächlichen Stabilisierungsmechanismen auf, die teils über faktische soziale Eigenschaften, teils normativ vermittelt sind: Nationalstaatsgedanke, religiös-kulturelle Homogenität, soziale Ausgeglichenheit, Existenz einer „politischen Kultur", politischer Grundkonsens. Dabei bringt der in der Diskussion der 70er Jahre so vielstrapazierte und nicht selten überdehnte Konsensgedanke (gerade wenn man ihn auf die „Ewigkeitsgarantie" des Art. 79 Abs. 3 GG bezieht) letztendlich nicht mehr zum Ausdruck als die soziologische Trivialität, daß die Einheit und Identität eines jeden, auch eines politischen Systems, die Existenz eines nicht beliebig überschreitbaren Rahmens und damit eine äußerste Grenze für dessen mögliche interne Veränderungen und Umgestaltungen voraussetzt. Nur innerhalb dieses Rahmens hat das Mehrheitsprinzip seine Berechtigung, während die gesamte Ordnung nicht zur Disposition gestellt werden kann. Daraus ergibt sich umgekehrt (und das berührt die im nächsten Teil zu diskutierenden aktuellen Probleme des Mehrheitsprinzips), daß die Akzeptanz der Ergebnisse mehrheitlich getroffener Entscheidungen um so stärker gefährdet wird, je folgenreicher die umstrittene Entscheidung ist, je eher sie den Rahmen- und Randbereich tangiert, der fixer Ausgangspunkt und unverrückbare Grundlage, aber nicht Gegenstand mehrheitlicher Entscheidungen sein kann, soll und darf.

Läßt sich der Katalog an notwendigen Voraussetzungen zur Sicherung des Funktionierens der Mehrheitsregel (Gewährleistung von Grund- und Freiheitsrechten; soziale, kulturelle und politische Homogenität; Offenhalten des demokratischen Prozesses; reale Machtwechselchance; Minderheitenschutz) vergleichsweise leichthändig konzipieren, ist doch die Realisierung der entsprechenden Prämissen keineswegs problemlos sicherzustellen. Das gilt ausdrücklich auch für jenen Mechanismus, der die Hinnahme der Mehrheitsentscheidungen für die dissentierende Minderheit noch am erträglichsten macht: die Chance der heutigen, aktuellen Minderheit, zur Mehrheit von morgen zu werden. Diese „Offenheit in zeitlicher Perspektive" (*Heun*, S. 194) garantierende Revisibilität ist als Postulat und ideales Prinzip wiederum leichter auszuformulieren als in der Praxis einzulösen. Nur wenig Aufmerksamkeit widmet Heun den Gefährdungen der Revisibilität durch moderne Technologien auf physikalischem und biologischem Gebiet; auch der offenkundigen Unmöglichkeit, bei allen denkbaren Entscheidungen die unterlegene Alternative nicht nur theoretisch präsent zu halten, sondern zu einem späteren Zeitpunkt in der Realität umsetzen zu können, gilt nicht sein vornehmliches Interesse. Heuns stattdessen vielfach wiederholter Hinweis auf das höhere, allgemeine verfassungsrechtliche Prinzip der *Mäßigung der Staatsgewalt*, dessen Beachtung überbordende Folgelasten für die Gesamtheit wie Beeinträchtigungen der Minderheit in erträglichen Grenzen halten soll, schafft für dieses Defizit keinen Ersatz[59]. Denn der Pauschalverweis auf ein derart abstraktes, weitgehend beliebig ausdeutbares und natürlich nicht exakt eingrenzbares Rechtsinstitut reicht nicht aus, um die unumgehbaren Modifikationen und Einschränkungen des Revisibilitätsgrundsatzes hinlänglich zu erfassen.

Eine auf anderer Ebene liegende, aber in gewisser Weise hiermit verwandte Frage wird unter dem Stichwort „Intensitätsproblem" (S. 209 ff.) abgehandelt. Hier geht es darum, ob und wie sich der unterschiedliche Grad der Betroffenheit durch die Entscheidung bzw. die unterschiedliche Intensität des Interesses an der Entscheidung im Abstimmungsprozeß selbst einfangen läßt. Der Hintergrund des Problems ist klar. Vor allem unter Legitimitätsaspekten muß es als höchst prekär empfunden werden, wenn wegen des mathematisch gleichen Zählwertes einer jeden Stimme Stimmen- und Intensitätsverteilung vollständig auseinanderfallen können. Im Extremfall obsiegt dann eine knappe Mehrheit, die aber im Grunde nur eine schwache politische Willensintensität aufbringt, über eine starke, in der betreffenden Frage hochmotivierte, passionierte Minderheit, für die das Problem ganz oben auf der politischen Agenda rangiert. Allein: bereits im Ansatz ist zu erkennen, daß der Versuch, Intensität und Betroffenheit in irgendeiner Weise zu messen und von daher – im leicht modifizierten Rückgriff auf ältere Vorstellungen vom „Wägen" der Stimmen – von der mathematisch-egalitären Fiktion abzuweichen, unüberwindliche Probleme aufwerfen würde. Es ist kein Verfahren in Sicht, mit dem sich Intensität, Interesse und Betroffenheit auch nur annähernd exakt bestimmen ließen. Zudem besteht die Gefahr der Manipulation, denn natürlich würde ein jeder, um seiner Stimme einen möglichst hohen Zählwert zu verschaffen, die Intensität der eigenen Betroffenheit und dem Grad des eigenen Interesses besonders hoch veranschlagen. Wer hier nach welchen Kriterien irgendwelche Abstufungen vornehmen sollte, muß ein unlösbares Problem bleiben[60].

---

[59] In diesem Punkt sehr viel weiterführender die tief ansetzende, wenn auch nicht immer zu unproblematischen Ergebnissen gelangende Studie von P. HENSELER, Verfassungsrechtliche Aspekte zukunftsbelastender Parlamentsentscheidungen, in: AöR 108 (1983), S. 489 ff.

[60] Mit Bezug auf Juryurteile im Ergebnis ebenso HEINZE, Einstimmigkeit (Fn. 23), S. 677 f.

Die entscheidenden Einschränkungen des Mehrheitsprinzips[61] ergeben sich für Heun aus seiner Einbettung in das Legitimitätssystem des demokratischen Verfassungsstaates; vielleicht könnte man sogar sagen, das demokratische Majoritätsprinzip erfahre gerade durch seine Begrenzungen seine charakteristische Prägung. Demgemäß hält Heun gegen die seiner Ansicht nach verhängnisvolle Kombination von Souveränitätsprinzip und unbegrenzter Mehrheitsherrschaft einige materiale Grundsätze als Limitationen des Mehrheitsprinzips fest; darunter fallen die Garantie eines vor allem durch die Grundrechte gewährleisteten autonomen Bereichs der Individuen, also die Herausnahme des „Unabstimmbaren" aus dem Objektbereich demokratischer Entscheidungsfindung, aber auch alle Formen des Schutzes struktureller sozialer (sprachlicher, religiöser, konfessioneller[62]) wie temporärer politischer Minderheiten. Minderheitenschutz erfolgt bei strukturell unterlegenen Gruppen durch Etablierung gewisser Freiheitsräume oder besonderer Mitwirkungsrechte, z.B. durch die Einräumung einer vom Staat nur behutsam kontrollierten Selbstverwaltung der eigenen Angelegenheiten oder durch überproportionale, „föderalistische" Beteiligung an Amts- und Regierungsorganen. Bewußt wird hier vom Grundsatz strikter demokratischer Gleichheit abgewichen, weil jene Strukturminoritäten eben auf Dauer keine Chance der Umkehr der Mehrheitsverhältnisse zu ihren Gunsten haben[63]. Indessen liegen die Garantien für den Schutz der nicht strukturell fixierten politischen Minderheiten, die den Prozeß demokratischer Willensbildung und Herrschaftsausübung prinzipiell offen halten, allein im Bereich der Ausübung allgemeiner politischer (Kommuni-

---

[61] Einschränkungen, die sich korporationstheoretisch bereits daraus ergeben, „daß die Majorität der Minorität gegenüber die juristische Person vertritt, und daher so viel aber auch nur so viel Recht, wie diese, hat" (v. GIERKE, GenossR III [Fn. 19], S. 330).

[62] Z.B. die protestantischen Stände im Reichstag des Heiligen Römischen Reiches Deutscher Nation (vgl. Fn. 43).

[63] Auch hier bildet das nachgerade klassische Beispiel wiederum der (langwierige) Prozeß der Säkularisierung des Staates und die Privatisierung von Glaubensfragen (vgl. dazu E.-W. BÖCKENFÖRDE, Die Entstehung des Staates als Vorgang der Säkularisation [1967], in: ders., Staat, Gesellschaft, Freiheit, 1976, S. 42ff.; DERS., Die stufenweise Auflösung der Einheit von geistlich-religiöser und weltlich-politischer Ordnung in der Verfassungsentwicklung der Neuzeit, in: G. Dilcher/N. Horn [Hrsg.], Sozialwissenschaften im Studium des Rechts, Bd. IV: Rechtsgeschichte, 1978, S. 43ff.). Die Lösungsstrategie bestand also in der Ausklammerung des umstrittenen Problemkomplexes, genauer: in seiner Verortung außerhalb des Regelungskreises des nun rein innerweltlich begründeten Staates.

kations-)Grundrechte (vor allem Art. 5 Abs. 1, 8, 9 GG) und – bezogen auf das Parlament – in den Minderheitsrechten der Opposition[64].

Insgesamt sehr eindrucksvoll vermag Heun aufzuzeigen, daß das Mehrheitsprinzip selbst der Begrenzung bedarf, um als tragende Säule im verwobenen Beziehungsgeflecht der Legitimität des demokratischen Verfassungsstaates zu fungieren. Dabei ist es der Anlage der auf Grundlagenprobleme beschränkten Arbeit zuzuschreiben, daß brisanten, aktuellen Gefährdungen und Infragestellungen des Mehrheitsprinzips nur vergleichsweise geringe Bedeutung beigemessen wird. Heuns Arbeit kommt zuweilen einer die Probleme zu sehr entschärfenden Modellanalyse nahe[65], ohne eine realsoziologisch fundamentierte Bestandsaufnahme zu leisten. Genau dies macht den Anspruch des anderen hier vorzustellenden Buches zum Thema „Grenzen der Mehrheitsdemokratie" aus.

III. Grenzen der Mehrheitsdemokratie in der aktuellen Diskussion

Die von *Bernd Guggenberger* und *Claus Offe* herausgegebene Aufsatzsammlung, die bis auf wenige Ausnahmen bereits an anderen Orten erschienene Artikel bzw. Auszüge aus umfangreicheren Arbeiten bündelt, ist ersichtlich angeregt durch die Anfang der 1980er Jahre im Gefolge von Friedens- und Anti-Kernkraft-Bewegungen wachsende Kritik an plakativen und zugleich suggestiven Formeln der Rechtfertigung politischer Entscheidungen, die sich auf parlamentarische Mehrheitsbeschlüsse stützen konnten: etwa derjenigen, daß Demokratie weitgehend mit der Herrschaft der jeweiligen Mehrheit identisch sei („Demokratie ist Mehrheitsherrschaft"), deren eventuell fragwürdige Qualität an der Verbindlichkeit der Entscheidungen nichts zu ändern vermöge („Mehrheit ist Mehrheit"). In der Konsequenz solcher – hier zugespitzt formulierter – Annahmen erscheint die Mehrheitsregel nicht nur als selbstevidentes, unlimitiertes Grundprinzip staatlich-demokratischer Herrschaftsausübung, sondern

---

[64] Dazu grundlegend H.-P. SCHNEIDER, Die parlamentarische Opposition im Verfassungsrecht der Bundesrepublik Deutschland, Bd. I: Grundlagen, 1974, insb. S. 200 ff., 329 ff.; HÖPKER, Grundlagen (Fn. 32), S. 167 sieht im parlamentarischen Minderheitenschutz sogar die wichtigste Grenze des Mehrheitsprinzips.

[65] Vgl. HEUN, Mehrheitsprinzip (Fn. *), S. 200; den etwas idealisierenden Zug der Ausführungen HEUNS moniert in seiner Rezension auch C. OFFE (in: Demokratie und Recht 1984, S. 356 ff.), dessen Urteil aber insgesamt erheblich zu negativ – und zu polemisch – ausfällt.

zugleich als fraglos zu akzeptierende und daher unbeschadet spezifischer Rahmenbedingungen und Voraussetzungen anwendbare politische Kategorie. Daß dies keineswegs so ist, machen bereits die unter der Rubrik „Historische Grundlagen des Mehrheitsprinzips" abgedruckten Beiträge *v. Gierkes* (Über die Geschichte des Majoritätsprinzips, 1913) und *Simmels* (Exkurs über die Überstimmung, 1908) deutlich.

Besonders Simmel stellt im sachlichen Anschluß an Locke heraus, daß Grundlage der Geltung des Mehrheitsprinzips als Form der Herstellung der dem jeweiligen Verbandsganzen zuzurechnenden Entscheidungen ein vorpolitischer Einheitswille ist und sich die nach dem Mehrheitsprinzip zu fällenden Einzelbeschlüsse auf Dissenspunkte beziehen, die sich in einem gewissen, von allen akzeptierten und seinerseits nicht zur Disposition stehenden Rahmen halten (*Simmel*, S. 43). Dort, wo jene überindividuelle Einheit besteht, ist Überstimmung möglich, ohne daß damit der politische Verband tendenziell gesprengt würde[66]. Dort aber, wo der Staatsverband noch nicht zu einer Einheit zusammengeschweißt ist, wo starke Individual- und Partikularinteressen sich der Unterwerfung unter eine

---

[66] Allgemein konsentiert wird der Gedanke, daß grundlegende Voraussetzung des Mehrheitsprinzips eine präpolitisch verankerte, kollektive Identität ist (B. GUGGENBERGER/C. OFFE, Politik aus der Basis – Herausforderung der parlamentarischen Mehrheitsdemokratie [1983], in: dies. [Fn. *], S. 9 ff. [10]), ein Mindestmaß an politischer, sozialer, kultureller Homogenität (VARAIN, Bedeutung [Fn. 25], S. 53), eine gewisse Kompatibilität der Entscheidungen mit den kulturellen und ökonomischen Strukturen der Gesellschaft (OFFE, Politische Legitimation [Fn. 29], S. 170), das „Vorhandensein einer öffentlichen Kultur, die Existenz eines Fundaments an vorpolitischer Bürgergemeinsamkeit und lebenspraktisch verankerter politisch-kultureller Homogenität des Gesellschaftskörpers" (GUGGENBERGER, Grenzen [Fn. 25], S. 192), das Erfordernis politisch-kultureller Homogenität, die es der unterlegenen Minderheit erlaubt, den Gesetzesgehorsam nicht aufzukündigen (U.K. PREUSS, Die Zukunft: Müllhalde der Gegenwart [1981], in: Guggenberger/Offe [Fn. *], S. 224 ff. [237]). – Ausführlich zum „prior consensus" E. BERG, Democracy and the Majority Principle, Stockholm 1965, S. 136 ff.; schon früh hatte G. JELLINEK, Das Recht der Minoritäten, 1898, S. 27 f. auf das Homogenitätserfordernis aufmerksam gemacht. Auch in der Zeit der Weimarer Republik herrschte in diesem Punkt Übereinstimmung: H. HELLER, Staatslehre, 6. Aufl. 1983, S. 259 ff., 286 ff. (1. Aufl. 1934, S. 228 ff., 253 ff.); R. SMEND, Verfassung und Verfassungsrecht (1928), in: ders., Abhandlungen (Fn. 46), S. 119 ff. (insb. 187 ff.); H. KELSEN, Der Staat als Integration, 1930, S. 56; DERS., Wesen (Fn. 51), S. 14 ff., 65 ff.; SCHMITT, Legalität und Legitimität (Fn. 26), S. 295 f.; s. ferner SCHEUNER, Mehrheitsprinzip (Fn. 2), S. 28, 54; DERS., Konsens und Pluralismus als verfassungsrechtliches Problem, in: G. Jakobs (Hrsg.), Rechtsgeltung und Konsens, 1976, S. 33 ff. (63 ff.); SCHLAICH, Maioritas (Fn. 38), S. 173; RAWLS, Theorie (Fn. 27), S. 261 spricht von der Notwendigkeit einer „grundlegenden Übereinstimmung". Vgl. schließlich H. MARTI, Urbild und Verfassung, 1953, S. 9 f.

bloß zahlenmäßige Mehrheit (einer bloßen Mehrzahl also) widersetzen, dort bildet das Einstimmigkeitsprinzip die einzige brauchbare Alternative. Nicht von ungefähr finden wir jenes Verfahren verbreitet in internationalen Organisationen, und das bedeutet: auf einem Gebiet, wo der autarke Souveränitätsanspruch des Einzelstaates noch nicht überwunden ist. Das Einstimmigkeitsprinzip mag zwar – so denn die Übereinstimmung aller in einer bestimmten Frage tatsächlich erreicht wird – die höchste denkbare Legitimität besitzen und dadurch eine kaum zu überbietende Bindungswirkung entfalten; es deutet aber doch immer auf eine noch nicht gelungene Vereinheitlichung und verbandsmäßige Organisation des betreffenden sozialen Körpers hin und legt Zeugnis ab von der Macht der Individualvorbehalte, von einem noch recht geringen Grad an Vergesellschaftung, einer quasi anarchistischen Widersetzlichkeit gegen den fremden Willen[67].

Der Band verdankt Entstehung wie Stoßrichtung zunehmenden Zweifeln am Vorhandensein eines derartigen allgemeinen Konsenses, der allein das Mehrheitsprinzip zu einer überzeugenden Strukturform staatlicher Organisationen werden lassen kann. Es sind vor allem die neuen Techniken der Energiegewinnung mit Hilfe von Atomkraftwerken sowie die umstrittenen Maßnahmen der NATO-Nachrüstung, deren Legitimität sich mit dem Hinweis auf eine überlegene (parlamentarische) Mehrheit allein nicht mehr in erforderlichem Maße begründen zu lassen scheinen. Für viele werden mit Entscheidungen dieser Dimension, dieser Folgenlastigkeit und dieser Eingriffsschwere die Bereiche, in denen das Mehrheitsprinzip seine pazifizierende Funktion erfüllen und auch die unterlegene Minderheit – temporär – binden kann, bei weitem überschritten. Zunehmend bestehen infolgedessen gerade bei jenen regional abgegrenzten oder abgrenzbaren Minderheiten, die von bundes- oder zumindest landesweit relevanten technischen Großprojekten oder anderen staatlichen Maßnahmen von Allgemeinbedeutung betroffen sind, latente oder gar manifeste Dispositionen, das für das Funktionieren des demokratischen Verfassungsstaates unerläßliche Mindestmaß an Folgebereitschaft und an Rechtsgehorsam gegenüber auf Mehrheitsbeschlüssen beruhenden Rechtsnormen und ihrer verwaltungsmäßigen Exekution aufzukündigen und zu Handlungsformen aktiven wie passiven Widerstands, des zivilen Ungehorsams[68] oder des

---

[67] Vgl. auch B. GUGGENBERGER, Die neue Macht der Minderheit, in: Guggenberger/Offe (Fn. *), S. 207 ff. (212).

[68] Zur Diskussion um den zivilen Ungehorsam vgl. u.a. R. SCHOLZ, Rechtsfrieden im Rechtsstaat, in: NJW 1983, S. 705 ff. (insb. 706 ff.); J. ISENSEE, Widerstand gegen den technischen Fortschritt, in: DÖV 1983, S. 565 ff. (565 ff.); K. KRÖGER, Bürgerprotest im demokratischen Staat, in: APuZ 39/1983, S. 3 ff. (9 ff.); M. KRIELE, Die

manifesten Rechtsbruches zu greifen[69]. Als Gegen- und Alternativmodell zum insoweit als unzulänglich empfundenen Mehrheitsprinzip werden Maßnahmen empfohlen, die allesamt darauf hinauslaufen, die Entstehung einer dauerhaften dissentierenden Minderheit zu verhindern: durch Herbeiführung einer allseits konsentierten Entscheidung, durch Ausklammerung derselben, durch langfristige Moratorien, durch den Aufbau neuartiger Entscheidungsalternativen und vieles andere mehr[70]. Doch wie schwer sich derartige programmatische Rezepte mit Aussicht auf Erfolg realisieren lassen, zeigt bereits ein kurzer Blick auf die ganz unbestreitbaren Vorzüge, die das Mehrheitsprinzip gegenüber alternativen Entscheidungsverfahren aufweist: An Schnelligkeit und Eindeutigkeit ist es jedem anderen, insbesondere dem durch langwierige Prozeduren gekennzeichneten Konsensverfahren überlegen; zugleich weist es im Unterschied etwa zum diktatorischen Befehl eine relativ hohe Befolgungssicherheit und der geringen Entscheidungskosten wegen ein hohes Maß an Praktikabilität auf[71].

So kann es in den Beiträgen dieses Readers, der nützlicherweise mit Personen- und Sachregister sowie einem brauchbaren Literaturverzeichnis ausgestattet ist (jedoch keine näheren Informationen über die z.T. ausländischen Autoren bereithält), nicht um eine Infragestellung des Prinzips als solchem, sondern vorrangig um eine Explikation seiner Grundlagen, Voraussetzungen und Grenzen gehen[72]. Nicht alle Aufsätze halten da einem Vergleich mit der sachlich-kühlen Gründlichkeit des Buches von Heun stand: Der Beitrag von *Sartori* („Selbstzerstörung der Demokratie? Mehrheitsentscheidungen und Entscheidungen von Gremien") etwa ist in einer unklaren, mehr als nur eigenwilligen Sprache gehalten und erbringt trotz langatmiger Ausführungen nur geringen Ertrag; und in den Artikeln *Gug-*

Rechtfertigungsmodelle des Widerstands, ebd., S. 12ff.; C. ARNDT, Bürger oder Rebell?, ebd., S. 32ff.; R. DREIER, Widerstandsrecht im Rechtsstaat?, in: Festschrift für Hans Ulrich Scupin, 1983, S. 573ff.; DERS., Widerstand und ziviler Ungehorsam im Rechtsstaat, in: P. Glotz (Hrsg.), Ziviler Ungehorsam im Rechtsstaat, 1983, S. 54ff.; G. FRANKENBERG, Ziviler Ungehorsam und rechtsstaatliche Demokratie, in: JZ 1984, S. 266ff.

[69] Ähnlich ABROMEIT, Mehrheitsprinzip (Fn. 34), S. 132.

[70] Vgl. GUGGENBERGER, Grenzen (Fn. 25), S. 193f.

[71] OFFE, Politische Legitimation (Fn. 29), S. 152; D. RUCHT, Recht auf Widerstand? Aktualität, Legitimität und Grenzen „zivilen Ungehorsams", in: Guggenberger/Offe (Fn. *), S. 254ff. (265); W. STERNSTEIN, Keine Macht für niemand!, ebd., S. 282ff. (291f.). Hingegen werden als Gegenargumente immer wieder genannt: die mangelnde Berücksichtigung persönlicher Qualitäts- und Bildungsmerkmale, die Furcht vor der Herrschaft der uniformierten wie uninformierten, beliebig manipulierbaren Masse.

[72] Bei der insgesamt recht geglückten Textauswahl fehlt der Aufsatz von HÄBERLE, Mehrheitsprinzip (Fn. 34).

genbergers trägt ein ums andere Mal die z.T. vergebliche Suche nach der sprachlichen Pointe den Sieg über die luzide Sachanalyse davon[73].

Von der Sache her leistet der Band eine nützliche, die aktuellen Probleme der Akzeptanz des Mehrheitsprinzips erhellende Bestandsanalyse, die die eher systematischen, allzu häufig nur idealtypisch das komplexe Bedingungsgefüge der Legitimität des demokratischen Verfassungsstaates aufzeigenden Ausführungen Heuns zu ergänzen, komplettieren und vor allem zu problematisieren geeignet ist. Der Beitrag von *Müller-Plantenberg* etwa macht deutlich, daß Kritik am Mehrheitsprinzip nicht allein aus dem linksliberalen Protestfeld, sondern auch aus dem neokonservativen Lager moderner wirtschaftswissenschaftlicher Ansätze kommt, wo mit Argumenten aus dem Arsenal eines strikt individualistisch-egozentrischen Wirtschaftsliberalismus der Geltungsbereich des Mehrheitsprinzips zugunsten der Selbstregulierungsmechanismen des freien Marktes zurückgeschnitten wird[74].

Dementsprechend liegt die Stärke des Sammelwerkes eher im Aufzeigen der gerade im Zusammenhang mit der modernen Großtechnik[75] entstehenden Probleme der Anwendbarkeit und Durchsetzung des Mehrheitsprinzips – weniger in deren Auflösung, Einebnung oder vorschnellen Harmonisierung. Es geht, wenn man so will, um die Risse im „nichtnormierten Unterbau der Staatsverfassung“[76]. Ganz im Vordergrund steht dabei der Eindruck, daß allein die Berufung auf eine rein quantitative Majorität heute weniger denn je die Legitimität staatlichen Handelns sicherstellen könnte. Das ist keineswegs überraschend, ruft man sich den oben hervor-

---

[73] Wie z.B. der „Friedensrahmen der Verfassung“ soll „verblassen“ können, wird wohl für immer ein Geheimnis des Autors bleiben (GUGGENBERGER, Grenzen [Fn. 25], S. 193). Ein weiteres Beispiel für sprachliche Überdehnung: „Ginge es nur um die postpubertären Ergüsse fortschrittsfrustgeplagter Askesefreaks und zivilisationsmüder, vaterlandsloser Alternativgesellen, so könnte die offizielle Gesellschaft der grassierenden Rüstungsangst und dem ubiquitären Fortschrittsskeptizismus der neuen Minderheiten leicht die kalte Schulter zeigen.“ (GUGGENBERGER, Macht der Minderheit [Fn. 67], S. 211).

[74] Zwar läßt auch HEUN derartige Ansätze nicht völlig unerwähnt, doch geht bei ihm die eigentliche Problematik dieser latent antidemokratischen Denkmodelle zugunsten eines knappen Referats ohne kritische Analyse verloren (s. HEUN, Mehrheitsprinzip [Fn. *], S. 27ff., 81). In Deutschland hat vor allem ESCHENBURG, Ansatz (Fn. 26), den Ansatz von BUCHANAN/TULLOCK übernommen und modifiziert (s. S. 156ff., 168ff.: „Der Verzicht auf Einstimmigkeit“).

[75] Zu den damit verbundenen verwaltungsrechtlichen Problemen vgl. mit zahlreichen Nachweisen H. HOFMANN, Der Einfluß der Großtechnik auf das Verwaltungs- und Prozeßrecht, in: Umwelt und Planungsrecht 1984, S. 73ff.

[76] HELLER, Staatslehre (Fn. 66), S. 284 (1. Aufl., S. 251).

gehobenen Umstand in Erinnerung, daß schon nach dem reinen „Modell" dem Mehrheitsprinzip Grenzen gesetzt sind und seine Durchsetzung als Entscheidungsregel demokratischer Gemeinwesen an den Verzicht auf die Regelung aller Bereiche sowie die Respektierung autonomer Gebiete (des Gewissens, des Handelns, der Privatsphäre) gekoppelt ist. Dementsprechend müssen sich die Probleme potenzieren, wenn im Zuge der „Entwicklungsdynamik"[77] der modernen Verfassungsstaaten, die von der Rationalisierung und Monopolisierung der Staatsgewalt ausgeht und über die Gewährleistung ausgrenzender privater Grundrechte bis hin zur Partizipation an der Staatsgewalt sowie der Komplettierung des Rechtsstaates durch den Sozialstaat führt, mit der Bedrohung der ökologischen Grundlagen menschlichen Lebens sich eine neue Ebene der Bestimmung des verfassungsrechtlichen Rahmenprogramms abzeichnet, die in der „Forderung nach einer Art ‚Verfassungsgarantie' für ökologische und lebensweltliche Unversehrtheitsansprüche"[78] gipfelt.

Dabei kann es nicht oder jedenfalls nicht vornehmlich um die Frage gehen, ob etwa mit der Einfügung eines „sozialen" Grundrechts auf saubere Umwelt und/oder mit der Aufnahme einer „Staatsaufgabe Umweltschutz" in die Verfassung[79] dem Umstand Rechnung zu tragen ist, daß unserem Verständnis von der Funktion und Aufgabe einer Verfassung[80] zufolge diese den Rahmen für die je konkrete Lebens- und Daseinsgestaltung des politischen Gemeinwesens bildet und in ihr die entscheidenden Richtmarken für das Verhältnis von Individuum und Staat gesetzt werden[81]; die

---

[77] GUGGENBERGER/OFFE, Politik aus der Basis (Fn. 66), S. 14.

[78] Ebd.

[79] Vgl. dazu die abgewogene Darstellung im „Bericht der Sachverständigenkommission": Staatszielbestimmungen, Gesetzgebungsaufträge, 1983, insb. S. 130ff.; s. ferner M. KLOEPFER, Zum Grundrecht auf Umweltschutz, 1978; D. RAUSCHNING/W. HOPPE/K. WENGER/L. WILDHABER, Staatsaufgabe Umweltschutz, VVDStRL 38 (1980), S. 167ff., 211ff., 318ff., 325ff.; allgemein J. LÜCKE, Soziale Grundrechte als Staatszielbestimmungen und Gesetzgebungsaufträge, in: AöR 107 (1982), S. 15ff.

[80] Zum Verständnis der Verfassung als eines Rahmens für die politische und gesellschaftliche Ausgestaltung des Gemeinwesens vgl. W. KÄGI, Die Verfassung als rechtliche Grundordnung des Staates, 1945; SCHEUNER, Konsens (Fn. 66), S. 35; HESSE, Grundzüge (Fn. 51), Rn. 16ff.; H.-P. SCHNEIDER, Die Verfassung, in: AöR, Beiheft 1, 1974, S. 64ff.; P. BADURA, Art. Verfassung, in: EvStL (Fn. 40), Sp. 2708ff. (2708ff.); ausführlich nunmehr H. VORLÄNDER, Verfassung und Konsens, 1981.

[81] Das muß keinesfalls mit einem „Rückfall" in die vielbeklagte Situation der Weimarer Reichsverfassung oder davor verbunden sein, als Grundrechte ganz überwiegend nicht als striktes, die Staatsgewalten zwingend bindendes Recht (so heute ganz unmißverständlich Art. 1 Abs. 3 GG) galten, vielmehr als Programmsätze, als Verheißungen des Gesetzgebers, als Monologe desselben, kurz: als prospektives und

verfassungsrechtliche „Garantie" der Umwelt wäre nur die Registrierung des entsprechenden Aufgabenkataloges auf der Ebene des Grundgesetzes, noch nicht die Lösung und Bewältigung der damit verbundenen Probleme. Die eigentliche Schwierigkeit besteht darin, daß allein durch Umfang und Auswirkungen bestimmter großtechnischer Projekte neue Qualitätsstufen potentieller grundrechtsrelevanter Gefährdungen und Verletzungen erreicht sind: Nur der rechtlichen Struktur, nicht aber der tatsächlichen Bedeutung (und damit der politischen Reaktion) nach läßt sich die Anmeldung einer beliebigen gewerblichen Tätigkeit mit der Genehmigung zum Bau eines atomaren Kraftwerks auf eine Stufe stellen. Hinzu tritt: *wenn* in einem zentralen Punkt der vielbeschworene Konsens der Verbandsmitglieder zerbrochen ist, hat sich dieser Bruch im Bereich der allgemeinen Einschätzung und Bewertung von Technik und Wissenschaft vollzogen. Nicht mehr länger herrscht ein technologiebestimmtes, von einem ungebrochenen Fortschrittsoptimismus getragenes Bewußtsein vor, das sich als selbstlaufendes Entwicklungsprogramm in Staat und Gesellschaft durchsetzt. Offenbar wird in zunehmendem Maße bewußt, daß das historisch erreichte Maß an Naturbeherrschung auch und zugleich ein gewaltiges Zerstörungspotential beinhaltet und der – Kultur wie Zivilisation im übrigen erst ermöglichenden[82] – destruktiven Aneignung der Umwelt Grenzen gesetzt sind[83]. Man sieht sich heute einer neuen Qualität atomarer

---

potentielles Recht aufgefaßt wurden (vgl. mit notwendigen Differenzierungen: E.-W. Böckenförde, Der Verfassungstyp der deutschen konstitutionellen Monarchie im 19. Jahrhundert [1967], in: Moderne deutsche Verfassungsgeschichte [1815–1914], hrsgg. von dems. unter Mitarbeit von R. Wahl, 2., veränd. Aufl. 1981, S. 146ff.; R. Wahl, Rechtliche Wirkungen und Funktionen der Grundrechte im deutschen Konstitutionalismus des 19. Jahrhunderts, ebd., S. 346ff. [insb. 350ff.]; U. Scheuner, Die rechtliche Tragweite der Grundrechte in der deutschen Verfassungsentwicklung des 19. Jahrhunderts, ebd., S. 319ff. [326ff.]; ders., Die Verwirklichung der bürgerlichen Gleichheit, in: G. Birtsch [Hrsg.], Grund- und Freiheitsrechte im Wandel von Gesellschaft und Geschichte, 1981, S. 376ff. [396ff.]). Neben anderen zentralen Staatszielbestimmungen des Grundgesetzes, denen ebenfalls der charakteristische „dynamische Zug" eignet, ließe sich sehr wohl eine Regelung denken, die in der gleichen Weise, wie das zu ihrer Zeit andere Prinzipien getan haben (das Rechtsstaatsprinzip im 18./19., das Sozialstaatsprinzip – als Antwort auf die soziale Frage des 19. Jahrhunderts – zu Beginn des 20. Jahrhunderts), den heute aktuellen und ganz im Vordergrund stehenden Ziel- und Richtpunkt staatlicher Tätigkeit fixieren könnte: die Sicherung der Grundlagen des natürlichen Lebens, die Ökologie.

[82] H. Arendt, Vita activa oder Vom tätigen Leben (1960), Neuausgabe 1981, S. 124ff. (127): „Alles Herstellen ist gewalttätig, und Homo Faber, der Schöpfer der Welt, kann sein Geschäft nur verrichten, indem er Natur zerstört."

[83] Vgl. R. Spaemann, Technische Eingriffe in die Natur als Problem der politischen Ethik, in: D. Birnbacher (Hrsg.), Ökologie und Ethik, 1983, S. 180ff.; ders., Unter

wie ökologischer Bedrohungs- und Verletzungspotentiale gegenüber, die in bislang nicht gekanntem Ausmaß die jetzt lebenden wie die folgenden Generationen binden und belasten und dadurch die für die verfassungsstaatliche Normallage geschaffenen Konfliktregelungsmuster tendenziell überstrapazieren. Deshalb wird die Berufung auf Rechtsfiguren, die auf jenen Normalzustand rekurrieren, zunehmend für unangemessen erachtet.

Ein offenbar wachsender Teil der Bevölkerung neigt dazu, ökologische und Umweltfragen nicht der Entscheidung möglicherweise ganz indifferenter oder auch nur uninformierter Mehrheiten zu überlassen, sondern will diese statt dessen dem Bereich des „Unabstimmbaren" zuordnen, Umweltschutz damit zum sakrosankten, mehrheitsunabhängigen Verfassungskern zählen und so einem stärkeren, effektiveren Schutz unterstellen[84]. Über diesen ganz allgemeinen Bewußtseinsumschwung hinaus schaffen insbesondere die großtechnischen Anlagen durch ihre spezifischen Eigenarten zusätzliche Probleme. Zum Beispiel ist der Kreis der Abstimmenden gemeinhin auf den Nationalstaat und dessen Bürger beschränkt: als Ausdruck der komplementären Zuordnung von Rechten und Pflichten und damit des zentralen Prinzips, daß die Entscheidungen nur von denjenigen *getroffen* werden sollen, die von ihnen auch zumindest potentiell *betroffen* sind. Bei Atomkraftwerken oder anderen großtechnischen Anlagen wird diese die territorialstaatliche Beschränktheit der Entscheidungssouveränität tragende Idee der Reziprozität von Entscheidungsträgern und Entscheidungsbetroffenen mit Notwendigkeit zur Illusion – nicht zuletzt wegen der auffälligen Ballung derartiger Projekte an der jeweiligen Staatsgrenze. Eine „nationale Schicksalsgemeinschaft"[85] existiert hier nicht, formelle

---

welchen Umständen kann man heute noch von Fortschritt sprechen?, in: ders., Philosophische Essays, 1983, S. 130ff.; H. JONAS, Das Prinzip Verantwortung, 1979, S. 230ff.; s. auch P. SALADIN, Verantwortung als Staatsprinzip, 1984, insb. S. 99ff.; U.K. PREUSS, Politische Verantwortung und Bürgerloyalität, 1984, S. 116ff. – Letztlich zielt die Frage natürlich auf die Kontrollierbarkeit der ihre eigene Anwendung erzwingenden Technik mit Hilfe politisch-rechtlicher Mittel überhaupt (dazu im Grunde skeptisch, aber Hoffnung in die Rückgewinnung „echter" Staatlichkeit setzend: E. FORSTHOFF, Der Staat der Industriegesellschaft, 1971, S. 30ff., 42ff.; um einiges grundsätzlicher G. ANDERS, Die Antiquiertheit des Menschen, Bd. 2, 1980, insb. S. 9ff., 15ff., 271ff.).

[84] Deshalb liegt der Vergleich der ökologischen Protestgruppen mit den Trägern der konfessionellen Auseinandersetzungen des 16. und insb. des 17. Jahrhunderts durchaus nahe (so z.B. I. FETSCHER, Wieviel Konsens gehört zur Demokratie?, in: Guggenberger/Offe [Fn. *], S. 196ff. [202f.]; s. auch DERS., Ökologie und Demokratie – ein Problem der politischen Kultur, in: APuZ 26/1982, S. 27ff.; nicht überzeugend die Kritik von CHR. V. KROCKOW, Gewalt für den Frieden?, 1983, S. 17ff.).

[85] OFFE, Politische Legitimation (Fn. 29), S. 170.

Entscheidungskompetenz und Entscheidungsbetroffenheit klaffen auseinander[86]. Damit entfällt aber natürlich auch und zugleich die legitimierende Kraft des Mehrheitsprinzips[87].

Allein: auch in den Beiträgen des Sammelbandes scheint kein tragfähiges Konzept auf, mit dessen Hilfe sich die theoretisch einwandfrei konstatierbaren Hauptmerkmale des Mehrheitsprinzips und vor allem der Grundsatz, daß ihm gewisse essentielle Fragen nicht unterworfen werden, so daß die weniger grundsätzlichen Streitpunkte mit diesem Mechanismus zu bewältigen sind[88], in concreto und mit Bezug auf die aktuellen Probleme durchdeklinieren ließen. So wird zwar der prinzipiellen Berechtigung des „Wägens" der Stimmen, also der Berücksichtigung der Interessensintensität das Wort geredet, aber kein praktikabler Weg zur Umsetzung in konkrete Abstimmungsprozeduren aufgezeigt (vgl. *Sartori*, S. 91; *Offe*, S. 167; *Rucht*, S. 272). Und obwohl man treffend herausstellt, daß der Gedanke prinzipieller Revisibilität mehrheitlich getroffener Entscheidungen von ganz herausragender Bedeutung für deren Akzeptanz durch die unterlegene Minderheit ist, wird doch zugleich anerkannt, daß bei schwerwiegenden und langfristig bindenden Fragen eine jederzeitige, gleichsam spurenlose

---

[86] Das gleiche Problem stellt sich bei der Frage nach der verfassungsrechtlichen Zulässigkeit nuklearer Endlager und den Folgen dieser Entscheidung für die nachfolgenden Generationen: auch hier sind Nutznießer und Gefährdete, Begünstigte und Belastete nicht identisch (vgl. H. HOFMANN, Rechtsfragen der atomaren Entsorgung, 1981, S. 278f., 283ff.; G. ANDERS, Endzeit und Zeitenende, 1972 hat dafür die schöne Wendung von den „Nachbarn in der Zeit" [S. 52] geprägt); zur generationenorientierten Dimension der Grundrechte s. auch P. HÄBERLE, Die Wesensgehaltgarantie des Art. 19 Abs. 2 Grundgesetz, 3. Aufl. 1983, S. 382ff. Das positive Recht schenkt dem wenig Beachtung. Interessant aber § 5 Österr. StrahlenschutzG 1969, wonach die Genehmigung zu erteilen ist, wenn „für den Schutz des Lebens oder der Gesundheit von Menschen *einschließlich ihrer Nachkommenschaft* vor Schäden [...] ausreichend Sorge getragen wird" (Hervorhebung von H.D.).

[87] Entwertet wird durch die grenz- und nationenüberschreitenden Wirkungen der modernen Großtechnik auch das klassische Recht, sich der ungeliebten Subordination unter eine territoriale Staatsgewalt durch Emigration zu entziehen (s. auch GUGGENBERGER, Grenzen [Fn. 25], S. 190 sowie PREUSS, Verantwortung [Fn. 83], S. 39, 43ff.; zum „ius emigrationis" BALLESTREM, Ansätze [Fn. 44], S. 9; ausführlicher DERS., Zur Theorie und Geschichte des Emigrationsrechtes, in: Birtsch, Grund- und Freiheitsrechte [Fn. 81], S. 146ff.; zur Geschichte der „Freizügigkeit" A. RANDELZHOFER, in: Bonner Kommentar zum Grundgesetz, Art. 11 [Zweitbearbeitung 1981], Rn. 1ff.). – SCHMITT, Legalität und Legitimität (Fn. 26), S. 296 betont, daß in letzter Konsequenz des Schutzgedankens unantastbarer Grundrechte auch gegenüber demokratischen Mehrheiten „volle Exemtion mit itio in partes oder Anerkennung des Rechts auf Exodus und Sezession" läge.

[88] BERG, Democracy (Fn. 66), S. 139; SIMMEL, Exkurs (Fn. 8), S. 43.

Rücknahme nicht realisierbar ist[89]. Auch die Zuordnung bestimmter Problembereiche zum Kreis der abstimmbaren oder unabstimmbaren Gegenstände schließlich läßt sich nicht generell, sondern nur in jedem Einzelfall bewerkstelligen[90].

Bei der Festlegung entsprechender Grenzen aber ist verfassungsrechtliche Filigranarbeit zu leisten. Als Adressat dieser Aufgabe kommt der Verfassungsordnung des Grundgesetzes zufolge letztinstanzlich nur das Bundesverfassungsgericht in Betracht[91]. Damit ist sowohl jenen, die aufgrund eigener subjektiv-moralischer Überzeugung mehrheitlich zustandegekommenen Entscheidungen mit außerlegalen Mitteln den Gehorsam verweigern und deren Durchsetzung verhindern wollen als auch denjenigen, die

---

[89] Vgl. dazu HENSELER, Aspekte (Fn. 59), S. 489ff. und passim. Das stärkt im übrigen die Vermutung, daß Revisibilität im Kern die Abwesenheit struktureller Minderheiten, deren Minoritätenstatus dauerhaft festgeschrieben würde, meint (s. ABROMEIT, Mehrheitsprinzip [Fn. 34], S. 135). Schließlich wäre es ja auch töricht zu glauben, vermittels eines schlichten Mehrheitsbeschlusses immer zum *status quo ante* zurückkehren zu können. Davon abgesehen zeitigen auch unterlassene (Mehrheits-)entscheidungen unter Umständen irreversible Folgen (zutreffend EISEL, Plädoyer [Fn. *], S. 579).

[90] Denn der allgemeine Hinweis auf die gebotene Zurückhaltung und „Mäßigung" der Mehrheit, wie er ähnlich wie bei W. HEUN uns auch hier begegnet (GUGGENBERGER, Grenzen [Fn. 25], S. 193f.; FETSCHER, Konsens [Fn. 84], S. 202), kann natürlich nicht als strikte Entscheidungsregel, sondern bestenfalls als moralischer Appell dienen; zu Einordnungsproblemen siehe noch EISEL, Plädoyer (Fn. *), S. 577.

[91] Dieser Umstand ist Folge der – über den isolierbaren Tatbestand der Errichtung eines Bundesverfassungsgerichtes mit vergleichsweise umfassenden Kompetenzen weit hinausgehenden – allgemeinen Tendenz des „Übergangs vom parlamentarischen Gesetzgebungsstaat zum verfassungsvollziehenden Jurisdiktionsstaat. Die Rechtsgewähr liegt primär nicht mehr beim Gesetzgeber, sondern in der Verantwortung der Gerichte" (E.-W. BÖCKENFÖRDE, Nachwort: Gesetzesbegriff und Gesetzesvorbehalte, in: ders., Gesetz und gesetzgebende Gewalt, 2., erg. Aufl. 1981, S. 375ff. [402]). Daß das Gesetz seinerseits nicht mehr als aus sich selbst heraus rechtssatzschaffend, sondern als Vollzugs- und Ausfüllungsform der Verfassung angesehen wird, hatte die Wiener Rechtstheoretische Schule mit ihrer Lehre vom pyramidalen Stufenbau der Rechtsordnung schon immer postuliert. Für sie waren die legislativen Akte nie uranfängliche Kreation des Rechts, sondern – wie die Verordnung, die Satzung, das Urteil, der Verwaltungsakt auch – nur „Zwischenstufe und nicht Endglied der Rechtsschöpfung" (A. MERKL, Das Recht im Lichte seiner Anwendung [1917], in: Die Wiener Rechtstheoretische Schule, Bd. 1, 1968, S. 1167ff. [1170]) im Bedingungsgefüge der Rechtserscheinungen. Von hier aus wirkt die Vorstellung einer Verfassungsgerichtsbarkeit, die die „Anwendung" der Verfassung durch den Gesetzgeber ebenso kontrolliert wie etwa die Verwaltungsgerichte die Anwendung des Gesetzes durch die Exekutive, unmittelbar einleuchtend (vgl. nur H. KELSEN, Wesen und Entwicklung der Staatsgerichtsbarkeit, VVDStRL 5 [1929], S. 30ff. [30ff.]).

mit der stereotypen Formel operieren, daß Recht eben Recht bleiben müsse und in der Demokratie nun einmal die Mehrheit entscheide, eine deutliche Absage erteilt. Denn das Grundgesetz zweifelt ja eben die unbeschränkte Geltung mehrheitlich getroffener Entscheidungen an, bildet geradezu ein „System institutionalisierten Mißtrauens gegen den Gesetzgeber“[92], gegen die normativ ungebundene Majorität. Es grenzt die politische Entscheidungszone ein[93], überläßt aber die definitive Beantwortung der Frage nach einer etwaigen Grenzüberschreitung auch nicht dem subjektiven Belieben des einzelnen Grundrechtsträgers. Der (notwendigerweise langwierige) demokratische Willensbildungs- und Entscheidungsprozeß sowie die umständliche Prozedur verfassungsgerichtlicher Kontrolle mag denjenigen, für die die Gefährdung der Grundlagen des Verfassungsstaates evident ist, als überflüssiger Zierat, vielleicht sogar als Vereitelung der notwendigen Rettung aus der Gefahr erscheinen[94]. Doch bringt eine derartige Unduldsamkeit nur das für den freiheitlichen, sittlich neutralisierten Verfassungsstaat typische Dilemma zum Ausdruck, daß dieser aus strukturellen Gründen sich einer ethischen Aufladung sperrt, dafür aber in die Gefahr gerät, unabweislichen materiellen Postulaten nicht die ad hoc erforderliche Durchschlagskraft verleihen zu können[95].

---

[92] E. Denninger, Art. Rechtsstaat, in: A. Görlitz (Hrsg.), Handlexikon zur Rechtswissenschaft, 1974, Bd. 2, S. 344 ff. (346).

[93] Scheuner, Mehrheitsprinzip (Fn. 2), S. 61.

[94] Bei alledem ist natürlich gar nicht zu verkennen, daß das Grundgesetz ganz in der Tradition moderner neuzeitlicher Verfassungen dem Bestandsschutz der allgemeinen Lebensgrundlagen und der Verhütung irreversibler Zukunftsentwicklungen kaum Raum gibt, statt dessen sein ganzes Vertrauen in die (als letztlich heilsam unterstellten) Mechanismen eigennützigen, eigeninteressierten privaten Handelns bzw. der (Parteien-)Konkurrenz von Machteliten setzt. Demokratische Parteienkonkurrenz aber drängt auf Bewegung, Veränderung, Progreß, privilegiert das „Machen“ vor dem „Bewahren“. Vernachlässigt werden dabei notwendige Kontroll- und Überwachungsmaßnahmen, die sich auf negative Gesamteffekte ohne zurechenbare individuelle Verursacher beziehen; und umgekehrt kennt unsere Rechtsordnung keine Vorkehrungen für den Schutz kollektiver Güter ohne individualisierbaren Träger (dazu sehr instruktiv: K.-M. Meyer-Abich, Vom bürgerlichen Rechtsstaat zur Rechtsgemeinschaft der Natur, in: Scheidewege 12 [1982], S. 581 ff.; L.H. Tribe, Was spricht gegen Plastikbäume?, in: Birnbacher, Ökologie und Ethik [Fn. 83], S. 20 ff.; E. Gassner, Treuhandklage zugunsten von Natur und Landschaft, 1984).

[95] Preuss, Verantwortung (Fn. 83), S. 23. – Die Gefahren für die Freiheit des Einzelnen, die sich aus einer allgemeinen Inpflichtnahme der Ausübung von Freiheitsrechten zum Schutz und zur Erhaltung des Staates sowie seiner Existenzgrundlagen ergeben, werden bei Saladin, Verantwortung (Fn. 83) durchgängig etwas zu gering gewichtet.

So bleiben am Schluß nur die Schwierigkeiten zu diagnostizieren, die mit dem Mehrheitsprinzip und seiner verfassungsrechtlichen Einbettung verbunden sind, ohne daß sich kurzerhand und gleichsam ex tempore wohlfeile Lösungsvorschläge und perfekte Mittel zur Krisenbewältigung entwickeln ließen. Als Faktum zu registrieren ist die Tendenz, daß angesichts der neuen Qualität, insbesondere der irreversiblen Folgewirkungen moderner technischer Projekte, zentrale Eingrenzungen der Mehrheitsregel außer Kraft gesetzt werden, die ihrerseits wieder legitimitätsstiftend wirken und zur Sicherstellung der Folgebereitschaft der unterlegenen Minderheit unerläßlich sind. Zudem erweist sich das Mehrheitsprinzip als typisches Konfliktregelungsmuster der Normallage zur Lösung existentieller (oder jedenfalls von einer nicht unerheblichen Anzahl von Bürgern für existentiell gehaltener) Konflikte als defizitär: über die Frage nach „Leben oder Tod" stimmt man nicht ab. Andererseits steht das Mehrheitsprinzip als die einer demokratisch verfaßten Gesellschaft Freier und Gleicher allein adäquate „anschmiegsame Form des Willensausdrucks"[96] weitgehend ohne Alternative da.

Wenn es nun stimmt, daß in der Demokratie Mehrheiten statt Wahrheiten herrschen[97], zugleich aber zutrifft, daß der Geltungsbereich des Mehrheitsprinzips ein durchaus begrenzter, die Bezirke des „Unabstimmbaren"[98] aussparender ist, und wenn sich beides nur unter der Voraussetzung eines umfassenden vorpolitischen Konsenses kombinieren läßt, da ansonsten „der gegenstandslose inhaltsleere Funktionalismus rein arithmetischer Mehrheitsfeststellungen [...] nur die quantitativ größere oder geringere Vergewaltigung der überstimmten und damit unterdrückten Minderheit"[99] wäre – dann stellt die Verfassung als rechtliche Grundordnung des Staates den Versuch dar, eben jenen umfassenden Konsens in einem verbindlichen Dokument niederzulegen. Sie ist zugleich der Ort, an dem mit der Gewährung von Grund- und Minderheitsrechten sowie anderen Einschränkungen der Omnipotenz des Gesetzgebers bestimmte Reservate aus dem Regelungskreis staatlichen Handelns ausgegrenzt sind.

---

[96] VARAIN, Bedeutung (Fn. 25), S. 56.

[97] H. OBERREUTER, Wahrheiten statt Mehrheiten, in: FAZ Nr. 4 v. 5.1.1984, S. 5.

[98] BVerfGE 35, 79 (151).

[99] SCHMITT, Legalität und Legitimität (Fn. 26), S. 284; s. ebd., S. 295: „Überhaupt wäre es eine sonderbare Art von ‚Gerechtigkeit', eine Mehrheit für um so besser und gerechter zu erklären, je erdrückender sie ist, und abstrakt zu behaupten, daß 98 Menschen 2 Menschen mißhandeln sei bei weitem nicht so ungerecht, wie daß 51 Menschen 49 mißhandeln. Hier wird die reine Mathematik zur reinen Unmenschlichkeit."

Die Frage nach den jeweiligen Grenzen des Mehrheitsprinzips zielt deshalb immer ganz zwingend auch und zugleich auf das Verständnis der Verfassung insgesamt wie auf ihre Auslegung im einzelnen; und die Idee der Verfassung war von Anbeginn weniger auf eine bestimmte Kompetenzordnung als auf die Sicherung politischer Einheit gerichtet[100]. Darüber, wo die Grenze der Macht der Mehrheit liegt, läßt sich wiederum ungeachtet einer abschließenden authentischen Auslegung und Entscheidung durch das Bundesverfassungsgericht nur dann vernünftig streiten, wenn wechselseitige Zuschreibungen nicht darauf abzielen, den politischen Gegner als außerhalb des Verfassungsrahmens stehend zu diskreditieren und ihn so mit Hilfe des politischen Stilmittels der innerstaatlichen Feinderklärung aus der „offenen Gesellschaft der Verfassungsinterpreten"[101] auszuschließen. Nur wenn das zu vermeiden ist, besteht die Chance, daß die wegen der Unvollkommenheit der Menschen einer immanenten Richtigkeitsgewähr entbehrenden und daher notwendigerweise immer anfechtbaren demokratischen Mehrheitsentscheidungen auch in Zukunft als mehr gelten können denn als bloßes „Machtplus"[102].

[100] Vgl. MEIER, Entstehung (Fn. 1), S. 61.

[101] P. HÄBERLE, Die offene Gesellschaft der Verfassungsinterpreten, in: JZ 1975, S. 297 ff.

[102] SIMMEL, Exkurs (Fn. 8), S. 43.

Das Demokratieprinzip des Grundgesetzes

I. Profilierung des Themas

1. Eingrenzung des Demokratiebegriffs

Schon oft wurde angemerkt, daß der Demokratiebegriff konturenlos und die Literatur dazu uferlos erscheint, daß die Verwendung des Terminus und seine inhaltliche Spezifikation nahezu beliebig erfolgen können und auch erfolgen[1]. Das hat seine Gründe. Demokratie bildet nicht den exklusiven Gegenstand einer Wissenschaft, schon gar nicht der Jurisprudenz, sondern

[1] K. Hesse, Grundzüge des Verfassungsrechts der Bundesrepublik Deutschland, 20. Aufl. 1995, Rn. 127; R.A. Rhinow, Grundprobleme der schweizerischen Demokratie, in: Zeitschrift für Schweizerisches Recht, Bd. 103 II (1984), S. 111 ff. (133 f.); M. Hättich, Art. Demokratie (I), in: Staatslexikon der Görres-Gesellschaft, 7. Aufl., Bd. 1, 1985, Sp. 1182 ff.; K. Doehring, Allgemeine Staatslehre, 1991, Rn. 326; K. Mittermaier/M. Mair, Demokratie, 1995, S. 1 ff.

beschäftigt viele Disziplinen: die politischen Wissenschaften[2], die politische Philosophie und damit die Ideengeschichte[3], Verfassungsvergleichung[4] und Verfassungsgeschichte[5] sowie nicht zuletzt das positive Staatsrecht. Weil Demokratie immer Idee, Norm und Realität zugleich ist[6], mit unterschiedlichen Methoden untersucht und auf Verschiedenes hin befragt werden kann, stellt sich die oft beklagte Aussagenvielfalt ein.

Der folgende Beitrag grenzt deshalb sein Thema in zweifacher Hinsicht ein: Er beschränkt sich erstens auf die Beschreibung der Demokratie als einer normativen Ordnung und beschäftigt sich zweitens nur mit der konkreten Ausgestaltung des Demokratieprinzips im Verfassungsgefüge der Bundesrepublik Deutschland. Außer Betracht bleibt dabei die besondere Problematik einer etwaigen Modifikation oder Durchbrechung des Demokratieprinzips im Verhältnis zur Europäischen Union.

---

[2] Vgl. A. Brecht, Politische Theorie (1959), 2. Aufl. 1976, S. 404 ff.; P. Dunleavy/B. O'Leary, Theories of the State – The Politics of Liberal Democracy, Basingstoke u.a. 1987; E. Fraenkel, Deutschland und die westlichen Demokratien (1964), 7. Aufl. 1979, S. 13 ff., 113 ff., 197 ff.; G. Sartori, Demokratietheorie, 1992; F. Scharpf, Demokratietheorie zwischen Utopie und Anpassung, 1970; M.G. Schmidt, Demokratietheorien, 2. Aufl. 1997; J.A. Schumpeter, Kapitalismus, Sozialismus und Demokratie (1942), 5. Aufl. 1980, S. 371 ff.

[3] H. Hofmann, Repräsentation (1974), 2. Aufl. 1990, S. 406 ff.; P. Graf Kielmansegg, Volkssouveränität, 1977, S. 230 ff.; H. Dreier, Demokratische Repräsentation und vernünftiger Allgemeinwille. Die Theorie der amerikanischen Federalists im Vergleich mit der Staatsphilosophie Kants, in: AöR 113 (1988), S. 450 ff.; H. Bielefeldt, Neuzeitliches Freiheitsrecht und politische Gerechtigkeit, 1990, S. 163 ff. – S. auch die Beiträge in: J. Schwartländer (Hrsg.), Menschenrechte und Demokratie, 1981; ferner E. Reibstein, Volkssouveränität und Freiheitsrechte, 2 Bde., 1972.

[4] Vgl. etwa D. Th. Tsatsos (Hrsg.), Parteienrecht im europäischen Vergleich, 1990; O.W. Gabriel (Hrsg.), Die EG-Staaten im Vergleich, 1992; zum Vergleich einzelner demokratischer Regierungssysteme A. Dragnich/J. Rasmussen, Major European Governments, 4. Aufl., Homewood/Ill. 1974, S. 4 ff.

[5] Vgl. z.B. W. Conze u.a., Art. Demokratie, in: Geschichtliche Grundbegriffe. Historisches Lexikon zur politisch-sozialen Sprache in Deutschland, hrsgg. v. O. Brunner, W. Conze u. R. Koselleck, Bd. 1, 1972, S. 821 ff.; F.H. Schubert, Volkssouveränität und Heiliges Römisches Reich, in: HZ 213 (1971), S. 91 ff.; G. Stourzh, Wege zur Grundrechtsdemokratie, 1989, S. 1 ff., 37 ff., 155 ff. Zum ganzen auch die Beiträge in: K. Hartmann (Hrsg.), Die Demokratie im Spektrum der Wissenschaften, 1980.

[6] So Rhinow, Grundprobleme (Fn. 1), S. 186. E. Schmidt-Assmann, Verwaltungslegitimation als Rechtsbegriff, in: AöR 116 (1991), S. 329 ff. (334 ff.) unterscheidet „Dogma, Prinzip und Idee". Vgl. E.-W. Böckenförde, Demokratie als Verfassungsprinzip, in: HStR I, § 22 Rn. 58 ff.; P. Badura, Die parlamentarische Demokratie, ebd., § 23 Rn. 41 („Staatsidee und Staatsideal").

2. *Demokratie als Staatsstrukturprinzip*

Mit dieser Engführung des Themas verbinden sich drei weitere Präzisierungen.

a) Erstens ist mit dem Terminus „Demokratie" nicht das Gesamtensemble institutioneller Sicherungen freiheitlicher Verfassungsstaaten umschrieben, sondern nur ein (freilich zentraler) Aspekt[7]. Eine solche Sichtweise schützt davor, Demokratie als den Inbegriff alles Guten, Wahren, Schönen zu verstehen und entsprechend ubiquitär einzusetzen, wie es nur allzuoft im politischen Diskurs geschieht[8]. Mit der hier vorgenommenen Spezifizierung erweist sich Demokratie als durch bestimmte Merkmale charakterisierbar, zugleich aber auch durch andere Verfassungsprinzipien (Rechtsstaatsprinzip, Grundrechte) begrenzbar[9].

b) Mit der Orientierung auf das Grundgesetz als höchster staatlicher Rechtsebene ist zweitens angedeutet, daß hier traditionellerweise Demokratie in erster Linie als Ordnungsprinzip staatlicher Herrschaftsorganisation, nicht als überall gültiges Prinzip von umspannender gesamtgesellschaftlicher Relevanz verstanden wird. Wieweit gesellschaftliche „Demokratisierung" im Sinne mehr oder minder weitreichender Partizipation, Mitbestimmung und Entscheidungsteilhabe in Betrieben, Schulen, Universitäten, dem Verwaltungsvollzug etc. wünschbar und möglich ist, folgt nicht – oder doch nicht ohne weiteres – aus dem Demokratiebegriff bzw. dem Demokratieverständnis einer konkreten staatlichen Herrschaftsorganisation, sondern ist im wesentlichen der Gestaltung durch die politischen Kräfte und den Gesetzgeber überlassen[10], der dabei natürlich

---

[7] Die z.B. in Art. 18 GG angesprochene „freiheitliche demokratische Grundordnung" umfaßt von daher, auch in der Ausdeutung des Bundesverfassungsgerichts, sowohl demokratische als auch rechtsstaatlich-liberale Elemente. Vgl. BVerfGE 2, 1 (12f.); 5, 85 (139ff.); H. Dreier, Grenzen demokratischer Freiheit im Verfassungsstaat, in: JZ 1994, S. 741ff. (750), in diesem Bande S. 249ff. (278f.).

[8] Zu Recht kritisch Rhinow, Grundprobleme (Fn. 1), S. 137f. m.w.N.

[9] So finden demokratische Mehrheitsentscheide an Grundrechten und rechtsstaatlichen Garantien eine Schranke: vgl. Rhinow, Grundprobleme (Fn. 1), S. 158f. Beim Grundgesetz treten die besonderen Grenzen des Art. 79 Abs. 3 GG hinzu: Dreier, Grenzen (Fn. 7), S. 742ff., in diesem Bande S. 251ff. Umfangreich zum Verhältnis der Verfassungsprinzipien Böckenförde, Demokratie (Fn. 6), § 22 Rn. 81ff., 92.

[10] Rhinow, Grundprobleme (Fn. 1), S. 141f.; P. Badura, Staatsrecht, 1986, S. 183; R. Wahl, Art. Demokratie, Demokratieprinzip, in: Ergänzbares Lexikon des Rechts, Nr. 5/170 (1990), S. 1.

wiederum die Grundrechte und andere Verfassungsbestimmungen zu beachten hat[11].

c) Daraus ergibt sich schließlich drittens, daß Demokratie als Prinzip staatlicher Herrschaftsorganisation, nicht als Form von Herrschaftslosigkeit oder Weg dorthin verstanden wird: Demokratie im hier gemeinten Sinne betrifft die „Organisation und Strukturierung einer menschenwürdigen Herrschaft“[12]. Sehr richtig hat man betont, daß Demokratie nach dem Grundgesetz „nicht die Negierung oder Auflösung von Herrschaft meint oder verspricht, sondern eine besondere, nämlich eine freiheitliche Organisation von Herrschaft“[13]. Mit einem Wort: auch Herrschaft des Volkes bleibt Herrschaft[14]. Das freiheitliche Element der Demokratie liegt also nicht in der Abwesenheit staatlicher Herrschaft, sondern in der besonderen Organisation derselben. Dieser gilt unser Augenmerk.

3. *Demokratieprinzip und Verfassunggebung*

Eine Besonderheit des Staatsstrukturprinzips Demokratie verdient Hervorhebung, weil es für die verfassungsstaatliche Struktur von Bedeutung ist: die herausgehobene Rolle, die Demokratie als Inbegriff kollektiver Selbstbestimmung einer Gesellschaft Freier und Gleicher für den fundamentalen Akt der Verfassunggebung spielt. Jedenfalls neuzeitlicher Verfassungstheorie gemäß, wie wir sie mit den Ereignissen der amerikanischen und französischen Revolution fixieren können, ist der Gründungsakt der Verfassunggebung selbst höchster und vollkommenster Ausdruck der Volkssouveränität[15]. Damit aber ist ein interessanter Unterschied zu anderen

---

[11] Gerade das Demokratieprinzip kann zu weitgehender Demokratisierung entgegenstehen, wie etwa im Falle der Mitbestimmung von Personalräten: BVerfGE 93, 37 (66f., 70ff.); kritisch dazu T. v. ROETTEKEN, Verfassung und Personalvertretungsrecht, in: NVwZ 1996, S. 552ff.; U. BATTIS/J. KERSTEN, Demokratieprinzip und Mitbestimmung, in: DÖV 1996, S. 584ff.

[12] RHINOW, Grundprobleme (Fn. 1), S. 156. Es geht also um einen „partizipativen, pluralistischen, offenen, verantwortlichen Prozeß der Herrschaftsbestellung, Herrschaftskontrolle und Herrschaftslegitimierung mit dem Ziel, die Herrschaftsausübung an den ‚Willen des Volkes‘, d.h. an Werthaltungen und Meinungen eines größtmöglichen Teiles der Gesellschaft zurückzubinden“ (ebd., S. 157).

[13] WAHL, Art. Demokratie (Fn. 10), S. 1. So auch HESSE, Grundzüge (Fn. 1), Rn. 134; BÖCKENFÖRDE, Demokratie, (Fn. 6), § 22 Rn. 9. Als Klassikertext vgl. H. KELSEN, Vom Wesen und Wert der Demokratie, 2. Aufl. 1929, S. 7f.

[14] H. HELLER, Staatslehre, 1934, S. 247.

[15] Vgl. DREIER, Grenzen (Fn. 7), S. 747f., in diesem Bande S. 269f.; H.J. BOEHL, Landesverfassunggebung im Bundesstaat. Zur Neukonstituierung der Länder im

Staatsstrukturprinzipien gegeben, wie sie das deutsche Grundgesetz etwa mit den Grundsätzen der Sozialstaatlichkeit, der Bundesstaatlichkeit und der Rechtsstaatlichkeit kennt. Diese sind erst durch den Akt der Verfassunggebung zu Fundamentalnormen der konkreten grundgesetzlichen Ordnung geworden und haben seinerzeit zur Disposition des Verfassunggebers gestanden (für die Bundesstaatlichkeit ist dies evident, für das Sozialstaatsprinzip wohl auch, für das Rechtsstaatsprinzip führt die Frage zum Grundsatzproblem einer Bindung des pouvoir constituant)[16]. Der demokratische Gedanke kollektiver Selbstbestimmung aber ist nicht erst Produkt der Verfassunggebung, sondern ihr Prinzip und entscheidendes Charakteristikum.

II. Volkssouveränität, demokratische Repräsentation und direkte Demokratie

Der Hinweis auf den Akt der Verfassunggebung als höchsten Ausdruck des Prinzips der Volkssouveränität leitet über zur konkreten Ausgestaltung des Demokratieprinzips im Grundgesetz. In Art. 20 Abs. 2 Satz 1 GG spricht die Verfassung den Fundamentalsatz demokratischer Ordnung aus: „Alle Staatsgewalt geht vom Volke aus". An anderer Stelle wird die staatliche Ordnung der Bundesrepublik Deutschland dann noch (adjektivisch) als „demokratische" gekennzeichnet (vgl. Art. 20 Abs. 1 GG, 28 Abs. 1 Satz 1 GG). Was das grundsätzlich für die Ausgestaltung demokratischer Herrschaftsorganisation bedeutet, soll im folgenden näher untersucht werden. Weitere Bestimmungen des Grundgesetzes wie Art. 38 GG lassen sich unschwer als Konkretisierung des Demokratieprinzips verstehen; darauf ist unter III. genauer einzugehen.

1. Volkssouveränität und demokratische Repräsentation

Der zentrale Satz des Art. 20 Abs. 2 Satz 1 GG ist in seinem ganzen Gewicht ernst, nicht aber wortwörtlich zu nehmen. Zwar könnte eine gewissermaßen „rousseauistische" Interpretation es nahelegen, hierin eine ausschließ-

---

beigetretenen Teil Deutschlands, in: Der Staat 30 (1991), S. 572 ff. (577 f.); E.-W. Böckenförde, Die verfassunggebende Gewalt des Volkes, 1986, S. 11 ff.; ders., Demokratie (Fn. 6), Rn. 5 ff.

[16] Genauer Dreier, Grenzen (Fn. 7), S. 749 f., in diesem Bande S. 273 f.

liche Autorisation für die Ausübung der Staatsgewalt durch das Volk selbst (und nicht etwa durch seine Repräsentanten) zu sehen. Doch aus einsichtigen und noch zu präzisierenden Gründen ergibt sich, daß die Volkssouveränitätsdoktrin „keine Zuständigkeitsregelung, sondern ein Legitimations- und Verantwortungsprinzip“[17] darstellt. Nicht um einen Kompetenztitel geht es, sondern um die Angabe eines bestimmten Legitimationsniveaus staatlicher Herrschaft. Die Reklamation der Volkssouveränität will eben besagen, daß staatliche Herrschaftsorganisation sich nicht auf dynastische Legitimität, nicht auf die Idee des Staates als göttliche Stiftung, nicht auf bloße Tradition oder Herkommen, nicht auf eine um ihrer selbst willen bestehende „Idee der Staatsräson“ (F. Meinecke)[18], sondern allein auf den Willen der zum Staatsvolk zusammengefaßten Individuen stützen kann[19]. Daß Volkssouveränität mit (demokratischer) Repräsentation verbunden gedacht und praktiziert werden kann, macht Art. 20 Abs. 2 Satz 2 GG unmißverständlich deutlich, indem dort von der Ausübung der Staatsgewalt „in Wahlen und Abstimmungen und durch besondere Organe der Gesetzgebung, der vollziehenden Gewalt und der Rechtsprechung“ die Rede ist. Das Grundgesetz stellt sich damit ganz entschieden in die letztlich konkurrenzlose Tradition repräsentativer Demokratie: baute doch nicht erst die von Sieyes konzipierte französische Revolutionsverfassung von 1791[20] in striktem Gegensatz zu Rousseaus Contrat Social auf dem Repräsentativsystem auf[21], sondern hatten vordem schon die Autoren der amerikanischen Federalist Papers (1787/88) mit der ingeniösen „Erfindung“ der

[17] R. Grawert, Staatsvolk und Staatsangehörigkeit, in: HStR I, § 14 Rn. 22; vgl. auch Badura, Demokratie (Fn. 6), § 23 Rn. 34, 35.

[18] Vgl. dazu M. Stolleis, Friedrich Meineckes „Die Idee der Staatsräson“ und die neuere Forschung, in: ders., Staat und Staatsräson in der frühen Neuzeit, 1990, S. 134ff.

[19] Rhinow, Grundprobleme (Fn. 1), S. 187: Demokratie anerkennt „keine nicht auf das Volk rückführbare und von ihm zumindest mittelbar legitimierte staatliche Macht als gerechtfertigte Autorität“; vertiefend H. Hofmann, Menschenrechtliche Autonomieansprüche – Zum politischen Gehalt der Menschenrechtserklärungen, in: JZ 1992, S. 165ff. (168ff.).

[20] Zu Sieyes und seinem Verfassungswerk: E. Zweig, Die Lehre vom Pouvoir Constituant, 1909, S. 115ff., 404ff.; Hofmann, Repräsentation (Fn. 3), S. 406ff.; M. Forsyth, Reason and Revolution, Leicester 1987, S. 128ff.; T. Hafen, Staat, Gesellschaft und Bürger im Denken von Emmanuel Joseph Sieyes, 1994.

[21] Französische Verfassung von 1791, Titel III, Art. 2: „Die Nation, von der allein alle Gewalten ihren Ursprung haben, kann sie nur durch Übertragung ausüben. Die französische Verfassung ist eine Repräsentativverfassung. Ihre Repräsentanten sind die gesetzgebende Körperschaft und der König.“

representative democracy das Rätsel gelöst[22], wie in Großflächenstaaten angesichts der Unmöglichkeit von Volksversammlungen gleichwohl ein demokratisches System etabliert werden könnte[23]. Anders als man bis in die jüngste Zeit immer wieder gemeint hat, besteht zwischen der Idee der Volkssouveränität und dem Repräsentativsystem also kein unversöhnlicher Gegensatz, keine wechselseitige Ausschließlichkeit. Ganz im Gegenteil kann die repräsentative Ausgestaltung demokratischer Herrschaft in Form gewählter Volksvertretungen als „praktische Verwirklichung der Volkssouveränität in einem verfassungsrechtlich geordneten Staat" gelten[24]. Genauer gesagt erhält die parlamentarische Repräsentation ihren besonderen Charakter gerade durch die Idee der Volkssouveränität, also dem Programm der Selbstherrschaft einer egalitären Staatsbürgergesellschaft. Nicht der Repräsentationsgedanke als solcher steht im Widerspruch zur Volkssouveränität, sondern nur die (geschichtlich in vielfältigen Formen realisierten) nichtdemokratischen Formen der Repräsentation[25].

2. *Repräsentative und direkte (identitäre, plebiszitäre, unmittelbare) Demokratie*

Die Notwendigkeit und Unausweichlichkeit einer repräsentativen Ausgestaltung der Demokratie in modernen Großflächenstaaten steht somit außer Frage. Zwar gibt es rein repräsentative Formen demokratischer Staatlichkeit ohne direktdemokratische Elemente, nicht aber demokratische Flächenstaaten ohne repräsentative Institutionen[26]. Andererseits steht einer „Anreicherung" des Repräsentativsystems um Formen direkter De-

[22] Vgl. insbesondere Federalist-Artikel Nr. 9 (HAMILTON), Nr. 10 (MADISON), Nr. 14 (MADISON), Nr. 51 (MADISON), Nr. 52 (MADISON). Deutsche Textausgabe: A. u. W.P. Adams (Hrsg.), Hamilton/Madison/Jay. Die Federalist-Artikel, 1994.

[23] Dazu näher H. VORLÄNDER, Forum Americanum. Kontinuität und Legitimität der Verfassung der Vereinigten Staaten von Amerika 1787–1987, in: JöR 36 (1987), S. 451 ff. (468 ff., 473 ff.); DREIER, Demokratische Repräsentation (Fn. 3), S. 458 ff.; J. HEIDEKING, Die Verfassung vor dem Richterstuhl – Vorgeschichte und Ratifizierung der amerikanischen Verfassung 1787–1791, 1988, S. 302 ff., 379 ff.

[24] BADURA, Staatsrecht (Fn. 10), S. 177. Eingehender E.-W. BÖCKENFÖRDE, Demokratische Willensbildung und Repräsentation, in: HStR II, § 30 Rn. 4 ff., 12 ff.; s. auch B. HALLER, Repräsentation, Diss. phil. Münster 1987, S. 121: moderne Repräsentation als „institutionelle Verkörperung der Volkssouveränität".

[25] Vertiefend H. HOFMANN/H. DREIER, Repräsentation, Mehrheitsprinzip und Minderheitenschutz, in: H.-P. Schneider/W. Zeh (Hrsg.), Parlamentsrecht und Parlamentspraxis in der Bundesrepublik Deutschland, 1989, § 5 Rn. 22.

[26] Vgl. RHINOW, Grundprobleme (Fn. 1), S. 171, 174.

mokratie prinzipiell nichts entgegen. Allerdings ist das Zuordnungs- und Ergänzungsverhältnis von direkter und repräsentativer Demokratie nicht selten Mißverständnissen und verzerrenden Interpretationen ausgesetzt. Allzuoft und allzuschnell werden – gerade in der Bundesrepublik Deutschland und mit Blick auf das Grundgesetz – beide Varianten in einen strukturellen Systemgegensatz gebracht; die repräsentative Demokratie erscheint dann zu Unrecht leicht als die einzige oder jedenfalls „eigentliche" Form demokratischer Staatsorganisation (dazu 3.). Andererseits sollte man sich davor hüten, direktdemokratische Elemente mit der Aura echter, wahrer Artikulation des Volkswillens zu versehen[27]. Nähere Betrachtung erweist nämlich, daß auch vermeintlich „identitäre" Formen kollektiver Entscheidungsfindung wie Volksbegehren und Volksentscheid, Referendum und Plebiszit letztlich kaum weniger repräsentativ sind als parlamentarische Gesetzesbeschlüsse[28]. Denn auch bei Akten direkter Demokratie handeln die Aktivbürger für das Gesamtvolk, und auch hier ist die Mehrheitsentscheidung verbindlich für alle. Nur bei Zugrundelegung mehrfacher Fiktionen (wenn nicht Mystifikationen) ließe sich annehmen, bei Volksbegehren und Volksentscheid käme ein einheitlicher, ungebrochener, unvermittelter Wille des Volkes zur Geltung[29]. Davon kann keine Rede sein. Vielmehr ist hier die repräsentative Struktur nur verdeckt; die vermeintliche Unmittelbarkeit der Teilhabe erweist sich lediglich als „eine andere Art der Mediatisierung"[30].

Gleichwohl bestehen natürlich eklatante Unterschiede zwischen „rein" repräsentativen und direktdemokratischen Formen der Entscheidungsfindung: ansonsten würden die Kontroversen in der Bundesrepublik Deutschland um die Einführung von Volksentscheid und Volksbegehren, Referendum oder Plebiszit gerade auf Bundesebene nicht mit soviel Vehemenz ausgetragen, wäre die Ablehnung direkter Demokratie durch weite Kreise der deutschen Staatsrechtslehrer nicht so ausgeprägt[31]. Wichtig ist allein,

---

[27] Zu Recht kritisch RHINOW, Grundprobleme (Fn. 1), S. 167 ff.; ihm folgend BÖCKENFÖRDE, Willensbildung (Fn. 24), § 30 Rn. 14.

[28] Zum folgenden HOFMANN/DREIER, Repräsentation (Fn. 25), § 5 Rn. 17 m.w.N.

[29] Richtig RHINOW, Grundprobleme (Fn. 1), S. 177 ff.

[30] P. BADURA, Die politische Freiheit in der Demokratie, in: Festschrift für Helmut Simon, 1987, S. 193 ff. (207).

[31] Siehe etwa R. SCHOLZ, Krise der parteienstaatlichen Demokratie?, 1983, S. 6 ff.; DERS., Aufgaben und Grenzen einer Reform des Grundgesetzes, in: Festschrift für Peter Lerche, 1993, S. 65 ff. (79); J. ISENSEE, Am Ende der Demokratie – oder am Anfang?, 1995, S. 31 ff. – Restriktive Tendenz auch bei R. HERZOG, in: T. Maunz/G. Dürig (Hrsg.), Grundgesetz. Kommentar, Art. 20 Abschnitt II (1980), Rn. 44 f.; P. KRAUSE, Verfassungsrechtliche Möglichkeiten unmittelbarer Demokratie, in: HStR

sich der auch repräsentativen Struktur jener Formen bewußt zu bleiben und plebiszitäre Elemente von der Mystifikation eines einheitlichen, womöglich irrtumsresistenten Volkswillens freizuhalten.

3. Direkte Demokratie im Grundgesetz?

So gerüstet, kann ein sachlicher Blick auf die nach wie vor heftig umstrittene Frage geworfen werden, in welchem Umfang das Grundgesetz de constitutione lata bzw. de constitutione ferenda der Einführung (zusätzlicher) direktdemokratischer Elemente zugänglich ist bzw. welche Hürden insoweit zu überwinden wären[32].

a) Erste Orientierung bietet ein Blick in Art. 20 Abs. 2 Satz 2 GG. Dort ist nicht nur von „Wahlen" und damit vom zentralen Vorgang repräsentativer Demokratie, sondern auch von „Abstimmungen" die Rede. Mit Wahlen sind staatsrechtliche Entscheidungen über Personen, mit Abstimmungen hingegen Sachentscheidungen gemeint[33]. Derartige Sachentscheidungen bilden den Kern der direkten Demokratie. Während nun die „Wahlen" für die grundgesetzliche Ordnung von zentraler Bedeutung sind (vgl. Art. 38, 76ff. GG und ausführlicher unter III. 1.), spielen die „Abstimmungen" eine eher marginale Rolle. Als Beispielsfälle nennt man hier üblicherweise Art. 118 GG (Neugliederung der badischen und württembergischen Länder), neuerdings auch Art. 118a GG sowie seit jeher Art. 29 GG (Neugliederung des Bundesgebietes), wozu es eines „Volksentscheides" (Art. 29 Abs. 2 Satz 1, Abs. 3 Satz 1 GG) bedarf[34]. Indes ist zum einen zu bedenken, daß Art. 118 GG durch die historische Entwick-

II, § 39 Rn. 13 ff. Zur Prägung dieser Position durch „Weimarer Erfahrungen" zuletzt kritisch C. Gusy, Das Demokratiekonzept der Weimarer Reichsverfassung, in: Jura 1995, S. 226ff. (227ff.).

[32] Ausführliche Analysen aus jüngerer Zeit: K. Bugiel, Volkswille und repräsentative Entscheidung. Zulässigkeit und Zweckmäßigkeit von Volksabstimmungen nach dem Grundgesetz, 1991; U. Berlit, Soll das Volk abstimmen? Zur Debatte über direktdemokratische Elemente im Grundgesetz, in: KritV 76 (1993), S. 318 ff.

[33] F.E. Schnapp, in: I. v. Münch/P. Kunig (Hrsg.), Grundgesetz-Kommentar, Bd. 1, 4. Aufl. 1992, Art. 20 Rn. 31; C. Degenhart, Staatsrecht I, 12. Aufl. 1996, Rn. 13; J. Ipsen, Staatsrecht I, 8. Aufl. 1996, Rn. 90ff.; K. Stern, Das Staatsrecht der Bundesrepublik Deutschland, Bd. I, 2. Aufl. 1984, S. 606ff.; Badura, Staatsrecht (Fn. 10), S. 178 f.; M. Sachs, in: ders. (Hrsg.), Grundgesetz-Kommentar, 1996, Art. 20 Rn. 21.

[34] I. v. Münch, Staatsrecht I, 5. Aufl. 1993, Rn. 138; H.D. Jarass/B. Pieroth, Grundgesetz, 3. Aufl. 1995, Art. 29 Rn. 3 ff.; Ipsen, Staatsrecht (Fn. 33), Rn. 29f.

lung längst obsolet geworden[35] und eine Neugliederung gemäß Art. 29 GG wegen der dort aufgerichteten zahlreichen Hindernisse absolut unwahrscheinlich ist[36]. Zum zweiten und wichtiger gilt es zu erkennen, daß wir es in beiden Fällen nicht im engeren Sinne mit Volksentscheiden, sondern mit „Bevölkerungsentscheiden"[37] zu tun haben: nicht das gesamte Staatsvolk handelt und trifft anstelle des parlamentarischen Gesetzgebers eine das gesamte Staatsvolk betreffende Regelung, sondern ein von der Neugliederung betroffener Bevölkerungsteil stimmt über eine Frage von letztlich regionaler Bedeutung ab[38].

Der Vollständigkeit halber bleibt in diesem Kontext Art. 28 Abs. 1 Satz 4 GG zu erwähnen: dieser so gut wie leerlaufenden Norm gemäß kann in Gemeinden an die Stelle einer gewählten Körperschaft die Gemeindeversammlung treten[39]. Aber auch hier kann man eigentlich nicht von plebiszitären Elementen im Sinne gesamtstaatlicher Entscheidung durch das Wahlvolk sprechen[40].

---

[35] Statt aller H. HOFMANN, Die Entwicklung des Grundgesetzes nach 1949, in: HStR I, § 7 Rn. 15.

[36] Prognose in diese Richtung bei M. BOTHE, in: Alternativ-Kommentar zum Grundgesetz, Bd. 1, 2. Aufl. 1989, Art. 29 Rn. 8 ff., 11.

[37] So mit Bezug auf Art. 29 GG a.F. W. WEBER, Weimarer Verfassung und Bonner Grundgesetz, 1949, S. 16 Fn. 10.

[38] Die Literatur pflegt diese Differenz in der Regel zu ignorieren. Symptomatisch H.-J. VOGEL, Die bundesstaatliche Ordnung des Grundgesetzes, in: E. Benda/W. Maihofer/H.-J. Vogel (Hrsg.), Handbuch des Verfassungsrechts der Bundesrepublik Deutschland, 2. Aufl. 1994, § 22 Rn. 140 („durch Volksentscheid der durch die Gebietsänderung betroffenen Bevölkerung"). S. aber HOFMANN, Entwicklung (Fn. 35), § 7 Rn. 73.

[39] Diese GG-Bestimmung (ursprünglich Art. 28 Abs. 1 Satz 3 GG) war für „Kleinstgemeinden" gedacht (so der Abg. KAUFMANN im Parlamentarischen Rat, vgl. JöR 1 [1951], S. 252 f.). Als letztes der alten Bundesländer schaffte Schleswig-Holstein die entsprechende Norm im Jahre 1990 ab. Augenblicklich ist Brandenburg das einzige Bundesland, in dem in Gemeinden mit bis zu 100 Einwohnern an die Stelle der Gemeindevertretung die aus den Gemeindebürgern bestehende Gemeindeversammlung tritt (§ 53 der Gemeindeordnung Brandenburg).

[40] So „betrifft Art. 29 GG die föderalen Grundlagen des Verfassungsaufbaus und gehört deswegen gar nicht unmittelbar in den Problemkreis von repräsentativer und unmittelbarer Demokratie" (H. HOFMANN, Verfassungsrechtliche Sicherungen der parlamentarischen Demokratie [1984], in: ders., Verfassungsrechtliche Perspektiven, 1995, S. 129 ff. [144 f.]). Ähnlich, aber mit gegenläufiger Tendenz („nachholende Verfassunggebung") P. LERCHE, Grundfragen repräsentativer und plebiszitärer Demokratie, in: P.M. Huber/W. Mößle/M. Stock (Hrsg.), Zur Lage der parlamentarischen Demokratie, 1995, S. 179 ff. (186).

b) Angesichts dieser Lage verwundert es nicht, wenn das Grundgesetz in einer vielzitierten Wendung als „prononciert antiplebiszitär“[41] charakterisiert wurde. *De constitutione lata* trifft das zweifelsohne zu. Auch muß festgehalten werden, daß die Einführung von Volksentscheiden durch den einfachen Gesetzgeber im Augenblick an Art. 77 GG scheitern würde: dort heißt es nämlich ausdrücklich und ausnahmslos, daß Gesetze vom Bundestage beschlossen werden. Das Grundgesetz kennt also (noch) nicht die Möglichkeit der Gesetzgebung durch das Volk, von der etwa in großer Selbstverständlichkeit die Verfassung Bayerns spricht, wenn es dort in Art. 72 Abs. 1 heißt: „Die Gesetze werden vom Landtag oder vom Volk (Volksentscheid) beschlossen.“[42]

c) Eine ganz andere Frage ist, ob direktdemokratische Elemente *de constitutione ferenda* eine bedeutendere Rolle spielen könnten. Diese Frage zu stellen bedeutet, Möglichkeiten und etwaige Grenzen der Verfassungsänderung zu sondieren: denn ohne Verfassungsänderung wären jedenfalls Gesetzgebungsakte durch Volksbegehren und Volksentscheid (und das ist der historisch wie aktuell entscheidende Fall) unzulässig[43]. Nun sind zwar in der deutschen Staatsrechtslehre die Reserven gegenüber solchen Formen demokratischer Entscheidung groß; gleichwohl vertritt niemand ausdrücklich die Extremposition, derzufolge jedwede noch so marginale Anreicherung des Grundgesetzes um direktdemokratische Einflußnahme und Entscheidung auch im Wege der Verfassungsänderung unmöglich wäre, weil darin ein Verstoß gegen Art. 79 Abs. 3 GG, also die „Ewigkeitsklausel“ des Grundgesetzes läge[44]. Doch plädiert man zuweilen für sehr weitreichende Restriktionen[45]; Einwände dieser Art stützen sich zudem häufig auf verfassungspolitische Argumente. Indes sieht sich die lange Zeit nahezu unangefochtene Auffassung vom weitgehenden verfassungsrecht-

---

[41] Stern, Staatsrecht (Fn. 33), S. 608.

[42] Genauer zu Voraussetzungen und Verfahren: T. Meder, Die Verfassung des Freistaates Bayern, 4. Aufl. 1992, Art. 74 Rn. 7 ff. Zu direkt-demokratischen Elementen auf Länderebene vgl. noch unten in Fn. 50.

[43] Zum hier nicht weiter zu erörternden Problemfall der sog. konsultativen Volksbefragungen: H. Hofmann, Bundesstaatliche Spaltung des Demokratiebegriffs? (1985), in: ders., Perspektiven (Fn. 40), S. 146 ff. (159 f.); Bugiel, Volkswille (Fn. 32), S. 395 ff.; Berlit, Volk (Fn. 32), S. 329 f. – jeweils m.w.N. Umfassend U. Rommelfanger, Das konsultative Referendum, 1988.

[44] Vgl. die Nachweise bei Bugiel, Volkswille (Fn. 32), S. 443.

[45] Sehr restriktiv etwa A. Greifeld, Volksentscheid durch Parlamente, 1983, S. 105 ff.; Scholz, Krise (Fn. 31), S. 6 ff.; Krause, Möglichkeiten (Fn. 31), § 39 Rn. 17 ff.; Isensee, Demokratie (Fn. 31), S. 31 ff.; weitere Nachweise bei Hofmann, Spaltung (Fn. 43), S. 149; Bugiel, Volkswille (Fn. 32), S. 445 f.

lichen Ausschluß der Möglichkeiten direkter Demokratie durchschlagenden Gegenargumenten ausgesetzt. Zum einen ist der Demokratiebegriff seiner ideengeschichtlichen wie verfassungsgeschichtlichen Tradition nach zumindest für beide Ausprägungen, repräsentative wie identitäre, offen, wenn man nicht sogar ein Primat der direkten Demokratie postulieren will[46]. Zum zweiten nennt das GG mit den Abstimmungen in Art. 20 Abs. 2 Satz 2 GG den zentralen Akt identitärer Demokratie selbst beim Namen; das ist ein klarer Beleg dafür, daß das Grundgesetz selbst diese Form als legitime verfassungsrechtlich zulässige Form demokratischer Entscheidungsfindung anerkennt. Für eine definitive und endgültige Beschränkung auf die Fälle der Art. 28 Abs. 1 Satz 4, 29, 118, 118a GG gibt es hingegen – ganz abgesehen davon, daß es sich dabei gar nicht um einschlägige Fälle direkter Demokratie handelt[47] – keine validen Anhaltspunkte[48]. Drittens und ganz zentral schließlich bleibt zu beachten, daß mittlerweile alle Verfassungen der deutschen Bundesländer[49] neben repräsentativen auch (unterschiedlich intensiv ausgestaltete) Formen direkter Demokratie kennen[50]. Wegen des Homogenitätsgebotes des Art. 28 Abs. 1 GG müßte nun die These, einer Anreicherung des Grundgesetzes um Elemente direkter Demokratie stünde Art. 79 Abs. 3 GG entgegen, konsequenterweise zur Annahme der Verfassungswidrigkeit der entsprechenden Länder-

[46] Man mag hier an die Ursprünge in der griechischen Antike, an das identitäre Konzept Rousseaus, an die amerikanischen town meetings, die Schweizer Demokratie oder an Art. 73 ff. WRV denken.

[47] Vgl. oben bei Fn. 37ff.

[48] Im Gegenteil hat das Bundesverfassungsgericht im für das Demokratieprinzip so wichtigen KPD-Urteil betont, der Einzelne solle „in möglichst weitem Umfange verantwortlich auch an den Entscheidungen für die Gesamtheit mitwirken“, und der Staat habe „ihm dazu den Weg zu öffnen“ (BVerfGE 5, 85 [205]). – Die verbreitete Perhorreszierung direkt-demokratischer Elemente neigt hingegen dazu, die Urform der Demokratie als deren Unform zu betrachten und zudem den input-orientierten Gehalt dieses Staatsstrukturprinzips (vgl. Scharpf, Demokratietheorie [Fn. 2], S. 21 ff.) zu ignorieren.

[49] Bis vor kurzem bildete Hamburg die einzige Ausnahme. Die Verfassung der Freien und Hansestadt ist aber insoweit durch Gesetz v. 29.5.1996 (Hamb. GVBl. S. 77) geändert worden und sieht nun in Art. 50 die gängigen plebiszitären Elemente vor. Vgl. im einzelnen das Hamburgische Gesetz über Volksinitiative, Volksbegehren und Volksentscheid v. 20.6.1996 (GVBl. S. 136).

[50] Überblick bei Ipsen, Staatsrecht (Fn. 33), Rn. 97ff.; Degenhart, Staatsrecht (Fn. 33), Rn. 29ff.; vgl. eingehend G. Jürgens, Direkte Demokratie in den Bundesländern, 1992 (für die alten Bundesländer); speziell zu den neuen Bundesländern H. v. Mangoldt, Die Verfassungen der neuen Bundesländer, 1993, S. 52ff.; O. Jung, Jüngste plebiszitäre Entwicklungstendenzen in Deutschland auf Landesebene, in: JöR 41 (1993), S. 29ff. (45ff.).

bestimmungen führen[51]. Diese Folgerung wird aber – ganz zu Recht – nicht gezogen[52]. Wenn Art. 28 Abs. 1 GG die verfassungsmäßige Ordnung in den Ländern auf die Grundsätze des demokratischen Rechtsstaates „im Sinne des Grundgesetzes" verpflichtet, die Länder nun aber zulässigerweise direktdemokratische Elemente in ihre Verfassungen aufgenommen haben, dann kann zwingender Logik zufolge das Demokratieprinzip des Grundgesetzes nicht auf repräsentative Formen beschränkt sein. Art. 20 Abs. 1, 2 GG ist „offen für beide Formen"[53]. Volksentscheid und Volksbegehren, Plebiszit und Referendum sind als Ausprägungen des Demokratieprinzips also nicht nur auf Länderebene, sondern auch auf der Ebene des Bundes möglich. Ihre Einführung setzt allerdings eine Änderung des Grundgesetzes voraus; an Art. 79 Abs. 3 GG würde diese nicht scheitern. Art und Umfang der plebiszitären Elemente zu bestimmen, wäre in erster Linie der politischen Klugheit des verfassungsändernden Gesetzgebers anvertraut[54].

III. Ausgestaltung der repräsentativen Demokratie im Grundgesetz

Aus den angedeuteten Gründen hat sich die Schilderung der konkreten Ausgestaltung des Demokratieprinzips im Grundgesetz ganz auf dessen repräsentative Struktur zu konzentrieren. Zentrale Bedeutung kommt in-

---

[51] Zu dieser zentralen Argumentation ausführlich HOFMANN, Spaltung (Fn. 43), S. 152ff.

[52] So auch BVerfGE 60, 175 (208): es liege im Ermessen der Bundesländer, „ob sie den Erlaß von Gesetzen dem Parlament vorbehalten oder daneben ein Volksgesetzgebungsverfahren vorsehen".

[53] WAHL, Art. Demokratie (Fn. 10), S. 4; vgl. JÜRGENS, Demokratie (Fn. 50), S. 263ff.

[54] Daß es insofern ohnehin nicht um die „Ablösung" der repräsentativen Demokratie durch eine „Abstimmungsdemokratie" gehen kann, sondern lediglich um die Anreicherung und Ergänzung des strukturell immer dominanten Systems parlamentarischer Repräsentation, versteht sich angesichts der Realität moderner Großflächenstaaten und der Komplexität der Verhältnisse von selbst. Der Bund würde insofern kein anderes Bild liefern als die Bundesländer. – Zu diesem „Ergänzungsverhältnis" etwa BERLIT, Volk (Fn. 32), S. 334f. – Im Ergebnis wie hier (mit Abweichungen im Detail) HANS MEYER, Das parlamentarische Regierungssystem des Grundgesetzes, VVDStRL 33 (1975), S. 69ff. (81f., 115f.); C. PESTALOZZA, Der Popularvorbehalt, 1981; B. HUBER, Formen direktdemokratischer Staatenbildung – Eine Herausforderung an das parlamentarische System der Bundesrepublik Deutschland?, in: ZRP 1984, S. 245ff.; HOFMANN, Spaltung (Fn. 43), S. 155ff.; BERLIT, Volk (Fn. 32), S. 359.

sofern der Wahl des Parlaments und dessen Aufgaben zu (dazu 1.–3.); von Interesse ist ferner der rechtliche Status der Abgeordneten, die als „Vertreter des ganzen Volkes" (Art. 38 Abs. 1 Satz 2 GG) mit einem sog. freien Mandat ausgestattet sind (dazu 4.).

1. Bedeutung der Parlamentswahl

Wenn Art. 20 Abs. 2 Satz 1 GG von „Wahlen" spricht, so sind damit in allererster Linie die in Art. 38 GG näher umschriebenen Wahlen zum Bundestag, also dem deutschen Parlament, gemeint[55]. Das Parlament wiederum ist eines der in Art. 20 Abs. 2 Satz 2 GG genannten „besonderen Organe", durch welche die Staatsgewalt ausgeübt wird[56]. Als einziges dieser besonderen Organe ist das Parlament durch die Aktivbürgerschaft, das Wahlvolk, direkt legitimiert. Deswegen und wegen der korrespondierenden Aufgabenfülle sieht sich das Parlament im Unterschied zur konstitutionellen Epoche in das Zentrum institutionalisierter Staatlichkeit gestellt.

Das Parlament bildet das Gravitationszentrum des demokratischen Verfassungsstaates und verknüpft das Prinzip der Volkssouveränität mit der sehr viel älteren Repräsentationsidee. Mittelpunkt der staatlichen Legitimations- und Wirkungszusammenhänge ist das Parlament vor allem als Gesetzgebungsorgan[57]. Denn wenn es die Gesetze auch nicht en detail erarbeitet, so macht es sie doch verbindlich. Im Gesetz wiederum gewinnt der Staatswille verbindliche Gestalt. Der besonderen, durch die herausgehobene Legitimation des Parlaments begründeten Verantwortung gemäß hat das Grundgesetz einer Selbstentpflichtung durch weitreichende Delegation der Normsetzungsaufgaben nach Weimarer Muster eine klare Absage erteilt. Die „Wesentlichkeitstheorie" des Bundesverfassungsgerichts[58] unter-

---

[55] Weitergehend SCHNAPP (Fn. 33), Art. 20 Rn. 31 unter Verweis auf BVerfGE 18, 151 (154): Parlamente und Kommunalvertretungen; ähnlich STERN, Staatsrecht (Fn. 33), S. 607: Bundes-, Landes- und Kommunal-vertretungen (dagegen spricht aber schon Art. 28 Abs. 1 Satz 4 GG).

[56] Zum folgenden eingehender H. DREIER, Regelungsform und Regelungsinhalt des autonomen Parlamentsrechts, in: JZ 1990, S. 310ff.

[57] Umfassend dazu H. SCHULZE-FIELITZ, Theorie und Praxis parlamentarischer Gesetzgebung, 1988.

[58] Vgl. BVerfGE 49, 89 (126f.); 61, 260 (275); 77, 170 (230f.); 83, 103 (116); 88, 103 (116); dazu auch I. RICHTER/G.F. SCHUPPERT, Casebook Verfassungsrecht, 3. Aufl. 1995, S. 448ff.; H. DREIER, in: ders. (Hrsg.), Grundgesetz-Kommentar, Bd. I, 1996, Vorb. Rn. 86.

streicht auf eigene Art die Verpflichtung des parlamentarischen Gesetzgebers, die wichtigen Grundentscheidungen selbst zu treffen und nicht aus der Hand zu geben. Hinzu tritt, daß der Aufgabenkreis des Parlaments keineswegs auf im engeren Sinne legislative Tätigkeiten beschränkt ist: die Abgeordneten beschließen nicht nur Gesetze, sondern wählen auch den Bundeskanzler, kontrollieren die Exekutive, verabschieden den Haushalt, stimmen völkerrechtlichen Verträgen zu und tragen die großen politischen Kontroversen in öffentlicher Debatte aus[59].

Aus all diesen Gründen und vor dem Hintergrund strikt repräsentativer Ausgestaltung der Demokratie im Grundgesetz avanciert die Wahl der Abgeordneten zum zentralen demokratischen Akt[60]: mit der Bestellung der im Parlament versammelten Volksvertreter ist die unmittelbar vom Volk legitimierte, höchste Herrschaftsinstanz geschaffen. Unter demokratischem Vorzeichen erschöpft sich die Wahl nicht in der personellen Rekrutierung der Amtswalter, sondern verzeichnet den fundamentalen Vorgang der Legitimation bestimmter Personen zur zeitlich begrenzten Ausübung staatlicher Gewalt. Sie ist das Band, das das Volk mit der Vertretungskörperschaft verknüpft und dieser kraft eines rationalen Wahlmodus „repräsentative Legitimität"[61] vermittelt.

2. *Zum Wahlrechtssystem*

a) Um so erstaunlicher muß daher anmuten, daß das Wahlrechtssystem im Grundgesetz – anders als etwa in der Weimarer Republik (vgl. Art. 22 WRV) – nicht geregelt ist. Die Verfassung selbst legt also nicht ausdrücklich fest, ob nach dem Mehrheits- oder nach dem Verhältniswahlrecht verfahren oder eine Zwischenform dieser gewissermaßen idealtypischen Ausprägungen[62] demokratischer Wahlverfahren für maßgeblich erklärt wird. Die einfachgesetzliche Regelung des Bundeswahlgesetzes geht von einer

---

[59] Dazu etwa H. H. KLEIN, Aufgaben des Bundestages, in: HStR II, § 40 Rn. 13 ff.; H.-P. SCHNEIDER, Das parlamentarische System, in: Benda/Maihofer/Vogel, HdbVerfR (Fn. 38), § 13 Rn. 60 ff.

[60] Vgl. HESSE, Verfassungsrecht (Fn. 1), Rn. 145; BADURA, Staatsrecht (Fn. 10), S. 288; STERN, Staatsrecht (Fn. 33), S. 606 f.; RHINOW, Grundprobleme (Fn. 1), S. 193 f.; HOFMANN/DREIER, Repräsentation (Fn. 25), § 5 Rn. 28; WAHL, Art. Demokratie (Fn. 10), S. 5.

[61] G. LEIBHOLZ, Das Wesen der Repräsentation und der Gestaltwandel der Demokratie, 3. Aufl. 1966, S. 163.

[62] Zu den verschiedenen Systemen und Typen vgl. E. JESSE, Wahlrecht zwischen Kontinuität und Reform, 1985; D. NOHLEN, Wahlrecht und Parteiensystem, 1986;

mit der Personenwahl verbundenen Verhältniswahl aus (§ 1 BWahlG) und wird als personalisiertes Verhältniswahlrecht bezeichnet[63]. In der Sache läuft es auf ein ziemlich striktes Verhältniswahlrecht hinaus, das eventuell um „Überhangmandate" ergänzt bzw. modifiziert werden kann[64]. Eben diese Überhangmandate haben im Gefolge der letzten Bundestagswahl (1994) mit ihrem knappen Ergebnis für die konservativ-liberale Regierungskoalition zu einer recht intensiven Wahlrechtsdebatte geführt, in deren Zentrum neben der Frage nach der Zulässigkeit von Überhangmandaten diejenige nach der Verfassungsmäßigkeit des § 6 Abs. 6 Satz 1 (2. Halbsatz) BWahlG („Grundmandatsklausel") steht[65].

b) Von größerer Bedeutung ist die vom Bundesverfassungsgericht in st. Rspr. vertretene Auffassung, der einfache Wahlrechtsgesetzgeber sei angesichts der vom Grundgesetz offen gelassenen Frage eines bestimmten Wahlrechtssystems frei in der Gestaltung desselben[66]. Konkret bedeutet das, daß durch einfaches Wahlrechtsgesetz sowohl ein striktes Verhältnis- wie auch ein reines, womöglich relatives Mehrheitswahlrechtssystem eingeführt werden könnte. Gegen eine derartige Beliebigkeit bestehen indes gravierende Bedenken[67]. Diese rühren vornehmlich aus fundamental unterschiedlichen

---

HANS MEYER, Demokratische Wahl und Wahlsystem, in: HStR II, § 37 Rn. 25 ff. Zum Weimarer Wahlsystem jetzt GUSY, Demokratiekonzept (Fn. 31), S. 230 f.

[63] W. SCHREIBER, Handbuch des Wahlrechts zum Deutschen Bundestag, 5. Aufl. 1994, § 1 Rn. 29; H. MEYER, Wahlgrundsätze und Wahlverfahren, in: HStR II, § 38 Rn. 46, 52 ff.; E. STEIN, Staatsrecht, 15. Aufl. 1995, § 9 II (S. 72 ff.); S. MAGIERA, in: Sachs, GG (Fn. 33), Art. 38 Rn. 109.

[64] Die Verfassungsmäßigkeit dieser Regelungen (§§ 5 ff. BWahlG, insb. § 6 Abs. 5) steht aktuell im Streit vor dem Bundesverfassungsgericht (vgl. schon BVerfGE 92, 80 [81], wo die Sache ohne Entscheidung blieb). Aus der Literatur: S. KAUTZ, Überhangmandate und die Gleichheit der Wahl, in: NJW 1995, S. 1871 ff.; U. MAGER/ R. UERPMANN, Überhangmandate und Gleichheit der Wahl, in: DVBl. 1995, S. 273 ff.; HANS MEYER, Der Überhang und anderes Unterhaltsame aus Anlaß der Bundestagswahl 1994, in: KritV 77 (1994), S. 312 ff.; H. NICOLAUS, Wahlgesetzwidrigkeit der 16 Überhangmandate im 13. Bundestag, in: NJW 1995, S. 1001 ff.; R. SCHMIDT, Ist ein Ausgleich verfassungsrechtlich geboten?, in: ZRP 1995, S. 91 ff.; W. SCHRECKENBERGER, Zum Streit über die Verfassungsmäßigkeit der Überhangmandate, in: ZParl. 26 (1995), S. 678 ff.

[65] Eingehende Darlegung bei W. HOPPE, Die Verfassungswidrigkeit der Grundmandatsklausel (§ 6 Abs. 6 Bundeswahlgesetz), in: DVBl. 1995, S. 265 ff.; s. auch H.-U. ERICHSEN, Wahlsysteme, in: Jura 1984, S. 22 ff. (31 f.); MEYER, Wahlgrundsätze (Fn. 63), § 38 Rn. 30; G. ROTH, Mit drei Direktmandaten in den Bundestag? – Zur Verfassungswidrigkeit der Grundmandatsklausel, in: NJW 1994, S. 3269 ff.

[66] BVerfGE 1, 201 (246 ff.); 34, 81 (99).

[67] Zum folgenden MEYER, Wahl (Fn. 62), § 37 Rn. 22 ff., 33 ff.; HOFMANN/ DREIER, Repräsentation (Fn. 25), § 5 Rn. 32 ff.

Repräsentationsvorstellungen, wie sie den verschiedenen Wahlrechtssystemen zugrundeliegen. Das englische Wahlrecht etwa beruht auf einer funktionalen Demokratietheorie: es zielt auf eine solide Regierungsmehrheit und gilt als stabilitätsfördernd. Allerdings besteht der recht hohe Preis in einer erheblichen Einschränkung der Erfolgswertgleichheit der Stimmen: denn die Stimmen derjenigen Wähler, die für den unterlegenen Wahlkreiskandidaten votiert haben, schlagen sich in der Zusammensetzung des Parlaments nicht nieder. Folge sind zum Teil eklatante Diskrepanzen zwischen der Gesamtzahl der Wählerstimmen und der Mandatsverteilung. Daß eine Partei im britischen Unterhaus über eine Mehrheit von über 60% der Sitze verfügt, obwohl sie weit weniger als die Hälfte der Wählerstimmen auf sich vereinigen konnte, ist nicht nur rein rechnerisch möglich, sondern zu Zeiten Margaret Thatchers auch tatsächlich eingetreten[68]. Seine theoretische Rechtfertigung findet dieses System in England naturgemäß – es kann nicht anders sein – in der Tradition. Diese selbst wiederum ist durch die Vorstellung einer korporativen Gliederung des Landes geprägt: es sind die townships und Grafschaften, auch die „rotten boroughs“, die im Parlament vertreten werden. Primärer Wahlkörper und damit entscheidender Bezugspunkt für den Wahlakt ist hier nicht das gesamte Land, sondern ein bestimmter Wahlkreis. Und dieser Wahlkreis ist nicht bloß eine wahltechnische Einrichtung, sondern lokale Korporation[69].

Das nicht nur in Deutschland dominierende (personalisierte) Verhältniswahlrecht fußt auf vollständig anderen Prinzipien. Es beruht auf einem proportionalen oder numerischen Repräsentationsverständnis, welches den Gedanken des gleichen Gewichts jeder Stimme einer egalitären Staatsbürgerschaft unabhängig von der Zugehörigkeit zu einem bestimmten Zirkel betont. Das Parlament soll Spiegelbild der Meinungen und Bestrebungen des Volkes sein, eine Art von Mikrokosmos der Gesamtgesellschaft bilden, zu dem es sich der berühmten Metapher Mirabeaus zufolge verhält wie die Landkarte zum Territorium[70]. Das Wahlrecht soll diesem Verständnis

---

[68] Statistische Nachweise zur Unterhauswahl 1987 in: Public Law 1987, S. 450; ältere Daten und ein Systemvergleich bei D. Oliver, Reform of the Electoral System, in: Public Law 1983, S. 108 ff.; vgl. unlängst P. Cowley, „Crossing the floor“: representative theory and practice in Britain, in: Public Law 1996, S. 214 ff. zu praktischen Konsequenzen des britischen Verständnisses.

[69] Zu dieser Vorstellung vom Parlament als Gesamtgenossenschaft O. Brunner, Land und Herrschaft, 5. Aufl. 1965, S. 422; Hofmann, Repräsentation (Fn. 3), S. 338 ff.

[70] Dazu G. Jellinek, Mirabeau und das demokratische Wahlrecht (1905), in: ders., Ausgewählte Schriften und Reden, Bd. 2, 1911, S. 82 ff.

gemäß also die Leistung vollbringen, die Meinungen, Werthaltungen und Bestrebungen der Gesamtgesellschaft im Parlament möglichst getreulich abzubilden: jede Stimme muß daher für dessen Zusammensetzung prinzipiell relevant sein. Das Verhältniswahlrecht ist eher input- als output-orientiert. Es betrachtet tendenziell das gesamte Wahlgebiet als Einheit und die Wähler als Atome. Jedes Individuum soll mit gleichem Gewicht an der Zusammensetzung der Vertretungskörperschaft beteiligt sein. Dieses minderheitenfreundliche, allerdings die Gefahr der Parteienzersplitterung in sich bergende Wahlrecht ist streng individualistisch, garantiert volle Erfolgswertgleichheit der Stimmen, trägt dem parteienstaatlichen Charakter der Demokratie Rechnung und erweist sich daher insgesamt als das verfassungsrechtlich adäquate Wahlsystem für die Bundesrepublik Deutschland. Richtig erscheint von daher nicht allein die unbestrittene Auffassung, daß das durch das BWahlG positivierte (personalisierte) Verhältniswahlrecht den Vorgaben des Grundgesetzes entspricht, sondern auch, daß ein Übergang zum (relativen) Mehrheitswahlrecht schwerwiegenden verfassungsrechtlichen Einwänden ausgesetzt wäre[71].

3. *Die Wahlgrundsätze*

Wenn auch das Grundgesetz kein bestimmtes Wahlsystem ausdrücklich verbindlich macht, so kennt es doch verschiedene Wahlgrundsätze, die in Art. 38 Abs. 1 Satz 1 GG festgelegt sind[72]. Es handelt sich im wesentlichen um traditionelle, aus der verfassungsstaatlichen Entwicklung der letzten 200 Jahre erwachsene Prinzipien, von denen sich einige (Frauenwahlrecht, keine Stufung des Stimmengewichts) erst im 20. Jahrhundert durchzusetzen vermochten. Die *Allgemeinheit* der Wahl betont den Gedanken demokratischer Egalität einschließlich des Frauenwahlrechts; die *Unmittelbarkeit* der Wahl schließt ein Wahlmännersystem aus, welches als solches noch nicht als undemokratisch gelten kann; die *geheime* Wahl schützt vor dem Druck der Öffentlichkeit. Der Grundsatz der *Freiheit* der Wahl ver-

---

[71] HOFMANN/DREIER, Repräsentation (Fn. 25), § 5 Rn. 37 m. w. N.; MEYER, Wahl (Fn. 62), § 37 Rn. 22 ff., 35; R. BAKKER, Verfassungswidrigkeit des Mehrheitswahlrechts, in: ZRP 1994, S. 457 ff.

[72] Zu den Wahlgrundsätzen im einzelnen: MEYER, Wahlgrundsätze (Fn. 63), § 38 Rn. 1 ff.; v. MÜNCH, Staatsrecht (Fn. 34), Rn. 144 ff.; STERN, Staatsrecht (Fn. 33), S. 302 ff.; SCHREIBER, Handbuch (Fn. 63), § 1 Rn. 4 ff.; P. KUNIG, Fragen zu den Wahlrechtsgrundsätzen, in: Jura 1994, S. 554 ff.

steht sich als Verbot der Nötigung von selbst, wobei die Grenzen zwischen Werbung und Druck durchaus fließend sein können[73].

Von erheblichem staatsrechtlichen Interesse ist indes, ob dieser Grundsatz der Einführung einer allgemeinen Wahlpflicht entgegensteht. Für eine derartige Möglichkeit spricht, daß Staaten eine solche Pflicht kennen, die zweifelsohne als freiheitlich-demokratisch gelten können[74]. Gleichwohl muß man sich wohl zunächst genauer fragen, was das Wörtchen „frei" genau zu bedeuten hat. Meint es die Freiheit der Wahlbeteiligung oder die Freiheit der Wahlentscheidung?[75] Käme es nur auf die Freiheit der Entscheidung an, wäre gegen eine Wahlpflicht nichts einzuwenden. Meint Wahlfreiheit jedoch auch die Freiheit, sich vom Wahlakt überhaupt fernhalten zu können, wäre jedenfalls die einfachgesetzliche Einführung einer Wahlpflicht verfassungswidrig. Einer entsprechenden Verfassungsänderung stünde hingegen in keinem Fall etwas entgegen, da eine Wahlpflicht schwerlich als die Grenzen des Art. 79 Abs. 3 GG überschreitend angesehen werden könnte. Im übrigen berührt das Problem interessante grundrechtsdogmatische Fragen, insofern nach im Kern unbestrittener Auffassung grundrechtliche Freiheit auch die Freiheit zum Grundrechtsnichtgebrauch umfaßt[76]. Man könnte nun argumentieren, daß eine solche prinzipielle Abstandnahme auch bei der Wahl zulässig sein müßte, sieht sich aber sofort der Frage konfrontiert, ob das demokratische Wahlrecht

---

[73] Vgl. BVerfGE 66, 369 (369); OVG Münster JZ 1962, 767 m. Anm. H. RIDDER. – Zur Einflußnahme staatlicher Organe und anderer gesellschaftlicher Gruppen, namentlich der Kirchen, siehe C. J. WALTHER, Wahlkampfrecht, 1989, S. 197 ff.; MEYER, Wahlgrundsätze (Fn. 63), § 38 Rn. 15 ff.; I. v. MÜNCH, in: ders./P. Kunig (Hrsg.), Grundgesetz-Kommentar, Bd. 2, 3. Aufl. 1995, Art. 38 Rn. 30 ff.

[74] Vgl. Art. 51 Abs. 5 der Verfassung Griechenlands vom 11.6.1975; Art. 48 Abs. 2 Satz 2 der Italienischen Verfassung vom 27.12.1947; Art. 48 Abs. 3 der Verfassung Belgiens vom 7.2.1831. In der Republik Österreich besteht in einigen Ländern Wahlpflicht bei der Wahl zu den Landesparlamenten: vgl. dazu R. WALTER/H. MAYER, Grundriß des österreichischen Bundesverfassungsrechts, 7. Aufl. 1992, Rn. 314, 793. – Allgemeiner Überblick bei E. JESSE, Wahlsystem und Wahlrecht, in: Gabriel, EG-Staaten (Fn. 4), S. 172 ff. (175).

[75] Dazu v. MÜNCH, Staatsrecht (Fn. 34), Rn. 164. Vgl. jüngst die Erörterung auf der Wiener Staatsrechtslehrertagung 1995: D. MERTEN, Bürgerverantwortung im demokratischen Verfassungsstaat, VVDStRL 55 (1996), S. 7 ff. (24) und aus der Diskussion den Beitrag von R. GRÖSCHNER (S. 163 f.). MAGIERA (Fn. 63), Art. 38 Rn. 85 sieht in der freien Wahl auch eine Freiheit zur „öffentliche(n) Nichtbeteiligung" enthalten.

[76] Differenzierter zum Aspekt „negativer" Freiheit: DREIER (Fn. 58), Vorb. Rn. 37, 48; präziser Problemaufriß bei J. HELLERMANN, Die sogenannte negative Seite der Freiheitsrechte, 1993, S. 15 ff.

(ein Recht des status activus)[77] nicht anderen Gesetzlichkeiten folgt als grundrechtliche Freiheitsgarantien des status negativus. Auch diese Überlegung spricht eher für die Zulässigkeit einer (ggfls. im Wege der Verfassungsänderung einzuführenden) Wahlpflicht.

Bereits angesprochen wurde, daß der Grundsatz der *Wahlgleichheit* beim Verhältniswahlrecht besonders strikt gilt. Der damit verbundenen Gefahr der Parteizersplitterung und infolgedessen einer Lähmung von Parlament und Regierung sucht das deutsche Wahlrecht durch die sog. 5 %-Klausel des § 6 Abs. 6 Satz 1 (1. Halbsatz) BWahlG zu begegnen[78]. Diese im Grunde systemfremde Durchbrechung des Prinzips der gleichen Wahl ist nun ihrerseits Bedenken ausgesetzt, was ihre Höhe[79], ihre Geltung auch für Wahlen zum europäischen Parlament[80] und die Rückausnahme bei Erringen von drei Direktmandaten angeht[81]. Sehr fragwürdig sind auch die stets angeführten historischen Gründe für die Klausel, insofern man auf die angeblichen Weimarer Erfahrungen verweist[82]. Schaut man sich

---

[77] Dreier (Fn. 58), Vorb. Rn. 36, 41.

[78] Zu ihrer Rechtfertigung BVerfGE 1, 208 (249ff.); 6, 84 (92ff.); 34, 81 (99f.); 51, 222 (237ff.); 82, 322 (338ff.); zustimmend Badura, Staatsrecht (Fn. 10), S. 294; Stern, Staatsrecht (Fn. 33), S. 311f.; H.-U. Erichsen, Die Wahlrechtsgrundsätze des Grundgesetzes, in: Jura 1983, S. 635ff. (643); Ipsen, Staatsrecht (Fn. 33), Rn. 68.

[79] U. Wenner, Sperrklauseln im Wahlrecht der Bundesrepublik Deutschland, 1986, S. 383ff.; Meyer, Wahlgrundsätze (Fn. 63), § 38 Rn. 27; N. Achterberg/M. Schulte, in: H. v. Mangoldt/F. Klein, Das Bonner Grundgesetz, Bd. 6, 3. Aufl. 1991, Art. 38 Rn. 140.

[80] Dies wurde bejaht von BVerfGE 52, 221 (236f.). Zweifelhaft ist die Judikatur vor allem deshalb, weil es in den Mitgliedstaaten der Europäischen Union (nach wie vor) kein einheitliches Wahlrecht für die Wahlen zum Europäischen Parlament gibt und wegen der heterogenen Zusammensetzung keines der für die 5 %-Klausel ins Feld geführten Argumente zum Tragen kommen kann. Kritisch auch D. Murswiek, Die Verfassungswidrigkeit der 5 %-Sperrklausel im Europawahlgesetz, in: JZ 1979, S. 48ff.; vgl. Meyer, Wahlgrundsätze (Fn. 63), § 38 Rn. 28 m.w.N.

[81] Zur „Grundmandatsklausel" vgl. Fn. 65.

[82] Das ist ein ebenso gängiger wie fragwürdiger Topos. „Repräsentativ" insofern etwa die Ausführungen in BVerfGE 34, 81 (99); E. Schanbacher, Parlamentarische Wahlen und Wahlsystem in der Weimarer Republik, 1982, S. 228ff. führt den *Aufstieg* der NSDAP explizit auf das Verhältniswahlsystem zurück. Kritisch zuletzt Gusy, Demokratiekonzept (Fn. 31), S. 230f. – Gegen das Argument der Verarbeitung historischer Erfahrungen spricht auch, daß sich der Parlamentarische Rat 1948/49 noch darüber einig war, daß angesichts des klaren Wortlautes des Art. 38 Abs. 1 GG („gleiche Wahl") die Einführung einer Sperrklausel durch einfaches Gesetz nicht möglich sein würde (vgl. JöR 1 [1951], S. 351ff.); zur weiteren Entwicklung vgl. detailliert Meyer, Wahlgrundsätze (Fn. 63), § 38 Rn. 27; Wenner, Sperrklauseln (Fn. 79), S. 137ff.

die Wahlergebnisse und die Sitzverteilung im Weimarer Reichstag einmal genau an, so stellt man fest, daß Hitler auch bei Geltung einer 5 %-Klausel an die Macht gelangt wäre[83].

4. *Der Status des Abgeordneten*

Die Abgeordneten sind gemäß Art. 38 Abs. 1 Satz 2 GG „Vertreter des ganzen Volkes, an Aufträge und Weisungen nicht gebunden und nur ihrem Gewissen unterworfen". Damit ist das sog. freie Mandat des Abgeordneten umschrieben und das sog. imperative Mandat zurückgewiesen[84]. Dieser letzte, negative Sinn ist unbestritten und eindeutig. Was allerdings das freie Mandat positiv genau umschreibt und garantiert, ist stets in besonderem Maße Mißverständnissen ausgesetzt gewesen. So hat namentlich Gerhard Leibholz in einer wirkmächtigen Analyse das freie Mandat in einen strikten Gegensatz zur parteienstaatlichen Bindung des Abgeordneten gebracht und in ihm ein anachronistisches Überbleibsel des untergegangenen Honoratioren-Parlamentarismus gesehen[85]. Daß eine solche Art von Elitenrepräsentation in der Demokratie keinen Platz mehr hat, ist ganz unbestreitbar. Sie ist mit Art. 38 Abs. 1 GG allerdings auch gar nicht gemeint. Von daher erledigen sich zugleich anti-liberale Ressentiments, die im freien Mandat eine undemokratische Entfernung der Mandatsträger von ihrer Wählerschaft sehen und dem mit dem völlig untauglichen Instrument des imperativen Mandates begegnen wollen, das stets ein Mittel der Obstruktion gewesen ist[86] und jede positive, konstruktive Politikgestaltung vereitelt.

---

[83] Es gibt sogar Berechnungen, wonach die NSDAP bei einem relativen Mehrheitswahlrecht nach britischem Vorbild wahrscheinlich schon 1932 die absolute Mehrheit der Reichstagssitze errungen hätte: H. Jäckel, Die politische Bedeutung der Wahlsysteme, in: Festschrift für Karl Loewenstein, 1971, S. 241 ff. (249 ff.).

[84] Zu diesen Grundformen eingehend C. Müller, Das imperative und freie Mandat, 1966.

[85] G. Leibholz, Parteienstaat und repräsentative Demokratie. Eine Betrachtung zu Art. 21 und 38 des Bonner Grundgesetzes, in: DVBl. 1951, S. 1 ff., 6 ff.; ders., Der Strukturwandel der modernen Demokratie (1952), in: ders., Strukturprobleme der modernen Demokratie, 3. Aufl. 1967, S. 78 ff. – Zur Kritik H. Hofmann, Parlamentarische Repräsentation in der parteienstaatlichen Demokratie (1985), in: ders., Recht – Politik – Verfassung, 1986, S. 249 ff.; W. Demmler, Der Abgeordnete im Parlament der Fraktionen, 1994, S. 56 ff.

[86] Das ist anschaulich belegt bei Müller, Mandat (Fn. 84), S. 204 ff.

Es geht dem Grundgesetz nicht um die Fiktion eines in Einsamkeit und Freiheit nur seinem eigenen Gewissen verpflichteten Abgeordneten, der von allen äußeren Einflüssen hermetisch abgeschottet wäre[87]. Interessenvertretung für einen bestimmten Wahlkreis, die eigene Partei, gesellschaftliche Verbände etc. sind keine nolens volens hinzunehmenden Deformationen des freien Mandats, sondern bilden die Grundlage demokratischer Repräsentation im modernen pluralistischen Gemeinwesen. Die eigengeartete Stellung des Abgeordneten[88] erwächst vielmehr aus der Notwendigkeit einer politischen Gesamtvertretung des Volkes in der repräsentativen Körperschaft, dem Parlament. Erst das freie Mandat macht aus der Versammlung der Volksvertreter eine homogene Beschlußkörperschaft, in der das Mehrheitsprinzip gilt und deren Beschlüsse auch für diejenigen verbindlich sind, deren Vertreter zur überstimmten Parlamentsminderheit gehören. Ferner ermöglicht das freie Mandat flexibles, situationsgemäßes Handeln, erlaubt die Verarbeitung neuer Informationen und entsprechendes Abstimmungsverhalten. Und erst dieses freie Handeln setzt den Abgeordneten dann gegenüber seiner Wählerschaft unter Rechtfertigungszwang, der nichts anderes ist als die Verantwortung des Parlamentariers gegenüber den Repräsentierten. Schließlich schützt das freie Mandat auch gegen die eigene Partei und – nicht zuletzt – gegen die eigene Parlamentsfraktion[89]: das stärkt die innerparteiliche Demokratie, da es dem Abgeordneten gestattet, von der offiziellen Parteilinie abweichende Positionen zu vertreten. Da Parteien beim Prozeß der Vorformung des politischen Willens eine ganz herausragende Rolle spielen, ist dies für den demokratischen Willensbildungsprozeß von weittragender Bedeutung.

Insgesamt kann also festgehalten werden, daß das freie Mandat weder Relikt eines altliberalen Honoratioren-Parlamentarismus noch Fremdkörper im demokratischen Repräsentativsystem ist, sondern einen integralen Bestandteil desselben bildet: es ist „ein notwendiges Strukturelement der parteienstaatlichen parlamentarisch-repräsentativen Demokratie“[90].

---

[87] Negativbeispiel für solche Idealisierungen die letztendlich stets zur Desillusionierung und damit zum Ansehensverlust demokratischer Institutionen führen: J. KIMME, Das Repräsentativsystem, 1988, S. 137ff.; genauer zu diesem Punkt DREIER, Demokratische Repräsentation (Fn. 3), S. 464ff. m.w.N.

[88] Zum folgenden näher und m.w.N. HOFMANN/DREIER, Repräsentation (Fn. 25), § 5 Rn. 38ff.

[89] Dazu ausführlich DEMMLER, Abgeordnete (Fn. 85), S. 55ff.

[90] So der Schlußbericht der Enquete-Kommission Verfassungsreform des Deutschen Bundestages, in: Zur Sache 3/76, S. 75.

IV. Demokratische Staatlichkeit und demokratische Willensbildung

Die bisherige Darstellung zentraler Elemente des Demokratieprinzips könnte den Eindruck nahelegen, im Grunde erschöpfe es sich in einem bestimmten Arrangement formaler Rechtsprozeduren. Das wäre ein fataler Trugschluß. Denn von wesentlicher Bedeutung ist die Einsicht, daß das Demokratieprinzip des Grundgesetzes nicht im punktuellen Wahlakt und der daraus resultierenden Bestellung der Repräsentanten aufgeht. Die Vorstellung, daß die Aktivbürgerschaft in regelmäßigen Abständen eine Vertretungskörperschaft kreiert, um danach in politische Bedeutungslosigkeit zurückzufallen, verfehlt Realität wie Normativität des demokratischen Verfassungsstaates gleichermaßen. Zu erkennen, zu bewahren und zu stärken ist vielmehr der Prozeßcharakter demokratischer Ordnung[91]: demokratische Repräsentation entfaltet sich als ein fortwährender Gestaltungsprozeß, der das Parlament übergreift, ohne daß dessen zentrale Stellung durch diese Einsicht negiert würde. Weil Demokratie ein „Verfahren der Legitimation, der Kontrolle und der Kritik politischer Herrschaft“[92] ist, geht es nicht an, den gesellschaftlichen Prozeß demokratischer Willensbildung und den staatlichen Prozeß der Entscheidung(sfindung) voneinander zu isolieren und beide gegeneinander zu verselbständigen. Kennzeichen wirklicher demokratischer Verhältnisse ist gerade ein komplexes, vielschichtiges Wechselspiel zwischen Regierenden und Regierten mit entsprechenden Rückkoppelungseffekten[93], die über den punktuellen Wahlakt hinausreichen. Dafür ist die Garantie eines freien Meinungsbildungsprozesses qua unverstellter öffentlicher Diskussion auf der Grundlage einer geschützten Privatsphäre unentbehrlich. Grundrechte und unter ihnen vorzugsweise die Kommunikationsgrundrechte fungieren insoweit als „Fundament und sozusagen Infrastruktur aller demokratischen Prozesse“[94]. Eine wirkmächtige demokratische und plurale Öffentlichkeit er-

---

[91] Näher Hofmann/Dreier, Repräsentation (Fn. 25), § 5 Rn. 18ff., 23.

[92] P. Badura, Diskussionsbemerkung, VVDStRL 29 (1971), S. 95ff. (97); s. auch ders., Demokratie (Fn. 6), § 23 Rn. 31, 35, 41; ähnlich Hesse, Verfassungsrecht (Fn. 1), Rn. 134.

[93] Bezogen auf die Rolle des Abgeordneten greift man hier seit einiger Zeit häufiger auf den der amerikanischen Debatte entlehnten Terminus der „responsiveness“ zurück: Nachweise bei Dreier, Demokratische Repräsentation (Fn. 3), S. 465.

[94] Wahl, Art. Demokratie (Fn. 10), S. 4. – Zu dieser demokratiekonstitutiven Funktion der Grundrechte näher H. Dreier, Dimensionen der Grundrechte, 1993, S. 38ff., in diesem Bande S. 185ff. (219ff.); gegen naheliegende Mißverständnisse einer staatlichen Instrumentalisierung des Grundrechtsgebrauchs auch ders. (Fn. 58),

weist sich somit als mindestens genauso wichtig für das Funktionieren demokratischer Ordnungen wie der Wahlakt selbst. Nicht zu Unrecht hat man die Grundrechte als „Fundament der Demokratie" bezeichnet[95].

V. Bedeutung des Demokratieprinzips für vollziehende Gewalt und Rechtsprechung

Von Relevanz ist das grundgesetzliche Demokratieprinzip nicht allein für die Gewährleistung eines offenen Willensbildungsprozesses und die Wahl des Parlaments, also der „ersten" Gewalt. Denn da gemäß Art. 20 Abs. 2 GG alle Staatsgewalt vom Volke ausgeht, bedürfen auch und gerade Exekutive und Judikative einer demokratischen Legitimation[96]. In institutioneller bzw. funktioneller Hinsicht[97] ist diese durch die ausdrückliche Nennung in Art. 20 Abs. 3 GG verbürgt. Doch daß der Verfassunggeber hier vollziehende Gewalt und Rechtsprechung der Gesetzgebung gewissermaßen nebengeordnet hat, ändert nichts am Primat der Legislative. Zwischen den drei Gewalten besteht nicht etwa Gleichordnung, sondern ein eindeutiges Rangverhältnis. Das erkennt man unschwer daran, daß die sog. sachlich-inhaltliche Legitimation[98] im wesentlichen auf der gesetzlichen Steuerung und Programmierung des Staatshandelns beruht[99]. So ist die strenge Bindung des Richters an das Gesetz (vgl. Art. 97 GG)

Vorb. Rn. 41, 47. – Schon in der antiken Polis galt die Freiheit der politischen Rede als „Kernstück der Demokratie" (J. BLEICKEN, Die athenische Demokratie, 4. Aufl. 1995, S. 344).

[95] So der Titel eines 1979 von Joachim Perels edierten Sammelbandes.

[96] RHINOW, Grundprobleme (Fn. 1), S. 196f.; WAHL, Art. Demokratie (Fn. 10), S. 3; ausführlich BÖCKENFÖRDE, Demokratie (Fn. 6), § 22 Rn. 14ff. mit der rasch Schule machenden und sich in der Judikatur des Bundesverfassungsgerichts niederschlagenden Unterscheidung von (1) funktionell-institutioneller, (2) organisatorisch-personeller und (3) sachlich-inhaltlicher demokratischer Legitimation; ihm folgend E.T. EMDE, Die demokratische Legitimation der funktionalen Selbstverwaltung, 1991, S. 42f., 327f.; M. JESTAEDT, Demokratieprinzip und Kondominialverwaltung, 1993, S. 265ff.; mit feinen Differenzierungen SCHMIDT-ASSMANN, Verwaltungslegitimation (Fn. 6), S. 355ff.

[97] Zu diesen beiden unterschiedlichen Betrachtungsweisen der in Art. 1 Abs. 3, 20 Abs. 3 GG genannten Gewalten vgl. H. DREIER, in: ders., GGK I (Fn. 58), Art. 1 III Rn. 36.

[98] BÖCKENFÖRDE, Demokratie (Fn. 6), § 22 Rn. 21f.

[99] H. DREIER, Hierarchische Verwaltung im demokratischen Staat, 1991, S. 129ff., 159ff.; EMDE, Legitimation (Fn. 96), S. 66ff.; JESTAEDT, Demokratieprinzip (Fn. 96), S. 272f.

unverzichtbares Pendant für das hohe Maß an richterlicher Unabhängigkeit[100], welche wiederum nicht mit der Unabhängigkeit des Abgeordneten verwechselt oder in eine Linie gestellt werden darf[101]. Wegen der unentbehrlichen Gesetzesbindung erweisen sich allzu weitgehende Formen des Richterrechts und richterlicher Rechtsfortbildung[102] gerade unter dem Aspekt des Demokratieprinzips als prekär[103] und müssen in engen Grenzen gehalten werden. Nicht verkannt wird damit die Unausweichlichkeit offener gesetzlicher Programmierung sowie die Tatsache, daß jede Form der Auslegung einen produktiven Vorgang darstellt und sich nicht auf formal-logische Subsumtionsvorgänge reduzieren läßt.

Für die inhaltliche Steuerung der Exekutive ist das Prinzip der Gesetzmäßigkeit der Verwaltung in seinen beiden Ausprägungen des Vorrangs und des Vorbehalts des Gesetzes maßgeblich[104]. Hinzu tritt das für die Organisation wichtige Moment, daß das parlamentarische Regierungssystem mit Kontrollrechten der Repräsentativkörperschaft und dem korrespondierender Ministerverantwortlichkeit eine hierarchische Verwaltungsstruktur jedenfalls als Grundtypus geradezu erzwingt und Ausnahmen von dieser Regel im einzelnen begründungsbedürftig (allerdings in weitem Umfang auch begründungsfähig) sind[105].

---

[100] R.A. RHINOW, Rechtsetzung und Methodik, 1979, S. 184; BÖCKENFÖRDE, Demokratie (Fn. 6), § 22 Rn. 24; S. DETTERBECK, in: Sachs, GG (Fn. 33), Art. 97 Rn. 5; G. BARBEY, Der Status des Richters, in: HStR III, § 74 Rn. 30ff.; W. HEYDE, Rechtsprechung, in: Benda/Maihofer/Vogel, HdbVerfR (Fn. 38), § 33 Rn. 92ff.; JESTAEDT, Demokratieprinzip (Fn. 96), S. 295.

[101] So aber N. ACHTERBERG, Das Parlament im modernen Staat, in: DVBl. 1974, S. 693ff. (703).

[102] Aus der Überfülle der Literatur: E. PICKER, Richterrecht und Richterrechtssetzung – Zu neuen Rechtsbildungsmethoden des Bundesarbeitsgerichts, in: JZ 1984, S. 153ff.; F. BYDLINSKI, Hauptpositionen zum Richterrecht, in: JZ 1985, S. 149ff.; umfassende Bestandaufnahme in: Richterliche Rechtsfortbildung. Festschrift der Juristischen Fakultät zur 600-Jahr-Feier der Ruprecht-Karls-Universität Heidelberg, 1986.

[103] Eindringlich F. MÜLLER, Juristische Methodik, 6. Aufl. 1995, Nr. 222.32; umfangreich zur demokratischen Legitimation als Schranke des Richterrechts J. IPSEN, Richterrecht und Verfassung, 1975, S. 196ff.; Kriterien zur Abgrenzung bei RHINOW, Rechtsetzung (Fn. 100), S. 184ff.

[104] Vgl. J. PIETZCKER, Vorrang und Vorbehalt des Gesetzes, in: JuS 1979, S. 710ff.; C. GUSY, Der Vorrang des Gesetzes, in: JuS 1983, S. 189ff.; SCHNAPP (Fn. 33), Art. 20 Rn. 39ff.; F. OSSENBÜHL, Verfahren der Gesetzgebung, in: HStR III, § 63.

[105] Vgl. DREIER, Verwaltung (Fn. 99), S. 141ff., 270ff.; EMDE, Legitimation (Fn. 96), S. 358ff., 363ff.; SCHMIDT-ASSMANN, Verwaltungslegitimation (Fn. 6), S. 336f.; sehr restriktiv JESTAEDT, Demokratieprinzip (Fn. 96), S. 425ff., 594ff.

Was schließlich als drittes Element der demokratischen Legitimation die personelle Komponente angeht, so bedarf es nach mittlerweile gefestigter Rechtsprechung des Bundesverfassungsgerichts und überwiegender Literaturmeinung[106] einer ununterbrochenen Kette individueller Berufungsakte vom Volk bis hin zu den einzelnen Staatsorganen und Amtswaltern, die nicht durch- oder unterbrochen werden darf. Ob man mit einer strikt schematischen Handhabung der drei (heuristisch wertvollen) Legitimationserfordernisse die vielfältigen und verfassungsrechtlich zulässigen Erscheinungsformen mittelbarer Staatsverwaltung, verselbständigter Verwaltungseinheiten und sonstiger Bereiche autonomer Verwaltungslegitimation sachlich hinlänglich erfassen und theoretisch schlüssig deuten kann[107], erscheint noch nicht ohne weiteres ausgemacht[108]. Doch ganz unabhängig von der Beantwortung dieser schwierigen Frage bleibt in unserem thematischen Kontext festzuhalten, daß Gesetzmäßigkeit der Verwaltung und ihre (zumindest im Bereich der staatsunmittelbaren Verwaltung strikt) hierarchische Organisation nicht nur rechtsstaatliches Gebot und Ausdruck überkommener bürokratischer Struktur sind, sondern als unentbehrliche Elemente parlamentarisch-repräsentativer Demokratie begriffen werden müssen.

---

[106] Vgl. BVerfGE 47, 253 (275 f.); 77, 1 (40); 83, 60 (73); jüngst BVerfGE 93, 37 (66 f.; 70 ff.): Personalräte (Fn. 11). Aus der Literatur: Herzog (Fn. 31), Art. 20 Abschnitt II, Rn. 49 ff.; Böckenförde, Demokratie (Fn. 6), § 22 Rn. 11; Jestaedt, Demokratieprinzip (Fn. 96), S. 267 ff. m. w. N.

[107] Bedenklich die rigiden Konsequenzen bei Jestaedt, Demokratieprinzip (Fn. 96), S. 265 ff., 594 ff. Kritisch dazu auch H.-H. Trute, Verwaltung und Verwaltungsrecht zwischen gesellschaftlicher Selbstregulierung und staatlicher Steuerung, in: DVBl. 1996, S. 950 ff. (963 f.).

[108] Kritik etwa bei B.-O. Bryde, Die bundesrepublikanische Volksdemokratie als Irrweg der Demokratietheorie, in: StWStP 5 (1994), S. 305 ff. (314 ff., 317 ff.). Schmidt-Assmann, Verwaltungslegitimation (Fn. 6), S. 368 ff. anerkennt im Ergebnis eine stattliche Reihe von Ausnahmen bzw. Formen von Sonderlegitimationen, die die angedeuteten Fälle vor dem Verdikt der Verfassungswidrigkeit bewahren; ähnliche Tendenz (wenngleich restriktiver) bei Böckenförde, Demokratie (Fn. 6), § 22 Rn. 31 ff.

Dimensionen der Grundrechte

Von der Wertordnungsjudikatur zu den objektiv-rechtlichen Grundrechtsgehalten

Vorbemerkung

Konfrontiert mit dem ebenso komplexen wie reizvollen Rahmenthema „Grundlegende Werthaltungen im geltenden Recht", assoziiert der Staats- und Verfassungsrechtler wohl geradezu reflexartig die Formel vom Grundgesetz und – vor allem – den Grundrechten als einer Wertordnung. Als Begründungsbaustein oder „Schlüsselbegriff"[1] der verfassungsgerichtlichen Judikatur hat die Formel lange Zeit eine tragende Rolle gespielt. Dieser ersten Assoziation wird aber umgehend eine zweite folgen und vermutlich ein Gefühl der Ambivalenz, wenn nicht gar des Unbehagens hervorrufen: Denn bekanntlich ist die Wertordnungs-Rechtsprechung von Anbeginn der

[1] Vgl. E. Denninger, Verfassungsrechtliche Schlüsselbegriffe (1985), in: ders., Der gebändigte Leviathan, 1990, S. 158 ff.

heftigen und tiefgreifenden Kritik der Wissenschaft ausgesetzt gewesen[2]. So wurde dem Verfassungsgericht u.a. die Auflösung juristischer Rationalität, philosophische Fehlorientierung, Auslieferung an bestimmte geisteswissenschaftliche Richtungen in der Staats(rechts?)lehre, Gefährdung der rechtsstaatlichen Freiheitsgewähr und folgenreiche Umbildung des tradierten liberalen Verfassungsverständnisses zum Vorwurf gemacht.

Beim Streit um den Wertordnungscharakter des Grundgesetzes und seiner Grundrechte geht es also um fundamentale staats- und verfassungstheoretische Probleme: Grund genug, die Wertordnungsfrage einer genaueren Betrachtung zu unterziehen. Dazu soll in einem ersten Abschnitt die Rechtsprechung des Bundesverfassungsgerichts knapp rekapituliert und sodann die insbesondere gegen deren vermeintlich philosophische Grundlage gerichtete Kritik analysiert werden. Der zweite Teil führt die Diskussion unter veränderten terminologischen Vorzeichen fort und stellt die objektiv-rechtlichen Grundrechtsgehalte näher dar. Im letzten Abschnitt wird untersucht, ob unabhängig von der „unglücklichen philosophischen Liebe“[3] des Bundesverfassungsgerichts zu Werttheoremen das Verständnis der Grundrechte als „Elemente objektiver Ordnung“[4] durchgreifenden Bedenken ausgesetzt ist.

I. Die Wertordnungsrechtsprechung des Bundesverfassungsgerichts und die Frage ihrer theoretischen Basis

1. Die Rechtsprechung des Bundesverfassungsgerichts

Locus classicus der Wertordnungsrechtsprechung des Bundesverfassungsgerichts ist das berühmte, in der Tat „epochemachende“[5] Lüth-Urteil aus dem Jahre 1958[6]. Obwohl das Gericht bereits in einigen früheren Urteilen,

[2] Ausführlich H. GOERLICH, Wertordnung und Grundgesetz, 1973; eingehend auch F. MÜLLER, Juristische Methodik, 4. Aufl. 1990, S. 59ff., 62ff.; zuletzt J. HABERMAS, Faktizität und Geltung, 1992, S. 309ff. – Weitere und detailliertere Nachweise erfolgen im Gang der Darstellung.

[3] H. HOFMANN, Die Aufgaben des modernen Staates und der Umweltschutz, in: M. Kloepfer (Hrsg.), Umweltstaat, 1989, S. 1ff. (16).

[4] K. HESSE, Grundzüge des Verfassungsrechts der Bundesrepublik Deutschland, 18. Aufl. 1991, Rn. 279ff., 290ff.

[5] E.-W. BÖCKENFÖRDE, Zur Kritik der Wertbegründung des Rechts (1990), in: ders., Recht, Staat, Freiheit, 1991, S. 67ff. (87).

[6] BVerfGE 7, 198.

namentlich den beiden Parteienverbotsentscheidungen, das Grundgesetz unter deutlicher Betonung seiner antirelativistischen Stoßrichtung als eine „wertgebundene Ordnung" charakterisiert hatte[7], wird der eigentliche Grundstein hier gelegt[8].

---

[7] BVerfGE 2, 1 (12): „Daher ist die Grundordnung eine wertgebundene Ordnung." Es ist bezeichnend, daß der im direkten Anschluß folgende Satz lautet: „Sie ist das Gegenteil des totalen Staates, der als ausschließliche Herrschaftsmacht Menschenwürde, Freiheit und Gleichheit ablehnt." Ähnlich BVerfGE 5, 85 (134 ff., 197 ff.). – Vgl. auch BVerfGE 6, 32 (40) („wertgebundene Ordnung"); 6, 55 (72) („Grundsatznorm [...], das heißt eine verbindliche Wertentscheidung"). – In den Parteienverbotsentscheidungen ging es, wie RALF DREIER, Der Rechtsstaat im Spannungsverhältnis zwischen Gesetz und Recht (1985), in: ders., Recht – Staat – Vernunft, 1991, S. 73 ff. (81), richtig betont, um die Begründung der Einschränkung des freien politischen Willensbildungsprozesses, also um die wehrhafte Demokratie und ihre Vereinbarkeit mit einer demokratischen Staatsordnung. Das Lüth-Urteil hingegen entfaltete fundamentale Bedeutung für die Grundrechtsinterpretation. Darauf soll im folgenden der Schwerpunkt gelegt und die schwierige Frage nach den tragenden Gründen für den nach Art. 79 Abs. 3 GG normativ abgesicherten und in Art. 9 Abs. 2, 18, 21 Abs. 2 GG instrumentell umgesetzten „Ewigkeitsgehalt" bestimmter Verfassungsprinzipien ausgeklammert werden.

[8] G. LÜBBE-WOLFF (Die Grundrechte als Eingriffsabwehrrechte, 1988, S. 283 ff.) hält allerdings nicht (erst) das Lüth-Urteil, sondern (bereits) das Elfes-Urteil v. 16.1.1957 (BVerfGE 6, 32) für den entscheidenden Ausgangspunkt der Wertordnungsrechtsprechung. Die auch hier und von der wohl überwiegenden Literaturmeinung vertretene Position erachtet sie als „ungenau" (S. 285, Fn. 200), die Qualifikation der drittwirkungsbegründenden Funktion der Grundrechte im Lüth-Urteil als erste und primäre Funktion der Wertordnungsrechtsprechung in einem Sondervotum von Rupp-v. Brünneck und Simon (BVerfGE 35, 79 [148 ff., 154]) als „nicht ganz zutreffend" (S. 287). Meines Erachtens greift die Kritik nicht durch. Zwar spielt, wie in der vorigen Fußnote erläutert, die Formel von der grundgesetzlichen Wertordnung bereits in früheren Entscheidungen eine Rolle: nämlich als Kürzel für den antirelativistischen Charakter des Grundgesetzes und das Konzept der wehrhaften Demokratie.

Entscheidende Relevanz erlangt die Wertordnungsjudikatur jedoch – wir müssen hier etwas vorgreifen – weniger für die Qualifizierung der Staatszielbestimmungen als vielmehr für die Grundrechte und ihre Dimensionserweiterung. Das von LÜBBE-WOLFF für zentral gehaltene Elfes-Urteil betraf indes die klassisch-liberale Abwehrfunktion der Grundrechte und konnte für die Drittwirkungsfrage noch nichts Neues bringen. Auch die These, daß Gesetze nicht lediglich formell ordnungsgemäß ergangen sein, sondern materiell in Einklang mit der Verfassung stehen müssen, bedurfte keiner Herleitung aus einer Wertordnung, sondern nur der Anwendung der Art. 1 Abs. 3, 19 Abs. 2, 20 Abs. 3 GG; die gleichwohl in der Elfes-Entscheidung erfolgte Bezugnahme auf den Charakter des Grundgesetzes als einer „wertgebundenen Ordnung" (BVerfGE 6, 32 [40 ff.]) fügte dem positiven Verfassungsrecht nichts Neues hinzu, sondern betonte lediglich die Verfassungsbindung des einfachen Gesetzgebers. Das ist beim Lüth-Urteil anders. Die zu der bloß formellen Schutzwirkung der Grundrechte hinzutretende materielle Schutzwirkung, von der LÜBBE-WOLFF spricht (S. 27 ff., 284,

Es ging in jenem Fall darum, daß der Hamburger Senatsdirektor und Leiter der Staatlichen Pressestelle der Freien und Hansestadt Hamburg zum Boykott eines (künstlerisch wohl nicht sonderlich belangvollen) Films von Veit Harlan mit dem Titel „Unsterbliche Geliebte" aufgerufen hatte. Veit Harlan war im Dritten Reich Regisseur des berühmten Propagandafilms „Jud Süß" gewesen und hatte sich dadurch nach Auffassung Lüths hinlänglich diskreditiert. Rechtlicher Kernpunkt des Streits war die Frage, ob in Lüths Appell ein sittenwidriger Boykottaufruf zu erblicken war. Das Landgericht Hamburg hatte das bejaht und Lüth gem. § 826 BGB zur Unterlassung verurteilt[9]. Das Bundesverfassungsgericht gab hingegen der Meinungsäußerungsfreiheit den Vorrang.

Die weit über den konkreten Anlaß hinausreichende Begründung des Urteils läßt deutlich erkennen, daß sich die Richter der weichenstellenden Grundsätzlichkeit ihrer Entscheidung bewußt waren. Deren zentrale Passage lautet:

„Ohne Zweifel sind die Grundrechte in erster Linie dazu bestimmt, die Freiheitssphäre des einzelnen vor Eingriffen der öffentlichen Gewalt zu sichern; sie sind Abwehrrechte des Bürgers gegen den Staat [...]. Ebenso richtig ist, daß das Grundgesetz, das keine wertneutrale Ordnung sein will [...], in seinem Grundrechtsabschnitt auch eine objektive Wertordnung aufgerichtet hat und daß gerade hierin eine prinzipielle Verstärkung der Geltungskraft der Grundrechte zum Ausdruck kommt [...]. Dieses Wertsystem, das seinen Mittelpunkt in der innerhalb der sozialen Gemeinschaft sich frei entfaltenden menschlichen Persönlichkeit und ihrer Würde findet, muß als verfassungsrechtliche Grundentscheidung für alle Bereiche des Rechts gelten; Gesetzgebung, Verwaltung und Rechtsprechung empfangen von ihm Richtlinien und Impulse. So beeinflußt es selbstverständlich auch das bürgerliche Recht; keine bürgerlich-rechtliche Vorschrift darf in Widerspruch zu ihm stehen, jede muß in seinem Geiste ausgelegt werden."[10]

---

285), ist im übrigen wiederum nicht durch das Elfes-, sondern durch das Lüth-Urteil und die dort begründete „Wechselwirkungslehre" (vgl. B. PIEROTH/B. SCHLINK, Grundrechte. Staatsrecht II, 7. Aufl. 1991, Rn. 677; P. LERCHE, Grundrechtsschranken, in: HStR V, § 122 Rn. 4 m.w.N.) effektiviert worden (so auch LÜBBE-WOLFF, S. 29). Hätte das BVerfG die im Lüth-Urteil entwickelten Maßstäbe schon bei der Elfes-Entscheidung zur Hand gehabt, wäre der Fall wohl anders ausgegangen! Wenn man ein früheres Urteil in Betracht ziehen wollte, dann eher BVerfGE 6, 55 zur Frage der Ehegattenbesteuerung, da hier bereits klar mehrere Grundrechtsfunktionen unterschieden wurden; es fehlt indes an der selbstbewußten Grundsätzlichkeit der Lüth-Entscheidung. – So bleibt es also dabei, daß das Lüth-Urteil den zentralen Ausgangspunkt für die Wertordnungsjudikatur bildet.

[9] Vgl. die Sachverhaltsdarstellung in: BVerfGE 7, 198 (199ff.).

[10] BVerfGE 7, 198 (204f.).

Damit war der entscheidende Schritt getan. Die einschlägige Judikatur der folgenden Jahre[11] baute den Ausgangspunkt konsequent weiter aus, differenzierte die Anwendungsfälle und bezog sich dabei regelmäßig auf die Lüth-Entscheidung als Grundlage. Unabhängig vom später noch genauer zu betrachtenden Wandel in der Terminologie bestand das grundstürzende Novum im Grunde aus zwei einfachen Aussagen:

1. Die Bedeutung der Grundrechte geht nicht in ihrer subjektiven, auf direkte Staatsabwehr gerichteten Dimension auf.

2. Grundrechte beanspruchen prinzipielle (nicht überall identische) Geltung in allen Rechtsbereichen; einen grundrechtsfreien Rechtsraum kann es demnach nicht geben.

Diese beiden Zentralaussagen sind die Basis für alle Weiterungen und Ausdifferenzierungen geworden, die die Grundrechte später erfahren haben[12]. Als Kürzel für die Ausdehnung des Anwendungsbereiches der Grundrechte gebrauchte das Bundesverfassungsgericht jedenfalls lange Zeit die „Wertordnung" des Grundgesetzes. Das suggerierte eine feste Rangordnung der Verfassungsbestimmungen, gewissermaßen ein starres pyramidales System mit der Möglichkeit weitgehender Absetzung vom konkreten Regelungsgehalt der Normen des Grundgesetzes[13]. Hier setzte die Kritik an.

2. *Die Kritik am Bundesverfassungsgericht*

Stein des Anstoßes und Kernpunkt der Kritik war die offenkundig nicht nur metaphorisch, sondern inhalts- und folgenreich gemeinte Qualifizierung[14]

---

[11] Ausführlich K. Stern, Das Staatsrecht der Bundesrepublik Deutschland, Bd. III/1, 1988, S. 899ff.; ferner Goerlich, Wertordnung (Fn. 2), S. 50ff.

[12] Vgl. I. Richter/G.F. Schuppert, Casebook Verfassungsrecht, 2. Aufl. 1991, S. 20f., 48. – Dazu genauer der zweite Teil dieser Abhandlung.

[13] Treffende Charakterisierung (oder Karikierung?) möglicher Übertreibungen, die Anlaß zu den sogleich zu beleuchtenden kritischen Einwänden geben mochten, bei W. Zeidler, Grundrechte und Grundentscheidungen der Verfassung im Widerstreit, in: Verhandlungen des 53. Deutschen Juristentages, 1980, Bd. II (Festvortrag), S. I 5 ff. (8): die Verfassung erscheine als „zweistufiges Gebilde: über der positiven grundgesetzlichen Ordnung eine apokryphe ranghöhere Ordnung, die als Geist frei über den Wassern schwebende, in Gestalt eines rein gedanklichen Systems in idealtypischer Geschlossenheit sich darstellende Grundwertordnung".

[14] H.D. Jarass, Grundrechte als Wertentscheidungen bzw. objektivrechtliche Prinzipien in der Rechtsprechung des Bundesverfassungsgerichts, in: AöR 110 (1985), S. 363ff. (365): „keineswegs nur schmückendes Beiwerk".

des Grundgesetzes bzw. der Grundrechte als einer Wertordnung[15]. Obwohl das Bundesverfassungsgericht eine geistes- oder philosophiegeschichtliche Selbsteinordnung sorgsam vermieden hatte, lag doch die Vermutung gewisser Verbindungslinien nahe. So galt ein Gutteil der Angriffe gar nicht direkt der Judikatur, ihrem Kerngehalt und ihren konkreten Ergebnissen, sondern ihren vermeintlich philosophischen bzw. staatstheoretischen Voraussetzungen und *deren* Unhaltbarkeit. Vor allem zwei Richtungen wurden kritisch ins Auge gefaßt: Der geisteswissenschaftliche Ansatz Rudolf Smends (a) und die materiale Wertethik (b).

a) Mit einem gewaltigen Paukenschlag wies Ernst Forsthoff in einem zuerst in der Carl Schmitt-Festschrift aus dem Jahre 1959 erschienenen Beitrag mit dem programmatischen Titel „Die Umbildung des Verfassungsgesetzes“[16] auf die seiner Ansicht nach evidente Abhängigkeit der Werterechtsprechung von Rudolf Smends geisteswissenschaftlicher Methode hin[17].

Die nicht auf naturwissenschaftliches „Verstehen“, sondern auf geisteswissenschaftliches „Erklären“ gerichtete werthierarchische Verfas-

[15] Das BVerfG hat in durchaus „verwirrende(r) Terminologie“ (so treffend G. Roellecke, Prinzipien der Verfassungsinterpretation in der Rechtsprechung des Bundesverfassungsgerichts, in: Festgabe aus Anlaß des 25jährigen Bestehens des Bundesverfassungsgerichts, Bd. II, 1976, S. 22ff. [35 Fn. 69]) sowohl den Katalog der Grundrechte als auch das Grundgesetz insgesamt als eine Wertordnung bezeichnet (zum letztgenannten Fall etwa BVerfGE 10, 59 [81]; 32, 98 [108]; 33, 23 [29]). Damit ist vor allem mit Blick auf die Bedeutung der Formel für die wehrhafte Demokratie, aber nicht darauf beschränkt, dargelegt, daß es sich auch bei den Staatszielbestimmungen und weiteren Verfassungsgarantien um grundlegende Wertentscheidungen handelt. Im folgenden konzentrieren wir uns auf das Grundrechtsverständnis, das in der Wertordnungsjudikatur eindeutig im Vordergrund gestanden hat. Seinen sachlichen Grund hat dies darin, daß die Vorstellung einer Rangordnung der Elemente bei der Verfassung insgesamt noch weniger plausibel als beim Grundrechtskatalog erscheinen müsste: eine abstrakte Vorrang-/Nachrangrelation zwischen Demokratie und Rechtsstaat, Republik und Sozialstaatsprinzip etc. wäre schlicht absurd.

[16] E. Forsthoff, Die Umbildung des Verfassungsgesetzes (1959/1976), in: M. Friedrich (Hrsg.), Verfassung. Beiträge zur Verfassungstheorie, 1978, S. 117ff.

[17] Forsthoff, Umbildung (Fn. 16), S. 130f.: „Auch die von Smend inaugurierte Vorstellung von Grundrechten als Werten ist inzwischen ziemlich allgemein anerkannt. Das hat Folgen gezeitigt, die gewiß für Smend im Jahre 1928 jenseits aller Voraussehbarkeit lagen, die aber darum von höchstem methodischen Interesse sind, weil sie erkennen lassen, welche Tragweite solche Qualifizierungen haben können. Indem Smend die Grundrechte, die man bisher als Individualrechte verstanden hat, zu Werten erklärte, fügte er nicht der bisherigen Grundrechtsauffassung einen neuen Aspekt hinzu, sondern versetzt Grundrechte, wie bereits bemerkt wurde, in eine andere logische Dimension.“

sungstheorie bzw. Staats(rechts)lehre Rudolf Smends[18] führe zu einer folgenschweren Umformung des herkömmlichen rechtsstaatlichen Verfassungsverständnisses, indem sie Technizität und Präzision der als Gesetz verstandenen und möglichst im syllogistischen Schlußverfahren zu interpretierenden Verfassung vernachlässige, die Formqualitäten des Rechtsstaates unterschätze, dessen strikte Normativität geringachte und diese durch einen letztlich unwägbaren Prozeß fließender Geltungsfortbildung der Verfassung substituiere. Aufgrund der werthierarchischen Argumentation komme es zur Entformalisierung des Verfassungsstaates, schlußendlich zur Auflösung der rechtsstaatlichen Verfassung insgesamt, ein Prozeß, der folgerichtig im Übergang vom Rechtsstaat zum Justizstaat kulminiere[19].

Forsthoffs heftige Attacke wurde seinerzeit durch Alexander Hollerbach sogleich einer differenzierten und umfänglichen Analyse unterzogen, die die zum Teil überspannte Kritik zurückwies und die etwas aus dem Lot geratenen Maßstäbe wieder zurechtrückte[20]. Vor allem schenkte Hollerbach dem eigentümlichen Umstand Beachtung, daß Forsthoff ausweislich seiner gewichtigen Verwaltungsanalysen zwar die Expansion des Sozialstaates und die damit verbundene Umformung des gesamten Staatsgefüges vollständig zur Kenntnis genommen, Konsequenzen daraus aber nur für die uneingeschränkt begrüßte Bedeutungssteigerung der als Wertverwirklichungsinstanz begriffenen Verwaltung gezogen hatte, während er die Verfassung ganz im Geiste des formalen Rechtsstaatsverständnisses des 19. Jahrhunderts nur umso technischer auslegte[21].

---

[18] Vgl. zu ihr die materialreiche Studie von K. RENNERT, Die „geisteswissenschaftliche Richtung" in der Staatsrechtslehre der Weimarer Republik, 1987; dort auch Nachweise und Diskussion der älteren Literatur.

[19] Für diese knappe Zusammenfassung ließen sich zahlreiche wörtliche Zitate aus FORSTHOFFS Abhandlung (Umbildung [Fn. 16]) anführen: vgl. etwa S. 121, 125, 138, 143, 144, 145, 148, 149, 150. – Die Formulierung „fließende Geltungsfortbildung des gesetzten Verfassungsrechts" findet sich bei R. SMEND, Verfassung und Verfassungsrecht (1928), in: ders., Staatsrechtliche Abhandlungen und andere Aufsätze, 2. Aufl. 1968, S. 119 ff. (242).

[20] A. HOLLERBACH, Auflösung der rechtsstaatlichen Verfassung? (1960), in: Friedrich, Verfassung (Fn. 16), S. 153 ff.

[21] Vgl. HOLLERBACH, Auflösung (Fn. 20), S. 158, 160, 163; speziell dazu auch H. DREIER, Zur „Eigenständigkeit" der Verwaltung, in: Die Verwaltung 25 (1992), S. 137 ff. (140 f.), in diesem Bande S. 287 ff. (291 f.); weitere Kritik etwa bei P. LERCHE, Stil, Methode, Ansicht (1961), in: Friedrich, Verfassung (Fn. 16), S. 191 ff. (198 ff.); MÜLLER, Methodik (Fn. 2), S. 76 ff.; D. GRIMM, Verfassungsfunktion und Grundgesetzreform (1972), in: ders., Die Zukunft der Verfassung, 1991, S. 313 ff. (321 ff.).

Nun steht außer Frage, daß Smend in seinem grundlegenden Werk aus dem Jahre 1928 über „Verfassung und Verfassungsrecht"[22] ein seinerzeit absolut innovatives Verständnis der Grundrechte als identitätsbildende und integrativ wirkende Bestandteile der Verfassungsordnung verfochten, damit die übliche Sicht der Grundrechte als negative Ausgrenzungen der staatlichen Gewalt bei weitem überschritten und sie stattdessen in positiver Weise in das Gesamtgefüge des staats- und verfassungsrechtlichen Integrationsvorganges eingeordnet hat[23].

Bei der Kennzeichnung des neuen Gehalts der Grundrechte – „ihres stofflichen Inhalts" und „ihres formalen Geltungssinnes"[24] –, deren Sinn eben nicht in „technischer Spezialgesetzgebung"[25] liege, spricht Smend ausdrücklich davon, daß der Grundrechtskatalog „eine sachliche Reihe von einer gewissen Geschlossenheit, d.h. ein Wert- oder Güter-, ein Kultursystem normieren"[26] wolle. Und wenig später heißt es: „Ganz abgesehen von aller positiven Rechtsgeltung proklamieren die Grundrechte ein bestimmtes Kultur-, ein Wertsystem, das der Sinn des von dieser Verfassung konstituierten Staatslebens sein soll."[27] Der historische Hintergrund seiner Ausführungen wird schließlich hinlänglich klar, wenn er zur neuen Rolle der Grundrechte anfügt: „Diese Bedeutung ist sicherlich mit dem Wegfall der Monarchie gestiegen: solange diese den geschichtlichen Gehalt des Staates symbolisierte und repräsentierte und zugleich der staatlichen Ordnung die notwendige Legitimität gab, lag es nahe, an den Grundrechten nur ihre negative, staatsbeschränkende Seite zu sehen. Jene beiden Aufgaben

---

[22] Smend, Verfassung (Fn. 19), S. 119ff.; scharfe zeitgenössische Kritik: H. Kelsen, Der Staat als Integration, 1930 (insb. zur latenten Infragestellung der Weimarer Reichsverfassung). Vgl. auch Müller, Methodik (Fn. 2), S. 217: „Für Smend ist eine Verfassung die Normierung einzelner Seiten des Vorganges, in dem der Staat seinen Lebensvorgang ständig herstellt; sie soll sich daher nicht auf Einzelheiten richten, sondern ‚auf die Totalität des Staates und die Totalität seines Integrationsprozesses'. Das ist ein Denken nicht nur auf das Ganze hin, sondern auch vom Ganzen und seiner Einheit her. Kelsen hat das Bedenkliche dieses Holismus festgehalten."

[23] Vgl. Smend, Verfassung (Fn. 19), S. 260ff.; M. Friedrich, Rudolf Smend 1882–1975, in: AöR 112 (1987), S. 1ff. (7ff.).

[24] Smend, Verfassung (Fn. 19), S. 263.

[25] Smend, Verfassung (Fn. 19), S. 263; vgl. auch ders., Das Recht der freien Meinungsäußerung (1928), in: ders., Staatsrechtliche Abhandlungen (Fn. 19), S. 89ff. (97f.). – Dieser Akzentsetzung muß man sich bewußt sein, um die vehemente Polemik Forsthoffs gegen den Verlust der Technizität und Formalität rechtsstaatlicher Freiheitsgewähr durch die neue Verfassungsinterpretation richtig verstehen zu können.

[26] Smend, Verfassung (Fn. 19), S. 264.

[27] Smend, Verfassung (Fn. 19), S. 265.

der Monarchie sind durch die Umwälzung frei geworden, mit dem Erfolge erheblicher Bedeutungssteigerung der als Ersatz eingetretenen Faktoren"[28].

Man wird weder leugnen können noch müssen, daß Smends grundsätzlicher Neujustierung der Grundrechte gerade für die Interpretation des Grundgesetzes eine nicht unbedeutende Rolle zukam[29]. Auch mochte die personelle Besetzung der Spruchkörper des Bundesverfassungsgerichts die Aufnahmebereitschaft für seine Ideen durchaus steigern[30]. Doch wie auch immer man solche – zuweilen wohl überschätzte – Faktoren und Einflußströme im einzelnen auch bewerten mag, so bleibt doch zweierlei unverkennbar. Zum einen ist die normative Verstärkung der Bedeutung der Grundrechte zunächst ein Werk des Grundgesetzes selbst[31], nicht lediglich seiner Interpretation – auch wenn sich dem bloßen Wortlaut etwa der Art. 1 Abs. 3 und 20 Abs. 3 GG natürlich nicht umstandslos alle in der neueren Rechtsprechung anerkannten Grundrechtsfunktionen entnehmen lassen. Und zweitens bleibt für die hier gegebene Fragestellung zentral, daß Smend ungeachtet seiner Rede vom „Kultur- und Wertsystem" der Grundrechte[32]

---

[28] SMEND, Verfassung (Fn. 19), S. 267. – Zu dieser Ersatz- bzw. Lückenfüllungsfunktion K. HESSE, Das Grundgesetz in der Entwicklung der Bundesrepublik Deutschland; Aufgabe und Funktion der Verfassung, in: E. Benda/W. Maihofer/H.-J. Vogel (Hrsg.), Handbuch des Verfassungsrechts der Bundesrepublik Deutschland, 1983, S. 3 ff. (22) mit Hinweis auf das Fehlen einer geschichtlich gefestigten freiheitlichen politischen Kultur.

[29] Smend selbst hat dies offenbar so gesehen. Manche Passagen seines Festvortrages zum 10jährigen Bestehen des Bundesverfassungsgerichts (allein dies eine signifikante Auszeichnung!) muten wie eine nicht ganz uneitle Selbstbespiegelung an; vgl. R. SMEND, Das Bundesverfassungsgericht (1962), in: ders., Staatsrechtliche Abhandlungen (Fn. 19), S. 581 ff. (insb. 589 ff.). – Ansonsten bleiben die Hinweise eher knapp: vgl. K. HESSE, Art. Smend, in: Staatslexikon der Görres-Gesellschaft, 7. Aufl., Bd. 4, 1988, Sp. 1183 ff. (1184); DERS., Bestand und Bedeutung der Grundrechte in der Bundesrepublik Deutschland (1978), in: ders., Ausgewählte Schriften, hrsgg. v. P. Häberle u. A. Hollerbach, 1984, S. 283 ff.; M. MOLS, Art. Integration, in: Staatslexikon der Görres-Gesellschaft, 7. Aufl., Bd. 3, 1987, Sp. 111 ff. (117). Etwas ausführlicher K. KRÖGER, Grundrechtstheorie als Verfassungsproblem, 1978, S. 17 ff.; s. noch W.-R. SCHENKE, 40 Jahre Grundgesetz, in: JZ 1989, S. 653 ff. (655).

[30] Eine Andeutung in dieser Richtung bei FORSTHOFF, Umbildung (Fn. 16), S. 145 f.

[31] Grundlegend H. HOFMANN, Die Grundrechte 1789–1949–1989, in: NJW 1989, S. 3177 ff. (3183 ff.); s. ferner HESSE, Grundgesetz (Fn. 28), S. 9; W. SCHMIDT, Grundrechtstheorie im Wandel der Verfassungsgeschichte, in: Jura 1983, S. 169 ff. (175). – Allgemein zum fundamentalen Bruch zwischen Weimarer Reichsverfassung und Bonner Grundgesetz H. DREIER, Hierarchische Verwaltung im demokratischen Staat, 1991, S. 108 ff. m.w.N.

[32] Vgl. nochmals SMEND, Verfassung (Fn. 19), S. 265. – Von den Freiheitsrechten als einem „Wertsystem" sprach auch Z. GIACOMETTI, Das Staatsrecht der schweizerischen Kantone, Zürich 1941, S. 163; DERS., Die Freiheitsrechtskataloge als Kodifi-

nicht die Existenz einer fixierbaren, streng hierarchischen Rangordnung derselben postuliert hat, wie Forsthoff dies der Bundesverfassungsgerichtsjudikatur unterstellte[33]. Vielmehr wird eine derartige Vorstellung in eben jenem Fundamentaltext über Verfassung und Verfassungsrecht ausdrücklich abgelehnt[34] – auch wenn Smend dabei nicht so weit ging wie Forsthoff, der in seiner Streitschrift *jeden* systematischen Zusammenhang zwischen den Grundrechten verneint und kategorisch festgestellt hatte, daß jedes von ihnen mit eigener Logik für sich stünde[35]. Ferner läßt sich zeigen, daß Smend Werte nicht „als abstrakte Wesenheiten, als in sich ruhende statische Blöcke außerhalb des realen Erlebensvollzuges" angesehen und unter Wertsystemen nicht „einen abstrakten, kryptonaturrechtlichen, nach bestimmten Gesetzen und Notwendigkeiten funktionierenden Schematismus von intransigenter Geschlossenheit" verstanden hat[36]. Nimmt man schließlich hinzu, daß sich der Terminus „Wert" bei ihm weitgehend durch Ausdrücke wie Sachgehalt, Prinzip, Rechtsgut o.ä. ersetzen läßt[37], wird vollends klar, daß sein fundamentaler Gegenentwurf zum herrschenden

---

kation der Freiheit (1954/55), in: H. Merz u.a. (Hrsg.), Juristengenerationen und ihr Zeitgeist, Zürich 1991, S. 170ff., der indes mit dieser Vorstellung die punktuellen und unvollständigen Grundrechtsgewährleistungen der Schweizer Kantonalverfassungen ergänzen und die normtextlich in der Urkunde verankerten Grundrechte mit dem Denkbehelf des Systems um andere, spezielle Grundrechte erweitern wollte.

[33] Forsthoff, Umbildung (Fn. 16), S. 128, 132.

[34] Vgl. Smend, Verfassung (Fn. 19), S. 264 Fn. 13: „Aus demselben Grunde sind sie auch untereinander nicht (ebenso wenig wie die Verfassung überhaupt) als ein technisch ineinander verzahntes, technisch geschlossenes System zu verstehen, wie die technischen Systeme etwa des Bürgerlichen Gesetzbuchs und der Prozessordnungen." Allgemein zur Rangfrage ebd., S. 240f., die er wiederum mit dem flexiblen Kriterium des Integrationswertes beantwortet und nicht eine bestimmte Rangfolge aufstellt. Vgl. auch Friedrich, Rudolf Smend (Fn. 23), S. 8.

[35] Forsthoff, Umbildung (Fn. 16), S. 125.

[36] Treffend Hollerbach, Auflösung (Fn. 20), S. 171. Siehe auch N. Luhmann, Grundrechte als Institution, 1965, S. 46: der Integrationslehre geschehe „Unrecht, wenn man sie in den Dienst einer angeblich vorgegebenen Wertordnung stellt".

[37] Vgl. Hollerbach, Auflösung (Fn. 20), S. 171. – Damit soll wiederum nicht gesagt sein, daß sich Smends Weimarer Schrift umstandslos als Theorie des demokratischen Verfassungsstaates oder gleichsam als theoretische Wegbereitung des Bonner Grundgesetzes lesen ließe; dafür ist sein Ansatz zu stark vom Glauben an die Selbstzweckhaftigkeit politischer Verbände sowie von der überragenden Bedeutung des politischen Erlebens (zu Recht betont von J.H. Kaiser, Einige Umrisse des deutschen Staatsdenkens seit Weimar, in: AöR 108 [1989], S. 5ff. [16ff.]) geprägt und infolgedessen von einem latenten Etatismus getragen, dem – verstärkt durch die protestantisch grundierte Betonung des staatsbürgerlichen Pflichtgedankens – eine im Vergleich zum nahezu unbeschränkten Grundrechtsindividualismus unserer Tage bemerkenswerte Restriktion der individualistischen Komponente korrespondiert. Vgl.

Staatsrechtsverständnis seiner Zeit eine neue Dimension des Verfassungsdenkens erschlossen und dabei die strikte Normativität der Verfassungsurkunde durch weit ausgreifende Bezüge ein Stück weit relativiert hat[38], ohne aber der Verfassung und insbesondere ihren Grundrechten ein starres, im Sinne klarer Über- und Unterordnung hierarchisch gestuftes System von Werten zu entnehmen oder zu oktroyieren. Damit läuft ein Zentralvorwurf gegen die Wertordnungsrechtsprechung des Bundesverfassungsgerichtes leer, sofern er sich auf die Position Smends bezieht[39].

b) Die Existenz einer in sich geschlossenen und strikt fixierten Rangordnung der Werte postulierte allerdings die philosophische Schule der materialen Wertethik[40], wie sie in Max Schelers Werk über den „Formalis-

auch die kritische, wenngleich streckenweise allzu sehr im Fahrwasser Böckenfördes verbleibende Analyse von RENNERT, Richtung (Fn. 18), S. 214 ff., 299 ff.

38 Siehe dazu die bemerkenswerte Selbstkorrektur bei R. SMEND, Integrationslehre (1956), in: ders., Staatsrechtliche Abhandlungen (Fn. 19), S. 475 ff. (480). – Zu diesem Dauerpunkt in der Kritik, der von Forsthoff und von Böckenförde natürlich noch sehr viel schärfer akzentuiert wurde, vgl. P. v. OERTZEN, Die soziale Funktion des staatsrechtlichen Positivismus (Diss. phil. 1952/53), 1974, S. 15 ff. (18: „Vernachlässigung des normativen, statischen Elements gegenüber dem dynamischen"); P. BADURA, Art. Verfassung, in: Evangelisches Staatslexikon, hrsgg. v. R. Herzog u. a., 3. Aufl., Bd. II, 1987, Sp. 3737 ff. (3756 f.); GRIMM, Verfassungsfunktion (Fn. 21), S. 318.

39 Mit diesen wenigen Bemerkungen kann die anregende Vielfalt und der zuweilen sublime Charakter der Smendschen Integrationslehre natürlich nicht annähernd erfaßt werden. Entscheidend bleibt für unsere nicht umfänglicher Analyse derselben, sondern einer bestimmen Fragestellung gewidmeten Untersuchung, daß jede Vorstellung starrer Relationierung von Werten dem eigentümlich fließenden und betont dynamischen Charakter des Smendschen Denkens geradewegs zuwiderläuft und von daher seine Urheberschaft für ein unelastisches Wertrangordnungsdenken als ausgeschlossen betrachtet werden kann. – So auch HESSE, Grundzüge (Fn. 4), Rn. 52.

40 Gegen die hier vorgenommene klare Trennung zwischen der Position Smends und der materialen Wertethik könnte eingewendet werden, daß zwischen beiden durchaus Verbindungen bestehen (vgl. M. TRAPP, Naturrecht, Wertordnung, Vernunft, in: ARSP 72 [1986], S. 153 ff. [165]), und zwar vor allem über THEODOR LITT, der sich in seinem Werk über „Individuum und Gemeinschaft" (Leipzig–Berlin 1919) häufiger auf Max Scheler berufen hatte; Litt aber war der wesentliche sozialphilosophische Gewährsmann für Smends Integrationslehre. Auch hatte sich Smend an mehreren Stellen von „Verfassung und Verfassungsrecht" (Fn. 19) auf Max Scheler bezogen (etwa S. 193 Fn. 24, 194 Fn. 29). Doch sind diese zudem nicht sonderlich intensiven Bezugnahmen im Bereich allgemeiner Grundlegung seiner Theorie von Staat und Verfassung und damit weit vor den Aussagen über die Bedeutung der Grundrechte angesiedelt; so wird der Kontrast zwischen dem Apriorismus Schelers und dem beweglichen Denken Smends nicht geschmälert (vgl. RENNERT, Richtung [Fn. 18], S. 316 ff., auch S. 218, 219, 241 ff.).

mus in der Ethik" repräsentative Gestalt gewonnen hat[41]. Diese schon nach dem Zweiten Weltkrieg in Fachphilosophenkreisen kaum mehr beachtete Richtung[42] geht von einer strukturellen Analogie zwischen Sein und Sollen, zwischen der Welt der Dinge und der Welt der Werte aus[43]. Sie sucht in Absetzung gegenüber dem zeitgenössischen Positivismus, Formalismus und Wertrelativismus „Werte als inhaltlich erfüllte, ontologisch vorgegebene Wesenheiten mit apriorischer Dignität zu erweisen, die durch das konkrete Handeln zwar aktualisiert werden, diesem aber vorgegeben sind."[44] Werte sind ihr zufolge Tatsachen, und zwar objektive Tatsachen. Dem Sein der Naturwelt wird ein „Sein der Werte zur Seite gestellt, auf das sich unsere Wertungen in analoger Weise beziehen wie die Wahrnehmungen und Beobachtungen auf die Wirklichkeit und die Tatsachen."[45] Die Wertgehalte ihrerseits befinden sich nicht im Verhältnis der Gleichordnung, sondern der Rangordnung. Diese Rangordnung wiederum liegt in ihrem Wesen selbst begründet. Auch sie ist objektiv und invariabel gegeben. Die Werte existieren dabei unabhängig von menschlicher Schöpfung, ja sogar unabhängig von menschlicher Organisation; sie sind idealseiend. Was ihre Erkennbarkeit angeht, so werden Werte letztlich gefühlt, und dieses Wertgefühl soll so objektiv wie mathematische Einsicht sein[46].

Die im Ergebnis durchgreifenden philosophischen Einwände gegen die Tragfähigkeit der materialen Wertethik, auf die insbesondere Wilhelm Weischedel hingewiesen hat[47], sind an dieser Stelle nicht weiter zu erörtern.

---

[41] M. Scheler, Der Formalismus in der Ethik und die materiale Wertethik (1916), 4. Aufl. 1954, insb. S. 101 ff.; vgl. auch N. Hartmann, Ethik (1925), 4. Aufl. 1962, S. 119 ff.

[42] Vgl. E. Coreth u. a., Philosophie des 20. Jahrhunderts, 1986, S. 33 f., 97; ebenso die kleine Spitze von Forsthoff, Umbildung (Fn. 16), S. 126 („Anachronismus").

[43] Zum folgenden W. Weischedel, Recht und Ethik, 1956, S. 21 ff.; A. Podlech, Wertungen und Werte im Recht, in: AöR 95 (1970), S. 185 ff. (201 ff.); A. Brecht, Politische Theorie, 2. Aufl. 1976, S. 342 f.; H. Henkel, Einführung in die Rechtsphilosophie, 2. Aufl. 1977, S. 322 ff.; W. Stegmüller, Hauptströmungen der Gegenwartsphilosophie, Bd. I, 6. Aufl. 1978, S. 110 ff., 275.

[44] G. Luf, Zur Problematik des Wertbegriffes in der Rechtsphilosophie, in: Festschrift für Alfred Verdroß, 1980, S. 127 ff. (128).

[45] K. Engisch, Auf der Suche nach der Gerechtigkeit, 1971, S. 256.

[46] Transparente Schilderung bei Podlech, Wertungen (Fn. 43), S. 202 ff.; vgl. auch Weischedel, Recht (Fn. 43), S. 22; Engisch, Suche (Fn. 45), S. 257; Luf, Problematik (Fn. 44), S. 139 ff.; W. Gast, Juristische Rhetorik, 2. Aufl. 1992, Rn. 454 ff.

[47] Weischedel, Recht (Fn. 43), S. 19 ff., insb. S. 23 ff.; vgl. H. Welzel, Naturrecht und materiale Gerechtigkeit, 4. Aufl. 1962, S. 220 ff.; s. auch bereits E. v. Aster, Zur Kritik der materialen Wertethik, in: Kant-Studien 33 (1928), S. 172 ff.; G. Giere, Das Problem des Wertsystems der Weimarer Grundrechte, 1932, S. 11 ff.

Es genügt die Einsicht, daß diese Richtung als „Basistheorie für rechtliche Wertungen ungeeignet ist“[48]. Denn für das zentrale Problem einer modernen, entwickelten, komplexen Gesellschaft, nämlich das „Faktum des Pluralismus“ (John Rawls) und die daraus resultierende hochgradige Unterschiedlichkeit, ja Widersprüchlichkeit der Werterfahrungen und Werthaltungen von Individuen und Gruppen hat die materiale Wertethik weder eine einleuchtende Erklärung noch eine zuträgliche Lösung parat. Die „Richtigkeit“ bestimmter Werterfahrungen gilt absolut, und die davon abweichenden werden auf perspektivische Verengungen oder die „Wertblindheit“ ihrer Träger zurückgeführt. Ein Vermittlungsweg ist nicht vorgesehen. Beruft man sich aber im Bereich des Rechts lediglich auf die Absolutheit der eigenen Werterfahrung, so bedeutet das nicht nur den „Abbruch der Kommunikation“[49], sondern im Grunde genommen den Verzicht auf die Herstellung von Konsens und die Errichtung einer Rechtsordnung, die Frieden und Freiheit ihrer Bürger gerade wegen oder jedenfalls trotz unterschiedlichster Interessen, Meinungen und Wertauffassungen zu sichern in der Lage ist[50]. Die von der materialen Wertethik postulierte Absolutheit der Werte und ihrer Erfahrung würde in der Tat zu einer „Tyrannei der Werte“ führen[51]. Insoweit – aber auch nur insoweit, d.h. bei strikter Zugrundelegung des Wertabsolutismus im Sinne Max Schelers oder Nicolai

---

[48] A. Podlech, Recht und Moral, in: Rechtstheorie 3 (1972), S. 129ff. (136); ders., Wertungen (Fn. 43), S. 208.

[49] Podlech, Wertungen (Fn. 43), S. 208.

[50] Eindringlich Böckenförde, Kritik (Fn. 5), S. 86: „Das objektive Wertdenken ist so aus sich heraus unfähig, Recht zu begründen; denn dieses ist von seiner Ordnungsaufgabe notwendig auf allgemeine Gültigkeit, damit auf rationale Einsehbarkeit und die grundsätzliche Möglichkeit rationaler Verständigung angewiesen. Überdies fehlt ihm jede befriedende Kraft. Bei der Werterkenntnis wie bei Wertkonflikten und Wertabwägungen steht letztlich Evidenz gegen Evidenz, Wertschau gegen Wertschau, ohne daß sie sich – schon dem eigenen Anspruch nach – auf den Boden rationaler Erweisbarkeit oder Vermittlung zu begeben hätten.“ Zur Gefahr des Wertdogmatismus auch Luf, Problematik (Fn. 44), S. 140ff. (mit Hinweis darauf, daß die materiale Wertethik sich vornehmlich den Bedingungen sittlichen, nicht rechtlichen Handelns widme); s. ferner Trapp, Naturrecht (Fn. 40), S. 171.

[51] Die vielzitierte Wendung findet sich bei Hartmann, Ethik (Fn. 41), S. 576 und ist dort als positive Umschreibung für die selektive Kraft des Wertgefühls gemeint; zur Schlagwortberühmtheit gelangte sie durch eine 1960 im Privatdruck erschienene, später in einer Festschrift für Ernst Forsthoff abgedruckte Schrift Carl Schmitts, der die Wertphilosophie darin als subjektivistisch, aggressiv und zerstörerisch kritisierte: C. Schmitt, Die Tyrannei der Werte, in: Säkularisation und Utopie. Ebracher Studien. Ernst Forsthoff zum 65. Geburtstag, 1967, S. 37ff.; dazu kritisch I. Staff, Zum Begriff der Politischen Theologie bei Carl Schmitt, in: G. Dilcher/I. Staff (Hrsg.), Christentum und modernes Recht, 1984, S. 182ff. (197ff.).

Hartmanns – kann die Kritik Böckenfördes zustimmend notiert werden, das juristische Problem der Wertetheorie liege darin, „daß es eine rational kontrollierbare Erkenntnis von ‚Werten' und einer ‚Wertordnung' nicht gibt, und ebenso wenig ein rational begründetes Vorzugs- und Abwägungssystem für die konkurrierenden Geltungsansprüche verschiedener, oftmals miteinander kollidierender ‚Werte'"[52].

Die entscheidende Frage ist jedoch, ob die Position des Bundesverfassungsgerichts mit der materialen Wertethik identifiziert bzw. diese als die philosophische Grundlage der Judikatur erwiesen werden kann. Die Annahme einer solchen Verbindung war in der Nachkriegszeit in der Tat durchaus naheliegend. Insbesondere in der „Naturrechtsrenaissance"[53] der 1950er Jahre vermochte sich die wertabsolutistische Position Schelers und Hartmanns gut in die allgemein verbreiteten Versuche zur Überwindung des vorgeblich substanzlosen und wertrelativistischen Positivismus einzufügen. Einen vergleichsweise deutlichen Akzent in diese Richtung wies vor allem die naturrechtliche Rechtsprechung des BGH auf, in der auf eine recht direkte und unvermittelte Weise die Existenz einer objektiv und allgemein geltenden, alle Bürger verpflichtenden Wertordnung postuliert wurde, die als „Sittengesetz" unbedingte, von tatsächlicher Befolgung unabhängige Geltung erheischen sollte[54]. Noch unmißverständlicher hatten sich namhafte Vertreter der Rechtsphilosophie und der Staatsrechtslehre

---

[52] E.-W. Böckenförde, Geschichtliche Entwicklung und Bedeutungswandel der Verfassung (1984), in: ders., Staat, Verfassung, Demokratie, 1991, S. 29ff. (51).

[53] Zusammenfassend K. Kühl, Rückblick auf die Renaissance des Naturrechts nach dem 2. Weltkrieg, in: Geschichtliche Rechtswissenschaft. Freundesgabe für Alfred Söllner zum 60. Geburtstag, 1990, S. 331ff.

[54] Vgl. insb. BGHSt 6, 46; BGHZ 11, Anhang S. 34ff. Faktisch kam es hier zur (unreflektierten?) Übernahme wesentlicher Lehrsätze des durch Thomas von Aquin geprägten katholischen Naturrechts (vgl. M. Müller u.a., Art. Naturrecht, in: Staatslexikon der Görres-Gesellschaft, 6. Aufl., Bd. 5, 1960, Sp. 929ff. [insb. 962ff.]). – Zur Kritik Weischedel, Recht (Fn. 43), S. 19ff.; H. Simon, Katholisierung des Rechtes? Zum Einfluß katholischen Rechtsdenkens auf die gegenwärtige deutsche Gesetzgebung und Rechtsprechung, 1962, S. 38ff.; W. Maihofer, Ideologie und Naturrecht. Zugleich ein Beitrag zum Thema Ideologie und Rechtsprechung, in: ders. (Hrsg.), Ideologie und Recht, 1969, S. 121ff. – Verteidigung der Rechtsprechung bei H. Weinkauff, Der Naturrechtsgedanke in der Rechtsprechung des Bundesgerichtshofs, in: NJW 1960, S. 1689ff. (1690f.). Besonders prägnant wieder Zeidler, Grundrechte (Fn. 13), S. I 11f.: „Es war der mit den Mitteln der Rechtsprechung unternommene Versuch, die Bürger unseres Landes in eine weltanschauliche Zwangsjacke zu pressen, deren Stoff aus religiös-transzendentalen Einsichten gewirkt war, die – wie jedermanns ehrliche Überzeugung – vollen Respekt verdienen, aber in einer freiheitlich-pluralistischen Gesellschaft als normativer Zwangsmaßstab nicht akzeptabel sein können."

wie Helmut Coing und Günter Dürig auf die Hauptaussagen der materialen Wertethik bezogen, um die Existenz einer objektiven Rechtsordnung bzw. objektiver Rechtswerte zu begründen[55]. Vor allem bei Dürig findet sich die Idee eines abgeschlossenen, in sich hierarchisch strukturierten „Wert- und Anspruchssystems" der Grundrechte[56].

Anknüpfungspunkte waren also gegeben. Ausschlaggebend aber ist, daß das Bundesverfassungsgericht an keiner Stelle explizit oder implizit auf eine bestimmte Wertphilosophie, schon gar nicht auf diejenige Schelers oder Hartmanns[57] und ebenso wenig auf die ganz anders geartete Werttheorie des Neukantianismus Bezug genommen hat[58]. Ganz im Gegenteil vermittelt die genaue Lektüre der einschlägigen Urteile den Eindruck, daß eine eindeutige Abstützung und Verankerung in derartigen philosophischen oder auch staatstheoretischen Systemen bewußt vermieden wurde. Es findet sich kein Anhaltspunkt dafür, daß die Rede von der „objektiven Wertordnung" als gewissermaßen höchstrichterliche Anerkennung einer besonderen philosophischen Schule oder als verfassungsgerichtlicher Ritterschlag einer bestimmten Grundrechtsinterpretation gedacht war. So reduziert sich der faßbare Gehalt der Wertordnungsrechtsprechung auf die beiden oben angeführten Punkte: Grundrechte entfalten nicht lediglich Abwehrfunktion, und sie strahlen in sämtliche Rechtsbereiche aus. Alle

---

[55] H. Coing, Die obersten Grundsätze des Rechts, 1947 (dazu die kritische Darstellung von U. Matz, Rechtsgefühl und objektive Werte. Ein Beitrag zur Kritik des wertethischen Naturrechts, 1966); G. Dürig, Der Grundrechtssatz von der Menschenwürde. Entwurf eines praktikablen Wertsystems der Grundrechte aus Art. 1 Abs. 1 i.V.m. Art. 19 Abs. 2 des GG, in: AöR 81 (1955/56), S. 117ff.; ders., in: T. Maunz/G. Dürig (Hrsg.), Grundgesetz. Kommentar, Art. 1 Abs. 1 (1958), Rn. 1ff. Überblick bei K. Stern, Idee und Elemente eines Systems der Grundrechte, in: HStR V, § 109 Rn. 7ff.

[56] Breite Darstellung von Dürigs Position bei H. Willke, Stand und Kritik der neueren Grundrechtstheorie, 1975, S. 24ff.; Kritik u.a. bei H. Ehmke, Wirtschaft und Verfassung, 1961, S. 58ff.; U. Scheuner, Zur Systematik und Auslegung der Grundrechte (1965), in: ders., Staatstheorie und Staatsrecht. Gesammelte Schriften, 1978, S. 709ff. (712ff., 717ff., 724ff.); H.H. Rupp, Vom Wandel der Grundrechte, in: AöR 101 (1976), S. 161ff. (169ff.).

[57] Vgl. Goerlich, Wertordnung (Fn. 2), S. 141, der S. 18 Fn. 24 ebenfalls gegen die in der Literatur verbreitete Identifikation der Bundesverfassungsgerichtsjudikatur mit der materialen Wertethik Stellung bezieht. Desgleichen M. Morlok, Was heißt und zu welchem Ende studiert man Verfassungstheorie?, 1988, S. 118.

[58] Auf die Werttheorie des Neukantianismus geht Böckenförde, Kritik (Fn. 5), S. 71ff. ausdrücklich ein. Zu ihr allgemein H. Schnädelbach, Philosophie in Deutschland 1831–1933, 1983, S. 219ff.; speziell zur neukantianischen Rechtstheorie H. Dreier, Rechtslehre, Staatssoziologie und Demokratietheorie bei Hans Kelsen (1986), 2. Aufl. 1990, S. 70ff.

Einwände gegen die Wertordnungsjudikatur, die sich auf die Fragwürdigkeit der materialen Wertethik stützen, gehen fehl.

3. Von der Wertordnung der Grundrechte zu den objektiv-rechtlichen Grundrechtsgehalten

Wir können eine Zwischenbilanz ziehen. Sofern sich die Kritik an der Rechtsprechung des Bundesverfassungsgerichts gegen die vorgebliche Postulierung eines starren, wertehierarchischen Systems wandte, kann die Verfassungstheorie Rudolf Smends nicht als Urheber angesehen werden. Diejenige philosophische Schule wiederum, die die Existenz eines solchen geschlossenen Rangsystems von objektiver Existenz und geltungsmäßiger Evidenz ausdrücklich vertritt, die materiale Wertethik, war für die Entfaltung der Bundesverfassungsgerichtsjudikatur ohne tragende Bedeutung. Die Wertordnungsterminologie ist vermutlich weniger als Emblem für eine bestimmte philosophische Schule denn als bewußt gesetzter Kontrapunkt gegenüber dem vorgeblich schrankenlosen Wertrelativismus der Weimarer Zeit verwandt worden[59]. Auch aus der – zudem vereinzelt gebliebenen – Wendung von der „Wertrangordnung" lassen sich kaum weitergehende Schlüsse ziehen[60]. Ferner hat die Rechtsprechung des Bundesverfassungs-

---

[59] Vgl. etwa W. GEIGER, Grundwertentscheidungen des Grundgesetzes, in: BayVBl. 1974, S. 297ff. – Der Antirelativismus fungierte gewissermaßen als verbindende Klammer für alle drei Verwendungskontexte der Wertordnungsjudikatur: erstens für die Begründung des Konzeptes wehrhafter Demokratie, zweitens für den strikten Vorrang der Verfassung gegenüber dem einfachen Gesetzesrecht und drittens für die hier ins Zentrum gerückte Erstreckung der Grundrechte auf alle Rechtsbereiche und ihre dimensionale Erweiterung.

[60] Der Terminus „Wertrangordnung" erscheint in BVerfGE 7, 198 (215); zu Recht hat SCHMIDT, Grundrechtstheorie (Fn. 31), S. 176 Fn. 48 die frühe Werterechtsprechung des BVerfG wegen der Suggestion der Existenz einer festen Rangordnung als „mißverständlich" bezeichnet; ähnlich GEIGER, Grundwertentscheidungen (Fn. 59), S. 298; HOFMANN, Grundrechte (Fn. 31), S. 3185. – Auch der zweite Präsident des Bundesverfassungsgerichts, *Josef Wintrich*, der mit einigen kleineren Veröffentlichungen maßgebliche Vorarbeiten für die Wertordnungsrechtsprechung geleistet haben mag, ging offensichtlich von der Vorstellung einer strikten Wertehierarchie aus, die bei ihm allerdings nicht der materialen Wertethik entlehnt, sondern an Thomas von Aquin und dem scholastischen Naturrecht orientiert war. Aber auch hier gilt: Die Motive ergeben nicht umstandslos den objektiven Sinn, zumal es sich um die Motive einzelner Richter gehandelt haben mag. – Zu bedenken bleibt allerdings, daß das oft verwendete Bild von der Menschenwürde als *einem* oder *dem* „Höchstwert" der Verfassung (vgl. etwa BVerfGE 35, 366 [376]; 45, 187 [227]; weitere Nachweise bei P. HÄBERLE, Die Menschenwürde als Grundlage der staatlichen Gemeinschaft,

gerichts nach dem Lüth-Urteil mit hinreichender Deutlichkeit gezeigt, daß weder die Grundrechtsnormen und sonstigen Strukturbestimmungen des Grundgesetzes in eine feste Wertetafel eingefügt werden sollten noch die – möglicherweise in der Tat zu falschen Assoziationen verführende sowie die Fülle der unterschiedlichen Aspekte zu pauschal rubrizierende – Rede von „Werten“[61] überhaupt unerläßlich war. Was zunächst die konkreten Rangverhältnisse zwischen verschiedenen Grundrechtsbestimmungen angeht, so ist mittlerweile klargestellt, daß es einen abstrakten Vorrang bestimmter Grundrechte vor anderen Grundrechten wie auch bestimmter Staatstrukturbestimmungen vor bestimmten Grundrechten (bzw. umgekehrt) nicht gibt und nicht geben kann; hier ist es ebenso Aufgabe einzelfallbezogener Abwägung wie gesetzgeberischer Kollisionslösung, im Sinne „praktischer Konkordanz“[62] den schonendsten Ausgleich zu finden, wie dies das Bundesverfassungsgericht im Lebach-Fall geradezu schulmäßig vorexerziert hat[63].

Die Frage der Terminologie hat dadurch an Bedeutung verloren, daß das Bundesverfassungsgericht in seinen Entscheidungen mittlerweile von einer Vielzahl prinzipiell sinngleicher, aber vom Pathos der „Wertordnung“ befreiter Ausdrücke Gebrauch macht und so von objektiv-rechtlicher Wert-

---

in: HStR I, § 20 Rn. 5 ff.; jüngst hat das Berliner Verfassungsgericht in seiner Honecker-Entscheidung diese Figur bemüht: VerfGH Berlin, EuGRZ 1993, 48 ff. [49]) der Vorstellung einer pyramidalen Rangabstufung anderer Grundrechte oder sonstiger Verfassungswerte Nahrung gibt. Ein Vierebenenmodell der grundgesetzlichen Wertehierarchie ist kürzlich von M. Selk, Asylrecht und Verfassung, 1990, S. 130 ff. unterbreitet worden. – Gegen die Annahme einer solchen Wertrangordnung auch R. Alexy, Theorie der Grundrechte, 1985, S. 125; Morlok, Ende (Fn. 57), S. 114, 117 f.; s. bereits Giere, Problem (Fn. 47), S. 86 ff., 115 f.

[61] Kritik am Leerformelcharakter besonders bei E. Denninger, Staatsrecht 1, 1973, S. 26; Goerlich, Wertordnung (Fn. 2), S. 135 ff., 140 ff.

[62] Hesse, Grundzüge (Fn. 4), Rn. 317 ff. u.ö.; in Rn. 72 ist klargestellt, daß damit im Unterschied zum „klassischen“, dem Polizeirecht entstammenden Verhältnismäßigkeitsprinzip „eine Relation zweier variabler Größen, und zwar diejenige, die jener Optimierungsaufgabe am besten gerecht wird [bezeichnet ist], nicht eine Relation zwischen einem konstanten ‚Zweck‘ und einem oder mehreren variablen ‚Mitteln‘“. Darauf wird zurückzukommen sein.

[63] BVerfGE 35, 202. Vgl. dazu Richter/Schuppert, Casebook (Fn. 12), S. 5. – D.h.: Nicht zuletzt wegen des Prinzips der Einheit der Verfassung sind alle Verfassungswerte mit Ausnahme der durch Art. 79 Abs. 3 GG für unabänderlich erklärten prinzipiell von gleichem Rang (vgl. J. Dietlein, Die Lehre von den grundrechtlichen Schutzpflichten, 1992, S. 86 f.), so daß eine Abwägung der Werte im Konfliktfall durch Konkretisierungsarbeit zu leisten ist, die nicht etwa allein der Rechtsprechung, sondern im Rahmen ihres Gestaltungsspielraums vor allem der Gesetzgebung obliegt (vgl. z.B. BVerfGE 57, 295 [321]).

entscheidung, objektiver oder wertgebundener Ordnung, verfassungsrechtlicher Grundentscheidung, objektiven Prinzipien oder ganz einfach von der wertsetzenden Bedeutung der Grundrechte spricht[64]. Diese insbesondere beim Ersten Senat festzustellende Vermeidung des Wertordnungsterminus trägt im Grunde einem Monitum des langjährigen Richters des Bundesverfassungsgerichts Konrad Hesse Rechnung[65], die „vielschichtige Bedeutung der Grundrechte als Elemente objektiver Ordnung", nicht durch die Redeweise von der objektiven Wertordnung zu verkürzen, sondern das differenzierte Instrumentarium der mittlerweile entfalteten Grundrechtsdogmatik zu nutzen[66]. Jedenfalls ein Stück weit mag damit und durch die weitere Fortentwicklung einschlägiger dogmatischer Figuren in der Judikatur der seinerzeit von Helmut Goerlich erhobene Vorwurf, mit der Wertordnungsrechtsprechung werde ein „Arcanum" der Verfassungsjudikatur installiert[67], ausgeräumt sein.

Damit ist nicht gemeint, daß sich die früheren Urteile durchgängig als weniger transparent, rational und nachvollziehbar erweisen würden als die der – sagen wir – letzten zwei Jahrzehnte. Entscheidend ist vielmehr der ebenfalls in Goerlichs subtiler Studie enthaltene Hinweis auf die „relative Irrelevanz der Benennung von Werten"[68], und das heißt: Im Ergebnis wurden und werden die Judikate substantiell durch andere Begründungen oder Erwägungen getragen als durch den bloßen Rekurs auf Werte, denen eher eine emblematische, gerade in der Anfangsphase auch heuristische Funktion zukam. Insofern mag man sagen, daß die Wertordnungskomponente mehr der Darstellung als der Herstellung der Entscheidung zugehört[69].

---

[64] Vgl. dazu im einzelnen die Nachweise bei STERN, Staatsrecht III/1 (Fn. 11), S. 899 ff.; DERS., Idee (Fn. 55), § 109 Rn. 30; JARASS, Grundrechte (Fn. 14), S. 367, 369 ff.; G. HERMES, Das Grundrecht auf Schutz von Leben und Gesundheit, 1987, S. 106.

[65] Zu seinem Einfluß auf den Wandel der Terminologie des Bundesverfassungsgerichts STERN, Idee (Fn. 55), § 109 Rn. 30.

[66] HESSE, Grundzüge (Fn. 4), Rn. 299; in die gleiche Richtung ALEXY, Theorie (Fn. 60), S. 480; LÜBBE-WOLFF, Grundrechte (Fn. 8), S. 288 ff.

[67] GOERLICH, Wertordnung (Fn. 2), S. 140; so auch E. DENNINGER, Freiheitsordnung – Wertordnung – Pflichtordnung (1975), in: ders., Leviathan (Fn. 1), S. 143 ff. (145 ff.).

[68] GOERLICH, Wertordnung (Fn. 2), S. 140. Zu Recht warnt auch JARASS, Grundrechte (Fn. 14), S. 368 vor einer Überschätzung der Wortwahl des Bundesverfassungsgerichts; ebenso MORLOK, Ende (Fn. 57), S. 118.

[69] Der sachliche Gehalt des erweiterten Grundrechtsverständnisses bleibt also von der Frage zu trennen, ob das Gericht „zu diesem Zweck Werte bemühen mußte, ob es saubere begriffliche Abstraktionen nicht auch getan hätten" (ROELLECKE, Prinzipien [Fn. 15], S. 39). In die gleiche Richtung MÜLLER, Methodik (Fn. 2), S. 60: der Gebrauch des Wertbegriffs sei juristisch entbehrlich, philosophiegeschichtlich

Wie man sieht, läßt sich das Wertordnungsproblem durch gewisse terminologische Ausweichbewegungen und sachliche Verfeinerungen der grundrechtlichen Dogmatik um einiges entschärfen. Doch könnte man ihm – noch weitergehend und grundsätzlicher – nicht durch ein radikal anderes Verständnis von Werten und Wertungen im Recht gewissermaßen den Boden entziehen, es also als ein Scheinproblem entlarven? Ließe sich in der Titulierung von Rechtsnormen als Werten nicht lediglich die treffende Umschreibung für den Umstand erblicken, daß jedenfalls seit dem frühneuzeitlichen Prozeß der Positivierung und damit der Machbarkeit und Verfügbarkeit des Rechts Rechtsnormen realistischerweise nur noch als auf bestimmten Wertungen beruhende Auswahlentscheidungen mit normativem Geltungsanspruch umschrieben werden können?[70] Und da das Grundgesetz zweifellos Rechtscharakter besitzt – könnte man nicht ganz unbefangen und von irgendwelchen Wertphilosophien unberührt davon sprechen, daß sich in den Grundrechten „eine ‚Wertentscheidung' oder Entscheidung für eine bestimmtes Schutzgut der Verfassung ausdrückt"[71]? Auf eben dieser gedanklichen Grundlinie hat Bernd Rüthers kürzlich erklärt, jede (vollständige) Rechtsnorm sei als Ausdruck eines Werturteils, Werturteile als „Kernsubstanz jeder Rechtsnorm" und das Recht insgesamt als „normative Verfestigung bestimmter Wertmaßstäbe" zu begreifen[72]. Doch so richtig dies ist und so adäquat Rüthers die durch eine Überbetonung der Gefährdungselemente einer Wertbegründung des Rechts etwas einseitig geratene Kritik zurechtrückt – den eigentlichen Punkt trifft der im Grunde rechtssoziologische Hinweis auf den Werturteilscharakter der

---

belastet und begrifflich unscharf. Das sachliche Anliegen bleibt von alledem unberührt (deutlich ZEIDLER, Grundrechte [Fn. 13], S. 9; LÜBBE-WOLFF, Grundrechte [Fn. 8], S. 289; HOFMANN, Grundrechte [Fn. 31], S. 3185).

[70] Vgl. zum Prozeß der Positivierung des Rechts N. LUHMANN, Rechtssoziologie, 2. Aufl. 1983, S. 190ff., 207ff.; H. DREIER, Hans Kelsen und Niklas Luhmann: Positivität des Rechts aus rechtswissenschaftlicher und systemtheoretischer Perspektive, in: Rechtstheorie 14 (1983), S. 419ff.; H. HOFMANN, Das Postulat der Allgemeinheit des Gesetzes, in: C. Starck (Hrsg.), Die Allgemeinheit des Gesetzes, 1987, S. 9ff. (15ff.).

[71] P. BADURA, Staatsrecht, 1986, S. 73; vgl. auch E. LOEBENSTEIN, Die Behandlung des österreichischen Grundrechtskatalogs durch das Expertenkollegium zur Neuordnung der Grund- und Freiheitsrechte, in: EuGRZ 1985, S. 365ff. (377). – HESSE, Grundzüge (Fn. 4), Rn. 299 zufolge hat die Kritik am Rekurs auf Werte übersehen, „daß der Begriff ‚Werte' vielfach nur zur Kennzeichnung des *normativen Inhalts* der Grundrechte verwendet wird".

[72] B. RÜTHERS, Rechtsordnung und Wertordnung. Zur Ethik und Ideologie im Recht, 1986, S. 19ff. (die Zitate S. 19 und 22).

Rechtsetzung und die unausweichliche „Wert-Relationalität“ des Rechts[73] nicht. Denn daß Wertungen im Recht eine wichtige Rolle spielen und den Normsetzungsakten bestimmte Wertungen zugrunde liegen, wird ja von den Kritikern gar nicht geleugnet. Insofern haben, wie Böckenförde in einer ansonsten etwas kryptischen Notiz andeutet, er und sein Koreferent Christian Starck auf der Tagung der Deutschen Sektion der Internationalen Vereinigung für Rechts- und Sozialphilosophie in Göttingen 1988 gar keine echten Gegenpositionen bezogen, sondern im Grunde aneinander vorbeigeredet[74]. Nicht um die stets auf irgendwelchen Wertungen, Wertprämissen oder Werthaltungen beruhende Genese von Normen geht es, sondern um ihre interpretatorisch zu bestimmende Reichweite, ihren Geltungsumfang – und zwar insbesondere um die Frage der Erstreckung der Grundrechtsgeltung auf neue Gebiete bzw. in neue Dimensionen.

Im folgenden konzentrieren wir uns auf die Grundrechte, ohne die Einbettung der Grundrechtstheorie in ein allgemeines Verfassungsverständnis und die Abhängigkeit der Grundrechtstheorie von einer Verfassungstheorie sowie beider von einer bestimmten Auslegungs- oder Interpretationstheorie zu verkennen. Über die Grundrechtsdimensionen hinausgehend wäre zu fragen, ob die Verfassung als umfassende, Staat und Gesellschaft umgreifende Grundordnung oder lediglich als Rahmenordnung des politischen Prozesses adäquat zu begreifen und ein Zentralstück der Verfassung, der Rechtsstaat, als materialer oder formaler – im Sinne „rechtstechnischer Kunstgriffe“[75] – zu fassen ist. Böckenförde, einer der prominentesten und schärfsten Kritiker der Wertordnungsjudikatur, hat jene Zusammenhänge deutlich gesehen und auf seine Weise expliziert: Mit einschlägigen Aufsätzen über die „Methoden der Verfassungsinterpretation“ sowie „Grundrechtstheorie und Grundrechtsinterpretation“, ferner mit einem Beitrag über „Geschichtliche Entwicklung und Bedeutungswandel der Verfassung“ sowie einer grundlegenden Abhandlung über „Entstehung und Wandel des Rechtsstaatsbegriffs“[76]. Gerade bei ihm und seiner Position zeigt sich deutlich, wie ein bestimmtes Verfassungsverständnis, eine gewisse Option für den formellen Rechtsstaat und fundamentale Bedenken gegen objektiv-rechtliche Grundrechtsgehalte innerlich zusammenhängen und sich zu einer theoretischen Position ver-

[73] A. Hollerbach, Art. Rechtswissenschaft, in: Staatslexikon der Görres-Gesellschaft, 7. Aufl., Bd. 4, 1988, Sp. 751 ff. (758).

[74] Vgl. Böckenförde, Kritik (Fn. 5), S. 83 f. – Der Vortrag von Christian Starck trug den Titel „Zur Notwendigkeit einer Wertbegründung des Rechts“ und ist wie das Referat Böckenfördes abgedruckt in: R. Dreier (Hrsg.), Rechtspositivismus und Wertbezug des Rechts (= ARSP-Beiheft 37), 1990, S. 47 ff.

[75] Forsthoff, Umbildung (Fn. 16), S. 151.

[76] Der letztgenannte Beitrag ist enthalten im Sammelband Böckenfördes: Recht, Staat, Freiheit, 1991; die davor genannten Beiträge allesamt in seinem Sammelband: Staat, Verfassung, Demokratie, 1991.

dichten bzw. einer gemeinsamen Grundposition entspringen[77]. Bei der Behandlung seiner Kritik (unter III.) werden wir daher in der gebotenen Kürze auf das Verfassungsverständnis und die Rechtsstaatsfrage eingehen.

Nochmals: Nicht die Terminologie, sondern die Sache ist entscheidend. Die Grundrechte erfahren eine Geltungserstreckung, einen Dimensionszuwachs, wenn ihnen nicht nur auf individuelle Staatsabwehr gerichteter und insofern „negativer" Charakter zugeschrieben, sondern ihnen auch andere, objektiv-rechtliche und im Ergebnis gewisse staatliche Aktivitäten erzwingende Funktionen und Wirkungen beigemessen werden[78]. Diese Ausweitung um objektiv-rechtliche Dimensionen entfaltet sich unabhängig von der Wertetikettierung. Man kann – wie Jarass[79] – von Grundrechten als Wertentscheidungen und objektiv-rechtlichen Prinzipien in synonymer Weise sprechen, mit Konrad Hesse die Redeweise „Elemente objektiver Ordnung"[80] bevorzugen, Grundrechte in Anlehnung an den nordamerikanischen Rechtstheoretiker Ronald Dworkin als Prinzipien begreifen[81] oder mit Klaus Stern die Terminologie „objektiv-rechtliche Gehalte"[82] empfehlen, ohne daß dies an der entscheidenden substantiellen Frage etwas ändert. Allein entscheidend für unseren Diskussionszusammenhang bleibt, daß mit dem Nachweis fehlender Konnexität der Bundesverfassungsgerichtsjudikatur zur materialen Wertethik und mit der weiteren Erkenntnis der Entbehrlichkeit des Wertterminus das sachliche Problem der mit dem Lüth-Urteil inaugurierten Rechtsprechung keineswegs erledigt ist[83]. Insofern kann auch die Kritik an Smend noch nicht als abgegolten betrachtet werden. Klar ist jetzt zu sehen, daß die Kontroverse um eine grundgesetzliche Wertordnung heute als Diskussion um objektiv-rechtliche Grundrechtsdimensionen geführt werden muß und daß die Antwort

---

[77] Dies wird besonders deutlich bei seinem Beitrag über „Grundrechte als Grundsatznormen" (1990), in: ders., Staat (Fn. 76), S. 159ff., wo er am Schluß die Kritik am objektiv-rechtlichen Grundrechtsverständnis mit wesentlichen Fragen der Verfassungsinterpretation und der Stellung des Bundesverfassungsgerichts verknüpft.

[78] Zur Redeweise von „positiven" und „negativen" Funktionen siehe z.B. Schmidt, Grundrechtstheorie (Fn. 31), S. 179 oder Jarass, Grundrechte (Fn. 14), S. 378, 395. Ausführlich D.P. Currie, Positive und negative Grundrechte, in: AöR 111 (1986), S. 230ff. – Vgl. auch BVerfGE 35, 79 (114): „sein Handeln positiv danach auszurichten".

[79] Jarass, Grundrechte (Fn. 14), S. 365, 367ff.

[80] Hesse, Grundzüge (Fn. 4), Rn. 290ff.

[81] Alexy, Theorie (Fn. 60), S. 18, 71ff., 477ff.

[82] Stern, Staatsrecht III/1 (Fn. 11), S. 918ff.; ders., Idee (Fn. 55), § 109 Rn. 38ff., 50ff.

[83] Vgl. oben Fn. 69 und ferner Stern, Staatsrecht III/1 (Fn. 11), S. 917.

auf die Frage nach der Berechtigung dieser Geltungserstreckung nicht im pro und contra anachronistischer Wertlehren, sondern auf dem Felde der Verfassungs- und Grundrechtstheorie zu suchen ist. Auf dieses Feld wollen wir uns nun begeben.

II. Objektiv-rechtliche Grundrechtsgehalte im System der Grundrechtsdimensionen

Die Wertordnungsrechtsprechung des Bundesverfassungsgerichts, die so häufig wegen ihres scheinbar rückwärts gewandten philosophischen Bezugspunktes und ihres überhöhenden Pathos mit leichter Hand beiseitegeschoben und ernsthafter Auseinandersetzung kaum für würdig befunden wurde, stellt sich also bei nüchterner Sicht der Dinge als noch unentfaltete und in zeitgebundener Terminologie zum Ausdruck gebrachte Frage nach objektiv-rechtlichen Grundrechtsgehalten dar. Daß das Wertordnungsargument einer älteren Schicht der Grundrechtstheorie angehört[84] und von der neuen Begrifflichkeit gewissermaßen abgelöst worden ist, liefert indes noch keine Antwort auf die sachliche Hauptfrage: ob die angedeutete Erweiterung der Grundrechtsdimensionen auf einer tragfähigen staats- bzw. verfassungstheoretischen Grundlage ruht. Dies ist denn auch vehement bestritten worden. Die Einwände laufen dabei in eine ähnliche Richtung wie bei der Wertordnungsrechtsprechung, was wegen der unveränderten Sachlage nicht verwundern kann.

Für das rechte Verständnis der Besonderheiten objektiv-rechtlicher Grundrechtsfunktionen bedarf es zunächst der Rekapitulation der (oft als „klassisch“ apostrophierten) Abwehrfunktion der Grundrechte (dazu 1.). Auch die demokratische Funktion (2.) ist von den Grundrechten als Grundsatznormen (3.) abzuheben. Die prinzipiellen Einwände gegen eine solche dimensionale Erweiterung der Grundrechte werden in Teil III einer ihrerseits kritischen Betrachtung unterzogen.

---

[84] SCHMIDT, Grundrechtstheorie (Fn. 31), S. 170. Typisch für den terminologischen Umbruch etwa die Formulierung in BVerfGE 33, 303 (330): „Das Bundesverfassungsgericht hat mehrfach ausgesprochen, daß die Grundrechte zugleich als objektive Normen eine Wertordnung statuieren, die als verfassungsrechtliche Grundentscheidung für alle Bereiche des Rechts Geltung beansprucht“.

1. Grundrechte als subjektive Abwehrrechte – historisch und systematisch

a) „Ohne Zweifel", so heißt es wiederum im Lüth-Urteil, „sind die Grundrechte in erster Linie dazu bestimmt, die Freiheitssphäre des einzelnen vor Eingriffen der öffentlichen Gewalt zu sichern; sie sind Abwehrrechte des Bürgers gegen den Staat. Das ergibt sich aus der geistesgeschichtlichen Entwicklung der Grundrechtsidee wie aus den geschichtlichen Vorgängen, die zur Aufnahme von Grundrechten in die Verfassungen der einzelnen Staaten geführt haben."[85] Diese Aussage ist *so* natürlich mißverständlich, auf jeden Fall aber erläuterungsbedürftig: zeigt doch gerade die in spezifischer Weise vertrackte deutsche Geschichte der Grundrechte[86] ebenso wie die ihrer staatsrechtlichen Deutung, daß weder der Abwehrcharakter der Grundrechte noch ihre Qualifizierung als subjektive Rechte stets und ausschließlich als ihre unbestritten zentralen Merkmale gelten konnten. Wie im Spätkonstitutionalismus die Verfassung lediglich als Gesetz mit eventuell erschwerter Abänderbarkeit betrachtet wurde[87], sah jedenfalls die herrschende staatsrechtliche Auffassung[88] in den Grundrechten nicht subjektive und schon gar nicht vorstaatliche Rechte im Sinne von einklagbaren Ansprüchen des Einzelnen, sondern (wegen der Reduktion allen Rechts auf Willensbeziehungen und der Erhebung des Staats zur höchsten Willensmacht) lediglich objektive Rechtssätze über die Ausübung der Staatsgewalt und die Beschränkung derselben im Sinne freiwilliger Selbstbindung[89]. So konnte den Grundrechten entweder (wegen des Fehlens eines

---

[85] BVerfGE 7, 198 (204f.); vgl. auch 21, 362 (369); 50, 290 (336f.); 61, 82 (101); 68, 193 (205).

[86] Im Überblick: G. OESTREICH, Geschichte der Menschenrechte und Grundfreiheiten im Umriß, 2. Aufl. 1978; H. MAIER, Die Grundrechte des Menschen im modernen Staat, 2. Aufl. 1974; G. KLEINHEYER, Art. Grundrechte, in: Geschichtliche Grundbegriffe. Historisches Lexikon zur politisch-sozialen Sprache in Deutschland, hrsgg. v. O. Brunner, W. Conze u. R. Koselleck, Bd. 2, 1975, S. 1047ff.; B. PIEROTH, Geschichte der Grundrechte, in: Jura 1984, S. 568ff.; H. BAUER, Geschichtliche Grundlagen der Lehre vom subjektiven öffentlichen Recht, 1986, S. 54ff.; HOFMANN, Grundrechte (Fn. 31), passim.

[87] Vgl. nur R. WAHL, Der Vorrang der Verfassung, in: Der Staat 20 (1981), S. 485ff.

[88] Darstellung der verschiedenen Positionen bei F. GIESE, Die Grundrechte, 1905, S. 27ff., 54ff.

[89] Vgl. insbesondere P. LABAND, Das Staatsrecht des Deutschen Reiches, 5. Aufl., Bd. 1, 1911, S. 150f. – Eine bemerkenswert faire Darstellung der wissenschaftlichen Leistung und Bedeutung Labands findet sich jetzt bei M. STOLLEIS, Geschichte des öffentlichen Rechts in Deutschland, Bd. 2, 1992, S. 341ff.; vgl. auch W. PAULY,

Rechtsobjektes) der Charakter subjektiver Rechte gänzlich abgesprochen oder ihre Gesamtheit mit dem Prinzip der gesetzmäßigen Verwaltung identisch erklärt werden[90]. Die Grundrechtsverbürgungen in den Verfassungsurkunden des süddeutschen Frühkonstitutionalismus (Baden und Bayern 1818, Württemberg 1819)[91] wiederum zeichneten sich dadurch aus, daß sie nicht unmittelbar vom Einzelnen gegen die staatliche Gewalt mobilisierbare und entgegenstehende Normen im Endeffekt beseitigende subjektive Rechte höchsten Ranges gewährten[92]. Ohne unmittelbar derogierende Wirkung[93] und ohne Vorrang gegenüber entgegenstehendem einfachen (Gesetzes-)Recht fungierten die als Rechte der Staatsbürger, nicht als allgemeine Menschenrechte ausformulierten Grundrechte wie Eigentums-, Gewissens-, Pressefreiheit, gleicher Zugang zu öffentlichen Ämtern etc. dort zuvörderst als richtungsweisende Leitlinien und Impulse für eine sukzessive Modernisierung der alten, ständischen Rechts- und Sozialordnung durch den Gesetzgeber[94]. Der Rang der Grundrechte und ihr auch in den

---

Paul Laband (1838–1918): Staatsrechtslehre als Wissenschaft, in: H. Heinrichs u.a. (Hrsg.), Deutsche Juristen jüdischer Herkunft, 1993, S. 301 ff.

[90] Erste Alternative (Grundrechte als „historisch[e] Reminiszenz an ehemalige Eingriffe der Staatsgewalt“, also im Grunde nur politische Rhetorik) bei LABAND, Staatsrecht (Fn. 89), S. 151 mit Fn. 2, zweite (Leerlaufen wegen Identität mit dem Gesetzesvorbehalt) etwa bei G. JELLINEK, System der subjektiven öffentlichen Rechte, 2. Aufl. 1905, S. 103 („Alle Freiheit ist einfach Freiheit von gesetzwidrigem Zwange“) oder bei G. MEYER/G. ANSCHÜTZ, Lehrbuch des Deutschen Staatsrechts, 7. Aufl. 1919, S. 954 Anm. 2. Zu beiden scharfe Kritik von C. SCHMITT, Freiheitsrechte und institutionelle Garantien der Reichsverfassung (1931), in: ders., Verfassungsrechtliche Aufsätze aus den Jahren 1924–1954, 2. Aufl. 1973, S. 140 ff.; DERS., Grundrechte und Grundpflichten (1932), ebd., S. 181 ff. (199 ff.).

[91] Texte bei E.R. Huber (Hrsg.), Dokumente zur deutschen Verfassungsgeschichte, Bd. 1, 3. Aufl. 1978, S. 155 ff. – Ausführliche Analyse: W. v. RIMSCHA, Die Grundrechte im süddeutschen Konstitutionalismus, 1973.

[92] Dies kennzeichnet erst die Situation unter dem bundesdeutschen Grundgesetz von 1949.

[93] Art. 91 der württembergischen Verfassung von 1819 blieb wohl eine papierne Formel ohne reale Wirkkraft.

[94] Plastisch PIEROTH, Geschichte (Fn. 86), S. 575: „Freiheit war nicht *gegen* das Gesetz zu schützen, sondern der Fortschritt erfolgte insoweit DURCH das Gesetz.“ – Besonders gründlich und eindringlich R. WAHL, Rechtliche Wirkungen und Funktionen der Grundrechte im deutschen Konstitutionalismus des 19. Jahrhunderts, in: Der Staat 18 (1979), S. 321 ff., wiederabgedruckt in und zitiert nach: E.-W. Böckenförde (Hrsg.), Moderne deutsche Verfassungsgeschichte (1815–1914), 2. Aufl. 1981, S. 346 ff. (350 f.: Grundrechtsbestimmungen als „Zielpunkte des säkularen Emanzipationsprozesses“, „Richtungsbegriffe für die Prozesse der Rechtsänderung und Gesellschaftsgestaltung“, „Instrument zur inneren Umgestaltung des Staates“); in größerem Zusammenhang DERS., Die Entwicklung des deutschen Verfassungs-

staatsrechtlichen Diskussionen ablesbarer zentraler Stellenwert[95] resultierte daraus, daß sie nicht in negativer Staatsabwehr eine private Sphäre freier individueller Betätigung ausgrenzen, sondern im Sinne eines umfassenden politischen Reform- oder „Arbeitsprogramms“ (G. Anschütz) als Hebel und Motor für den sukzessiven Umbau von Staat und Gesellschaft dienen sollten. Ihre Stoßrichtung war gerade nicht anti-staatlich, sondern anti-ständisch, nicht „negativ“ abwehrend, sondern „positiv“ gestaltend[96]. Im übrigen lassen sich für die oft behauptete „klassische“ Grundrechtsfunktion der Staatsabwehr[97] auch die traditionsbildenden nordamerikanischen und französischen Rechteerklärungen nicht ohne weiteres in Anspruch

---

staates bis 1866, in: HStR I, § 1 Rn. 27ff. – Vgl. auch bereits E.R. HUBER, Deutsche Verfassungsgeschichte seit 1789, Bd. 1, 2. Aufl. 1967, S. 351: „Der Sinn der Grundrechtsgarantien bestand in dieser Zeit nicht nur und nicht einmal in erster Linie in einer Freiheitssicherung zugunsten des Einzelnen. Vielmehr vollzog sich durch diese Freiheitsverbürgungen ein grundlegender staats- und gesellschaftspolitischer Wandel. Das Verhältnis von Staat und Gesellschaft und das innere Gefüge der Gesellschaft selbst wurde durch diese Freiheitssicherungen bestimmt. Die Gewährleistung der Grundrechte hatte in der frühkonstitutionellen Epoche den institutionellen Sinn der Sozialgestaltung; sie war ein Stück der großen Staats- und Sozialreform.“

[95] Vgl. neben den vorgenannten Autoren noch U. SCHEUNER, Die rechtliche Tragweite der Grundrechte in der deutschen Verfassungsentwicklung des 19. Jahrhunderts (1973), in: Böckenförde, Verfassungsgeschichte (Fn. 94), S. 319ff.; DERS., Die Verwirklichung der bürgerlichen Gleichheit. Zur rechtlichen Bedeutung der Grundrechte in Deutschland zwischen 1780 und 1850, in: G. Birtsch (Hrsg.), Grund- und Freiheitsrechte im Wandel von Gesellschaft und Geschichte, 1981, S. 376ff.; H. BRANDT, Urrechte und Bürgerrechte im politischen System vor 1848, ebd., S. 460ff. (465ff.); R. SCHULZE, Statusbildung und Allgemeinheit der Bürgerrechte in Verfassungstexten und Staatslehre des frühen deutschen Konstitutionalismus, in: G. Dilcher u.a. (Hrsg.), Grundrechte im 19. Jahrhundert, 1982, S. 85ff. (103f.): Herstellung des Freiheitsraums im Verhältnis der Bürger untereinander durch Abbau der altständischen Sozialstruktur.

[96] Vgl. G. LÜBBE-WOLFF, Der Schutz verfassungsrechtlich verbürgter Individualrechte: Die Rolle des Reichsgerichts, in: H. Wellenreuther/C. Schnurmann (Hrsg.), Die amerikanische Verfassung und deutsch-amerikanisches Verfassungsdenken, 1990, S. 411ff. (412): „Die Zielrichtung der Grundrechte war nicht antilegislativ; sie war vielmehr in erster Linie antifeudal“. Erst nachdem der große Transformationsprozeß vollendet und eine egalitäre Staatsbürgergesellschaft geschaffen war, konnte man meinen, „das wesentliche Anliegen der Grundrechte sei historisch erledigt“ (STOLLEIS, Geschichte [Fn. 89], S. 373). Den Entwicklungsgang der Grundrechtstheorie zeichnet nach D. GRIMM, Die Entwicklung der Grundrechtstheorie in der deutschen Staatsrechtslehre des 19. Jahrhunderts, in: ders., Recht und Staat der bürgerlichen Gesellschaft, 1987, S. 308ff.

[97] Vgl. Stern/SACHS, Staatsrecht III/1 (Fn. 11), S. 621, 690; JARASS, Grundrechte (Fn. 14), S. 366; programmatisch B. SCHLINK, Freiheit durch Eingriffsabwehr – Rekonstruktion der klassischen Grundrechtsfunktion, in: EuGRZ 1984, S. 457ff. – Zu

nehmen[98]. Die „Déclaration des droits de l'homme et du citoyen“ von 1789[99] verstand sich in erster Linie weniger als unmittelbar verbindlicher und justitiabler Rechtekatalog, sondern eher als Dokument der Verkündung unverlierbarer sozialphilosophischer Einsichten[100], gültig „für alle Zeiten und für alle Länder“[101]. Als Fanal der juristischen Revolution und Totenschein des Ancien Régime war sie zugleich soziales Programm zur Schaffung einer egalitären Staatsbürgergesellschaft[102], worauf vor allem der deutlich akzentuierte Gleichheitsgedanke hindeutet. Insgesamt fügte sich die Deklaration in das „Zeitalter der demokratischen Revolution“ (R.R. Palmer) des ausgehenden 18. Jahrhunderts ein; weit davon entfernt, allein die Schaffung einer staatsabgewandten Privatsphäre zu propagieren, verkündete sie in einem Zug Freiheits- (und Gleichheits-!)rechte und Grundsätze der Staatsorganisation (Volkssouveränität, Gewaltenteilung). Diese innere Einheit von Staatskonstitution und Grundrechtsproklamation charakterisiert auch die nordamerikanischen Erklärungen[103]. Zwar war hier anders als auf dem Kontinent nicht erst eine alte Ordnung

---

den Problemen einer konkreten Benennung „klassischer“ Grundrechte Stern/Sachs, Staatsrecht III/1 (Fn. 11), S. 470ff.

[98] Treffend Pieroth, Geschichte (Fn. 86), S. 570ff. – Die oben im Text akzentuierte objektive Bedeutung zentraler Freiheits- und vor allem Gleichheitsrechte im Sinne verfassungsrechtlicher Direktiven für die Umgestaltung der Rechtsordnung durch den Gesetzgeber darf indes den rein abwehrrechtlichen Charakter des habeas-corpus-Grundrechts, das uns in praktisch allen Menschenrechtsdokumenten begegnet, nicht verdecken. Vgl. auch Fn. 119 und den dazugehörigen Text.

[99] Zu ihr ausführlich S.-J. Samwer, Die französische Erklärung der Menschen- und Bürgerrechte von 1789/91, 1970; J. Sandweg, Rationales Naturrecht als revolutionäre Praxis, 1972; M. Gauchet, Die Erklärung der Menschenrechte, 1991.

[100] H. Hofmann, Zur Herkunft der Menschenrechtserklärungen, in: JuS 1988, S. 841ff. (846): Verkündung „vermöge des abstrakten Wahrheitsanspruchs der aufklärerischen Sozialphilosophie“; vgl. Sandweg, Naturrecht (Fn. 99), S. 296ff.

[101] Nachweis dieses Zitats aus den Debatten bei Sandweg, Naturrecht (Fn. 99), S. 300; A. Voigt, Geschichte der Grundrechte, 1948, S. 30. – Wahl, Wirkungen (Fn. 94), S. 349 spricht treffend von einer „Über-Verfassungsnorm“.

[102] Vgl. W. Leisner, Grundrechte und Privatrecht, 1960, S. 22ff.; Samwer, Erklärung (Fn. 99), S. 379: „Anruf und Auftrag“; weiter zur „Privatrechtsakzessorietät“ der Grundrechte im Sinne der Notwendigkeit (der Umgestaltung) des Privatrechts für eine auf der Individualfreiheit beruhende Gesellschaftsordnung D. Grimm, Grundrechte und Privatrecht in der bürgerlichen Sozialordnung (1981), in: ders., Recht (Fn. 96), S. 192ff.

[103] Deren berühmteste, die „Virginia Bill of Rights“ v. 12.6.1776, stand noch als eigenständiges Dokument neben der Verfassung; die Bill of Rights von Pennsylvania wurde dann bereits mit einem der Staatsorganisation gewidmeten Teil („frame of government“) zur Verfassung (Constitution) des Staates zusammengefaßt (G. Stourzh, Zur Konstitutionalisierung der Individualrechte in der Amerikanischen und Franzö-

zu beseitigen, so daß die auf den Prämissen von John Lockes politischer Philosophie beruhende juristische Sicherung der im Prozeß der (ziemlich gewalttätigen) Neubesiedlung des Landes real erfahrbaren „natürlichen" Freiheit ganz im Vordergrund stehen konnte[104]. Gleichwohl sind die amerikanischen Dokumente durchgängig von einer Verknüpfung privater und politischer Freiheit, einer Konnexität von Grundrechtsschutz und freiheitlich-demokratischer Ordnung geprägt. Wegen ihrer Gleichursprünglichkeit konnten Grundrechte und Volkssouveränität hier ohne Anstrengung als Einheit gedacht werden[105]. Freiheit existiert daher – nicht zuletzt wegen der wirksam werdenden englischen Rechtstradition – auch im Staat und seinen Institutionen, nicht allein außerhalb derselben. Pars pro toto nehme man die – natürlich auf die kritische Erörterung der öffentlichen Angelegenheiten bezogene – Qualifizierung der Pressefreiheit als „one of the great bulwarks of liberty"[106] und vergleiche damit Jellineks gänzlich apolitische Einstufung[107]. Schließlich lassen die amerikanischen und französischen Rechteerklärungen und Verfassungen ebensowenig wie die deutschen Konstitutionen anfangs des 19. Jahrhunderts den Aspekt der allgemeinen Sicherung und des staatlichen Schutzes der grundrechtlichen Freiheiten unerwähnt[108]. Unter dem Topos allgemeiner „Sicherheit", die über rechts-

---

sischen Revolution [1976/1979], in: ders., Wege zur Grundrechtsdemokratie, 1989, S. 155 ff. [164]).

[104] Zu diesen und weiteren Differenzen zwischen amerikanischer und französischer Revolution: J. HABERMAS, Naturrecht und Revolution (1963), in: ders., Theorie und Praxis, 2. Aufl. 1980, S. 89 ff. (93 ff., 111 ff.); STOURZH, Konstitutionalisierung (Fn. 103), S. 167 ff.; HOFMANN, Herkunft (Fn. 100), S. 844, 846 f.

[105] Vgl. W. P. ADAMS, Republikanische Verfassung und bürgerliche Freiheit, 1973, S. 7 f., 144 ff., 149 ff.; E. GRABITZ, Freiheit und Verfassungsrecht, 1976, S. 145 ff.; M. KRIELE, Einführung in die Staatslehre, 1975, S. 335 ff. – Für Deutschland treffend BRANDT, Urrechte (Fn. 95), S. 466: „Bürgerrechte waren nicht Legitimitätsgrundlage des Gemeinwesens, sondern [...] rechtsstaatliche Fessel obrigkeitlicher Politik".

[106] Virginia Bill of Rights, Section 12. Dazu und zu ähnlichen Bestimmungen der nordamerikanischen Rechteerklärungen G. STOURZH, Die Entwicklung der Rede- und Meinungsfreiheit im englischen und amerikanischen Rechtsraum (1986), in: ders., Grundrechtsdemokratie (Fn. 103), S. 175 ff. (189 ff.).

[107] JELLINEK, System (Fn. 90), S. 104: „Wenn kraft der Pressefreiheit jemand eine Druckschrift veröffentlicht, so ist das ein Vorgang, der als solcher, d. h. abgesehen von den mit ihm etwa verknüpften Rechtsgeschäften, niemandes, namentlich aber nicht des Staates Recht tangiert, der mit dem Genusse des eigenen Weines, dem Spazierengehen auf eigenem Grundstücke auf gleicher Linie steht."

[108] Souveräne Zusammenfassung: J. ISENSEE, Das Grundrecht als Abwehrrecht und staatliche Schutzpflicht, in: HStR V, § 111 Rn. 25 ff.; ausführlicher DERS., Das Grundrecht auf Sicherheit, 1983; G. ROBBERS, Sicherheit als Menschenrecht, 1987, insb. S. 51 ff., 64 ff.; HERMES, Grundrecht (Fn. 64), S. 145 ff.

staatlich verläßliche Normsetzung und den Schutz vor staatlicher Willkür weit hinausgeht, erschließt sich der Idee freiheitsverbürgender Grundrechte so über das vertikale Staat-Bürger-Verhältnis auch die horizontale Ebene der Beziehungen zwischen den Bürgern; festgehalten ist damit der 1789 vom Abbé Sieyes klar formulierte Gedanke[109], daß die individuelle Freiheit auch durch Private bedroht sein kann[110]. Nachdem namentlich in den deutschen Verfassungen des späteren 19. und 20. Jahrhunderts[111] die Sicherheit kein explizites Grundrechts-Thema war[112], erfährt der Gedanke

[109] E. J. Sieyes, Einleitung zur Verfassung (1789), in: ders., Politische Schriften 1788–1790, 2. Aufl. 1981, hrsgg. v. E. Schmitt u. R. Reichardt, S. 239 ff. (247 f.).

[110] Daran zeigt sich, daß sowohl historisch wie systematisch die Etablierung einer souveränen staatlichen Herrschaftsordnung (dazu knapp H. Dreier, Art. Souveränität, in: Staatslexikon der Görres-Gesellschaft, 7. Aufl., Bd. 4, 1988, Sp. 1203 ff., in diesem Bande S. 111 ff.) der Gewährleistung von Grundrechten im modernen Sinne der gleichen Freiheit aller vorausgeht; besonders Isensee hat einen entsprechenden Stufengang der Entwicklung bzw. eine Stufenpyramide staatlicher Zweckebenen betont (J. Isensee, Staat und Verfassung, in: HStR I, § 13 Rn. 80, 102, 103; ders., Grundrecht als Abwehrrecht [Fn. 108], § 111 Rn. 32 ff.; vgl. H. Dreier, Rechtsethik und staatliche Legitimität, in: Universitas 48 [1993], S. 377 ff. [383 ff.]). Auch der demokratische Verfassungsstaat muß die vordemokratische Funktion des absoluten Staates, Friedens- und Ordnungsmacht zu sein, bewahren – und findet darin nach wie vor eine fundamentale Legitimation (vgl. BVerfGE 49, 24 [56 f.]). Grundrechte sind so zwar richtig und einprägsam als Antworten auf die „Tendenzen zur Souveränität" bezeichnet worden (M. Kriele, Zur Geschichte der Grund- und Menschenrechte, in: Festschrift für Hans Ulrich Scupin, 1973, S. 187 ff. [195]); doch ebenso richtig ist, daß sie in gewisser Weise eine souveräne Ordnung voraussetzen, die die rechtlichen Gewährleistungen faktisch zu garantieren in der Lage ist. So erscheint der Staat der modernen Grundrechtsdemokratie scheinbar paradoxerweise als „Garant und Widersacher der Menschenrechte" zugleich (J. Isensee, Grundrechtsvoraussetzungen und Verfassungserwartungen an die Grundrechtsausübung, in: HStR V, § 115 Rn. 45 ff.). Indes bleibt zu beachten, daß der den Schutzgedanken implizierende Anspruch des frühneuzeitlichen Staates, „die innere Sicherheit des Gemeinwesens herzustellen und den Bürger in seiner physischen Existenz und in seinen Rechten vor den Übergriffen der anderen zu schützen" (Isensee, Grundrecht als Abwehrrecht [Fn. 108], § 111 Rn. 32 – das zeitlose Thema des Thomas Hobbes), sich seinerseits nicht in erster Linie der Idee der Grundrechtssicherung, sondern dem Streben nach Herrschaftsstabilisierung verdankte. Die grundrechtlichen Schutzpflichten des demokratischen Verfassungsstaates sind etwas genuin anderes als Maßnahmen zur Unterbindung von Fehde und Bürgerkrieg durch einen absoluten Souverän.

[111] Zum Verschwinden des Menschenrechts auf Sicherheit im Vormärz Robbers, Sicherheit (Fn. 108), S. 97 ff.

[112] Daraus darf aber nicht auf die materielle Vernachlässigung des Schutzaspektes durch die Staatsgewalt gefolgert werden. Diesem wurde in höchst selbstverständlicher, in seinem fundamentalen Grundrechtsbezug häufig gar nicht erkannter oder thematisierter Weise auf einfachgesetzlicher Grundlage Rechnung getragen: durch Schaffung

in Gestalt der grundrechtlichen Schutzpflichtendoktrin seit einigen Jahren eine kräftige Renaissance.

Die in der spätkonstitutionellen Phase (also nach der Etablierung einer liberalen Wirtschafts- und Gesellschaftsordnung) sich durchsetzende Fixierung auf den Abwehrcharakter der Freiheitsrechte[113] als erste oder gar einzige, ja ursprüngliche Grundrechtsfunktion zu behaupten, stellt also bei verfassungshistorischer Betrachtung eine gewaltige Verkürzung dar[114].

---

einer funktionierenden Gerichtsbarkeit und einer effektiven Polizei, Regelungen des Privatrechts (insbesondere Begrenzungen der Privatautonomie), durch Festlegung von Standards der Gefahrenabwehr u.v.a.m.: vgl. Isensee, Grundrecht als Abwehrrecht (Fn. 108), § 111 Rn. 29 und besonders R. Wahl/J. Masing, Schutz durch Eingriff, in: JZ 1990, S. 553 ff.

[113] Schlagwortartig Pieroth, Geschichte (Fn. 86), S. 576: „Anders als zu Beginn des 19. Jahrhunderts ging es jetzt nicht mehr um die Verwirklichung von Freiheit *durch* Gesetze, sondern um den Schutz von Freiheit *vor* Gesetzen." – Repräsentativ dafür ist Jellineks Lokalisierung der Freiheitsrechte im „status negativus"; vgl. Jellinek, System (Fn. 90), S. 85, 87, 94 ff. (dazu Grabitz, Freiheit [Fn. 105], S. 3 ff., 176 ff.). In der Konsequenz der Annahme des Primats der staatlichen Rechtsordnung und der bloßen Selbstbeschränkung der staatlichen Gewalt liegt es, Freiheit nur als eine Art Restgröße, als Residualkategorie zu fassen (vgl. G. Jellinek, Allgemeine Staatslehre, 3. Aufl. 1914, S. 419: „Was nach Abzug der rechtlichen Einschränkung für den einzelnen an Möglichkeit individueller Betätigung übrigbleibt, bildet seine Freiheitssphäre."). Die Grundrechte gewähren also lediglich eine in flexiblen Grenzen gehaltene staatsfreie Sphäre (allgemein Giese, Grundrechte [Fn. 88], S. 57 ff.), weil sie definitionsgemäß (nur) als Negation gesetzwidrigen Zwanges wirken. Formelhaft verkürzt: Absenz der Freiheit bei Präsenz des Rechts – und umgekehrt. Die möglicherweise freiheitsschützende, freiheitswahrende oder erst freiheitsermöglichende Funktion staatlichen Rechts kommt bei dieser – nur vor dem Hintergrund einer kategorialen Trennung von Staat und Gesellschaft verständlichen – Perspektive ebensowenig in den Blick wie ein möglicher Zusammenhang zwischen privater und politischer Freiheit. Zwischen Grundrechten als subjektiven bürgerlichen Rechten und staatsbürgerlichen „politischen" Rechten zog die Lehre eine klare Trennungslinie (vgl. nur Giese, Grundrechte [Fn. 88], S. 1 f.).

[114] Der mit der Reduktion der Grundrechtsfunktionen auf die Abwehrfunktion verbundene „negative" Freiheitsbegriff hat in Deutschland Tradition (vgl. zum größeren Zusammenhang H. Hofmann, Repräsentation [1974], 2. Aufl. 1990, S. 416 ff.). Diese Verkürzung ist Ausdruck eines Freiheitsverständnisses der Staatsferne, das sich vom politischen Gemeinwesen abwendet und ganz auf die Privat- und Wirtschaftssphäre konzentriert; die Aufspaltung der Freiheit in eine bürgerlich-private und eine politisch-öffentliche Seite führte zur überspitzten, wiederum spezifisch deutschen Trennung von Staat und Gesellschaft, die ihre reale Grundlage im Dualismus des konstitutionellen Systems mit seinen unaufgelösten inneren Spannungen hatte. Bereits für die deutsche Staatsanschauung des 18. Jahrhunderts hatte Scheuner, Tragweite (Fn. 95), S. 324 die Neigung ausgemacht, „die dem Einzelnen verbleibende Sphäre als staatsfrei zu deuten, damit als einen Raum freien Beliebens und privater

b) Gleichwohl trifft das Bundesverfassungsgericht den Kern der Sache, wenn es vom primär abwehrrechtlichen Gehalt der Grundrechte spricht[115] – geht es ihm doch nicht um die Nachzeichnung der historischen Entwicklung, sondern um den systematischen Hauptaspekt. Der sachlich-logische Vorrang der rechtsstaatlich-liberalen Abwehrkomponente[116]

Staatsferne, während dem westlichen Denken stets die aktive politische Bedeutung individueller Grundrechte als Basis eines freien Gemeinwesens vertraut blieb". Ebenso H. MAIER, Ältere deutsche Staatslehre und westliche politische Theorie (1966), in: ders., Die ältere deutsche Staats- und Verwaltungslehre, 2. Aufl. 1980, S. 278 ff. (287): die Schwäche der bürgerlichen Bewegung in Deutschland kreierte einen Freiheitsbegriff, „der eine als Reservatfreiheit aufgefaßte bürgerliche Freiheit gegen die politische Freiheit durch Teilnahme am Staat auszuspielen versuchte: man könne die eine, nämlich die Freiheit vom Staat besitzen, ohne die andere, nämlich den freien Staat, zu haben oder auch nur zu wollen". Zweifelsohne war das Biedermeierliche dieses restringierten Freiheitsbegriffs, den die Paulskirchenverfassung bezeichnenderweise souverän überwand (vgl. J.-D. KÜHNE, Die Reichsverfassung der Paulskirche, 1985, S. 162 ff., 177 ff., 537 ff.), im Endeffekt politisch verhängnisvoll. Es erscheint kaum als Zufall, daß RUDOLF SMENDS bewegender Appell, neben den bürgerlich-liberalen Freiheiten die Notwendigkeit der Beteiligung am Staat im Sinne einer sittlichen Berufspflicht des freien Bürgers nicht zu vergessen (Bürger und Bourgeois im Deutschen Staatsrecht [1933], in: ders., Staatsrechtliche Abhandlungen [Fn. 19], S. 309 ff.), aus den letzten Tagen der Weimarer Republik stammt. – In gewisser Weise ist auch die Vorstellung von Grundrechten und Demokratie als zwei Legitimationsquellen oder -polen des demokratischen Verfassungsstaates (vgl. J. ISENSEE, Grundrechte und Demokratie. Die polare Legitimation im grundgesetzlichen Gemeinwesen, 1981; C. STARCK, Grundrechtliche und demokratische Freiheitsidee, in: HStR II, § 29 Rn. 1 ff.) dem tradierten „Schisma zwischen dem repräsentativ-demokratischen und dem justiziell-rechtsstaatlichen Moment der Verfassung" (DENNINGER, Staatsrecht 1 [Fn. 61], S. 117) noch verhaftet.

[115] Siehe oben Fn. 85.

[116] Vorrang insofern, als ohne private, bürgerliche Freiheit politische Freiheit und ein freies politisches Gemeinwesen (im modernen, nicht im antiken Sinne) nicht denkbar ist, während die Umkehrung, wie anhand der deutschen Sonderentwicklung im 19. Jahrhundert ablesbar, nicht gilt. Zu diesem Ergänzungsverhältnis zwischen privater und bürgerlicher Freiheit, das nicht im Sinne einer Trennung von (liberaler) Gesellschaft und (monarchischer) Staatsanstalt mißverstanden werden darf, bereits SMEND, Bürger (Fn. 114), S. 317 f.; ferner K. HESSE, Bemerkungen zur heutigen Problematik und Tragweite der Unterscheidung von Staat und Gesellschaft, in: DÖV 1975, S. 437 ff. (442); DERS., Art. Grundrechte, in: Staatslexikon der Görres-Gesellschaft, 7. Aufl., Bd. 2, 1986, Sp. 1111 ff. (1114); P. HÄBERLE, Die Wesensgehaltgarantie des Art. 19 Absatz 2 Grundgesetz, 3. Aufl. 1983, S. 335 ff.; H.-P. SCHNEIDER, Eigenart und Funktionen der Grundrechte im demokratischen Verfassungsstaat, in: J. Perels (Hrsg.), Grundrechte als Fundament der Demokratie, 1979, S. 11 ff. (43). Treffend auch KRÖGER, Grundrechtstheorie (Fn. 29), S. 42: Private Freiheit als „Bedingung und Voraussetzung für eine freie politische Teilhabe an der Mitgestaltung der politischen Ordnung als Inbegriff öffentlicher Freiheit."

besteht nun heute in der Sicherung von privaten und gesellschaftlichen Freiräumen gegenüber einer öffentlichen Gewalt, die sich als friedenserhaltende Ordnungsmacht etabliert hat. Es ist dieser souveräne, über das Gewaltmonopol verfügende Staat, der zugleich als potentielle Bedrohung individueller Freiheit erscheint[117] und gegen dessen Zugriff die Grundrechte eine möglichst breite Zone autonomer Lebensgestaltung im Sinne der „Selbstbestimmung über den eigenen Lebensentwurf und seinen Vollzug" (BVerfGE 63, 343 [357]) sichern wollen[118]. Besonders deutlich tritt der Charakter der Abwehr staatlichen Zugriffs naturgemäß bei der Freiheitsentziehung hervor[119]. Doch auch zahlreiche andere Grundrechte des Grundgesetzes sind durch einen „abwehrrechtlichen Duktus"[120] gekennzeichnet[121], was bei der Schaffung des Grundgesetzes nicht zuletzt durch den unmittelbaren Bezug zum gerade überwundenen NS-System veranlaßt gewesen sein dürfte[122]. Freilich bewahrt die abwehrrechtliche

---

[117] „Denn der, welcher Macht genug hat, alle zu beschützen, hat auch Macht, alle zu unterdrücken": T. Hobbes, De Cive (1642), VI, 13 (Anmerkung). Es bedarf also der „Sicherheit vor dem Hüter der Sicherheit" (Isensee, Grundrecht auf Sicherheit [Fn. 108], S. 5 ff.). – Wesentliche Instrumente hierfür sind neben den Grundrechten selbst Vorkehrungen gewaltenteilender Art sowie die Anerkennung und organisatorische Absicherung des Vorrangs der Verfassung.

[118] Umfassend H. Hofmann, Menschenrechtliche Autonomieansprüche, in: JZ 1992, S. 165 ff.; dort ist auch zu Recht betont, daß Autonomie das Eingehen heteronomer Bindungen nicht ausschließt, sondern eine Voraussetzung dafür bildet.

[119] Wegen der existentiellen Grunderfahrung des Entzugs der körperlichen Bewegungsfreiheit und des bereits früh gewährten Schutzes vor willkürlicher Verhaftung (Magna Carta 1215, Habeas-Corpus-Akte 1679) mochte es naheliegen, darin auch sachlich die „Mutter aller Grundrechte" zu sehen; so Kriele, Geschichte (Fn. 110), S. 205, der diese Behauptung der bekannten These G. Jellineks (Die Erklärung der Menschen- und Bürgerrechte, 1. Aufl. 1895, 3. Aufl. 1919) von der Religionsfreiheit als dem „Urgrundrecht" entgegenstellte (Abdruck des Jellinek-Textes und weiterer Stellungnahmen zu der durch ihn ausgelösten Debatte bei R. Schnur [Hrsg.], Zur Geschichte der Erklärung der Menschenrechte, 1964, S. 1 ff.). Beide Thesen sind zu Recht auf Kritik gestoßen: vgl. Stourzh, Konstitutionalisierung (Fn. 103), S. 162 (zu Jellinek); C. Link, Herrschaftsordnung und bürgerliche Freiheit, 1979, S. 140 (zu Kriele); Hofmann, Herkunft (Fn. 100), S. 845 f. (zu beiden).

[120] Isensee, Grundrecht als Abwehrrecht (Fn. 108), § 111 Rn. 9.

[121] Vgl. Pieroth/Schlink, Grundrechte (Fn. 8), Rn. 73. Die Wohnung soll als Rückzugsort dienen, die Meinungsfreiheit soll auch und gerade die private, intime, ganz unpolitische Kommunikation schützen, das Eigentum privatnütziger Verwendung offenstehen, die Vereinsbildung eine freie und vom Staat unbehelligte sein etc.

[122] Das belegt die allgemeine These vom „Antwortcharakter" der Grundrechte: Sie sind Antworten auf real erfahrene Freiheitsbeschränkungen und -verletzungen, bündeln insofern historische Erfahrungen und stellen sich als Reaktionen auf Gefährdungslagen menschlicher Freiheit dar.

Grundrechtsdimension im demokratischen Verfassungsstaat mit egalitärer Staatsbürgergesellschaft und freiheitlicher Sozial- und Wirtschaftsordnung ihren unverlierbaren und durch demokratische Normengenese nicht kompensierbaren Sinn[123]. Gerade eine Vorschrift wie der im Zusammenhang mit Art. 2 Abs. 2 Satz 2 GG zu sehende Art. 104 GG macht indes deutlich, daß die Rede von der „Abwehrfunktion" nicht eine totale Abschirmung und völlige Exklusion des Staates, sondern die Formalisierung, die Beschränkung und damit die Rationalisierung seines Zugriffs meint. In dieser Bindung der Eingriffsbefugnisse an bestimmte formelle und materielle Voraussetzungen liegt der springende Punkt, nicht in der Gewährung vermeintlich absoluter Freiheitsräume. Grundrechtsdogmatisch formuliert: Der tatsächliche Wirk- oder Garantiebereich der Grundrechte ergibt sich im Unterschied zu ihrem Schutzbereich[124] erst durch das jeweils aktualisierte Maß an Beschränkungsmöglichkeiten durch eben jene Staatsgewalt, in der eine herkömmliche Sichtweise nur den Gegner der Freiheit erblicken kann[125]. So gesehen, ist das Wichtigste an den Einzelgrundrechten – ihre Beschränkungsmöglichkeit[126]. Denn nur weil sie den staatlichen Zugriff in unterschiedlichem Ausmaß eröffnen und von verschiedenen Voraus-

---

[123] Das bezeichnende Gegenstück für die oben beschriebene unpolitische Dissoziation von privater und politischer Freiheit bildet die von einigen Abgeordneten der Deutschen Nationalversammlung 1919 vertretene Auffassung, die Aufnahme von Grundrechten in die Reichsverfassung sei überflüssig, weil diese durch die Demokratisierung der Staatsgewalt ihr notwendiges Gegenüber verloren hätten (vgl. KLEINHEYER, Art. Grundrechte [Fn. 86], S. 1081). Freiheitsschutz gegen den eigenen, demokratisch gebildeten Willen erschien als entbehrlich, ja als Selbstwiderspruch. Vergessen wurde hier in rousseauistisch anmutender Einseitigkeit, daß es auch in „einer freiheitlichen Verfassungsordnung [...] solcher Abwehrrechte [bedarf], weil auch die Demokratie Herrschaft von Menschen über Menschen ist, die der Versuchung des Machtmißbrauchs unterliegt, und weil die öffentliche Gewalt auch im Rechtsstaat Unrecht tun kann. Die Gestaltung der objektiven Ordnungen allein vermag den Schutz hiergegen nicht wirksam zu gewährleisten" (HESSE, Art. Grundrechte [Fn. 116], Sp. 1113 f.).

[124] Vgl. zur Differenz von Schutz- und Garantiebereich genauer LÜBBE-WOLFF, Grundrechte (Fn. 8), S. 25 ff., 100.

[125] Nochmals grundrechtsdogmatisch gesprochen: Eine Grundrechtsverletzung liegt erst vor, wenn der Eingriff in den Schutzbereich eines Grundrechts nicht durch die Verfassung gedeckt (nicht verfassungsmäßig, nicht verfassungsrechtlich gerechtfertigt, in den Garantiebereich eingreifend – so andere Formulierungen) ist; vgl. statt aller PIEROTH/SCHLINK, Grundrechte (Fn. 8), Rn. 256 f.

[126] Daß auch im Normtext nicht ausdrücklich mit einer Einschränkungsmöglichkeit versehene, sog. „vorbehaltlose" Grundrechte wie Art. 4 Abs. 1 oder 5 Abs. 3 GG Einschränkungen – wenngleich auf hohem Rechtfertigungsniveau – unterliegen, ist unbestritten. Ausführlich dazu F. E. SCHNAPP, Grenzen der Grundrechte, in: JuS

setzungen abhängig machen, ist – abgesehen von Gründen historischer Tradition – die Ausdifferenzierung verschiedener subjektiver Freiheitsrechte in der Verfassung überhaupt sinnvoll und nötig[127]. Die nicht allein, aber vor allem in den grundrechtlichen Schrankenregelungen sichtbar werdende Notwendigkeit der Fixierung bestimmter Grenzen für die Grundrechtsausübung im Sinne der Kompatibilisierung konfliktträchtiger Grundrechtsausübungsansprüche und ihres Ausgleiches mit anderen Verfassungsgütern ist nun wiederum vorrangige Aufgabe des demokratischen Gesetzes[128]. Diesen auch in der Abwehrdimension wirksam werdenden inneren Zusammenhang zwischen demokratischer Rechtsgestaltung und Grundrechtsschutz ist die verräumlichende Rede von Grundrechten als „negativen Kompetenznormen“[129] zu verdecken geeignet[130].

1978, S. 729 ff.; M. Kriele, Vorbehaltlose Grundrechte und die Rechte anderer, in: JA 1984, S. 629 ff.

[127] H. Hofmann, Das Verfassungsprinzip der Freiheit, in: Gedächtnisschrift für Günther Küchenhoff, 1987, S. 231 ff. (240): „In der alten Form feudaler Freiheitsbriefe nennt der moderne Staat also eigentlich nicht Räume, die er freigibt, sondern bezeichnet er die nach Lebensbereichen abgestuften Notwendigkeiten von Freiheitseingriffen und Freiheitsgestaltungen. Nach dem Verfassungsprinzip der Freiheit ist das rechtlich Wichtige an den Grundrechten paradoxerweise nicht die Garantie der Freiheit, sondern die Regelung von Einschränkungsmöglichkeiten.“ Ders., Autonomieansprüche (Fn. 118), S. 169, 171.

[128] Vgl. nur Hesse, Grundzüge (Fn. 4), Rn. 194, 303 ff.; Bericht der Sachverständigenkommission: Staatszielbestimmungen/Gesetzgebungsaufträge, 1983, Rn. 35; Isensee, Grundrechtsvoraussetzungen (Fn. 110), § 115 Rn. 137 ff. (147: „Koordinierungsprärogative“ des Gesetzgebers); P. Lerche, Grundrechtlicher Schutzbereich, Grundrechtsprägung und Grundrechtseingriff, in: HStR V, § 121 Rn. 47. – Daß hieraus nicht die Gewährung von Grundrechten nach Maßgabe des Gesetzes resultiert, stellen die sog. „Schranken-Schranken“ (vgl. nur Pieroth/Schlink, Grundrechte [Fn. 8], Rn. 315 ff.) sicher; dies ist eine sprachlich vielleicht nicht sonderlich schöne, aber in der Sache hinlänglich eindeutige Umschreibung vornehmlich für den Verhältnismäßigkeitsgrundsatz (Übermaßverbot) und die Wesensgehaltgarantie des Art. 19 Abs. 2 GG, die mit erstgenanntem Prinzip nach überwiegender Auffassung weitgehend identisch ist (vgl. W. Krebs, in: I. v. Münch/P. Kunig [Hrsg.], Grundgesetz-Kommentar, Bd. I, 4. Aufl. 1992, Art. 19 Rn. 22 ff.).

[129] Ehmke, Wirtschaft (Fn. 56), S. 30. Nahegelegt ist diese Qualifizierung natürlich vor allem durch die Formulierung der der Amerikanischen Bundesverfassung von 1787 im Jahre 1791 als „Amendments“ angefügten „Bill of Rights“, deren erster Artikel mit den Worten beginnt: „Congress shall make no law …“.

[130] Vgl. Lübbe-Wolff, Grundrechte (Fn. 8), S. 26 Fn. 47: „Vorstellung der Grundrechte als mehrheitsfester Absicherung bestimmter ‚Bereiche‘“ als „irreführende Vereinfachung“; s. auch Isensee, Grundrecht als Abwehrrecht (Fn. 108), § 111 Rn. 47; R. Wahl, Staatsaufgaben im Verfassungsrecht, in: T. Ellwein/J. J. Hesse (Hrsg.), Staatswissenschaften: Vergessene Disziplin oder neue Herausforderung?, 1990, S. 29 ff. (37).

c) Unter Berücksichtigung jener grundrechtsdogmatischen Präzisierung läßt sich demgemäß treffend sagen, daß die Grundrechte des Grundgesetzes „überwiegend als Abwehrrechte ausgestaltet und wirksam (sind), indem gegenüber möglichen Freiheitsgefährdungen in typischen Bereichen seitens der öffentlichen Gewalt ein Bereich freier Entscheidung oder Betätigung ‚ausgegrenzt', d.h. einem unangemessenen staatlichen Zugriff entzogen wird."[131] In dieser Abwehrperspektive erscheint der Staat als potentieller Widersacher der Freiheit des Einzelnen, welcher Beeinträchtigungen seiner Rechtssphäre unter Berufung auf jene Rechte geltend machen und im Falle ihrer Verfassungswidrigkeit auch prozessual durchsetzen kann – und zwar gegen jegliche Erscheinungsform der Staatsgewalt[132] und ohne gesetzliche Vermittlung. Ausgestaltet als einklagbare subjektive Rechte, gewähren die Grundrechte dem Einzelnen Beseitigungs- und Unterlassungsansprüche gegen unzulässige Beeinträchtigungen seiner Freiheitssphäre[133]. Diese bipolare Grundstruktur und das nahezu lückenlose Rechtsdurchsetzungsinstrumentarium des Grundgesetzes[134] sowie der auch im demokratischen Verfassungsstaat unentbehrliche Schutz vor Übergriffen der öffentlichen Gewalt sichern der Abwehrkomponente auf Dauer ihren zentralen Rang und rechtfertigen die Feststellung, das Grundgesetz ziele darauf ab, „die Grundrechte des hergebrachten Typus mit letzter Konsequenz zu einklagbaren subjektiven Rechten auszubilden, ihnen rechtspraktische Geltung und Judiziabilität zu vermitteln und sie so zu optimaler rechtlicher Wirksamkeit zu führen."[135] Doch wie bereits bemerkt, muß die Abwehrfunktion der Grundrechte nicht ihre einzige sein. Schon der kleine geschichtliche Rückblick hat ja die vermeintliche Eindimensionalität der Grundrechte als eine ahistorische Verkürzung erwiesen. So kann es keine Überraschung darstellen, wenn eine durchaus repräsentative Stimme die Grundrechte kürzlich als „pluri- oder multifunktional" qualifiziert hat[136].

---

[131] BADURA, Staatsrecht (Fn. 71), S. 73.

[132] Vgl. Art. 1 Abs. 3 GG und Art. 93 Abs. 1 Nr. 4 a GG, wo „öffentliche Gewalt" etwas anderes bedeutet als in Art. 19 Abs. 4 GG.

[133] Vgl. PIEROTH/SCHLINK, Grundrechte (Fn. 8), Rn. 72; H.D. JARASS/B. Pieroth, Grundgesetz für die Bundesrepublik Deutschland, 2. Aufl. 1992, Vorb. vor Art. 1, Rn. 3. Detailliert Stern/SACHS, Staatsrecht III/1 (Fn. 11), S. 671 ff.

[134] Der Grundrechtsschutz erfolgt dabei in erster Linie durch die Fachgerichte, in letzter Instanz durch das Bundesverfassungsgericht; vgl. statt aller K. SCHLAICH, Das Bundesverfassungsgericht, 2. Aufl. 1991, Rn. 188 ff.

[135] ISENSEE, Grundrecht als Abwehrrecht (Fn. 108), § 111 Rn. 22; vgl. auch STERN, Idee (Fn. 55), § 109 Rn. 41; Stern/SACHS, Staatsrecht III/1 (Fn. 11), S. 569.

[136] STERN, Idee (Fn. 55), § 109 Rn. 27. Der Ausdruck „plurifunktional" bzw. „Plurifunktionalität" findet sich bei R.A. RHINOW, Grundrechtstheorie, Grundrechts-

2. *Demokratische Ordnung und Grundrechtsausübung*

Wiederum aus geschichtlichen Gründen sind zunächst demokratische Grundrechtsgehalte in den Blick zu nehmen. Sie verdienen besondere Erwähnung, obwohl sie keine eigene dogmatische Kategorie bilden; legte doch die deutsche Historie der Grundrechte deren Reduktion auf das unpolitisch-negatorische Element nahe. Jede Grundrechtswahrnehmung, die den Prozeß politischer Willensbildung auf gesellschaftlicher wie staatlicher Ebene (mit)trägt, weist aber über diese Seite hinaus[137]. Nicht um Ausgrenzung geht es dann, sondern um Mitwirkung, Gestaltung, ja in gewisser Weise um „Teilhabe“[138] am politischen Gemeinwesen. Diese demokratiekonstitutive, der Bewahrung und Stabilisierung einer freien politischen Ordnung dienliche Seite der Grundrechte[139] liegt für die Kommunikationsgrundrechte, also in Sonderheit die Versammlungs- und Vereinigungsfreiheit[140], aber auch die Meinungsfreiheit[141] auf der Hand. Für die Freiheit der Meinungsäußerung hat das Bundesverfassungsgericht

politik und Freiheitspolitik, in: Festschrift für Hans Huber, 1981, S. 427 ff. (432, 440); vgl. bereits GRIMM, Verfassungsfunktion (Fn. 21), S. 323; von „Multifunktionalität“ spricht (wohl im Anschluß an LUHMANN, Grundrechte [Fn. 36], S. 80, 134) HESSE, Art. Grundrechte (Fn. 116), Sp. 1117, von „Bedeutungsschichten“ DERS., Grundzüge (Fn. 4), Rn. 279, 290.

[137] Wegweisendes (in der Nachfolge Smends) zu dieser Grundrechtsschicht stammt von Konrad Hesse. Vgl. pars pro toto HESSE, Grundzüge (Fn. 4), Rn. 288: „Grundrechte sind indessen als subjektive Rechte nicht nur gewährleistet, um die Möglichkeit der Abwehr staatlicher Beeinträchtigung zu schaffen. Der negatorische Anspruch, den sie begründen, ist nur Teil ihres Inhalts, dem eine nicht minder wichtige positive Seite korrespondiert: die Verfassung gewährleistet Grundrechte um der *Aktualisierung* der in ihnen garantierten Freiheit willen“; s. auch Rn. 161 und DERS., Art. Grundrechte (Fn. 116), Sp. 1114.

[138] Teilhabe hier in einem anderen als dem üblicherweise gemeinten sozialstaatlich-leistungsverwaltungsbezogenen Sinn; vgl. BADURA, Staatsrecht (Fn. 71), S. 63: „In Rücksicht auf die politische Freiheit kann Teilhabe des einzelnen das Recht auf Mitwirkung an Entscheidungen bedeuten, die seine Rechte oder Interessen berühren. In diesem Sinne ist Teilhabe ein Element der demokratischen Staatsform.“ Siehe auch KRÖGER, Grundrechtstheorie (Fn. 29), S. 41.

[139] DENNINGER, Staatsrecht 1 (Fn. 61), S. 28 ff. spricht in Anlehnung an die Status-Lehre Jellineks vom „status constituens“.

[140] Vgl. zusammenfassend M. KLOEPFER, Versammlungsfreiheit, in: HStR VI, § 143 Rn. 7 ff.; D. MERTEN, Vereinsfreiheit, ebd., § 144 Rn. 6 ff.

[141] E. SCHMIDT-JORTZIG, Meinungs- und Informationsfreiheit, in: HStR VI, § 141 Rn. 6 ff.; wichtige Beiträge zur Ideen- und Verfassungsgeschichte sowie zur aktuellen Bedeutung in: J. Schwartländer/D. Willoweit (Hrsg.), Meinungsfreiheit – Grundgedanken und Geschichte in Europa und USA, 1986.

diesen aktiv-gestaltenden Aspekt der Grundrechtswahrnehmung mit den berühmten Worten charakterisiert, sie sei für die Demokratie „schlechthin konstituierend“[142]. Gegenüber möglichen und vielleicht noch immer virulenten Mißverständnissen bleibt festzuhalten, daß die Gewinnung der demokratischen Dimension nicht zur Verdrängung oder Absorption der liberal-negatorischen Funktion führt, diese vielmehr ihre volle Berechtigung behält[143]. Weder mutiert Freiheit durch Anerkennung der Möglichkeit demokratiefunktionaler Grundrechtsausübung zur staatsbürgerlichen Pflichtübung noch degeneriert liberale Staatsabwehr zur Freiheit minderen Ranges[144]. Der Bourgeois soll nicht im Citoyen aufgehen, der „Eigenwert individueller Freiheit“[145] unangetastet bleiben. Entscheidend ist allein die stets auf dem Prinzip der Freiwilligkeit beruhende Grundrechtswahrnehmung[146] in einer auf Fragen des politischen Gemeinwesens bezogenen und damit nicht allein auf die Sicherung einer staatsisolierten Privatsphäre

[142] BVerfGE 7, 198 (208). – Allgemein zum Verhältnis von grundrechtlichen Freiheiten zur politischen Willensbildung W. SCHMITT GLAESER, Die grundrechtliche Freiheit des Bürgers zur Mitwirkung an der Willensbildung, in: HStR II, § 31 (dort Rn. 17ff. der richtige Hinweis auf die Bedeutung der Glaubens- und Bekenntnisfreiheit für den freien geistigen Prozeß).

[143] Solche Mißverständnisse können auch nahegelegt werden durch Kategorisierungen, wie sie E.-W. BÖCKENFÖRDE in seinem einflußreichen Aufsatz über „Grundrechtstheorie und Grundrechtsinterpretation“ aus dem Jahre 1974 vorgenommen hat (abgedruckt in: ders., Staat [Fn. 76], S. 115ff.). Bei der dort als „demokratisch-funktional“ vorgestellten Grundrechtstheorie arbeitet er zum einen mit überspitzten Schematisierungen und läßt zudem vergessen, daß die „Vertreter“ dieses Ansatzes (genannt werden u.a. Rudolf Smend und Konrad Hesse) weder einen alle Grundrechte übergreifenden Ansatz noch ein die liberale Abwehrdimension überspielendes Grundrechtsverständnis propagierten; kritisch zu Böckenförde insofern auch SCHMIDT, Grundrechtstheorie (Fn. 31), S. 172.

[144] Diese Anfang der 1970er Jahre vielleicht nicht ganz unbegründete Befürchtung prägt die Kritik von H.H. KLEIN, Grundrechte im demokratischen Staat, 1972, S. 13ff., 20ff., 32ff.

[145] KRÖGER, Grundrechtstheorie (Fn. 29), S. 36ff.

[146] HESSE, Grundzüge (Fn. 4), Rn. 288: „Die Grundrechte normieren den Status von Bürgern, die sich nicht bloß in einer Sphäre privater Beliebigkeit gegen den ‚Staat‘ abschirmen, sondern die frei und selbstverantwortlich ihr Leben gestalten und an den Angelegenheiten des Gemeinwesens mitwirken sollen. Solche ‚positive Freiheit‘ ist freilich mißverstanden, wenn aus ihr die Verpflichtung zu einem bestimmten Gebrauch der Freiheit hergeleitet wird, mit der Konsequenz, daß jeder andere Gebrauch nicht mehr durch die Grundrechte geschützt wird. Denn wenn es der Verfassung auch um die positive Aktualisierung der Inhalte der Grundrechte geht, so geht es ihr doch ebenso um die *Freiheit* dieser Aktualisierung, die nur gegeben ist, wo eine Alternative besteht.“ Ebenso RHINOW, Grundrechtstheorie (Fn. 136), S. 433.

zielenden Absicht[147]. Während Jellinek die Grundrechte noch allein dem status negativus zuschlug und dem status activus nur die staatsbürgerschaftlichen Rechte im engeren Sinn (Wahlrecht, Ämterzugang) zuordnete, gewinnt im demokratischen Verfassungsstaat die „aktivbürgerschaftliche Dimension"[148] der Grundrechte eigene Bedeutung. Dabei handelt es sich nicht etwa um eine exklusive Gruppe von Rechten wie bei den staatsbürgerschaftlichen. Ein und dasselbe Grundrecht ist vielmehr liberales Abwehrrecht und demokratisches Mitwirkungsrecht zugleich; ob seine Wahrnehmung der privaten oder der öffentlichen Sache dienen soll, liegt in der Hand des Grundrechtssubjekts[149]. So erklärt sich die Rede von der

---

[147] Ganz richtig betont auch der Bundesgerichtshof, Grundrechte sollten „in erster Reihe die Freiheitssphäre des einzelnen gegen Eingriffe der staatlichen Gewalt schützen und ihm insoweit zugleich die Voraussetzungen für eine freie aktive Mitwirkung und Mitgestaltung im Gemeinwesen sichern" (BGHZ 63, 196 [198]). Damit ist zugleich angedeutet, daß auch Grundrechte, denen nicht per se der Charakter politischer Mitwirkungsrechte (vgl. zu begrifflichen Abgrenzungen M. Nowak, Politische Grundrechte, 1988, S. 8 ff.) zukommt, die Basis für die Teilnahme am Prozeß politischer Willensbildung schaffen: Art. 10 GG schützt nicht nur die zärtlichen Verse an die ferne Geliebte, sondern auch das politische Manifest an den Parteigenossen; Art. 13 GG kommt der privaten Familienfeier ebenso zugute wie dem konspirativen Treff politisch Gleichgesinnter. Um es noch einmal zu sagen: dadurch, daß Grundrechte für den Prozeß politischer Einheitsbildung funktional sind, sind sie noch lange nicht für diesen Prozeß funktionalisiert. – Daß kaum ein Grundrecht eines solchen möglichen politischen Gehalts entbehrt, betont auch Stern/Sachs, Staatsrecht III/1 (Fn. 11), S. 467; dort wird S. 468 aus Gründen scharfer dogmatischer Einteilung der Grundrechte eine enge Definition staatsbürgerlicher Rechte vorgenommen. Auf indirekte Weise legt Art. 18 GG vom politischen Charakter bloßer „Abwehrrechte" Zeugnis ab (treffend Krebs [Fn. 128], Art. 19 Rn. 4).

[148] U.K. Preuss, Plebiszite als Formen der Bürgerbeteiligung, in: ZRP 1993, S. 131 ff. (132).

[149] Das ist deutlich ausgesprochen bei E.-W. Böckenförde, Demokratie als Verfassungsprinzip (1987), in: ders., Staat (Fn. 76), S. 289 ff. (324): „Meinungsfreiheit (einschließlich Presse- und Informationsfreiheit), Versammlungs- und Vereinigungsfreiheit sind ebenso liberale wie demokratische Grundrechte. Sie haben in dieser doppelten Eigenschaft nicht einen je unterschiedlichen Gewährleistungsinhalt, sondern sind als Freiheitsgrundrechte einheitliche Grundrechte, die aus ihrem Gewährleistungsinhalt heraus eine doppelte Wirkung entfalten: Die Abschirmung kommunikativer Freiheiten der einzelnen gegen gezielte staatliche Eingriffe und Übergriffe und (darin) die Freisetzung offener politischer Meinungs- und Willensbildung von unten nach oben, d.h. von den einzelnen und aus der Gesellschaft heraus auf die staatliche politische Entscheidungsgewalt hin." – Insofern besteht ein struktureller Unterschied im Verhältnis zu den staatsbürgerlichen Rechten (die folgenden Zitate bei Pieroth/Schlink, Grundrechte [Fn. 8], Rn. 80): zwar geschieht auch hier „ein Doppeltes", weil die Individualfreiheit „in die Dienste des Staates" tritt und zugleich der Staat zum Raum individueller Freiheitsbetätigung wird. Es fehlt jedoch an der Alternative, diese

„Doppelfunktion“[150] bzw. vom „Doppelaspekt“[151] der Grundrechte[152]. Die Doppelung besteht hier darin, daß das Gesamtziel des verfassungsstaatlichen Rechts- und Institutionenensembles, die individuelle „Freiheit der Person“[153], sowohl durch die subjektiv-defensive, rechtsstaatliche als auch durch die subjektiv-aktive, demokratische Stoßrichtung der Grundrechte gewährleistet und abgesichert wird[154].

3. *Objektiv-rechtliche Grundrechtsdimensionen*

Wenn allerdings in der aktuellen Diskussion der „Doppelcharakter“[155], die „Doppelfunktion“[156], die „Doppelgestalt“[157], also kurz: die Doppelrolle

---

nicht staatsbezogen, sondern rein staatsabwehrend zu gebrauchen, eine Vorstellung, die etwa beim Wahlrecht schlicht unsinnig wäre. Zur Theorie solcher „politischer“ Rechte NOWAK, Grundrechte (Fn. 147), S. 150ff.

150 G. HAVERKATE, Verfassungslehre, 1992, S. 202 (mit starker Betonung der Religionsfreiheit).

151 ALEXY, Theorie (Fn. 60), S. 454.

152 Ausführlicher zum hier natürlich nicht voll auszulotenden Verhältnis von Demokratie und Grundrechten sowie den zwei Freiheitsbegriffen des Grundgesetzes u.a. K. GRIMMER, Demokratie und Grundrechte, 1980; J. Schwartländer (Hrsg.), Menschenwürde und Demokratie, 1981; J.P. MÜLLER, Grundrechte in der Demokratie, in: EuGRZ 1983, S. 337ff.; G.F. SCHUPPERT, Grundrechte und Demokratie, in: EuGRZ 1985, S. 525ff.; HOFMANN, Verfassungsprinzip (Fn. 127), passim; ISENSEE, Grundrechtsvoraussetzungen (Fn. 110), § 115 Rn. 103ff., 130ff.

153 U. SCHEUNER, Die neuere Entwicklung des Rechtsstaats in Deutschland (1960), in: ders., Staatstheorie (Fn. 56), S. 185ff. (186).

154 So auch BÖCKENFÖRDE, Demokratie (Fn. 149), S. 367 und ISENSEE, Grundrechtsvoraussetzungen (Fn. 110), § 115 Rn. 132. – Die unterschiedliche Zielrichtung, mit der von den Freiheitsgrundrechten Gebrauch gemacht wird, bleibt im übrigen ohne Auswirkung auf ihre dogmatische Struktur. Wie politische und private Meinungsäußerungen unterschiedslos unter Art. 5 Abs. 1 Satz 1 GG, wirtschaftliche wie ideelle Vereinigungen unter Art. 9 Abs. 1 GG fallen, unterliegen auch Eingriffe in den Schutzbereich der Grundrechte den gleichen formellen und materiellen Voraussetzungen und können vom Betroffenen in der gleichen Weise abgewehrt werden (so läßt sich mit BVerwG NJW 1993, 609 auch Art. 8 GG als „Abwehrgrundrecht“ bezeichnen, sofern damit die Stoßrichtung gegen Einschränkungen durch die öffentliche Gewalt und die Differenz zu Leistungsrechten gemeint ist). Das ist ein wesentlicher Unterschied zu den sogleich zu betrachtenden objektiv-rechtlichen Grundrechtsfunktionen.

155 HESSE, Grundzüge (Fn. 4), Rn. 279ff.; STERN, Idee (Fn. 55), § 109 Rn. 38; R. DREIER, Rechtsstaat (Fn. 7), S. 82, 84; I. MITTENZWEI, Teleologisches Rechtsverständnis, 1988, S. 20; NOWAK, Grundrechte (Fn. 147), S. 182ff.

156 ISENSEE, Grundrecht als Abwehrrecht (Fn. 108), § 111 Rn. 113.

der Grundrechte angesprochen wird, klammert man den demokratischen Aspekt der Grundrechtswahrnehmung gemeinhin aus. Unter den der subjektiven Abwehrseite entgegengesetzten „objektiv-rechtlichen Grundrechtsgehalten“[158] bündelt man vielmehr (und präziser) bestimmte Fallkonstellationen, die die Grundrechte in Bereichen wirksam werden lassen, die weder vom status negativus noch vom status activus hinlänglich erfaßt werden. Dabei handelt es sich nicht um eine einzige, der Abwehrseite gewissermaßen spiegelbildlich gegenüberliegende Grundrechtsfunktion. Gemeint sind vielmehr recht unterschiedlich ausgerichtete Wirkdimensionen. In dieser Differenziertheit und inneren Uneinheitlichkeit liegt die spezifische Problematik: Grundrechte als objektive Normen sind heterogener und komplexer strukturiert als Grundrechte in ihrer abwehrrechtlichen Dimension, zuweilen abhängig von gesetzgeberischer Mediatisierung und insgesamt noch weit von jener dogmatisch insgesamt befriedigenden Durchdringung entfernt, die die Grundrechte als Abwehrrechte vergleichsweise leicht und sicher handhabbar macht[159]. Nicht nur das Material für die objektiv-rechtlichen Fallkonstellationen verdanken wir der pionierhaften Rechtsprechung des Bundesverfassungsgerichts; von wenigen Ausnahmen abgesehen[160], ist auch die dogmatische Strukturierung und Sinnentfaltung

---

[157] Böckenförde, Grundsatznormen (Fn. 77), S. 159, 164, 173 u.ö.

[158] Mit „objektiv“ ist hier nicht die Selbstverständlichkeit gemeint, daß es sich um objektiv geltendes Recht handelt. Das gilt für die subjektive Abwehrseite ebenso. „Objektiv-rechtlich“ bezeichnet Grundrechtsfunktionen, die über die abwehrrechtliche Seite hinausgehen. Damit ist zu der Frage, ob diese objektiv-rechtlichen Gehalte wiederum zu subjektiven Rechtsansprüchen Einzelner werden können, noch nichts gesagt. Vgl. Lübbe-Wolff, Grundrechte (Fn. 8), S. 282. Dieses Problem der (Re-)Subjektivierung bleibt im folgenden außer Betracht.

[159] Deutlich Jarass, Grundrechte (Fn. 14), S. 366: „Die objektivrechtliche oder Wertentscheidungsseite der Grundrechte ist damit zwangsläufig weniger präzise als die Abwehrseite, gleichzeitig aber auch erheblich entwicklungsfähiger und somit offener. Sie ist weniger eine neue Funktion der Grundrechte, die neben die klassische Abwehrfunktion tritt, als eine Grundlage für weitere Funktionen. Der objektivrechtliche Gehalt der Grundrechte läßt sich folglich nicht so plastisch umreißen, wie das bei der Abwehrfunktion möglich ist; der eigentliche Inhalt wird erst deutlich, wenn man die in zusätzlichen Grundrechtsfunktionen bestehenden Folgerungen betrachtet, wie sie das Gericht aus grundrechtlichen Wertentscheidungen entnimmt.“

[160] Zu nennen ist hier vor allem die Grundrechtslehre Konrad Hesses, der schon früh auf die grundsätzliche Qualität von Grundrechten als „Elemente objektiver Ordnung“ hingewiesen und diese zum tragenden Baustein seiner „Grundzüge des Verfassungsrechts“ gemacht hat; vgl. ferner ders., Art. Grundrechte (Fn. 116), Sp. 1116f. – Gewisse Vorarbeiten hatte auch die noch aus der Weimarer Zeit stammende Diskussion um sog. Einrichtungsgarantien (Institutsgarantien und institutionelle Garantien) geliefert; dazu Nachweise bei Stern, Idee (Fn. 55), § 109 Rn. 51.

in der Hauptsache Produkt einer mittlerweile jahrzehntelangen, schöpferisch-selbstbewußten Grundrechtsjudikatur. Die Literatur hat sich über weite Strecken mit nacharbeitender Systematisierung begnügt[161]. Trotz aller aufgrund der kasuistischen Beweglichkeit und Unabgeschlossenheit der Entwicklung auch insoweit nach wie vor bestehenden Differenzen[162] lassen sich drei Hauptfallgruppen unterscheiden, in denen sich objektiv-rechtliche Grundrechtsgehalte entfalten, nämlich

a) Ausstrahlungswirkung;
b) Organisation und Verfahren, Teilhabe und Leistung sowie
c) Schutzpflichten.

a) Obgleich die Verfassung der originäre Ort der Grundrechte und die öffentliche Gewalt ihr primärer Adressat ist, hat das Bundesverfassungsgericht keinen Zweifel daran gelassen, daß Grundrechte nicht nur oberste Rechtsprinzipien der Verfassungsordnung, sondern der Rechtsordnung insgesamt sind. Auch das einfache Recht unterliegt der prägenden Kraft

---

Allerdings vermeidet das Bundesverfassungsgericht seit längerer Zeit die Rede von der institutionellen Bedeutung der Grundrechte: vgl. Jarass, Grundrechte (Fn. 14), S. 367 f.; Schmidt, Grundrechtstheorie (Fn. 31), S. 175 Fn. 44. – Stern, Staatsrecht III/1 (Fn. 11), S. 754 ff. stellt den 3. Abschnitt unter die Überschrift „objektive Grundrechtsgehalte" und läßt darin auf die Einrichtungsgarantien (§ 68) die Darstellung der objektiv-rechtlichen Grundrechtsgehalte (§ 69) folgen.

[161] Stern, Idee (Fn. 55), § 109 Rn. 50 spricht von einer „Vorreiterrolle" des Bundesverfassungsgerichts, die aber „jetzt von einer Avantgarde der Wissenschaft abgelöst werden" könnte.

[162] Stern, Idee (Fn. 55), § 109 Rn. 57 nimmt zu den im folgenden genannten Kategorien noch hinzu die „subjektiv-rechtliche Bedeutung objektiv-rechtlicher Gehalte"; so auch ders., Staatsrecht III/1 (Fn. 11), S. 978 ff. Die Leistungs- und Teilhabeseite der Grundrechte grenzt Stern hingegen aus und weist sie einer selbständigen Kategorie zu: Stern, Idee (Fn. 55), Rn. 44 ff. (wobei er gegen Ende von Rn. 46 erwähnt, daß der Leistungsgedanke bei den Schutzpflichten am stärksten aktiviert wird; die Schutzpflichten tauchen aber wiederum bei den objektiv-rechtlichen Gehalten auf). – Jarass, Grundrechte (Fn. 14), S. 373 ff. kennt als weitere „Konsequenz" der objektiv-rechtlichen Gehalte noch das Verbot der Schlechterstellung. Ders. (Fn. 133), Vorb. vor Art. 1, Rn. 5 ff. faßt unter die „objektiven" Funktionen bzw. Prinzipien die Schutzpflichten, Auslegung und Anwendung von Privatrecht sowie Teilhabe und Leistung, vor allem bei staatlichen Einrichtungen; die ebenfalls (Rn. 10) erfaßte rechtliche Ausgestaltung verweist indes im wesentlichen auf verfahrens- und organisatorische Regelungen, die dann als „Hilfsfunktionen" (Rn. 11) eingeführt werden. – Pieroth/Schlink, Grundrechte (Fn. 8) erwähnen in Rn. 93, daß Grundrechte als objektive Wertentscheidungen sich vor allem in der Auslegung und Anwendung des einfachen Rechts, den Schutzpflichten des Staates und den Maßstäben für die Gestaltung staatlicher Einrichtungen und Verfahren niederschlagen; in Rn. 121 ff. tritt der Teilhabe- und Leistungsaspekt noch hinzu.

der Grundrechte, erfährt von Ihnen „Richtlinien und Impulse“[163]. Von besonderer Brisanz ist dies naturgemäß für den Bereich des Privatrechts, wo Differenzierung, Ungleichheit und Bindung oft gerade als Folge freiwillig eingegangener Verpflichtungen eintritt. Grundrechte wirken hier nicht direkt und unmittelbar auf die zivilen Rechtsverhältnisse ein, was im Endergebnis die Privatautonomie zerstören und die grundrechtlichen Freiheiten zu einer umfassenden Pflichtordnung denaturieren lassen würde. Als Schleusen für die steuernde und regulierende Wirkung der Grundrechte dienen vielmehr die unbestimmten Rechtsbegriffe. Seine wiederum mit dem Lüth-Urteil beginnende einschlägige Rechtsprechung im Sinne verfassungskonformer Lückenfüllung zusammenfassend und bekräftigend, hat das Bundesverfassungsgericht in einem jüngeren Urteil ausgeführt, der Rechtsgehalt der Grundrechte vermittele sich „über das Medium der das einzelne Rechtsgebiet unmittelbar beherrschenden Vorschriften, insbesondere der Generalklauseln und sonstigen auslegungsfähigen und ausfüllungsbedürftigen Begriffe“[164].

b) Freiheit ist im modernen Verteilungs- und Leistungsstaat mit ausdifferenzierter „Infrastrukturverwaltung“[165] nicht allein durch negatorische

---

[163] BVerfGE 7, 198 [205]. Literatur wie Diskussionsgrundlage zur „Drittwirkung“ der Grundrechte sind längst unüberschaubar geworden; vgl. zuletzt W. Heun, Funktionell-rechtliche Schranken der Verfassungsgerichtsbarkeit, 1992, S. 55. – Gute Problemstrukturierung bei Lübbe-Wolff, Grundrechte (Fn. 8), S. 159 ff.

[164] BVerfGE 73, 261 (269). Weitere einschlägige und zum Teil schon klassische Fälle: E 25, 256 (Blinkfüer); E 34, 269 (Soraya); E 66, 116 (Wallraff). Zusammenfassend zu Boykottaufrufen, die das BVerfG sowohl im Lüth- als auch im Blinkfüer-Fall beschäftigt haben: BVerfGE 62, 230 (244 f.) – Auf im einzelnen sehr schwierige Fragen der Drittwirkung der Grundrechte und ihres Verhältnisses zur unter c) darzustellenden Schutzpflichtendoktrin kann hier nicht näher eingegangen werden; dazu vorzüglich J. Pietzcker, Drittwirkung – Schutzpflicht – Eingriff, in: Festschrift für Günter Dürig, 1990, S. 345 ff. Detaillierte Darstellung von Rechtsprechung und Literatur der auf das Privatrecht nicht beschränkten, dort aber ihren Schwerpunkt findenden Ausstrahlungswirkung bei Stern, Staatsrecht III/1 (Fn. 11), S. 923 ff., 1509 ff. – Die für die zivilrechtliche Problematik besonders wichtige Unterscheidung zwischen vertraglichem und nicht-vertraglichem Bereich kann hier nur notiert werden. So würde sich nach heute verbreiteter Auffassung gerade der Lüth-Fall nach Art staatsgerichteter Eingriffsabwehr konstruieren lassen, weil sich das von der Rechtsprechung aus § 826 BGB abgeleitete Verbot von Boykottaufrufen als Verletzung der Meinungsfreiheit darstellt; vgl. Pietzcker, ebd., S. 353 f., 359; C.-W. Canaris, Grundrechtswirkungen und Verhältnismäßigkeitsprinzip in der richterlichen Anwendung und Fortbildung des Privatrechts, in: JuS 1989, S. 161 ff. (167); B. Schlink, Grundrechte als Prinzipien?, in: Osaka University Law Review 39 (1992), S. 41 ff. (55 f.).

[165] H. Faber, Verwaltungsrecht, 3. Aufl. 1992, S. 336 ff. u.ö.

Abwehr zu sichern. In steigendem Umfang stellt sich vielmehr die Frage nach grundrechtlicher Freiheitsgewähr *im* Staat und *durch* den Staat. Die Bedeutung der Grundrechte für die Ausgestaltung staatlicher Einrichtungen ist vom Bundesverfassungsgericht besonders deutlich im Hochschul-Urteil[166] herausgearbeitet worden. Dort heißt es nach der Darlegung des Wertentscheidungscharakters des Art. 5 Abs. 3 GG:

> „Diese Wertentscheidung bedeutet nicht nur die Absage an staatliche Eingriffe in den zuvor gekennzeichneten Eigenbereich der Wissenschaft; sie schließt vielmehr das Einstehen des Staates, der sich als Kulturstaat versteht, für die Idee einer freien Wissenschaft und seine Mitwirkung an ihrer Verwirklichung ein und verpflichtet ihn, sein Handeln positiv danach einzurichten, d.h. schützend und fördernd einer Aushöhlung dieser Freiheitsgarantie vorzubeugen."[167]

Im unmittelbaren Anschluß an diese Ausführungen legt das Gericht dar, daß die Wissenschaftsfreiheit als verfassungsrechtliche Grundsatzentscheidung den „Charakter des Freiheitsrechts in Richtung auf Teilhabeberechtigungen" verstärke[168] und sich daraus abgestufte Teilnahme- und Stimmrechte ergäben. Dieser Argumentationsgang (Grundrechtsschutz in staatlichen Einrichtungen durch bestimmte organisations- und verfahrensrechtliche Vorkehrungen, in Sonderheit angemessene Teilhabe kraft qualifizierter Teilnahme an den relevanten Entscheidungsprozessen) läßt deutlich werden, wie eng die oft getrennt behandelten Kategorien des Grundrechtsschutzes durch Organisation, Verfahren und Teilhabe miteinander verzahnt sind[169].

---

[166] BVerfGE 35, 79.

[167] BVerfGE 35, 79 (114). – Daß zuweilen allein bestimmte organisatorische Strukturen eine effektive Grundrechtsrealisierung sichern können, ist vor allem für die Rundfunkfreiheit betont worden: BVerfGE 57, 295 (320ff.); 73, 118 (152ff.).

[168] BVerfGE 35, 79 (115f.); vgl. jüngst BVerfG NVwZ 1993, 663 (664f.).

[169] JARASS, Grundrechte (Fn. 14), S. 385; PIEROTH/SCHLINK, Grundrechte (Fn. 8), Rn. 123. – Überschneidungen insb. der Organisations- und Verfahrenskomponente bestehen in großem Umfang mit dem sehr viel weiteren Thema der (zumeist gesetzlichen) Ausgestaltung von Grundrechten. Der etwas diffuse und in andere grundrechtliche Kategorien hinüberspielende Charakter gerade der Bedeutungsschicht „Organisation und Verfahren" ist in erster Linie der Weite und Unbestimmtheit der Begriffe geschuldet; daraus resultiert zuweilen eine gewisse Beliebigkeit. – So muß STERN, Idee (Fn. 55), § 109 Rn. 62 auf Teilhaberechte zurückkommen und sie unter der Rubrik IV behandeln, obwohl er den gleichen Problemkreis schon unter III als Fall von „Leistungsrechten" diskutiert hatte. Das bestätigt den Satz des gleichen Autors: „Die Grenzlinie zwischen Teilhabe durch Verfahren und Teilhabe durch Leistung erweist sich als außerordentlich dünnwandig" (STERN, Staatsrecht III/1 [Fn. 11], S. 977). – P. BADURA, Das Prinzip der sozialen Grundrechte und seine Verwirklichung im Recht der Bundesrepublik Deutschland, in: Der Staat 14 (1975), S. 17ff. (37) faßt die teilhaberechtliche Deutung als besondere Ausprägung der objektiven Seite.

Sie berühren sich des weiteren mit der Frage nach Grundrechten als Leistungsrechten. Rein *derivative*, also auf die gerechte Verteilung von Gütern in bestehenden Leistungssystemen (Sozialversicherung, Altersvorsorge etc.) gerichtete Ansprüche stellen die Grundrechtsdogmatik nicht vor neue Herausforderungen; die hier aufgeworfenen Fragen lassen sich mit Hilfe des Gleichheitssatzes und anderer allgemeiner Verfassungsprinzipien beantworten. Das ist bei sog. *originären* Teilhabeansprüchen anders; geht es doch hier um die Frage, ob Grundrechte die Anspruchsgrundlage für neue Leistungen des Staates bilden können. Derartige grundrechtstheoretisch fundierte Leistungsansprüche hat das Bundesverfassungsgericht im numerus-clausus-Urteil[170] zunächst im Sinne eines objektiven sozialstaatlichen Verfassungsauftrages zur Bereitstellung ausreichender Ausbildungsplätze für verschiedene Studienrichtungen in Erwägung gezogen und das Problem dahingehend zugespitzt, ob sich daraus ein einklagbarer Anspruch auf die Schaffung von Studienplätzen herleiten ließe, dann aber diese sehr prekären Fragen im Ergebnis nicht beantwortet[171] und in der Folgezeit schon die Fragestellung vermieden[172]. Bedeutung gewinnt angesichts knapper Kapazitäten wiederum der grundrechtssichernde Verfahrens- und Organisationsgedanke, der für eine gleichmäßige und gerechte Verteilung bzw. Inanspruchnahme der Ressourcen Sorge trägt[173]. Der Aspekt der

---

[170] BVerfGE 33, 303 (330ff.); konzentrierter Überblick zum „leistungsstaatlichen Grundrechtsverständnis" bei R. SCHMIDT, Öffentliches Wirtschaftsrecht, 1990, S. 106ff.

[171] Selbst wenn man von der Existenz derartiger originärer Leistungsansprüche ausgehen würde, stünden diese unter dem „Vorbehalt des Möglichen", so daß auf jeden Fall die finanzielle Leistungsfähigkeit des Staates als definitive Grenze wirken würde: BVerfGE 33, 303 (333f.).

[172] Sehr viel zurückhaltender fiel nur ein Jahr später das Schallplatten-Urteil aus: BVerfGE 36, 321 (331f.). – Skeptisch gegenüber originären Leistungsansprüchen schon aus Gründen der Prärogative des demokratischen Gesetzgebers HESSE, Grundzüge (Fn. 4), Rn. 289; DERS., Bestand (Fn. 29), S. 299. – Die Anerkennung einer objektiven Rechtspflicht zur finanziellen Förderung der Privatschulen (BVerfGE 75, 40 [62ff.]) erfolgt streng normbereichsdogmatisch (vgl. B. JEAND'HEUR, Methodische Analyse, freiheitsrechtliche und leistungsrechtliche Konsequenzen des Finanzhilfe-Urteils, in: F. Müller [Hrsg.], Zukunftsperspektiven der Freien Schule, 1988, S. 67ff.; F. MÜLLER, Die Positivität der Grundrechte, 2. Aufl. 1990, S. 120ff.) und verzichtet auf allgemeine grundrechtstheoretische Ausführungen. Siehe auch M. HUND, Staatliche Schutzpflichten statt Teilhaberechte?, in: Festschrift für Wolfgang Zeidler, Bd. 2, 1987, S. 1445ff.

[173] Zulassungsansprüche aufgrund genauer Kapazitätsermittlungen (wie im Hochschulbereich: BVerfGE 66, 155 [182ff.]) oder gleicher Zugang zu anderen öffentlichen Einrichtungen stehen dann im Zentrum. Weil originäre Leistungsansprüche nicht anerkannt werden können, greift der Verteilungsgedanke und damit der Grund-

Grundrechtssicherung durch verfahrensrechtliche Vorkehrungen oder Handhabungen ist weit über den Leistungsbereich hinaus von hoher und umfassender Bedeutung. Zentrales Ziel dieser Komponente ist es, durch entsprechende Ausgestaltung und Interpretation des Verfahrensrechts in Gerichts- wie Verwaltungsprozessen der „Gefahr einer Entwertung der materiellen Grundrechtsposition"[174] vorzubeugen[175]. Obgleich hier viele Anwendungsfälle aus objektiv-rechtlichen Zusammenhängen stammen[176], entfaltet der insofern universale Verfahrensaspekt Wirksamkeit auch bei klassischen Eingriffen des Staates und damit im Bereich negatorischer Abwehr[177]. Die Verstärkung der grundrechtlichen Freiheitsgewährleistungen durch eine „grundrechtsfreundliche"[178] Handhabung der Rechtsvorschriften durch die staatlichen Instanzen erstreckt sich im Prinzip auf alle Grundrechte und erfaßt diese in ihren unterschiedlichen Wirkungsrichtungen: in der demokratisch-partizipatorischen[179] ebenso wie in ihrer

---

rechtsschutz durch Organisation und Verfahren Raum. Vgl. den jeweils von der Frage eines subjektiven Rechts zu objektiv-rechtlichen Gehalten führenden Argumentationsgang bei Hesse, Grundzüge (Fn. 4), Rn. 289, 298, 360.

[174] BVerfGE 63, 131 (143). – Daß hier mannigfaltige Überschneidungen mit speziellen Verfahrensrechten gerade in gerichtlichen Prozessen bestehen, liegt auf der Hand.

[175] Geradezu lehrbuchartige Darstellung im Sondervotum von Simon und Heussner: BVerfGE 53, 30 (69 ff.).

[176] Zu denken ist hier in erster Linie an organisatorische Regelungen, aber auch an die Handhabung von Verfahrensvorschriften, die die Rechtsbeziehungen Privater regeln. Den sogleich zu besprechenden Schutzpflichten kann der Gesetzgeber ebenfalls häufig durch verfahrensrechtliche Vorkehrungen nachkommen. Details bei Pieroth/Schlink, Grundrechte (Fn. 8), Rn. 112 ff., 121 ff.; Stern, Staatsrecht III/1 (Fn. 11), S. 965 ff., 974 ff.

[177] E. Denninger, Staatliche Hilfe zur Grundrechtsausübung durch Verfahren, Organisation und Finanzierung, in: HStR V, § 113 Rn. 4. Als besonders markantes Beispiel BVerfGE 46, 325 (334 f.): Art. 14 Abs. 1 GG verlange, zwangsvollstrekkungsrechtliche Verfahrensvorschriften so auszulegen, daß der Schuldner gegenüber einer unverhältnismäßigen Verschleuderung seines Grundvermögens geschützt sei; BVerfGE 52, 380 (388 ff. – „Schweigender Prüfling") akzentuierte die verfahrensrechtliche Seite des Art. 12 GG. – Ferner verpflichte das aus Art. 1 Abs. 1 und 2 Abs. 1 GG resultierende Recht auf „informationelle Selbstbestimmung" den Gesetzgeber, verfahrensrechtliche Vorkehrungen zu treffen, die der Gefahr einer Verletzung des Persönlichkeitsrechtes entgegenwirken (BVerfGE 65, 1 [44]). – Vgl. auch BVerfGE 53, 30 (69 ff.) – Sondervotum Simon und Heussner mit Überblick über das weite Anwendungsfeld des Gedankens der „Grundrechtsverwirklichung und -sicherung durch Organisation und Verfahren" (so die Überschrift bei Hesse, Grundzüge [Fn. 4], vor Rn. 358 ff. und der Titel des Aufsatzes von H. Bethge, in: NJW 1982, S. 1 ff.).

[178] BVerfGE 69, 315 (355).

[179] BVerfGE 69, 315.

rein liberal-abwehrrechtlichen[180]. Auch zum Schutz von Leben und Gesundheit ist eine bestimmte Verfahrensgestaltung – wie etwa im atomrechtlichen Genehmigungsverfahren – geboten[181]. Damit berühren wir bereits die Schutzpflichtendoktrin.

c) Ganz im Vordergrund der Diskussion um objektiv-rechtliche Grundrechtsgehalte steht heute die Lehre von den grundrechtlichen Schutzpflichten. In Umkehr der Schutzrichtung des subjektiv-defensiven Abwehranspruchs sinnt der Schutzpflichtgedanke dem Staat an, den einzelnen Bürger vor Übergriffen in dessen Rechtssphäre durch private Dritte zu schützen und durch positive Maßnahmen eine Rechtsgutsverletzung zu vermeiden. Der Staat ist aufgefordert, sich in aktiver Weise „schützend und fördernd" vor die Grundrechte zu stellen. Deutlich ausgesprochen und erstmals systematisch entfaltet wurde das Schutzpflichtenargument in der (ersten) Entscheidung zum Schwangerschaftsabbruch[182]; dort wurde zugleich, was bislang die Ausnahme geblieben ist, der Schutzgedanke bis hin zum grundrechtlich gebotenen Strafanspruch gesteigert[183]. An weiteren wegweisenden Entscheidungen, die sich mittlerweile zu einer fast schon kanonisierten Sequenz verdichtet haben[184] und sich überwiegend, wenngleich nicht ausschließlich auf die Schutzgüter des Art. 2 Abs. 2 Satz 1 GG beziehen[185], sind zu nennen: Schutz gegen terroristische Angriffe[186],

[180] BVerfGE 42, 212; 74, 264. – Aufgrund dieser Ubiquität sprechen PIEROTH/SCHLINK, Grundrechte (Fn. 8), Rn. 121 von den verfahrensrechtlichen Rechtspositionen als „Vorposten der materiellen Grundrechtspositionen"; JARASS (Fn. 133), Vorb. vor Art. 1, Rn. 11 ordnet Verfahren und Organisation als „Hilfsfunktionen" ein, die quer zu den anderen (subjektiv- wie objektiv-rechtlichen) Grundrechtsfunktionen liegen.

[181] BVerfGE 53, 30 (60 ff.).

[182] ISENSEE, Grundrecht auf Sicherheit (Fn. 108), S. 27: „juristischer Paukenschlag".

[183] BVerfGE 39, 1 (46 f.); dagegen wandte sich insbesondere das Sondervotum S. 68 ff. von RUPP-V. BRÜNNECK und SIMON.

[184] Vgl. die Nachzeichnung von E. KLEIN, Grundrechtliche Schutzpflicht des Staates, in: NJW 1989, S. 1633 ff.

[185] So hat das Gericht eine objektiv-rechtliche Schutzbedeutung etwa bei Art. 5 Abs. 3 GG (Wissenschaft) und bei Art. 7 Abs. 4 GG (Privatschulsubventionierung) angenommen – das letzte ein Beispiel für den fließenden Übergang von Leistungs- zu Schutzpflichten. – Weitere Hinweise bei PIEROTH/SCHLINK, Grundrechte (Fn. 8), Rn. 110; STERN, Idee (Fn. 55), § 109 Rn. 60. ISENSEE, Grundrecht als Abwehrrecht (Fn. 108), § 111 Rn. 86: „Die grundrechtliche Schutzpflicht intendiert Geltung für alle Freiheitsgrundrechte."

[186] BVerfGE 46, 160 – Schleyer; 49, 24 – Kontaktsperregesetz.

gegen die Gefahren der Kernenergie[187], gegen Fluglärm[188] und Straßenverkehrslärm[189] sowie gegen Luftverschmutzung[190] und die Immunschwäche Aids[191]. Adressat der auf einer langen ideengeschichtlichen Tradition beruhenden[192], aber offenkundig revitalisierungsbedürftigen Schutzseite der Grundrechte ist zwar nicht allein, aber zuvörderst der Gesetzgeber, dem bei der Realisierung des Schutzauftrages in aller Regel ein weiter Gestaltungsspielraum zusteht[193]. Anspruch auf Schutz individueller Rechtsgüter vor Übergriffen Dritter durch den Staat und seine Organe – das ist der Kern der Lehre von den grundrechtlichen Schutzpflichten[194].

Insgesamt läßt sich für die objektiven Grundrechtsgehalte im allgemeinen, die Schutzpflichten im besonderen feststellen, daß sie zum „Motor der schöpferischen Grundrechtsrechtsprechung"[195] geworden sind. Einiges dürfte sogar dafür sprechen, in der Schutzpflichtendimension die verbindende Klammer, ja das eigentliche Zentrum der verschiedenen Fallgruppen zu suchen[196]. Darauf deutet nicht zuletzt die im Kern erstaunlich einheitliche Terminologie hin, die das Bundesverfassungsgericht

---

[187] BVerfGE 49, 89 – Kalkar; 53, 30 – Mülheim-Kärlich.

[188] BVerfGE 56, 54.

[189] BVerfGE 79, 174.

[190] BVerfG (Vorprüfungsausschuß), NJW 1983, 2931. Eine Ausnahme hat das Gericht für Gefahren gemacht, die von Waffenlagern der Besatzungsmächte drohen (BVerfGE 77, 170).

[191] BVerfG (2. Kammer des Ersten Senats), NJW 1987, 2287.

[192] Vgl. oben S. 206 ff.

[193] Diese Gesetzesmediatisierung (vgl. Isensee, Grundrecht als Abwehrrecht [Fn. 108], § 111 Rn. 151 ff.) steht einem direkten Zugriff auf die grundrechtliche Schutzpflicht durch Exekutive oder Judikative entgegen, wenn damit Eingriffe in Grundrechte Dritter verbunden sind. Vgl. Wahl/Masing, Schutz (Fn. 112), S. 553 ff.; P. Preu, Freiheitsgefährdung durch die Lehre von den grundrechtlichen Schutzpflichten, in: JZ 1991, S. 265 ff.

[194] Stern, Staatsrecht III/1 (Fn. 11), S. 931.

[195] Stern, Idee (Fn. 55), § 109 Rn. 55.

[196] Böckenförde, Grundsatznormen (Fn. 77), S. 173: „Man kann sogar fragen, ob nicht die Schutzpflicht, ungeachtet ihrer relativ späten Hervorkehrung, systematisch gesehen den zentralen Begriff der objektiv-rechtlichen Dimension der Grundrechte darstellt." Vgl. D. Grimm, Rückkehr zum liberalen Grundrechtsverständnis? (1988), in: ders., Zukunft (Fn. 21), S. 221 ff. (234). – Zum Zusammenhang von Drittwirkung und Schutzpflicht näher Hermes, Grundrecht (Fn. 64), S. 99 ff.; ders., Grundrechtsschutz durch Privatrecht auf neuer Grundlage?, in: NJW 1990, S. 1764 ff. (1767); E. Klein, Schutzpflicht (Fn. 184), S. 1639 f.; Canaris, Grundrechtswirkungen (Fn. 164), S. 163, 167 f.; Schlink, Grundrechte (Fn. 164), S. 49; Isensee, Grundrecht als Abwehrrecht (Fn. 108), § 111 Rn. 128 ff. – alle mit je unterschiedlichen Akzentuierungen.

in seinen Urteilen zu den verschiedenen Fallgruppen bevorzugt[197]. Der von der Schutzpflichtenlehre mittlerweile eingenommene Rang läßt sich an der hierzu erschienenen umfangreichen Literatur[198] ablesen, die zunehmend das kasuistische Stadium überwindet und in der dogmatischen Strukturierung voranschreitet[199]. An dieser Stelle interessiert vor allem der vollständig neuartige Charakter der objektiv-rechtlichen Grundrechtsgehalte im Vergleich zur subjektiven Abwehrfunktion. Die geläufige Perspektive, die im Staat den potentiellen Widersacher individueller Freiheit sieht[200], kehrt sich geradezu um: Der Staat erscheint nun als „Helfer und Beschützer" individueller Freiheit[201], als „Garant" der Grundrechte[202]. In ihrer Abwehrdimension grenzen Grundrechte den Staat aus, errichten eine Schranke, schirmen einen Raum ungestörter individueller Entfaltung vom hoheitlichen Zugriff ab[203]; das Bundesverfassungsgericht selbst hat in konsequenter Zuspitzung dieser Wirkungsrichtung vom Recht des Bürgers gesprochen, vom Staat „in Ruhe" gelassen zu werden[204]. Als Normen mit objektiv-rechtlichem Gehalt, die auf Verwirklichung und Umsetzung drängen, legitimieren Grundrechte nunmehr staatliches Handeln, ja verpflichten in Fällen hinlänglicher Eindeutigkeit zur Wahrnehmung staatlicher Aufgaben, in Extremfällen sogar zur Statuierung von Strafrechtsvorschriften[205]. Durch die Schutzpflichtendimension wird die Staatsgewalt „nicht

---

197 BVerfGE 35, 79 (114): „schützend und fördernd einer Aushöhlung dieser Freiheitsgarantie (scil.: Art. 5 Abs. 3 GG; H.D.) vorzubeugen"; E 75, 40 (62): Pflicht, „das private Ersatzschulwesen [...] zu fördern und in seinem Bestand zu schützen"; weitere Beispiele bei STERN, Staatsrecht III/1 (Fn. 11), S. 934ff.

198 ISENSEE, Grundrecht auf Sicherheit (Fn. 108); ROBBERS, Sicherheit (Fn. 108); HERMES, Grundrecht (Fn. 64); zuletzt DIETLEIN, Lehre (Fn. 63), passim und ISENSEE, Grundrecht als Abwehrrecht (Fn. 108), § 111.

199 Siehe vor allem ISENSEE, Grundrecht als Abwehrrecht (Fn. 108), § 111 Rn. 77ff., 88ff.

200 Prägnant SCHMITT, Grundrechte (Fn. 90), S. 231: der „Staat als der alte Gegenspieler der Freiheitsrechte".

201 K. HESSE, Bestand und Bedeutung [der Grundrechte], in: Benda/Maihofer/Vogel, HdbVerfR (Fn. 28), S. 79ff. (93). Weitere Nachweise bei DIETLEIN, Lehre (Fn. 63), S. 18.

202 ISENSEE, Grundrecht als Abwehrrecht (Fn. 108), § 111 Rn. 4.

203 Vgl. nochmals PIEROTH/SCHLINK, Grundrechte (Fn. 8), Rn. 72, 92; in aller Ausführlichkeit Stern/SACHS, Staatsrecht III/1 (Fn. 11), S. 620ff.

204 BVerfGE 27, 1 (6) mit Bezug auf ein Zitat von J.M. WINTRICH, Zur Problematik der Grundrechte, 1957, S. 15f.

205 Dagegen wandte sich vor allem das Sondervotum BVerfGE 39, 1 (70, 73ff.). – ROELLECKE, Prinzipien (Fn. 15), S. 42 hat allerdings mit Recht darauf hingewiesen, daß die Entscheidung zur Strafbarkeit des Schwangerschaftsabbruches nur kon-

wie beim Abwehrrecht zurückgedrängt, sondern gefordert“[206]. Damit ist die an ein Wunder grenzende Verwandlung der Grundrechte perfekt: Aus Normen, die in ihrer – gemäß den obigen Erläuterungen unter II.1 zu relativierenden – Urfunktion den Staat ausgrenzen und fernhalten sollen, wird nun der Ausgangspunkt für die Statuierung von Staatsaufgaben[207]. Aus vorgeblich negativen Kompetenznormen werden positive. Daß sich wohlgemerkt aus Grundrechten (und nicht lediglich aus Staatsstrukturbestimmungen, Staatszielen, Gesetzgebungskompetenzen oder in der Verfassung benannten Staatsaufgaben) Handlungspflichten des Staates und damit zusammenhängend Einschränkungsmöglichkeiten für die Grundrechte Dritter deduzieren lassen[208], ja in letzter Konsequenz Bürger zu „Grundrechtsadressaten“[209] werden, macht das eigentliche Novum der Annahme objektiv-rechtlicher Grundrechtsgehalte aus[210].

---

sequenter Endpunkt der bereits mit dem Lüth-Urteil eingeläuteten Rechtsprechung ist: „Wenn die abweichende Meinung der Richter Rupp-von Brünneck und Dr. Simon im Falle des Urteils zu § 218 StGB der Mehrheit vorhält, die Grundrechte könnten unter der Hand aus einem Hort der Freiheitssicherung zur Grundlage einer Fülle von freiheitsbeschränkenden Reglementierungen werden, wenn man eine Pflicht zum Strafen daraus herleitet, so übersieht sie, daß das Bundesverfassungsgericht etwa die Meinungsfreiheit schon ‚zur Grundlage einer Fülle von freiheitsbeschränkenden Reglementierungen‘ gemacht hat: von der Verpflichtung Veit Harlans und der Filmgesellschaften, die Angriffe Lüths zu dulden, bis zur Verpflichtung des ‚Neuen Blatts mit Gerichtswoche‘, fünfzehntausend Mark an die Prinzessin Soraya zu zahlen. Denn die Möglichkeit, freiheitsbeschränkende Reglementierungen mit Freiheitsrechten zu rechtfertigen, hat sich das Bundesverfassungsgericht schon eröffnet, als es damit begann, die grundrechtliche Wertordnung in alle Rechtsbereiche ausstrahlen zu lassen.“

[206] Isensee, Grundrecht als Abwehrrecht (Fn. 108), § 111 Rn. 3; ähnlich Grimm, Rückkehr (Fn. 196), S. 221, 231 ff.; kritisch Heun, Schranken (Fn. 163), S. 66 ff.

[207] Vgl. Hofmann, Aufgaben (Fn. 3), S. 15 ff.; Wahl, Staatsaufgaben (Fn. 130), S. 42 ff.; Isensee, Grundrecht als Abwehrrecht (Fn. 108), § 111 Rn. 84; auch Denninger, Schlüsselbegriffe (Fn. 1), S. 165.

[208] Prägnant wiederum Isensee, Grundrecht als Abwehrrecht (Fn. 108), § 111 Rn. 5: „Die Abwehr des privaten Übergriffs durch den Staat erweist sich als ambivalent, dem einen Gunst, dem anderen Last.“

[209] Lerche, Schutzbereich (Fn. 128), § 121 Rn. 20.

[210] Von „Novum“ kann gesprochen werden, auch wenn man die Schutzpflichtendoktrin im wesentlichen als Rückbesinnung auf eine lange verschüttete Tradition begreift. Denn die Ausmünzung dieser nun kraft Interpretation dem positiven Verfassungsrecht zugehörigen und die öffentliche Gewalt, insbesondere die Gesetzgebung dirigierenden Funktion ist etwas anderes als die Einsicht in den staatstheoretischen Bezug zwischen Freiheitsausübung und Freiheitssicherung.

III. Die objektiv-rechtlichen Grundrechtsgehalte in der Diskussion

Angesichts des geschilderten fundamentalen Umbruchs mutet es erstaunlich an, mit welcher Schnelligkeit und in welcher Einmütigkeit sich die neue Vorstellung von der Doppelrolle der Grundrechte in Rechtsprechung und Lehre durchgesetzt hat. Man kann ohne Übertreibung von einem wahren Siegeszug sprechen, der wohl nur durch das Ineinanderwirken mehrerer Faktoren hinlänglich zu erklären sein dürfte. Ein prominenter Rang kommt dabei fraglos der vom Bundesverfassungsgericht ebenfalls seit dem Lüth-Urteil vertretenen Maxime zu, die objektive Seite diene prinzipiell der Verstärkung der Geltungskraft der Grundrechte in ihrer subjektiv-abwehrrechtlichen Dimension[211]. Auch spielt eine Rolle, daß die Berücksichtigung der objektiven Seite sich als dynamische Anpassung des Grundrechtssystems an neue Gefährdungslagen personaler Freiheit darstellt[212]. Es erscheint als bloße Komplettierung umfassender Grundrechtsentfaltung, wenn der subjektiven eine objektive Dimension an die Seite gestellt wird[213]. Doch darf nicht übersehen werden, daß die geschilderten Umstellungsprozesse mit „Auswirkungen von großer Tragweite“[214] in vielem noch klärungs- und konturierungsbedürftig sind und das Potential für Gefährdungen der persönlichen Freiheit wie der Freiheitlichkeit des politischen Gemeinwesens in sich bergen könnten. Schon wegen des stets heilsamen Zwanges zur Selbstvergewisserung ist die kürzlich von Ernst-Wolfgang Böckenförde vorgetragene, an die Wurzeln greifende und daher im besten Sinne radikale Kritik an der Vorstellung von Grundrechten als objektiven Grundsatznormen außerordentlich verdienstvoll, zumal ihr Autor als Freiburger Professor für Öffentliches Recht, Verfassungs- und

---

[211] Vgl. BVerfGE 7, 198 (204); besonders deutlich E 50, 290 (337); s. auch E 57, 295 (319f.); 74, 297 (323). – Vgl. STERN, Idee (Fn. 55), § 109 Rn. 39 m.w.N.; HESSE, Art. Grundrechte (Fn. 116), Sp. 1117. – Die Formel vermag indes nichts an der oben angesprochenen Einsicht (vgl. Fn. 205, 208) zu ändern, daß die Verstärkung der Geltungskraft „der“ Grundrechte zu empfindlichen Einschränkungen der Freiheitssphäre bestimmter Grundrechtsträger führen kann. Deutlich GRIMM, Rückkehr (Fn. 196), S. 221 f.

[212] Von großer Bedeutung sind hier neben der korporativen Seite die Folgelasten des wissenschaftlich-technischen Fortschritts; treffend GRIMM, Rückkehr (Fn. 196), S. 231 ff. – Vgl. ISENSEE, Grundrecht als Abwehrrecht (Fn. 108), § 111 Rn. 30: Renaissance der Schutzpflicht wegen „Herausforderung der Umweltgefährdung“.

[213] SCHMIDT, Grundrechtstheorie (Fn. 31), S. 172: „unterschiedliche Situationen des (Grund-)Rechtsschutzes“.

[214] HESSE, Art. Grundrechte (Fn. 116), Sp. 1117.

Rechtsgeschichte sowie Rechtsphilosophie und Richter des Bundesverfassungsgerichts dazu in besonderer Weise berufen erscheint. Seine Würdigung sei im folgenden vorgestellt, dann ihrerseits kritisch betrachtet.

1. *Die Kritik Böckenfördes*

Böckenfördes umfassende Bestandsaufnahme zeichnet sich zunächst durch die analytische Schärfe und Klarheit aus, mit der sie die durch die Annahme objektiver Grundrechtsgehalte bewirkte Revolutionierung des Grundrechtsverständnisses betrachtet. Nüchtern wird festgehalten, daß der objektive Wertcharakter den Grundrechten eine „neue Qualität“[215] verleihe, indem etwa bei der Drittwirkung die „Grundrechte selbst [...] zum Anknüpfungspunkt für Handlungs- oder Unterlassungspflichten Dritter“ (S. 171) würden und „aus sich den Grund [...] für Rechte oder Pflichten auch zwischen Privaten“ abgäben (S. 172), im Falle der Schutzpflichten Grundrechte „nicht negatorisch, sondern auf Handeln, auf Schutz dieser Gehalte angelegt“ (S. 173) seien und so das Grundrecht in prinzipiell neuer Weise „als *subjektives* Freiheitsrecht den Anspruch auf Leistung, auf staatliches Handeln, insbesondere auch gesetzgeberisches Handeln tragen“ müsse (S. 178). In alledem sieht er eine „Erweiterung, ja Neubestimmung des Grundrechtsinhalts gegenüber der bisherigen Grundrechtsfunktion“ (S. 178) bis hin zur schon angesprochenen Deduktion von Staatsaufgaben (S. 185 ff.).

Der nüchternen Analyse folgt die Kritik, deren Maßstäbe (allein) aus der Abwehrfunktion der Grundrechte im Staat-Bürger-Verhältnis gewonnen werden. Die dem Verständnis der Grundrechte als Grundsatznormen inhärente Grundrechtsgeltung sei „ohne genau bezeichneten Regelungsgegenstand und -adressaten, universal ausgreifend, zugleich jedoch unbestimmt und offen im Sinne weiterer Ausdehnung“ (S. 167). So sei die Ausstrahlungswirkung „nach Intensität und Umfang aus sich heraus unbestimmt [...], dabei jedoch nach oben hin offen“ (S. 169); und ganz ähnlich wird zum Schutzpflichtencharakter der Grundrechte bemerkt, es handele sich insofern um „Prinzipiennormen mit Verwirklichungstendenz, nach oben hin offen, aber aus sich selbst ohne Maß“ (S. 174). Unter anderem bewirke dies, daß die subjektive Freiheit einzelner zu einer objektiven mutiere:

[215] Böckenförde, Grundsatznormen (Fn. 77), S. 167. – Die folgenden, im Text in Klammern gesetzten Zahlen beziehen sich auf diesen Aufsatz, der ursprünglich erschienen ist in: Der Staat 29 (1990), S. 1 ff.; vgl. auch ders., Zur Lage der Grundrechtsdogmatik nach 40 Jahren Grundgesetz, 1990.

„Als solches dirigiert sie mögliche Vorkehren organisatorischer, verfahrensmäßiger oder stützender Art, entbehrt aber – notwendigerweise – der inhaltlichen Gewißheit, die die Ableitung konkret bestimmter Rechtsfolgen erlaubt, und verliert so ihren (ausgrenzenden) Anspruchscharakter. Sie geht ein in ein Normengefüge, das sie mit hervorruft, verwirklicht und relativiert sich aber in diesem." (S. 181).

Dieser Gewißheits-, besser wohl: Präzisionsverlust, ist der erste große Negativposten, den Böckenförde ausmacht. Der Abwägung fehle jeglicher feste Bezugspunkt (S. 183 f.), die „Ausdehnung der Grundrechtsgeltung nach Umfang und Reichweite" sei „nicht an vorfindliche Maßstäbe gebunden" (S. 185). Im Prinzipiencharakter der Grundrechtsnormen verbänden sich „Unbestimmtheit, Beweglichkeit und Dynamik" (S. 185).

Der aus alledem resultierende beträchtliche Konkretisierungsspielraum für die (fallweise) Fixierung der Ausdehnung der neuen Grundrechtsgehalte, das ist Böckenfördes zweiter und wohl noch wichtigerer Kritikpunkt, wachse nun unter den Bedingungen des Grundgesetzes und seiner voll ausgebauten Verfassungsgerichtsbarkeit dem Bundesverfassungsgericht zu und verändere damit in folgenschwerer Weise das Institutionengefüge des demokratischen Verfassungsstaates: Parlamentarische und verfassungsgerichtliche Rechtsbildung würden in ein Verhältnis der Nebenordnung überführt (S. 189), die qualitative Differenz zwischen Gesetzgebung und Rechtsprechung eingeebnet. In diesem Kooperations- oder auch Konkurrenzverhältnis habe – so eine besonders einprägsame Formulierung – „der Gesetzgeber die Vorhand, das Verfassungsgericht aber den Vorrang" (S. 190)[216]. Eine Veränderung der Gewichtsverlagerung zwischen den Gewalten, ja die Rangerhöhung des Bundesverfassungsgerichts wegen seiner „Kompetenz zur verbindlichen Letztentscheidung" zu einem „Verfassungs-Areopag" (S. 191) erscheint ihm nahezu unausweichlich. Wer den damit programmierten „Übergang vom parlamentarischen Gesetzgebungsstaat zum verfassungsgerichtlichen Jurisdiktionsstaat" (S. 190), den Forsthoff seinerzeit in etwas schlichterer Formulierung bereits prognostiziert hatte[217], vermeiden wolle, müsse „daran festhalten, daß die – gerichtlich einforderbaren – Grundrechte ‚nur' subjektive Freiheitsrechte gegenüber der staatlichen Gewalt und nicht zugleich (verbindliche) objektive Grund-

---

[216] Von der „Vorhand" des Gesetzgebers im Verhältnis zum Bundesverfassungsgericht hatte P. Häberle, Grundprobleme der Verfassungsgerichtsbarkeit, in: ders. (Hrsg.), Verfassungsgerichtsbarkeit, 1976, S. 1 ff. (18) gesprochen.

[217] Forsthoff, Umbildung (Fn. 16), S. 148: „Übergang vom Rechtsstaat zum Justizstaat". Böckenförde lehnt sich an die Terminologie Carl Schmitts (Legalität und Legitimität, 1932) an.

satznormen für alle Bereiche des Rechts sind" (S. 194). Der Weg, den das Bundesverfassungsgericht vor 35 Jahren beschritten hat und den es im großen und ganzen konsequent weitergegangen ist, stellt sich so als Irrweg dar, und Böckenförde mahnt unüberhörbar zur Ein- und Umkehr. Doch ist diese wirklich geboten?

2. *Antikritische Betrachtungen*

Böckenfördes über die Jahre hinweg erstaunlich konstante Einwände gegen die Rechtsprechung des Bundesverfassungsgerichts verdienten eine sehr viel ausführlichere Antwort, als sie hier schon aus Platzgründen möglich ist. Im folgenden müssen stark geraffte Argumente genügen. Insgesamt erweisen sich die geäußerten Bedenken nicht als so durchschlagskräftig, als daß man sich seinem Plädoyer für die Rücknahme der geschilderten Ausdehnung der Grundrechtsdimensionen anschließen müßte. Denn die verfassungstheoretische Reduktion der Grundrechte auf die Abwehrdimension erscheint ihrerseits höchst anfechtbar (dazu a), die Kritik an der herrschenden Lehre und Rechtsprechung widerlegbar (b); die Furcht vor einem unkontrollierbaren Machtzuwachs des Bundesverfassungsgerichts wiederum stellt kein Spezifikum unseres Themas dar (c).

a) Böckenfördes Kritik an den objektiv-rechtlichen Grundrechtsgehalten ist tief in seiner verfassungs- und staatstheoretischen Grundposition verankert. Deren Charakteristika sind: Qualifizierung der Verfassung als einer auf die staatliche Herrschaftsorganisation bezogenen Rahmenordnung[218], nicht einer Staat und Gesellschaft umfassenden Grundordnung[219]; Bejahung einer originären Gestaltungsaufgabe des Gesetzgebers in klarer Absetzung von bloßem „Verfassungsvollzug"[220]; Festhalten an

[218] BÖCKENFÖRDE, Entwicklung (Fn. 52), S. 42ff., 47ff.

[219] So die vor allem von HESSE, Grundzüge (Fn. 4), Rn. 4, 16ff.; DERS., Grundgesetz (Fn. 28), S. 17 in Anknüpfung an Smend, Kägi u.a. vertretene Gegenposition; vgl. ferner A. HOLLERBACH, Ideologie und Verfassung, in: Maihofer, Ideologie (Fn. 54), S. 36ff. (46); MÜLLER, Methodik (Fn. 2), S. 177; E. DENNINGER, Einleitung, in: ders., Leviathan (Fn. 1), S. 9ff. (11); s. auch BADURA, Staatsrecht (Fn. 71), S. 6ff., und kürzlich M. BENDER, Die Befugnis des Bundesverfassungsgerichts zur Prüfung gerichtlicher Entscheidungen, 1991, S. 112ff.

[220] E.-W. BÖCKENFÖRDE, Die Methoden der Verfassungsinterpretation – Bestandsaufnahme und Kritik (1976), in: ders., Staat (Fn. 76), S. 53ff. (85ff.); gegen die Vorstellung eines bloßen Verfassungsvollzuges allerdings auch HESSE, Grundzüge (Fn. 4), Rn. 20.

der Trennung zwischen Staat und Gesellschaft[221] und Bevorzugung eines eher formalen Rechtsstaatsbegriffes[222]. Die Einstufung der Grundrechte als Eingriffsabwehrrechte führt diese Grundposition nur konsequent weiter. Greift man die Unterscheidung zwischen einer eher „legalistischen" und einer eher „konstitutionalistischen" juristischen Denkweise auf[223], so zählt Böckenförde ohne Zweifel zu den Hauptvertretern des Legalismus.

Über bloß akademische Schulstreitigkeiten hinausgehende Relevanz entfaltet jene verfassungstheoretische Grundhaltung, weil das Grundgesetz selbst weitgehend schweigt. So gewinnen für die Bestimmung seiner Reichweite gewisse Basisannahmen über Funktion und Gehalt einer Staatsverfassung entscheidendes Gewicht. Und hier scheinen mir drei Aspekte dafür zu sprechen, das Grundgesetz nicht lediglich als Regelung der staatlichen Herrschaftsorganisation und Demarkationslinie zur autonom gedachten Privatgesellschaft zu sehen. Es ist dies zunächst der *entwicklungsgeschichtliche* Aspekt: Akte der Verfassunggebung haben von Herrschaftsprivilegierung und punktueller Herrschaftsbegrenzung zu umfassender Herrschaftsbegründung geführt[224]. Die moderne Verfassung westatlantisch-kontinentaleuropäischer Prägung dient nicht lediglich der Grenzregulierung von Herrschaftsbefugnissen auf der Basis einer irgendwie vorausgesetzten Ordnung, sondern bildet selbst die umfassende Grundlage des Gemeinwesens, konstituiert und eint es. Hinzu tritt der *demokratische* Aspekt, also der Übergang vom konstitutionellen Dualismus zur monistischen Demokratie. Mit dem Wegfall der Monarchie wächst der Verfassung die Aufgabe der Legitimitäts- und Einheitsstiftung des politischen Gemeinwesens zu[225]. Es geht nicht mehr um die Bändigung und Kontrolle einer der Gesellschaft gegenüberstehenden, auf eigener Legitimitätsgrundlage ruhenden (monarchischen) Staatsgewalt, sondern um eine von Freien und Gleichen geschaffene Ordnung, die als Werk kollektiver Selbstbestimmung

---

[221] E.-W. Böckenförde, Die Bedeutung der Unterscheidung von Staat und Gesellschaft im demokratischen Sozialstaat der Gegenwart (1972), in: ders., Staat, Gesellschaft, Freiheit, 1976, S. 185 ff.

[222] Zuletzt E.-W. Böckenförde, Art. Rechtsstaat, in: Historisches Wörterbuch der Philosophie, Bd. 8, hrsgg. v. J. Ritter u. K. Gründer, 1992, Sp. 332 ff. (338 ff.).

[223] R. Dreier, Konstitutionalismus und Legalismus. Zwei Arten juristischen Denkens, in: Festschrift für Werner Maihofer, 1988, S. 87 ff.

[224] Statt aller H. Hofmann, Zur Idee des Staatsgrundgesetzes, in: ders., Recht – Politik – Verfassung, 1986, S. 261 ff.; D. Grimm, Entstehungs- und Wirkungsbedingungen des modernen Konstitutionalismus (1987), in: ders., Zukunft (Fn. 21), S. 31 ff.

[225] Vgl. H. Dreier, Der Ort der Souveränität, in: ders./J. Hofmann (Hrsg.), Parlamentarische Souveränität und technische Entwicklung, 1986, S. 11 ff. (33 ff.); ders., Hierarchische Verwaltung (Fn. 31), S. 99 ff., jeweils m.w.N.

nicht per definitionem auf das vertikale Staat-Bürger-Verhältnis beschränkt ist. Drittens schließlich ist der *sozialstaatliche* Aspekt von Relevanz: Die Realität des modernen Interventions- und Wohlfahrtsstaates mit seinen umfassenden Verteilungs- und Zuteilungsaufgaben zeigt[226], daß individuelle Freiheit nicht allein gegen staatliche Macht zu sichern ist, sondern in weitem Umfang erst auf Grundlage staatlicher Leistungen möglich wird: „Freiheit ist heute vielfach nur als Sicherung der Teilhabe an Leistungen vorstellbar."[227] Auch bei der Wahrnehmung neuer und weitreichender sozialgestaltender Aufgaben aber bleibt der Staat an die Verfassung und damit an die Grundrechte gebunden. Und wenn deren gleichbleibender Sinn in der Sicherung personaler Freiheit besteht, so müssen unter den neuen Rahmenbedingungen auch die Schutz- und Förderungskomponenten als integrale Bestandteile verfassungsrechtlicher Freiheitssicherung angesehen werden.

Selbst wenn diese Erwägungen im Ergebnis durchgreifen würden, wäre eine hinlängliche Begründung für die Deutung von Grundrechten als Grundsatznormen zwar noch nicht geleistet[228]. Ausgeschlossen ist diese indes ebensowenig. Mehr noch: Die genannten Aspekte liefern wichtige Indizien für ein derartiges Verständnis. Dies ist um so wichtiger, als der Wortlaut des Grundgesetzes auch hier nicht allzu ertragreich ist. Zu Recht spricht Böckenförde davon, daß das Grundgesetz nicht etwa selbst schon in aller Deutlichkeit Grundrechte als Grundsatznormen vorsehe, sondern dies eine unter dem Grundgesetz eingetretene interpretatorische Entwicklung sei[229]. Doch ganz unergiebig ist der Verfassungstext wiederum auch nicht. Immerhin verpflichtet Art. 1 Abs. 1 Satz 2 GG alle staatliche Gewalt, die Menschenwürde „zu achten und zu schützen", und dieser rechtsgutsbezogene „Rundumschutz" fragt nicht nach der Quelle der Störung, sondern wirkt ubiquitär[230]. Auch das Bekenntnis zu den unveräußerlichen Menschenrechten als „Grundlage jeder menschlichen Gemeinschaft" in Art. 1 Abs. 2 GG deutet an, daß die Grundrechte sich nicht allein auf das

---

[226] Dazu Analysen in: D. Grimm (Hrsg.), Wachsende Staatsaufgaben – sinkende Steuerungsfähigkeit des Rechts, 1990; R. Voigt (Hrsg.), Abschied vom Staat – Rückkehr zum Staat?, 1993.

[227] Lerche, Schutzbereich (Fn. 128), § 121 Rn. 6.

[228] So würde Böckenförde die Bedeutung insbesondere der sozialstaatlichen Fragestellung und der Problematik des Demokratieprinzips keineswegs leugnen, hat er doch zu beiden Komplexen wesentliche und wegweisende Beiträge geliefert.

[229] Böckenförde, Grundsatznormen (Fn. 77), S. 160f.

[230] So wollte es auch der Verfassunggeber: Hermes, Grundrecht (Fn. 64), S. 137ff. – Juristische Grundlegung bei Dürig (Fn. 55), Art. 1 I Rn. 2.

bipolare Staat-Bürger-Verhältnis beziehen[231]. Schließlich sollte der konkrete Schutzauftrag des Art. 6 Abs. 1 GG nicht übersehen werden[232].

Noch größeres Gewicht als der Wortexegese kommt dem Umstand zu, daß die objektiv-rechtliche Dimension im Grunde kein verfassungsrechtliches Novum darstellt, sondern auf eine lange, indes verschüttete Tradition zurückblicken kann[233]. Man hat insofern jedenfalls in bezug auf die Schutzpflichten von einer Wiederentdeckung bzw. einer lange vergessenen Seite der Grundrechte gesprochen[234]. Indem die objektiv-rechtlichen Grundrechtsgehalte eine Antwort auf neuartige Gefährdungslagen individueller Freiheit geben[235], aktualisieren sie gewissermaßen den festen Kern aller Grundrechtsverbürgungen. Der objektiv-rechtlichen Deutung gelingt es, die Grundrechte in weiten Bereichen gesellschaftlicher Realität vor einem Leerlaufen zu bewahren[236] und ihnen Wirkkraft auch dort zu verleihen, wo sie ihnen bei einem rein abwehrrechtlichen Verständnis versagt bleiben müßte.

Auch die von Böckenförde so ausdauernd gerügte Maßstablosigkeit und die aus ihr angeblich resultierende Beliebigkeit der Rechtsfindung spricht im Ergebnis nicht gegen die hier verteidigte herrschende Auffassung. Der jegliche Abwägung verwerfende Vorwurf suggeriert zunächst eine bei gehöriger Reduktion der Grundrechtsfunktionen mögliche Sicherheit und Rationalität verfassungsgerichtlicher Entscheidungsfindung, von der keine Rede sein kann. In der Judikatur zur subjektiv-defensiven Seite von Grundrechten sind ebenfalls zahlreiche Urteile anzutreffen, die die Grenzen der Berechenbarkeit von Interpretationsleistungen jedweder Art aufzeigen[237].

---

231 Darauf machte bereits KRÖGER, Grundrechtstheorie (Fn. 29), S. 40 ff. aufmerksam. Vgl. auch E. SCHMIDT-ASSMANN, Der Rechtsstaat, in: HStR I, § 24 Rn. 30, 31.

232 Es ist kein Zufall, daß die noch vor dem Lüth-Urteil liegende BVerfG-Entscheidung 6, 55, in der sich die Rechtsprechung zum objektiven Charakter der Grundrechte andeutete, ohne als allgemeines Prinzip verkündet zu werden, sich auf Art. 6 Abs. 1 GG bezog (besonders deutlich Leitsatz 5). Hierauf weist auch hin BÖCKENFÖRDE, Grundsatznormen (Fn. 77), S. 165 f.

233 Vgl. oben unter II.1. (S. 207 ff.).

234 Vgl. HERMES, Grundrecht (Fn. 64), S. 166 ff., 280; STERN, Staatsrecht III/1 (Fn. 11), S. 946.

235 Man denke etwa an die Folgen der wirtschaftlichen Nutzung der Kernenergie: vgl. insb. H. HOFMANN, Rechtsfragen der atomaren Entsorgung, 1981, S. 258 ff.

236 GRIMM, Rückkehr (Fn. 196), S. 234, 240. Allgemein zur Notwendigkeit, Recht und Verfassung flexibel zu halten: LERCHE, Stil (Fn. 21), S. 225.

237 Vgl. etwa BVerfGE 16, 194 – Liquorentnahme; 32, 98 – Unterlassene Hilfeleistung aus Glaubensgründen; 43, 220 – Effektiver Rechtsschutz bei Zwangsversteigerung; 70, 279 – Unterbringung im psychiatrischen Krankenhaus; 73, 206 – Verfassungsmäßigkeit des § 240 StGB; 82, 18 – Berufsbezeichnung. Besonders illustrativ

Insoweit handelt es sich nicht um ein besonderes Charakteristikum der neuen Grundrechtsdimensionen. Daß Abwägungsentscheidungen gewisse Unwägbarkeiten mit sich bringen, ist gar nicht zu leugnen – wohl aber, daß diese weder hinnehmbar noch eingrenzbar seien[238]. Ein nicht geringer Vorzug der Abwägungsdoktrin besteht schließlich darin, daß sie zur Offenlegung von Wertungen und zum Begründungszwang für bestimmte Wertungspräferenzen führt[239]. Das Maßlosigkeits- bzw. Unsicherheitsargument sticht also nicht[240].

---

sind bei allen Entscheidungen, denen zahlreiche weitere hinzuzufügen wären, die völlig unterschiedlichen Bewertungen im Instanzenzug, obwohl es sich stets um Fälle handelte, in denen die Betroffenen sich allein auf die subjektiv-defensive Grundrechtsfunktion stützten. Ähnlich wie hier GRIMM, Rückkehr (Fn. 196), S. 238 m. Anm. 16; HEUN, Schranken (Fn. 163), S. 61.

[238] Hinnehmbar erscheint die mit gewissen Unsicherheiten belastete Flexibilisierung, weil es durch sie nicht zur „Verflüssigung der Freiheitsgewähr" (BÖCKENFÖRDE, Entwicklung [Fn. 52], S. 51), sondern zu einer Extensivierung und Intensivierung der Grundrechtsgeltung kommt. Daß dies mit Aufstörungseffekten verbunden ist, liegt auf der Hand. Eingrenzbar ist das Maß an Unwägbarkeiten im wesentlichen durch eine kontinuierliche, dogmatisch gut durchkonstruierte und von der Wissenschaft mit konstruktiver Kritik begleitete Grundrechtsjudikatur des Bundesverfassungsgerichts selbst. Nicht anders hat ja einst das Preußische Oberverwaltungsgericht der polizeilichen Generalklausel Kontur und rechtsstaatlich erträgliche Präzision verliehen. Warum sollte dies beim Bundesverfassungsgericht nicht möglich sein? – Die Behauptung BÖCKENFÖRDES (Grundsatznormen [Fn. 77], S. 183 f.), die „klassische Verhältnismäßigkeit" im Staat-Bürger-Verhältnis verfüge über feste(re) Bezugspunkte, vermag schon in dieser Allgemeinheit nicht zu überzeugen. Vgl. auch Fn. 237, 240.

[239] Von Zurichtungen des Schutzbereichs, wie sie etwa im „Sprayer"-Fall vorgenommen wurden (BVerfG NJW 1984, 1293), läßt sich dies nicht sagen; auch im Rahmen des Art. 12 GG wären Beispiele zu nennen (vgl. zum Problem R. BREUER, Freiheit des Berufs, in: HStR VI, § 147 Rn. 40, 41).

[240] Dies im übrigen auch deshalb, weil die Abwägungsproblematik unentrinnbar ist. Denn nicht länger kann man von einer klaren Unterscheidungsmöglichkeit zwischen punktuellen Staat-Bürger-Verhältnissen (in denen die rechtsstaatliche Verteilungsregel Carl Schmitts gilt) und den Freiheitsrechtsverhältnissen der Bürger untereinander ausgehen, weil in zunehmendem Umfang Rechtssätze der staatlichen Gewalten nichts anderes als Ausgleichsregelungen konfliktträchtiger und kompatibilisierungsbedürftiger Rechte „konkurrierender" oder „konfligierender" Privater sind. Man denke an die trivialen Beispiele von Gemeingebrauch und Sondernutzung in Fußgängerzonen (vgl. R. STEINBERG/G. HERBERT, Straßenkunst als Gemeingebrauch oder als Sondernutzung? – BVerwG NJW 1990, 2011, in: JuS 1990, S. 795 ff.), den Zugang zu öffentlichen Einrichtungen wie Stadthallen oder Märkten wie überhaupt an alle Drittschutzfälle (Nachbarrecht, Konkurrentenklagen). Aus der Perspektive des betroffenen Bürgers haben wir es hier jeweils mit einer punktuellen Staat-Bürger-Relation zu tun (Anfechtung des belastenden bzw. Erstreben des verweigerten begünstigenden Verwaltungsaktes oder Klage auf Fremdbegünstigung oder Fremdbela-

b) Was nun die Detailkritik Böckenfördes an der Ausstrahlungswirkung der Grundrechte und ihrem Schutzpflichtencharakter angeht[241], so greift auch sie im Ergebnis nicht durch. Denn die Ausstrahlung der Grundrechte auf das einfache Recht ist unvermeidlich, die Dimension der grundrechtlichen Schutzpflichten unersetzlich.

aa) Die Ausstrahlungswirkung der Grundrechte entfaltet sich im zuvörderst betroffenen Privatrecht[242] nach herrschender Auffassung als mittelbare Drittwirkung über die Generalklauseln. Diese fungieren also als „Einbruchstellen" für die Vorgaben des Grundgesetzes. Nun ist unbestritten, daß eine vollständige Grundrechtsbindung der Privatrechtsbeziehungen die vom Grundgesetz selbst gewollte Privatautonomie im Kern zerstören würde; aus Freiheit würde Pflicht, aus Grundrechtsträgern Grundrechtsverpflichtete[243]. Doch wenn es in einem Rechtsstreit in Ermangelung einer präzisen Norm[244] auf Blankettbegriffe wie Treu und Glauben,

---

stung); mit seiner Klage geht der Einzelne gegen den Staat vor und kann sich dabei „natürlich" auf seine Grundrechte berufen. In der Sache handelt es sich aber um eine polygonale Konstellation (vgl. ausführlich M. SCHMIDT-PREUSS, Kollidierende Privatinteressen im Verwaltungsrecht, 1992), in der der Staat eine Grundrechtsausgleichs- bzw. Grundrechtsverteilungsentscheidung treffen muß. Und dabei ist die Abwägung zwischen den involvierten Rechtsgütern ganz unvermeidlich. Da es illusionär wäre, in allen derartigen Fällen eine detaillierte gesetzliche Regelung zu verlangen, fällt die maßgebliche Arbeit oft der Verwaltung und der sie kontrollierenden Judikative zu. Beide sind bei ihrer Entscheidung natürlich an die Grundrechte gebunden. Sie kommen um eine gerechte Abwägung (nicht im Sinne eines abstrakten Vorziehens, sondern einer sachgerechten Präferenzenbildung) nicht herum. Und selbst dort, wo ein Gesetz vorhanden ist und sich als reine Eingriffsbefugnis darstellt, verbergen sich dahinter nuancierte Zuordnungs- und Gewichtungsentscheidungen unterschiedlicher Grundrechtspositionen, die bei der Verhältnismäßigkeitsprüfung Relevanz erlangen (vgl. HERMES, Grundrecht [Fn. 64], S. 200ff.). Also nochmals: Selbst wenn objektivrechtliche Grundrechtsgehalte nicht anerkannt würden, ließe sich das Problem des Ausgleichs konkurrierender und konfligierender Grundrechte nicht vermeiden. – In die gleiche Richtung scheint die kritische Bemerkung von LERCHE, Schutzbereich (Fn. 128), § 121 Rn. 29 Fn. 75 zu gehen. Ausführlicher HEUN, Schranken (Fn. 163), S. 63ff.

[241] Organisation und Verfahren bilden bei Böckenförde keine eigenständige Kategorie, doch werden die einschlägigen Urteile erwähnt und in die Erörterung einbezogen.

[242] Vgl. insbesondere K. HESSE, Verfassungsrecht und Privatrecht, 1988.

[243] Statt aller PIEROTH/SCHLINK, Grundrechte (Fn. 8), Rn. 204.

[244] Liegt eine solche in Gestalt eines förmlichen nachkonstitutionellen Gesetzes vor und verstößt sie nach Auffassung des Richters gegen die Verfassung, so regelt Art. 100 Abs. 1 GG das weitere Verfahren. Zur heute allgemein bejahten Grundrechtsbindung des Privatrechtsgesetzgebers Nachweise bei STERN, Staatsrecht III/1 (Fn. 11), S. 1565ff.; hier weckt daher die pauschale Rede von der „nur" mittelbaren

das Sittengesetz, die guten Sitten o.ä. ankommt, so bedürfen diese der Ausfüllung[245]. Warum sollen dabei nicht (auch) die Grundrechte als konstitutiver Bestandteil der ranghöchsten Normebene, der Verfassung, ihre Bedeutung entfalten?[246] Wäre es etwa begrüßenswerter, hier einfach auf unreflektierte Vorverständnisse, Weltanschauungen, Naturrechtslehren etc. zurückzugreifen?[247] Böckenfördes offenkundig gehegte Alternativvorstellung, den einzelnen Teilrechtsgebieten die Herausarbeitung der sie tragenden „Rechtsgrundsätze" selbst zu überlassen[248], wirkt optimistisch und anachronistisch zugleich. Anachronistisch, weil sie wohl allzu stark am (Selbst-)Bild des Privatrechts des 19.Jahrhunderts orientiert ist und vernachlässigt, daß der „motorisierte Gesetzgeber" (Carl Schmitt) längst mit einer Vielzahl punktueller, nicht an einem System orientierter und auf sehr heterogenen Wertungen beruhender Regelungen in die gesamte Rechtsordnung eingedrungen ist. Zudem verfügen nicht alle Rechtsgebiete über so eindeutige und tragende Strukturprinzipien, wie sie das Privatrecht einst kannte. Und schließlich liegt ein Zentralproblem heutiger Rechtsentwicklung eher in einer allzu großen Parzellierung und Diversifizierung der einzelnen Rechtsgebiete[249]; hier könnte gerade die Verfassung als gemeinsames „Rechtsdach" die Einheit der Rechtsordnung im Sinne durchlaufender, strukturierender Gestaltungs- und Wertungslinien zu bewahren helfen[250]. Optimistisch erscheint Böckenfördes Vorschlag deshalb, weil er

---

Grundrechtswirkung im Privatrecht falsche Assoziationen. Vgl. BVerfGE 81, 242 und dazu HERMES, Grundrechtsschutz (Fn. 196). Wichtige Differenzierungen bei D. MEDICUS, Der Grundsatz der Verhältnismäßigkeit im Privatrecht, in: Archiv für die civilistische Praxis 192 (1992), S. 35 ff. (43 ff.).

[245] Dazu H. DREIER, Gesellschaft, Recht, Moral, in: Universitas 48 (1993), S. 247 ff. (253 ff.).

[246] Ebenso G. SCHLICHTING, Zivilgerichtsbarkeit und Bundesverfassungsgericht, in: D.C. Umbach/T. Clemens (Hrsg.), Bundesverfassungsgerichtsgesetz. Mitarbeiterkommentar und Handbuch, 1992, S. 101 ff. (104). – Die Einräumung einer solchen Möglichkeit schließt natürlich Kritik an einzelnen Entscheidungen wie z.B. dem ersten „Peep-Show"-Urteil (BVerwGE 64, 274) nicht aus.

[247] Vgl. als Negativbeispiel die oben Fn. 54 angesprochene Naturrechtsjudikatur des BGH.

[248] BÖCKENFÖRDE, Grundsatznormen (Fn. 77), S. 194 f.

[249] G. TEUBNER, Das Recht als autopoietisches System, 1989, S. 123 ff.

[250] Mit alledem sei nichts gegen die hohe Leistungsfähigkeit der Rechtsdogmatik und allgemeiner Rechtslehren gesagt. Doch resultiert die Skepsis aus dem, was man den „Zerfall der inneren Einheit des Privatrechts" (F. WIEACKER, Privatrechtsgeschichte der Neuzeit, 2. Aufl. 1967, S. 543 ff.) genannt hat; ebd., S. 553 der unverändert aktuelle Satz: „Die Wachstumsspitzen der Rechtsentwicklung sind in neue, systematisch und begrifflich wenig durchgeformte Randfelder der klassischen Rechtsordnung verlegt." Heute handelt es sich neben dem recht unübersichtlichen

insbesondere den obersten Bundesgerichten die sach- und problembezogene Ausformung der materialen Grundrechtsgehalte und des Menschenwürdebezuges überantwortet. Gerade sie hegen aber, wie zahlreiche Urteile des Bundesverfassungsgerichtes zeigen, zuweilen deutliche Reserven gegenüber einer folgenreichen Berücksichtigung von Grundrechtsbestimmungen für das jeweilige Teilrechtsgebiet[251].

Ein konstruktives Argument kommt hinzu: Wenn die Beeinträchtigung nicht auf dem Verhalten eines privaten Dritten, sondern auf einem inhaltsgleichen Gesetz beruhte – müsste Böckenförde dann nicht einen „klassischen" Grundrechtseingriff bejahen und entsprechenden verfassungsgerichtlichen Schutz für möglich halten?[252] Zu allerletzt wird man hilfsweise und ergänzend auch einmal nach den Konsequenzen der Position Böckenfördes in den einschlägigen Fällen fragen dürfen[253].

bb) Ähnlich fällt der Befund bei Böckenfördes Kritik der grundrechtlichen Schutzpflichten aus. Zwar lehnt er zu Recht alle Versuche ab, diese Dimension durch einen konstruktiven Umbau in das überkommene Konzept der abwehrrechtlichen Dogmatik zu integrieren[254]. So wenig es überzeugen kann, den Staat im Wege pauschaler Zurechnung schädigender

---

Sozialrecht vor allem um das Umweltrecht und das Europäische Gemeinschaftsrecht. Insbesondere das letztgenannte spottet dem Versuch, für Teilrechtsgebiete tragende begrifflich-dogmatische Pfeiler zu identifizieren und zu Stützen einer kontinuierlichen Rechtsentwicklung zu machen.

[251] Anschauungsmaterial bei SCHLAICH, Bundesverfassungsgericht (Fn. 134), Rn. 279 ff.

[252] Angenommen, im Lüth-Fall hätte es ein „Gesetz zum Schutz von Ruhe und Ordnung" gegeben, das Boykott-Aufrufe jeglicher Art untersagt hätte, so hätte Lüth doch ohne weiteres gegen eine entsprechende Verbotsverfügung klagen und am Ende Verfassungsbeschwerde einlegen können. Warum soll gerade gegen den Akt des demokratisch legitimierten Gesetzgebers Grundrechtsschutz gegeben sein, nicht aber dann, wenn wegen einer nicht ausdrücklichen gesetzlichen Regelung des Sachverhalts die Gerichte auf die Handhabung unbestimmter Rechtsbegriffe angewiesen sind?

[253] Im Falle Lüths wäre es bei der erfolgreichen Unterlassungsklage geblieben. Das niedersächsische Vorschaltgesetz hätte mit seiner Drittelparität umgesetzt werden müssen. Der Schutz des werdenden Lebens auch gegen die Schwangere wäre nicht konstruierbar gewesen.

[254] BÖCKENFÖRDE, Grundsatznormen (Fn. 77), S. 194 Fn. 108; zu nennen sind insbesondere J. SCHWABE, Probleme der Grundrechtsdogmatik, 1977, S. 213 ff.; D. MURSWIEK, Die staatliche Verantwortung für die Risiken der Technik, 1985, S. 58 ff., 102 ff.; SCHLINK, Freiheit (Fn. 97). Zur Kritik dieser „Zurechnungslehre" ausführlicher HERMES, Grundrecht (Fn. 64), S. 79 ff., 93 ff., 97; ALEXY, Theorie (Fn. 60), S. 415 ff.; GRIMM, Rückkehr (Fn. 196), S. 235 ff.; DIETLEIN, Lehre (Fn. 63), S. 35 ff., 50 f., 87 ff.; ISENSEE, Grundrecht als Abwehrrecht (Fn. 108), § 111 Rn. 118, 119; W. HÖFLING, Vertragsfreiheit, 1991, S. 50 ff.

Handlungen Privater, die diese in Wahrnehmung gesetzlicher Möglichkeiten und Freiräume vornehmen, zum letztlich Verantwortlichen zu machen, so wenig geht es aber auch an, staatliche Anregung, Veranlassung, Duldung, Erlaubnis oder andere Handlungsvarianten für grundrechtlich vollständig indifferent zu befinden. Worin soll die Asymmetrie begründet sein, die entsteht, wenn sich der Schädiger gegenüber möglichen staatlichen Eingriffen auf Grundrechte berufen kann, sein Opfer sich aber wegen des Fehlens der Ausübung „staatlicher Gewalt" ins grundrechtliche Niemandsland verbannt sieht[255]? Eine solche Asymmetrie zwischen grundrechtsgeschütztem Schädiger und grundrechtslosem Opfer fällt weit hinter das Niveau zurück, das gerade die verwaltungsrechtliche Dogmatik in ihrem Bemühen um einen angemessenen Ausgleich zwischen den an mehrseitigen Rechtsverhältnissen Beteiligten und ihren (Grund-)Rechten[256] mittlerweile erreicht hat[257].

c) Der letzte Punkt betrifft die Machtsteigerung des Bundesverfassungsgerichts, und zwar insbesondere im Verhältnis zum demokratischen Gesetzgeber. Der Tatbestand als solcher ist natürlich ganz unbestreitbar und Gegenstand einer längst nicht mehr überschaubaren Literatur[258]. Doch sollte nicht vergessen werden, daß der weite Umfang und die große Reichweite der bundesverfassungsgerichtlichen Entscheidungskompetenzen auf den positivrechtlichen Regelungen des Grundgesetzes beruhen und dem

---

[255] Treffliche Analyse: D. Suhr, Die Freiheit vom staatlichen Eingriff als Freiheit zum privaten Eingriff?, in: JZ 1980, S. 166 ff.; vgl. auch Hofmann, Rechtsfragen (Fn. 235), S. 322 ff.; Hermes, Grundrecht (Fn. 64), S. 204 ff., 280; Isensee, Grundrecht als Abwehrrecht (Fn. 108), § 111 Rn. 5 ff., 84, 85, 97 ff.

[256] Vgl. R. Wahl, Der Nachbarschutz im Baurecht, in: JuS 1984, S. 577 ff.; J. Pietzcker, „Grundrechtsbetroffenheit" in der verwaltungsrechtlichen Dogmatik, in: Festschrift für Otto Bachof, 1984, S. 131 ff. (138 ff.); E. Schmidt-Assmann, Grundrechtswirkungen im Verwaltungsrecht, in: Festschrift für Konrad Redeker, 1993, S. 225 ff. (232 f., 239). – Stichworte sind hier u. a. Drittschutz und Schutznormtheorie. Vgl. auch Fn. 240.

[257] Mit der Betonung der Gesetzesmediatisierung der Schutzpflichten und der Ablehnung unmittelbarer Grundrechtsbeziehungen zwischen Gefahrverursacher und Opfer sind zudem „Sicherungen" eingebaut, die ein unmittelbares Durchschlagen auf die Grundrechtsebene im Einzelfall verhüten. Die Mißachtung der gesetzlichen Vermittlungs- und Konkretisierungsbedürftigkeit durch den VGH Kassel JZ 1990, 87 ff. (dazu kritisch Wahl/Masing, Schutz [Fn. 112]; Preu, Freiheitsgefährdung [Fn. 193]) hat ihm zu Recht die erwähnte Kritik eingebracht. Andererseits bleibt die Möglichkeit erhalten, den säumigen Gesetzgeber grundrechtlich zur Erfüllung seiner Schutzpflichtaufgabe anzuhalten.

[258] Vorzügliche Problemübersicht mit zahlreichen Literaturnachweisen bei Schlaich, Bundesverfassungsgericht (Fn. 134), 7. Teil: „Das Bundesverfassungsgericht im Gefüge der Staatsfunktionen".

Zweck dienen, den normhierarchischen Vorrang der Verfassung auch gegenüber der Legislative institutionell abzusichern. Vorrang der Verfassung bedeutet eben Nachrang des Gesetzgebers[259]. Nun hat das Gericht, wie oft genug festgestellt worden ist, in einigen Fällen von seiner Entscheidungskompetenz einen extensiven Gebrauch gemacht und sich zuweilen als „Ersatzgesetzgeber" geriert[260]. Doch liegt – mit Ausnahme des aus vielfachen Gründen singulären Falles des § 218a StGB – der Schwerpunkt solcher sich in der kritischen Zone zwischen Recht und Politik befindlicher Judikate gar nicht zwingend bei den objektiv-rechtlichen Grundrechtsfunktionen[261]. Gerade weil eine in die authentische Interpretationskompetenz eines Gerichtes gestellte Verfassung stets das Risiko von Übergriffen auf die Kompetenz des demokratischen Gesetzgebers und entsprechender Verschiebungen im institutionellen Gefüge der Staatsgewalten in sich birgt[262], bleibt es eine zentrale Aufgabe des Staats- und Verfassungsrechts, hier genauere und handhabbarere Grenzziehungen vorzunehmen. Daß die Lösung nicht im bloßen Appell an die Tugend richterlicher Selbstbeschränkung liegen kann, ist weithin konsentiert[263]. Größeren Ertrag verspricht der sog. funktionellrechtliche Ansatz[264], sofern man darunter vor allem die Eingrenzung der Handlungsmöglichkeiten des Verfassungsgerichts versteht, die in seiner Eigenschaft als Gericht und der Gerichtsförmigkeit seines Verfahrens lie-

---

[259] WAHL, Vorrang (Fn. 87), S. 487.

[260] Etwa im Falle der Übergangsgesetzgebung für den für verfassungswidrig erklärten § 218a StGB: BVerfGE 37, 324. Ausführlich zum Problemkomplex C. GUSY, Parlamentarischer Gesetzgeber und Bundesverfassungsgericht, 1985. Vgl. Fn. 265.

[261] Zu denken wäre eher an die seinerzeit als hochpolitisch empfundene Entscheidung zum Grundlagen-Vertrag (BVerfGE 36, 1), an das Diäten-Urteil (E 40, 296), an die sehr detaillierte und keineswegs geradlinige Rechtsprechung zur Parteienfinanzierung (E 8, 51; 20, 56; 73, 40; zuletzt BVerfGE 85, 264), die minutiösen Darlegungen zum Finanzausgleich (BVerfGE 72, 330; 86, 148); auch Judikate zum Renten-, Sozialversorgungs- und Hinterbliebenenrecht wären zu nennen. Fallmaterial zum Zivilrecht, insb. dem Familienrecht, sowie dem Arbeits-und Sozialrecht bei V. GÖTZ und F. GAMILLSCHEG, in: Bundesminister der Justiz (Hrsg.), Vierzig Jahre Grundrechte in ihrer Verwirklichung durch die Gerichte, 1990, S. 35 ff., 91 ff. – Sehr viele gesetzliche Normen verstoßen nach Ansicht des BVerfG im übrigen nicht gegen (subjektiv- oder objektiv-rechtliche) Freiheitsrechte, sondern gegen Gleichheitsrechte: vgl. jüngst BVerfGE 84, 9; 84, 90; 84, 348; 85, 191; BVerfG NJW 1993, 643.

[262] Treffend D. GRIMM, Art. Verfassung, in: Staatslexikon der Görres-Gesellschaft, 7. Aufl., Bd. 5, 1989, Sp. 633 ff. (639): gerade die effektive Verfassungsgerichtsbarkeit kann „zu politischer Gestaltung übergehen und dadurch die demokratischen Verantwortungszusammenhänge und Funktionsbegrenzungen stören."

[263] So BÖCKENFÖRDE, Grundsatznormen (Fn. 77), S. 192; SCHLAICH; Bundesverfassungsgericht (Fn. 134), Rn. 469 m.w.N.

[264] Zuletzt ausführlich HEUN, Schranken (Fn. 163).

gen[265]. Zentrale Bedeutung kommt hier der Gestaltungsfreiheit des demokratischen Gesetzgebers zu. Diesen Gedanken hat das Gericht gerade in den Fällen der grundrechtlichen Schutzpflichten zu Recht stark betont[266].

Weder methodologisch noch verfassungstheoretisch läßt sich die Gefahr weit ausgreifender verfassungsgerichtlicher Regulierung zu Lasten demokratisch-parlamentarischer Gestaltung vollständig bannen – schon wegen der grundgesetzlich gewollten Kompetenzfülle des Bundesverfassungsgerichts und des unausweichlichen Zirkels, demzufolge die Verfassung stets so und mit dem Inhalt gilt, den ihr das Gericht durch letztverbindliche Interpretation verleiht. Bis zu einem gewissen Grad bleibt also nur die Hoffnung, daß das Bundesverfassungsgericht nicht zuletzt aus wohlverstandenem Eigeninteresse Zurückhaltung wahrt und seine in gesellschaftlicher Akzeptanz wurzelnde Autorität gerade durch die Achtung des Wertungs- und Einschätzungsspielraums des demokratischen Gesetzgebers

---

[265] SCHLAICH, Bundesverfassungsgericht (Fn. 134), Rn. 476, 492. So wird das BVerfG nur auf Antrag, nicht aus eigener Initiative tätig und ist prinzipiell zur Kontrolle vorgegebener Fälle oder Rechtsnormen bestimmt; alles entscheidende Maßstabsnorm bleibt dabei die Verfassung, die allein auch die Kontrolldichte bestimmen kann. – Das Wort von der „Nebenordnung und Annäherung von parlamentarischer und verfassungsgerichtlicher Rechtsbildung“ (BÖCKENFÖRDE, Grundsatznormen [Fn. 77], S. 189) ebnet die durch Initiativrecht, Verfahrensbindung, Handlungs- und Kontrollnormorientierung bedingten Differenzen zwischen Bundesverfassungsgericht und Gesetzgeber allzu stark ein.

[266] Vgl. E. KLEIN, Schutzpflicht (Fn. 184), S. 1637 f. – Die Entscheidung zur Fristenregelung (BVerfGE 39, 1) bildet wiederum die Ausnahme, weil hier das Gericht seine eigene Prognose der Wirksamkeit bestimmter Maßnahmen über die des Gesetzgebers stellt. Auch in der kürzlich ergangenen Entscheidung zur Neuregelung des Schwangerschaftsabbruchs (BVerfG NJW 1993, 1751 ff.; vgl. dazu die Analysen von G. HERMES/S. WALTHER, Schwangerschaftsabbruch zwischen Recht und Unrecht – das zweite Abtreibungsurteil des Bundesverfassungsgerichts und seine Folgen, in: NJW 1993, S. 2337 ff. und C. STARCK, Der verfassungsrechtliche Schutz des ungeborenen menschlichen Lebens, in: JZ 1993, S. 816 ff.) werden im Sondervotum der Richter MAHRENHOLZ und SOMMER (S. 1774 ff.) zurecht gerügte Überdehnungsmöglichkeiten der Schutzpflichtendoktrin sichtbar. Hier hat sich das Gericht zudem nicht nur als Ersatzgesetzgeber, sondern auch als Ersatzverordnungsgeber betätigt, ferner die Verwaltungsvorschriften vorformuliert und den Fachgerichten die Arbeit rechtsdogmatischer Einpassung der neuen Regelung abgenommen (vgl. S. 1757 ff.). – Da BÖCKENFÖRDE den „wesentlichen maßstäblichen Ausführungen des Urteils“ ausweislich seines sich auf einige Nebenpunkte beziehenden Sondervotums (S. 1778 f.) ausdrücklich beipflichtet, stellt sich die interessante Frage, ob mit dieser Zustimmung des *Richters* Böckenförde auch und zugleich die langjährige Kritik des *Wissenschaftlers* Böckenförde an Wertetheorie, objektiv-rechtlichen Grundrechtsgehalten und nicht streng rechtsstaatlich-formaler Grundgesetzinterpretation implizit zurückgenommen wurde.

erhält und stärkt[267]. Blickt man auf mehr als 40 Jahre Verfassungsjudikatur zurück, so besteht (noch?) kein durchgreifender Grund zur Besorgnis. Bei der zu ziehenden Gesamtbilanz wird man auch die edukatorische Funktion des Gerichts für die Achtung zur würdigen haben, die die staatlichen Gewalten einschließlich der Legislative der Verfassung schulden[268]. So erzwingen zuweilen die Defizite des parteienstaatlichen Parlamentarismus mit seinen Repräsentationslücken und strukturellen Entscheidungsschwächen entsprechend höhere (kompensatorische) Handlungsanteile des Verfassungsgerichts[269]. Daß hier verführerische Möglichkeiten zu alternativer Politikgestaltung liegen, ist evident und sollte Anlaß zu kritischer (Selbst-) Analyse aller Beteiligten sein.

3. Schlußbemerkung

Angesichts der allgemeinen, nicht allein in der Bundesrepublik Deutschland zu konstatierenden Bedeutungssteigerung der Verfassungsgerichtsbarkeit und der breiten Akzeptanz, die die Idee objektiv-rechtlicher Grundrechtsgehalte in Rechtsprechung und Lehre gefunden hat, fällt die Prognose nicht schwer, daß es in absehbarer Zeit ein Zurück hinter den erreichten Grundrechtsstandard nicht geben wird.

Aber das *sollte* es auch nicht geben. Denn die Multidimensionalität und Multifunktionalität der Grundrechte ist letzten Endes nur Konsequenz eines notwendigerweise komplexeren Verständnisses individueller Freiheit und eines gewachsenen Bewußtseins der Vielfältigkeit ihrer Gefährdungen

---

[267] Vgl. SMEND, Bundesverfassungsgericht (Fn. 29), S. 592; D. SIMON, Die Ohnmacht des Rechts, in: Jahrbuch der Max-Planck-Gesellschaft, 1988, S. 23 ff. (35 f.).

[268] Ohne das nachdrückliche Votum des Bundesverfassungsgerichts hätte der Gesetzgeber den Verfassungsauftrag des Art. 6 Abs. 5 GG nicht beizeiten erfüllt (BVerfGE 25, 167) und wären offenkundige Mißstände im Bereich der Versteuerung von Kapitalvermögen wegen politischer Kraftlosigkeit niemals energisch angegangen worden (BVerfGE 84, 239). Dies nur zwei von zahlreichen Beispielen. Eindringlich zu solchen und ähnlichen Fällen die rechtsvergleichende Studie von A. v. BRÜNNECK, Verfassungsgerichtsbarkeit in den westlichen Demokratien, 1992 (zum innovativen Charakter der Rechtsprechung S. 128 u.ö.; zum Verfassungsgericht als Ersatzgesetzgeber S. 131, 168f. u.ö.; S. 112ff., 114: Gleichstellung der Rassen ein Werk des Supreme Court; S. 171: ebenso Gleichberechtigung von Mann und Frau).

[269] Manchmal geschieht dies sogar auf Wunsch der Politik, zumal in einer Koalitionsregierung, so wie jüngst im Streit zwischen CDU/CSU und FDP über den Einsatz deutscher Soldaten bei AWACS-Überwachungsflügen (BVerfG EuGRZ 1993, 168 ff. = NJW 1993, 1317 ff.). Berechtigte Kritik übt I. v. MÜNCH, Autoritätsschwund in Karlsruhe, in: NJW 1993, S. 2286f.

wie der Notwendigkeit ihrer Sicherungen[270]. Es geht dabei um „jene vollere Freiheit des Zugleichs von Freiheit vom Staat und freier Teilhabe an der politischen Ordnung“[271] ebenso wie um die Einsicht in die Grundrechtsrelevanz von Freiheitsgefährdungen durch private Dritte wie auch die Bewahrung grundrechtlicher Freiheit in sozialen Verbänden.

Die liberale Konzeption mit ihrer Vorstellung der Absenz von Freiheit bei gleichzeitiger Präsenz des Rechts und der Fixierung auf den status quo vermag wegen der Erosion tragender Grundlagen des liberal-individualistischen Sozialmodells nur noch ausschnitthaft zu erfassen, was Ausgangs- und Endpunkt grundrechtlicher Gewährleistungen ist: Die Freiheit der Person[272]. Sie in umfassenderer Weise zu schützen, dabei auch die freiheitssichernde und freiheitsermöglichende Rolle staatlichen Rechts zu erkennen und dieses nicht nur als Einschränkung „natürlicher“ Freiheit zu begreifen, wird durch die Annahme objektiv-rechtlicher Grundrechtsgehalte erleichtert[273]. In der weiteren Erarbeitung und schärferen Konturierung eines solchen komplexen Freiheitsbegriffes dürfte die zentrale Aufgabe der Grundrechtstheorie der Zukunft liegen. Selbst wenn die Verfassung aufgrund der geschilderten Erweiterung von Grundrechtsdimensionen etwas an rechtstechnischer Präzision und Berechenbarkeit einbüßen sollte, so muß sie dies tun, wenn sie – wie Peter Lerche kürzlich formuliert hat – „auch künftig die Wirklichkeit sinnvoll ergreifen“[274] will.

---

[270] Dazu unterschiedliche Ansätze bei GRABITZ, Freiheit (Fn. 105), S. 243ff.; WILKE, Stand (Fn. 56), S. 204ff.; LÜBBE-WOLFF, Grundrechte (Fn. 8), S. 69ff., 87ff.; abwägend LERCHE, Schutzbereich (Fn. 128), § 121 Rn. 52; im rechtsphilosophischen Kontext TRAPP, Naturrecht (Fn. 40), S. 157.

[271] KRÖGER, Grundrechtstheorie (Fn. 29), S. 41 (s. auch S. 45).

[272] Das ist klar beschrieben bei E.-W. BÖCKENFÖRDE, Freiheitssicherung gegenüber gesellschaftlicher Macht. Aufriß eines Problems (1975), in: ders., Gesellschaft (Fn. 221), S. 336ff. (insb. 341, 345); doch für die Grundrechtstheorie werden daraus keine sichtbaren Konsequenzen gezogen. Vgl. jüngst SCHLINK, Grundrechte (Fn. 164), S. 49f.

[273] ISENSEE, Grundrecht auf Sicherheit (Fn. 108), S. 32 hat dem liberalen Eingriffsmodell sogar Staatsgefährdung bescheinigt: „Freiheitsrechte nämlich, die sich im status negativus erschöpften, die im Staat nur ihren Widersacher, nicht auch ihren Garanten fänden, könnten nicht die Grundlage der staatlichen Ordnung abgeben, als die sie das Grundgesetz aufzeigt, sondern die Einfallstore der Anarchie.“

[274] LERCHE, Schutzbereich (Fn. 128), § 121 Rn. 16.

Grenzen demokratischer Freiheit im Verfassungsstaat*

Freiheit ist nicht grenzenlos – auch nicht im demokratischen Verfassungsstaat. Das gilt für die politisch-demokratische Seite der Freiheit im Sinne der Selbstbestimmung des Gemeinwesens ebenso wie für die individuell-private Freiheitssphäre. Dem Grundgesetz zufolge sieht sich die politische Selbstbestimmung vornehmlich drei verfassungsrechtlichen Grenzziehungen ausgesetzt: der Erschwerung von Verfassungsänderungen (Art. 79 Abs. 2 GG), der Unantastbarkeitsgarantie des Art. 79 Abs. 3 GG und dem Grundsatz der „streitbaren" Demokratie (Art. 9 Abs. 2, 18, 21 Abs. 2 GG).

---

* Meinem verehrten akademischen Lehrer, Herrn Professor Dr. HASSO HOFMANN, zum 60. Geburtstag am 4. August 1994 gewidmet. – Beim vorliegenden Text handelt es sich um die überarbeitete und mit Nachweisen versehene Fassung meiner Hamburger Antrittsvorlesung.

Die kritische, unter Einbezug von Verfassungs- und Ideengeschichte erfolgende Analyse jener Vorkehrungen erschließt deren Sinngehalt, offenbart aber auch gewisse theoretische wie praktische Schwächen.

I. Problemstellung

1. Verfassungsstaatliche Freiheit als individuelle und kollektive Selbstbestimmung

Das Grundgesetz für die Bundesrepublik Deutschland basiert auf dem „Verfassungsprinzip der Freiheit“[1]. Indem es Menschenwürde und Menschenrechte an die Spitze stellt, läßt es den zentralen Rang der Freiheit bereits im Aufbau sinnfällig werden. Das Bundesverfassungsgericht hat Sinn und Zweck der verfassungsstaatlichen Ordnung im allgemeinen, der Grundrechte im besonderen dementsprechend in der Ermöglichung einer Lebensform gemäß den eigenen Überzeugungen und Vorstellungen des Einzelnen gesehen und dessen Freiheit als „Selbstbestimmung über den eigenen Lebensentwurf und seinen Vollzug“[2] umschrieben[3].

Nun ist das Prinzip personaler Freiheit nicht auf die lediglich staatsabwehrende, subjektiv-defensive Seite beschränkt, sondern umfaßt auch die in der Volkssouveränität begründete kollektive Gestaltung der politisch-sozialen Ordnung durch die Staatsbürger[4]. Neben die private, liberale Freiheit *vom Staat* tritt die demokratische Freiheit *zum Staat*; zur individuellen Selbstbestimmung gesellt sich die „Idee der freien Selbstbestimmung

---

[1] H. HOFMANN, Grundpflichten als verfassungsrechtliche Dimension, VVDStRL 41 (1983), S. 42ff. (54).

[2] BVerfGE 63, 343 (357); vgl. auch BVerfGE 60, 253 (268); 65, 1 (41ff.); speziell mit Bezug auf die Eigentumsgarantie BVerfGE 68, 193 (222). – Die Formulierung dürfte zurückgehen auf H. STEINBERGER, Konzeption und Grenzen freiheitlicher Demokratie, 1974, S. 261.

[3] Vgl. jetzt M. MORLOK, Selbstverständnis als Rechtskriterium, 1993, S. 375ff. (380ff.: grundrechtliche Freiheit als „rechtlich gewährleistete personale Selbstbestimmung“).

[4] Klassisch H. KELSEN, Vom Wesen und Wert der Demokratie, 2. Aufl. 1929; ausführlich E.-W. BÖCKENFÖRDE, Demokratie als Verfassungsprinzip, in: HStR I, § 22 (S. 887ff.); s. auch MORLOK, Selbstverständnis (Fn. 3), S. 296ff.; P. BADURA, Die politische Freiheit in der Demokratie, in: Festschrift für Helmut Simon, 1987, S. 193ff.; H.H. RUPP, Die Unterscheidung von Staat und Gesellschaft, in: HStR I, § 28 Rn. 18; R. WAHL, Art. Demokratie, Demokratieprinzip, in: Ergänzbares Lexikon des Rechts, Nr. 5/170 (1990), S. 2.

aller Bürger"[5] im Sinne der Selbstherrschaft der Mitglieder des politischen Verbandes, der zum Staatsvolk geeinten Nation.

Faßbare Gestalt gewinnt diese Freiheit vor allem in den staatsbürgerlichen Rechten (insb. dem Wahlrecht), aber nicht minder in den demokratiefunktionalen Mitwirkungs- und Kommunikationsgrundrechten (Art. 5 Abs. 1, 8, 9 GG) wie überhaupt in demokratiebezogener Grundrechtsausübung[6]. Politisch-gesellschaftliche und staatliche Willensbildung gehören nicht zwei kategorial getrennten Sphären an, sondern sind in ihrem Ineinanderwirken und wechselseitigem Bezug integraler Bestandteil des parlamentsübergreifenden, dynamischen Prozesses demokratischer Repräsentation[7].

2. *Begrenzungen politisch-demokratischer Freiheit*

Die solcherart vom Grundgesetz in umfassender Weise gewährleistete Freiheit ist allerdings nicht schrankenlos. Daß die allgemeinen Freiheits-

[5] BVerfGE 44, 125 (142). – Daß „civil liberty" und „political liberty" im demokratischen Verfassungsstaat *einen* Freiheitszusammenhang bilden, der seinen Kern in der Idee der Selbstgesetzgebung hat, zeigt am Beispiel des Konstitutionalisierungsprozesses der nordamerikanischen Kolonien im letzten Drittel des 18. Jahrhunderts W.P. ADAMS, Republikanische Verfassung und bürgerliche Freiheit, 1973, S. 7f., 147ff.; s. auch N.C. JOHNSON, Vereinigte Staaten von Amerika, in: E. Grabitz (Hrsg.), Grundrechte in Europa und USA, Bd. I, 1986, S. 885ff. (888); R. ARON, Über die Freiheiten, 1984, S. 16.

[6] Besonders klar BVerfGE 21, 362 (369): „Die Grundrechte sollen in erster Linie die Freiheitssphäre des einzelnen gegen Eingriffe der staatlichen Gewalt schützen und ihm insoweit zugleich die Voraussetzungen für eine freie aktive Mitwirkung und Mitgestaltung im Gemeinwesen sichern." Zum engen Zusammenhang zwischen demokratischer Ordnung und Grundrechtsausübung, von dem kein Freiheitsgrundrecht von vornherein ausgenommen werden kann, vgl. H. DREIER, Dimensionen der Grundrechte, 1993, S. 38ff., in diesem Bande S. 185ff. (219ff.) m.w.N. – Daß diese funktionale Beziehung nicht zur freiheitsgefährdenden Funktionalisierung führen darf und es auch keine Prämie für eine demokratiebezogene Grundrechtsausübung gibt, ist gegen geläufige Mißverständnisse zu Recht betont bei P. SELMER, Demokratisches Prinzip und Grundrechte unter der Verfassungsordnung des Grundgesetzes – zugleich ein Beitrag zum Verständnis der „freiheitlichen demokratischen Grundordnung" –, in: J. Iliopoulos-Strangas (Hrsg.), Der Mißbrauch von Grundrechten in der Demokratie, 1989, S. 21ff. (28f., 31ff.); ausführlich auch G.F. SCHUPPERT, Grundrechte und Demokratie, in: EuGRZ 1985, S. 525ff.

[7] H. HOFMANN/H. DREIER, Repräsentation, Mehrheitsprinzip und Minderheitenschutz, in: H.-P. Schneider/W. Zeh (Hrsg.), Parlamentsrecht und Parlamentspraxis in der Bundesrepublik Deutschland, 1989, § 5 Rn. 16ff., 21ff.

grundrechte wegen ihrer Kollisionsträchtigkeit und Kompatibilisierungsbedürftigkeit der am Prinzip des schonendsten Ausgleichs orientierten Einschränkung bedürfen[8], ist trivial. Die den meisten Grundrechten beigefügten Ausgestaltungs- und Gesetzesvorbehalte sprechen hier eine deutliche Sprache. Aus einsichtigen Gründen unterliegen aber auch normtextlich vorbehaltlos gewährte Grundrechte, wie etwa die Kunstfreiheit, in der Sache einer relativierenden Abwägung mit anderen Grundrechten oder sonstigen Verfassungsrechtsgütern[9].

Als weniger trivial darf vielleicht gelten, daß nicht nur der individuellen, privaten Freiheit, sondern auch der politischen Selbstbestimmung i.S. der konkreten Ausformung und Gestaltung der sozialen wie politischen Ordnung durch die Aktivbürgerschaft verfassungsrechtliche Schranken gesetzt sind: denn schließlich gehört zur demokratischen Freiheit „grundsätzlich die Verfügbarkeit der politischen und rechtlichen Ordnung“[10]. Wenn also dem in Art. 20 Abs. 2 GG niedergelegten Prinzip der Volkssouveränität gemäß alle Staatsgewalt vom Volke ausgeht und von besonderen Organen, zuvörderst natürlich dem parlamentarischen Gesetzgeber ausgeübt wird – warum muß dann gegebenenfalls der Neugestaltungswille einer aktuellen Mehrheit von 65 % wirkungslos verpuffen, nur weil eine „Verfassungsänderungsverhinderungsminderheit“ (*Hans Meyer*) von 35 % am verfassungsrechtlich zementierten status quo festhalten will? So eine *erste* sich aufdrängende Frage. Eine *zweite*: Worin liegt der Grund und die Rechtfertigung dafür, daß bestimmte Veränderungen der Verfassung auch im Falle (illusorischer) Einstimmigkeit der Aktivbürgerschaft und ihrer Repräsentanten nicht zu realisieren wären, weil hier der demokratischen

---

[8] P. LERCHE, Grundrechtsschranken, in: HStR V, § 122 Rn. 3 ff.; die ebenso häufig gebrauchte Formel von der „praktischen Konkordanz“ (K. HESSE, Grundzüge des Verfassungsrechts der Bundesrepublik Deutschland, 19. Aufl. 1993, Rn. 72, 317 ff. u.ö.) besagt im Kern dasselbe.

[9] Ständige Rechtsprechung seit BVerfGE 28, 243 (261): „Nur kollidierende Grundrechte Dritter und andere mit Verfassungsrang ausgestattete Rechtswerte sind mit Rücksicht auf die Einheit der Verfassung und die von ihr geschützte gesamte Wertordnung ausnahmsweise imstande, auch uneinschränkbare Grundrechte in einzelnen Beziehungen zu begrenzen. [...] Die schwächere Norm darf nur so weit zurückgedrängt werden, wie das logisch und systematisch zwingend erscheint; ihr sachlicher Grundwertgehalt muß in jedem Fall respektiert werden.“ Aus der Literatur statt aller H. BETHGE, Zur Problematik von Grundrechtskollisionen, 1977, S. 258 ff.

[10] BÖCKENFÖRDE, Demokratie (Fn. 4), § 22 Rn. 38. Weder für den einfachen noch den verfassungsändernden Gesetzgeber des Grundgesetzes gilt also der berühmte Satz des Reichsgerichts (RGZ 118, 325 [327]): „Der Gesetzgeber ist selbstherrlich und an keine anderen Schranken gebunden als diejenigen, die er sich selbst in der Verfassung oder in anderen Gesetzen gezogen hat.“

Selbstherrschaft in offenbar ziemlich absolutistischer Weise durch Unantastbarkeitsregelungen unübersteigbare Schranken gesetzt werden? Und wie ist schließlich *drittens* zu erklären, daß wegen einer bestimmten inhaltlichen Wahrnehmung insbesondere der demokratischen Mitwirkungsrechte und der besonders gearteten Vereinigungs- und Parteienfreiheit Bürgern Grundrechte aberkannt und Vereinigungen sowie Parteien verboten werden können – heißt das nicht, die Freiheit dadurch schützen zu wollen, daß man sie beschneidet?

Ersichtlich zielen diese drei Fragen auf drei Regelungskomplexe des Grundgesetzes, die als manifester Ausdruck der *Wert*haftigkeit und *Wehr*haftigkeit der Verfassung gelten und im folgenden einer näheren Betrachtung unterzogen werden sollen. Zuerst geht es dabei um die Zweidrittelmehrheit des Art. 79 Abs. 2 GG (II.), sodann und ganz zentral um die „Ewigkeitsklausel" des Art. 79 Abs. 3 GG (III.) und schließlich um das Prinzip der „streitbaren" oder „wehrhaften" Demokratie, wie es insbesondere in den Vorschriften der Art. 9 Abs. 2, 18 und 21 Abs. 2 GG zum Ausdruck kommt (IV.).

II. Vorrang der Verfassung und Stellung des verfassungsändernden Gesetzgebers

1. Erschwerte Abänderbarkeit der Verfassung

Das in Art. 79 Abs. 2 GG geregelte Erfordernis einer Zweidrittelmehrheit in Bundestag und Bundesrat für Verfassungsänderungen scheint die geringsten Deutungsprobleme verfassungsrechtlicher wie staatstheoretischer Art zu bereiten: Bildet doch gerade ihre in vielen Spielarten vorkommende erschwerte Abänderbarkeit und die damit implizierte „gesteigerte Geltungskraft"[11] das Charakteristikum moderner Staatsverfassungen[12]. Daß die Verfassung eine auf Dauer und Stabilisierung ausgerichtete, zudem in

---

[11] B.-O. Bryde, in: I. v. Münch (Hrsg.), Grundgesetz-Kommentar, Bd. 3, 2. Aufl. 1983, Art. 79 Rn. 1.

[12] Vgl. G. Jellinek, Allgemeine Staatslehre, 3. Aufl. 1914, S. 531 ff.; K. Loewenstein, Über Wesen, Technik und Grenzen der Verfassungsänderung, 1961, S. 27 ff.; B.-O. Bryde, Verfassungsentwicklung, 1982, S. 51 ff. (Typologie); P. Badura, Art. Verfassung, in: Evangelisches Staatslexikon, hrsgg. v. R. Herzog u.a., 3. Aufl., Bd. 2, 1987, Sp. 3737 ff. (3747): „Das charakteristische rechtliche Merkmal des Verfassungsgesetzes ist, daß es nur in einem besonderen Verfahren und nur unter erschwerten Bedingungen geändert werden kann."

besonderer Weise geschaffene Grundordnung ist, soll sich gerade in ihrer Höherrangigkeit gegenüber dem „einfachen" Gesetzgeber niederschlagen.

2. *Besonderheiten der deutschen Verfassungsentwicklung*

Manche Phasen der modernen deutschen Verfassungsgeschichte fallen aus diesem Rahmen heraus. In der besonderen Staatsform des deutschen Konstitutionalismus war die Erschwerung der Verfassungsänderung praktisch auf ein Minimum reduziert und ein Vorrang der Verfassung gegenüber dem Gesetzgeber theoretisch nicht anerkannt. Die Preußische Verfassungsurkunde von 1850 und die Bismarcksche Reichsverfassung von 1871 zeigen, daß sich dort keineswegs ein klarer hierarchischer Vorrang der Verfassungsrechtssätze gegenüber solchen des einfachen Gesetzes ausgeprägt hatte[13]. Das Credo des staatsrechtlichen Positivismus stützte dieses deutsche Gegenbild zu westeuropäisch-nordatlantischen Verfassungsvorstellungen, indem es die Existenz eines einzigen souveränen Staatswillens postulierte, der begriffsnotwendig nicht einem anderen, höheren unterworfen werden konnte[14]. Dieser souveräne Staatswille äußerte sich in

---

[13] Art. 107 der (revidierten) Preußischen Verfassung von 1850 lautete: „Die Verfassung kann auf dem ordentlichen Wege der Gesetzgebung abgeändert werden, wobei in jeder Kammer die gewöhnliche absolute Stimmenmehrheit bei zwei Abstimmungen, zwischen welchen ein Zeitraum von wenigstens 21 Tagen liegen muß, genügt." Die einzige Erschwerung gegenüber der einfachen Gesetzgebung bestand also darin, daß zwei Abstimmungen erforderlich waren; weder war eine qualifizierte Mehrheit noch ein besonderes Verfahren vorgesehen. – Noch weniger waren Gesetzgebung und Verfassungsänderung im Zweiten Deutschen Kaiserreich von 1871 zu unterscheiden. In Art. 78 der Reichsverfassung hieß es lapidar: „Veränderungen der Verfassung erfolgen im Wege der Gesetzgebung." Die nachfolgend erwähnte einzige Erschwerung, nämlich die Sperrminorität von 14 Stimmen im Bundesrat, war allein föderalistisch motiviert, ohne dem Schutz der Verfassung gegenüber dem einfachen Gesetzgeber zu dienen.

[14] P. LABAND, Das Staatsrecht des deutschen Reiches, 5. Aufl., Bd. 2, 1911, S. 38ff. (39: „Die Verfassung ist keine mystische Gewalt, welche *über* dem Staat schwebt, sondern gleich jedem anderen Gesetz ein Willensakt DES Staates und mithin nach dem Willen des Staates veränderlich."); vgl. DERS., 5. Aufl., Bd. 1, 1911, S. 34 Anm. 1. Zu Konsequenzen für das richterliche Prüfungsrecht G. MEYER/G. ANSCHÜTZ, Lehrbuch des deutschen Staatsrechts, 7. Aufl. 1919, S. 736ff.; im Verhältnis von Verfassung und Gesetz wurde die Geltung der lex-posterior-Regel angenommen (S. 743f.); einschlägige Judikatur: RG JW 1916, 596 (m. Anm. WALDECKER). – Siehe aber auch L. v. RÖNNE, Das Staatsrecht des Deutschen Reiches, 2. Bd., 1. Abt., 2. Aufl. 1877, S. 18ff. (33), dessen Ausführungen zeigen, daß die Frage nach dem Vorrang der Verfassung auf eine schwer entwirrbare Weise mit derjenigen nach Verfassungsdurchbrechungen zusammenhängt. Erhellend zum ganzen G. LÜBBE-WOLFF, Der Schutz

den Rechtssätzen des einfachen Gesetzes nicht anders als in denen der Verfassungsurkunde[15].

Noch die maßgebliche Kommentierung von Gerhard Anschütz zur Weimarer Reichsverfassung (WRV) hielt in unzweideutiger Präzision fest: „Die Verfassung steht nicht über der Legislative, sondern zur Disposition derselben."[16] Eben wegen dieses Axioms ließ sich dem Erfordernis einer Zweidrittelmehrheit des Art. 76 WRV denn auch kein rechter Sinn abgewinnen[17].

Obwohl man sich zu versichern beeilte, die Erschwerung der Verfassungsänderung tue der Identität von gesetzgebender und verfassungsändernder Gewalt „keinen Eintrag"[18] und stehe nicht im Widerspruch zur Ablehnung der Lehre vom „pouvoir constitutionnel"[19], war eine echte Vermittlung der staatstheo-

---

verfassungsgesetzlich verbürgter Individualrechte: Die Rolle des Reichsgerichts, in: H. Wellenreuther/C. Schnurmann (Hrsg.), Die amerikanische Verfassung und deutsch-amerikanisches Verfassungsdenken, 1990, S. 411 ff. (414 ff., 430 ff.).

[15] Logische Konsequenz dieser Auffassung war der Ausschluß eines richterlichen Prüfungsrechts von Reichsgesetzen und die Anerkennung stillschweigender Verfassungsänderungen durch einfaches, die Erfordernisse von Art. 78 RV 1871 bzw. Art. 76 WRV beachtendes Gesetz; vgl. zur Weimarer Praxis E. R. HUBER, Deutsche Verfassungsgeschichte seit 1789, Bd. 6, 1981, S. 421 ff.; ferner R. WAHL, Der Vorrang der Verfassung, in: Der Staat 20 (1981), S. 485 ff. (492 f.). – Für die Reichsverfassung von 1871 betonte JELLINEK, Staatslehre (Fn. 12), S. 538 mit Bezugnahme auf die sog. Franckensteinsche Klausel: „Keine Gewähr besteht dafür, daß bei solchen materiell-verfassungsändernden Gesetzen die Formen der Verfassungsänderung eingehalten werden."

[16] G. ANSCHÜTZ, Die Verfassung des Deutschen Reichs vom 11. August 1919, 14. Aufl. 1933, Art. 76 Anm. 1 (S. 401); F. STIER-SOMLO, Deutsches Reichs- und Landesstaatsrecht I, 1924, S. 666 assistierte, es sei „derselbe Gesetzgeber, der einfache und verfassungsändernde Gesetze schafft". – Für eine „plenitudo potestatis der Verfassungsänderung" auf der Grundlage der „Würde freier demokratischer Selbstbestimmung" auch R. THOMA, Die Funktionen der Staatsgewalt. Grundbegriffe und Grundsätze, in: G. Anschütz/R. Thoma (Hrsg.), Handbuch des Deutschen Staatsrechts, Bd. II, 1932, S. 108 ff. (154).

[17] Genaugenommen sah Art. 76 WRV ein doppeltes Quorum vor: es mußten wenigstens zwei Drittel der Abgeordneten anwesend sein und von diesen wiederum wenigstens zwei Drittel für die Verfassungsänderung stimmen. – Nicht überzeugend ist auch, diesen Sinn im „Schutz gegenüber Übereilung und Zufallsmehrheiten" (H. HERRFAHRDT, Wege und Grenzen der Verfassungsänderung, in: Reich und Länder, 3. Jg. [1929/1930], S. 270 ff. [272 Fn. 4]) erblicken zu wollen. Denn das legt ja die Gegenfrage nahe, ob es eines solchen Schutzes in den Vorgängerverfassungen nicht ebenso bedurft hätte und ob ein Schutz vor Übereilung bei einfachen, häufig aber doch sehr wichtige Fragen betreffenden Gesetzen nicht ebenfalls geboten wäre.

[18] ANSCHÜTZ, Verfassung (Fn. 16), Art. 76 Anm. 4 (S. 406)

[19] STIER-SOMLO, Reichsstaatsrecht (Fn. 16), S. 665.

retischen Grundaussage von der unbeschränkten normativen Souveränität der Legislative mit den Erfordernissen einer Zweidrittelmehrheit nicht ohne argumentativen Bruch zu leisten. Welche schwerwiegenden inneren Verwerfungen aus der Übertragung des „Funktionalismus der einfachen Mehrheit auf einen solchen der erschwerten Mehrheit"[20] resultierten, weil die Zweidrittelmehrheit „über sich selbst und ihre Jeweiligkeit hinaus dauernde Wirkungen und Bindungen schaffen"[21] kann, hat gegen Ende der Weimarer Republik Carl Schmitt in eindrucksvoller (wenngleich nicht zwingend mit der Intention zur Erhaltung eines freiheitlich-demokratischen Parlamentarismus verbundener) Weise[22] gezeigt.

3. Vorrang der Verfassung und verfassunggebende Gewalt

Das Bonner Grundgesetz basiert auf anderen Prinzipien. Hier bildet das Erfordernis einer Zweidrittelmehrheit für Verfassungsänderungen keinen Fremdkörper. Denn das Grundgesetz geht, wie etwa Art. 1 Abs. 3 und Art. 20 Abs. 3 GG zeigen, vom Vorrang der Verfassung aus und schließt auch damit an die westeuropäisch-nordatlantische Entwicklung an[23]. Was aber qualifiziert abgesehen von einer solchen normativen Selbsteinstufung und historischer Tradition[24] die Verfassung zu einer „höheren Gattung von Normen"[25]?

---

[20] C. Schmitt, Legalität und Legitimität (1932), in: ders., Verfassungsrechtliche Aufsätze aus den Jahren 1924–1954, 2. Aufl. 1973, S. 263 ff. (304).

[21] Schmitt, Legalität (Fn. 20), S. 305.

[22] Zur oft naiv als Muster rechtsstaatlicher Verfassungsprogrammatik mißverstandenen „Verfassungslehre" Carl Schmitts aus dem Jahre 1928: H. Hofmann, Legitimität gegen Legalität, 2. Aufl. 1992, S. XIV, 124 ff.; vgl. jetzt auch R. Mehring, Carl Schmitts Lehre von der Auflösung des Liberalismus: Das Sinngefüge der „Verfassungslehre" als historisches Urteil, in: Zeitschrift für Politik 38 (1991), S. 200 ff.; T. Vesting, Erosionen staatlicher Herrschaft, in: AöR 117 (1992), S. 4 ff. (20 ff.).

[23] Vgl. K. Stern, Grundideen europäisch-amerikanischer Verfassungsstaatlichkeit (1984), in: ders., Der Staat des Grundgesetzes, 1992, S. 995 ff.; H. Steinberger, 200 Jahre amerikanische Bundesverfassung. Zu Einflüssen des amerikanischen Verfassungsrechts auf die deutsche Verfassungsentwicklung, 1987; ders., Bemerkungen zu einer Synthese des Einflusses ausländischer Verfassungsideen auf die Entstehung des Grundgesetzes mit deutschen verfassungsrechtlichen Traditionen, in: K. Stern (Hrsg.), 40 Jahre Grundgesetz, 1990, S. 41 ff.; B. Pieroth, Amerikanischer Verfassungsexport nach Deutschland, in: NJW 1989, S. 1333 ff.

[24] Zu den außerordentlich komplexen verfassungs- und ideengeschichtlichen Entwicklungslinien vgl. im einzelnen H. Hofmann, Zur Idee des Staatsgrundgesetzes, in: ders., Recht – Politik – Verfassung, 1986, S. 261 ff.

[25] Vgl. R. Mohl, Über die rechtliche Bedeutung verfassungswidriger Gesetze nach belgischem Staatsrechte, in: Kritische Zeitschrift für Rechtswissenschaft und Gesetzgebung des Auslandes, Bd. 24 (1852), S. 117 ff., der sich als Repräsentant des vor-

Die Antwort auf diese im Grunde auf das ewige Rätsel staatlicher Normativitätsstiftung zielende Frage lautet: *Der besondere Kreationsprozeß*, der sich vor allem in der besonderen Urheberschaft, nämlich der Ausübung der verfassunggebenden Gewalt, vom einfachen Gesetz unterscheidet. Jedenfalls ist das die maßgebliche Erklärung der modernen demokratischen Verfassungstheorie, wie sie in den großen bürgerlichen Revolutionen in Frankreich und Nordamerika ausgeformt und durchgesetzt worden ist.

a) Der Konstrukteur der französischen Revolutionsverfassung von 1791, der Abbé Sieyes[26], hat das Problem auf begriffliche Grundkategorien zurückgeführt[27], die die Staatstheorie noch heute prägen[28]. Im 5. Kapitel seiner berühmten Schrift über den Dritten Stand[29] entfaltet er eine grundlegende Unterscheidung zwischen dem unauslöschlich bei der Nation liegenden Recht, sich eine Grundverfassung zu geben, und den Befugnissen auf dieser Basis etablierter, also nachrangiger Staatsorgane. Die verfassunggebende Gewalt (*pouvoir constituant*) setzt

---

märzlichen Liberalismus ebenso wie WELCKER U.A. an der verfassungsstaatlichen Entwicklung außerhalb Deutschlands orientierte. – Zu MOHL s. etwa H. HALLER, Die Prüfung von Gesetzen, 1979, S. 8 ff.

[26] Zu Sieyes nach wie vor wesentlich E. ZWEIG, Die Lehre vom Pouvoir Constituant, 1909, insb. S. 115 f., 404 ff.; aus neuerer Zeit H. HOFMANN, Repräsentation, 2. Aufl. 1990, S. 406 ff.; M. FORSYTH, Reason and Revolution, Leicester 1987, insb. S. 128 ff.

[27] Erwähnung verdient, daß die strukturelle Unterscheidung zwischen Verfassung und einfacher Gesetzgebung bereits bei EMER DE VATTEL (Le Droit des gens ou principes de la loi naturelle, 1758, Buch I, Kap. 3, §§ 26 ff.) deutlich ausgeformt war. VATTEL unterschied vor allem klar zwischen gesetzgebender und verfassungsändernder Gewalt (§ 34). Auf seine Bedeutung ist des öfteren hingewiesen worden: JELLINEK, Staatslehre (Fn. 12), S. 514; HOFMANN, Staatsgrundgesetz (Fn. 24), S. 278; STERN, Grundideen (Fn. 23), S. 1000. – Zur hohen Bedeutung VATTELS für die amerikanische Verfassungsentwicklung G. STOURZH, Vom Widerstandsrecht zur Verfassungsgerichtsbarkeit: Zum Problem der Verfassungswidrigkeit im 18. Jahrhundert (1974), in: ders., Wege zur Grundrechtsdemokratie, 1989, S. 37 ff. (51, 59).

[28] Vgl. nur E.-W. BÖCKENFÖRDE, Die verfassungsgebende Gewalt des Volkes. Ein Grenzbegriff des Verfassungsrechts, 1986. – Wie selbstverständlich hat sich auf die verfassunggebende Gewalt des Volkes die Frankfurter Nationalversammlung von 1848 berufen (dazu E. R. HUBER, Deutsche Verfassungsgeschichte seit 1789, Bd. 2, 3. Aufl. 1988, S. 619 ff.). Die Weimarer Reichsverfassung bezieht sich auf den Legitimationstitel der verfassunggebenden Gewalt ebenso wie das Grundgesetz der Bundesrepublik Deutschland in der Präämbel und (implizit) Art. 146 a.F.

[29] E. J. SIEYES, Was ist der Dritte Stand? (1789), in: ders., Politische Schriften 1788–1790, hrsgg. von E. Schmitt u. R. Reichardt, 2. Aufl. 1981, S. 117 ff. (164 ff.) – Zum Hintergrund und zum Umfeld vgl. K. LOEWENSTEIN, Volk und Parlament nach der Staatstheorie der französischen Nationalversammlung von 1789, 1922; E. SCHMITT, Repräsentation und Revolution, 1969.

in einem außerordentlichen, ja gewissermaßen „gottähnlich"[30] gedachten Urakt der Rechtsschöpfung den Rahmen für die anderen Staatsgewalten und -organe, die als bloße *pouvoirs constitués* durch diesen Akt der Verfassunggebung erzeugt, legitimiert und zugleich limitiert werden. „Eine an Verfassungsregeln gebundene Körperschaft", so Sieyes, „kann nur nach ihrer Verfassung entscheiden. Eine andere Verfassung kann sie sich nicht geben."[31] Das kann nur die Tat der Nation selbst sein, die durch besondere Formen und Qualifikationen der Repräsentation Handlungsfähigkeit gewinnt[32]. Die spannungsvolle Verknüpfung von demokratischer Freiheitsidee, nationaler Souveränität und Repräsentationsprinzip ist es, welche die Figur der verfassunggebenden Gewalt des Volkes hervorbringt. Mit dieser Lehre bietet Sieyes in ingeniöser Weise „das Deutungsschema und den Beurteilungsmaßstab für eine Verfassungsentstehung nach den Grundsätzen der Volkssouveränität"[33].

b) Sieht man vom „Vorspiel im republikanischen England Cromwells"[34] ab[35], fand vor allem in den nordamerikanischen Kolonien die Vorstellung einer prin-

---

[30] C. TOMUSCHAT, Verfassungsgewohnheitsrecht?, 1972, S. 101; U.K. PREUSS, Revolution, Fortschritt und Verfassung, 1990, S. 26. – S. auch Fn. 47.

[31] SIEYES, Dritter Stand (Fn. 29), S. 172.

[32] HOFMANN, Staatsgrundgesetz (Fn. 24), S. 289: „Auch die verfassunggebende Gewalt der Nation kann nach Sieyes nur repräsentativ ausgeübt werden. Zur Diskussion steht hier nicht etwa der Gegensatz von mittelbarer und unmittelbarer demokratischer Willensbildung, sondern allein der Unterschied zwischen der normalen verfassunggesetzlichen Kompetenz der normalen gesetzgebenden Versammlung einerseits und der besonderen Vollmacht außerordentlicher Stellvertreter zum außerordentlichen Akt der Verfassunggesetzgebung andererseits." Ferner S. 292: „Auch die Verfassunggebung ist für Sieyes demnach immer schriftliches Produkt des spezifischen parlamentarischen Verfahrens einer repräsentativen Versammlung." – Grundformen der repräsentativen Ausübung der verfassunggebenden Gewalt sind: Nationalversammlung und Konvent (ggf. mit anschließendem Referendum); vgl. C. SCHMITT, Verfassungslehre, 1928, S. 84 ff.; K. v. BEYME, Die verfassunggebende Gewalt des Volkes, 1968, S. 32 ff.; BÖCKENFÖRDE, Verfassunggebende Gewalt (Fn. 28), S. 19 ff.; H. v. WEDEL, Das Verfahren der demokratischen Verfassunggebung, 1976, S. 85 ff.; H.-P. SCHNEIDER, Die verfassunggebende Gewalt, in: HStR VII, § 158 Rn. 27, 28.

[33] P. BADURA, Verfassung und Verfassungsgesetz, in: Festschrift für Ulrich Scheuner, 1973, S. 19 ff. (36).

[34] HOFMANN, Staatsgrundgesetz (Fn. 24), S. 278 f.

[35] Zu nennen ist hier der Verfassungsvorschlag der Levellers, das „Agreement of the People" vom 28.10.1647 einerseits, das „Instrument of Government" OLIVER CROMWELLS von 1653 andererseits. Die Texte sind abgedruckt in: S.R. Gardiner (Hrsg.), The Constitutional Documents of the Puritan Revolution 1625–1660, Nachdruck Oxford 1962, S. 359 ff., 405 ff. – Zur Bedeutung des „Agreements" etwa ZWEIG, Lehre (Fn. 26), S. 38 ff., zum „Instrument" ebd., S. 44 ff.; zum ganzen ausführlich W. ROTHSCHILD, Der Gedanke der geschriebenen Verfassung in der englischen Revolution, 1903, S. 92 ff., 141 ff. – In beiden Dokumenten tritt deutlich hervor, daß grundlegende Rechtsordnungen, die die Kompetenzen der Repräsentanten begründen, nicht gleichzeitig zu deren Disposition stehen können. Eindrücklich etwa

zipiellen Differenz zwischen der Verfassung als einer Grundordnung und dem Gesetz als gebundener Kompetenz praktische Realisierung. Die neue Welt erteilte dem alten Europa gewissermaßen verfassungsstaatlichen Anschauungsunterricht. Was in der Eigentümlichkeit der königlichen Charters, nämlich Grundordnung für die Kolonien und zugleich Handlungsgrenze der dortigen Staatsorgane zu sein, bereits strukturell angelegt war[36], gewann in der Einrichtung besonderer Verfassungskonvente nach der Sezession[37] neuartige demokratisch-verfassungsstaatliche Dimension. Die fundamentale Differenz zwischen der Verfassunggebung durch das – in besonderer Weise repräsentierte – souveräne Volk und den sonstigen Staatsorganen einschließlich der gesetzgebenden Gewalt trat so plastisch vor Augen und versetzte der „frühneuzeitlichen Identität von gesetzgebender und souveräner Gewalt einen entscheidenden Schlag“[38]. Denn der „Rangunterschied zwischen dem souveränen Volk und dem Gesetzgeber“[39] entzieht dem letztgenannten mit logischer Konsequenz die volle Verfügung über jene Grundregeln, die die Verfassung als „superior paramount law“[40] bindend vorgibt. Übersetzt in die Willensterminologie des staatsrechtlichen Positivismus: Der Wille der Verfassung geht als höherer Wille dem der Staatsorgane vor – auch

---

die Rede CROMWELLS vom 12.9.1654 (abgedruckt bei C. BORGEAUD, Adoption and Amendment of Constitutions in Europe and America, New York 1895, S. 8).

[36] Vgl. JELLINEK, Staatslehre (Fn. 12), S. 515 ff.; ZWEIG, Lehre (Fn. 26), S. 54 ff.; BORGEAUD, Adoption (Fn. 35), S. 10 f.; STOURZH, Widerstandsrecht (Fn. 27), S. 55. – Zu beachten ist, daß einige dieser Charters lediglich Bestätigungen genossenschaftlicher „Fundamental Orders“ waren, wie etwa im Falle der „Fundamental Orders of Connecticut“ von 1639 (hierbei handelt es sich um die erste moderne Staatsverfassung überhaupt; Abdruck des Textes bei: A. ROCK, Dokumente der amerikanischen Demokratie, 1947, S. 52 ff.; B. SCHWARTZ, The Bill of Rights. A Documentary History, Bd. I, New York u.a. 1971, S. 62 ff.), die durch die „Connecticut Charter“ *Charles II.* aus dem Jahre 1662 nicht geändert wurden.

[37] ADAMS, Verfassung (Fn. 5), S. 68 ff.; in Massachusetts wurde zum ersten Mal institutionell zwischen Verfassunggebung und Gesetzgebung unterschieden (ebd., S. 30 ff., 83 ff.); vgl. auch ZWEIG, Lehre (Fn. 26), S. 287 ff.; J. R. ALDEN, A History of the American Revolution, London 1969, S. 328 ff.; ausführlich zur Idee des Vorranges der Verfassung und ihrer Herausbildung auch G. S. WOOD, The Creation of the American Republic 1776–1787, Chapel Hill 1969, S. 259 ff., 273 ff., 306 ff.

[38] STOURZH, Widerstandsrecht (Fn. 27), S. 55 (s. auch S. 62, 72).

[39] BRYDE, Verfassungsentwicklung (Fn. 12), S. 48 (vgl. auch ebd., S. 46: „Verständnis der Verfassung als Begrenzung der Kompetenzen der Staatsorgane durch das Volk“).

[40] So die berühmte Formulierung aus der Entscheidung des SUPREME COURT in MARBURY v. MADISON 5 U.S. (Cranch) 137, 2 L.Ed. 60 (1803). Siehe dazu ausführlich W. BRUGGER, Grundrechte und Verfassungsgerichtsbarkeit in den Vereinigten Staaten von Amerika, 1987, S. 5 ff. Theoretische Fundierung in den „Federalist Papers“ Nr. 78 (HAMILTON), in der von B. Zehnpfennig hrsgg. Deutschen Ausgabe von 1993, S. 454 ff. (456 ff.).

dem Willen der gesetzgebenden Körperschaften. Vorrang der Verfassung bedeutet Nachrang des Gesetzgebers[41].

4. *Vorrang der Verfassung und Verfassungsänderung*

a) Aus dem Vorrang der Verfassung, die als höchster Ausdruck der Volkssouveränität in Form der Ausübung der verfassunggebenden Gewalt erscheint, folgt auf einleuchtende Art und Weise die in Art. 1 Abs. 3 GG, 20 Abs. 3 GG klar ausgesprochene Bindung des Gesetzgebers an die höherrangigen Rechtssätze der Verfassung[42]. Entscheidende Bedeutung erlangt die Idee der Verfassunggebung durch das Volk aber auch für die *Verfassungsänderung,* in deren Erschwerung das entscheidende juristische Merkmal einer Verfassung besteht[43]. Denn obwohl sie per definitionem eine stabile, dauerhafte Ordnung sein und garantieren soll[44], kann sie doch

[41] STOURZH, Widerstandsrecht (Fn. 27), S. 58 betont, daß der Vorrang der Verfassung „historisch und sozialpsychologisch präziser" als „Bewußtsein vom NACHRANG der Gesetzgebung, und von der BEGRENZUNG des Gesetzgebers" zu fassen ist. Ebd. S. 58 ff. schildert STOURZH detailliert die sukzessive Durchsetzung dieses neuen und im Grunde genommen revolutionären Gedankens (N. LUHMANN, Verfassung als evolutionäre Errungenschaft, in: Rechtshistorisches Journal 9 [1990], S. 176 ff. [183] spricht von der „Kühnheit dieses Prinzips") in der amerikanischen Verfassungsgeschichte bis zum Höhepunkt des Urteils MARBURY v. MADISON aus dem Jahre 1803.

[42] Effektivität gewinnt diese Bindung erst, wenn der Vorrang der Verfassung mit der Institutionalisierung einer Verfassungsgerichtsbarkeit gekoppelt wird (vgl. K. SCHLAICH, Das Bundesverfassungsgericht, 3. Aufl. 1994, Rn. 12 m.w.N.). Daß dies nicht selbstverständlich und automatisch geschieht, zeigt die Entwicklung des französischen Verfassungsstaates (jedenfalls bis 1958); zu den den Gründen (insb. die rousseauistische Hochschätzung des Gesetzes als Ausdruck der „volonté générale") vgl. STOURZH, Widerstandsrecht (Fn. 27), S. 71; DERS., Zur Konstitutionalisierung der Individualrechte in der Amerikanischen und Französischen Verfassung (1976), in: ders., Grundrechtsdemokratie (Fn. 27), S. 155 ff. (168, 173). – SIEYES selbst hatte eine „Verfassungsjury" mit der Kompetenz zur Überprüfung von Gesetzen auf ihre Verfassungsmäßigkeit hin vorgesehen: STOURZH, Widerstandsrecht (Fn. 27), S. 71; HOFMANN, Staatsgrundgesetz (Fn. 24), S. 280.

[43] Vgl. oben bei Fn. 12. – Zur Unterscheidung von Verfassunggebung und Verfassungsänderung ausführlich D. MURSWIEK, Die verfassunggebende Gewalt nach dem Grundgesetz für die Bundesrepublik Deutschland, 1978, S. 163 ff.

[44] Dazu mit einer Fülle historischer Beispiele und Anwendungsfälle HOFMANN, Staatsgrundgesetz (Fn. 24), insb. S. 263 f., 269 ff., 275 ff., 290 ff.; U. SCHEUNER, Verfassung (1963), in: ders., Staatstheorie und Staatsrecht, 1978, S. 171 ff. (172); DERS., Die Funktion der Verfassung für den Bestand der politischen Ordnung, in: W. Hennis u.a. (Hrsg.), Regierbarkeit, Bd. 2, 1979, S. 102 ff. (113 ff.); K. EICHENBERGER, Sinn

nicht jeder inhaltlichen Veränderung entzogen werden. Stabilität der Verfassung bedeutet nicht deren Unveränderlichkeit. So schlägt sich die Idee der Höherrangigkeit der Verfassung – von Ewigkeitsklauseln zunächst abgesehen – rechtspraktisch in erster Linie im Erfordernis ihrer erschwerten Abänderbarkeit nieder. Zwischen *pouvoir constituant* und *pouvoirs constitués* schiebt sich so als besonders ausgezeichnetes und besonders zu legitimierendes Zwischenglied der verfassungsändernde Gesetzgeber: „amending power"[45] oder *pouvoir constituant constitué*. Diese Instanz bewirkt einerseits weniger als originäre Verfassunggebung und ist doch andererseits in besonderer Weise gegenüber dem einfachen Gesetzgeber abzuheben[46]. Auf den verfassungsändernden Gesetzgeber muß gewissermaßen ein Abglanz des von Sieyes mit „theologischen Attributen"[47] ausgestatteten *pouvoir constituant* fallen.

b) Demgemäß kennzeichnet es die meisten der westlichen freiheitlichen Verfassungen, daß der besonderen Rolle des verfassungsändernden Gesetzgebers durch ein vom normalen Gesetzgebungsverfahren abweichendes Procedere, durch die Schaffung besonderer Institutionen, durch das Erfordernis zeitlicher Intervalle oder die Beteiligung des Volkes Rechnung getragen wird[48]. Mit alledem, besonders natürlich der Volksbeteiligung etwa

---

und Bedeutung einer Verfassung, in: Referate und Mitteilungen des Schweizerischen Juristenvereins, Basel 1992, S. 143 ff. (249 ff.).

[45] STOURZH, Widerstandsrecht (Fn. 27), S. 57 betont, daß diese Komponente, „gewissermaßen als Institutionalisierung der konstituierenden Gewalt, [...] im späten 18. Jahrhundert ein bewundertes Novum" darstellte; vgl. H. DIPPEL, Die Amerikanische Revolution 1763–1787, 1985, S. 97.

[46] K. STERN, Das Staatsrecht der Bundesrepublik Deutschland, Bd. I, 2. Aufl. 1984, S. 154: „Mit einer verfassungsrechtlichen Regelung der Verfassungsänderungsgesetzgebung wird mithin etwas geregelt, was sich nicht von selbst versteht. [...] Zugleich aber folgt daraus, daß die Befugnis zur Verfassungsänderung etwas Besonderes im Rahmen konstituierter Gewalt ist – eine Kompetenz, die sich von der einfachen Gesetzgebungsgewalt unterscheiden muß."

[47] S. BREUER, Nationalstaat und pouvoir constituant bei Sieyes und Carl Schmitt, in: ARSP 70 (1984), S. 495 ff. (504); BÖCKENFÖRDE, Verfassungsgebende Gewalt (Fn. 28), S. 12.

[48] Instruktiv der Überblick bei BRYDE, Verfassungsentwicklung (Fn. 12), S. 45 ff., 49 ff., 51 ff.; ähnlich stellt sich die Verfassungslage in den meisten der alten und fast allen der neuen Bundesländer dar; vgl. zu den „Verfahrensqualifizierungen der Verfassungsänderung" C. BUSHART, Verfassungsänderungen in Bund und Ländern, 1989, S. 103 ff. Zu den alten Bundesländern ferner R. BARTLSPERGER, Das Verfassungsrecht der Länder in der gesamtstaatlichen Verfassungsordnung, in: HStR IV, § 96 Rn. 10 ff.; G. JÜRGENS, Direkte Demokratie in den Bundesländern, 1992, S. 145 ff.; umfassende Darstellung zuletzt bei U. BERLIT, Soll das Volk abstimmen?, in: KritV 76 (1993), S. 318 ff.

in Gestalt eines Referendums, wird der demokratische Grundgedanke der verfassungstheoretischen Unterscheidung zwischen *pouvoir constituant* und *pouvoirs constitués* aufgegriffen und institutionell umgesetzt.

c) Schaut man aus dieser Perspektive auf Art. 79 Abs. 2 GG, so ist festzustellen, daß der zugrundeliegende Gedanke einer qualitativen Differenz zwischen verfassungsändernder Gewalt und gesetzgebender Gewalt bis zur Unkenntlichkeit verschwimmt. Denn die Träger der verfassungsändernden Gewalt sind mit den Trägern der gesetzgebenden Gewalt identisch. Die Verfassungsänderung ist allein in die Hände der regulären Gesetzgebungsinstanzen gelegt. Die Autoren der einfachen Gesetze sind auch die Autoren der Änderung jener Verfassung, durch die sie als konstituierte Gewalten geschaffen und in ihren Kompetenzen begrenzt sind. Als besonders qualifizierte oder legitimierte Gewalt tritt der verfassungsändernde Gesetzgeber nicht in Erscheinung. Form und Verfahren der – sagen wir – 55. Novelle zum Einkommenssteuergesetz unterscheiden sich (abgesehen von der sogleich zu erörternden Zweidrittelmehrheit) in nichts von der Einführung der Wehrpflicht, der Installation der Notstandsverfassung oder anderen gravierenden Veränderungen des Grundgesetzes[49]. Indem das Grundgesetz die Verfassungsänderung „als eine Erscheinungsweise der Gesetzgebung"[50] versteht, geht die „Erkenntnis von der Besonderheit der verfassungsändernden Gewalt gegenüber der gesetzgebenden Gewalt"[51] weitgehend verloren. Im Gegensatz zu zahlreichen älteren Verfassungen anderer westlicher Demokratien und auch im Unterschied zur überwiegenden Zahl der Landesverfassungen hat das Grundgesetz darauf verzichtet, für Verfassungsänderungen ein vom normalen Gesetzgebungsprozeß signifikant abweichendes Verfahren vorzusehen oder sie gar einem obligatorischen oder fakultativen Referendum zu unterwerfen[52]. Ein ob-

---

[49] Zur Entwicklungsgeschichte des Grundgesetzes vgl. H. Hofmann, Die Entwicklung des Grundgesetzes nach 1949, in: HStR I, § 7; zur Praxis der einzelnen Verfassungsänderungen A. Rossnagel, Die Änderungen des Grundgesetzes, 1981; S. Schaub, Der verfassungsändernde Gesetzgeber 1949 bis 1980, 1984; G. Robbers, Die Änderungen des Grundgesetzes, in: NJW 1989, S. 1325 ff.

[50] P. Badura, Verfassungsänderung, Verfassungswandel, Verfassungsgewohnheitsrecht, in: HStR VII, § 160 Rn. 3 (s. auch ebd., Rn. 20). – Daß die Änderung der Verfassung dem konstitutionellen Staatsrecht zufolge „den gewöhnlichen Organen der Gesetzgebung" oblag, war für Meyer/Anschütz, Lehrbuch (Fn. 14), S. 30, 744 das entscheidende Argument gegen die Lehre vom Vorrang der Verfassung.

[51] Stern, Staatsrecht I (Fn. 46), S. 157.

[52] Zur Begründung verweist man hier gern auf die angeblich schlechten Weimarer Erfahrungen. Diese sind mittlerweile auf breiter Front als Legende entlarvt. Das gilt für die Fehleinschätzung, in Weimar habe „der" Rechtspositivismus sein Fiasko erlebt,

ligatorisches Referendum war übrigens noch im Herrenchiemseer Entwurf (Art. 106 Abs. 1 Satz 1) wie selbstverständlich vorgesehen[53]. Erst später kam diese Idee in Fortfall[54]. Die gewählte Lösung der „Monopolisierung der Verfassungsänderung bei den Trägern der gesetzgebenden Gewalt" ist der überzeugenden Analyse Brydes zufolge in demokratischen Verfassungsstaaten relativ selten und steht „eher in der konstitutionellen als der demokratischen Verfassungstradition"[55].

d) So ist es – vom sinnvollen Gebot ausdrücklicher Textänderung gemäß Art. 79 Abs. 1 Satz 1 GG[56] abgesehen – vor allem das Erfordernis einer

---

ebenso wie für die Annahme, die plebiszitären Elemente der Weimarer Verfassung hätten in den Totalitarismus geführt. Die erdrückende Fülle der Literatur kann hier nicht aufgelistet werden (vgl. zum ersten Punkt H. Dreier, Die Radbruchsche Formel – Erkenntnis oder Bekenntnis?, in: Festschrift für Robert Walter, 1991, S. 117ff.; zum zweiten Punkt zuletzt Berlit, Volk [Fn. 48], S. 340 – jeweils m.w.N.). An dieser Stelle nur eine Frage: Warum sollten gerade diejenigen Landesverfassungen, die vor dem Grundgesetz entstanden sind und Elemente direkter Demokratie vorsehen, weniger oder schlechter aus den doch noch viel aktuelleren Weimarer Erfahrungen gelernt haben? – Zur Antwort vgl. O. Jung, Kein Volksentscheid im Kalten Krieg!, in: APuZ 45/92, S. 16ff.

[53] H. Ridder, in: Alternativ-Kommentar zum Grundgesetz, Bd. 2, 2. Aufl. 1989, Art. 79 Rn. 3; vgl. zum Text des Entwurfs G. Hoffmann, in: R. Dolzer (Hrsg.), Bonner Kommentar zum Grundgesetz, Art. 79 Abs. 1 und 2 (Zweitbearbeitung 1986), Entstehungsgeschichte S. 3.

[54] Vgl. Hoffmann (Fn. 53), Art. 79 Abs. 1 und 2, Entstehungsgeschichte S. 3 ff.

[55] Bryde, Verfassungsentwicklung (Fn. 12), S. 54; s. auch Ridder (Fn. 53), Art. 79 Rn. 3, der das Fehlen eines Referendums ideologiekritisch als Ausdruck des „antirevolutionären deutschen ‚Sonderwegs'" begreift.

[56] Das (in guter Übereinstimmung mit westlichen Verfassungsvorbildern befindliche) Gebot ausdrücklicher Textänderung stellt nun wirklich einmal ganz unzweideutig eine Reaktion auf die Weimarer Verfassung dar und beendet die dortige Praxis von „Verfassungsdurchbrechungen" (Bryde, Verfassungsentwicklung [Fn. 12], S. 356). In Weimar existierte kein Gebot, die inhaltliche Änderung der Verfassung auch unmißverständlich durch eine Änderung des Textes der Verfassungsurkunde zu dokumentieren. Vielmehr kam es allein auf das Vorhandensein einer die Erfordernisse des Art. 76 WRV erfüllenden qualifizierten Mehrheit an (zur Praxis der Weimarer Zeit vgl. E. Jacobi, Reichsverfassungsänderung, in: O. Schreiber [Hrsg.], Die Reichsgerichtspraxis im deutschen Rechtsleben, 1929, S. 233ff. [259ff.]). Der tatsächliche Umfang und Inhalt des Verfassungsrechts blieb so häufig unklar. – Im Grunde war die Zulassung stillschweigender Verfassungsdurchbrechungen in der Weimarer Zeit nur Konsequenz der dort herrschenden theoretischen Grundposition: wenn nur ein souveräner Wille existiert, kann dieser nicht in eine bestimmte Form oder Urkunde gezwängt werden (vgl. Wahl, Vorrang [Fn. 15], S. 491). – Indem das GG Verfassungsänderungen und Textänderungen zur Deckung zu bringen versucht (zur Vermeidung impliziter Verfassungsänderungen insb. Hoffmann [Fn. 53], Art. 79 Abs. 1 und 2, Entstehungsgeschichte S. 5; ders., in: BK [Fn. 53], Art. 79 Abs. 1 und Abs. 2 GG,

Zweidrittelmehrheit in Bundestag und Bundesrat (Art. 79 Abs. 2 GG), welches Verfassungsänderungen von normalen Gesetzgebungsverfahren unterscheidet. Zweifelsohne kann man darin eine gewisse Sicherung gegen tagespolitische Majoritäten oder aus bloßem politischen Kalkül der Regierung und der sie tragenden Parlamentsmehrheit geborenen Veränderungswünsche erblicken[57] – dies indes nur bei realtiv starker Opposition[58]. Im Falle einer formellen oder tatsächlichen Großen Koalition ist die Verfassung ebenso wenig wie das Staatsvolk gegen Änderungen gefeit, die sich allein dem Interesse der parteipolitisch eingebundenen Repräsentanten in Bund und Ländern verdanken. Da gerade in zentralen und für das politische Gemeinwesen ausschlaggebenden Fragen zuweilen große Einigkeit unter den Parteien besteht, kommt das Zweidrittelerfordernis auch nicht zwingend einem immer wieder ins Feld geführten Minderheitenschutz[59] zugute (als ob 20 % Überstimmte keine Minderheit wären!), sondern wirkt eher wie ein Zählappell. Von einer spürbaren qualitativen Differenz zwischen Verfassungsänderung und Gesetzgebung, insbesondere im Verfahrenswege[60], kann also trotz der besonderen Mehrheit keine Rede sein[61].

Rn. 40ff., 42ff.; Prozesse stillen Verfassungswandels werden gleichwohl niemals auszuschließen sein), schafft es Klarheit über die eigene Identität und zwingt zudem in heilsamer Weise den verfassungsändernden Gesetzgeber, sich über Wirkungen und Reichweite seiner Entscheidungen Rechenschaft abzulegen (LOEWENSTEIN, Wesen [Fn. 12], S. 40: „psychologischer Hemmschuh").

[57] Statt aller BADURA, Verfassungsänderung (Fn. 50), § 160 Rn. 3; P. KIRCHHOF, Die Identität der Verfassung in ihren unabänderlichen Inhalten, in: HStR I, § 19 Rn. 45 („Die Änderungsvoraussetzung einer Zweidrittelmehrheit erschwert die Verfassungsänderung zusätzlich, schirmt sie nach verfassungsgesetzlicher Vermutung und bisher bestätigter Verfassungspraxis gegen parteilichen Zugriff ab und setzt ein Einvernehmen unter konkurrierenden politischen Gruppierungen voraus"); vgl. zur Funktion der Verfahrensqualifikation BUSHART, Verfassungsänderungen (Fn. 48), S. 108ff., 110f. m.w.N.

[58] Skeptisch auch BUSHART, Verfassungsänderungen (Fn. 48), S. 108f. – Treffend weist BRYDE, Verfassungsentwicklung (Fn. 12), S. 362f. darauf hin, daß das Verhältniswahlrecht das Erreichen der Zweidrittelmehrheit erschwert und daraus im Falle der Einführung des Mehrheitswahlrechts Konsequenzen zu ziehen wären.

[59] Dieses Argument, wenngleich mit vorsichtigen Wendungen, etwa bei JELLINEK, Staatslehre (Fn. 12), S. 534; H. KELSEN, Allgemeine Staatslehre, 1925, S. 252; vgl. auch BÖCKENFÖRDE, Demokratie (Fn. 4), § 22 Rn. 53; U. BATTIS/C. GUSY, Einführung in das Staatsrecht, 2. Aufl. 1986, S. 37 (Rn. 62). Tatsächlich handelt es sich dabei nicht um den konkreten Schutz konkreter struktureller Minderheiten, „sondern um Stabilitätswahrung" (HOFMANN/DREIER, Repräsentation [Fn. 7], § 5 Rn. 61).

[60] Vgl. B.-O. BRYDE, Stationen, Entscheidungen und Beteiligte im Gesetzgebungsverfahren, in: Schneider/Zeh, Parlamentsrecht (Fn. 7), § 30 Rn. 67: „Im Recht des Gesetzgebungsverfahrens wird von den Besonderheiten des Verfassungsänderungsver-

5. Ergebnis

Das Ergebnis zum ersten Komplex lautet: Die Erschwerung der Abänderbarkeit der Verfassung hat ihren Grund in der fundamentalen Unterscheidung zwischen Verfassung(gebung) und Gesetz(gebung); die verfassungsändernde Gewalt ist Produkt dieser Unterscheidung. Die positivrechtliche Regelung des Art. 79 Abs. 2 GG muß hingegen als unzulänglich bewertet werden, weil sie zu geringe Anforderungen an die Verfassungsänderung stellt.

III. Ewigkeitsklausel und Demokratieprinzip

1. Ausnahmecharakter des Art. 79 Abs. 3 GG

Die vergleichsweise leichte Änderbarkeit des Grundgesetzes mag deshalb nicht als allzu großes Problem empfunden worden sein, weil das Grundgesetz sich mit der Regelung des Art. 79 Abs. 3 GG, also dem kategorischen Ausschluß bestimmter inhaltlicher Verfassungsänderungen, umso nachhaltiger dem Prinzip des Vorrangs der Verfassung und der Unantastbarkeit bestimmter Festlegungen der verfassunggebenden Gewalt verschrieben zu haben scheint. Es wird ja nicht allein der Vorrang der Verfassung gegenüber dem einfachen Gesetzgeber gesichert und die Verfassungsänderung (wenn auch nur geringfügig) erschwerten formalen Bedingen unterworfen; vielmehr sind dem verfassungsändernden Gesetzgeber unübersteigbare materielle Schranken gesetzt[62]. Selbst gegen den möglicherweise einstim-

---

fahrens hingegen keine Notiz genommen." – Zu denken wäre etwa an Zeitintervalle (vgl. BUSHART, Verfassungsänderungen [Fn. 48], S. 108).

[61] Zu ergänzen bleibt, daß die nicht unumstrittene Praxis sog. Artikel- (oder Mantel- bzw. Paket-)Gesetze (zu ihnen H. SCHULZE-FIELITZ, Theorie und Praxis parlamentarischer Gesetzgebung, 1988, S. 49ff.) dazu führen kann, daß Bestimmungen die erforderliche Mehrheit erhalten, für die es im Falle einer Einzelabstimmung keine Mehrheit gegeben hätte (H. SCHNEIDER, Gesetzgebung, 2. Aufl. 1991, Rn. 199). Da das Verfahren der Verfassungsänderung keinen Besonderheiten unterliegt, ist die hierin liegende Gefahr auch für Verfassungsänderungen nicht gebannt. – Die nicht unproblematische Änderung des Grundgesetzes durch den Einigungsvertrag gehört ebenfalls in diesen Kontext; BVerfGE 82, 316 ist hier den wesentlichen Fragen ausgewichen.

[62] Zum Grundproblem H. HAUG, Die Schranken der Verfassungsrevision, 1947; H. EHMKE, Grenzen der Verfassungsänderung, 1953; P. SIEGENTHALER, Die materiellen Schranken der Verfassungsrevision als Problem des positiven Rechts, 1970.

migen Entscheid der zur Verfassungsänderung befugten Organe sind die durch Art. 79 Abs. 3 GG garantierten Inhalte[63] geschützt.

Eine solche absolute Unantastbarkeitsregel war und ist ungewöhnlich. Zwar kennt man auch in anderen Staaten (und in einigen Bundesländern) allgemein gehaltene Bestimmungen, denen zufolge der „Geist" einer Verfassung nicht verletzt werden darf[64] oder bestimmte Staatsformen[65] von der Verfassungsänderung ausgenommen sind[66]. Bei dem in Art. 79 Abs. 3 GG enthaltenen „Ewigkeitsanspruch"[67] handelt es sich jedoch um etwas anderes und im Grunde Einmaliges[68]. Indes: Versteckt sich dahinter nicht letztlich eine wenig überzeugende Mischung von politischer Unsicherheit, naiver Rechtsgläubigkeit und Überforderung normativer Institutionen? Oder anders gefragt: Läßt sich der Norm ein über den bloßen Wunschcharakter[69] hinausgehender Sinn verleihen?

---

[63] Diese präzise zu bezeichnen, erweist sich als durchaus schwierig. Ausführlich KIRCHHOF, Identität (Fn. 57), § 19 Rn. 47 ff.; kritisch zur Bestimmung des BVerfGE 30, 1 (25) z.B. HESSE, Grundzüge (Fn. 8), Rn. 703.

[64] Hierzu und zum folgenden grundlegend P. HÄBERLE, Verfassungsrechtliche Ewigkeitsklauseln als verfassungsstaatliche Identitätsgarantien, in: Festschrift für Hans Haug, 1986, S. 81 ff., der zwischen ausdrücklichen „Geist"- oder Grundsätzeklauseln und der Verewigung einzelner Prinzipien unterscheidet; s. auch B. EVEN, Die Bedeutung der Unantastbarkeitsgarantie des Art. 79 Abs. 3 GG für die Grundrechte, 1988, S. 31 ff.

[65] Berühmtes und vielzitiertes Beispiel: Schutz der republikanischen Staatsform in der französischen Verfassung von 1875 durch das Gesetz v. 14.8.1884, das einen zunächst vorgesehenen und verfassungstechnisch möglichen Übergang zur konstitutionellen Monarchie ausschloß. Vgl. LOEWENSTEIN, Wesen (Fn. 12), S. 43 f.; H.-U. EVERS, in: BK (Fn. 53), Art. 79 Abs. 3 (Zweitbearbeitung 1982), Rn. 25.

[66] Vgl. auch EVERS (Fn. 65), Art. 79 Abs. 3 Rn. 24 f.

[67] BRYDE, Verfassungsentwicklung (Fn. 12), S. 57. N. LUHMANN, Das Recht der Gesellschaft, 1993, S. 474: „Selbstverewigung".

[68] LOEWENSTEIN, Wesen (Fn. 12), S. 45. – Die „klassischen" Verfassungen der USA oder Frankreichs kennen eine solche Vorkehrung nicht; auch in der Schweiz hat sie sich nicht durchsetzen können; für Österreich kam sie von vornherein nicht in Betracht. Vgl. dazu HANS HUBER, Die Gesamtänderung der Verfassung. Ansätze für einen Vergleich zwischen Österreich, der Schweiz und der Bundesrepublik Deutschland, in: Festschrift für Ulrich Scheuner, 1973, S. 183 ff. – Bestimmungen der Landesverfassungen der deutschen Bundesländer (Beispiele bei HÄBERLE, Ewigkeitsklauseln [Fn. 64], S. 84 ff.) können nicht als aussagekräftig gelten, weil sie ohnehin nur im Rahmen der gesamtstaatlichen Konstitution Bedeutung entfalten (Art. 28 Abs. 1 GG); dazu genauer H. DREIER, Einheit und Vielfalt der Verfassungsordnungen im Bundesstaat, in: K. Schmidt (Hrsg.), Vielfalt des Rechts – Einheit der Rechtsordnung?, 1994, S. 113 ff. (121 ff.).

[69] HÄBERLE, Ewigkeitsklauseln (Fn. 64), S. 82: Ewigkeitsklauseln bilden „auch ein

2. *Praktische Bedeutung des Art. 79 Abs. 3 GG*

Nun kann und will die Regelung nicht für sich in Anspruch nehmen, taugliches Abwehrmittel gegen revolutionäre Umbrüche zu sein und so eine Art „juristische oder ‚politische Lebensversicherung'"[70] zu bilden. Normen, auch Verfassungsnormen, können den revolutionären Ernstfall nicht ausschließen[71]. Wenn die verfassunggebende Gewalt als unverlierbares Recht des Volkes auf Selbstbestimmung die ihr von Sieyes zugeschriebene elementare Unauslöschlichkeit besitzt, läßt sie sich nicht durch juristische Zwirnsfäden binden. Art. 79 Abs. 3 GG bildet also keine effektive Barriere gegen den revolutionären Umbruch. Die Norm vermag aber den Schein rechtlicher Kontinuität zwischen alter und neuer Ordnung zu zerstören und die Berufung der neuen Machthaber auf die „verfassungsrechtliche Legalität"[72] ihres Tuns zu unterbinden. Unantastbarkeitsregeln können eine gewisse Warn- oder Appellfunktion erfüllen[73] – wobei man sich über die tatsächliche politische Relevanz einer solchen „Demaskierung des Verfassungsbruches"[74] keinen Illusionen hingeben sollte. Doch wird die Überschreitung einer Systemschwelle und das „Abreißen einer Legitimitätskette" (*Hasso Hofmann*) jedenfalls nicht durch die Möglichkeit legaler Beseitigung der Verfassungsordnung kaschiert.

Wenn das Bundesverfassungsgericht im Abhör-Urteil ausführt, Art. 79 Abs. 3 GG habe „den Sinn, zu verhindern, daß die geltende Verfassungsordnung in ihrer Substanz, ihren Grundlagen auf dem formal-legalistischen Weg eines verfassungsändernden Gesetzes beseitigt und zur nachträglichen Legalisierung eines totalitären Regimes mißbraucht werden kann"[75], so

---

Stück ‚Prinzip Hoffnung' auf ein Dauern bestimmter Inhalte oder können sogar ein ‚Utopiequantum' zum Ausdruck bringen".

[70] Treffend HÄBERLE, Ewigkeitsklauseln (Fn. 64), S. 103; s. auch HESSE, Grundzüge (Fn. 8), Rn. 701. Dies war den Schöpfern des Grundgesetzes im übrigen klar: vgl. EVEN, Bedeutung (Fn. 64), S. 40, 94.

[71] K. STERN, Die Bedeutung der Unantastbarkeitsgarantie des Art. 79 Abs. III GG für die Grundrechte (1985), in: ders., Staat (Fn. 23), S. 269 ff. (272); vgl. auch M. KRIELE, Das demokratische Prinzip im Grundgesetz, VVDStRL 29 (1971), S. 46 ff. (59).

[72] STERN, Unantastbarkeitsgarantie (Fn. 71), S. 272.

[73] HÄBERLE, Ewigkeitsklauseln (Fn. 64), S. 103.

[74] KIRCHHOF, Identität (Fn. 57), § 19 Rn. 34 ff.; s. auch H. HUBA, Das Grundgesetz als dauerhafte deutsche Verfassung, in: Der Staat 30 (1991), S. 367 ff. (372).

[75] BVerfGE 30, 1 (24). – Zum ganzen auch sehr eindeutig der Allgemeine Redaktionsausschuß des Parlamentarischen Rates (JöR 1 [1951], S. 586): „Diese Bestimmung (scil. Art. 79 Abs. 3 der Endfassung, H.D.) soll zum Ausdruck bringen, daß dieses GG nicht die Hand bieten darf zu seiner eigenen Totalbeseitigung oder

wird klar, daß wir es auch und zugleich mit einem Stück Vergangenheitsbewältigung zu tun haben[76].

Dabei kann hier dahingestellt bleiben, ob es sich bei der Machtübernahme der Nationalsozialisten tatsächlich um eine *legale*, ganz in den Bahnen der alten Rechtsordnung verlaufende Revolution handelte[77]. Denn keine Zweifel gibt es an dem Befund, daß die Weimarer Reichsverfassung ihrerseits *keine* wirksamen Sperren gegen eine auf ihrem Boden und nach ihren Regeln stattfindende vollkommene Umwandlung der politischen Ordnung und der Auswechslung tragender Systemteile aufwies[78]. Nach der herrschenden, wiederum von Gerhard Anschütz in repräsentativer Weise formulierten Auffassung stand dem verfassungsändernden Gesetzgeber kraft seiner unbeschränkten Souveränität normativ alles offen[79]. Art. 76 WRV diente gewissermaßen als verfassungsrechtlicher Passepartout, der in wertrelativistischer Radikalität die Tür zu jeder, auch zu einer völlig andersartigen Rechtsordnung öffnen und damit alle Regelungen über

---

-vernichtung, insbesondere dazu, daß ggf. eine revolutionäre antidemokratische Bewegung mit demokratischen Mitteln auf scheinbar ‚legalem' Wege die hier normierte demokratisch-rechtsstaatliche Grundordnung ins Gegenteil verkehrt. Eine Revolution kann und soll dadurch nicht verhindert werden. Eine revolutionäre Bewegung kann gegebenenfalls auch neues Recht schaffen, aber sie soll nicht imstande sein, eine ihr selbst fehlende Legitimität und Rechtsqualität – z.B. infolge Mangels jedes Rechtsgedankens – zu ersetzen durch Berufung auf ihr äußerlich ‚legales' Zustandekommen."

[76] STERN, Unantastbarkeitsgarantie (Fn. 71), S. 271: „Antwort auf die Geschehnisse von 1933."

[77] Das läßt sich mit guten Gründen bezweifeln: vgl. HOFMANN, Staatsgrundgesetz (Fn. 24), S. 262 f.; ferner E. WADLE, Das Ermächtigungsgesetz, in: JuS 1983, S. 170 ff.; D. WILLOWEIT, Deutsche Verfassungsgeschichte, 2. Aufl. 1993, S. 307 ff.

[78] Umfängliche Darstellung bei EHMKE, Grenzen (Fn. 62), S. 19 ff.

[79] Die berühmte Formulierung lautet (ANSCHÜTZ, Verfassung [Fn. 16], Art. 76 Anm. 3 [Hervorhebung im Original]): Verfassungsänderungen seien möglich „*ohne Unterschied des Inhalts und der politischen Tragweite*. Auf dem durch Art. 76 geregelten Gesetzgebungswege können [...] Verfassungsrechtsänderungen *jeder Art* bewirkt werden: nicht nur minder bedeutsame, mehr durch technische als durch politische Erwägungen bedingte, sondern auch bedeutsame, einschließlich solcher, die sich auf die rechtliche Natur des Reichsganzen (Bundesstaat), die Zuständigkeitsverteilung zwischen Reich und Ländern, die Staats- und Regierungsform des Reichs und der Länder (Republik, Demokratie, Wahlrecht, Parlamentarismus, Volksentscheid, Volksbegehren) und andere prinzipielle Fragen (Grundrechte!) beziehen. Die [...] verfassungsändernde Gewalt ist gegenständlich unbeschränkt". Scharfe Kritik bei C. SCHMITT, Der Hüter der Verfassung (1931), 3. Aufl. 1985, S. 112 f.; DERS., Legalität (Fn. 20), S. 301 hat hier von „Neutralität bis zum Selbstmord" gesprochen. – Die Vokabel „Selbstmord" auch bei HESSE, Grundzüge (Fn. 8), Rn. 701; vgl. unten Fn. 143.

die Staatsorganisation wie über die Rechtsstellung des einzelnen zur Disposition stellen konnte. Die Weimarer Reichsverfassung erschien wie eine Art Loseblattsammlung, deren Inhalt bis auf den Art. 76 selbst vollständig ausgewechselt werden durfte, ohne daß sich die Aufschrift auf dem Buchdeckel („Weimarer Reichsverfassung") änderte – gleichgültig, für welche Art von Nachlieferungen der Gesetzgeber sorgte.

3. Sinn und Problematik der Unantastbarkeitsgarantie

Einer derartigen Selbstentleerung beugt das Grundgesetz dadurch vor, daß es für seine identitätsbestimmenden Grundprinzipien einen „legitimierenden Konsens der politisch organisierten Gesellschaft"[80] schlicht voraussetzt. Der gute Sinn einer solchen Regelung liegt neben der bereits erwähnten Warnfunktion vor allem in ihrer Entlastungsfunktion und der Absicherung eines offenen demokratischen Willensprozesses. Weit davon entfernt, als Fessel politischer Selbstbestimmung zu dienen, geht es um die institutionelle Sicherung der Existenzvoraussetzungen verfassungsstaatlicher Freiheit und damit um die Ermöglichung demokratischer Politik[81]. Die epochale Leistung der modernen Verfassung besteht in der Bändigung politischer Gewalt. Als „Bauplan"[82] reglementiert, legitimiert und limitiert die Verfassung den Prozeß politischer Willensbildung. Erst durch dessen Kanalisierung, Disziplinierung und Rationalisierung eröffnen sich Handlungsoptionen auf sicherem Grund. Gerade weil nicht alles möglich ist, kann die Offenheit und Pluralität der politischen Willensbildung gewahrt werden[83].

---

80 Badura, Verfassung (Fn. 33), S. 24.

81 U.K. Preuss, Vater der Verfassungsväter?, in: Politisches Denken. Jahrbuch 1993, S. 117ff. (132): „In dieser Sicht ist Art. 79 Abs. 3 GG eine Norm demokratischer Selbstermöglichung und demokratischer Reflexivität." Ausführlicher ders., Revolution (Fn. 30), S. 73ff.; s. auch bereits ders., Politische Verantwortung und Bürgerloyalität, 1984, S. 11ff. (Grenzen der Verfassung als Erhöhung gesamtgesellschaftlicher Problemlösungskapazität). – Ähnlich schon früher J. Perels, Die Grenzmarken der Verfassung, in: KritJ 10 (1977), S. 375ff. (387).

82 A. Hollerbach, Ideologie und Verfassung, in: W. Maihofer (Hrsg.), Ideologie und Recht, 1969, S. 36ff. (46).

83 Vgl. K. Hesse, Das Grundgesetz in der Entwicklung der Bundesrepublik Deutschland; Aufgabe und Funktion der Verfassung, in: E. Benda/W. Maihofer/H.-J. Vogel (Hrsg.), Handbuch des Verfassungsrechts der Bundesrepublik Deutschland, 1983, S. 3ff. (26f.). – In diese Richtung auch Luhmann, Recht (Fn. 67), S. 468ff.

Mit alledem ist aber das Hauptproblem der in Art. 79 Abs. 3 GG getroffenen „Vorabbestimmung des Willens“[84] der staatlichen Gemeinschaft noch nicht berührt. Man kann es als Frage vielleicht so formulieren: Wenn nach demokratischen Grundsätzen die Verfassung Produkt der verfassunggebenden Gewalt des Volkes ist – worin soll dann die Berechtigung dafür liegen, das Volk im Jahre 1994 durch einen (bei genauer historischer Betrachtung: nicht uneingeschränkt souveränen) Akt der Verfassunggebung des Jahres 1949 mit dem Argument seiner Vorrangigkeit zu binden? Richtet sich hier die Verfassung nicht gegen ihre eigenen Voraussetzungen[85]? Denn dem in Art. 20 Abs. 2 GG deutlich ausgesprochenen Prinzip der Volkssouveränität zufolge hat die Verfassung dasselbe Subjekt wie die Legislative, nämlich das (allemal in bestimmter Weise repräsentierte)[86] Volk.

Man hat hierin eine „Grundaporie des Verfassungsstaates“[87] bzw. eine Paradoxie der Verfassunggebung[88] gesehen. In der Tat: Was kann es rechtfertigen, das Prinzip der Volkssouveränität, also der kollektiven Selbstbestimmung der zum Staatsvolk geeinten Gesellschaft, unter Berufung auf die nach dem gleichem Prinzip geschaffene Verfassung zu beschränken[89]?

Das Rätsel wird sich mit bloßer „Legalitätslogik“[90] nicht vollständig lösen lassen; vielmehr stellt sich das Problem praktischer Vermittlung von Statik und Flexibilität, Bewahrung und Veränderung[91]. Dazu seien im folgenden einige knappe Erläuterungen gestattet[92].

---

[84] W. v. SIMSON, Das demokratische Prinzip im Grundgesetz, VVDStRL 29 (1971), S. 3 ff. (13 ff.).

[85] PREUSS, Revolution (Fn. 30), S. 18.

[86] H. HOFMANN, Legitimität und Rechtsgeltung, 1977, S. 61, 72; HOFMANN/DREIER, Repräsentation (Fn. 7), § 5 Rn. 17, 22.

[87] BADURA, Verfassung (Fn. 33), S. 25.

[88] HOFMANN, Staatsgrundgesetz (Fn. 24), S. 293 f.; s. auch PREUSS, Revolution (Fn. 30), S. 18, 28; LUHMANN (Fn. 67), S. 103 f., 474.

[89] Erinnert sei in diesem Zusammenhang daran, daß die uns heute in vielem befremdlich erscheinende Weimarer Staatsrechtslehre sich in ihrer wertrelativistischen Ungeschütztheit nicht der puren Lust am Untergang verdankte, sondern der hohen Wertschätzung der Idee und „Würde freier demokratischer Selbstbestimmung“ (THOMA, Funktionen [Fn. 16], S. 154) geschuldet war. – Im übrigen ist festzustellen, daß das hier erwachsende Problem allen demokratischen Verfassungen eigentümlich ist und durch die Ewigkeitsklausel des Art. 79 Abs. 3 GG nur in besonderer Weise zugespitzt wird.

[90] HOFMANN, Legitimität und Rechtsgeltung (Fn. 86), S. 59; ebd. S. 47 ff., 53 ff., 60 ff. tiefgreifende Analysen zu Wegen und Irrwegen der Begründung verfassungsstaatlicher Legitimität.

[91] Systemtheoretische Analyse (Steigerung gesamtgesellschaftlicher Variabilität bei gleichzeitiger Disziplinierung der Politik): LUHMANN, Recht (Fn. 67), S. 468 ff.

[92] S. auch H. DREIER, Staatliche Legitimität, Grundgesetz und neue soziale Bewe-

a) Als Erklärung für die Ewigkeitsklausel des Grundgesetzes reicht der Hinweis auf die verfassunggebende Gewalt des Volkes nicht aus[93]. Denn damit kann man auf einleuchtende Art und Weise die Beschränkung des einfachen Gesetzgebers als einer niederen Normsetzungsinstanz erklären – gewissermaßen als Akt kluger Selbstbindung des Souveräns im Verhältnis zu Normsetzungsorganen niederer Stufe. Doch der Vorrang der Verfassung gegenüber der Gesetzgebung, auch der verfassungsändernden, ist *eine* Sache, der völlige Ausschluß einer grundlegenden Neuordnung etwa im Sinne einer Totalrevision[94] und damit die Verbannung des Volkes in das einmal errichtete Gehäuse der Verfassung[95] eine *andere*. Daß die Lehre vom *pouvoir constituant* nicht zwingend Unverbrüchlichkeitsgarantien dieser Art nach sich zieht, läßt sich unschwer an den klassischen Verfassungstexten ablesen, die solche Sicherungen nicht kennen. Noch deutlicher hat sich Sieyes geäußert[96].

b) Weiter als der Rekurs auf den punktuellen Urakt des *pouvoir constituant* führt es, die aufgeworfene Frage als eine nach der Rechtsgeltung in der Zeitdimension, mithin als Generationenproblem zu fassen[97]. Denn

---

gungen, in: J. Marko/A. Stolz (Hrsg.), Demokratie und Wirtschaft, 1987, S. 139ff. (152ff.).

[93] So aber STERN, Unantastbarkeitsgarantie (Fn. 71), S. 277. – Ausführliche Begründung für die fehlende Möglichkeit der Selbstbindung der verfassunggebenden Gewalt als solcher bei MURSWIEK, Verfassunggebende Gewalt (Fn. 43), S. 175ff.

[94] Der nicht einheitlich gebrauchte Begriff der Totalrevision wird hier verstanden als Möglichkeit evolutionärer, gleichwohl vollständiger Umgestaltung einer bestehenden Verfassung ohne Bindung an inhaltliche Vorgaben. Wenn man so will, kann man von einer „Konstituierung" der verfassunggebenden Gewalt sprechen (so PREUSS, Revolution [Fn. 30], S. 31). Zu Beiträgen und Entwurfstexten für eine „Totalrevision" der Schweizer Verfassung vgl. L. WILDHABER, Das Projekt einer Totalrevision der Schweizerischen Bundesverfassung, in: JöR 26 (1977), S. 239ff.; P. SALADIN, Verfassungsreform und Verfassungsverständnis, in: AöR 104 (1979), S. 346ff.; Abdruck des Entwurfstextes: Verfassungsentwurf Bundesverfassung der Schweizerischen Eidgenossenschaft der Expertenkommission für die Vorbereitung einer Totalrevision der Bundesverfassung, in: AöR 104 (1979), S. 475ff.; E.-W. BÖCKENFÖRDE, Zur Diskussion um die Totalrevision der Schweizerischen Bundesverfassung, in: AöR 106 (1981), S. 580ff. – Allgemein zur Gesamtänderung der Verfassung: HUBER, Gesamtänderung (Fn. 68), S. 183ff.

[95] So die bekannte These von M. KRIELE, Einführung in die Staatslehre, 1975, S. 111ff., 224ff., 259ff.; zur Kritik etwa H. QUARITSCH, Der fortschreitende Verfassungsstaat, in: Der Staat 17 (1978), S. 421ff. (427ff.); MURSWIEK, Verfassunggebende Gewalt (Fn. 43), S. 168; BÖCKENFÖRDE, Verfassunggebende Gewalt (Fn. 28), S. 17.

[96] SIEYES, Dritter Stand (Fn. 29), S. 168.

[97] Pionierhaft F. BÜHLER, Verfassungsrevision und Generationenproblem, 1949; BÜHLER behandelt im wesentlichen die sogleich anzusprechende Konzeption

wenn wir vom Recht des Volkes ausgehen, sich eine Verfassung zu geben, fragt sich doch, mit welcher Bindungswirkung für die Zukunft dies geschieht. Wie kann es sein, daß eine Generation vom Urrecht demokratischer Selbstbestimmung in Gestalt der Verfassunggebung Gebrauch macht, nachfolgende Generationen aber davon ausschließt? Ist das nicht „der Versuch einer Generation, allen künftigen Generationen ihren einmaligen historischen Willen als verpflichtend aufzuerlegen“[98]?

Da derartige Selbstprivilegierungen der Gründergeneration kaum zu rechtfertigen sind[99], andererseits die permanente Ausübung der verfassunggebenden Gewalt den Stabilisierungseffekt der Verfassung zunichte machen würde, hat Thomas Jefferson bekanntlich die Forderung erhoben, daß ein neues Volk von neuem über seine politische Grundordnung befinden und daher jede neue Generation über die Verfassung abstimmen müsse – übrigens mit komplizierten Berechnungen zu der Frage, wann von einer neuen Generation gesprochen werden kann[100].

Nun hat sich dieser Vorschlag eines turnusmäßigen Plebiszits nicht durchgesetzt[101]. Doch kommt in ihm ein zentraler und wichtiger Gedanke zum Ausdruck. Die Verfassung bildet ja nicht nur das Dokument eines großen historischen Augenblicks, sondern einen für die Zukunft verbindliche Ordnungsvorgabe[102]. Sie bedarf deshalb der beständigen „Annahme“ im Sinne der Erfüllung ihrer Prinzipien, der Ausschöpfung ihrer Handlungsmöglichkeiten und der Beachtung ihrer Leitlinien[103]. Voraussetzung für die Akzeptanz der Verfassung durch die Folgegenerationen ist aber, daß die

---

JEFFERSONS. – Zu ähnlichen Überlegungen CONDORCETS vgl. ZWEIG, Lehre (Fn. 26), S. 91 ff.

[98] TOMUSCHAT, Verfassungsgewohnheitsrecht (Fn. 30), S. 109; ähnlich PREUSS, Politische Verantwortung (Fn. 81), S. 11, 13; DERS., Revolution (Fn. 30), S. 17 ff.

[99] Klassisch die Formulierung der Frz. Verf. v. 24.6.1793: „Ein Volk hat stets das Recht, seine Verfassung zu revidieren, zu verbessern und zu ändern. Eine Generation kann ihren Gesetzen nicht die künftigen Generationen unterwerfen.“ (Art. 28 der Erklärung der Menschen- und Bürgerrechte, die der eigentlichen „Verfassungsurkunde“ vorangestellt ist). Zum jederzeitigen Recht der Nation auf Verfassungsänderung schon VATTEL, Droit (Fn. 27), § 33.

[100] Dazu jüngst W. HEUN, Die politische Vorstellungswelt Thomas Jeffersons, in: HZ 238 (1994), S. 359 ff. (384 f.) m.w.N.

[101] Selbst der Abbé SIEYES hatte in seinem Verfassungsentwurf an beständige, ja zu bestimmten Zeitpunkten obligatorische Revisionen der Verfassung gedacht: E.J. SIEYES, Einleitung zur Verfassung (1789), in ders., Politische Schriften [Fn. 29], S. 239 ff. [257].

[102] Vgl. E. SCHMIDT-ASSMANN, Der Verfassungsbegriff in: der deutschen Staatslehre der Aufklärung und des Historismus, 1967, S. 58.

[103] Zur Vertiefung HOFMANN, Legitimität und Rechtsgeltung (Fn. 86), S. 68 ff.

Möglichkeit demokratischer Selbstbestimmung *auf Grundlage* der Verfassung nicht durch allzu detaillierte Vorgaben *durch* die Verfassung minimalisiert wird. Die Verfassung muß einer schönen Formulierung Bäumlins zufolge „in die Zeit hinein offen“[104] bleiben.

Für ein gewisses Maß an Flexibilität sorgen in diesem Sinne mehrere Faktoren: So etwa die Notwendigkeit zumeist gesetzlicher, aber natürlich auch verfassungsgerichtlicher Konkretisierung und Ausgestaltung unbestimmter Verfassungsrechtssätze, vor allem jedoch die Möglichkeit ausdrücklicher Verfassungsänderung; ferner ist zu denken an andere, unauffälligere Prozesse eines Verfassungswandels[105]. Die solcherart erfolgende Fortbildung der Verfassung ermöglicht ihre Anpassung an veränderte Rahmenbedingungen und neuartige Herausforderungen sozialer wie politischer Art, hält die dem demokratischen Grundgedanken zuwiderlaufende Fremdbestimmung durch den Willen der Verfassungsväter in tolerablen Grenzen und ermöglicht einen Verfassungskonsens[106] über die Generationen hinweg.

Indem das Grundgesetz lediglich die Berührung der in Art. 1 und Art. 20 GG niedergelegten „Grundsätze“ untersagt, verfährt es – insofern! – in kluger Weise zurückhaltend. Verfassungen, die in überzogener Rigidität allzu vieles für unantastbar erklären, laufen Gefahr, ihren besonders umfassenden Ewigkeitsanspruch mit einem kurzen Leben zu büßen[107]. Andererseits weiß man natürlich, wie unterschiedlich Rechtsprechung und Wissenschaft den Kreis der durch Art. 79 Abs. 3 GG absolut geschützten Inhalte ziehen[108]. Die hierin liegende Unsicherheit bildet eine schwere Hypothek[109].

c) Ein weiteres Problem kommt hinzu. Das Grundgesetz versieht ja nicht lediglich Rechtsprinzipien mit der Ewigkeitsgarantie, die – wie De-

---

[104] R. Bäumlin, Staat, Recht und Geschichte, 1961, S. 15; zum skizzierten Zusammenhang eingehender Dreier, Legitimität (Fn. 92), S. 152ff.

[105] Vgl. P. Lerche, Stiller Verfassungswandel als aktuelles Politikum, in: Festgabe für Theodor Maunz, 1971, S. 285ff.; M. Morlok, Was heißt und zu welchem Ende studiert man Verfassungstheorie?, 1988, S. 166ff.; zusammenfassend und m.w.N. Badura, Verfassungsänderung (Fn. 50), § 160 Rn. 13ff.; zuletzt E.-W. Böckenförde, Anmerkungen zum Begriff Verfassungswandel, in: Festschrift für Peter Lerche, 1993, S. 3ff. (mit Eingrenzungen des Terminus, die letztlich zu dessen Stigmatisierung führen). – Konkret zur „Entwicklung des Grundgesetzes nach 1949“ Hofmann, Entwicklung (Fn. 49), § 7 (zum Verfassungswandel insb. Rn. 53)

[106] Dazu ausführlich H. Vorländer, Verfassung und Konsens, 1981.

[107] Man denke an die Verfassungen Lateinamerikas oder diejenigen der Türkei und Griechenlands. Warnung vor inflationärem Gebrauch von Ewigkeitsklauseln wegen des Entwertungseffekts bei Häberle, Ewigkeitsklauseln (Fn. 64), S. 92f.

[108] Eingehende Analyse bei Bryde, Verfassungsentwicklung (Fn. 12), S. 235ff.; abgewogene Interpretation bei Stern, Unantastbarkeitsgarantie (Fn. 71), S. 277ff.

[109] Dazu sogleich unter d).

mokratie, Rechtsstaat und Grundrechte – gewissermaßen das essentielle Gemeingut moderner, freiheitlicher Verfassungsstaaten bilden[110]. Schon beim Sozialstaatsprinzip kann man hier mit Blick auf die USA zweifeln[111]. Das Merkmal des republikanischen Staatsprinzips verliert seine für den Typus „westlicher Demokratien" unverzichtbare Evidenz[112], wenn man an die zahlreichen europäischen Monarchien (Großbritannien, aber auch Dänemark, Schweden, Norwegen, Spanien) denkt, an deren Freiheitlichkeit kein Zweifel besteht. Daß die letztendlich in die Verfassung aufgenommene Formulierung des Art. 79 Abs. 3 GG zu weit geht[113], wird spätestens beim Bundesstaatsprinzip offensichtlich[114]. Sollte sich – um zur Zeit hypo-

---

[110] Dies war allerdings das Selbstbewußtsein der Mitglieder des Parlamentarischen Rates; vgl. STERN, Unantastbarkeitsgarantie (Fn. 71), S. 273.

[111] Der Text der Verfassung der Vereinigten Staaten enthält keine Sozialstaatsklausel. Zwar findet sich eine förderale Gesetzgebungskompetenz für Angelegenheiten der allgemeinen Wohlfahrt (US. Const. art I. § 8, cl. 1: „The Congress shall have Power To [...] provide for the [...] general Welfare of the United States"). Diese Wohlfahrtsklausel regelt aber nur die kompetenzielle Befugnis gegenüber einzelstaatlicher Gesetzgebung, nicht hingegen eine staatliche Pflicht zu sozialer Aktivität. Auch aus dem grundrechtsdogmatischen Einfallstor des SUBSTANTIVE DUE PROCESS wurde bisher keine Sozialstaatsklausel gewonnen. Mit SUBSTANTIVE DUE PROCESS argumentierte der SUPREME COURT in der „LOCHNER-Ära" sogar *gegen* Sozialgesetzgebung. – Zum Fehlen des Sozialstaatsprinzips in der US-Verfassung jüngst W. BRUGGER, Verfassungsstabilität durch Verfassungsgerichtsbarkeit?, in: StWStP 4 (1993), S. 319 ff. (321 f.).

[112] J. BECKER, Die wehrhafte Demokratie des Grundgesetzes, in: HStR VII, § 167 Rn. 47: Die Republik sei kein Element der freiheitlichen demokratischen Grundordnung. – Man könnte allerdings daran denken, den Ausschluß eines monarchischen Staatsoberhauptes im Prinzip der Volkssouveränität begründet zu sehen: STERN, Staatsrecht I (Fn. 46), S. 565; E. DENNINGER, Der Schutz der Verfassung, in: Benda/Maihofer/Vogel, HdbVerfR (Fn. 83), S. 1293 ff. (1307).

[113] Scharfe Kritik bei E. FORSTHOFF, Der Staat der Industriegesellschaft, 1971, S. 66. – Entstehungsgeschichtlich ist anzumerken, daß der Herrenchiemseer Entwurf um einiges restriktiver war. Art. 108 des Entwurfs lautete: „Anträge auf Änderung des Grundgesetzes, durch die die freiheitliche und demokratische Grundordnung beseitigt würde, sind unzulässig." Diese Formulierung dürfte den Intentionen sehr viel besser entsprochen haben als die jetzige Fassung. Selbst eine Beseitigung des Bundesstaatsprinzips war dem Art. 107 des Entwurfs nicht ausgeschlossen, jedoch an die einstimmige Annahme im Bundesrat gebunden (vgl. DENNINGER, Schutz [Fn. 112], S. 1306 f.). Erst in einem sehr späten Stadium der Beratungen des Parlamentarischen Rates und ohne Aussprache ist die Bundesstaatlichkeit in den Kreis der unantastbaren Regelungen aufgenommen worden (vgl. EVEN, Bedeutung [Fn. 64], S. 38 f.).

[114] HESSE, Grundzüge (Fn. 8), Rn. 700 ff. unterscheidet im Anschluß an EHMKE zwischen einer deklaratorischen Umschreibung des Kerns und eines konstitutiven Verbots der Beseitigung der Grundlagen bundesstaatlicher Ordnung; die Argumentation bei EHMKE, Grenzen (Fn. 62), S. 99 f., scheint indes zu übersehen, daß zu den

thetische, gleichwohl nicht völlig irreale Beispiele zu nennen – irgendwann eine überwältigende demokratische Mehrheit in Bund und Ländern für die Umgestaltung Deutschlands zu einem Einheitsstaat etwa nach französischem Muster oder zu einer konstitutionellen Monarchie nach Art der genannten, im übrigen zur Europäischen Union gehörigen Länder finden, so wäre diese Mehrheit der Legalordnung des Grundgesetzes gemäß zu dessen revolutionärer Beseitigung gezwungen.

Die zentrale Schwäche der Ewigkeitsklausel liegt darin, daß sie den Weg für grundlegende Umstellungen und Neuregelungen der Verfassung auch auf friedlich-demokratischem Wege versperrt. Für einen niemals auszuschließenden fundamentalen Umgestaltungsbedarf sieht das Grundgesetz keine evolutionäre Alternative etwa im Sinne einer Totalrevision vor, an der wohl unausweichlich das Volk zumindest in Gestalt eines Verfassungsreferendums zu beteiligen wäre[115].

d) Ein möglicher Lösungsweg besteht auch nicht darin, Art. 79 Abs. 3 GG „minimalistisch"[116] auszulegen. Denn das produziert neue, praktische Schwächen. Weil das einmal in Geltung gesetzte Grundgesetz keinen legalen *pouvoir constituant* mehr anerkennt und sich zur Verstetigung seiner Kernidentität der Ewigkeitsklausel bedient, tendiert die Rechtsprechung des Bundesverfassungsgerichts zur restriktiven Interpretation derselben[117].

„Grundsätzen" der Art. 1 und 20 auch das Bundesstaatsprinzip zählt; vom republikanischen Prinzip ist bei ihm nicht gesondert die Rede. Zur besonderen Legitimationsbedürftigkeit des Bundesstaatsprinzips J. Isensee, Idee und Gestalt des Föderalismus im Grundgesetz, in: HStR IV, § 98 Rn. 299 ff.

[115] Vgl. auch Böckenförde, Verfassunggebende Gewalt (Fn. 28), S. 23 f., der das Fehlen von Volksgesetzgebung, Verfassungsreferendum und anderer Verfahren direkter Demokratie als Defizit „kanalisierende(r) Verfahren" interpretiert: „für das Grundgesetz kann dies zum Ernstfall werden".

[116] Den Ausdruck übernehme ich von Bryde, Verfassungsentwicklung (Fn. 12), S. 239. – Diese Gefahr ist klar herausgearbeitet bei G. Dürig, Zur Bedeutung und Tragweite des Art. 79 Abs. III des Grundgesetzes (ein Plädoyer), in: Festgabe für Theodor Maunz, 1971, S. 41 ff. (43, 51). Andererseits besteht die Gefahr der Überinterpretation (vgl. v. Simson, Prinzip [Fn. 84], S. 21), die Art. 79 Abs. 3 GG zur „kleinen Münze" (Dürig, S. 43) degenerieren läßt. Zu diesen beiden Gefahren (der Erstarrung wie der Erosion) auch Häberle, Ewigkeitsklauseln (Fn. 64), S. 103 f.

[117] Vgl. insb. BVerfGE 30, 1 (24 f.). Dieses Urteil stieß überwiegend auf Ablehnung: vgl. etwa P. Häberle, Die Abhörentscheidung des BVerfG, in: JZ 1971, S. 145 ff.; K.A. Bettermann, Die Rechtsweggarantie des Art. 19 Abs. 4 GG in der Rechtsprechung des Bundesverfassungsgerichts, in: AöR 96 (1971), S. 528 ff. (562 ff.); H.H. Rupp, Anmerkung, NJW 1971, S. 275 ff.; C. Gusy, Der Schutz vor Überwachungsmaßnahmen nach dem Gesetz zur Beschränkung des Art. 10 GG, in: NJW 1981, S. 1581 ff. m.w.N. in Fn. 4; Hesse, Grundzüge (Fn. 8), Rn. 703 mit Fn. 7. – Vgl. jetzt BVerfGE 84, 90 (121).

Indem es nun aber den primären Sinn des Art. 79 Abs. 3 GG in der Verhinderung der „Legalisierung eines totalitären Regimes“[118] sieht, versteht es die Norm als „Revolutionsverbot“[119]. Abgesehen davon, daß eine Verfassungsnorm das nicht zu leisten vermag, sondern lediglich appellativ bekräftigen kann, führen solche Reduktionen der in Art. 79 Abs. 3 GG geschützten Prinzipien im Verfassungsalltag jedoch eher zu ihrer Marginalisierung[120]. Das dürfte den Sinn der Ewigkeitsklausel in ihr Gegenteil verkehren, zumal sich die geringen Hürden für die Verfassungsänderung nach Art. 79 Abs. 2 GG zu einem Teil gerade aus ihrer Existenz erklären lassen. Interpretiert man die durch Art. 79 Abs. 3 GG geschützten Gehalte hingegen extensiver, droht die Gefahr des Immobilismus, da dann sehr viele Verfassungsrechtssätze im Bannkreis der Ewigkeitsklausel zu verorten wären; eine weitere Ausdehnung der Macht des Bundesverfassungsgerichts über die Verfassungsentwicklung wäre die zwingende Folge[121]. Einen Ausweg aus dem Dilemma, das Grundgesetz durch eine extensive Interpretation des Art. 79 Abs. 3 GG versteinern zu lassen oder durch eine restriktive Interpretation die Ewigkeitsklausel zu marginalisieren, böte allein die Eröffnung der Möglichkeit, in Einzelfällen oder aus Anlaß einer Gesamterneuerung des Grundgesetzes auch die Prinzipien des Art. 79 Abs. 3 GG nicht unberührt lassen zu müssen, ohne sogleich auf den Weg des Verfassungsumsturzes verwiesen zu werden[122].

e) Die Ewigkeitsklausel des Art. 79 Abs. 3 GG erweist sich also als durchaus ambivalent. Gegründet im richtigen Gedanken der Fixierung und Bewahrung der Verfassungsidentität, wird die aus Weimar insofern zu Recht gezogene Lehre in überzogener Weise umgesetzt. Art. 79 Abs. 3 GG schützt zu vieles zu intensiv. Die Klausel enthält nicht nur ein appellatives Revolutionsverbot und den normativen Ausschluß eines verfassungskonformen Übergangs zum Totalitarismus, sondern umhegt darüber hinaus Gehalte, die nicht zum Kernbestand freiheitlicher Verfassungsstaaten zäh-

---

[118] BVerfGE 30, 1 (24).

[119] BRYDE, Verfassungsentwicklung (Fn. 12), S. 239; s. auch STERN, Unantastbarkeitsgarantie (Fn. 71), S. 275.

[120] BRYDE, Verfassungsentwicklung (Fn. 12), S. 240: „Das BVerfG entschärft Art. 79 III daher, indem es ihn wirkungslos macht.“ S. auch EVEN, Bedeutung (Fn. 64), S. 92.

[121] Art. 79 Abs. 3 GG ist also, wie BRYDE, Verfassungsentwicklung (Fn. 12), S. 246 treffend bemerkt, nicht zuletzt ein „Kompetenzproblem“.

[122] Vgl. TOMUSCHAT, Verfassungsgewohnheitsrecht (Fn. 30), S. 106; BRYDE, Verfassungsentwicklung (Fn. 12), S. 246 ff. Dieser Umsturz muß nicht unbedingt gewaltsam erfolgen; juristisch entscheidend ist der Legitimitätsbruch.

len[123]. Für deren Modifikation, Umbau oder gar Abschaffung[124] bietet das Grundgesetz keine Möglichkeit. Zwischen (juristischer) Revolution und den Grenzen des Art. 79 GG öffnet sich kein dritter Weg[125]. Das Tor zu einem Akt der Verfassunggebung wird aus mancherlei Gründen auch der neugefaßte Art. 146 GG nicht aufstoßen[126].

4. *Resümee*

Das *Gesamtergebnis* zum zweiten Komplex lautet: Während Art. 79 Abs. 2 GG die Schranke für Verfassungsänderungen zu niedrig ansetzt, geht das absolute Änderungsverbot des Art. 79 Abs. 3 GG zu weit, weil es einer freiheitlich-friedlichen Fundamentalerneuerung des politischen Gemeinwesens im Sinne einer „Alternative zwischen Verfassungserstarrung und Revolution"[127] keinen probaten Weg weist.

---

[123] Insofern besteht ein gravierender Unterschied zu Ewigkeitsklauseln, die – wie etwa Art. 108 des Herrenchiemseer Entwurfs – die Beseitigung der freiheitlich-demokratischen Grundordnung untersagen. Diese ist denn auch nicht mit der Unantastbarkeitsgarantie des Art. 79 Abs. 3 GG identisch (treffend DENNINGER, Schutz [Fn. 112], S. 1306 m.w.N.

[124] Realistischer als die Einführung einer konstitutionellen Monarchie oder die gänzliche Streichung des Sozialstaatsgrundsatzes könnten Modifikationen des richterstaatlichen Modells von Rechtsstaatlichkeit sein, wie sie im Abhör-Urteil des BVerfGE 30, 1 und bei der Änderung des Asylrechts zur Diskussion standen (und vermutlich weiter stehen werden). Auch an die „Verteilung" repräsentativer und plebiszitärer Elemente des Demokratieprinzips wäre zu denken.

[125] TOMUSCHAT, Verfassungsgewohnheitsrecht (Fn. 30), S. 108 m. Fn. 118 bemerkt, die Entstehungsgeschichte des GG ließe erkennen, „daß den Verfassungsschöpfern lediglich die Alternative zwischen Verfassungsänderung nach Art. 79 GG und revolutionärem Umsturz vor Augen gestanden" habe.

[126] Die geplanten Verfassungsänderungen auf der Grundlage der Empfehlungen der gemeinsamen Verfassungskommission (GVK) bewegen sich ganz im Rahmen des Art. 79 Abs. 2 GG. – Die Auslegung des Art. 146 n.F. GG ist heillos umstritten; Einigkeit besteht im Grunde nur darin, daß die Vorschrift mißglückt ist. – Hoffnungen auf eine Aktivierung des *pouvoir constituant* infolge der Umbildung der Europäischen Gemeinschaften zur Europäischen Union haben sich durch das Maastricht-Urteil des BVerfG, BVerfGE 89, 155 erledigt.

[127] BRYDE, Verfassungsentwicklung (Fn. 12), S. 251; S. 246ff. sucht BRYDE einen Weg zur Aktualisierung der verfassunggebenden Gewalt aufzuzeigen. – Kritisch bereits H.J. WOLFF, Rechtsgrundsätze und verfassunggestaltende Grundentscheidungen als Rechtsquellen, in: Gedächtnisschrift für Walter Jellinek, 1955, S. 33ff. (50): „Sperrklauseln, die vielleicht notwendige Entwicklungen ausschließen, fördern Revolutionen eher, als daß sie sie verhindern."

IV. Verfassungsstaatliche Freiheit und „streitbare Demokratie"

1. Von der Werthaftigkeit zur Wehrhaftigkeit

Die Grenzmarkierungen politischer Freiheitsausübung, wie sie in Art. 9 Abs. 2 (Verbot von Vereinigungen), Art. 18 (Verwirkung von Grundrechten) und Art. 21 Abs. 2 GG (Parteienverbot) Gestalt gewonnen haben, bilden den normativen Kern der „streitbaren" (auch „wehrhaften" oder „abwehrbereiten") Demokratie[128], deren Schutzgut die freiheitlich-demokratische Grundordnung[129] ist[130]. Zwischen Art. 79 Abs. 3 GG und diesen Vorschriften bestehen offenkundige Verknüpfungen, aber auch gewisse – gelegentlich vernachlässigte – Differenzen. Der systematische Zusammenhang ist offensichtlich[131]: In beiden Normkomplexen schlägt sich das „Bekenntnis zur Verbindlichkeit und Unverbrüchlichkeit der höchsten Staatswerte"[132] nieder, beide sind in diesem Sinne Verfassungsschutzbestimmungen[133], beide Ausprägung eines dezidierten Antirelativismus. Andererseits ist jedoch nicht zu übersehen, daß – wie erörtert – Art. 79

---

[128] Dazu ausführlich J. LAMEYER, Streitbare Demokratie: Eine verfassungshermeneutische Untersuchung, 1978; DERS., Streitbare Demokratie, in: JöR 30 (1981), S. 147 ff.; A. SATTLER, Die rechtliche Bedeutung der Entscheidung für die streitbare Demokratie, 1982; G. P. BOVENTER, Grenzen politischer Freiheit im demokratischen Staat, 1985. – Art. 5 Abs. 3 Satz 2 GG bleibt im folgenden ebenso außer Betracht wie Art. 91 Abs. 1, 98 Abs. 2 GG u.a.

[129] Vgl. C. GUSY, Die „freiheitliche demokratische Grundordnung" in der Rechtsprechung des Bundesverfassungsgerichts, in: AöR 105 (1980), S. 279 ff.

[130] Sachlich ist also nach zutreffender Auffassung die „verfassungsmäßige Ordnung" i.S. des Art. 9 Abs. 2 GG identisch mit der „freiheitlichen demokratischen Grundordnung", von der in Art. 18 und 21 Abs. 2 GG die Rede ist; vgl. W. LÖWER, in: I. v. Münch/P. Kunig (Hrsg.), Grundgesetz-Kommentar, Bd. 1, 4. Aufl. 1992, Art. 9 Rn. 40; STERN, Staatsrecht I (Fn. 23), S. 556; BECKER, Demokratie (Fn. 112), § 167 Rn. 17; ausführlich W. SCHMITT GLAESER, Mißbrauch und Verwirkung von Grundrechten im politischen Meinungskampf, 1968, S. 32 mit Fn. 50, dort (S. 32 ff.) auch eine nähere Begriffsbestimmung.

[131] So u.a. DÜRIG, Bedeutung (Fn. 116), S. 47; DENNINGER, Schutz (Fn. 112), S. 1306; PREUSS, Vater der Verfassungsväter? (Fn. 81), S. 131.

[132] H. RUMPF, Der ideologische Gehalt des Bonner Grundgesetzes, 1958, S. 35; dort auch die Wendung von den „verfassungsrechtlichen Staatsschutznormen".

[133] Deshalb werden sie von HESSE, Grundzüge (Fn. 8), Rn. 691 ff. unter der Rubrik „Schutz der Verfassung" zusammengefaßt; vgl. DÜRIG, Bedeutung (Fn. 116), S. 48; STERN, Staatsrecht I (Fn. 23), S. 206, 216. – Ausdrücklich bezeichnet das Bundesverfassungsgericht in BVerfGE 80, 244 (253), Art. 9 Abs. 2 GG im Anschluß an STERN als „präventiven Verfassungsschutz"; diese Wendung findet sich bereits bei

Abs. 3 GG weit mehr als nur die für eine freiheitliche demokratische Ordnung unentbehrlichen Kernelemente für unantastbar erklärt[134]. So ist denn auch in dem vom Bundesverfassungsgericht aufgestellten Merkmalskatalog einer freiheitlichen demokratischen Grundordnung weder die Bundes- noch die Sozialstaatlichkeit zu finden[135].

Ferner erfährt die in Art. 79 Abs. 3 GG enthaltene Beschränkung der objektiven Verfügungsgewalt der Staatsorgane eine prinzipielle Verschärfung[136] dadurch, daß nun der gesellschaftliche Willensbildungsprozeß reglementiert und bestimmte Freiheitsausübungen unterbunden werden[137]. Die *Wert*haftigkeit des Grundgesetzes steigert sich zur *Wehr*haftigkeit. Während die Ewigkeitsgarantie tragende Strukturprinzipien der Verfassung nur der *Disposition* der Staatsorgane entzieht, wird jetzt – darüber hinausgehend – auch die *Diskussion* in der Gesellschaft beschränkt[138]. Die Demokratie wird sozusagen „militant"[139].

U. Scheuner, Der Verfassungsschutz im Bonner Grundgesetz, in: Festgabe für Erich Kaufmann, 1950, S. 313 ff. (326 ff.).

[134] Ausführlicher Denninger, Schutz (Fn. 112), S. 1303 ff. Vgl. bei Fn. 113. – Es wäre absurd, etwa die Anhänger der extrem liberalistischen Wirtschaftslehre F. A. Hayeks als Verfassungsfeinde zu stigmatisieren.

[135] Vgl. BVerfGE 2, 1 (12 ff.); 5, 85 (139 ff.). – Daß die Bundesstaatlichkeit kein Element der freiheitlichen demokratischen Grundordnung ist, kann als herrschende Ansicht gelten: vgl. H. Zwirner, Politische Treupflicht des Beamten (Diss. Jur. Göttingen 1956), 1987, S. 201 Fn. 543; Häberle, Ewigkeitsklauseln (Fn. 64), S. 96 (vgl. ebd. S. 94, 98, 104 f.); Denninger, Schutz (Fn. 112), S. 1308; Isensee, Idee (Fn. 114), § 98 Rn. 283; Becker, Demokratie (Fn. 112), § 167 Rn. 47.

[136] Gegen eine Synonymität von wertgebundener und streitbarer Demokratie treffend R. Herzog, in: T. Maunz/G. Dürig (Hrsg.), Grundgesetz. Kommentar, Art. 20/II. Abschnitt (1980), Rn. 29 ff.; Sattler, Bedeutung (Fn. 128), S. 97 m. Fn. 180.

[137] Man gebraucht hier gern die bildhafte Wendung vom Schutz des Grundgesetzes nach „oben" (also gegen die Staatsorgane selbst) und nach „unten" (also gegen Angriffe aus der Gesellschaft); so etwa T. Maunz/R. Zippelius, Deutsches Staatsrecht, 29. Aufl. 1994, § 45 I 2 (S. 401); Becker, Demokratie (Fn. 112), § 167 Rn. 18.

[138] Es kommt also zur Begrenzung des prinzipiell offenen demokratischen Willensbildungsprozesses. Eine gewisse Milderung tritt allerdings dadurch ein, daß nach der Rechtsprechung eine (wenn auch unsachliche oder unqualifizierte) bloße Kritik nicht ausreicht, sondern eine „aggressiv-kämpferische" Grundhaltung Voraussetzung ist – dies ungeachtet der normtextlichen Unterschiede sowohl bei Art. 9 Abs. 2 als auch bei Art. 18 u. 21 Abs. 2 GG (Sattler, Bedeutung [Fn. 128], S. 53, 99; Becker, Demokratie [Fn. 112], § 167 Rn. 50; Löwer [Fn. 130], Art. 9 Rn. 42; BVerfGE 5, 85 [141] zu Art. 21 Abs. 2 GG; BVerwGE 37, 344 [358]; BVerwGE 61, 218 [220] zu Art. 9 Abs. 2 GG).

[139] Der Terminus geht zurück auf die wohl früheste umfassende Analyse zum Problem von K. Loewenstein, Militant Democracy and Fundamental Rights (I und II), in: American Political Science Review 31 (Juni und August 1937), S. 417 ff., 638 ff. –

2. *Zur theoretischen Basis: Streitbare Demokratie als Selbstbeschränkung*

Zur Rechtfertigung der „streitbaren" Demokratie lassen sich verschiedene Denkwege beschreiten. Verbreitet ist der Rekurs auf die Einbettung der Demokratie in den umfassenden Rahmen der Verfassung. Als „konstitutionelle" Demokratie erleidet die ihr innewohnende Offenheit demnach Einbußen durch andere Verfassungsgehalte wie die Grundrechte oder das Rechtsstaatsprinzip[140]. Diese Argumentation kann dann wiederum eher wertabsolutistische Gestalt annehmen[141] oder nach Art der beim Bundesverfassungsgericht früher beliebten „Spannungslagen" – Rechtsprechung erfolgen[142]. In beiden Fällen setzt man der vermeintlich destruktiven „Eigenlogik" der Demokratie[143] von außen Grenzen. Die Projektionsfläche für diese Argumentation bildet auch hier die Weimarer Republik als (indes zweifelhafter) historischer Anschauungsfall[144] dafür, daß eine *freie* Gesellschaft sich aus *freien Stücken* in die *Unfreiheit* begeben kann.

Vgl. zur Entwicklung G.P. BOVENTER, Das Konzept der streitbaren Demokratie im internationalen Vergleich, in: APuZ 16/85, S. 33 ff. (34 ff.); vertiefend DERS., Grenzen (Fn. 128), S. 31 ff.

[140] Vgl. W. KÄGI, Die Verfassung als rechtliche Grundordnung des Staates, 1945, S. 152; STERN, Staatsrecht I (Fn. 23), S. 568; s. auch G. LEIBHOLZ, Freiheitliche demokratische Grundordnung und das Bonner Grundgesetz (1951), in: ders., Strukturprobleme der modernen Demokratie, 3. Aufl. 1967, S. 132 ff. (140 f.). Zu recht kritisch gegenüber dieser Sichtweise, H. BIELEFELDT, Zum Ethos der menschenrechtlichen Demokratie, 1991, S. 81 ff.

[141] Dazu zählt insb. der Versuch von STEINBERGER, Konzeption (Fn. 2), S. 243 ff., das Problem der streitbaren Demokratie erkenntnistheoretisch durch Bezugnahme auf die klassische Metaphysik zu begründen.

[142] S. etwa BVerfGE 5, 85 (139); BOVENTER, Grenzen (Fn. 128), S. 44 ff., der die Spannungslage zwischen Freiheitsschutz und Demokratieschutz als „demokratisches Dilemma" bezeichnet.

[143] Beständig wiederholtes Stichwort: „Selbstmord" der Demokratie (zahlreiche Nachweise dazu bei HORST MEIER, Parteiverbote und demokratische Republik, 1993, S. 146 ff.). – Auf dieser Linie liegen denn auch Aussagen der Art, bei Art. 21 Abs. 2 GG handele es sich um einen „Fremdkörper", einen „theoretischen Widerspruch" etc.; zur Kritik H. HOFMANN, Verfassungsrechtliche Sicherungen der parlamentarischen Demokratie. Zur Garantie des institutionellen Willensbildungs- und Entscheidungsprozesses, in: A. Randelzhofer/W. Süß (Hrsg.), Konsens und Konflikt, 1986, S. 267 ff. (273 f.).

[144] Statt vieler SATTLER, Bedeutung (Fn. 128), S. 95 ff. – Zweifelhaft ist dies aus drei Gründen. *Erstens* waren die schwersten Belastungen der Weimarer Republik sozialer und politischer, weniger verfassungsrechtlicher Art. *Zweitens* bildete nicht Art. 76 WRV das zentrale verfassungsrechtliche Problem, sondern die starke Stellung des Reichspräsidenten, insb. die Kombinationsmöglichkeit von Notverordnungsrecht

Vorzugswürdiger erscheint jedoch eine Deutung, die nicht gewissermaßen von außen Schranken setzt, sondern sich immanent aus dem Demokratieprinzip selbst entwickelt. Die Selbstbeschränkung figuriert dabei als Bestandteil des Demokratieprinzips, nicht als sein Korrektiv. Bei einer solchen Sichtweise ist etwas genauer zwischen dem Mechanismus eines in Freiheit getroffenen Mehrheitsbeschlusses als der *Methode* demokratischer Entscheidungsfindung und dem geistigen *Grund* der Demokratie als politischer Ordnung zu unterscheiden[145]. Daß dieser Geltungsgrund die individuelle Freiheit ist, hat niemand deutlicher als Hans Kelsen gezeigt; ebenso, daß im Zuge mehrfacher Metamorphosen aus der unbeschränkten Autonomie des Individuums im vorstaatlichen Naturzustand die Mehrheitsherrschaft gewählter Repräsentanten in der demokratischen Staatsordnung wird[146]. Kann sich nun die Methode der Entscheidungsfindung gleichsam gegen ihren eigenen Ursprung, die Idee personaler Freiheit im gesellschaftlichen Verband kehren[147]? Diese Frage muß man entgegen Kelsens Weimarer Position[148] verneinen – und zwar aus demokratietheoretischen Gründen. Denn die Mehrheitsregel ist nicht Geltungsgrund der demokratischen Ordnung, sondern deren Entscheidungstechnik. Demokratie als Methode zur Herstellung verbindlicher Entscheidungen nach dem Majoritätsprinzip darf zwar keinen bestimmten Inhalt dieser Entscheidung präjudizieren, muß aber auf das eigene Fundament, die Idee freier Selbstbestimmung, bezogen bleiben. Die Mehrheitsregel kann nicht gegen das Sinnprinzip, dem sie entsprungen ist,

---

und Reichstagsauflösung. *Drittens* schließlich verfügte die Weimarer Republik über ein breites Spektrum von staatsschützenden Gesetzen und Maßnahmen (vgl. C. GUSY, Weimar – die wehrlose Republik? Verfassungsschutzrecht und Verfassungsschutz in der Weimarer Republik, 1991). Hinzu tritt, daß an der Legalität der nationalsozialistischen Revolution starke Zweifel angebracht sind (vgl. oben Fn. 77).

[145] Vgl. insb. H. BOLDT, Demokratietheorie zwischen Rousseau und Schumpeter, in: Festschrift für Rudolf Wildenmann, 1986, S. 217ff. (insb. 226ff.); BIELEFELDT, Ethos (Fn. 140), S. 90ff.

[146] KELSEN, Wesen (Fn. 4), S. 3ff.; ausführlicher dazu H. DREIER, Rechtslehre, Staatssoziologie und Demokratietheorie bei Hans Kelsen, 2. Aufl. 1990, S. 249ff.; vgl. auch BÖCKENFÖRDE, Demokratie (Fn. 4), § 22 Rn. 37ff. („Metamorphose der individuellen zur demokratischen Freiheit“).

[147] Diskussion dieses schwierigen Punktes etwa bei K. POPPER, Die offene Gesellschaft und ihre Feinde, Bd. I, 7. Aufl. 1992, S. 147ff., 332ff.

[148] Vgl. insb. H. KELSEN, Staatsform und Weltanschauung, 1933, S. 20; DERS., Verteidigung der Demokratie (1932), in: ders., Demokratie und Sozialismus, hrsgg. v. N. Leser, 1967, S. 60ff.; zu späteren Modifikationen DREIER, Rechtslehre (Fn. 146), S. 262ff.

in Stellung gebracht werden[149]. Das Verfassungsprinzip der Demokratie steht also nicht zur Disposition der Majorität.

Diese Rechtfertigung einer möglichen Restriktion bestimmter Entscheidungsinhalte aus dem Demokratieprinzip selbst aufgrund der Differenz zwischen demokratischer *Idee* (d.h.: Selbstbestimmung) und demokratischer *Methode* (d.h.: Mehrheitsentscheidung) wird verstärkt und vertieft, wenn man die Zeitdimension berücksichtigt. In generationenbezogener Denkweise[150] darf die Demokratie nicht allein der Ermittlung der jeweils aktuellen Präferenzen des Volkes dienen, sondern muß auch den späteren Generationen gleiche Chancen zur Wahl zwischen mehreren politischen Alternativen offenhalten; zudem darf sie sich die Möglichkeit zur Selbstkorrektur nicht vorenthalten[151]. Die möglicherweise noch so freie Entscheidung der abstimmenden Aktivbürgerschaft, eine totalitäre Ordnung zu errichten, bleibt ohne Legitimation, weil es das Demokratieprinzip gebietet, dem Volk zu jeder Zeit ein Recht auf politische Selbstbestimmung einzuräumen[152].

3. Praktische Realisierung im Grundgesetz

Für den Schutz der Demokratie vor ihrer Selbstpreisgabe lassen sich also starke verfassungsrechtliche bzw. demokratietheoretische Argumente ins Feld führen[153]. Das über die Wertordnungsidee hinausgehende Konzept der wehrhaften Demokratie ermöglicht es, denjenigen gesellschaftlichen

---

[149] Sehr klärungsbedürftig bleibt natürlich, welches inhaltliche Minimum auf diese Weise auch vor demokratischen Mehrheitsbeschlüssen geschützt ist. Sicher zählen hierzu die „konstitutiven Bedingungen demokratischer Willensbildung" selbst (BÖCKENFÖRDE, Demokratie [Fn. 4], § 22 Rn. 39); die Frage ist, ob nicht mehr als politische Kommunikations- und Mitwirkungsrechte dazugehören, weil deren Wahrnehmung wiederum ein Mindestmaß an personaler Individualfreiheit voraussetzt. Private Freiheit ist die Voraussetzung der politischen, nicht umgekehrt.

[150] Grundlegend zur verfassungsrechtlichen Relevanz der Verantwortung für künftige Generationen H. HOFMANN, Rechtsfragen der atomaren Entsorgung, 1981, S. 258 ff.; Erwähnung des Problems mit Blick auf die Staatsverschuldung bereits bei EHMKE, Grenzen (Fn. 62), S. 128 ff., 137.

[151] PREUSS, Vater der Verfassungsväter? (Fn. 81), S. 132.

[152] Ausführlicher W.F. MURPHY, Rechte der politischen Partizipation in den Vereinigten Staaten von Amerika, in: P. Kirchhof/D.P. Kommers (Hrsg.), Deutschland und sein Grundgesetz, 1993, S. 191 ff. (213 ff.).

[153] So richtet sich denn auch die Kritik weniger gegen das Prinzip als solches als gegen eine zu extensive Interpretation der „streitbaren" Demokratie; vgl. statt aller E. DENNINGER, Verfassungstreue und Schutz der Verfassung, VVDStRL 37 (1979),

Kräften entgegenzutreten, die die Freiheit und Offenheit der Demokratie nutzen wollen, um eben diese Freiheit und Offenheit zu beseitigen. Die entscheidende Frage aber lautet: Welches sind dafür die tauglichen Mittel? Die Bundesrepublik Deutschland verfügt insofern über ein im Vergleich zu anderen westlichen Demokratien reiches verfassungsrechtliches Arsenal[154].

a) Ein auch im internationalen Vergleich absolutes verfassungsrechtliches Novum bildet die Möglichkeit der Verwirkung von Grundrechten, wie sie Art. 18 GG vorsieht[155]. Es mag bezeichnend sein für den Ausnahmecharakter der Norm und ihren eher appellativen Gehalt[156], daß es in der Geschichte der Bundesrepublik bis vor kurzem erst zwei diesbezügliche Anträge gegeben hat, die ohne Erfolg geblieben sind[157]. Bislang existiert also noch kein positiver Anwendungsfall für Art. 18 GG. Daran wird sich wohl auch in Zukunft nichts ändern – trotz der kürzlich gestellten Anträge der Bundesregierung, einigen Führern rechtsextremistischer Bewegungen Grundrechte abzuerkennen[158]. Dieser Vorgang offenbart zugleich weitere Schwächen dieses Instituts: die Einladung zu populistischem Scheinaktivismus der Regierung und die wohl unvermeidliche Steigerung des Bekanntheitsgrades politischer Irrläufer.

b) Bereits in zwei Fällen sind indes politische Parteien gemäß Art. 21 Abs. 2 GG verboten worden[159]. Auch bei diesem Verfahren liegt die Antragsbefugnis faktisch in der Hand der großen Parteien[160], das Entschei-

---

S. 7ff. (18ff.). – HOFMANN, Sicherungen (Fn. 143), S. 278 mit Fn. 43 spricht von der Gefahr „kleinkarierter Ausmünzungen" der wehrhaften Demokratie.

[154] Vgl. STEINBERGER, Konzeption (Fn. 2), S. 9; BOVENTER, Grenzen (Fn. 128), S. 236ff. (aufgrund eines ausführlichen internationalen Vergleichs der Ansätze und Elemente einer streitbaren Demokratie in westlichen Demokratien); SATTLER, Bedeutung (Fn. 128), S. 41, 44ff.

[155] BOVENTER, Grenzen (Fn. 128), S. 237.

[156] Vgl. W. KREBS, in: v. Münch/Kunig, GG (Fn. 130), Art. 18 Rn. 1; dort Rn. 8ff., 14ff. eine genaue Analyse der dogmatischen Defizite der Vorschrift.

[157] BVerfGE 11, 282; 38, 23. – Der Verfassungsentwurf für den Bund deutscher Länder v. 29.6.1991, vorgelegt vom „Kuratorium für einen demokratisch verfaßten Bund deutscher Länder", sieht die ersatzlose Streichung des Art. 18 GG vor.

[158] Vgl. den Hinweis auf die beim 2. Senat des BVerfG anhängigen Verfahren (2 BvA 1 u. 2/92) in: EuGRZ 1993, S. 112 (Nr. 8).

[159] BVerfGE 2, 1; 5, 85. – Auch bei Art. 21 Abs. 2 GG handelt es sich im internationalen Vergleich um einen Sonderfall (Nachweise bei MEIER, Parteiverbote [Fn. 143], S. 339); das schließt allerdings „kämpferische" Vorschriften insbesondere des Vereins- oder Strafrechts, wie sie zahlreiche Staaten kennen, nicht aus.

[160] Vgl. § 43 BVerfGG; die Antragstellung liegt im politischen Ermessen von Bundestag, Bundesrat oder Bundesregierung (vgl. BECKER, Demokratie [Fn. 112], § 167 Rn. 57). – Zur gebotenen restriktiven Interpretation der Verbotsvorschriften vgl. neuestens die Kommentierung der §§ 43ff. BVerfGG durch G.F. SCHUPPERT, in:

dungsmonopol beim Bundesverfassungsgericht. Der letzte diesbezügliche Antrag gegen die KPD ist mittlerweile allerdings mehr als 40 Jahre alt. Der Grund für die hier deutlich werdende Zurückhaltung dürfte zum einen in der über viele Jahre hinweg stabilen westdeutschen Demokratie[161], zum anderen aber auch in der Erkenntnis zu suchen sein, daß man den politischen Extremismus besser auf offenem Feld mit inhaltlichen Gegenargumenten bekämpft, anstatt ihn in die Illegalität zu drängen[162].

c) Mehrere Anwendungsfälle, darunter auch solche aktueller Art, weist das Vereinigungsverbot des Art. 9 Abs. 2 GG auf[163] – wohl nicht zuletzt wegen des fehlenden Entscheidungsmonopols des Bundesverfassungsgerichts[164]. Hier fragt sich allerdings ebenso wie bei Art. 18 GG, ob nicht häufig die Anwendung strafrechtlicher Vorschriften ausreichen würde[165].

4. *Fazit*

Festzuhalten ist, daß die theoretische Grundlegung des Konzeptes wehrhafter Demokratie schlüssiger ausfällt als seine praktische Umsetzung. Die

---

D.C. Umbach/ T. Clemens (Hrsg.), BVerfGG. Mitarbeiterkommentar und Handbuch, 1992, S. 735 ff.

[161] Diese Stabilität beruht auf politischen und vor allem ökonomischen Faktoren und kann nicht pauschal der Qualität des Grundgesetzes einschließlich seiner Wertgebundenheit und Wehrhaftigkeit zugeschrieben werden. Eine echte Bewährungsprobe steht dem Grundgesetz wohl erst noch bevor.

[162] Ohnehin besteht ja das strukturelle Dilemma des Art. 21 Abs. 2 GG darin, daß ein Verbot radikaler Splitterparteien überflüssig (und unverhältnismäßig), ein Verbot mächtiger Massenorganisationen aber kaum durchsetzbar sein wird (vgl. F. Stollberg, Die verfassungsrechtlichen Grundlagen des Parteiverbots, 1976, S. 26 ff.; Hesse, Grundzüge [Fn. 8], Rn. 715 m. Fn. 5; G.F. Schuppert, in: Umbach/ Clemens, BVerfGG [Fn. 160], § 46 Rn. 16 ff.).

[163] Siehe etwa BVerwGE 37, 344 – Ludendorff; 55, 175 – Exilkroaten; 61, 218 – „Wehrsportgruppe Hoffmann"; 74, 176 – ANS/NA; 80, 299 – „Hell's Angels"; VGH Mannheim NJW 1990, 61 – Motorradclub „Gremium"; VGH München NJW 1990, 62 – Motorradclub „W.A."; jüngst BVerwG NJW 1993, 3213 – Nationalistische Front.

[164] Vgl. § 3 des Vereinsgesetzes.

[165] Für Hesse, Grundzüge (Fn. 8), Rn. 713, bietet das politische Strafrecht jedenfalls gegenüber der Verwirkung von Grundrechten „sehr viel einfachere und wirksamere Möglichkeiten zur Ausschaltung verfassungsfeindlicher Kräfte"; Krebs (Fn. 156), Art. 18 Rn. 26 sieht Art. 18 GG „vor dem Hintergrund insbesondere des politischen Strafrechts als eher ineffektiv" an. – Vgl. auch M. Zuleeg, Mißbrauch von Grundrechten vor dem Hintergrund demokratischer Strukturen, in: Iliopoulos-Strangas, Mißbrauch (Fn. 6), S. 41 ff. (42, 48 f.).

im internationalen Vergleich sehr weitreichenden Instrumente des Grundgesetzes sind zwar bislang mit Recht eher zurückhaltend gehandhabt worden. Gleichwohl bergen die einschlägigen Bestimmungen die Gefahr in sich, aus einem Mittel des Schutzes zentraler freiheitlicher Verfassungswerte zur politischen Waffe gegen unliebsame Kritiker zu werden[166]. Die „rechte Mitte zwischen einem Zuviel an Repression und Prävention und einem Zuwenig an Rechtsgüterschutz zu finden, ist nicht immer leicht“[167]. Auch bleibt zu berücksichtigen, daß nach aller historischen Erfahrung erfolgreiche Versuche zur Beseitigung freiheitlicher Rechtsordnungen zumeist von den Inhabern der politischen (und militärischen) Macht ausgehen, seltener aber aus dem (friedlichen!) Prozeß politischer Willensbildung in der Gesellschaft resultieren.

Insgesamt gesehen, bietet den besten Schutz gegen Unfreiheit ohnehin eine lebendige, freiheitliche politische Kultur. Sie läßt sich allerdings ebensowenig durch Normen erzeugen wie der Gang in den Totalitarismus allein durch ein noch so feines Gespinst verfassungsrechtlicher Regelungen zu verhindern wäre. Wirksam kann sich die Freiheit nur durch sich selbst schützen. Damit bleibt die Verfassung der Freiheit auf den gesellschaftlichen Konsens über die ihr innewohnenden freiheitlichen und demokratischen Prinzipien angewiesen – und niemand garantiert, daß dieser Konsens nicht eines Tages zerfällt[168].

---

[166] Vgl. STEINBERGER, Konzeption (Fn. 2), S. 9 f., 267, 299 f., 599 f.; HESSE, Grundzüge (Fn. 8), Rn. 694, 710, 715; LAMEYER, Demokratie (Fn. 128), S. 206 ff.; SATTLER, Bedeutung (Fn. 128), S. 98 f. – S. auch BVerfGE 63, 266 (298 ff.), 308 ff. – *Sondervotum Simon*.

[167] E. DENNINGER, Staatsrecht, Bd. 1, 1973, S. 90. – Zum Problem etwa K. POPPER, Die offene Gesellschaft und ihre Feinde, Bd. II, 7. Aufl. 1992, S. 189; H. KELSEN, Was ist Gerechtigkeit? (1953), 2. Aufl. 1975, S. 42.

[168] Vgl. HOFMANN, Staatsgrundgesetz (Fn. 24), S. 295.

Zur „Eigenständigkeit“ der Verwaltung

I. Aspekte des Problems

Als Arnold Köttgen vor nunmehr 35 Jahren auf einer von der Hochschule für Verwaltungswissenschaften Speyer veranstalteten Arbeitstagung über „Die gegenwärtige Lage der deutschen Verwaltung“ referierte[1], stand im Mittelpunkt seiner überaus dichten Ausführungen unausgesprochen die Frage, ob die Verwaltung als aus eigenem Recht legitimierte oder kraft besonderer Attribute eigenständige Institution betrachtet werden könne oder – sei es aus staats- bzw. verfassungsrechtlichen, sei es aus mannigfaltigen gesellschaftlichen Gründen – lediglich ein von einem fremden Willen bestimmter und geführter technischer Apparat sei: eine „rationelle Maschine“[2], wie Köttgen in (ungewollter?) doppelter Anspielung auf die Staatsvorstellung des am Beginn der Entfaltung eines bürokratischen Verwaltungsstaates stehenden fürstlichen Absolutismus[3] wie auf Max We-

---

[1] A. Köttgen, Die gegenwärtige Lage der deutschen Verwaltung, in: DVBl. 1957, S. 441 ff.

[2] Köttgen, Lage (Fn. 1), S. 445.

[3] Dazu besonders materialreich und ergiebig: B. Stollberg-Rilinger, Der Staat als Maschine. Zur politischen Metaphorik des absoluten Fürstenstaats, 1986; zum Teil recht illustre Belege finden sich bei O. Mayr, Uhrwerk und Waage. Autorität, Freiheit und technische Systeme in der frühen Neuzeit, 1987. Nach wie vor wertvoll A. Meyer, Mechanische und organische Metaphorik politischer Philosophie, in: Archiv für Begriffsgeschichte 13 (1969), S. 128 ff. Zahlreiche Nachweise für die

bers ebenso oft bemühten wie mißverstandenen bürokratietheoretischen Ausführungen[4] formulierte. Köttgens Antwort fiel, seiner abwägenden, vorsichtigen, dabei stets um eine allgemeine staatsrechtliche Perspektive wie eine verwaltungswissenschaftliche Dimensionierung der Fragestellung bemühten Art[5] gemäß ambivalent aus. Einerseits beklagte er den Verlust „jeder eigenen Potenz“ der Verwaltung, registrierte „eine allgemeine Tendenz zu gesetzlicher Infiltration des Verwaltungsablaufs, die bewußt und gewollt den Entscheidungsgehalt des Vollzugs reduziert“[6], bemerkte eine zunehmende „Entscheidungsarmut“ der Verwaltung und die Substitution „rechtsstaatliche(r) Ermächtigungen im Stile klassischen Polizeirechts [...] durch spezifizierte Vollzugsaufträge“[7], ferner eine den historischen Umwälzungen des 20. Jahrhunderts geschuldete „tiefgreifende Verunsicherung der ihres Selbstverständnisses beraubten Verwaltung“[8]. Andererseits konstatierte er, daß der den Sozialstaat prägende, schon für die Weimarer

---

Verwendung des Terminus „Staatsmaschine“ bei D. Peil, Untersuchungen zur Staats- und Herrschaftsmetaphorik in literarischen Zeugnissen von der Antike bis zur Gegenwart, 1983, S. 489 ff.

[4] M. Weber, Wirtschaft und Gesellschaft, 5. Aufl. 1976, S. 126 ff., 551 ff., 825 ff.; die Maschinenmetapher bei dems., Parlament und Regierung im neugeordneten Deutschland (1918), in: ders., Gesammelte politische Schriften, 4. Aufl. 1980, hrsgg. von J. Winckelmann, S. 306 ff. (332). Zu Webers Bürokratietheorie vgl. W. Schluchter, Aspekte bürokratischer Herrschaft, 1972, insb. S. 62 ff.; G. Schmid/H. Treiber, Bürokratie und Politik, 1975, S. 21 ff. – Speziell zur Einbettung der Bürokratietheorie in Webers Herrschaftssoziologie: H. Tyrell, Ist der Webersche Bürokratietypus ein objektiver Richtigkeitstypus?, in: Zeitschrift für Soziologie 10 (1981), S. 38 ff.; S. Breuer, Max Webers Herrschaftssoziologie, in: Zeitschrift für Soziologie 17 (1988), S. 315 ff.; ders., Rationale Herrschaft. Zu einer Kategorie Max Webers, in: PVS 31 (1990), S. 4 ff. (15 ff.); H.-U. Derlien, Die selektive Interpretation der Weberschen Bürokratietheorie in der Organisations- und Verwaltungslehre, in: VerwArch. 80 (1989), S. 319 ff. Daß Weber den Tendenzen universaler Bürokratisierung eher kulturkritisch gegenüberstand, wird zu Recht hervorgehoben bei M. Signore, Bürokratische Herrschaft und soziale Partizipation im Denken von Max Weber, in: Die Verwaltung 22 (1989), S. 269 ff. und D. J. K. Peukert, Max Webers Diagnose der Moderne, 1989, S. 27 ff.

[5] Zur Person vgl. V. Götz, Verwaltungsrechtswissenschaft in Göttingen, in: F. Loos (Hrsg.), Rechtswissenschaft in Göttingen, 1987, S. 336 ff. (346 ff.) m.w.N.

[6] Die beiden letzten Zitate finden sich bei Köttgen, Lage (Fn. 1), S. 444.

[7] Köttgen, Lage (Fn. 1), S. 446.

[8] Köttgen, Lage (Fn. 1), S. 442. Ebenso klar erkannte er, daß das Idealbild eines den Kern der Staatlichkeit bildenden Beamtentums spätestens mit dem NS-Regime verlorengegangen war: „Die einstmalige Alternative einer über Jahrhunderte eigenständig autorisierten Beamtenverwaltung wurde bereits nach 1933 unwiederbringlich zerstört.“ (A. Köttgen, Struktur und politische Funktion öffentlicher Verwaltung, in: Festschrift für Gerhard Leibholz, Bd. 2, 1966, S. 771 ff. [784]).

Republik charakteristische „dynamische Verwaltungsstil“[9] fortbestehe und expandiere, wobei die „Verteilungsfunktion des Sozialstaates“ zwar unter anderem zu einem gewissen „Formverlust der Verwaltung“, insbesondere einer „Grenzverflüssigung zwischen öffentlicher und privater Wirtschaft“[10] geführt habe, in diesen Phänomenen aber letztlich nur die steigende Bedeutung der Verwaltung für die Aufgaben des modernen industriellen Staates sichtbar würden. Ebenso klar sah Köttgen, daß die ihrer einstmaligen Prämissen und Traditionsbestände weitgehend entkleidete Verwaltung durch das Grundgesetz gewissermaßen neu zu konstituieren war, die „motorischen Kräfte“ aber „vornehmlich der politischen Sphäre des Parlaments und seiner Parteien“ entstammten[11]. Dem Versuch, die Verwaltung auf der „Linie wertneutraler Technik“[12] gewissermaßen dem politischen Integrationsprozeß zu entziehen, trat er indes entgegen. Die Erfordernisse sachorientierter und fachlich qualifizierter Verwaltung einerseits, ihre politisch-demokratische Steuerung durch Gesetz und Regierung andererseits befänden sich in einem Spannungsverhältnis, das als solches auszuhalten sei:

„Durch Mobilisierung des Politischen erhielt die niemals fehlende politische Komponente des Verwaltungsauftrages eine früher unbekannte Aktualität. Und doch wird diese Konfliktslage weder eine Vollautomatisierung des Gesetzesvollzuges noch ein Verwaltungsstil bereinigen können, der sich auf den Fundamenten autonomer Sachlichkeit politisch zu immunisieren versucht“[13].

Köttgens Ausführungen lehren, daß über die Eigenständigkeit der Verwaltung nicht allein rein normativ, sondern nur unter Berücksichtigung gewichtiger sozialer und politischer Faktoren angemessen zu handeln ist. Die weitere Diskussion sollte dies bestätigen. Zur Erläuterung mögen die Positionen von Hans Peters und Ernst Forsthoff dienen.

II. Faktoren einer Eigenständigkeit der Verwaltung

1. Hans Peters: Verwaltung als eigenständige Staatsgewalt

Sehr viel entschiedener als Köttgens Analyse und schon von der programmatischen Titelwahl her eindeutiger ausgerichtet war Hans Peters'

[9] KÖTTGEN, Lage (Fn. 1), S. 442.
[10] KÖTTGEN, Lage (Fn. 1), S. 443.
[11] Ebd.
[12] KÖTTGEN, Lage (Fn. 1), S. 445.
[13] Ebd.

inhaltlich an eigene frühere Beiträge anknüpfende[14] vielzitierte Rektoratsrede über „Die Verwaltung als eigenständige Staatsgewalt" aus dem Jahre 1965[15]. Sein Ziel, gegenüber der „Minderbewertung"[16] der Verwaltung in der öffentlichen Meinung wie der juristischen Fachwelt ihre mit der Unabhängigkeit der Justiz in Parallele gesetzte Eigenständigkeit[17] als Verfassungsgrundsatz[18] zu erweisen, suchte Peters freilich nicht so sehr durch eine detaillierte verfassungsrechtliche Analyse des Grundgesetzes zu erreichen. Um seine etwas apodiktische These einer prinzipiellen Gleichwertigkeit der Staatsgewalten zu verfechten, stellte er – insofern wie Werner Weber[19] – weitgehend auf die Sphäre der demokratisch besonders legitimierten kommunalen Selbstverwaltung und das Eigengewicht des als intakt präsentierten Berufsbeamtentums mit seiner fachlichen Kompetenz und Problemnähe ab[20]. Den daraus abgeleiteten Anspruch auf einen gewissen Kreis autonomer Befugnisse und Handlungskompetenzen konfrontierte er über weite Strecken mit der zunehmenden Einschnürung der Handlungsspielräume der Verwaltung durch einen bis ins Detail regulierenden und reglementierenden Gesetzgeber einerseits, eine ihre Prüfungs- und Kontrollkompetenz beständig ausdehnende Verwaltungsgerichtsbarkeit andererseits[21]: Beides sei verfassungsrechtlich nicht gerechtfertigt sowie der Funktionstüchtigkeit der Verwaltung, ihrer „Gestaltungskraft und Eigeninitiative"[22] abträglich. So plädierte Peters im Grunde verfassungspolitisch für eine Zurückhaltung des Gesetzgebers bei der Regelung verwaltungsrechtlicher Fragen, für die Einräumung weiter Ermessenstatbestände, die Stärkung des Selbstbewußtseins der Verwaltungsbeamten und den Abbau eines als übersteigert empfundenen Rechtswegestaates[23]. Die tragende

[14] H. Peters, Der Kampf um den Verwaltungsstaat, in: Festschrift für Wilhelm Laforet, 1952, S. 19ff.; ders., Verwaltung ohne gesetzliche Ermächtigung?, in: Festschrift für Hans Huber, Bern 1961, S. 206ff. – Zur Würdigung von Person und Werk des 1966 Verstorbenen vgl. O. Bachof, in: AöR 91 (1966), S. 119ff.; E. Friesenhahn, in: Gedächtnisschrift für Hans Peters, 1967, S. 1ff.; K. Stern, In memoriam Hans Peters, 1967.

[15] H. Peters, Die Verwaltung als eigenständige Staatsgewalt (= Kölner Universitätsreden, N.F. Bd. 33), 1965.

[16] Peters, Verwaltung (Fn. 15), S. 5, 13.

[17] Peters, Verwaltung (Fn. 15), S. 29.

[18] Peters, Verwaltung (Fn. 15), S. 6.

[19] W. Weber, Spannungen und Kräfte im westdeutschen Verfassungssystem, 3. Aufl. 1970; ders., Staats- und Selbstverwaltung in der Gegenwart, 2. Aufl. 1967.

[20] Peters, Verwaltung (Fn. 15), S. 13, 14, 30, 31.

[21] Peters, Verwaltung (Fn. 15), S. 14ff., 19ff., 31f.

[22] Peters, Verwaltung (Fn. 15), S. 28.

[23] Peters, Verwaltung (Fn. 15), S. 25ff., 30f.

Säule für eine solchermaßen zu gewährleistende Eigenständigkeit der Verwaltung sah er in den hervorragenden fachlichen Qualitäten des Berufsbeamtentums, seinem besonderen Ethos und seiner Sachorientierung wie auch in der Arbeit der durch das demokratische Laienelement gestärkten Selbstverwaltungskörperschaften[24].

2. *Ernst Forsthoff: Verwaltung als Kern der Staatlichkeit*

Ernst Forsthoff griff noch grundsätzlicher aus. Die schon für sich genommen bemerkenswerte Hinwendung des Carl-Schmitt-Schülers zum Verwaltungsrecht[25] signalisierte, daß Forsthoff auf der Grundlage seiner frühen Analysen zur „Daseinsvorsorge" und der Einsicht in die gegenüber dem absolutistischen Polizeistaat enorm gesteigerte Abhängigkeit des Menschen vom Staate im 19. und 20. Jahrhundert[26] den entscheidenden Ort originärer, gesellschaftsgestaltender Staatlichkeit in der Verwaltung sah. Man denke nur an seine Bemerkung vom „richtigen Empfinden, daß sich die eigentlich brennenden Fragen einer gerechten Sozialordnung weniger in der Verfassung als in der Verwaltung entscheiden"[27]. Angesichts einer offenkundigen Pluralisierung der gesellschaftlichen Kräfte und der davon nicht unberührt bleibenden Demokratisierung der Staatswillensbildung sah Forsthoff wenn überhaupt noch irgendwo, so in der Exekutive die

---

[24] Vgl. Fn. 19 u. 20.

[25] Dazu U. STOROST, Die Verwaltungsrechtslehre Ernst Forsthoffs als Ausdruck eines politischen Verfassungsmodells, in: E.V. Heyen (Hrsg.), Wissenschaft und Recht der Verwaltung seit dem Ancien Régime, 1984, S. 163 ff. (169 ff., 179 ff.); zur Bedeutung Forsthoffs für das Verwaltungsrecht auch W. MEYER-HESEMANN, Methodenwandel in der Verwaltungsrechtswissenschaft, 1981, S. 82 ff., 135 ff., mit weiteren Literaturnachweisen zu Person und Werk. Vgl. ferner K. DOEHRING, Ernst Forsthoff. Leben und Werk, in: Semper apertus. Sechshundert Jahre Ruprecht-Karls-Universität Heidelberg 1386–1986. Festschrift in 6 Bänden, Bd. III, 1985, S. 437 ff.

[26] Grundlegend E. FORSTHOFF, Die Verwaltung als Leistungsträger (1938); Kapitel 1 und 4 dieser Schrift sind wieder abgedruckt in: DERS., Rechtsfragen der leistenden Verwaltung, 1959, als Abschnitte „Die Daseinsvorsorge als Aufgabe der modernen Verwaltung" und „Folgerungen". Vgl. auch E. FORSTHOFF, Lehrbuch des Verwaltungsrechts, Bd. I, 10. Aufl. 1973, S. 368 ff.; DERS., Verfassungsprobleme des Sozialstaates (1954), in: ders., Rechtsstaat im Wandel, 2. Aufl. 1976, S. 50 ff.

[27] FORSTHOFF, Leistungsträger (Fn. 26), S. 15; ähnlich DERS., Anrecht und Aufgabe einer Verwaltungslehre (1959), in: ders., Rechtsstaat im Wandel, 1964, S. 129 ff. (131): „Die Verfassungsprobleme unserer Zeit sind in Wahrheit Verwaltungsprobleme".

Einheit des Staates garantiert[28]. Für ihn war der Garant stabiler Staatlichkeit und rechtsstaatlicher Ordnung nicht mehr auf den Höhen exponierter Staatsorgane zu suchen, sondern im tagtäglichen, omnipräsenten Handeln einer staatstreuen, an materialen Rechtsgrundsätzen und allgemeinen Gerechtigkeitsprinzipien orientierten werthomogenen Verwaltung anzusiedeln[29]. Von daher ist zu verstehen, daß ihm die Realisierung des Sozialstaatsgebots als originäre Wertungsaufgabe der Verwaltung erschien, die ihm immer besonderer selbstlegitimierter Ausdruck staatlicher Autorität war[30]. Forsthoff sah zudem nichts geringeres als die „Substanz des Verwaltungsrechts" darin beschlossen, daß sich „die staatlichen Funktionen über das Niveau bloß exekutorischer Akte (erheben) und an der Würde des Rechtes teil(nehmen)"[31]. Auf diesem Hintergrund ist auch seine warnende Rede von einer „Subalternisierung" der Verwaltung[32] zu sehen – galt ihm doch die Verwaltung als diejenige Instanz, „in der die staatliche Hoheit [...] am deutlichsten hervortritt"[33]. Und erst jenseits der Einbindung in ein Normativsystem konnte für ihn die für das Maß an noch vorhandener echter Staatlichkeit indizielle „Eigenständigkeit" der Exekutive[34] Gestalt gewinnen.

---

[28] Vgl. zum folgenden P. Häberle, Lebende Verwaltung trotz überlebter Verfassung?, in: JZ 1975, S. 685 ff.; ders., Zum Staatsdenken Ernst Forsthoffs, in: Zeitschrift für Schweizerisches Recht N.F. 95 I (1976), S. 477 ff.; W. Seibel, Regierbarkeit und Verwaltungswissenschaft, 1983, S. 197 ff. und Storost, Verwaltungsrechtslehre (Fn. 25), S. 184 ff.

[29] Siehe Forsthoff, Verwaltungsrecht (Fn. 26), S. 15 f., 37, 54 ff., 60.

[30] E. Forsthoff, Begriff und Wesen des sozialen Rechtsstaates, VVDStRL 12 (1954), S. 8 ff.; auch abgedruckt in: ders., Rechtsstaat im Wandel (Fn. 26), S. 65 ff.; ebd. S. XVIII heißt es, der moderne Sozialstaat sei „nicht das Ergebnis der praktizierten Sozialstaatsklausel (Art. 20, 28 GG), sondern das Werk von Gesetzgebung und Verwaltung unter der Verfassung und ohne die Verfassung".

[31] Forsthoff, Verwaltungsrecht (Fn. 26), S. 48. Explizit zur „Eigenständigkeit" der Verwaltung ebd., S. 15 f., 224 (der Geltungs- und Gehorsamsanspruch des Verwaltungsaktes folge nicht aus seiner Normgemäßheit, sondern erwachse aus ihm selbst als Bekundung des Willens öffentlicher Gewalt).

[32] E. Forsthoff, Diskussionsbemerkung, VVDStRL 14 (1956), S. 188.

[33] E. Forsthoff, Bemerkungen zur Situation der Verwaltung, in: Festschrift für Arnold Gehlen, 1974, S. 41 ff. (42); die „Eigenständigkeit der Verwaltung" sieht Forsthoff etwa durch BVerfGE 33, 1 (Strafgefangenen-Beschluß) negiert (ebd. S. 46).

[34] E. Forsthoff, Der Staat der Industriegesellschaft, 1971, S. 105: „Die Vielfältigkeit des staatlichen Wesens geht in dem rechtsstaatlichen Normativsystem nicht auf. Auf dieser Tatsache beruht die Eigenständigkeit von Regierung und Verwaltung, die dadurch nicht aufgehoben wird, daß beide unter die Kontrolle des Parlaments gestellt und an den Haushaltsplan gebunden sind. Diese Eigenständigkeit ist keine absolute

III. Fremdbestimmtheit der Verwaltung

Beide, Peters wie Forsthoff, argumentierten seinerzeit aus einer Defensivposition heraus. Das ist den Texten selbst nur allzu deutlich anzumerken – im Falle Ernst Forsthoffs tritt noch hinzu, daß er an der Möglichkeit der Bewahrung einer Eigenständigkeit der Verwaltung wie der Grundlegung originärer souveräner Staatlichkeit der Bundesrepublik Deutschland zunehmend Zweifel hegte: Seine resümierende Gegenwartsdiagnose über den „Staat der Industriegesellschaft" aus dem Jahre 1971[35] legt davon ebenso Zeugnis ab wie etliche resignativ getönte Ausführungen in den letzten Auflagen seines Verwaltungsrechtslehrbuches[36].

Diese defensive Position erklärt sich in erster Linie aus der Entwicklung von Rechtsprechung und Lehre in den 1950er und 1960er Jahren. Auf der Basis eines als Krönung des Rechtsstaates gefeierten und von daher extensiv interpretierten Art. 19 Abs. 4 GG[37] wurden traditionelle Ermessensspielräume der Exekutive durch Interpretation als gerichtlich voll überprüfbare unbestimmte Rechtsbegriffe zurückgedrängt[38] und der Vorbehalt des Gesetzes etwa in den Habilitationsschriften von Dietrich Jesch und Hans Heinrich Rupp mit Rücksicht auf das Demokratie- bzw. das Rechtsstaatsprinzip des Grundgesetzes als Totalvorbehalt, also auch

---

Größe, sie kann größer oder geringer sein und daran, ob sie das eine oder das andere ist, läßt sich Stärke und Schwäche der Staatlichkeit ablesen. Denn dort, wo Regierung und Verwaltung in dieser Eigenständigkeit ohne den Vollzugsbefehl eines Gesetzes auftreten, sind sie ‚der Staat' und nichts weiter."

[35] FORSTHOFF, Staat (Fn. 34), S. 105 ff., 113 u.ö.; zu diesem Buch vgl. die kritische Rezension von W. v. SIMSON, Der Staat der Industriegesellschaft, in: Der Staat 11 (1972), S. 51 ff.; s. auch P. HÄBERLE, Retrospektive Staats(rechts)lehre oder realistische „Gesellschaftslehre"?, in: Zeitschrift für das Gesamte Handelsrecht und Wirtschaftsrecht 136 (1972), S. 425 ff. – Vor der Gefahr einer angesichts der Dominanz der Verwaltungsgerichte „resignierenden Verwaltung" warnte auch K. ZEIDLER, Einige Bemerkungen zum Verwaltungsrecht und zur Verwaltung in der Bundesrepublik seit dem Grundgesetz, in: Der Staat 1 (1962), S. 321 ff. (327), der sich aber durchgängig von Pauschalurteilen und allzu einfachen Problemzeichnungen freihält.

[36] FORSTHOFF, Verwaltungsrecht (Fn. 26), S. 79, 80, 81.

[37] Dazu die (kritische) Rückschau bei F. OSSENBÜHL, Die Weiterentwicklung der Verwaltungswissenschaft, in: K.G.A. Jeserich/H. Pohl/G.-C. v. Unruh (Hrsg.), Deutsche Verwaltungsgeschichte, Bd. V, 1987, S. 1143 ff. (1146 f.). Zum heutigen Stand siehe H.-J. PAPIER, Rechtsschutzgarantie gegen die öffentliche Gewalt, in: HStR VI, § 154 Rn. 1–11, 59 ff.

[38] Guter Überblick bei F.W. SCHARPF, Die politischen Kosten des Rechtsstaats, 1970, S. 38 ff., insb. 42 ff.

den Leistungsbereich umfassend, ausgelegt[39]. Das besonders ernstgenommene Postulat strikter Gesetzmäßigkeit und Gesetzesgebundenheit der Verwaltung ließ im Verein mit dem unter Berufung auf die Rechtsweggarantie gewährten intensiven Individualrechtsschutz den Gedanken einer echten Selbständigkeit im Sinne originärer – sei es gesetzlich nicht determinierter, sei es gerichtlich nicht vollständig überprüfbarer[40] – Handlungs- und Entscheidungskompetenzen der Verwaltung als unerträglich erscheinen[41]. Hans Hubers berühmte Formulierung vom Ermessen als „dem trojanischen Pferd des rechtsstaatlichen Verwaltungsrechts"[42] brachte die Sache frühzeitig auf den Punkt.

Als gewissermaßen „unreiner Rest", als „Relikt absolutistischer Freiräume der monarchischen Exekutive"[43], als „prekäre Exklave im Bereich der Gesetzmäßigkeit der Verwaltung"[44] nahmen sich die in den Ermessenstatbeständen sichtbar werdenden eigenen Handlungsanteile der Verwaltung, in denen nach den Worten Forsthoffs eine „Zutat eigener Entschließung"[45] zutage trat und für ihn die Verwaltung „recht eigentlich sie selbst als

---

[39] D. Jesch, Gesetz und Verwaltung, 1961; H.H. Rupp, Grundfragen der heutigen Verwaltungsrechtslehre, 1965. Zur Kritik statt aller F. Ossenbühl, Verwaltungsvorschriften und Grundgesetz, 1968, S. 210ff.; ders., Weiterentwicklung (Fn. 37), S. 1148f. – Die vom Bundesverfassungsgericht inaugurierte „Wesentlichkeitstheorie" (vgl. u.a. BVerfGE 47, 46 [79]; 49, 89 [126]; 58, 257 [268]; 61, 270 [275]) hat zu einer erneuerten Diskussion des Gesetzesvorbehalts geführt (dazu zuletzt ausführlich M. Kloepfer, Wesentlichkeitstheorie als Begründung oder Grenze des Gesetzesvorbehalts?, in: H. Hill [Hrsg.], Zustand und Perspektiven der Gesetzgebung, 1989, S. 187ff.). Zum Gesetzesvorbehalt bei Subventionen siehe G. Lübbe-Wolff, Die Grundrechte als Eingriffsabwehrrechte, 1988, S. 215ff.

[40] Zu beiden wichtigen Aspekten Scharpf, Kosten (Fn. 38), S. 38ff., 44ff.; die innere Verknüpfung von gesetzlicher Regelungsdichte und gerichtlicher Kontrolldichte ist gut dargestellt bei I. Richter/G.F. Schuppert, Casebook Verwaltungsrecht, 1991, S. 12ff.; s. ferner H.-U. Erichsen, Die sogenannten unbestimmten Rechtsbegriffe als Steuerungs- und Kontrollmaßgaben im Verhältnis von Gesetzgebung, Verwaltung und Rechtsprechung, in: DVBl. 1985, S. 22ff.

[41] Zum Entwicklungsgang H. Dreier, Merkls Verwaltungsrechtslehre und die heutige deutsche Dogmatik des Verwaltungsrechts, in: R. Walter (Hrsg.), Adolf J. Merkl. Werk und Wirksamkeit, Wien 1990, S. 55ff. (73ff.) m.w.N.

[42] H. Huber, Niedergang des Rechts und Krise des Rechtsstaats, in: Festgabe für Zaccaria Giacometti, Zürich 1953, S. 59ff. (66); ähnlich „streng" M. Imboden, Das Gesetz als Garantie rechtsstaatlicher Verwaltung, 1954, S. 10ff. Zum Abbau administrativen Ermessens und exekutiver Beurteilungsspielräume vgl. F. Ossenbühl, Tendenzen und Gefahren der neueren Ermessenslehre, in: DÖV 1968, S. 618ff.

[43] W. Schmidt, Einführung in die Probleme des Verwaltungsrechts, 1982, S. 46.

[44] H. Faber, Verwaltungsrecht, 2. Aufl. 1989, S. 95.

[45] Forsthoff, Verwaltungsrecht (Fn. 26), S. 15.

eine eigenständige Funktion neben der Gesetzgebung und der Rechtsprechung"[46] zu sein schien, vor allem aufgrund der angesichts der neuen Verfassungsordnung plausiblen These aus, daß anders als im Konstitutionalismus des 19. Jahrhunderts mit seiner auf einer eigenen Legitimitätssäule ruhenden monarchischen Exekutive das Demokratieprinzip nach strikter und im Grunde genommen lückenloser gesetzlicher Determination des Verwaltungshandelns verlangt[47] und die Kontrolle der Exekutive nicht allein in die Hände des Parlaments, sondern stärker und effektiver noch in die der (Verwaltungs-)Gerichte gelegt ist[48].

Was im Grunde schon für die Weimarer Republik galt, war unter dem Grundgesetz vollends unabweisbar geworden: die unbestreitbare Führungsrolle des unmittelbar demokratisch legitimierten Parlaments als des in den Mittelpunkt des staatlichen Willensbildungs- und Entscheidungsprozesses gestellten Gesetzgebungsorgans[49] und die Verfassungsgeprägtheit[50], vor allem aber die durchgängige Gesetzesabhängigkeit der Verwaltung, wie

---

[46] FORSTHOFF, Verwaltungsrecht (Fn. 26), S. 81.

[47] Dazu ausführlicher H. DREIER, Hierarchische Verwaltung im demokratischen Staat, 1991, S. 108 ff., 125 ff., 129 ff.; vgl. auch das „ideale Modell" von C. BÖHRET, Öffentliche Verwaltung in der Demokratie, in: K. König/H. J. v. Oertzen/F. Wagener (Hrsg.), Öffentliche Verwaltung in der Bundesrepublik Deutschland, 1981, S. 53 ff. (55 ff.). Beachtlich ZEIDLER, Verwaltungsrecht (Fn. 35), S. 325: „Ihr (scil.: der Exekutive, H.D.) zu begegnen, sie in die verfassungsmäßigen Schranken zu verweisen, wird weder der Bürger als mächtig genug bewertet, noch wird ihre Domestizierung im verwaltungsinternen Bereich durch parlamentarische Kontrollen noch als ausreichend angesehen. Das Interessante daran ist, daß diese Vorstellung durch den Wandel der Verwaltung mit einer die konstitutionelle Eigenständigkeit protegierenden monarchischen Gewalt zu einer parlamentarisch in vollem Umfang abhängigen Exekutivspitze nicht nur keine Einbuße hinnehmen mußte, sondern sogar erst recht entfaltet wurde. Diese Konzeption basiert also in gleicher Weise auf dem Bild des der Verwaltung ausgelieferten Bürgers wie auf dem mangelnden Vertrauen in die Kontrollgewalt der vom Volk gewählten Parlamente."

[48] Zur Funktion, der Kontrollintensität und den Grenzen der (Verwaltungs-) Gerichtsbarkeit vgl. die im einzelnen divergierenden Positionen von H.-J. PAPIER, Die Stellung der Verwaltungsgerichtsbarkeit im demokratischen Rechtsstaat, 1979; P. LERCHE, Die Verwaltungsgerichtsbarkeit im Geflecht der Rechtskontrollen, in: BayVBl. 1980, S. 257 ff.; R. A. RHINOW, Verwaltungsgerichtsbarkeit im Wandel, in: Festschrift für Kurt Eichenberger, Basel 1982, S. 657 ff. (662 ff.); W. KREBS, Kontrolle in staatlichen Entscheidungsprozessen, 1984, S. 52 ff., 59 ff., 81 ff., 116 ff.; E. SCHMIDT-ASSMANN, Funktionen der Verwaltungsgerichtsbarkeit, in: Festschrift für Christian-Friedrich Menger, 1985, S. 107 ff.; G. F. SCHUPPERT, Self-Restraints der Rechtsprechung, in: DVBl. 1988, S. 1191 ff.

[49] H. DREIER, Regelungsform und Regelungsinhalt des autonomen Parlamentsrechts, in: JZ 1990, S. 310 ff. (310 f.) m.w.N.

[50] Dazu DREIER, Merkls Verwaltungsrechtslehre (Fn. 41), S. 63 ff. m.w.N.

sie in den Prinzipien vom Vorrang und Vorbehalt des Gesetzes Gestalt gewinnt[51]. Das Gesetz bildet nicht mehr lediglich die Grenze, sondern den Grund der Verwaltungstätigkeit[52]. Angesichts dessen mußte die Vorstellung einer in ihren Wertungen, Entscheidungen und Aktionen eigenständigen Verwaltung als zum Scheitern verurteilter Versuch der Freizeichnung von der Gesetzesunterworfenheit erscheinen: als Versuch, das seit ihrer Genese im absolutistischen Fürstenstaat dominante Charakteristikum der „Fremdbestimmtheit"[53] abzustreifen und sich in nur begrenzt tragfähiger Parallele zur preußischen Reformphase Anfang des 19. Jahrhunderts[54] als gewissermaßen autokephale Fachelite, als Phänomen autarker Bürokratie zu begreifen.

Weil aber die Verfassung die Bindung der Verwaltung an das Gesetz besonders strikt und konsequent ausgeformt und sich im übrigen im Unterschied zu Weimar vor jeder Institutionalisierung außerparlamentarischer, etwa präsidialdemokratischer Verfassungsinstitute gehütet hat, so daß der vom Volk gewählten Repräsentativkörperschaft keine gleichberechtigte Instanz zur Seite gestellt wird[55]; weil man auch das nun ganz auf Treue und Gehorsam gegenüber dem demokratischen Verfassungsstaat verpflichtete Berufsbeamtentum beibehalten und damit die in den Ausgestaltungsmodalitäten variablen personell-strukturellen Voraussetzungen für eine loyale, gesetzes- und verfassungstreue Ausübung der Verwaltungsfunktionen geschaffen hat[56]; weil in der Demokratie zudem zwangsnotwendig „die

[51] Vgl. J. Pietzcker, Vorrang und Vorbehalt des Gesetzes, in: JuS 1979, S. 710ff.; C. Gusy, Der Vorrang des Gesetzes, in: JuS 1983, S. 189ff.; F. Ossenbühl, Vorrang und Vorbehalt des Gesetzes, in: HStR III, § 62.

[52] U. Scheuner, Das Gesetz als Auftrag der Verwaltung (1969), in: ders., Staatstheorie und Staatsrecht, 1978, S. 545ff. (555).

[53] R. Wahl, Zur Lage der Verwaltung Ende des 20. Jahrhunderts, in: Jeserich/Pohl/v. Unruh, Deutsche Verwaltungsgeschichte V (Fn. 37), S. 1197ff. (1199); zum „Instrumentcharakter" der Verwaltung auch R. Mayntz, Soziologie der öffentlichen Verwaltung, 3. Aufl. 1985, S. 60ff.

[54] Dazu näher Dreier, Verwaltung (Fn. 47), S. 49ff.

[55] Zur Differenz zwischen Weimar und Bonn R. Wahl/F. Rottmann, Die Bedeutung der Verfassung und der Verfassungsgerichtsbarkeit in der Bundesrepublik – im Vergleich zum 19. Jahrhundert und zu Weimar, in: W. Conze/M.R. Lepsius (Hrsg.), Sozialgeschichte der Bundesrepublik Deutschland, 1983, S. 339ff.; R. Mussgnug, Verschiebungen im Verhältnis von Parlament, Regierung und Verwaltung, in: Jeserich/Pohl/v. Unruh, Deutsche Verwaltungsgeschichte V (Fn. 37), S. 100ff.; H. Dreier, Der Ort der Souveränität, in: ders./J. Hofmann (Hrsg.), Parlamentarische Souveränität und technische Entwicklung, 1986, S. 11ff. (33ff., 36ff.).

[56] Der staatstheoretische Umbruch ist eindringlich dargestellt bei H. Zwirner, Die politische Treupflicht des Beamten (= Diss. jur. Göttingen 1956), 1987, S. 181ff.;

traditionelle Eigenausrichtung der Exekutive [...] entfallen“[57] ist, so daß Regulator der Sozialordnung und Organisator des gesamtstaatlichen Zusammenhangs die Verwaltung nur noch in Abhängigkeit vom Gesetzgeber ist, nicht mehr neben ihm – aus all diesen Gründen steht die Verwaltung als „gesetzesdirigierte Gewalt“[58] nicht länger als gleichberechtigte Größe neben der Legislative. 1968 hat man es mit einer zusätzlichen Nuancierung pointiert so ausgedrückt:

„Die Verwaltung ist nicht mehr der Arm des durch eine transzendente Legitimität aus der bürgerlichen Gesellschaft herausgehobenen Monarchen. Sie ist, durch die Vermittlung des Parlaments, zum Instrument der egalitären Gesellschaft geworden“[59].

Es ist dieser Gesamtzusammenhang zwischen demokratischer Staatsform, parlamentarischem Regierungssystem, gesetzesgebundener Exekutive und weitreichendem gerichtlichen Individualrechtsschutz, der die Verwaltung nicht als eigenständige Organisation, sondern – um nochmals die Formulierung Köttgens in Erinnerung zu rufen[60] – eher als „rationelle Maschine“, als Instrument des im Gesetz authentisch interpretierten Volkswillens erscheinen läßt. Vermeintlich aller politischen und gestalterischen Elemente beraubt, mußte sich die Exekutive in dieser sowohl demokratietheoretisch wie rechtsstaatlich stringenten Perspektive als hierarchisch organisierter, gesetzlich programmierter, aufsichtlich wie judikativ kontrollierter, von der Welt der Politik vollständig isolierter bürokratischer Apparat ohne eigene Willensbildungskompetenz darstellen.

---

zur besonderen Stellung und Funktion des Berufsbeamtentums vgl. J. Isensee, Öffentlicher Dienst, in: E. Benda/W. Maihofer/H.-J. Vogel (Hrsg.), Handbuch des Verfassungsrechts der Bundesrepublik Deutschland, 1983, S. 1149 ff. (1151 ff., 1170 ff.); ders., Art. Beamte, in: Staatslexikon der Görres-Gesellschaft, 7. Aufl., Bd. 1, 1985, Sp. 584 ff. (588 ff.); H. Lecheler, Öffentlicher Dienst, in: HStR III, § 72 Rn. 82 ff., 90 ff.

[57] Scheuner, Gesetz (Fn. 52), S. 555.

[58] E. Schmidt-Assmann, Verwaltungsverantwortung und Verwaltungsgerichtsbarkeit, VVDStRL 34 (1976), S. 221 ff. (231, 252); indes wollte Schmidt-Aßmann mit dieser Formel nicht einer allumgreifenden, punktgenauen Programmierung der Exekutive durch den Gesetzgeber das Wort reden, sondern die Vielfalt der Lenkungsmöglichkeiten (Organisations- und Rahmenregelungen, Leitlinien, Richtpunkte und Eingriffsermächtigungen) betonen. Feine Differenzierungen auch bei P. Lerche, in: T. Maunz/G. Dürig (Hrsg.), Grundgesetz. Kommentar, Art. 83 (1983), Rn. 15 ff., 60, 61.

[59] P. Badura, Auftrag und Grenzen der Verwaltung im sozialen Rechtsstaat, in: DÖV 1968, S. 446 ff. (446).

[60] Vgl. Fn. 2.

IV. Eigenständigkeit der Verwaltung heute

1. Legislative Steuerungsgrenzen – exekutiver Konkretisierungsspielraum

Vor diesem Hintergrund bildet es ein bedeutungsbedürftiges Phänomen, wenn gerade in jüngerer Zeit nicht nur in explizit verwaltungswissenschaftlichem Kontext[61] wieder von der Verwaltung als einer eigenständigen Staatsgewalt gesprochen wird[62]. Wie ist das zu erklären? Zwei Faktoren kam entscheidende Bedeutung für eine Umorientierung zu. Erstens handelte es sich um die erneuerte Kritik an der Marginalisierung der Exekutive

---

[61] Vgl. etwa H. LECHELER, Verwaltungslehre, 1988, S. 46ff., 49f., der sich weitgehend auf die Aussagen von Hans Peters stützt. – Nachweise älterer wie neuerer Literatur bei K. STERN, Das Staatsrecht der Bundesrepublik Deutschland, Bd. II, 1980, S. 754ff.

[62] Einen Meilenstein markiert insofern das Staatsrechtslehrerreferat von SCHMIDT-ASSMANN (Verwaltungsverantwortung [Fn. 58], S. 229ff.); die Bedeutung des Topos von der Eigenständigkeit der Verwaltung hat in der Diskussion O. BACHOF (VVDStRL 34 [1976], S. 275ff.) ausdrücklich hervorgehoben. – Vgl. ferner SCHMIDT-ASSMANN, Funktionen (Fn. 48), S. 112ff., 122; als funktionale Analyse ist konzipiert W. BROHM, Die staatliche Verwaltung als eigenständige Gewalt und die Grenzen der Verwaltungsgerichtsbarkeit, in: DVBl. 1986, S. 321ff. (326ff.). Als „eigenständige Staatsfunktion" wird die Verwaltung bezeichnet bei F. OSSENBÜHL, Autonome Rechtsetzung der Verwaltung, in: HStR III, § 65 Rn. 2; indes überwiegt hier wie auch bei M. SCHRÖDER, Die Bereiche der Regierung und der Verwaltung, ebd., § 67 Rn. 22ff., 29ff. die Konzentration auf einen etwaigen Verwaltungs- oder Regierungsvorbehalt; dazu weiter unten. – H. MAURER, Allgemeines Verwaltungsrecht, 7. Aufl. 1990, bezieht die Wendung von der Verwaltung als „eigenständiger Staatsgewalt" im eher engeren Sinne auf die sog. Beurteilungsermächtigungen (§ 7 Rn. 20); unspezifischer RALF DREIER, Der Rechtsstaat im Spannungsverhältnis zwischen Gesetz und Recht (1985), in: ders., Recht – Staat – Vernunft, 1991, S. 73ff. (88, 93); LERCHE (Fn. 58), Art. 83 Rn. 30, 60 behandelt die „Eigenständigkeit der Verwaltungskompetenz". – Lediglich referierend spricht das Bundesverfassungsgericht von der „Eigenständigkeit der Exekutive" (E 58, 257 [270]), zudem im Kontext der Begründung der Wesentlichkeitstheorie. Auch ansonsten überwiegt in der bundesverfassungsgerichtlichen Rechtsprechung (noch?) die warnende Rede von der „Selbstherrlichkeit der Exekutive" (E 10, 264 [267]; 35, 263 [274]; 51, 268 [284]), der gerade das Grundgesetz entschieden vorzubeugen sucht. Die gern für eine „Eigenständigkeits"-Konzeption herangezogenen Bemerkungen in BVerfGE 49, 89 (125); 67, 100 (139); 68, 1 (86) konzentrieren sich wiederum eher auf den der Regierung vorbehaltenen Bereich. Zu dem damit angesprochenen „Kernbereich exekutiver Eigenverantwortung" (so wohl zuerst R. SCHOLZ, Parlamentarischer Untersuchungsausschuß und Steuergeheimnis, in: AöR 105 [1980], S. 564ff. [598]) umfangreiche Nachweise bei V. BUSSE, Der Kernbereich exekutiver Eigenverantwortung im Spannungsfeld der staatlichen Gewalten, in: DÖV 1989, S. 45ff.

durch eine detaillierte und beständig verfeinerte Programmierung durch die Legislative auf der einen, durch eine extensive und nur scheinbar ausschließlich individualrechtsschützende gerichtliche Kontrolle auf der anderen Seite, wie sie in dem 1985 erschienenen Sammelband mit dem programmatischen Titel „Die öffentliche Verwaltung zwischen Gesetzgebung und richterlicher Kontrolle" ihren Höhe- und zugleich Scheitelpunkt erreichte[63]. Als letztlich entscheidend für das mittlerweile längst wieder erstarkte „Verständnis für die Legitimität von Handlungsspielräumen der Verwaltung"[64], und das heißt: nicht nur für deren bloße Existenz und faktische Unausweichlichkeit, sondern auch für ihre demokratische Erträglichkeit und rechtsstaatliche Zulässigkeit erwies sich der zweite Punkt: nämlich die – nicht neue, aber offenbar revitalisierungsbedürftige – Erkenntnis, daß der seinerseits verfassungsgebundene Gesetzgeber die Exekutive in bestimmten Fällen zu selbständiger, gerichtlich nur begrenzt überprüfbarer Entscheidungstätigkeit ermächtigen kann[65].

Dieser Ansatz, der von Eberhard Schmidt-Aßmann in überzeugender Weise zu einer Lehre von den administrativen Letztentscheidungsermäch-

---

[63] V. Götz/H.H. Klein/Chr. Starck (Hrsg.), Die öffentliche Verwaltung zwischen Gesetzgebung und richterlicher Kontrolle, 1985. Ausführlicher Tagungsbericht: H. Hill, in: DVBl. 1985, S. 998ff. Nicht zu überhörende kritische Untertöne und Wiedergabe entsprechender Stimmen in der Diskussion im Besprechungsaufsatz von H. Sendler, Die öffentliche Verwaltung zwischen Scylla und Charybdis, in: NJW 1986, S. 1084ff., der insbesondere auf zum Teil allzu vereinfachende und schematisierende Vorstellungen einer zwischen Legislative und Judikative hilflos und ohnmächtig eingezwängten Exekutive hinweist (s. aber auch dens., 125 Jahre Verwaltungsgerichtsbarkeit: Woher – wohin?, in: VBlBW 1989, S. 41 ff. [50]). Kritisch zu den entsprechenden „Befunden" auch Wahl, Lage (Fn. 53), S. 1208ff. und Schuppert, Self-Restraints (Fn. 48), S. 1198ff.

[64] Wahl, Lage (Fn. 53), S. 1209. Wenn K.A. Bettermann davon spricht, daß das „Ideal des Rechtsstaats in der Reduzierung, wenn nicht Ausmerzung des Verwaltungsermessens gesehen wird" (Die rechtsprechende Gewalt, in: HStR III, § 73 Rn. 30), so bezieht er sich eher auf die Diskussionslage der 1960er als der 1980er Jahre.

[65] Schmidt-Assmann, Funktionen (Fn. 48), S. 114ff.; ähnlich P. Badura, Gestaltungsfreiheit und Beurteilungsspielraum der Verwaltung, bestehend auf Grund und nach Maßgabe des Gesetzes, in: Festschrift für Otto Bachof, 1984, S. 169ff.; M. Bullinger, Das Ermessen der öffentlichen Verwaltung, in: JZ 1984, S. 101ff. (105); Wahl, Lage (Fn. 53), S. 1209; Papier, Rechtsschutzgarantie (Fn. 37), § 154 Rn. 5ff., 61; F.-J. Kunert, Normkonkretisierung im Umweltrecht, in: NVwZ 1989, S. 1018ff. (1019). – Vgl. auch R.A. Rhinow, Rechtsetzung und Methodik, 1979, S. 62ff.; G. Müller, Inhalt und Formen der Rechtssetzung als Problem der demokratischen Kompetenzordnung, 1979, S. 78ff.

tigungen entfaltet worden ist[66], reicht über die ganz allgemeine rechtstheoretische Einsicht in die unhintergehbare Konkretisierungsbedürftigkeit der fallblinden Norm im Prozeß der kontextbezogenen Rechtsumsetzung und damit der Rechtsverwirklichung hinaus[67], baut aber auf ihr auf. Daß jede Auslegung „normativ produktiv“[68] wirkt, die Anwendung einer generellen Norm mehr verlangt als besinnungslosen, automatenhaften Kommandogehorsam, hat gerade Forsthoff in aller Deutlichkeit betont: „Denn die Umsetzung einer generellen Norm in die Ausführung durch eine Mehrzahl von Verwaltungsakten ist ein eigengearteter, eigengewichtiger Vorgang [...] Dieser Vorgang ist in dem, was die Norm sagt, nicht bereits enthalten, sondern tritt zum Norminhalt als selbständiges Moment hinzu“[69].

Über diesen methodologischen Grundtatbestand noch hinausgehend und vor allem für die Frage nach bestimmten Restriktionen gerichtlicher Kontrollkompetenzen von entscheidender Bedeutung ist die staats- und verwaltungswissenschaftliche Einsicht in die prinzipielle Begrenztheit der Fähigkeit des Gesetzgebers zur punktgenauen Vorausdetermination des Verwaltungshandelns durch möglichst präzise Konditionalprogramme insbesondere bei sogenannten komplexen, gestaltenden, verteilenden, infrastrukturellen Verwaltungsaufgaben, -verfahren und -entscheidungen[70].

---

[66] E. Schmidt-Assmann, in: Maunz/Dürig, GG (Fn. 58), Art. 19 IV (1985), Rn. 188 ff.

[67] In der grundlegenden Einschätzung vom stets schöpferischen Charakter der Rechtsanwendung stimmt die ansonsten in vielem zerstrittene Methodenlehre weitgehend überein; vgl. ausführlicher und mit Literaturnachweisen Dreier, Verwaltung (Fn. 47), S. 165 ff.

[68] J. Harenburg, Die Rechtsdogmatik zwischen Wissenschaft und Praxis, 1986, S. 118.

[69] Forsthoff, Verwaltung (Fn. 26), S. 59.

[70] Von einer konsistenten „Theorie“ der Verwaltungsaufgaben sind wir noch weit entfernt. Zu den die punktuelle Einzelfallentscheidung transzendierenden Aktivitäten der Verwaltung vgl. u.a. Forsthoff, Verwaltungsrecht (Fn. 26), S. 68 ff., 73 ff., 509 ff.; W. Brohm, Die Dogmatik des Verwaltungsrechts vor den Gegenwartsaufgaben der Verwaltung, VVDStRL 30 (1972), S. 245 ff. (253 ff., 274 ff., 304 ff.); Schmidt-Assmann, Verwaltungsverantwortung (Fn. 58), S. 223 ff.; ders., Das allgemeine Verwaltungsrecht als Ordnungsidee und System, 1982, S. 21 ff.; W. Hoppe, Gerichtliche Kontrolldichte bei komplexen Verwaltungsentscheidungen, in: Festgabe aus Anlaß des 25jährigen Bestehens des Bundesverwaltungsgerichts, 1978, S. 295 ff.; R. Steinberg, Komplexe Verwaltungsverfahren zwischen Verwaltungseffizienz und Rechtsschutzauftrag, in: DÖV 1982, S. 619 ff.; R. Wahl/J. Pietzcker, Verwaltungsverfahren zwischen Verwaltungseffizienz und Rechtsschutzauftrag, VVDStRL 41 (1983), S. 151 ff., 193 ff.; Wahl, Lage (Fn. 53), S. 1208. – Zur Eigenart und Dynamik der Staats- und damit Verwaltungsaufgaben im modernen Rechts-, Kultur-, Sozial-, Industrie- und Umweltstaat grundsätzlich H. Hofmann, Die Aufgaben des modernen

Neben Fällen offenkundigen gesetzgeberischen Versagens existieren „sachlogisch oder strukturell bedingte Steuerungsschwächen des Gesetzes"[71], die objektive Gründe haben. Selbst bei optimaler Gesetzgebungsmethodik, hohem Informationsstand, zweifelsfreier Gemeinwohlorientierung und politischer Durchsetzungsfähigkeit lassen sich etwa im Bereich des Umweltschutzes und beim technischen Sicherheitsrecht, in der Raum- und Fachplanung wie auch bei wirtschaftspolitischen Lenkungsmaßnahmen und den gewissermaßen „klassischen" Fällen des Verwaltungsermessens und der Beurteilungsermächtigungen „strukturell bedingte Normierungsdefizite"[72] nicht vermeiden. Die Dynamik der modernen Industriegesellschaft, die Komplexität und Fülle staatlicher Aufgaben, die Rasanz der technologischen Entwicklung, der Wandel der sozialen Verhältnisse, schließlich die Vielfalt der in allen Bereichen der „Infrastrukturverwaltung"[73] zu berücksichtigenden und zu gewichtenden Abwägungsgesichtspunkte[74] erzwingen, daß der Gesetzgeber sich hier partiell mit vagen Generalklauseln, Kompromißformeln finaler Programmierung und offenen Kompetenznormen[75] behelfen muß.

Staates und der Umweltschutz, in: M. Kloepfer (Hrsg.), Der Umweltstaat, 1989, S. 1 ff. (12 ff., 18 ff., 36 ff.); vgl. ferner J. Isensee, Gemeinwohl und Staatsaufgaben im Verfassungsstaat, in: HStR III, § 57 Rn. 132 ff., 156 ff.; nur pauschal hingewiesen werden kann an dieser Stelle auf die leider wenig empirisch ausgerichteten Beiträge in: D. Grimm (Hrsg.), Wachsende Staatsaufgaben – sinkende Steuerungsfähigkeit des Rechts, 1990; s. auch T. Ellwein/J. J. Hesse (Hrsg.), Staatswissenschaften: Vergessene Disziplin oder neue Herausforderung?, 1990.

[71] W. Brohm, Alternative Steuerungsmöglichkeiten als „bessere" Gesetzgebung?, in: Hill, Zustand (Fn. 39), S. 217 ff. (222); ähnliche Terminologie bei Wahl, Lage (Fn. 53), S. 1209 f.

[72] Brohm, Steuerungsmöglichkeiten (Fn. 71), S. 225 ff.

[73] Diesen Begriff hat Faber, Verwaltungsrecht (Fn. 44), S. 30 ff., 158 ff., 331 ff., 401 ff., in das Zentrum einer zeitgemäßen Erweiterung der Verwaltungsrechtsdogmatik gestellt; zur Bedeutung vgl. näher Dreier, Merkls Verwaltungsrechtslehre (Fn. 41), S. 82 ff.

[74] Das Gebot der Abwägung hat Faber, Verwaltungsrecht (Fn. 44), S. 401 als „eine durchgehende, eigenständige Grundnorm des Planungsrechts" und als „Kristallisationspunkt für die systematische Erfassung der Erscheinungsformen gestaltender und planender Verwaltung unter dem Sammelbegriff ‚Infrastrukturverwaltung'" bezeichnet; zur Bedeutung des Abwägungsgrundsatzes auch Schmidt-Assmann, Das allgemeine Verwaltungsrecht (Fn. 70), S. 25; konkret zur Relevanz der Abwägung im Bereich der Fachplanung R. Wahl, Entwicklung des Fachplanungsrechts, in: NVwZ 1990, S. 426 ff. (436 ff.) m. zahlr. Nachweisen. Sehr weitreichende Folgerungen bei K.-H. Ladeur, „Abwägung" – ein neues Paradigma des Verwaltungsrechts?, 1984.

[75] Das Bundesverfassungsgericht anerkennt in st. Rspr., daß sich die Bestimmtheitsanforderungen der Gesetze nach den Besonderheiten des Regelungsgegenstandes

Die Fein- und Nachsteuerung wird der Exekutive als der geborenen Konkretisierungsinstanz überlassen, die sich zum Teil selbst programmiert[76], zum Teil Entscheidungsgrundlagen und normative Maßstäbe durch (nicht immer interessenneutrale) sachverständige Beratung gewinnt oder gleich auf Norm- und Regelwerke privater Dritter zurückgreift[77], zum

---

richten müssen: vgl. BVerfGE 56, 1 (12ff.); 79, 174 (195). Eine anschauliche Sammlung von Normen und Fallbeispielen bietet MAURER, Verwaltungsrecht (Fn. 62), § 7 Rn. 6ff., 17ff., 24ff.; wichtig H. SCHULZE-FIELITZ, Theorie und Praxis parlamentarischer Gesetzgebung, 1988, S. 423ff. m.w.N. („Formelkompromisse als funktionell-rechtliches Problem"); s. auch W. BRAUN, Offene Kompetenznormen – ein geeignetes und zulässiges Regulativ im Wirtschaftsverwaltungsrecht?, in: VerwArch. 76 (1985), S. 24ff., 158ff. – Zur Funktionalität im Sinne der Flexibilitätssicherung angesichts komplexer sozialer Verhältnisse vgl. DREIER, Verwaltung (Fn. 47), S. 170f. m.w.N. und zuletzt W. BROHM, Stellung und Funktion des Verwaltungsrichters, in: Die Verwaltung 24 (1991), S. 137ff. (146, 159ff.). Demonstration des Gehaltes und der Bedeutung eines zentralen „Verweisungsbegriffes": K.A. SCHACHTSCHNEIDER, Der Rechtsbegriff „Stand von Wissenschaft und Technik" im Atom- und Immissionsschutzrecht, in: W. Thieme (Hrsg.), Umweltschutz im Recht, 1988, S. 81ff. – Stärker methodologisch ausgerichtet RHINOW, Rechtsetzung (Fn. 65), S. 49ff., 58ff.; F. MÜLLER, Strukturierende Rechtslehre, 1984, S. 184ff.; DERS., Juristische Methodik, 4. Aufl. 1990, S. 154ff. u.ö.

[76] Dazu gehört zum einen die herausragende Rolle der Exekutive bei der Gesetzgebung selbst, zum anderen die Ermächtigung zum Erlaß von Rechtsverordnungen, schließlich drittens die Möglichkeit zur Selbstprogrammierung durch Verwaltungsvorschriften; die Satzungen als Ausdruck autonomer Rechtssetzungsbefugnis von Selbstverwaltungskörperschaften (und in Grenzen auch Anstalten) bleiben hier außer Betracht (siehe dazu auch die Schlußbemerkung). – Zur Rolle der Ministerialbürokratie im Gesetzgebungsprozeß u.a. K. EICHENBERGER, Gesetzgebung im Rechtsstaat, VVDStRL 40 (1982), S. 7ff. (29ff.); MAYNTZ, Soziologie (Fn. 53), S. 181ff., 202ff.; differenzierend SCHULZE-FIELITZ, Theorie (Fn. 75), S. 285ff. m. zahlr. weit. Nachw. – Zum „Ermessen" des Verordnungsgebers vgl. zuletzt T. v. DANWITZ, Die Gestaltungsfreiheit des Verordnungsgebers, 1989, und M. HERDEGEN, Gestaltungsspielräume bei administrativer Normgebung, in: AöR 114 (1989), S. 607ff. – Zur Diskussion um die Verwaltungsvorschriften und ihre rechtsdogmatisch saubere Einordnung u.a. W. BROHM, Verwaltungsvorschriften als administrative Rechtsquelle – ein ungelöstes Problem des Innenrechts, in: ders. (Hrsg.), Drittes deutsch-polnisches Verwaltungssymposion, 1983, S. 11ff.; OSSENBÜHL, Rechtsetzung (Fn. 62), § 65 passim; MAURER, Verwaltungsrecht (Fn. 62), § 24. Den ohnehin diffusen Meinungsstand hat das Bundesverwaltungsgericht mit der Erfindung „normkonkretisierender Verwaltungsvorschriften" (BVerwGE 72, 300 [316f., 320f.]) noch weiter kompliziert; vgl. Nachweise zur Diskussion bei MAURER, Verwaltungsrecht (Fn. 62), § 24 Rn. 25a. Kritisch zu jener Figur u.a. HOFMANN, Aufgaben (Fn. 70), S. 31; H.-J. KOCH, Immissionsschutz durch Baurecht, 1991, S. 28ff.

[77] Hier liegen wohl nach wie vor die im Hinblick auf das Rechtsstaats- wie das Demokratieprinzip größten verfassungsrechtlichen Defizite einer im übrigen recht vielgestaltigen und zum Teil undurchsichtigen Praxis. Guter Gesamtüberblick zum Pro-

Teil erst aufgrund partizipatorischer Teilnahme von Drittbetroffenen[78] gemeinwohlorientiert agieren kann. Überhaupt bedarf die Einbuße an „legislatorischer Programmsteuerung"[79] der Kompensation durch eine Aufwertung des Verfahrensgedankens[80]; besonders deutlich wie dringlich wird dies bei den Entscheidungsprozessen zur Festlegung von Standards im Technik- und Umweltrecht[81]. Im weiteren Umkreis liegende diskussionsbedürftige Grenzfälle seien mit den Stichworten „informales Verwaltungs-

---

blemkomplex bei W. BROHM, Sachverständige Beratung des Staates, in: HStR II, § 36. Zum Problem der impliziten Wertentscheidungen sowie der Vermittlungsbedürftigkeit technischen Sachverstandes und eines hinlänglich breiten „Wertberücksichtigungspotentials" R. MAYNTZ, Entscheidungsprozesse bei der Entwicklung von Umweltstandards, in: Die Verwaltung 23 (1990), S. 137 ff.; speziell zum Bereich des Atomrechts H. HOFMANN, Privatwirtschaft und Staatskontrolle bei der Energieversorgung durch Atomkraft, 1989, S. 42 ff.; ausführlich E. DENNINGER, Verfassungsrechtliche Anforderungen an die Normsetzung im Umwelt- und Technikrecht, 1990. – Es droht zur Zeit allem Anschein nach weniger eine Marginalisierung oder Subalternisierung der Exekutive, sondern eine administrativ-technokratische Entmächtigung des demokratischen Gesetzgebers.

[78] Vgl. W. SCHMITT GLAESER, Die Position der Bürger als Beteiligte im Entscheidungsverfahren gestaltender Verwaltung, in: P. Lerche/W. Schmitt Glaeser/E. Schmidt-Aßmann, Verfahren als staats- und verwaltungsrechtliche Kategorie, 1984, S. 35 ff. (insb. 53 ff.). Theoretisch beste Analyse vor dem Hintergrund des Weberschen „Maschinenmodells": C. OFFE, Rationalitätskriterien und Funktionsprobleme politisch-administrativen Handelns (1974), in: E. Denninger (Hrsg.), Freiheitliche demokratische Grundordnung, Bd. I, 1977, S. 469 ff.

[79] R.-R. GRAUHAN, Modelle politischer Verwaltungsführung, 1969, S. 9 ff.

[80] H. FABER, Vorbemerkungen zu einer Theorie des Verwaltungsrechts in der nachindustriellen Gesellschaft, in: Festschrift für Helmut Ridder, 1989, S. 291 ff. (299): „Dem Rückzug des Gesetzgebers aus der Infrastruktur entspricht eine Aufwertung des Verfahrensrechts [...] Keine Abwägung ohne Verfahren." Zur Relevanz des Verfahrens auch G.F. SCHUPPERT, Diskurse über Staat und Verwaltung, in: StWStP 2 (1991), S. 122 ff. (136 ff.).

[81] J. SALZWEDEL, Risiko im Umweltrecht – Zuständigkeit, Verfahren und Maßstäbe der Bewertung, in: NVwZ 1987, S. 929 ff.; HOFMANN, Privatwirtschaft (Fn. 77), S. 44; R. WAHL, Verwaltungsverantwortung und Verwaltungsgerichtsbarkeit – Bemerkungen zu einem Dauerthema –, in: VBlBW 1988, S. 387 ff. (391 f.); DERS., Risikobewertung der Exekutive und richterliche Kontrolldichte – Auswirkungen auf das Verwaltungs- und gerichtliche Verfahren, in: NVwZ 1991, S. 409 ff. mit dem prägnanten Resümee S. 418: „Die Reduzierung der Kontrolldichte muß durch das Verwaltungsverfahren verdient werden." – Normativ sicherzustellen ist vor allem die Neutralität und Objektivität der Entscheidungsfindung sowie die repräsentative Vertretung und hinlängliche Gewichtung der verschiedenen gesellschaftlichen Interessen(gruppen) in den Gremien, vgl. auch C. GUSY, Leistungen und Grenzen technischer Regeln – am Beispiel der technischen Baunormen, in: VerwArch. 79 (1988), S. 68 ff. (79).

handeln"[82] und „mittlergestützte Verhandlungssysteme"[83] genannt. Das Gesetz ist in all diesen Fällen aufgrund mangelnder Präzision nicht mehr in sich abgeschlossenes Endprodukt der Staatswillensbildung und damit des Prozesses rechtlicher Steuerung und Lenkung des politischen Gemeinwesens, sondern im Grunde erst Beginn und Anstoß des arbeitsteiligen Vorganges sozialgestaltender Rechtsverwirklichung[84], in dem die Verwaltung vor und neben der Verwaltungsgerichtsbarkeit im Sinne „strategischer Rechtsfortbildung"[85] und „situativer Gesetzanpassung"[86] aktiv mitgestaltend tätig wird[87].

Besinnt man sich schließlich darauf, daß in den einschlägigen Fällen der Gesetzgeber der Verwaltung „Gestaltungs-, Ermessens- und Beurteilungsspielräume"[88] einräumt, entpuppen sich die in der Verwaltungsrechtsdogmatik seit langem diskutierte scheinbar präzisen Kategorien

---

[82] Bahnbrechend W. HOFFMANN-RIEM, Selbstbindungen der Verwaltung, VVDStRL 40 (1982), S. 187ff. (191ff.); Nachweise der wichtigsten Beiträge zur mittlerweile ausgedehnten Diskussion bei MAURER, Verwaltungsrecht (Fn. 62), § 15 Rn. 8ff.

[83] O. PASSAVANT, Mittlerunterstützte Kooperation in komplexen Verwaltungsprojekten, in: DÖV 1987, S. 516ff.; B. HOLZNAGEL, Der Einsatz von Konfliktmittlern, Schiedsrichtern und Verfahrensverwaltern im amerikanischen Umweltrecht, in: Die Verwaltung 22 (1989), S. 421ff.; DERS., Konfliktlösung durch Verhandlungen, 1990; W. HOFFMANN-RIEM, Konfliktmittler in Verwaltungsverhandlungen, 1989; jetzt umfassend die Beiträge in: W. Hoffmann-Riem/E. Schmidt-Aßmann (Hrsg.), Konfliktbewältigung durch Verhandlungen, 2 Bde. (Bd. I: Informelle und mittlergestützte Verhandlungen in Verwaltungsverfahren; Bd. II: Konfliktmittlung in Verwaltungsverfahren), 1990. Kritisch: W. BROHM, Verwaltungsverhandlungen mit Hilfe von Konfliktmittlern?, in: DVBl. 1990, S. 321ff.

[84] SCHULZE-FIELITZ, Theorie (Fn. 75), S. 139ff., 143ff. („arbeitsteilige Rechtskonkretisierung"); DREIER, Verwaltung (Fn. 47), S. 159ff., 200ff. („Legislative und Exekutive im Handlungsverbund"); s. auch WAHL, Verwaltungsverantwortung (Fn. 81), S. 390 („Gesamt-Rechtsetzungswerk"); DERS., Risikobewertung (Fn. 81), S. 411, Fn. 15: „Ergänzungsverhältnis von Legislative und Exekutive"; ähnlich E. SCHMIDT-ASSMANN, Der Rechtsstaat, in: HStR I, § 24 Rn. 60 („Vorstellung einer ‚gewaltenpluralen' Arbeit am Gesetz").

[85] K.-H. LADEUR, Vom Gesetzesvollzug zur strategischen Rechtsfortbildung. Zur Genealogie des Verwaltungsrechts, in: Leviathan 7 (1979), S. 339ff.

[86] W. BROHM, Situative Gesetzesanpassung durch die Verwaltung, in: NVwZ 1988, S. 794ff.

[87] Natürlich steigt bei abnehmender gesetzlicher Regelungsdichte der „Anteil" der Verwaltung an der Rechtsverwirklichung; vgl. FORSTHOFF, Verwaltung (Fn. 26), S. 15; RHINOW, Verwaltungsgerichtsbarkeit (Fn. 48), S. 665; SCHMIDT-ASSMANN (Fn. 66), Art. 19 IV Rn. 184; WAHL, Verwaltungsverantwortung (Fn. 81), S. 390.

[88] BVerfGE 61, 82 (111); dieser Topos hat für das Konzept administrativer Letztentscheidungsermächtigungen SCHMIDT-ASSMANNS (Fn. 66), Art. 19 IV Rn. 188ff. zentrale Bedeutung.

von unbestimmten Rechtsbegriffen und Ermessensvorschriften, Beurteilungsspielräumen, Fällen planerischer Gestaltungsfreiheit, kognitivem und volitivem Ermessen etc., im Grunde als bloße Variationen des einen, zentralen Sachverhalts: des durch Phänomene des Wählens, Wägens und Wertens gekennzeichneten, von der Judikative unterschiedlich intensiv kontrollierten Entscheidungsspielraums der Exekutive[89] im insofern unausweichlich stets auch „politischen" Prozeß[90] gemeinwohlorientierter Verwaltungstätigkeit. Da die gesetzliche Regelungsdichte indes durchaus unterschiedlich ist, bleiben Differenzierungen beim Konkretisierungsrecht der Verwaltung und der dem korrespondierenden gerichtlichen Kontrolldichte nicht nur möglich, sondern unerläßlich[91].

2. *Tragende und nichttragende Gründe für die Eigenständigkeit*

Nimmt man nur alles in allem, so rechtfertigt sich die Rede von der „Eigenständigkeit" der Verwaltung heute durch die faktischen Grenzen gesetzlicher Detailprogrammierung, durch die Einsicht in ihre funktio-

[89] Vgl. dazu DREIER, Verwaltung (Fn. 47), S. 185 ff. m. w. N.; ferner jetzt C. STARCK, Rechtsdogmatik und Gesetzgebung im Verwaltungsrecht, in: O. Behrends/W. Henckel (Hrsg.), Gesetzgebung und Dogmatik, 1989, S. 106 ff. (111 ff.) und M. HERDEGEN, Beurteilungsspielraum und Ermessen im strukturellen Vergleich, in: JZ 1991, S. 747 ff. In Richtung einer einheitlichen Lösung wurde bereits sehr früh argumentiert: vgl. H. EHMKE, „Ermessen" und „unbestimmter Rechtsbegriff" im Verwaltungsrecht, 1960, S. 21 f., mit Hinweis auf Scheuners Vorschlag aus dem Jahre 1928; auch EHMKE favorisiert die „Einheitslösung": vgl. S. 32, 34, 40, 45.

[90] Zum unausweichlichen politischen Moment vgl. P. BADURA, Die Verwaltung als soziales System, in: DÖV 1970, S. 18 ff. (21); R.-R. GRAUHAN, Politikwissenschaftliche Forschung zur Verwaltung, in: DÖV 1970, S. 587 ff. (588); BROHM, Verwaltung (Fn. 62), S. 329; DERS., Steuerungsmöglichkeiten (Fn. 71), S. 231; DERS., Stellung (Fn. 75), S. 161. Ausführlich: W. SCHMIDT, Rechtswissenschaft und Verwaltungswissenschaft in: D. Grimm (Hrsg.), Rechtswissenschaft und Nachbarwissenschaften, Bd. 1, 2. Aufl. 1976, S. 89 ff. (96 ff.); s. auch E. BLANKENBURG/H. TREIBER, Bürokraten als Politiker. Parlamentarier als Bürokraten, in: Die Verwaltung 5 (1972), S. 273 ff.; MAYNTZ, Soziologie (Fn. 53), S. 202 ff.

[91] Dazu (und damit gegen den gedanklichen Kurzschluß, aus der dogmatischen Fragwürdigkeit eingefahrener begrifflicher Kategorien die pauschale Rücknahme der gerichtlichen Kontrolldichte zu folgern) eindringlich WAHL, Verwaltungsverantwortung (Fn. 81), S. 389 ff.; DERS., Risikobewertung (Fn. 81), S. 414 ff.; s. auch BROHM, Verwaltung (Fn. 62), S. 330 mit Unterscheidung zwischen Gesetzesbefehl, Gesetzesauftrag, gesetzlicher Kompetenzzuweisung oder Handlungsermächtigung und bloßer Schrankenziehung (dazu ausführlicher DERS., Steuerungsmöglichkeiten [Fn. 71], S. 229 f.).

nal entscheidende Rolle bei der stets in gewissem Umfang ‚gestaltenden' Rechtskonkretisierung und durch das dadurch hergestellte kooperative Verbundverhältnis zwischen Legislative und Exekutive. Wichtig bleibt daher abschließend festzuhalten, worin diese Eigenständigkeit *nicht* beschlossen liegt.

a) Sie findet ihre eigentliche Fundierung und präzise Konturierung nicht – wie Hans Peters meinte[92] – in einem abstrakten und als solchem dem Grundgesetz unbekannten Prinzip der Gewaltenteilung, das allein für sich genommen viel zu unspezifisch und sinnvariabel ist, um eindeutige Antworten auf die Frage nach der Gewichts- und Funktionenverteilung zwischen den Staatsgewalten geben zu können[93]. Auch die Kernbereichs-Metaphorik[94] führt hier nicht weiter, weil sie den Kern der mit der Eigenständigkeits-Formel umschriebenen Sache nicht trifft.

b) Festen Grund für die Eigenständigkeit der Verwaltung bietet auch nicht deren Personal. Darüber, daß die Beamtenschaft längst keinen einheitlichen sozialen Körper mit eigenem Ethos, unhinterfragbarem Selbstverständnis oder gar homogenem Korpsgeist mehr darstellt[95], ist nach Frido Wageners Staatsrechtslehrervortrag aus dem Jahre 1978 im Grunde kein Wort mehr zu verlieren[96] – einmal ganz abgesehen davon, daß es sich

---

[92] PETERS, Verwaltung (Fn. 15), S. 13, 29.

[93] Vgl. H.H. RUPP, Grundfragen der heutigen Verwaltungsrechtslehren, 1965, S. 126; WAHL, Verwaltungsverantwortung (Fn. 81), S. 392; SCHULZE-FIELITZ, Theorie (Fn. 75), S. 150ff.; DREIER, Verwaltung (Fn. 47), S. 175ff. m.w.N.

[94] Dazu abwägend SCHMIDT-ASSMANN, Rechtsstaat (Fn. 84), § 24 Rn. 49; zu der dort Rn. 50 angesprochenen neueren, eher funktional betonten Gewaltenteilungsdoktrin des Bundesverfassungsgerichts, wonach es vor allem auch auf eine funktionsadäquate Verteilung der staatlichen Funktionen ankomme (z.B. BVerfGE 68, 1 [86]), ausführlich: W. HEUN, Staatshaushalt und Staatsleitung, 1989, S. 95ff. – Der noch nicht zu einem schlüssigen Konzept ausgereifte neue Ansatz des BVerfG krankt daran, daß es nicht die Ausstattung sein kann, die den Kreis der von den Funktionsträgern wahrzunehmenden Aufgaben bestimmt, sondern daß die Zuweisung bestimmter Aufgaben eine adäquate Ausstattung verlangt.

[95] Die Monarchie hingegen bot, wie A. KÖTTGEN vor dem kontrastreichen Hintergrund der Weimarer Republik schrieb, dem Beamten „eine sichere geistige Stütze in einer objektiven Wertewelt" (Die politische Betätigung der Beamtenschaft, in: VerwArch. 37 [1928], S. 247ff. [262]).

[96] F. WAGENER, Der öffentliche Dienst im Staat der Gegenwart, VVDStRL 37 (1979), S. 215ff. (225ff., 229ff.); zur Binnendifferenzierung der Beamtenschaft H.D. JARASS, Politik und Bürokratie als Elemente der Gewaltenteilung, 1975, S. 93ff. – Zur fehlenden Geschlossenheit und dem Verlust eines einheitlichen Beamtenethos auch H. SIEDENTOPF, Der öffentliche Dienst, in: König u.a., Verwaltung (Fn. 47), S. 321ff. (334f.); W. THIEME, Verwaltungslehre, 4. Aufl. 1984, Rn. 103, 109, 589.

im demokratischen Staat ohnehin verbietet, von einer Beamtenaristokratie als „Dritte[r] Kraft eines parteipolitisch neutralisierenden Wahrers staatlicher Konsistenz"[97] zu sprechen. Eine „eigene politische Potenz"[98] als sozialer Gruppe kann und darf dem öffentlichen Dienst nicht zukommen[99]; eine aparte Legitimität ist hier ebensowenig anzuerkennen wie eine gesetzesresistente Sachkompetenz.

c) Schließlich läßt sich die Eigenständigkeit der Verwaltung auch nicht in einer Lehre vom „Verwaltungsvorbehalt" verankern, sofern man darunter ein bestimmtes Reservat an originären Exekutivbefugnissen verstehen wollte[100]. Die zu diesem Thema im Rahmen und im Umkreis der Staatsrechtslehrertagung 1984 geführte Diskussion[101] hat ja interessanterweise gerade ergeben, daß von gegenüber dem gesetzgeberischen Zugriff

---

[97] W. WEBER, Weimarer Verfassung und Bonner Grundgesetz (1949), in: ders., Spannungen (Fn. 19), S. 9ff. (18f.).

[98] Ebd. – Ähnlich heißt es bei F. MAYER, Neuzeitliche Entwicklung der öffentlichen Verwaltung, in: F. Morstein Marx (Hrsg.), Verwaltung, 1965, S. 2ff. (15), die Verwaltung stelle nach wie vor ein „entscheidendes Regulativ des Politischen im Gemeinwesen dar" und bilde das „Band, das den Staat zusammenhält". Dazu mit Recht kritisch WAHL, Lage (Fn. 53), S. 1206ff.

[99] In gewisser Weise leistet das Bundesverfassungsgericht einer solchen Optik indes selbst Vorschub, wenn es davon spricht, das Berufsbeamtentum solle nicht nur eine stabile und gesetzestreue Verwaltung sichern, sondern erfülle darüber hinaus die Funktion eines ausgleichendes Faktors gegenüber den das Staatsleben gestaltenden Kräften (BVerfGE 7, 155 [162]; BVerfG NJW 1989, 93). Denn außerhalb der von diesen politischen Kräften gestalteten Verfassung und außerhalb der von diesen politischen Kräften gestalteten Gesetze gibt es für das Beamtentum keinen weiteren fixen Orientierungspunkt, und der „Ausgleich" zwischen konfligierenden gesellschaftlichen Interessen etwa ist – im Rahmen des Möglichen – originäre Aufgabe des Gesetzgebers, nicht der Exekutive. Schließlich soll das Berufsbeamtentum gerade wegen seiner Fungibilität für verschiedene Zwecksetzungen den demokratischen Machtwechsel sichern (vgl. ISENSEE, Art. Beamte [Fn. 56], Sp. 590), sich aber nicht gewissermaßen oberhalb der im Rahmen der Verfassung geführten Politik- und Rechtskonflikte als neutrale Schiedsrichterinstanz etablieren.

[100] SCHMIDT-ASSMANN, Rechtsstaat (Fn. 84), § 24 Rn. 57: „die von ihm (scil.: dem heuristischen Begriff des Verwaltungsvorbehalts, H.D.) bezeichnete Suche nach unverzichtbaren Elementen exekutivischer Eigenständigkeit bestätigt zunächst die allgemeine Erkenntnis, daß nicht Sachbereiche, sondern Handlungsweisen, Verfahren und Strukturen das Wesen auch dieser Gewalt ausmachen." Ähnlich DERS., Funktionen (Fn. 48), S. 113.

[101] H. MAURER/F.E. SCHNAPP, Der Verwaltungsvorbehalt, VVDStRL 43 (1985), S. 135ff., 172ff.; unter gleichem Titel R. STETTNER, in: DÖV 1984, S. 611ff.; C. DEGENHART, in: NJW 1984, S. 2184ff.; M. SCHRÖDER, in: DVBl. 1984, S. 814ff.; ferner W. SCHMIDT, Der „Verwaltungsvorbehalt" – ein neuer Rechtsbegriff?, in: NVwZ 1984, S. 545ff.

immunisierten, gewissermaßen autarken Gebieten der Verwaltung (mit der möglichen Ausnahme der hier nicht zu diskutierenden Regierungstätigkeit) im Grunde keine Rede sein kann[102], um aber zugleich sehr wohl die Existenz sogenannter faktischer Verwaltungsvorbehalte zutage zu fördern[103]. Die auch hier auftretenden „sachlichen Grenzen der Normierbarkeit“[104] offenbaren, daß – wie etwa Roman Herzog betont hat[105] – in der Vollzugsfunktion der Verwaltung wie den natürlichen Grenzen gesetzlicher Programmierung des Verwaltungshandelns die entscheidenden tatsächlichen, funktionsbedingten Vorbehalte der Exekutive zu suchen sind – besonders deutlich wird dies bei allen Abwägungstatbeständen[106], aber etwa auch bei vielen Organisationsfragen[107].

Wenn man die Eigenständigkeit der Verwaltung somit in ihren unterschiedlich strukturierten Handlungsspielräumen und diese im „Vollzug“ der Gesetze begründet sieht, so darf die Wahl dieses Generalbegriffes die Einsicht nicht verstellen, daß damit eben nicht wertneutrale Willensumsetzung oder ein gewissermaßen vollautomatisierter Subsumtionsprozeß, sondern ein durchaus kreativer, gesetzeskomplementärer Vorgang gemeint ist[108], der bei der Anwendung der oft nur schwach programmierenden

---

[102] MAURER, Verwaltungsvorbehalt (Fn. 101), S. 147 ff.; SCHRÖDER, Verwaltungsvorbehalt (Fn. 101), S. 820 f.; OSSENBÜHL, Vorrang (Fn. 51), § 62 Rn. 56.

[103] Vgl. WAHL, Lage (Fn. 53), S. 1209; H. HOFMANN, Das Postulat der Allgemeinheit des Gesetzes, in: C. Starck (Hrsg.), Die Allgemeinheit des Gesetzes (= Abhandlungen der Akademie der Wissenschaften in Göttingen, phil.-hist. Klasse, 3. Folge Nr. 168), 1987, S. 9 ff. (43 f.); SCHRÖDER, Bereiche (Fn. 62), § 67 Rn. 22 m.w.N.

[104] WAHL, Lage (Fn. 53), S. 1209; OSSENBÜHL, Vorrang (Fn. 51), § 62 Rn. 63 ff.

[105] R. HERZOG, in: Maunz/Dürig, GG (Fn. 58), Art. 20 Abschnitt V (1980), Rn. 78 ff. (82, 100, 108, 109 ff.); OSSENBÜHL, Vorrang (Fn. 51), § 62 Rn. 58.

[106] SCHUPPERT, Self-Restraints (Fn. 48), S. 1200.

[107] FABER, Verwaltungsrecht (Fn. 44), S. 56: „Richtig ist allein der pragmatische Rest der Organisationsgewalt, wonach sich der Gesetzgeber nicht durch eine Fülle von Bagatellentscheidungen selbst blockieren und unabweisbare Organisationsmaßnahmen der Verwaltung verbieten kann, ohne sie selbst zu treffen.“ Ähnlich OSSENBÜHL, Vorrang (Fn. 51), § 62 Rn. 59; SCHMIDT-ASSMANN, Rechtsstaat (Fn. 84), § 24 Rn. 57, 79; SCHMIDT, Verwaltungsvorbehalt (Fn. 101), S. 549.

[108] Von der Verwaltung als „Komplementärfunktion“ spricht SCHRÖDER, Bereiche (Fn. 62), § 67 Rn. 27; ähnlich bereits EHMKE, Ermessen (Fn. 89), S. 45, 47 f. u.ö. – Zum „Faktor“ Kreation und zur bewußt mit der richterlichen Rechtsfortbildung in Parallele gesetzten rechtsproduktiven Komponente des Verwaltungshandelns instruktiv D. GÖLDNER, Probleme einer administrativen Rechtsschöpfung, in: Die Verwaltung 23 (1990), S. 311 ff.

Gesetze Normkonkretisierung, Alternativenwahl, Wertpräferierung, Abwägungsvorgänge und praktischen Interessenausgleich einschließt[109].

Ein solcherart geläuterter Begriff der „Eigenständigkeit“ faßt die Verwaltung nicht im Sinne einer solitären, dem demokratischen Konstitutions- und Legitimationszusammenhang entrückten, in sich selbst ruhenden Größe[110]. Dieses Konzept ist vielmehr funktional begründet. Es nimmt die arbeitsteiligen Zwänge der modernen Industriegesellschaft mit ihrem großen staatlichen Aufgabenbereich ernst; zugleich anerkennt es das der durch Daueraktivität, Omnipräsenz und Ubiquität gekennzeichneten Exekutive verbleibende und durch kein noch so weitreichendes legislatives Zugriffsrecht auszumerzendes Potential an eigener Rechtsgestaltung wie das darin unausweichlich beschlossene „politische“ Element[111].

V. Schlußbemerkung

Im Mittelpunkt unserer der Eigenständigkeit der Verwaltung gewidmeten Erörterungen stand der staatsunmittelbare, hierarchisch strukturierte, aufsichtlich kontrollierte bürokratische Verwaltungsapparat und dessen funktional bedingte „Freiheiten“ gegenüber dem programmierenden und dirigierenden Gesetzgeber. Die zum Teil noch sehr viel weiter reichenden Abweichungen vom Maschinenmodell der Exekutive, wie sie in der Ausbildung von sei es lediglich organisatorisch, sei es darüber hinaus auch rechtlich vom jeweiligen Muttergemeinwesen abgesetzten „Trabanten“

---

[109] Deutlich SCHEUNER, Gesetz (Fn. 52), S. 550, 552 f., 561, 565; s. auch P. BADURA, Staatsrecht, 1986, S. 211 f., 398, 401 f. – Sehr hellsichtig sowohl zur Zielrichtung des Art. 19 Abs. 4 GG als auch zum rechtsgestaltenden Charakter des Verwaltungshandelns EHMKE, Ermessen (Fn. 89), S. 51: „Im ganzen gesehen fordert das Grundgesetz jedenfalls ein rechtsstaatliches Optimum und nicht ein verwaltungsgerichtliches Maximum an Verwaltungskontrolle. Zu diesem Optimum gehört die Anerkennung der für die Durchführung der staatlichen Aufgaben erforderlichen Handlungsfreiheit der Verwaltung. Soweit diese reicht, nimmt die Verwaltung – ebenso, wie wenn ihre Akte nicht angegriffen werden – durch Ausformung der vom Gesetzgeber aufgestellten Richtlinien und Maßstäbe, durch Konkretisierung der Gesetzes-Vorschriften und der Rechtsgrundsätze selbständig am Prozeß der Rechtsbildung und -fortbildung teil.“

[110] In diese Richtung tendieren einige Formulierungen FORSTHOFFS (vgl. oben bei Fn. 31 ff.). Die Verwaltung erscheint als gewissermaßen „reine“, soll heißen: von den demokratischen Strukturen und parlamentarischen Bindungen noch nicht affizierte Verkörperung der Staatlichkeit.

[111] Vgl. KÖTTGEN, Lage (Fn. 1), S. 445. Dort heißt es weiter: „In der einen wie anderen Richtung ist unpolitische Verwaltung ein Phantom, so groß ihre Attraktivkraft in Zeiten einer gestörten Gleichgewichtslage auch sein mag.“

des Verwaltungssystems auf vielfältige Weise (angefangen von juristischen Personen des öffentlichen Rechts, insbesondere den Selbstverwaltungskörperschaften, über die privatrechtsförmige Verwaltung bis hin zu Formen der Dekonzentration von Behörden und ministerialfreien Räumen) Gestalt gewinnen, sind hingegen außer Betracht geblieben. Damit sollte zunächst gesagt sein, daß die Eigenständigkeit der Verwaltung nicht umstandslos mit dem Prozeß der „Verselbständigung von Verwaltungseinheiten"[112] gleichgesetzt werden kann; vielmehr ist bereits im Vorfeld jedweder Dezentralisations- oder Dekonzentrationsvorgänge eine gewisse Eigenständigkeit der Exekutive unausweichlich gegeben. Und doch hängen beide Phänomene auf eine untergründige Art und Weise miteinander zusammen, weil sie Produkte und Begleiterscheinungen staatlichen Funktionszuwachses und eines dem korrespondierenden Differenzierungszwanges sind. Dieser Zusammenhang darf indes nicht zu vorschnellen Parallelisierungen und zur Annahme gewissermaßen ‚gesetzmäßiger' Abhängigkeiten und Wechselbezüglichkeiten verleiten: Exakte gesetzliche Programmierung kann, muß aber nicht mit staatsunmittelbarer bürokratischer Verwaltungsorganisation einhergehen, und verselbständigte Verwaltungseinheiten werden in aller Regel, aber nicht stets und zwingend auf einer relativ ‚weichen' gesetzlichen Programmstruktur mit entsprechend breiten Zonen der Entscheidungsfindung, ja eigener Rechtsetzung ruhen. In einem Wort: Es gibt Phänomene der Eigenständigkeit der Verwaltung ungeachtet möglicher rechtlich-organisatorischer Verselbständigungsprozesse, und es gibt verselbständigte Verwaltungseinheiten ohne wirkliche Eigenständigkeit im oben geklärten Sinne.

Mit diesen knappen Hinweisen mag es hier zunächst sein Bewenden haben. Denn die genauere Analyse des Verhältnisses zwischen der Eigenständigkeit der Verwaltung und der Verselbständigung von Verwaltungseinheiten (und damit zwischen Verwaltungshandeln und Verwaltungsorganisation) wäre ein Thema für sich.

---

[112] Grundlegend dazu G. F. Schuppert, Die Erfüllung öffentlicher Aufgaben durch verselbständigte Verwaltungseinheiten, 1981; international vergleichend die Bestandsaufnahme in: C. Hood/G.F. Schuppert (Hrsg.), Verselbständigte Verwaltungseinheiten in Westeuropa. Die Erfüllung öffentlicher Aufgaben durch Para-Government Organizations (PGOs), 1988 (dazu C. Reichard, Verselbständigte Verwaltungseinheiten im Vergleich, in: Die Verwaltung 23 [1990], S. 491 ff.). Zum Gesamtvorgang der Ausbildung eines Netzwerkes von Verwaltungseinheiten ausführlich Dreier, Verwaltung (Fn. 47), S. 211 ff.

Kontroversen

Lebensschutz und Menschenwürde in der bioethischen Diskussion*

I. Die Heftigkeit der Debatte

Wohl kaum eine gesellschaftspolitische Debatte der letzten Jahrzehnte ist – abgesehen vielleicht von der bezeichnenden Ausnahme der Abtreibungsfrage – von einer derartigen Breite, Intensität und partiell verletzenden Schärfe gewesen wie die bioethische oder biopolitische Debatte unserer Tage[1]. Daß diese „mehr und mehr die Züge eines Glaubenskrieges" annimmt[2] oder daß sie „mit Begriffen eines geistigen Bürgerkrieges geführt wird"[3], gehört noch zu den eher sachlichen Formulierungen und der Feststellung von

* Meiner wissenschaftlichen Mitarbeiterin, Frau Andrea Laube, danke ich herzlich für die wertvolle Hilfe bei der Sichtung und Auswertung des umfangreichen Materials.

1 Spektrum der Positionen bei C. Geyer (Hrsg.), Biopolitik, 2001.

2 H. Schmoll, Sackgassen der bioethischen Debatte, in: FAZ Nr. 182 v. 8.8.2001, S. 1.

3 P. Bahners, Bürger Embryo, in: FAZ Nr. 150 v. 2.7.2001, S. 43 (auch in: Geyer, Biopolitik [Fn. 1], S. 206ff. [206]).

Tatsachen[4]. Es geschieht auch nicht alle Tage, daß ein ehemaliger Präsident der Deutschen Forschungsgemeinschaft (DFG) seinen Nachfolger wie seinen Vorgänger sowie die gesamte Organisation wegen ihrer forschungspolitischen Richtungsentscheidungen schilt und in diesem Zusammenhang von „Kulturkampf" spricht[5]. Im Falle einer ansonsten auch in Stilfragen mit Führungsanspruch auftretenden deutschen Tageszeitung erlebt man in Ton und Ausdruck Ausfälligkeiten, die den Leser eher den Kopf schütteln lassen als ihn zu vertieftem Nachdenken anregen: so etwa, wenn dort verkündet wird, den Weg zur verbrauchenden Embryonenforschung zu beschreiben wäre „Barbaren vorbehalten"[6]. Amerikaner, Briten, Franzosen und Schweden werden sich über diese Aufklärung aus deutschem Munde[7] sicher sehr freuen!

In der Gegenrichtung werden Gegner neuer Forschungs- und Untersuchungsmethoden schon einmal als Ewiggestrige, als Forschungsfeinde oder schlicht als Fundamentalisten, wenn nicht gar als Heuchler gekennzeichnet[8].

Solche Heftigkeit der Argumente, die eben häufig keine sind, hat natürlich ihre Gründe bzw. ihre Ursachen. Sie liegen in der Besonderheit

---

[4] Aber Bahners selbst greift zu reißerischen Formulierungen, wenn er z.B. schreibt (P. Bahners, Unsere kleine Farm, in: FAZ Nr. 185 v. 11.8.2001, S. 41): „Der Präsident der Vereinigten Staaten wird Forscher nicht finanzieren, die über Leben und Tod von Unschuldigen entscheiden wollen."

[5] W. Frühwald, Der „optimierte Mensch". Über Gentechnik, Forschungsfreiheit, Menschenbild und die Zukunft der Wissenschaft, in: Forschung & Lehre, Heft 8/2001, S. 402ff.; dort S. 402 auch das Wort vom „Kulturkampf", allerdings schon im Original in Anführungszeichen. Ohne derartige Relativierungen aber P. Bahners, Was dann? Der Bundestag hat den Kulturkampf nur vertagt, in: FAZ Nr. 27 v. 1.2.2002, S. 45; C. Schwägerl, Flach 1 & 2, in: FAZ Nr. 91 v. 19.4.2002, S. 47: „Wissenschaftler, die [...] gierig den Einstieg in die unbegrenzte Embryonennutzung fordern [...] Kulturkampf um das Abräumen jeglicher Tabus."

[6] C. Schwägerl, Pool für Embryonen, in: FAZ Nr. 198 v. 27.8.2001, S. 41.

[7] Spöttisch-kritisch H. Markl, Ein Mensch ist ein Mensch ist ein Schaf?, in: Universitas 55 (2000), S. 995ff. (1007f.): USA „keineswegs ein ethisch-rechtliches Entwicklungsland oder gar Notstandsgebiet", England „kein moralisch degenerierter Unrechtsstaat, der von deutscher Moralaufsicht her Belehrung nötig hätte!"

[8] Siehe etwa M. Ronellenfitsch, Der Mensch als gentechnisch veränderter Organismus, in: Gesellschaft für Umweltrecht (Hrsg.), Umweltrecht im Wandel. Bilanz und Perspektiven aus Anlass des 25-jährigen Bestehens der Gesellschaft für Umweltrecht (GfU), 2001, S. 701ff. (701f.: Heuchler, Demagogen, Apokalypsenneurotiker). Ferner E. Wiehr, Unzeitgemäße Definition des Lebensbeginns (Leserbrief), in: FAZ Nr. 6 v. 8.1.2002, S. 8: „Züge von Wissenschaftsfeindlichkeit"; C.B. Feldbaum, Es wäre unmenschlich, das Wissen zu verbieten, in: FAZ Nr. 147 v. 28.6.2001, S. 47: „die gegen die Biotechnologie protestieren, tun das mit vollem Bauch".

des Gegenstandes. Forschung an Embryonen, Präimplantationsdiagnostik, Genpatente, Gentherapie: dies alles betrifft nicht nur irgendeinen außer uns liegenden Gegenstand, sondern uns selbst. Denn wir haben es mit Formen menschlichen Lebens zu tun. Jeder von uns war einmal eine Zygote und hat sich über die Stufen der ersten Zellteilung bis zur Nidation und der Geburt bis zu seinem heutigen Stand fortentwickelt[9]. Die in der bioethischen Debatte zur Verhandlung stehenden Probleme werfen mittelbar oder unmittelbar Fragen nach unserem Selbstverständnis, unserer Vorstellung vom Menschsein und vom Menschen auf, betreffen damit auch unser Bild von ihm[10] und zwingen zu einer Vergewisserung über unser Leben in einer hochgradig technisierten Zivilisation.

Hinzu tritt, daß hier stärker und unmittelbarer als bei anderen, ebenfalls heftig umstrittenen politischen Themen persönliche Betroffenheiten potentieller oder aktueller Art hineinspielen: denken wir an den Patienten, der auf Heilung aufgrund neuer biowissenschaftlicher Erkenntnisse und entsprechender medizinischer Therapien hofft; an die Eltern behinderter Kinder, die um deren Akzeptanz fürchten, sich aber vielleicht auch weiteren, nichtbehinderten Nachwuchs wünschen; denken wir an die ungewollt kinderlosen Paare, die oft schwer unter ihrer Situation leiden; denken wir an Forscher, die sich in Deutschland um die Möglichkeit bahnbrechender Erkenntnisse und an Mediziner, die sich infolgedessen um therapeutische Erfolge betrogen sehen; denken wir an Geistliche, die um den religiösen Respekt vor der Einzigartigkeit des Lebens, auch des frühen und des versehrten, fürchten.

Hinter all diesen partikularen persönlichen Betroffenheiten geht es ganz grundsätzlich um unsere Vorstellung vom Menschen und vom Menschsein,

[9] Freilich gilt nicht umgekehrt, daß sich auch jede befruchtete Zygote zu einem lebenden Organismus entwickelt; vielmehr nisten sich (bei natürlicher Befruchtung) nach verbreiteter Auffassung nur ungefähr ein Drittel der befruchteten Eizellen in der Gebärmutter ein, während der Rest unbemerkt abgeht; nach neuesten Erkenntnissen (vgl. A. Feige u.a., Frauenheilkunde, 2. Aufl. 2001, S. 288) gelangen dagegen nur ca. 44 % der befruchteten Eizellen nicht zur Nidation, aber weitere ca. 22 % gehen vor dem klinischen Bekanntwerden der Schwangerschaft, also zumeist kurz nach der Nidation, ab. Die Erfolgsquoten bei künstlicher Befruchtung sind noch ungleich niedriger (bei der In-vitro-Fertilisation [IVF] nisten sich z.B. nur 20 % der befruchteten Eizellen in der Gebärmutterschleimhaut ein, T.W. Sadler, Medizinische Embryologie, 9. Aufl. 1998, S. 35).

[10] Was wiederum nicht heißt, daß aus selbstgezimmerten „Menschenbildern“ konkrete und zwingende Antworten auf die hochkomplexen Fragen gefunden und diese wiederum ungeschmälert in für alle verbindliches staatliches Recht umgesetzt werden könnten.

von Natürlichkeit und Künstlichkeit angesichts rasanter technologischer Veränderungen, im Zusammenhang damit auch um Reichweite und Grenzen menschlichen Forschergeistes, kurz: um Grundfragen der *conditio humana*[11]. Es steht eine Art von Selbstverständnis-Debatte an, und solche sind immer quälend: das weiß man aus Diskussionen in Wohngemeinschaften oder Fachbereichsräten wie überhaupt aus jeder Gremienarbeit, auch aus der von Ethikräten.

Dem Ernst der aufgeworfenen Fragen und dem redlichen Bemühen um angemessene Antworten tut es allerdings Abbruch, wenn man einander nicht mit Argumenten, sondern mit Schuldvorwürfen und vernichtenden Urteilen über die Position der jeweils anderen Seite begegnet. Ein gewisser Tiefpunkt schien erreicht, als ein katholischer Bischof in einer öffentlichen Stellungnahme den Vorwurf des „Kannibalismus" an die Befürworter verbrauchender Embryonenforschung richtete; oder auch, als ein deutscher Universitätsprofessor in einer nichtöffentlichen Diskussionsrunde bekannte, die Sache würde im engeren Familienkreis unter dem Stichwort „Mengele II" verhandelt. Wir sollten tunlichst vermeiden, in diesem hoch sensiblen Feld der anderen Seite je nach eigener Positionierung Rückfall in die Barberei des Nazi-Systems oder ins vermeintlich dunkle Mittelalter zu unterstellen, um hier religiöses Eiferertum und Rückständigkeit, dort amoralische Dammbrüche und rücksichtslose Durchsetzung ökonomischer Interessen zu beklagen[12]. Die Fragen sind zu ernst und zu komplex, als daß sie in ein Schwarz-Weiß-Raster von Dämonisierung oder Glorifizierung gepreßt werden könnten.

---

[11] Das erklärt die Fülle interdisziplinärer Publikationen, von denen nur die folgenden genannt seien: P. Strasser/E. Starz (Hrsg.), Personsein aus bioethischer Sicht (= ARSP-Beiheft Nr. 73), 1997; G. Rager (Hrsg.), Beginn, Personalität und Würde des Menschen, 1998; W. Kraus (Hrsg.), Bioethik und Menschenbild bei Juden und Christen, 1999; G. Altner u. a., Menschenwürde und biotechnischer Fortschritt im Horizont theologischer und sozialethischer Erwägungen (= Evangelische Theologie, 61. Jg., Sonderheft), 2001; Zeitschrift für medizinische Ethik 47 (2001), Heft 3 (Thema: Stammzellenforschung); Jahrbuch für Recht und Ethik, Bd. 9, 2001 (Themenschwerpunkt: Schwierige Fälle der Gen-Ethik).

[12] Richtig W. van den Daele, Zweierlei Moral. Forschung an embryonalen Stammzellen? Im Ethikbeirat der Gesundheitsministerin war kein Konsens in Sicht. Nun wird der Rat aufgelöst, in: Die Zeit Nr. 19 v. 3.5.2001, S. 42: „Was der Ethikbeirat immerhin tun kann, ist, von allen Beteiligten zu fordern, daß sie den moralischen Kern des Konflikts ernst nehmen und anerkennen, daß hier tatsächlich Moral gegen Moral steht und nicht einfach Gute gegen Böse kämpfen. Die eigentliche Herausforderung für den Ethikbeirat (aber letztlich für den Gesetzgeber) besteht darin, Wege zu finden, wie man die Unversöhnlichkeiten abfängt, zu denen solche Konflikte tendieren."

II. Auf der Suche nach einem Minimalkonsens

Gerade weil die Debatte also hochkontrovers ist und hochemotionalisiert geführt wird, lohnt vielleicht am Anfang die Frage nach einem gleichwohl vorhandenen und alle Teilnehmer verbindenden Konsens, auch wenn dies nur ein eher vager und im Prinzipiellen liegender und daher letztlich wohl nur eine Art Minimalkonsens sein kann. Für einen derartigen Konsens sehe ich vor allem deshalb einen Ansatzpunkt, weil in der gesellschaftlichen Diskussion eine weitgehende Einigkeit über die hohe Bedeutung der involvierten Rechtsgüter besteht – wenn auch nicht über deren Gewichtung und konkrete Reichweite. Hier rücken allerdings oft ausschließlich Fragen des Lebensrechtes und auch des Würdeschutzes des Embryos in den Vordergrund. Nicht weniger konsentiert und klar sollte aber sein, daß z.B. im Fall der Forschung an embryonalen Stammzellen das hohe Verfassungsgut der Wissenschafts- und Forschungsfreiheit berührt ist, dem in der grundgesetzlichen Ordnung (Art. 5 Abs. 3 GG) wie in jeder modernen Wissensgesellschaft eine besonders hohe Bedeutung zukommt. Das Bundesverfassungsgericht spricht der Wissenschaftsfreiheit eine „Schlüsselfunktion [...] sowohl für die Selbstverwirklichung des Einzelnen als auch für die gesamtgesellschaftliche Entwicklung" zu[13]. Das Grundgesetz trägt dieser hohen Bedeutung dadurch Rechnung, daß die Freiheit der Forschung und Wissenschaft normtextlich vorbehaltlos garantiert ist. Es bedarf also aus der Verfassung selbst ableitbarer und damit höchstrangiger gegenläufiger Rechtsgüter für eine Beschränkung. Diese Anforderung gilt für jedwede wissenschaftliche Betätigung. Die Rechtfertigungslasten für einen staatlichen Eingriff erhöhen sich nochmals, wenn dieser sich auf wissenschaftliche Grundlagenforschung bezieht. Ohnehin sind kategorische Forschungs*verbote* als denkbar schwerster Eingriff von vornherein höchst problematisch[14]. Die Freiheit der Wissenschaft soll – insofern der freien Marktwirtschaft vergleichbar – gerade verhindern, daß es zur Erstarrung und zur Versteinerung von Problemlösungen kommt. Wir dürfen auch nicht vergessen, daß die Geschichte der Forschungsfreiheit im Grunde eine Geschichte von Grenzüberschreitungen und

---

[13] BVerfGE 35, 79 (114).

[14] Deutlich und zutreffend E. SCHMIDT-ASSMANN, Grundrechtspositionen und Legitimationsfragen im öffentlichen Gesundheitswesen, 2001, S. 52ff.; desgleichen J. IPSEN, Der „verfassungsrechtliche Status" des Embryos in vitro, in: JZ 2001, S. 989ff. (995f.); siehe noch M. RONELLENFITSCH, Zur Freiheit der biomedizinischen Forschung, in: Jahrbuch des Umwelt- und Technikrechts 2000, S. 91ff.

Tabubrüchen ist. Man bedenke nur, wie lange die Leichenobduktion als frevelhaft galt[15].

Über ihren starken grundrechtlichen Schutz ist – dies der zweite mögliche Konsenspunkt – auch die Zielrichtung der entsprechenden Forschungen in den Blick zu nehmen. Es bildet einen selbständigen Gesichtspunkt und einen Umstand von eigener Bedeutung, daß beispielsweise die Forschung an embryonalen Stammzellen mit dem (Fern-)Ziel der Gewinnung neuer medizinischer Therapien und damit der Heilungsmöglichkeit für Schwer- und Schwerstkranke erfolgt[16]. Hier muß zwar völlig klar sein, daß umfassende Heils-, nein: Heilungserwartungen[17] völlig fehl am Platze sind. Auch erhält die Forschungsfreiheit ihr Gewicht nicht dadurch, daß aus ihr eine rasche und umfassende Nutzanwendung folgt, sondern trägt es in sich selbst; immer wieder gerade auch von politischer Seite ins Spiel gebrachte Vorstellungen einer „Bringschuld" der Wissenschaft sind schon deswegen völlig fehl am Platze. Sie verkennen im übrigen den für einen demokratischen Verfassungsstaat fundamentalen Tatbestand, daß nicht die Wahrnehmung

---

[15] Freilich nicht so lange, wie in der öffentlichen Diskussion oft unterstellt wird. Nachdem im Römischen Reich die Sektion der Leichen von Bürgern verboten war, fand die Obduktion Eingang in eine zwischen 1238 und 1240 von Stauferkaiser Friedrich II. erlassene Medizinalverordnung, in der die Studenten verpflichtet wurden, Sektionen an menschlichen Leichnamen auszuführen. Diese Umkehr in der Einstellung zu Leichenöffnungen setzte sich zunächst in Oberitalien fort (die erste sicher belegte Leichenöffnung im Mittelalter fand 1286 in Cremona statt), um dann später auch in anderen europäischen Ländern Verbreitung zu finden (z.B. wurden in Prag um 1348 Sektionen eingeführt, in Wien fand die erste öffentliche Sektion 1404 statt). Die Zustimmung der Kirche zu Leichenöffnungen wurde 1482 in einem Breve Sixtus' IV. offiziell. Vgl. dazu C.M. BRUGGER/H. KÜHN, Sektion der menschlichen Leiche, 1979, S. 53 ff., 59 ff.

[16] Zu einigen Perspektiven etwa MARKL, Mensch (Fn. 7), S. 1003 ff.; FELDBAUM, Wissen (Fn. 8), S. 48; P. GRUSS, Vergeßt die Patienten nicht, in: FAZ Nr. 152 v. 4.7.2001, S. 47.

[17] In der öffentlichen Diskussion geht beides (Heilungserwartungen oder Heilserwartungen) bezeichenderweise oft durcheinander bzw. wird als austauschbar behandelt (vgl. nur G .P. HEFTY, Die im Dunkeln, in: FAZ Nr. 24 v. 29.1.2002, S. 1; Hinweis auf die Differenz aber bei R. ANSELM/J. FISCHER/C. FREY/U. KÖRTNER/H. KRESS/T. RENDTORFF/D. RÖSSLER/C. SCHWARKE/K. TANNER, Pluralismus als Markenzeichen. Eine Stellungnahme evangelischer Ethiker zur Debatte um die Embryonenforschung, in: FAZ Nr. 19 v. 23.1.2001, S. 8). Möglicherweise ist dies ein Indiz dafür, daß für viele heutzutage das persönliche Heil in der Heilung ihrer Krankheiten liegen mag: Gesundheit als das letzte und höchste Ziel. Das ist gewiß kritikwürdig, zumal vom christlichen Standpunkt aus. Freilich lassen sich damit *staatliche* Eingriffe in Individualrechtsgüter oder gar die Versagung von Therapiemöglichkeiten durch *staatliche* Verbote nicht rechtfertigen.

grundrechtlicher Freiheiten begründungs- oder rechtfertigungsbedürftig ist, sondern der staatliche Eingriff in diese Freiheiten[18]. Dennoch bleiben medizinische Heilerfolge als Langfristperspektive wichtig für Motivation und Finalität des forschenden Handelns und seine Rechtfertigung, sofern dieses mit anderen Rechtsgütern abzuwägen ist. Wenn Forschung letztlich auf Verbesserung medizinischer Therapien und Erhöhung von Heilungschancen zielt, dann trägt dies zudem der Schutzpflicht des Staates aus Art. 2 Abs. 2 Satz 1 GG Rechnung, weswegen dieser Artikel insofern *für* und nicht gegen die Forschung streitet[19].

Der dritte Konsenspunkt scheint mir der wichtigste. Er liegt darin, daß man menschliches Leben auch in seiner absoluten Frühform, also als Zygote im Vier- oder Achtzellstadium, nicht als eine beliebige Materie betrachtet, nicht als „Biomasse“ ansieht oder wie einen ausbeutbaren Rohstoff behandelt. Es genießt vielmehr als Form menschlichen Lebens unsere besondere Wertschätzung; seine Nutzung zu wissenschaftlichen Zwecken verlangt gute Gründe. Nur so läßt sich im übrigen erklären, daß auch die Befürworter der Forschung an embryonalen Stammzellen für strikte Kontrollen und öffentliche Aufsicht plädieren, für beschränkten Zugang zu den Stammzellinien, für Herkunftsnachweise und anderes mehr[20]. Embryonale Stammzellen sind kein rein kommerzielles und ethisch irrelevantes Gut; die Arbeit mit und die Forschung an ihnen hat andere Bedeutung und wirft andere Probleme auf als die Forschung an anorganischer Materie oder an Formen nichtmenschlichen Lebens. Andererseits: Wenn embryonales Leben auch im Vier- oder Achtzellstadium in gleicher Weise und mit der gleichen Intensität geschützt sein sollte wie das geborener Menschen, dann gibt es zweifelsohne auch für noch so hochrangige Forschungsoptionen keinen verfassungsrechtlichen Rückhalt mehr[21]. Eben diese normative Gleichset-

[18] Carl Schmitt hat insofern von einem „rechtsstaatlichen Verteilungsprinzip“ gesprochen. Siehe näher H. Dreier, in: ders. (Hrsg.), Grundgesetz-Kommentar, Bd. I, 1996, Vorb. Rn. 34; B. Pieroth/B. Schlink, Grundrechte. Staatsrecht II, 17. Aufl. 2001, Rn. 44.

[19] Schmidt-Assmann, Grundrechtspositionen (Fn. 14), S. 55: „Art. 2 Abs. 2 GG ist keineswegs nur Grenze, sondern u. U. auch Stütze freier medizinischer Forschung. Er kann bei Abwägungsentscheidungen durchaus auch forschungs*fördernd* wirken.“ (Hervorhebung i. O., H. D.).

[20] Vgl. die Ende 2001 verabschiedete Stellungnahme des Nationalen Ethikrates „Zum Import menschlicher embryonaler Stammzellen“ (Berlin 2002) und den Anforderungskatalog, der in den – einen Stammzellimport befürwortenden – Optionen A und B zur Voraussetzung gemacht wurde (S. 49 ff.).

[21] Denn klar ist und keiner Begründung bedarf, daß Heilungschancen von Patienten niemals die Opferung des Lebens *geborener* Menschen rechtfertigen können: Anselm

zung pränidativen und nachgeburtlichen Lebens ist aber die zentrale und umstrittene „Status"-Frage[22] – womit wir wieder beim Dissens wären.

III. Der Kern des Dissenses: Lebensbeginn, Lebensschutz, Status des Embryos

So kann der skizzierte Minimalkonsens nichts daran ändern, daß die Bewertung der derzeit diskutierten und über kurz oder lang zur Entscheidung anstehenden bioethischen Fragen im Kern kontrovers ist und es wohl auch bleiben wird. Der Streit um die richtige Position begegnet uns in Politik und Gesellschaft nicht anders als in Philosophie, Theologie und Jurisprudenz.

Die folgenden, vornehmlich verfassungsrechtlichen Darlegungen konzentrieren sich auf das besonders umstrittene Gebiet der „verbrauchenden" Embryonenforschung. Ausgeklammert bleiben Präimplantationsdiagnostik (PID), Genpatente, Gentherapien und andere Komplexe, die zwar in der Grundproblematik ähnlich gelagert sind, aber auch ihre spezifischen und zum Teil gravierenden Besonderheiten aufweisen.

---

u. a., Pluralismus (Fn. 17), S. 8: „unstrittig ist, daß Menschen nicht für noch so hochrangige Forschungsziele getötet werden dürfen"; desgleichen N. Hoerster, Ethik des Embryonenschutzes, 2002, S. 30ff.; J. Isensee, Der grundrechtliche Status des Embryos – Menschenwürde und Recht auf Leben als Determinanten der Gentechnik, in: O. Höffe u.a. (Hrsg.), Gentechnik und Menschenwürde. An den Grenzen von Ethik und Recht, 2002, S. 37ff. (72). – Undeutlich allerdings M. Kloepfer, Humangentechnik als Verfassungsfrage, in: JZ 2002, S. 417ff. (421 [re. Sp.]).

[22] Es gehört zu den Defiziten der DFG-Stellungnahme vom 3.5.2001 (Empfehlungen der Deutschen Forschungsgemeinschaft zur Forschung mit menschlichen Stammzellen, Fundstelle im Internet: http://www.dfg.de/aktuell/stellungnahmen/Lebenswissenschaften/empfehlungen_stammzellen_03_05_01.pdf), den zentralen Punkt des moralischen wie verfassungsrechtlichen Status des Embryos in vitro weitgehend ausgespart und in diffuser Weise von einem „Abwägungsprozeß" zwischen „verfassungsrechtlichem Lebensschutz des Embryos" und „verfassungsrechtlich geschützter Forschungsfreiheit" gesprochen zu haben (S. 4 der PDF-Datei). In den am gleichen Tag von der DFG veröffentlichten Hintergrundinformationen (Empfehlungen der Deutschen Forschungsgemeinschaft zur Forschung mit menschlichen Stammzellen. Naturwissenschaftlicher Hintergrund. Juristischer Hintergrund. Ethischer Hintergrund. Naturwissenschaftlich-medizinisches Glossar. Literaturverzeichnis, Fundstelle im Internet: http://www.dfg.de/aktuell/stellungnahmen/Lebenswissenschaften/empfehlungen_stammzellen_hintergrund _03_05_01.pdf) werden zwar die verschiedenen Ansichten über den moralischen Status des Embryos dargelegt, ohne aber zu diesen Stellung zu nehmen; vgl. S. 35ff. der PDF-Datei.

Die Frage nach der Zulässigkeit „verbrauchender“ Forschung an „überzähligen“ Embryonen[23] führt uns in das Zentrum der Kontroversen, weil hier fundamental unterschiedliche Ansichten über den Beginn des menschlichen Lebens, den Grad seiner Schutzwürdigkeit und damit letztlich über den rechtlichen und moralisch-ethischen Status des Embryos aufeinanderprallen. Insbesondere Kritiker und Gegner der Embryonenforschung und des Imports embryonaler Stammzellinien haben hierzu eine (zumindest auf den ersten Blick) stringente und in sich geschlossene Position parat, die sich auf drei zentrale Aussagen stützt[24]. Diese lauten:

(1) Grundrechtlich relevantes menschliches Leben beginne mit der Verschmelzung von Ei- und Samenzelle. Dieser Beginn markiere die entscheidende Schnittstelle. Alle anderen und späteren Zäsuren erwiesen sich als rein willkürlich.

(2) Mit dem so definierten Beginn menschlichen Lebens setze auch der (zuweilen als ‚absolut‘ bezeichnete) Lebensschutz des Art. 2 Abs. 2 Satz 1 GG und die (nach ganz herrschender und zutreffender Meinung einer Abwägung nicht zugängliche und insofern in der Tat absolute) Menschenwürdegarantie des Art. 1 Abs. 1 GG ein[25]. Stufungen des Lebensschutzes oder gar der Würdegarantie werden als indiskutabel und willkürlich verworfen.

(3) Ein Vergleich mit der Rechtslage beim Schwangerschaftsabbruch und der normkonformen hunderttausendfachen Abtreibung jährlich nicht lediglich von frühen Embryonen, sondern von Föten in einem weit fortgeschrittenen Entwicklungsstadium sei wegen der angeblichen „Sondersituation“ der Schwangerschaft im Vergleich zur Lage des Embryos *in vitro* als unangemessen abzulehnen.

---

[23] Nur auf diese Konstellation beziehen sich die folgenden Darlegungen, nicht auf die gezielte Erzeugung von Embryonen für Zwecke der Forschung. Das ist bei den folgenden Ausführungen immer zu bedenken.

[24] Als repräsentativ für diese Position können (bei unterschiedlicher argumentativer Schwerpunktbildung) gelten: A. LAUFS, Fortpflanzungsmedizin und Menschenwürde, in: NJW 2000, S. 2716 ff.; R. BECKMANN, Rechtsfragen der Präimplantationsdiagnostik, in: Medizinrecht 2001, S. 169 ff. (171 f., 174 f.); W. HÖFLING, Verfassungsrechtliche Aspekte der Verfügung über menschliche Embryonen und „humanbiologisches Material“. Gutachten für die Enquete-Kommission des Deutschen Bundestages „Recht und Ethik der modernen Medizin“, Mai 2001, S. 34 ff., 52 ff., 68, 197 ff.; D. LORENZ, Die verfassungsrechtliche Garantie der Menschenwürde und ihre Bedeutung für den Schutz menschlichen Lebens vor der Geburt, in: Zeitschrift für Lebensrecht 2001, S. 38 ff.; ISENSEE, Status (Fn. 21), S. 37 ff. – jeweils mit vielen weiteren Nachweisen aus der Fülle des mittlerweile kaum mehr überschaubaren Schrifttums. – Siehe auch die Argumente wider die Embryonenforschung in der Stellungnahme des Nationalen Ethikrates (Fn. 20), S. 28 ff.

[25] Speziell zum Menschenwürdeargument siehe unter IV. (S. 342 ff.).

Bei näherer Betrachtung erweist sich keiner der drei Punkte als stichhaltig.

1. Definitiver Beginn grundrechtlich geschützten Lebens mit der Verschmelzung von Ei- und Samenzelle?

Die Beantwortung der Frage nach dem Beginn menschlichen Lebens und seiner Schutzwürdigkeit läßt sich nicht umstandslos bestimmten biologischen Vorgängen entnehmen, sondern ist letztlich Ergebnis einer wertenden normativen Betrachtung[26]. Die vermeintliche biologische Evidenz trügt. Die Naturwissenschaften nehmen uns die normative (ethische oder juristische) Entscheidung nicht ab. Die bloße Berufung auf Erkenntnisse der Naturwissenschaft sitzt einem biologistisch-naturalistischen Fehlschuß[27] auf. Es bleibt uns eine normativ-ethische Entscheidung nicht erspart. Für sie ist konstitutiv, daß den Entwicklungsstufen vorgeburtlichen menschlichen Lebens[28] gemäß verbreiteter moralischer Intuition (wie ihr

[26] Sehr problembewußt und methodensensibel M. ANDERHEIDEN, „Leben" im Grundgesetz, in: KritV 84 (2001), S. 353 ff. – Gleiches gilt für die Problemanalyse aus (nicht EKD-konformer) protestantischer Sicht, wie sie von einer Gruppe evangelischer Ethiker vorgelegt wurde: ANSELM U.A., Pluralismus (Fn. 17), S. 8. – Auch E.-W. BÖCKENFÖRDE, „Die Frucht der verbotenen Tat", in: SZ Nr. 23 v. 28.1.2001, S. 9, problematisiert die Frage im Ausgangspunkt durchaus richtig, um dann aber mit dem Rekurs auf seine (auch in BVerfGE 88, 203 niedergelegte) Auffassung von der Würde als dem „Dasein um seiner selbst willen" einem voraussetzungs- und inhaltslosen Naturalismus zu huldigen; jedes Tier, aber auch ein Grashalm, ein Baum oder ein Fels existiert selbstverständlich um seiner selbst willen.

[27] So meine Formulierung in der Kommentierung zum Menschenwürde-Satz aus dem Jahre 1996 (H. DREIER, in: ders., GGK I [Fn. 18], Art. 1 I Rn. 50). Dem wurde entgegengehalten, daß auch andere zeitliche Fixierungen nicht ohne Bezugnahme auf einen biologischen Tatbestand auskommen (E. BENDA, Verständigungsversuche über die Würde des Menschen, in: NJW 2001, S. 2147 f. [2147]). Das ist selbstverständlich richtig, aber kein Gegenargument. Denn entscheidend ist die Einsicht, daß es mit der alleinigen Bezugnahme auf einen naturwissenschaftlichen Sachverhalt sein Bewenden nicht haben kann. Es müssen immer eigenständige Erwägungen und Gründe hinzutreten, warum der jeweils für relevant erachtete, biologisch identifizierbare Entwicklungsschritt für die normative Bewertung von ausschlaggebender Bedeutung ist bzw. sein soll (siehe unter III. 1.a–e). Nicht mehr – aber auch nicht weniger – war mit der Kritik am „biologistisch-naturalistischen Fehlschluß" gemeint.

[28] Vgl. SADLER, Embryologie (Fn. 9), S. 48, 71 ff., 95 ff., 103; E. HEYWINKEL/L. BECK, Art. Embryonalentwicklung, in: W. Korff u.a. (Hrsg.), Lexikon der Bioethik, Bd. 1, 1998, S. 554 ff. (555 ff.): Nidation (abgeschlossen ca. am zwölften Tag), Embryonalstadium (von der 3./4. Woche bis zum Ende der achten Woche: Organe haben

entsprechender Rechtsregeln in Deutschland und vergleichbaren anderen Staaten) Stufen der moralischen Wertung und des rechtlichen Schutzes entsprechen. Ein sieben Monate alter Fötus genießt stärkeren rechtlichen Schutz und größere moralische Wertschätzung als ein Embryo drei Wochen nach der Nidation. Das geltende Strafrecht der Bundesrepublik wie das anderer rechtsstaatlicher Demokratien[29] schützt das werdende Leben im Mutterleib um so stärker, je näher der Zeitpunkt der Geburt rückt: insofern kann man mit gutem Recht von einem wachsenden oder werdenden Lebensrecht sprechen[30].

Mit der Geburt wird dann der moralische Respekt und der grundrechtliche Schutz unbedingt, so daß – abgesehen von den bekannten Fällen der Nothilfe, des finalen Rettungsschußes oder militärischer Einsätze[31] – Abwägungen und Differenzierungen nicht mehr zugelassen sind. Anders gesagt: die Antwort auf die Frage nach dem Beginn der Schutzwürdigkeit menschlichen Lebens muß sich auf zusätzliche normative Erwägungen stützen und kann sich nicht mit dem Hinweis auf bestimmte biologische Tatsachen begnügen. Im folgenden seien einige Gründe genannt, die gegen die vermeintlich alternativlose Setzung des Beginns individuellen menschlichen Lebens mit der Verschmelzung von Ei- und Samenzelle sprechen.

a) So könnte man etwa für den Beginn staatlichen Schutzes des menschlichen Lebens an die Ausbildung der Hirnfunktion anknüpfen. Dafür spräche, daß das am 1.12.1997 in Kraft getretene Transplantationsgesetz

---

sich ansatzweise herausgebildet, Hauptzüge der endgültigen Körperform werden sichtbar), Fetalperiode (ab neunter Woche bis zur Geburt: hier steht das Wachstum und die Reifung des Fötus im Vordergrund); ab der zehnten Woche Atembewegungen, Gesicht bekommt menschliche Züge, ab zehnter Woche sind Hirnströme meßbar; etwa ab der 20.–22. Woche ist ein Fötus außerhalb des Mutterleibes (extrauterin) lebensfähig. – Zur Lebensfähigkeit vgl. R. Neidert, Zunehmendes Lebensrecht, in: Deutsches Ärzteblatt 2000, S. A 3483 ff. (A 3484), und unten bei und in Fn. 91.

[29] Eingehender rechtsvergleichender Überblick bei A. Eser, Das geltende Recht des Schwangerschaftsabbruchs, in: A. Eser/H.-G. Koch, Schwangerschaftsabbruch im internationalen Vergleich, Teil 3: Rechtsvergleichender Querschnitt – Rechtspolitische Schlußbetrachtungen – Dokumentation zur neueren Rechtsentwicklung, 1999, S. 95 ff.

[30] Vgl. A. Eser, Rechtspolitische Schlußbetrachtungen, in: ders./Koch, Schwangerschaftsabbruch (Fn. 29), S. 513 ff. (577): sukzessive Steigerung des vorgeburtlichen Lebens mit der Entwicklung der Leibesfrucht. Ähnlich und mit direktem Bezug auf die Frage der Embryonenforschung: Neidert, Zunehmendes Lebensrecht (Fn. 28), S. A 3483 ff.

[31] Dazu H. Dreier, Menschenwürdegarantie und Schwangerschaftsabbruch, in: DÖV 1995, S. 1036 ff. (1037 f.); H. Schulze-Fielitz, in: Dreier, GGK I (Fn. 18), Art. 2 II Rn. 42.

(TPG) nunmehr nach § 3 Abs. 2 Nr. 2 auf den Hirntod als Mindestvoraussetzung für die Feststellung des Todes eines Menschen (und damit der Möglichkeit einer Organentnahme) abstellt. § 3 Abs. 1 Nr. 2 TPG fordert darüber hinaus die Feststellung des Todes nach dem Stand der Erkenntnisse der medizinischen Wissenschaft. Nach derzeitigem, weltweit allgemein anerkannten naturwissenschaftlich-medizinischen Kenntnisstand ist der Gesamthirntod (und nicht mehr der Herztod) ein inneres sicheres Zeichen für den eingetretenen Tod des Menschen[32]. „Wenn man das Ende des menschlichen Lebens einer *Person* durch den Hirntod definiert", so scheint es in der Tat „nicht unvernünftig, dessen Anfang mit dem Beginn der Gehirnfunktionen [...] in Verbindung zu bringen".[33] Eine solche spiegelbildliche Korrespondenz ist jedenfalls zumindest erwägenswert[34] und geht weit darüber hinaus, lediglich ein juristisches „Bedürfnis nach dogmatischer Symmetrie"[35] zu befriedigen.

b) Ein zweiter bedenkenswerter Zeitpunkt ist derjenige, an dem die Möglichkeit endet, daß sich aus dem Embryo nicht *ein* menschlicher Organismus entwickelt, sondern deren mehrere, anders gesagt: an dem die Möglichkeit der Mehrlingsbildung (zumeist: Zwillingsbildung) endet. Das ist nach embryologischer Kenntnis bis zur Ausbildung des sog. Primitiv-

---

[32] L. C. Nickel/A. Schmidt-Preisigke/H. Sengler, Transplantationsgesetz. Kommentar, 2001, § 3 Rn. 6. Nach § 16 Abs. 1 Satz 1 Nr. 1 TPG ist der Bundesärztekammer die Feststellung des Erkenntnisstandes der medizinischen Wissenschaft übertragen. Diese hat ihre dementsprechenden Richtlinien veröffentlicht in: BÄK, Richtlinien zur Feststellung des Hirntodes, in: Deutsches Ärzteblatt 1998, S. A 1861. Das BVerfG (1. Kammer des Ersten Senats), EuGRZ 1999, 242 hat das in einem sehr kurzen Kammer-Beschluß vom 28.1.1999 unbeanstandet gelassen und eine Verfassungsbeschwerde gegen die gesetzliche Hirntodkonzeption erst gar nicht zur Entscheidung angenommen. Gute Zusammenfassung und Analyse der Diskussion um den Hirntod bei Anderheiden, Leben (Fn. 26), S. 357 ff.

[33] Zitat: H. Hofmann, Die Pflicht des Staates zum Schutz des menschlichen Lebens, in: Festschrift für Friedrich-Wilhelm Krause, 1990, S. 115 ff. (119) – Hervorhebung i. O., H. D.

[34] Befürwortet bzw. zumindest ernsthaft erwogen wird die Ausbildung des Gehirns als maßgeblicher Einschnitt auch von H. Lüttger, Der Tod und das Strafrecht, in: JR 1971, S. 309 ff. (311); H.-M. Sass, Extrakorporale Fertilisation und Embryotransfer, in: R. Flöhl (Hrsg.), Genforschung – Fluch oder Segen?, 1985, S. 30 ff. (38 ff.); ders., Hirntod und Hirnleben (1989), in: ders., Medizin und Ethik, 1989, S. 160 ff. (171 ff.); R. Scholz, Verfassungsfragen zur Fortpflanzungsmedizin und Gentechnologie, in: Festschrift für Robert Lukes, 1989, S. 203 ff. (223); zu diesem Punkt auch W. Heun, Embryonenforschung und Verfassung – Lebensrecht und Menschenwürde des Embryos, in: JZ 2002, S. 517 ff. (522).

[35] Isensee, Status (Fn. 21), S. 61.

streifens (ca. 13./14. Tag nach der Befruchtung[36]) der Fall, so daß der Ausschluß der Mehrlingsbildung und der Abschluß der Nidation (ca. 11./12. Tag)[37] ungefähr im selben Zeitraum eintreten[38].

Es trifft also nicht zu, was in der öffentlichen Diskussion meist unwidersprochen und unerläutert vorgetragen wird, daß nämlich mit der Verschmelzung von Ei- und Samenzelle *ein* entwicklungsfähiger Mensch bereits (genetisch) komplett vorliegt, der sich von da an als *ein* Mensch weiterentwickelt. Embryonales Leben in diesem frühen Stadium ist zwar artspezifisches menschliches Leben, aber „noch kein *individuelles* und schon gar kein *personales* Leben"[39]. Von verfassungsrechtlicher Relevanz ist dieser Umstand deswegen, weil die Grund- und Menschenrechte des Grundgesetzes subjektive Rechte des Einzelnen sind[40], also das Individuum (wörtlich: das Unteilbare) schützen, embryonales menschliches Leben bis zum erwähnten Zeitpunkt von knapp zwei Wochen aber durchaus noch teilbar ist: ein „Dividuum"[41] gewissermaßen. Von einem Individuum und von individueller Grundrechtsträgerschaft kann man also nicht sprechen, solange noch die Möglichkeit der Mehrlingsbildung besteht[42]. Bis dahin

---

[36] Sadler, Embryologie (Fn. 9), S. 59, 121. Vgl. auch M. Schleyer, Verunglimpfung deutscher Ethikkommissionen (Leserbrief), in: Deutsches Ärzteblatt 2000, S. A 1965; H. Hepp/L. Beck, Art. Lebensbeginn (Medizinisch), in: W. Korff u.a. (Hrsg.), Lexikon der Bioethik, Bd. 2, 1998, S. 537ff. (538).

[37] Sadler, Embryologie (Fn. 9), S. 48.

[38] Ein kleiner, nur selten gewürdigter Hinweis im ersten Abtreibungsurteil des Bundesverfassungsgerichts macht auf diese Parallele aufmerksam, wenn es dort (BVerfGE 39, 1 [37]) heißt: „Leben im Sinne der geschichtlichen Existenz eines menschlichen Individuums besteht nach gesicherter biologisch-physiologischer Erkenntnis jedenfalls vom 14. Tage nach der Empfängnis (*Nidation, Individuation*)." – Hervorhebungen nicht i.O., H.D.

[39] Hofmann, Pflicht (Fn. 33), S. 119 (Hervorhebung i.O., H.D.). – Die Zwillings- oder Mehrlingsbildung zeigt im übrigen zugleich, daß die Entstehung neuen individuellen Lebens gerade nicht zwingend und ausschließlich auf den Moment der Befruchtung datiert werden kann.

[40] Allgemein dazu Dreier (Fn. 18), Vorb. Rn. 30ff.; siehe auch Heun, Embryonenforschung (Fn. 34), S. 519.

[41] Dieser Ausdruck bei M. Schleyer, Kein Individuum, sondern ein Dividuum (Leserbrief), in: FAZ Nr. 117 v. 21.5.2001, S. 9.

[42] Ein in der Diskussion gern angeführtes Argument besagt, daß der Schutz eher stärker denn schwächer werden müsse, wenn aus dem frühen embryonalen Leben nicht nur ein Mensch, sondern mehrere entspringen können (H. Lüttger, Der Beginn des Lebens und das Strafrecht, in: JR 1969, S. 445ff. [451]; R. Keller, Beginn und Stufungen des menschlichen Lebensschutzes, in: H.-L. Günther/R. Keller [Hrsg.], Fortpflanzungsmedizin und Humangenetik – Strafrechtliche Schranken?, 2. Aufl. 1991, S. 111ff. [115]; in diesem Sinne wohl auch W. Huber, Wir stehen nicht erst

haben wir es noch nicht mit einem bestimmten und unverwechselbaren Menschen (und befände dieser sich in einem noch so frühen Stadium)[43] zu tun: „Beim Embryo im Stadium der ersten Zellteilungen, bei dem noch Mehrlingsbildung möglich ist, handelt es sich noch nicht um einen Menschen oder um eine menschliche Person“[44]. In der englischen Sprache gibt es dafür eine schlagende begriffliche Unterscheidung: zwar *human life*, aber noch nicht *human being*.

c) Dem Hinweis auf die fehlende Individualität wird zumeist das sog. Potentialitätsargument[45] entgegengehalten. Danach soll allein die in der embryonalen Frühform angelegte Möglichkeit des Heranwachsens zu einem Individuum genügen, um diese unter den vollen Schutz des grundgesetzlich verbürgten (freilich einschränkbaren!) Lebensrechts zu stellen.

Doch beruht dieses Potentialitätsargument seinerseits ganz grundsätzlich auf der logisch fragwürdigen und auch der Rechtsordnung im Grunde

---

am Anfang des Diskurses, in: FAZ Nr. 183 v. 9.8.2001, S. 44). Dieser Einwand ist seinerseits eine *petitio principii*: er unterstellt, was zu beweisen ist, nämlich: ob diese Frühform ihrerseits individuellen Grundrechtsschutz genießen kann. Der Hinweis auf die Mehrlingsbildung stellt hingegen entscheidend auf den Umstand ab, daß dieses frühembryonale Leben noch so unspezifisch organisiert ist, daß die Applikation individueller Grundrechte mangels Individuation gleichsam ins Leere läuft. – Der Ausschluß der Möglichkeit der Mehrlingsbildung spielt in der juristischen Literatur eine wachsende Rolle: vgl. U. SCHROTH, Forschung mit embryonalen Stammzellen und Präimplantationsdiagnostik im Lichte des Rechts, in: JZ 2002, S. 170ff. (177f.); HEUN, Embryonenforschung (Fn. 34), S. 520ff.

[43] Erinnert sei daran, daß Art. 2 Abs. 2 Satz 1 GG lautet: „Jeder hat das Recht auf Leben und körperliche Unversehrtheit.“ In der öffentlichen Debatte wird oft so getan, als könne oder müsse man das Wort „jeder“ ersetzen durch „jede Form menschlichen Lebens“. – Andererseits ist klar, daß „jeder“ zumindest nicht zwingend erst das geborene Leben erfaßt, man den Grundrechtsschutz vielmehr auch auf das ungeborene Leben erstrecken kann, zumal der Gesetzesvorbehalt des Art. 2 Abs. 2 Satz 3 GG Raum für angemessene Lösungen schafft. In BVerfGE 39, 1 (37) ist die entscheidende Schwelle mit „Nidation, Individuation“ im Kern zutreffend angegeben.

[44] So heißt es zutreffend im „Positionspapier der Zentralen Ethikkommission zur Gewinnung von und Forschung an menschlichen Stammzellen“ der Schweizerischen Akademie der Medizinischen Wissenschaften vom 28. August 2001 (im Internet abrufbar unter http://www.samw.ch/content/Dokumente/d_Positionspapier.pdf); den Einschnittcharakter des Ausschlusses der Mehrlingsbildung erwähnen auch ANSELM U.A., Pluralismus (Fn. 17), S. 8.

[45] Vgl. etwa den Zweiten Zwischenbericht der Enquete-Kommission Recht und Ethik der modernen Medizin. Teilbericht Stammzellenforschung, BT-Drs. 14/7546, S. 30; HUBER, Anfang des Diskurses (Fn. 42), S. 4; J. WISSER, Einzigartig und komplett, in: FAZ Nr. 166 v. 20.7.2001, S. 166; G. RAGER, Embryo – Mensch – Person, in: J.P. Beckmann (Hrsg.), Fragen und Probleme einer medizinischen Ethik, 1996, S. 254ff. (257ff.).

fremden Vorstellung, daß ein Rechtsstatus, der in Zukunft eintreten wird, schon für die gegenwärtige frühere Entwicklungsstufe gelten müsse[46]. Denn sowenig die Raupe bereits der Schmetterling, die Eichel schon der Eichbaum, der Kronprinz aktuell im Besitz der Königsrechte ist[47], so wenig kann Potentialität zur Menschwerdung allein ausreichen, embryonalem Leben vor der Nidation den gleichen Rechtsstatus zuzusprechen wie lebenden Personen oder individuierten Embryonen und Föten[48]. Freilich ist zuzugestehen, daß dem Recht auf Leben im Unterschied zu sonstigen Rechten die Besonderheit innewohnt, daß seine Nichtverletzung die Voraussetzung für die (spätere) Erlangung aller anderen Rechtsstatus darstellt; insofern weisen die Raupe/Schmetterling-, Eichel/Eichbaum- und Kron-

---

[46] Mit dem Sinn des Engländers für trockenen bis schwarzen Humor heißt es dazu bei J. HARRIS, Der Wert des Lebens. Eine Einführung in die medizinische Ethik, 1995, S. 39: „Wir werden alle unweigerlich sterben, aber das ist vermutlich kein guter Grund, uns jetzt bereits als Tote zu behandeln."

[47] Vgl. entsprechende Beispiele bei H. MARKL, Von Caesar lernen heißt forschen lernen, in: FAZ Nr. 144 v. 25.6.2001, S. 52; DERS., Mensch (Fn. 7), S. 1010; R. SCHRÖDER, Was dürfen, was sollen wir tun? Fragen eines Philosophen zu den Fortschritten in der Biomedizin, in: FAZ Nr. 167 v. 21.7.2001, S. 8; E. HILGENDORF, Klonverbot und Menschenwürde – Vom Homo sapiens zum Homo xerox? Überlegungen zu § 6 Embryonenschutzgesetz, in: Festschrift für Hartmut Maurer, 2001, S. 1147 ff. (1163); B. SCHÖNE-SEIFERT, Von Anfang an?, in: Die Zeit Nr. 9 v. 22.2.2001, S. 41; das Kronprinz-Beispiel etwa bei N. HOERSTER, Forum: Ein Lebensrecht für die menschliche Leibesfrucht, in: JuS 1989, S. 172 ff. (176).

[48] Außerdem ist zu bedenken, „daß die befruchtete Eizelle nicht das einzige potentiell menschliche Wesen darstellt. Die unbefruchtete Eizelle und das Spermium sind ebenfalls potentiell neue menschliche Wesen. Wenn man sagt, daß eine befruchtete Eizelle potentiell ein Mensch sei, so sagt man damit nichts anderes, als daß aus der befruchteten Eizelle ein Mensch werden wird, wenn ihr bestimmte Dinge widerfahren (z.B. eine Implantation) und andere nicht (z.B. eine Fehlgeburt). Doch dasselbe läßt sich auch von der unbefruchteten Eizelle und vom Spermium sagen." (HARRIS, Wert [Fn. 46], S. 39). Anders formuliert: das Argument der Potentialität müsste bei strikter Betrachtung dazu führen, Ei- und Samenzellen bereits *vor* der Befruchtung zu schützen, da hier zweifelsohne menschliches Leben mit der (von weiteren Ereignissen abhängigen) Potenz zur Menschwerdung vorliegt. Zumindest für die im Vorkern-Stadium kryokonservierten Verbindungen von Ei- und Samenzelle wäre dies bei Zugrundelegung der genannten Prämissen eigentlich zwingend, wie C.R. BARTRAM, Warum auf den Ethikrat warten?, in: FAZ Nr. 148 v. 29.6.2001, S. 46 ausführt: „Zudem enthält ja auch schon die befruchtete Eizelle vor Verschmelzung beider Kerne die Entwicklungspotenz zu einem Menschen. Warum sind diese Zellen nicht geschützt? Empfängt der Embryo, überspitzt gesagt, in den wenigen Stunden der Kernverschmelzung plötzlich seine Menschenwürde?" – Auf diesen Punkt macht ebenfalls aufmerksam HEUN, Embryonenforschung (Fn. 34), S. 520, 523.

prinz/König-Vergleiche eine deutliche argumentative Schwäche auf[49]. Diese ist allerdings behebbar. Es läßt sich nämlich zeigen, daß es für die vom Potentialitätsargument in zuweilen nicht ganz einfach rekonstruierbarer Verknüpfung mit dem Identitätsargument vorausgesetzte Möglichkeit der gedanklichen Zurückverfolgung einer lebenden Person auf ihre frühen vorgeburtlichen Stadien als Fötus und als Embryo eine Sperre gibt, und diese liegt wiederum in dem Zeitpunkt, zu dem eine Mehrlingsbildung noch möglich ist[50]. Die „Identitätsbrücke" eines lebenden Menschen läßt sich nicht weiter als bis zu diesem Punkt zurückführen[51].

d) Schließlich vermag auch die Tatsache, daß mit der Verschmelzung (der Vorkerne) von Ei- und Samenzelle das genetische Programm irreversibel festgelegt wird, diese Frühform embryonalen Lebens nicht in eine individuelle personale Existenz zu verwandeln. Der Hinweis auf die invariable genetische Programmierung[52] verkennt, daß der Mensch mehr ist als die Summe seiner Gene und sein Leben mehr als der Vollzug seines genetischen Programms: eineiige Zwillinge weisen genetische Identität auf, ohne doch in einem sozialen und personalen Sinne identisch zu sein. Sie sind vielmehr ganz unzweifelhaft „bei aller auf der genetischen Identität beruhenden physiologischen Gleichheit doch jeder für sich ein ‚einmaliges und unverwechselbares' Individuum"[53]. Deswegen ist das Vorliegen einer invariablen genetischen Ausstattung im Vier- oder Achtzellstadium auch noch kein

---

[49] Richtig R. Merkel, Früheuthanasie, 2001, S. 482ff.; siehe auch Anderheiden, Leben (Fn. 26), S. 378.

[50] Dazu die sehr gründliche und ausführliche Argumentation von Merkel, Früheuthanasie (Fn. 49), S. 464ff., insb. 476ff., 491ff. mit dem für die Frage des Schwangerschaftsabbruchs zentralen Ergebnis, es gebe „gute prinzipielle, nicht bloß pragmatische Gründe für die geltende Regelung des § 218 Abs. 1 S. 2, wonach eine pränidative Vernichtung des Embryos nicht als Schwangerschaftsabbruch gilt."

[51] Eine Brückenkonstruktion ist auch konstitutiv für die Argumentation von H.-G. Dederer, Menschenwürde des Embryo *in vitro*? Der Kristallisationspunkt der Bioethik-Debatte am Beispiel des therapeutischen Klonens, in: AöR 127 (2002), S. 1ff. (10ff.) – dort freilich nicht bezogen auf den Lebensschutz, sondern auf Art. 1 Abs. 1 GG, und nicht auf den Ausschluß der Mehrlingsbildung, sondern die Nidation gestützt.

[52] W. Graf Vitzthum, Gentechnologie und Menschenwürde, in: Medizinrecht 1985, S. 249ff. (252); G. Müller, Zur Frage nach dem Leben in theologischer Sicht, in: H. Lübbe u.a. (Hrsg.), Anfang und Ende des Lebens als normatives Problem, 1988, S. 51ff. (52); K. Stern, Das Staatsrecht der Bundesrepublik Deutschland, Bd. III/1, 1988, § 70 IV 5 b (S. 1058); M. Herdegen, Die Menschenwürde im Fluß des bioethischen Diskurses, in: JZ 2001, S. 773ff. (774).

[53] So Dederer, Menschenwürde (Fn. 51), S. 8. Das Zitat im Zitat bezieht sich auf BVerfGE 88, 203 (251f.).

Indiz oder gar eine vollständige Begründung für das Vorhandensein eines dem Schutz von Art. 2 Abs. 2 Satz 1 GG unterfallenden ‚Menschen'[54].

e) Setzt man hingegen, wie das von vielen vorgeschlagen wird, die entscheidende Zäsur für den Lebensschutz bei der Nidation an[55], so nicht allein *grosso modo* zu einem Zeitpunkt, an dem aus lediglich artspezifischem menschlichen Leben ein individuierter Embryo geworden ist. Vor allem ist die notwendige Bedingung für die weitere Entwicklung der befruchteten Eizelle zu einem lebenden und menschlichen Organismus hinzu- bzw. eingetreten[56]. Erst jetzt ist der Embryo durch den Anschluß an den mütterlichen Kreislauf zu einer echten „Leibesfrucht" geworden[57], so daß die notwendigen äußeren Voraussetzungen für seine weitere Entwicklung

[54] Scharf und eindringlich MARKL, Caesar (Fn. 47), S. 52: „Im Gegenteil will mir scheinen, als ob die alleinige Fixierung des Menschenwesens auf den Besitz eines Satzes menschlicher Gene (von denen wir zudem auch noch einen sehr hohen Prozentsatz mit vielen anderen Tieren identisch gemeinsam haben) und die als hochmoralisch bewertete willenlose Hinnahme jedes Zufallsunglücks in der Beschaffenheit dieses Gensatzes, den Gipfel eines Biologismus bedeutet, der den Menschen tatsächlich zum reinen Biowesen degradiert."

[55] Außer den im folgenden Genannten etwa: ANDERHEIDEN, Leben (Fn. 26), S. 380; H. HOFMANN, Biotechnik, Gentherapie, Genmanipulation – Wissenschaft im rechtsfreien Raum?, in: JZ 1986, S. 253ff. (258f.); D. COESTER-WALTJEN, Befruchtungs- und Gentechnologie bei Menschen – rechtliche Probleme von morgen?, in: Zeitschrift für das gesamte Familienrecht 1984, S. 230ff. (235); die beiden letztgenannten mit dem Argument, daß zu diesem Zeitpunkt auch die Individuation einsetzt (des weiteren HEUN, Embryonenforschung [Fn. 34], S. 522). In diesem Sinne wohl auch, obwohl letztlich wegen der mangelnden Rechtssubjektivität des Embryos offenlassend: IPSEN, Status (Fn. 14), S. 994. – Auch ESER, Rechtspolitische Schlußbetrachtungen (Fn. 30), S. 614, schlägt in seinem Entwurf zur Regelung des Schwangerschaftsabbruchs eine Strafbarkeit erst nach der abgeschlossenen Nidation vor.

[56] Zur herausragenden Bedeutung der Nidation für die Entwicklung von Säugetieren und damit auch diejenige des Menschen und den insofern oft übersehenen Unterschieden zu anderen Tierklassen C. NÜSSLEIN-VOLHARD, Wann ist ein Tier ein Tier, ein Mensch kein Mensch, in: FAZ Nr. 229 v. 2.10.2001, S. 55: die „Orientierungshilfen" befruchteter Eizellen reichen nur bis zur Blastozystenbildung; um ein Mensch zu werden, bedarf es „absolut einer intensiven Symbiose des Embryos mit dem mütterlichen Organismus", erst mit der Nidation verfügt der Embryo über „das volle Entwicklungsprogramm". Dagegen enthält ein Ei von eierlegenden Tieren sowohl das genetische Programm „als auch alle notwendigen Materialien und Faktoren, es korrekt auszuführen". – Siehe auch MARKL, Caesar (Fn. 47), S. 52: „Die eigentliche ‚biologische' Entscheidung zur Menschwerdung fällt daher tatsächlich mit der Einnistung des Keimes im Uterus, nicht schon mit der Befruchtung."

[57] HOFMANN, Pflicht (Fn. 33), S. 119.

hin zu einem *extrauterin* lebensfähigen Organismus vorliegen[58]. Im übrigen nimmt man mit einer entsprechenden Fixierung grundrechtlichen Schutzes[59] eine jener vielen Stufungen vor, die in allen Rechtsordnungen etwas ganz Selbstverständliches sind und stets ganz unweigerlich den Charakter des zumindest partiell willentlich Festgelegten (und insofern „willkürlichen") in sich bergen. An solchen Stufungen ist auch die bundesdeutsche Rechtsordnung reich, wie nicht zuletzt die den Schwangerschaftsabbruch regelnden Normen (insbesondere die Frist von zwölf Wochen für den Abbruch nach erfolgter Beratung, § 218a Abs. 1 StGB) und die Zulässigkeit nidationshemmender Empfängnisverhütungsmittel (§ 218 Abs. 1 Satz 2 StGB) zeigen. Im Ergebnis liegt dem hier favorisierten Stufungskonzept die Vorstellung vom wachsenden Lebensrecht des wachsenden vorgeburtlichen menschlichen Lebens zugrunde. Dabei handelt es sich nicht um ein irgendwie beliebiges oder künstlich erdachtes Modell; vielmehr ist jenes Konzept unserer Rechtsordnung und derjenigen vergleichbarer demokra-

---

[58] Bedenkenswert auch die Argumentation von ANDERHEIDEN, Leben (Fn. 26), S. 378 ff., der sich auf eine eingeschränkte Version des Potentialitätsargumentes stützt: aus einer potentiellen Person werde eine aktuelle Person, wenn das im natürlichen Verlauf der Entwicklung liege und diese nicht unterbrochen wird; beim Embryo in vitro bedarf es aber einer weiteren (aktiven) Handlung, nämlich der Implantation in die Gebärmutter; da andererseits bei natürlicher Befruchtung in vivo nur rund ein Drittel der befruchteten Eizellen das Stadium der Nidation erreichen, danach aber 85 % der eingenisteten Embryonen geboren werden, biete sich erneut die Nidation als wesentliche Zäsur für den maßgeblichen rechtlichen Schutz an (zu den Zahlenangaben vgl. vorne Fn. 9).

[59] Dies muß keineswegs ein alles-oder-nichts-Rechtsschutz sein (in diese Richtung aber HOERSTER, Ethik [Fn. 21], S. 30ff., 45ff., 65ff.; desgleichen S. HUSTER, Recht. Eine Kolumne. Abwägung auf Abwegen, in: Merkur 56 [2002], S. 417ff. [420ff.]). Auch wenn § 218 Abs. 1 Satz 2 StGB das embryonale Leben *in vivo* vor der Nidation praktisch schutzlos stellt, kann insofern für die befruchteten Eizellen *in vitro* aus den oben angedeuteten Gründen anderes gelten. Die restriktiven Kautelen, die bei einer (derzeit wenig wahrscheinlichen) Zulassung verbrauchender Embryonenforschung in Deutschland gelten würden, ließen sich entweder auf eine Art Vorwirkung des erst mit der Nidation einsetzenden Schutzes stützen, wobei der Vorwirkungsgedanke zu einem entsprechend geringeren Schutz führt; oder auf die Annahme, daß zwar auch die befruchtete Eizelle bereits in den Schutzbereich des Art. 2 Abs. 2 Satz 1 GG fällt, in diesem frühen Stadium aber aufgrund des Gesetzesvorbehalts stärker eingegriffen werden könne, was bei Befruchtung *in vivo* aus tatsächlichen Gründen ausscheide. Also: entweder Schutzbereichsreduktion oder Vorbehaltsextension. Nicht unbeachtet sollte überdies bleiben, daß der einfache Gesetzgeber natürlich über die verfassungsrechtlichen (Mindest-)Anforderungen hinaus pränidatives menschliches Leben schützen kann (im Ergebnis ebenso HEUN, Embryonenforschung [Fn. 34], S. 523 f.).

tischer Verfassungsstaaten in vielfältiger Weise eingeschrieben. Das sei im folgenden etwas näher erläutert.

2. *Absoluter Schutz des Lebensrechts?*

Der deutsche Bundespräsident hat in seiner vielbeachteten Rede vom 18. Mai 2001 in der Staatsbibliothek zu Berlin[60] die ersichtlich rhetorische Frage gestellt, wann denn der absolute Schutz des Lebens beginnen sollte, wenn nicht bereits mit der Verschmelzung von Ei- und Samenzelle. Die Frage lässt sich so allerdings überhaupt nicht beantworten, weil es „absoluten" Lebensschutz niemals gibt: evidenterweise nicht für das ungeborene Leben[61], aber auch nicht für geborene Personen. Das Grundgesetz selbst erkennt mit dem Gesetzesvorbehalt in Art. 2 Abs. 2 Satz 3 GG („In diese Rechte darf nur aufgrund eines Gesetzes eingegriffen werden") Eingriffsmöglichkeiten ausdrücklich an, die beim Recht auf Leben nur in der Tötung liegen können. Die immer wieder genannten einschlägigen Standardbeispiele betreffen etwa den sog. finalen Rettungsschuß (auch „polizeilicher Todesschuß" genannt), Fälle der staatlichen Nothilfe sowie die Pflicht zum Einsatz des eigenen Lebens in Feuerwehr- oder Militäreinsätzen[62]. Das Lebensrecht läßt sich also nicht ohne weiteres als „Höchstwert" der Verfassung bezeichnen, wie dies gern geschieht. Bezeichnenderweise mußte das Bundesverfassungsgericht, das diese Wendung zuweilen gebraucht hat[63], sie mit der Bemerkung relativieren, daß der Schutz des Lebens „nicht in dem Sinne absolut geboten" sei, „daß dieses gegenüber jedem anderen Rechtsgut ausnahmslos Vorrang genöße"[64]. In einem

[60] Sie trug den Titel: „Wird alles gut? – Für einen Fortschritt nach menschlichem Maß". Teilabdruck in der FAZ Nr. 116 v. 19.5.2001, S. 45 unter dem Titel „Der Mensch ist zum Mitspieler der Evolution geworden".

[61] Dazu näher unter dem folgenden Gliederungspunkt 3 (S. 333 ff.).

[62] Vgl. Nachweise oben in Fn. 31; ferner D. Lorenz, Das Recht auf Leben und körperliche Unversehrtheit, in: HStR VI, § 128 Rn. 42; D. Murswiek, in: M. Sachs (Hrsg.), Grundgesetz. Kommentar, 2. Aufl. 1999, Art. 2 Rn. 171 f.

[63] BVerfGE 39, 1 (42); 46, 160 (164); 49, 24 (53); zuletzt BVerfG (2. Kammer des Ersten Senats), Beschluß vom 23.11.2001, Der Öffentliche Dienst 2002, 26 (28). Hier ist zudem zu bedenken, daß auch die Menschenwürde zuweilen als Höchstwert (BVerfG, 3. Kammer des Zweiten Senats, v. 13.3.2002, Az.: 2 BvR 261/01) bzw. als „oberste[r] Wert" (BVerfGE 6, 32 [41]; 27, 1 [6]; 30, 173 [193]; 32, 98 [108]) bzw. als „höchste[r] Rechtswert" (E 12, 45 [53]; 45, 187 [227]) apostrophiert wird, zwei Höchstwerte in einer Verfassung aber schlechterdings unmöglich sind – vorausgesetzt, daß ein gewisses Maß an Logik auch für Juristen gilt.

[64] BVerfGE 88, 203 (253 f.).

anderen, aber ebenfalls einschlägigen Zusammenhang, nämlich dem ungeheuren Gefahrenpotential für Leib und Leben durch die wirtschaftliche Nutzung der Atomenergie, hat das Gericht sogar ausgeführt, es reiche aus, wenn die Schadensereignisse „nach dem Stand von Wissenschaft und Technik *praktisch* ausgeschlossen" seien; Ungewißheiten jenseits dieser Schwelle seien „unentrinnbar und insofern als sozial-adäquate Lasten von allen Bürgern zu tragen".[65]

Sieht man einmal von dem letztgenannten Punkt ab, so zeichnen sich die Standardfälle dadurch aus, daß hier Recht gegen Unrecht steht oder dem Bürger der Einsatz seines Lebens zum allgemeinen Gefahrenschutz abverlangt wird. Eine solche Konstellation liegt bei der verbrauchenden Embryonenforschung ersichtlich nicht vor. Der Embryo *in vitro* bedroht oder gefährdet niemanden[66]. Daraus wird nicht selten die Folgerung gezogen, auf den Gesetzesvorbehalt des Art. 2 Abs. 2 Satz 3 GG könne eine Zulassung der verbrauchenden Embryonenforschung wegen des insofern geringeren „Gegengewichts" zum Lebensrecht nicht gestützt werden[67]. Dies trifft jedoch nicht zu. Denn die Rechtslage beim Schwangerschaftsabbruch belegt unzweifelhaft, daß die zulässige Nutzung des Gesetzesvorbehalts nicht auf die genannten Standardfälle und damit auf die Konstellation der Abwägung zwischen dem Lebensrecht prinzipiell gleichwertiger, geborener Personen beschränkt ist. Vielmehr erlauben die in Realisierung der staatlichen Schutzpflicht zugunsten des ungeborenen Lebens erlassenen Gesetze die Tötung individuierten embryonalen bzw. fötalen Lebens im Stadium weit nach der Nidation auch in Fällen, in denen eine rein medizinische Indikation und damit der Konflikt Leben (der Mutter) gegen Leben (des *nasciturus)* nicht vorliegt.

Freilich argumentieren die Gegner der verbrauchenden Embryonenforschung zumindest insoweit, als sie zugleich im großen und ganzen Befürworter der geltenden Rechtslage beim Schwangerschaftsabbruch sind

---

[65] BVerfGE 49, 89 (143).

[66] Insofern richtig HEFTY, Die im Dunkeln (Fn. 17); HUSTER, Abwägung (Fn. 59), S. 420. – Auch das ungeborene Leben im Mutterleib bedroht mit der allein diskussionswürdigen Ausnahme der medizinischen Indikation niemanden in einer Weise, wie sie etwa § 32 StGB („gegenwärtiger rechtswidriger Angriff") normiert bzw. für eine gerechtfertigte Abwehrhandlung verlangt.

[67] R. BECKMANN, Embryonenschutz und Grundgesetz, in: ZRP 1987, S. 80ff. (85); E. BENDA, Die Verfassung und das Leben, in: Geyer, Biopolitik (Fn. 1), S. 247ff. (256); Zweiter Zwischenbericht der Enquete-Kommission Recht und Ethik der modernen Medizin. Teilbericht Stammzellenforschung, BT-Drs. 14/7546, S. 38f.; Nationaler Ethikrat, Forschung an menschlichen embryonalen Stammzellen (Fn. 20), S. 35f. (Argumentationslinie gegen die Embryonenforschung).

bzw. den hier nach jahrzehntelangen mühevollen Auseinandersetzungen gefundenen Kompromiß nicht aufkündigen wollen[68], daß das Abtreibungsrecht als argumentative Parallele wegen der ganz anders gelagerten Konstellation nicht in Betracht komme. Der fehlenden Überzeugungskraft dieser These gilt unsere dritte Gegenkritik.

3. Sondersituation der Schwangerschaft und Unvergleichbarkeit der Rechtslage bei der Abtreibung?

Postuliert man wie die Kritiker der verbrauchenden Embryonenforschung und Gegner des Stammzellimportes für Embryonen *in vitro* den gleichen Lebens- und Würdeschutz wie für (geborene) Menschen, zieht das schwerwiegende und letztlich nicht zu rechtfertigende Wertungs- und Bewertungswidersprüche nach sich. Diese erstrecken sich zum einen auf die Zulässigkeit der Verwendung nidationshemmender Mittel, zum anderen auf die rechtlichen Regelungen zum Schwangerschaftsabbruch.

a) Was die Nidationshemmer (Spirale, „Pille danach") betrifft, so ist deren Verwendung nach dem derzeit geltenden einfachen und verfassungsrechtlich bislang unumstrittenen Recht uneingeschränkt möglich – und

[68] So z.B. Hans-Jochen Vogel in einem Interview („Das letzte Wort ist die Verfassung. Wem Menschenwürde zukommt, kann die Wissenschaft nicht entscheiden") in der FAZ Nr. 269 v. 19.11.2001, S. 44f. (44); auch H. Däubler-Gmelin befürwortet die Regeln des geltenden Abtreibungsrechts („Die Würde des Embryos ist unbezweifelbar") im Interview in der FAZ Nr. 118 v. 22.5.2001, S. 52f. (52); ferner U. Sacksofsky, Der verfassungsrechtliche Status des Embryo in vitro. Gutachten für die Enquete-Kommission des Deutschen Bundestages „Recht und Ethik der modernen Medizin", 2001, S. 30ff. – W. Huber, Neu von der Heiligkeit des Lebens sprechen, in: Confessio Augustana 111 (2001), S. 14ff. (21) führt aus, daß die Regelung des Schwangerschaftskonflikts notwendigerweise ein Kompromiß sei und fährt fort: „Wer dem Kompromiss generell entgehen wollte, wird zwangsläufig unbarmherzig. Er beschwört entweder das Lebensrecht des werdenden Lebens und ignoriert die Lage der Mutter; oder er verficht das Selbstbestimmungsrecht der Mutter und missachtet das Lebensrecht des Kindes. Gerade in einer so schwierigen Frage muss man deshalb sagen: lieber ein Kompromiss als pure Unbarmherzigkeit." Diese Stellungnahme ist deutlich undifferenzierter als die geltende Rechtslage, welche sich in wesentlichen Teilen den Vorgaben und Impulsen der bundesverfassungsgerichtlichen Judikatur (BVerfGE 39, 1; 88, 203) verdankt. Und muß man sich angesichts der widerstreitenden hohen Rechtsgüter nicht auch bei der Embryonenforschung (und der PID) auf die Suche nach einem Kompromiss machen, zumal viele von schwerer Krankheit betroffene Menschen den Verzicht auf die Erforschung neuer Therapien und daraus resultierende mögliche Heilungschancen ihrerseits als „unbarmherzig" empfinden werden?

dies, obwohl mit diesen Mitteln der Empfängnisverhütung genau das geschieht, was bei der verbrauchenden Embryonenforschung kritisiert und skandalisiert wird: die befruchtete Eizelle wird an der Einnistung gehindert und abgetötet[69]. § 218 Abs. 1 Satz 2 StGB bestimmt ausdrücklich: „Handlungen, deren Wirkung vor Abschluß der Einnistung des befruchteten Eies in der Gebärmutter eintritt, gelten nicht als Schwangerschaftsabbruch im Sinne dieses Gesetzes."[70] Das Bundesverfassungsgericht hat diese Regelung unbeanstandet gelassen[71]. Es kommt im übrigen auch nicht darauf an, ob gemäß neuerer Erkenntnis Nidationshemmer in vielen Fällen schon die Befruchtung verhindern[72]. Denn erstens sind viele oder einige Fälle eben bei weitem nicht alle; und zweitens ging man seit jeher davon aus, daß die Nidation gehemmt wird. Die damit verbundene Abtötung befruchteter Eizellen hat der Gesetzgeber ebenso akzeptiert wie das Bundesverfassungsgericht in seiner einschlägigen Judikatur. Auch läßt sich nicht überzeugend argumentieren, die Verwendung empfängnisverhütender Mittel falle in den Intimbereich der Partner und entziehe sich dem staatlichen Zugriff;

---

[69] Zu Recht kritisch mit Blick auf § 218 Abs. 1 Satz 2 StGB SCHROTH, Forschung (Fn. 42), S. 177: „Wenn man dem Embryo ab Abschluss der Kernverschmelzung ‚Menschenwürde' und damit ein fundamentales Lebensrecht zuspricht, lässt sich eine derartige Regelung nicht legitimieren." Desgleichen HEUN, Embryonenforschung (Fn. 34), S. 523.

[70] Vgl. A. ESER, in: A. Schönke/H. Schröder, Strafgesetzbuch. Kommentar, 26. Aufl. 2001, § 218 Rn. 6f.; H. TRÖNDLE/T. FISCHER, Strafgesetzbuch, 50. Aufl. 2001, § 218 Rn. 4.

[71] BVerfGE 88, 203 (251). – Gelegentlich wird die Aussparung dieser Konstellation mit der faktischen Strafunmöglichkeit begründet (vgl. z.B. KELLER, Beginn [Fn. 42], S. 131; A. ESER, in: Schönke/Schröder, StGB [Fn. 70], §§ 218ff. Vorbem Rn. 35), z.T. mit dem Hinweis auf fehlendes individuelles Leben (vgl. z.B. A. ESER, in: A. Schönke/H. Schröder, Strafgesetzbuch. Kommentar, 21. Aufl. 1982, Vorbem §§ 218ff. Rn. 27; H.-J. RUDOLPHI, in: SK-StGB. Systematischer Kommentar zum Strafgesetzbuch, Vor § 218 [1996], Rn. 10; COESTER-WALTJEN, Befruchtungs- und Gentechnologie [Fn. 55], S. 235: „Man könnte daher daran denken, hier von ‚latentem menschlichen Leben' zu sprechen als einer Kategorie, die zwischen dem realen und potentiellen menschlichen Leben liegt und deren Schutz dann in der Mitte anzusiedeln wäre"), und z.T. mit den zum Zeitpunkt der Gesetzgebung noch nicht bekannten Gefahren der assistierten Reproduktion (A. LAUFS, Die künstliche Befruchtung beim Menschen – Zulässigkeit und zivilrechtliche Folgen, in: JZ 1986, S. 769ff. [774]; H.-L. GÜNTHER, Der Diskussionsentwurf eines Gesetzes zum Schutz von Embryonen, in: Goltdammer's Archiv für Strafrecht 1987, S. 433ff. [437]; G. PÜTTNER/K. BRÜHL, Verfassungsrechtliche Probleme von Fortpflanzungsmedizin und Gentechnologie, in: JA 1987, S. 289ff. [294]).

[72] VOGEL, FAZ-Interview (Fn. 68), S. 44.

denn natürlich wäre eine strafrechtlich bewehrtes Vertreibungsverbot entsprechender Instrumente und Medikamente ohne weiteres möglich[73].

b) Noch gravierender sind die Verwerfungen zwischen den strikten – und von den Gegnern der Embryonenforschung und des Stammzellimports gern als verfassungsrechtlich zwingend geboten ausgegebenen – Verboten des Embryonenschutzgesetzes und den rechtlichen Regelungen beim Schwangerschaftsabbruch. Ein Schwangerschaftsabbruch, also die Tötung eines eingenisteten Embryos, ist gemäß § 218a StGB in den ersten zwölf Wochen praktisch ohne wirksame Einschränkungen zulässig; daran ändert weder die Beratungspflicht (die von der Schwangeren nicht mehr als die physische Präsenz verlangt[74]) noch die begriffsjuristisch anmutende Einstufung des Handelns als „rechtswidrig, aber straffrei"[75] etwas. Daß es sich hierbei um einen letztlich folgenlosen Formelkompromiß handelt, ergibt sich bereits daraus, daß im eklatanten Unterschied zur Situation bei allen anderen rechtswidrigen Handlungen Nothilfe (zugunsten des gefährdeten Embryos) ausdrücklich ausgeschlossen ist[76]. Das Bundesverfassungsgericht spricht ferner – richtigerweise, aber schwerlich mit der Prämisse der Rechtswidrigkeit vereinbar – der in einem Arbeitsverhältnis stehenden abtreibungswilligen Frau Lohnfortzahlungsansprüche, der mittellosen Sozialhilfeleistungen zu[77]. Und wie haben wir die Tätigkeit der die Abtreibung – eine angeblich rechtswidrige Handlung! – vornehmenden Ärzte einzuordnen? Ein späteres Urteil[78] verrät es uns: sie genießen den grundrechtlichen Schutz des Art. 12 Abs. 1 GG (Berufsfreiheit). In summa: das Bundesverfassungsgericht *bezeichnet* die Abtreibung nach Beratung in den ersten zwölf Wochen zwar als Unrecht und rechtswidrig, *behandelt* sie aber als rechtmäßig[79].

---

[73] SCHROTH, Forschung (Fn. 42), S. 173 mit Fn. 16.

[74] Vgl. A. ESER, in: Schönke/Schröder, StGB (Fn. 70), § 219 Rn. 2; TRÖNDLE/FISCHER, StGB (Fn. 70), § 219 Rn. 4.

[75] Auf diesen Formelkompromiß hatte man sich im zweiten Abtreibungsurteil verständigt (BVerfGE 88, 203 [273 ff.]); dazu kritisch A. ESER, in: Schönke/Schröder, StGB (Fn. 70), § 218a Rn. 12 ff.; TRÖNDLE/FISCHER, StGB (Fn. 70), Vor § 218 Rn. 14 f.; G. HERMES/S. WALTHER, Schwangerschaftsabbruch zwischen Recht und Unrecht. Das zweite Abtreibungsurteil des BVerfG und seine Folgen, in: NJW 1993, S. 2337 ff. (2340 ff.); HOERSTER, Ethik (Fn. 21), S. 58 ff.

[76] BVerfGE 88, 203 (279). Zu diesem strafrechtlichen Systembruch näher ESER (Fn. 75), § 218a Rn. 14; TRÖNDLE/FISCHER, StGB (Fn. 70), Vor § 218 Rn. 15 m.w.N.; eingehend N. HOERSTER, Abtreibung im säkularen Staat, 2. Aufl. 1995, S. 184 ff.

[77] Vgl. BVerfGE 88, 203 (321 ff.).

[78] BVerfGE 98, 265 (296 ff.).

[79] Diese treffende Formulierung bei HOERSTER, Ethik (Fn. 21), S. 60.

c) Ein Verbot der Embryonenforschung führt daher zu einem deutlich stärkeren Schutz der Embryonen in vitro als derjenigen in vivo, wobei zusätzlich zu berücksichtigen ist, daß die Embryonen in vitro nur wenige Tage alt sind, die Abtreibung in den ersten zwölf Wochen aber Lebewesen betrifft, bei denen die Ausbildung von Organen bereits deutlich vorangeschritten und Menschengestalt ansatzweise erkennbar ist. Bei acht Wochen alten Embryonen sind nicht nur erste organspezifische Zellen des Gehirns existent und hat die Ausbildung von Synapsen begonnen[80], auch (unbewusste) Schmerzempfindungsfähigkeit fängt an sich zu entwickeln[81]. Es scheint außerordentlich unplausibel, im letztgenannten Fall relativ großzügig Möglichkeiten der Tötung von Embryonen einzuräumen, sie bei Blastozysten und damit in einem Entwicklungsstadium weit vor der Schmerzfähigkeit, vor der Ausbildung von Organen im allgemeinen und des Hirnes im besonderen aber kategorisch unter Hinweis auf die Eigenständigkeit dieser vermeintlich würdebegabten Wesen zu negieren[82]. Diese evidente Ungleichbehandlung von Embryonen in vitro und in vivo läßt sich auch nicht überzeugend mit dem Hinweis auf die einmalige „Sondersituation" der Schwangeren, ihre Konfliktlage und damit die Unvergleichbarkeit der Sachverhalte begründen[83]. Natürlich sind die beiden Sachverhalte in mancherlei Hinsicht unterschiedlich; aber das ist ohnehin kein Gegenargument, da eine Unterschiedlichkeit in manchen Punkten eine Vergleichbarkeit nicht ausschließt, sondern gerade voraussetzt – andernfalls hätten wir es nicht mit vergleichbaren, sondern mit identischen Sachverhalten zu tun[84]. Ent-

---

[80] Vgl. zu dieser entscheidenden Zäsur in der Entwicklung des Gehirns SASS, Hirntod (Fn. 34), S. 171 f.

[81] Die Angaben über die Entwicklung der Schmerzempfindung variieren stark; es scheint noch keine gesicherten Erkenntnisse darüber zu geben. NEIDERT, Zunehmendes Lebensrecht (Fn. 28), S. A 3484, spricht von dem Beginn unbewußter Schmerzempfindungen schon „in den ersten zwölf Wochen" und von einer zunehmenden Wahrscheinlichkeit bewußter Schmerzempfindung ab der 22. Woche; eine bewußte Schmerzempfindung wird aber wohl allgemein erst ab der 22. Woche für möglich gehalten.

[82] Kritisch wie hier SCHROTH, Forschung (Fn. 42), S. 177; H. SENDLER, Menschenwürde, PID und Schwangerschaftsabbruch, in: NJW 2001, S. 2148 ff. (2149 f.); F. HUFEN, Präimplantationsdiagnostik aus verfassungsrechtlicher Sicht, in: Medizinrecht 2001, S. 440 ff. (449); W. WÜRFEL, Euphemismus (Leserbrief), in: Deutsches Ärzteblatt 2000, S. A 1132 f. (teils mit Bezug auf PID).

[83] So aber DÄUBLER-GMELIN, FAZ-Interview (Fn. 68), S. 52; VOGEL, FAZ-Interview (Fn. 68), S. 44; RAU, Mensch (Fn. 60), S. 45; T. NEUER-MIEBACH, Begrenzung, in: SZ Nr. 123 v. 30.5.2001, S. 18; R. KOLLEK, Mein Bruder, wo bist du?, ebd.

[84] Zu diesem ebenso schlichten wie gern übersehenen oder in der politischen Diskussion bewußt vernachlässigten Punkt siehe etwa W. HEUN, in: Dreier, GGK I

scheidend ist, daß im letztlich wesentlichen Punkt, der Existenz embryonalen Lebens und dessen Schutz, eine prinzipiell vergleichbare Konstellation gegeben ist.

d) Stellen wir einen entsprechenden Vergleich an, so zeigt sich, daß eine Sondersituation ohne Zweifel bei der sog. medizinischen Indikation vorliegt[85], weil hier das Leben der schwangeren Frau gegen das Leben des Embryos bzw. Fötus steht[86]. Die anderen Indikationen und vor allem die derzeit faktisch gültige Fristenlösung mit Beratungspflicht haben einen vergleichbar existentiellen Konflikt allerdings nicht zur Voraussetzung. Lassen wir die besonders gelagerten Fälle der kriminologischen und bis zum 1.10.1995 noch ausdrücklich geregelten embryopathischen Indikation[87]

(Fn. 18), Art. 3 Rn. 16 m.w.N.: „Im Unterschied zu der Identität setzt die Gleichheit Verschiedenheit voraus"; G. Dürig, in: T. Maunz/G. Dürig (Hrsg.), Grundgesetz. Kommentar, Art. 3 Abs. 1 (1973), Rn. 1; S. Huster, Rechte und Ziele. Zur Dogmatik des allgemeinen Gleichheitssatzes, 1993, S. 30: „Auf der einen Seite sind unterschiedliche Sachverhalte nie in allen ihren Eigenschaften gleich, weil es dann eben keine unterschiedlichen Sachverhalte wären; sie wären vielmehr identisch, d.h. nur noch ein Sachverhalt und damit nicht mehr vergleichbar"; G. Radbruch, Rechtsphilosophie, Studienausgabe, Nachdruck der 3. Auflage von 1932, hrsgg. v. R. Dreier und S.L. Paulson, 1999, § 4, S. 37 (Original S. 32/33): „Gleichheit ist immer nur Abstraktion von gegebener Ungleichheit unter einem bestimmten Gesichtspunkte."

[85] Ganz streng genommen könnte man natürlich auch hier noch einmal nachfragen: denn wenn dem ungeborenen und gar dem frühembryonalen Leben der gleiche Würde- und Lebensschutz wie geborenen Personen zukommt, wie die Kritiker sagen, dann ist nicht von vornherein selbstverständlich, daß bei einem Konflikt die Entscheidung immer und ausnahmslos zuungunsten des ungeborenen Lebens ausfällt. Niemand dürfte aber ernstlich daran zweifeln, daß die Entscheidung zugunsten der Schwangeren und gegen das Ungeborene die richtige und einzig akzeptable ist. So zeigt sich einmal mehr: wer dem Unterschied zwischen geborenem und ungeborenem Leben „keine Bedeutung zumisst, ist verblendet oder dumm" (R. Schröder, Die Forschung an embryonalen Stammzellen, Ms. 2002, S. 9).

[86] Konsequenterweise wird diese Konstellation daher von der katholischen Kirche als einziger Strafbefreiungsgrund für einen sonst nach c. 1398 CIC mit Exkommunikation latae sententiae bestraften Schwangerschaftsabbruch angesehen. Diese Strafbefreiung erfolgt nach c. 1323 4° (K. Lüdicke, in: ders. [Hrsg.], Münsterischer Kommentar zum Codex Iuris Canonici, Can. 1323 [1992], Rn. 12); für Beschränkung auf medizinische Indikation auch einige Stimmen in der verfassungsrechtlichen Literatur (G. Dürig, in: Maunz/Dürig, GG [Fn. 84], Art. 2 Abs. 2 [1958], Rn. 21 ff.) und der Politik (sog. Werner-Entwurf, BT-Drs. 12/1179; zu beiden Dreier, Menschenwürdegarantie [Fn. 31], S. 1040 m. Fn. 22). Genau diese Position war und ist aber nicht mehrheitsfähig.

[87] Die kriminologische Indikation ist nach wie vor in § 218a Abs. 3 StGB geregelt, die embryopathische durch Gesetz vom 21.8.1995 (BGBI. I S. 1050) als explizit geregelter Tatbestand aufgehoben und der Sachverhalt faktisch der medizinischen Indikation zugeschlagen worden. Seitdem gibt es keine getrennte statistische Erfassung

beiseite und nehmen allein den (auch statistisch gesehen) „Normalfall" des Schwangerschaftsabbruchs[88] in den Blick, so zeigt sich die fehlende Überzeugungskraft des Sondersituations-Argumentes vor allem darin, daß es offenbar nur bis zur zwölften Woche gilt. Denn während davor eine Abtreibung nach Beratung allein aufgrund der Entscheidung der Schwangeren möglich war, wird ihr die Austragung des Fötus *danach* auch gegen ihren Willen zugemutet, wenn nicht die genannten besonderen Indikationen vorliegen. Damit entfällt auch das Argument, wegen der symbiotischen Verbindung der Leibesfrucht mit der Schwangeren „erreiche" das Strafrecht diese nicht[89] und könne folglich nicht zum Einsatz kommen. Denn nach Ablauf von zwölf Wochen kommt es plötzlich (seltsamerweise!) zum Einsatz[90]. Warum nicht vorher? Was hat sich geändert? Die Erklärung für die (natürlich normativ fixierte und insofern immer „willkürlich" anmutende Zäsur) kann nur lauten: Es ist etwas gewachsen. Das werdende Leben im Mutterleib hat sich weiter entwickelt, ist dem Zeitpunkt der Geburt, von dem an das individuelle Lebensrecht ohne die vorgeburtlichen Einschränkungsmöglichkeiten gilt, ein Stück näher gerückt. Anders gesagt: das Lebensrecht des Ungeborenen ist gewachsen und wird demgemäß unter stärkeren rechtlichen Schutz gestellt[91]. Entgegen der von den Vertretern eines strikten Embryonenschutzes immer wieder vertretenen These vom

---

der beiden ganz unterschiedlichen Sachverhalte mehr: im einen Fall ist der nasciturus gesund, aber das Leben oder die Gesundheit der Mutter gefährdet, im anderen ist die Mutter gesund, aber der nasciturus auf das Schwerste behindert. Weitere Folge: während die embryopathische Indikation bis 1995 eine Frist von 22 Wochen (Überlebensfähigkeit des Fötus außerhalb des Mutterleibes) vorsah, ist diese nun entfallen mit der Folge von „Spätabtreibungen". Vgl. dazu BT-Drs. 14/1045.

[88] So betrug die Quote der im Jahre 2000 nach der Beratungsregel vorgenommenen, gemeldeten Schwangerschaftsabbrüche 97 %, vgl. BT-Drs. 14/6635, S. 2.

[89] Vogel, FAZ-Interview (Fn. 68), S. 44; Däubler-Gmelin, FAZ-Interview (Fn. 68), S. 52. Oft wird das auch in die Worte gekleidet, der Schutz des ungeborenen Lebens sei nur *mit* der Schwangeren möglich, *nicht gegen* sie. Auch dieser Satz gilt aber ganz offenkundig und merkwürdigerweise nur für die ersten zwölf Wochen. Übrigens ähneln sich hier die Rechtsregeln vieler westlicher Staaten stark; vgl. Eser, Recht (Fn. 29), S. 146f., 149, 163f., 167f., insb. die tabellarischen Übersichten auf S. 181f.

[90] Wie hier Hoerster, Ethik (Fn. 21), S. 56.

[91] Die bis zum 1.10.1995 geltende besondere Regelung der embryopathischen Indikation sah mit der 22. Woche eine weitere bezeichnende Zäsur vor: denn ungefähr ab diesem Zeitpunkt ist der nasciturus außerhalb des Mutterleibes lebensfähig. Laut BT-Drs. 14/1045, S. 13 können Kinder mit einem Schwangerschaftsalter von etwa 22 bis 24 Wochen überleben. So auch „Erklärung zum Schwangerschaftsabbruch nach Pränataldiagnostik" der Bundesärztekammer, in: Deutsches Ärzteblatt 1998, S. A 3015. – Neidert, Zunehmendes Lebensrecht (Fn. 28), S. A 3484 gibt als Zeitpunkt

vollen Lebens- und Würdeschutz „von Anfang an" zeigt sich hier wie an vielen anderen Beispielen, daß unserer Rechtsordnung wie im übrigen auch der zahlreicher anderer westlicher Verfassungsstaaten das Konzept eines sukzessive größer werdenden, vorgeburtlich abgestuften Lebensrechtes zugrunde liegt[92], ja ihr gleichsam „eingeschrieben" ist[93].

e) Insgesamt ergibt sich also, daß die These von der „Unvergleichbarkeit" der Embryonenforschung mit der Rechtslage gemäß §§ 218 ff. StGB wegen der dort gegebenen „Sondersituation" nicht trägt[94]. Wie widersprüchlich die derzeit geltenden Regelungen sind, zeigt sich nicht allein daran, daß die Tötung ungeborenen Lebens im fortgeschrittenen Stadium von bis zu zwölf Wochen nach Beratung und ohne weitere Indikation zulässig ist und pro Jahr in Deutschland mehr als 130.000 mal vorgenommen wird[95], die Forschung an „überzähligen" Embryonen, von denen es in Deutschland weniger als 100 gibt und die sich im pränidativen Stadium der ersten drei bis vier Tage befinden, aber kategorisch und ausnahmslos verboten ist. Die Widersprüchlichkeit wird auch am Gewicht der in Rede stehenden kollidierenden Rechtsgüter deutlich. Denn die für die Embryonenforschung ins

für eine mögliche extrauterine Lebensfähigkeit bereits die 20. bis 22. Schwangerschaftswoche an.

[92] Deutlich HOERSTER, Ethik (Fn. 21), S. 56f. nach ausführlicher Erörterung der hier nur angedeuteten Punkte: „All diese Gesichtspunkte lassen eigentlich nur einen einzigen Schluss zu: Unser Gesetzgeber und das Bundesverfassungsgericht wie ein Großteil der öffentlichen Meinung sind nicht wirklich davon überzeugt, dass dem Embryo im Frühstadium dasselbe Recht auf Leben zusteht wie dem Embryo im Spätstadium oder gar wie dem menschlichen Individuum nach der Geburt."

[93] Wobei besondere Betonung auf das Adjektiv „vorgeburtlich" zu legen ist. Entgegen gelegentlich zu hörenden Befürchtungen hat die (der Rechtsordnung ja, wie gezeigt, innewohnende) Stufung des Lebensschutzes *vor* der Geburt keine Relativierung des Lebensrechtes *nach* der Geburt, etwa im Alter oder bei Gebrechlichkeit, zur Folge. In keinem der zivilisierten Staaten, die Schwangerschaftsabbruch und Embryonenforschung zulassen, besteht irgendein Zweifel am uneingeschränkten Lebensrecht lebender (i.S.v.: geborener) Personen. – Die in Deutschland heftig diskutierte Sterbehilfe-Gesetzgebung in den Niederlanden und in Belgien zielt (in vielleicht anfechtbarer Weise) auf die Ermöglichung eines frei gewählten Todes für schwerstkranke, also auf die Respektierung ihres Willens.

[94] Besonders scharf HOERSTER, Ethik (Fn. 21), S. 51, der die Rede von der Unvergleichbarkeit „eine bloße Phrase" nennt. Kritisch auch SENDLER, Menschenwürde (Fn. 82), S. 2148f.

[95] So waren es 2000 laut Statistischem Bundesamt 134.609 gemeldete Schwangerschaftsabbrüche (Zunahme gegenüber 1999 um drei Prozent), hier zitiert nach BT-Drs. 14/6635, S. 2. – Notabene: es sind dies die offiziellen, aufgrund Meldung und statistischer Erfassung vorliegenden Zahlen. Die Dunkelziffer dürfte aber nach wie vor nicht unbeträchtlich sein.

Feld zu führenden Rechtsgüter sind keineswegs geringwertiger als jene, die eine Abtreibung oder die Verwendung nidationshemmender Mittel rechtfertigen. Den letztgenannten Fall wird man ohnehin kaum als Ausdruck einer Konfliktsituation, sondern lediglich als bestimmte Art der Empfängnisverhütung zu begreifen haben. Beim Schwangerschaftsabbruch nach Beratung ist die Entscheidung letztlich allein in die Hand der Frau gelegt. Zweifelsohne wird hier oft ein schwerer, als existentiell empfundener Konflikt vorliegen. Nicht selten geben in diesem Falle aber auch bestimmte Lebensführungsstrategien, gewisse lang- oder auch kurzfristige Pläne oder sonstige Präferenzen den Ausschlag für die Abtreibung, denen das volle Gewicht einer existentiellen Entscheidung fehlt[96]. Im Unterschied zu derartigen privaten Motivationen kann (und muß!) sich die Embryonenforschung auf die normtextlich vorbehaltlos gewährte Forschungsfreiheit und in ihrer medizinischen Heilperspektive auf die Erfüllung der staatlichen Schutzpflicht aus Art. 2 Abs. 2 Satz 1 GG stützen, also auf Verfassungsgüter von unbestreitbar hohem Rang.

4. *Schlußfolgerungen für die Forschung an „überzähligen" Embryonen*

Nach den bisherigen Darlegungen können wir drei Punkte festhalten. Zum einen ist der Beginn des grundrechtlich geschützten menschlichen Lebens nicht zwingend auf den Zeitpunkt der Verschmelzung von Samen- und Eizelle zu terminieren; andere, nicht weniger evidente Zäsuren wie etwa der Abschluß der Nidation und der ungefähr phasengleich erfolgende Ausschluß der Mehrlingsbildung sind ebenso plausibel, wenn nicht überzeugender. Zweitens sind Einschränkungen des Lebensrechtes, wie der Gesetzesvorbehalt des Art. 2 Abs. 2 Satz 3 GG sie vorsieht, nicht auf die Standardfälle Nothilfe, finaler Rettungsschuß, Militäreinsätze oder vergleichbare Konflikte, bei denen Leben gegen Leben steht, beschränkt.

---

[96] HOERSTER, Ethik (Fn. 21), S. 49ff.; deutlich auch SENDLER, Menschenwürde (Fn. 82), S. 2149; M. FROMMEL, Taugt das Embryonenschutzgesetz als ethisches Minimum gegen Versuche der Menschenzüchtung?, in: KritJ 33 (2000), S. 341ff. (345): „Die Frage, ob die werdende Mutter die mit der Mutterschaft verbundenen Pflichten autonom übernimmt oder nicht, wird de facto der Frau überlassen". – Vgl. auch Deutsche Bischofskonferenz (Hrsg.), Menschenwürde und Menschenrechte von allem Anfang an. Gemeinsames Hirtenwort der deutschen Bischöfe zur ethischen Beurteilung der Abtreibung vom 26. September 1996, 1996, S. 5: „dass man zwar grundsätzlich am Wert des ungeborenen Kindes festhält, ihm aber im konkreten Fall andere, nachgeordnete Gesichtspunkte, etwa eine materielle oder seelische Notlage oder das Selbstbestimmungsrecht der Frau, vorordnet".

Entsprechende Höchstanforderungen gelten für das Verhältnis geborener Personen untereinander, nicht aber für das ungeborene Leben. Vielmehr greift hier (dies der dritte Punkt), wie sich insbesondere an der Rechtslage beim Schwangerschaftsabbruch in Deutschland und vielen vergleichbaren Staaten zeigen läßt, das Konzept eines gestuften vorgeburtlichen Lebensschutzes, der mit dem Wachstumsprozeß von Embryo und Fötus an Stärke und Intensität zunimmt. Dem deutschen Gesetzgeber ist daher durch Art. 2 Abs. 2 GG nicht untersagt, die derzeit geltenden strengen Regelungen des Embryonenschutzgesetzes zu lockern[97].

Das gilt namentlich und insbesondere für das in Deutschland geltende strikte Verbot der Forschung an den sog. überzähligen Embryonen. Hier ist über alles bisher Dargelegte hinaus von Belang, daß ihnen schon „die äußeren Voraussetzungen dafür [fehlen], daß aus ihnen ein Mensch hervorgehen kann“[98]. Diesen Befund negierende Vorschläge einer „Präimplantationsadoption“[99] muten eher akademisch an und erscheinen praktisch wenig aussichtsreich, zumal sie wegen des derzeitigen Verbots der Leihmutterschaft eine Änderung der insofern gut begründeten Rechtslage erforderten. Die letztlich ohnehin recht fragwürdige Vorstellung der „Adoption“ eines Embryos etwa im Stadium eines 64-Zellers müßte zudem das Problem des Generationensprunges berücksichtigen und könnte die Frage der Verwendung geschädigter Embryonen nicht lösen. Aus allen diesen Gründen werden entsprechende Vorschläge weder rechtspolitischen noch würden sie praktischen Erfolg haben. Es bleibt vielmehr dabei, daß es bei den überzähligen Embryonen angesichts der Ausweglosigkeit ihrer Lage[100] keine reale Schutzmöglichkeit gibt, da die Alternative zur Forschung an ihnen in der endlosen Fortsetzung ihrer Kryokonservierung läge. Aus allen

---

[97] So bereits Dreier (Fn. 27), Art. 1 I Rn. 62; siehe jetzt Kloepfer, Humangentechnik (Fn. 21), S. 424 ff.; Heun, Embryonenforschung (Fn. 34), S. 523 – alle m. w. N.

[98] So das Positionspapier der Schweizer Akademie (Fn. 44), S. 4; ähnlich Anselm u. a., Pluralismus (Fn. 17), S. 8.

[99] Aus der Literatur etwa W. Höfling, Zygote – Mensch – Person, in: FAZ Nr. 157 v. 10.7.2001, S. 8; ders., Gutachten (Fn. 24), S. 177 ff.; Keller, Beginn (Fn. 42), S. 134; C. Starck, Hört auf, unser Grundgesetz zerreden zu wollen, in: FAZ Nr. 124 v. 30.5.2001, S. 55; ausdrücklich dagegen R. Schröder, Die Forschung an embryonalen Stammzellen, in: Berliner Theologische Zeitschrift 19 (2002), S. 280 ff. (295 f.). – Isensee, Status (Fn. 21), S. 73 sieht in der Embryonenadoption einen Verstoß gegen das „Sittengesetz“ und hält es für menschenwürdeverträglicher, die überzähligen Embryonen sterben zu lassen.

[100] Deutlich Schröder, Forschung (Fn. 99), S. 295: „Hier lautet die Alternative kurz und erschöpfend: vernichten oder an einigen von ihnen forschen.“ – In der Schweiz ist die Vernichtung ausdrücklich vorgeschrieben, in Deutschland wirft die Kryokonservierung ad infinitum nur neue unlösbare Fragen auf.

diesen Gründen erscheint jedenfalls hier die Zulässigkeit der Embryonenforschung nicht nur ethisch-moralisch, sondern auch und gerade verfassungsrechtlich gut begründbar[101].

IV. Zur Argumentation mit der Menschenwürde

Von der in Art. 1 Abs. 1 GG garantierten Menschenwürde war bislang noch nicht die Rede, obwohl sie – zumindest phasenweise – ganz im Vordergrund der Debatte gestanden hat[102]. Das hatte seinen Grund vor allem darin, daß Lebensschutz und Menschenwürdegarantie gleichsam konfundiert, also ineinanderprojiziert oder gleich identifiziert wurden. Insoweit ist aber zunächst klarzustellen, daß Lebensschutz und Menschenwürde zweierlei und daher zu entkoppeln sind (dazu 1.). Letzlich kaum überwindbare Hürden bereitet es zudem unabhängig davon, den Embryo ohne religiöse oder weltanschauliche Implikationen bereits im pränidativen Stadium als Träger der Menschenwürdegarantie anzusehen (2.). Selbst wenn man dies bejahen würde, müßte man aber fragen, worin die spezifische Würdeverletzung der Tötung läge (3.).

1. Entkoppelung von Menschenwürdegarantie und Lebensrecht

Der Gefahr der Identifizierung und unvermittelten Verknüpfung von Lebensschutz und Menschenwürde hat vor allem das Bundesverfassungsgericht mit der bekannten und vielzitierten Sentenz aus dem ersten Abtreibungsurteil Vorschub geleistet: „Wo menschliches Leben existiert,

---

[101] Vgl. Hofmann, Gentherapie (Fn. 55), S. 258; Dreier (Fn. 27), Art. 1 I Rn. 59ff., 62 m.w.N.; Schroth, Forschung (Fn. 42), S. 178f.; J. Taupitz in einem Interview („Ein Importverbot wäre verfassungswidrig") in der Zeit Nr. 28 v. 5.7.2001, S. 26; vgl. auch dens., Der rechtliche Rahmen des Klonens zu therapeutischen Zwecken, in: NJW 2001, S. 3433ff. (3437ff.); Ipsen, Status (Fn. 14), S. 996; Kloepfer, Humangentechnik (Fn. 21), S. 424ff.; auch Keller, Beginn (Fn. 42), S. 134f. und Anselm u.a., Pluralismus (Fn. 17), S. 8, halten die Möglichkeit einer Forschung an überzähligen Embryonen unter bestimmten Voraussetzungen, soweit eine Übertragung nicht mehr in Betracht kommt, für denkbar.

[102] Dies auch deshalb, weil die Berufung auf die angeblich verletzte Menschenwürde nicht selten leerformelhaft verläuft; so eingesetzt, sagt das dann nur noch aus, daß derjenige, der sie ins Feld führt, einen bestimmten Standpunkt in der bioethischen Debatte stark machen und mit großem rhetorischen Nachdruck vertreten will. Zur Kritik an einer solchen Verwendung Hoerster, Ethik (Fn. 21), S. 11ff., 19ff.

kommt ihm Menschenwürde zu"[103]. Das ist, wie Hasso Hofmann einmal bemerkt hat, „gewiss ein schöner, aber schwerlich auch ein wohldurchdachter Satz"[104]. Er darf vor allem nicht zu der Annahme führen, eine Menschenwürdeverletzung sei stets mit einer Verletzung des Lebensrechtes verbunden und umgekehrt. Vielmehr sind beide Normen, Menschenwürdegarantie und Lebensrecht, zu entkoppeln[105]. Man kann diese Notwendigkeit unschwer daran demonstrieren, daß ein Eingriff in das Lebensrecht, also eine Tötung, keineswegs zwingend mit einer Verletzung der Menschenwürde verknüpft ist, wie etwa die Nothilfe-Fälle zeigen. Umgekehrt ist eine Verletzung der Menschenwürde regelmäßig gerade nicht mit der Tötung des Betroffenen verbunden, wie man sich an Fällen der Sklavenhaltung oder der Folter verdeutlichen mag.

Dies schließt natürlich nicht aus, in einer Tötung ungeborenen oder gar pränidativen menschlichen Lebens auch und zugleich eine Würdeverletzung zu sehen. Nur bedarf dies einer näheren Begründung[106]. Sie müßte

---

[103] BVerfGE 39, 1 (41). In BVerfGE 88, 203 (252) hieß es dann 18 Jahre später nach Wiederaufnahme jener Sentenz noch grundsätzlicher, aber auch noch dunkler: „Diese Würde des Menschseins liegt auch für das ungeborene Leben im Dasein um seiner selbst willen." – LORENZ, Garantie (Fn. 24), S. 43 f. weist zu Recht darauf hin, daß auch BVerfGE 49, 89 (132) eine solche Konfundierung vornimmt.

[104] HOFMANN, Pflicht (Fn. 33), S. 118, der seine Kritik wie folgt begründet: „Denn wenige Seiten später heißt es dann unter zutreffendem Hinweis auf die wechselvolle geschichtliche Entwicklung der Abtreibungsregelungen, der Gesetzgeber sei ‚grundsätzlich' (!) nicht verpflichtet, das ungeborene Leben strafrechtlich genauso zu schützen wie das geborene (a.a.O. S. 45). Kann es denn zweierlei Grade von Menschenwürde geben – so wie andererseits unbeschadet aller Abgrenzungsschwierigkeiten unzweifelhaft verschiedene Entwicklungsphasen des menschlichen Lebens zu erkennen sind?"

[105] Dazu näher P. LERCHE, Verfassungsrechtliche Aspekte der Gentechnologie, in: R. Lukes/R. Scholz (Hrsg.), Rechtsfragen der Gentechnologie, 1986, S. 88 ff. (104 ff., 108); U. STEINER, Der Schutz des Lebens durch das Grundgesetz, 1992, S. 13; H. HOFMANN, Die versprochene Menschenwürde, in: AöR 118 (1993), S. 353 ff. (361, 376); DREIER, Menschenwürdegarantie (Fn. 31), S. 1037 ff. m.w.N.; eingehend E. SCHMIDT-JORTZIG, Systematische Bedingungen der Garantie unbedingten Schutzes der Menschenwürde in Art. 1 GG, in: DÖV 2001, S. 925 ff. (926 ff.), siehe auch HEUN, Embryonenforschung (Fn. 34), S. 518.

[106] Sie wird weder in BVerfGE 39, 1 noch in BVerfGE 88, 203 gegeben. Das verwundert auch nicht. Denn hätte das Gericht in beiden Fällen aus seinen zu Beginn der Urteilsbegründung aufgestellten grundsätzlichen Aussagen zur Menschenwürde des ungeborenen Lebens handfeste Konsequenzen gezogen, so hätte – ganz im Sinne der Auffassung Günter Dürigs oder der katholischen Kirche – nur die medizinische Indikation Bestand haben können. Bekanntlich hat das Gericht aber im ersten Urteil verschiedene Indikationen, darunter auch die soziale, zugelassen, im zweiten sogar

zweierlei dartun: zum einen zeigen, daß Träger der Menschenwürdegarantie auch das ungeborene und sogar das frühembryonale Leben ist (2.), und ferner, daß in der Tötungshandlung eine Würdeverletzung liegt (3.).

2. *Zum personalen Träger der Menschenwürdegarantie*

Von ihrer ideengeschichtlichen Herkunft wie ihrer verfassungsgeschichtlichen Genese her[107] ist die Menschenwürdegarantie bezogen auf geborene Personen[108]. Auch die konkrete historische Stoßrichtung zeigt, daß es um die Verletzung von Mindeststandards der Humanität, um Folter, Stigmatisierung, Deportation, KZ-Haft und ähnliches ging. Mit Nachdruck sollte festgehalten werden, daß die unter uns lebenden Menschen nicht wie Tiere oder „Untermenschen" behandelt werden dürfen. An den Schutz des ungeborenen oder gar des pränidativen Lebens gegen den Willen der Eltern war nicht gedacht.

Gleichwohl schließt das nicht von vornherein aus, auch dem Embryo im frühesten Stadium eine personale Würde „zuzusprechen". Das ließe sich, wenn man die Versuche einer über die Verletzungshandlungen hinausgehenden positiven Bestimmung einmal durchmustert[109], vor allem mit Hilfe der sog. Mitgifttheorie[110] in ihrer christlichen Variante begründen. Diese stellt vor dem Hintergrund der imago-Dei-Vorstellung auf die besondere Auszeichnung des Menschen in der Schöpfungsordnung ab und vermag – freilich vor dem Hintergrund einer insofern sehr bewegten Dogmengeschichte – im ungeborenen Leben, ja bereits in der Zygote den gött-

den Übergang auf ein anderes Schutzkonzept gebilligt. Die innere Widersprüchlichkeit der Judikatur ist oft analysiert worden: vgl. nur A. ESER, Aufbruch zu neuem Weg. Halt auf halber Strecke, in: KritV 76 (1993), S. 132 ff.; HERMES/WALTHER, Schwangerschaftsabbruch (Fn. 75), S. 2337 ff.; N. HOERSTER, Das „Recht auf Leben" der menschlichen Leibesfrucht – Rechtswirklichkeit oder Verfassungslyrik?, in: JuS 1995, S. 192 ff.; DREIER, Menschenwürdegarantie (Fn. 31), S. 1039 f.

[107] Zu beidem im Überblick DREIER (Fn. 27), Art. 1 I Rn. 1 ff., 17 ff.

[108] DREIER (Fn. 27), Art. 1 I Rn. 21, 47 ff.; LORENZ, Garantie (Fn. 24), S. 42; DEDERER, Menschenwürde (Fn. 51), S. 10. – Daß ihnen ausnahmslos und ohne Einschränkung Menschenwürde zukommt, ist in der verfassungsrechtlichen Literatur im Grunde unbestritten. Für den Bereich der Sozialphilosophie läßt sich dies nicht ohne weiteres behaupten, was hier aber dahinstehen kann.

[109] Zu den im folgenden angesprochenen Menschenwürdetheorien siehe DREIER (Fn. 27), Art. 1 I Rn. 40 ff.

[110] Diese plastische Bezeichnung stammt von HOFMANN, Menschenwürde (Fn. 105), S. 357, 361 f.

lichen Funken personaler Existenz und Würde zu erkennen[111]. Freilich sind im säkularen Staat bestimmte Glaubenssätze einer religiösen Gemeinschaft nicht geeignet, dominanten Einfluß auf das Verständnis einer so zentralen Norm wie der Menschenwürde in einer so umstrittenen Frage wie der nach Schwangerschaftsabbruch und Embryonenforschung auszuüben – einmal abgesehen davon, daß die Aussagen der christlichen Kirchen und ihrer Theologen sich bezüglich der Konsequenzen für die hier traktierte bioethische Frage ohnehin pluralistisch auffächern und andere Religionen wie Judentum oder Islam bezüglich des vorgeburtlichen Lebens ganz anderen Vorstellungswelten folgen.

Man greift zur Stützung des gewünschten Ergebnisses, auch vorgeburtliches und frühembryonales Leben als von der Menschenwürdegarantie des Grundgesetzes umfaßt anzusehen, allerdings nicht nur auf religiöses, sondern oft auch auf originär philosophisches Gedankengut der Aufklärung zurück. Als Kronzeuge gilt[112] Kant, dessen einschlägig anmutende Sentenzen über Person, Würde und Preis von vielen Diskutanten unermüdlich wiederholt werden[113]. Jedoch liegt, soweit Kants Personenbegriff als ausschlaggebend betrachtet und dieser auf vorgeburtliches Leben bezogen wird, wohl eine schlichte Fehlinterpretation vor[114]. Außerdem scheint kaum einer der staatsrechtlichen Autoren, die sich ansonsten in der Frage der Interpretation der Menschenwürdegarantie gern und in wachsender Zahl auf Kant berufen, eine Klärung oder Erläuterung für nötig zu halten, daß die einschlägigen Passagen sämtlichst nicht aus Kants Rechtslehre

[111] Enzyklika Evangelium Vitae von Papst Johannes Paul II. vom 25. März 1995 (Verlautbarungen des Apostolischen Stuhls 120), 1995, Nr. 43 (S. 53 f.), Nr. 44 f. (S. 55 ff.), Nr. 60 f. (S. 74 ff.); Deutsche Bischofskonferenz (Hrsg.), Der Mensch: sein eigener Schöpfer? Wort der Deutschen Bischofskonferenz zu Fragen von Gentechnik und Biomedizin vom 7. März 2001, 2001, S. 5.

[112] Starck, Grundgesetz (Fn. 99), S. 55; ders., Der kleinste Weltbürger, in: FAZ Nr. 96 v. 25.4.2002, S. 50; R. Spaemann, Wer jemand ist, ist es immer, in: FAZ Nr. 68 v. 21.3.2001, S. 65; E.-W. Böckenförde in einem Interview („Das Tor zur Selektion ist geöffnet") in der SZ Nr. 112 v. 16.5.2001, S. 11.

[113] I. Kant, Grundlegung zur Metaphysik der Sitten (1785), Zweiter Abschnitt (Akademieausgabe, Bd. IV, S. 434 f., 439 f.); ders., Die Metaphysik der Sitten. Zweiter Teil: Metaphysische Anfangsgründe der Tugendlehre (1797), §§ 9, 11, 38, 39 (Akademieausgabe, Bd. VI, S. 429, 434 f., 462 f.).

[114] Siehe vor allem die Hinweise von V. Gerhardt, Der Mensch wird geboren. Kleine Apologie der Humanität, 2001, S. 22 ff.; ferner K. Seelmann, Recht und Rechtsethik in der Fortpflanzungsmedizin, in: recht 1996, S. 240 ff. (246): „Kants Mediationsverbot betrifft den Menschen als selbstgesetzgebendes Vernunftwesen im Verhältnis zu anderen solchen Wesen und nicht schon die in ihren biologischen Möglichkeiten angelegte Vernunft."

(dem ersten Teil der „Metaphysik der Sitten"), sondern ausschließlich aus der Tugendlehre (deren zweitem Teil) oder der älteren „Grundlegung zur Metaphysik der Sitten" stammen. Dabei sollte eigentlich klar sein, daß es einen großen Unterschied macht, ob es um die moralisch-ethische Bewertung individuellen Handelns oder um die Frage einer für alle verbindlichen und vielleicht sogar strafbewehrten staatlichen Rechtsnorm geht[115]. Kant selbst hat dafür mit seiner epochemachenden Unterscheidung zwischen Legalität und Moralität den noch heute tragenden Grund gelegt.

Eine andere Theorie zur Bestimmung der Menschenwürde, diejenige von Niklas Luhmann, gibt für unsere Frage nichts her, weil ihr zufolge Würde eine erst zu erbringende Leistung ist, zu der Embryonen naturgemäß nicht fähig sind[116]. Die Kommunikationstheorie Hasso Hofmanns wiederum stellt stärker als andere Ansätze auf die staatstrukturelle Seite der Menschenwürdegarantie und ihre Verwurzelung im Gedanken mitmenschlicher Solidarität in einer konkreten Anerkennungsgemeinschaft ab; ihr zufolge sind zwar alle, die schon oder noch unter uns sind, unabhängig von ihren je aktuellen Fähigkeiten zum Kreis der Menschenwürdeträger zu zählen, keinesfalls aber Embryonen vor der Nidation[117]. Insgesamt zeigt sich, daß embryonales Leben im frühesten Entwicklungsstadium wohl nur bei Zugrundelegung einer bestimmten Interpretation christlichen Gedankengutes jüngeren Datums[118] als Träger der Menschenwürdegarantie angesehen werden kann.

3. *Zum Vorliegen einer Menschenwürdeverletzung*

Gleichwohl kann man zur Abrundung des Fragenkreises auch die Blastozyste vor der Einnistung in den Uterus einmal hypothetisch als von Art. 1 Abs. 1 GG umfasst ansehen. Das (erst) erlaubt nämlich die angesichts der

---

[115] Das wird freilich nicht immer mit der Deutlichkeit gesehen, wie sie SEELMANN, Recht (Fn. 114), S. 247 in vorbildlicher Weise demonstriert: „Vielleicht ist das wichtigste Resultat dann aber dieses: dass die juristische Lösung des Problemfelds keineswegs konform gehen muss mit der moralischen. Selbst wenn eine Mehrheit der Bevölkerung starke *moralische* Bedenken gegen bestimmte Vorgehensweisen der Fortpflanzungsmedizin hätte, wäre dies allein noch keine hinreichende Legitimation für ein *rechtliches* Verbot, d.h. einen zwangsweise durchsetzbaren staatlichen Eingriff in die Freiheitsrechte von Individuen." (Hervorhebungen i.O., H.D.).

[116] Vgl. DREIER (Fn. 27), Art. 1 I Rn. 42, 50.

[117] Vgl. DREIER (Fn. 27), Art. 1 I Rn. 43, 50.

[118] Doch auch heute herrscht unter Theologen im allgemeinen und protestantischen im besonderen insofern Pluralität: vgl. ANSELM U.A., Pluralismus (Fn. 17), S. 8.

oben erläuterten Entkoppelung von Lebensschutz und Menschenwürde eigenständig zu beantwortende Frage, ob in der Verwendung überzähliger Embryonen zu Forschungszwecken eine *Verletzung* der Menschenwürde zu sehen ist[119].

Als probater Lackmus-Test für die Antwort auf diese Frage gilt die von Günter Dürig geprägte Objektformel[120], welche letztlich auf Kants These vom Instrumentalisierungsverbot[121] zürückgeht und mit ihr eng zusammenhängt. Freilich ist weder zu verkennen, daß die Objektformel eine tendenziell tautologische Struktur aufweist (Menschen*würde* ist verletzt, wenn der Mensch herab*gewürdigt* wird)[122], noch, daß das Verbot der Instrumentalisierung anderer Personen vor der Gefahr der Leerformelhaftigkeit[123] nicht gefeit ist. Das liegt nicht zuletzt daran, daß wir in unserem

---

[119] Hier fehlt es in der Literatur oft an einer eigenständigen Begründung: siehe etwa HUSTER, Abwägung (Fn. 59), S. 419; KLOEPFER, Humangentechnik (Fn. 21), S. 422.

[120] Danach ist die Menschenwürde verletzt, wenn „der konkrete Mensch zum Objekt, zu einem bloßen Mittel, zur vertretbaren Größe herabgewürdigt" wird (G. DÜRIG, Der Grundrechtssatz von der Menschenwürde, in: AöR 81 [1956], S. 117ff. [127]). Siehe dazu DREIER (Fn. 27), Art. 1 I Rn. 39 m.w.N.

[121] Die berühmten Formulierungen Kants lauten: „Allein der Mensch, als Person betrachtet, d.i. als Subject einer moralisch-praktischen Vernunft, ist über allen Preis erhaben; denn als ein solcher (homo noumenon) ist er nicht blos als Mittel zu anderer ihren, ja selbst seinen eigenen Zwecken, sondern als Zweck an sich selbst zu schätzen, d.i. er besitzt eine Würde (einen absoluten innern Werth), wodurch er allen andern vernünftigen Weltwesen Achtung für ihn abnöthigt, sich mit jedem Anderen dieser Art messen und auf den Fuß der Gleichheit schätzen kann" (I. KANT, Die Metaphysik der Sitten. Zweiter Teil: Metaphysische Anfangsgründe der Tugendlehre [1797], § 11 [Akademieausgabe, Bd. VI, S. 434, 435]); ebd., § 38: „Die Menschheit selbst ist eine Würde; denn der Mensch kann von keinem Menschen (weder von anderen noch gar von sich selbst) bloß als Mittel, sondern muß jederzeit zugleich als Zweck gebraucht werden und darin besteht eben seine Würde".

[122] H. DREIER, Konsens und Dissens bei der Interpretation der Menschenwürde. Eine verfassungsrechtliche Skizze, in: Geyer, Biopolitik (Fn. 1), S. 232ff. (235), zuerst erschienen unter dem Titel: „Große Würde, kleine Münze" in: FAZ Nr. 153 v. 5.7.2001, S. 8; HERDEGEN, Menschenwürde (Fn. 52), S. 775.

[123] Dazu HERDEGEN, Menschenwürde (Fn. 52), S. 775: Instrumentalisierungsformel als „leere Hülse", größte Skepsis gegenüber jeder Instrumentalisierungs-Rhetorik; eingehend HOERSTER, Ethik (Fn. 21), S. 11ff. – Kritik an der Unbestimmtheit der Formel übte im übrigen bereits Schopenhauer: „Aber dieser von allen Kantianern so unermüdlich nachgesprochene Satz, ‚man dürfe den Menschen immer nur als Zweck, nie als Mittel behandeln', ist zwar ein bedeutend klingender und daher für alle die, welche gern eine Formel haben mögen, die sie alles fernern Denkens überhebt, überaus geeigneter Satz; aber beim Lichte betrachtet ist es ein höchst vager, unbestimmter, seine Absicht ganz indirekt erreichender Ausspruch, der für jeden Fall seiner Anwendung erst besonderer Erklärung, Bestimmung und Modifikation bedarf, so all-

täglichen Leben permanent andere zumindest *auch* als Objekt behandeln und somit instrumentalisieren[124]. Es läßt sich gar nicht leugnen, daß es ethisch legitime Formen der Instrumentalisierung anderer gibt[125]. Alles hängt daher von der Frage ab, worin das spezifisch Menschenwürdewidrige zu sehen ist, worauf die Formeln eben keine definitive Antwort geben können.

So liegt deren Bedeutung im Grunde eher darin, als generalisierte Formeln für die konsentierten Fälle der Negativdefinition[126] der Menschenwürde zu fungieren. Wenn hier in fallweiser Konkretisierung unter Verzicht auf eine allgemeingültige Definition der Inhalt der Menschenwürde vom Verletzungsvorgang her erschlossen und mit Umschreibungen wie Erniedrigung, Brandmarkung, Verächtlichmachung ansatzweise umschrieben wird, dann setzt dies freilich ein Maß an Evidenz und gesellschaftlichem

Konsens über die Menschenwürdewidrigkeit des betreffenden Tuns voraus[127], an dem es bei der Abtreibungsfrage ebenso fehlt wie bei der Forschung an überzähligen Embryonen. Gerade beim letztgenannten Fall mögen viele zweifeln, ob denn die endlose Fortsetzung der Kryokonservierung menschenwürdegerechter ist als die Nutzung der überzähligen Embryonen für Zwecke hochrangiger Forschung mit der Zielperspektive medizinischer Therapien[128]. Außerdem kann man sich fragen, ob die „Erniedrigung" oder die „Verächtlichmachung" eines Zellverbandes in den ersten Tagen nach der Befruchtung eine irgendwie mit unseren reflektierten Intuitionen

---

gemein genommen aber ungenügend, wenigsagend und noch dazu problematisch ist." (A. Schopenhauer, Die Welt als Wille und Vorstellung, Bd. 1, hrsgg. v. A. Hübscher, 3. Aufl. 1972, S. 412).

[124] Vgl. Seelmann, Recht (Fn. 114), S. 246: „Wo liegt also die Grenze zwischen dem (unzulässigen) *bloss* Zum-Mittel-machen und dem (noch zulässigen) *auch* Zum-Mittel-machen?" (Hervorhebungen i.O., H.D.).

[125] Eingehend Hoerster, Ethik (Fn. 21), S. 14ff.; knapp Schröder, Forschung (Fn. 99), S. 284.

[126] Vgl. Dreier (Fn. 27), Art. 1 I Rn. 37ff.

[127] Dreier, Konsens (Fn. 122), S. 234; G. Frankenberg, Die Würde des Klons und die Krise des Rechts, in: KritJ 33 (2000), S. 325ff. (329); Lorenz, Garantie (Fn. 24), S. 41; Herdegen, Menschenwürde (Fn. 52), S. 775 mit weiterem richtigen Hinweis auf die Orientierungshilfe durch Rechtsvergleich mit anderen freiheitlichen Staaten (für ein entsprechendes „Kontrollkriterium" schon H. Dreier, in: ders. [Hrsg.], Grundgesetz-Kommentar, Bd. II, 1998, Art. 79 III Rn. 15 a.E.).

[128] Schroth, Forschung (Fn. 42), S. 178f.; siehe noch Schröder, Forschung (Fn. 99), S. 295; zur Bedeutung der Finalität des Handelns auch Herdegen, Menschenwürde (Fn. 52), S. 775.

vereinbare Vorstellung ist[129]. Anders gesagt: bedarf es nicht einer gewissen „Fallhöhe" (Schmude), gleichsam eines Entwürdigungspotentials, um eine Menschenwürdeverletzung sinnvollerweise annehmen zu können?

4. *Schlußbemerkung: Zur Relevanz des Menschenwürde-Arguments*

Instrumentalisierungsverbot und Objektformel scheinen also zur Bewältigung der Frage nach der Zulässigkeit von Abtreibung und Embryonenforschung nicht recht zu passen und in Ermangelung eines breiten gesellschaftlichen Konsenses auch nicht zu greifen. Zudem will mir scheinen, daß die Menschenwürde ein viel zu anspruchsvolles und komplexes Konzept ist, als daß man sie Frühformen menschlichen Lebens im Stadium eines Zellverbandes einfach „zuschreiben" und ihren Beginn terminieren kann wie das Erreichen der Volljährigkeit[130]. Würde ist viel offener, zugleich aber kriterienreicher zu bestimmen in einem eher prozeßhaften Sinne, wie dies ein protestantischer Theologe angedeutet hat: „Die Würde des Menschen ist nicht in einem biologischen Zustand oder einer ontologischen Verfassung des Daseins begründet. ‚Menschenwürde' ist eine ethische und rechtliche Kategorie, die aus Gründen der praktischen ethischen Vernunft auf dem Grunde tragender moralischer Grundüberzeugungen eine je aktuelle Verpflichtung zur Anerkennung und eine allgemeine Regel des Zusprechens der Menschenwürde zum Inhalt hat und mit einer elementaren gegenseitigen Verbindlichkeit ausgestattet ist."[131]

Es sind solche eher grundsätzlichen Überlegungen wie auch andere Argumentationsstränge, die dazu geführt haben, daß – ungeachtet der zahlreichen Stimmen, die weiterhin für Würdegarantie und Lebensschutz vom Zeitpunkt der Verschmelzung von Samen- und Eizelle an votieren[132] – in vielen neueren verfassungsrechtlichen Untersuchungen zum Problemfeld der Bioethik im allgemeinen und der Forschung an überzähligen Em-

---

[129] In diese Richtung auch Herdegen, Menschenwürde (Fn. 52), S. 774; Hilgendorf, Klonverbot (Fn. 47), S. 1157.

[130] Ähnlich Anselm u.a., Pluralismus (Fn. 17), S. 8.

[131] T. Rendtorff, Jenseits der Menschenwürde? Zum ethischen Diskurs über humane embryonale Stammzellen. Ein Kommentar, in: Jahrbuch für Wissenschaft und Ethik, Bd. 5, 2000, S. 183 ff. (192 f.); die Nähe zu Hofmanns Kommunikationstheorie (vgl. Hofmann, Menschenwürde [Fn. 105], S. 364 ff.) ist evident.

[132] Außer den oben in Fn. 24 Genannten siehe noch U. Fink, Der Schutz des menschlichen Lebens im Grundgesetz – zugleich ein Beitrag zum Verhältnis des Lebensrechts zur Menschenwürdegarantie, in: Jura 2000, S. 210 ff.; Benda, Verständigungsversuche (Fn. 27), S. 2147 f.

bryonen im besonderen die Menschenwürdegarantie letztlich als nicht entscheidend angesehen wird: sei es, weil man mit Blick auf die beiden Abtreibungsurteile des Bundesverfassungsgerichts den verfassungsrechtlichen Status des Embryos in vitro ohnehin nicht als den eines mit eigenen Rechten und somit auch nicht der Menschenwürde ausgestatteten personalen Trägers zu sehen vermag[133]; sei es, weil man die mit Hilfe einer Brückenkonstruktion erfolgende Vorwirkung der Menschenwürdegarantie in das vorgeburtliche Stadium nur bis zum Zeitpunkt von Individuation und Nidation rückerstreckt[134] bzw. annimmt, daß die Menschenwürdegarantie schlecht einer Form embryonalen menschlichen Lebens zugesprochen werden kann, die noch zur Mehrlingsbildung in der Lage ist, da sich ein solcher Organismus „noch nicht *als* Mensch, sondern *zu* einem individuellen Menschen entwickelt"[135]; sei es, weil man eine Überdehnung oder Inflationierung des Menschenwürdeargumentes fürchtet[136]; sei es, daß man für die Lösung der komplexen Problematik in Art. 1 Abs. 1 GG keine hinreichend konkreten normativen Anknüpfungspunkte findet[137]; sei es, daß man in der Würde letztlich eine soziale Wertung sieht, die jedenfalls für den Zeitraum bis zur Nidation ins Leere greift[138].

---

[133] IPSEN, Status (Fn. 14), S. 991 ff.; desgleichen mit Bezug auf die Rechtslage bei der Abtreibung G. JAKOBS, Rechtmäßige Abtreibung von Personen?, in: JR 2000, S. 404 ff. (406); an dessen Überlegungen anknüpfend und den Bezug zu bioethischen Fragen herstellend M. PAWLIK, Der Staat hat dem Embryo alle Trümpfe genommen, in: FAZ Nr. 146 v. 27.6.2001, S. 45.

[134] DEDERER, Menschenwürde (Fn. 51), S. 8 ff., 14 ff.: der Embryo entwickele sich erst ab Nidation *als* Mensch, vorher lediglich *zum* Menschen, weil die Einnistung unabdingbare Voraussetzung für weitere Entwicklung sei; ähnlich SCHROTH, Forschung (Fn. 42), S. 177.

[135] SCHROTH, Forschung (Fn. 42), S. 177, 178. – SEELMANN, Recht (Fn. 114), S. 246 spricht für jene Phase plastisch von „vorindividuelle(n) menschliche(n) Organismen".

[136] FRANKENBERG, Würde (Fn. 127), S. 329; SCHROTH, Forschung (Fn. 42), S. 177; RICHARD SCHRÖDER in einem Interview (Stammzellenimport: „Auf deutschen Sonderwegen ruht kein Segen") mit dem Evangelischen Pressedienst http://www.epd.de/dokumentation/2002/bioethik_schroeder.html, Kurzfassung des Interviews im epd-Basisdienst vom 24.1.2002; auch SENDLER, Menschenwürde (Fn. 82), S. 2150; R. ZUCK, Wie führt man eine Debatte? Die Embryonennutzung und die Würde des Menschen (Art. 1 I GG), in: NJW 2002, S. 869; für PID ähnlich HERDEGEN, Menschenwürde (Fn. 52), S. 775.

[137] IPSEN, Status (Fn. 14), S. 996; siehe auch SCHMIDT-ASSMANN, Grundrechtspositionen (Fn. 14), S. 54: „So lässt sich jedenfalls eine Pflicht des Staates, die Forschung an sog. überzähligen Embryonen zu verbieten, nicht aus Art. 1 GG ableiten."

[138] SCHMIDT-JORTZIG, Bedingungen (Fn. 105), S. 927 ff., 931.

All jene Stellungnahmen stützen den Eindruck, daß Art. 1 Abs. 1 GG, diese „vielleicht heikelste"[139] Bestimmung des Grundgesetzes, nicht die zentrale Norm für die Beantwortung der bioethischen Frage der Embryonenforschung ist[140]. Die Entscheidungen fallen beim Lebensschutz, konkret: bei Art. 2 Abs. 2 GG. Dort sind nicht zuletzt wegen des Gesetzesvorbehalts differenzierte Regelungen möglich, die jene Aporien vermeiden, welche bei der Propagierung personaler Würde und strikten Lebensschutzes für pränidatives embryonales Leben unvermeidlich auftreten müssen.

---

[139] J. ISENSEE, Die alten Grundrechte und die biotechnische Revolution, in: Festschrift für Alexander Hollerbach, 2001, S. 243 ff. (247).

[140] Das gilt im Ergebnis auch für jene Positionen, die gegen die ganz h.M. (derzufolge die Menschenwürde absolut garantiert ist und jede Einschränkung zugleich eine Verletzung darstellt) auch bei Art. 1 Abs. 1 GG Einschränkungsmöglichkeiten und Abstufungen zulassen wollen, weil diese sich wiederum am Wachstum des vorgeburtlichen Lebens orientieren: so vor allem – wie seit jeher – KLOEPFER, Humangentechnik (Fn. 21), S. 420 f., 422 f.; auch HERDEGEN, Menschenwürde (Fn. 52), S. 774 f.; andeutungsweise P. HÄBERLE, Die Menschenwürde als Grundlage der staatlichen Gemeinschaft, in: HStR I, § 20 Rn. 85.

Gustav Radbruch und die Mauerschützen*

* Bei dem Text, auf dem der Vortrag vom 16. November 2010 zum Thema „Die strafrechtliche Bewältigung des DDR-Unrechts am Beispiel der Mauerschützenprozesse in vergleichender Perspektive“ im Rahmen der Ringvorlesung „Staat und Recht in Teilung und Einheit“ an der Heinrich-Heine Universität Düsseldorf basierte, handelt es sich um einen durchgesehenen, aber von geringfügigen Änderungen abgesehen

Im Zentrum der Mauerschützen-Prozesse steht die sog. Radbruchsche Formel (dazu I., II.). Da sich Strategien des BGH, die Verurteilung der Angeklagten auf eine völkerrechtlich-menschenrechtsfreundliche Interpretation des DDR-Rechts selbst zu stützen, als nicht tragfähig erweisen (III.), hängt alles davon ab, ob die Rechtfertigungsgründe, die den Grenzsoldaten seinerzeit zur Seite standen, wegen eines unerträglichen Widerspruchs zu elementaren Grundsätzen der Gerechtigkeit außer Betracht bleiben können. Die damit verbundenen rechtsphilosophischen Probleme (Einschlägigkeit der Radbruchschen Formel, Naturrecht als Grund individueller Strafbarkeit) und verfassungsrechtlichen Folgefragen (Art. 103 Abs. 2 GG) werden einer kritischen Analyse unterzogen (IV.). Insgesamt gelangt der Autor nach Würdigung der umfänglichen Judikatur (einschließlich des Beschlusses des BVerfG vom 24. Oktober 1996) und des vielfältigen Meinungsbildes in der Literatur zu dem Ergebnis, daß die einer Verurteilung derzeit entgegenstehende Hürde des Rückwirkungsverbotes nur durch eine Verfassungsänderung überwunden werden könnte. Ob allerdings hinreichend gewichtige und gute Gründe für einen derartigen Schritt vorliegen, scheint mehr als zweifelhaft (V.).

I. Das Thema in seinem Umfeld

1. Anlaß der Untersuchung

Als das LG Berlin im September 1996 einige Generäle der DDR-Grenztruppen wegen ihrer Verantwortung für die Tötungen an der innerdeutschen Grenze zu mehrjährigen Freiheitsstrafen verurteilte[1], bezeichnete

---

unveränderten Zweitabdruck des Beitrags aus der JZ 1997, S. 421 ff. Die seitdem ergangenen Urteile des Europäischen Gerichtshofs für Menschenrechte (s. EGMR [Große Kammer], Urteil vom 22.3.2001, Beschwerde-Nr. 34044/96 u.a. [Streletz, Kessler und Krenz/Deutschland] = NJW 2001, S. 3035 ff. [Politbüro]; EGMR [Große Kammer], Urteil vom 22.3.2001, Beschwerde-Nr. 37201/97 [K.-H.W./Deutschland] = NJW 2001, S. 3042 ff. [Mauerschützen]) halten allesamt an der Verurteilung der Betroffenen fest und liefern im Vergleich zu den im Rahmen dieses Beitrags dargestellten und kritisch durchleuchteten Urteilen von Bundesgerichtshof und Bundesverfassungsgericht nichts, was im Hinblick auf Begründung und Argumentation über das bereits Vorgebrachte hinausgehen würde. Die hier vorgetragene Kritik an der Judikatur trifft daher auch auf die Rechtsprechung des EGMR zu.

[1] Vgl. zu dem Urteil vom 10.9.1996 FAZ Nr. 212 v. 11.9.1996, S. 1 f.

der Vorsitzende der Kammer in seiner mündlichen Urteilsbegründung[2] als „Kernfrage dieses Prozesses – wenn nicht seine einzige –" die „Anwendbarkeit der Radbruchschen Formel auf das der Anklage zugrundeliegende Geschehen". Eine rechtsethische Formel bildet demnach den zentralen Punkt von Strafprozessen, die zweifelsohne zu den spektakulärsten und wichtigsten der letzten Jahrzehnte gehören. Pointiert wird hier zum Ausdruck gebracht, was in der einschlägigen Judikatur des BGH sowie im Beschluß des Bundesverfassungsgerichts vom 24. Oktober 1996[3] ebenfalls deutlich geworden ist: daß der Radbruchschen Formel bei den sog. Mauerschützen-Prozessen ein prominenter, im folgenden noch genauer zu klärender Rang zukommt. Der rechtsphilosophisch wie verfassungsrechtlich gleichermaßen herausfordernden Frage, ob die Faktizität einer wirksamen, durchsetzungsfähigen Ordnung dem Korrektiv einer höheren normativen Ebene der Menschenrechte und rechtlicher Grundüberzeugungen unterliegt und – bejahendenfalls – individuelle Strafbarkeit begründen kann, wie sich also hier rechtliche Ordnung und gesellschaftliche Realität zueinander verhalten[4], wollen sich die anschließenden Darlegungen widmen.

2. *Juristische Vergangenheitsbewältigung?*

Mit den im folgenden erörterten Mauerschützen-Prozessen, wobei aus Raumgründen auch die Besonderheiten der sog. Regierungskriminalität ausgeblendet bleiben müssen, wird nur ein kleiner Ausschnitt der „juristischen Vergangenheitsbewältigung"[5] behandelt. Ins weitere thematische

---

[2] Auszugsweiser Abdruck in der FAZ Nr. 214 v. 13.9.1996, S. 6; daraus das nachfolgende Zitat.

[3] BVerfGE 95, 96 = JZ 1997, 142 m. Anm. C. Starck.

[4] Der in der JZ 1997, S. 421 ff. veröffentlichte Text war eine überarbeitete und mit Fußnoten versehene Fassung meiner Antrittsvorlesung an der Juristischen Fakultät der Bayerischen Julius-Maximilians-Universität Würzburg vom 15.1.1997. Die Antrittsvorlesung war Teil einer Reihe gleichartiger Veranstaltungen an der Würzburger Juristischen Fakultät aus dem Sommersemester 1996 und dem Wintersemester 1996/97, die unter dem Rahmenthema „Gesellschaftliche Realität und rechtliche Ordnung" standen.

[5] Vgl. das Thema der Gießener Staatsrechtslehrertagung von 1991: „Der Rechtsstaat und die Aufarbeitung der vor-rechtsstaatlichen Vergangenheit" mit Beiträgen von C. Starck, W. Berg und B. Pieroth, in: VVDStRL 51 (1992), S. 7 ff., 46 ff., 91 ff.; ferner A. Blankenagel, Verfassungsgerichtliche Vergangenheitsbewältigung, in: ZNR 13 (1991), S. 67 ff.; E. Jesse, „Entnazifizierung" und „Entstasifizierung" als politisches Problem. Die doppelte Vergangenheitsbewältigung, in: J. Isensee (Hrsg.), Vergangenheitsbewältigung durch Recht, 1992, S. 9 ff. (27 ff.); W. Odersky, Die Rol-

Umfeld gehören die durchweg höchst umstrittenen Fälle der DDR-Spione[6], der Zulassung von DDR-Rechtsanwälten[7], der Verurteilung wegen Wahlfälschungen[8], der Verneinung der Strafbarkeit bei systematischen Geldentnahmen aus Postsendungen der BRD[9] oder der Rechtsbeugung durch DDR-Richter[10].

Überdies stellen solche juristischen Formen nachträglicher Konfliktbewältigung ihrerseits eine Restriktion im Verhältnis zu anderen, nichtrechtlichen oder auch nur nichtstrafrechtlichen Varianten dar. Und zu berücksichtigen bleibt schließlich, daß man die Vergangenheit eines totalitären Regimes im eigentlichen Sinne gar nicht bewältigen kann – man kann (und muß) allerdings versuchen, sie nicht stumm wie einen Alp auf dem kollektiven Gedächtnis der Nation ruhen zu lassen.

3. Die Mauerschützen-Fälle

Was man unter Mauerschützen-Fällen versteht, dürfte ohne große Erläuterung hinlänglich klar sein: die an der Mauer oder an anderen Stellen der

le des Strafrechts bei der Bewältigung politischen Unrechts, 1992, S. 3 ff.; R. Dreier, Juristische Vergangenheitsbewältigung, 1995, S. 19 ff., 24 ff.

[6] Vgl. BVerfGE 92, 277 (mit Sondervotum Klein, Kirchhof und Winter S. 341 ff. = JZ 1995, 885, 891); kritisch hierzu K. Volk, Übermaß und Verfahrensrecht. Zur Spionage-Entscheidung des BVerfG, in: NStZ 1995, S. 367 ff.; C. D. Classen, Straffreiheit für DDR-Spione: Verschlungene Pfade zu einem vernünftigen Ergebnis, in: NStZ 1995, S. 371 ff.; T. Hillenkamp, Offene oder verdeckte Amnestie – über Wege strafrechtlicher Vergangenheitsbewältigung, in: JZ 1996, S. 179 ff. (180 f.).

[7] Vgl. BVerfGE 93, 213 = JZ 1996, 674 m. Anm. M. Henssler; kritisch hierzu M. Kleine-Cosack, Anwaltsüberprüfung auf Rechtsstaatskosten: Verfassungsgerichtsbarkeit auf dem Wege zur letztinstanzlichen Fachgerichtsbarkeit?, in: Deutsch-Deutsche Rechts-Zeitschrift 1996, S. 98 ff.

[8] Vgl. BGHSt 39, 54; BGH NStZ 1995, 126; kritisch hierzu H.-L. Schreiber, Die strafrechtliche Aufarbeitung von staatlich gesteuertem Unrecht, in: ZStW 107 (1995), S. 157 ff. (175 ff.).

[9] BGHSt 40, 8 (16); 40, 169 (180); Großer Senat des BGH v. 25.7.1995, BGHSt 41, 187 (194) = JZ 1996, 580 m. Anm. H. Otto; kritisch hierzu F.-C. Schroeder, §§ 246, 133 StGB auf dem Prüfstand der MfS-Postplünderungen, in: JR 1995, S. 95 ff.

[10] Grundsatzurteile: BGHSt 40, 30; BGHSt 41, 247; BGHSt 41, 317 = JZ 1996, 861 m. Anm. M. Maiwald. Zur Kritik G. Spendel, Rechtsbeugung und Justiz, in: JZ 1995, S. 375 ff.; ders., Rechtsbeugung und BGH – eine Kritik, in: NJW 1996, S. 809 ff.; G. Bemmann, Zu aktuellen Problemen der Rechtsbeugung, in: JZ 1995, S. 123 ff.; F.-C. Schroeder, Geschichtsbewältigung durch Strafrecht?, in: DRiZ 1996, S. 81 ff. (86 ff.); Hillenkamp, Amnestie (Fn. 6), S. 181 f.; H. J. Hirsch, Rechtsstaatliches Strafrecht und staatlich gesteuertes Unrecht, 1996, S. 23 ff. – Offenbar hat die BGH-Judikatur Verfahrenseinstellungen in großer Zahl zur Folge gehabt.

innerdeutschen Grenze von DDR-Grenzsoldaten abgegebenen tödlichen Schüsse auf jene Personen, die diese Grenze in Richtung Bundesrepublik zu überwinden suchten, also in der Terminologie der DDR „Republikflucht" begingen und sich des „ungesetzlichen Grenzübertritts" (§ 213 DDR-StGB) strafbar machten. Gleichwohl kann es nicht schaden, sich den Verlauf solcher Vorfälle an zwei Beispielen zu vergegenwärtigen[11].

Fall 1: In der Nacht vom 30. November auf den 1. Dezember 1984 versuchte der aus der DDR stammende S, die Berliner Mauer vom Stadtbezirk Pankow aus in Richtung auf den Bezirk Wedding mit Hilfe einer mitgeführten Leiter zu überwinden. Er wurde dabei von zwei wachhabenden Grenzsoldaten entdeckt. Während S auf die Leiter hochstieg, gaben die beiden Soldaten aus ihren Gewehren, die auf „Dauerfeuer" gestellt waren, mehrere Feuerstöße auf den S ab, und zwar aus einer Entfernung von jeweils über 100 Metern: dabei verschoß der eine (innerhalb eines Zeitraums von fünf Sekunden) 25, der andere 27 Patronen. S wurde in Knie und Rücken getroffen. Dies geschah am 1.12. um 3.15 Uhr. Erst kurz vor 5.30 Uhr wurde S in das Krankenhaus der Volkspolizei eingeliefert, wo er um 6.20 Uhr starb. Er wäre bei unverzüglicher ärztlicher Hilfe gerettet worden.

Die beiden Grenzsoldaten wurden – wie in solchen Fällen üblich – von den staatlichen Stellen belobigt und ausgezeichnet. Man rügte allerdings den hohen Schußverbrauch. Das LG verurteilte die Angeklagten zu Jugendstrafen von einem Jahr und sechs bzw. neun Monaten, setzte die Vollstreckung beider Strafen aber zur Bewährung aus. Die Revisionen blieben ohne Erfolg[12].

Fall 2: Im Jahre 1972 wollte der 29jährige W aus Ostberlin die Spree in Richtung auf das Kreuzberger Ufer durchschwimmen. Auf die Zurufe der beiden Grenzsoldaten, die ihn entdeckt hatten, reagierte er nicht. Daraufhin gaben diese mit ihren Maschinenpistolen Marke „Kalaschnikow" mehrere kurze Feuerstöße von je zwei Schuß aus der Hüfte ab. Tödlich in den Kopf getroffen, ging W unter. Seine Leiche konnte erst am nächsten Tag in der Nähe der Schillingsbrücke geborgen werden. Die Witwe des Getöteten erstattete eine Woche später Vermißtenanzeige. Nach vier

---

[11] Die bisherige einschlägige BGH-Judikatur umfaßt mehr als zehn Fälle, was die Orientierung zuweilen erschwert. Im folgenden werden die Urteile nach der amtlichen Sammlung zitiert.

[12] BGH vom 3.11.1992, BGHSt 39, 1 = JZ 1993, 199 m. Anm. W. Fiedler = NJW 1993, 141 = EuGRZ 1993, 37. Auf diesen Fall nehmen u.a. auch Bezug R. Alexy, Mauerschützen, 1993, S. 7 ff.; K. Amelung, Strafbarkeit von „Mauerschützen", in: JuS 1993, S. 637 ff. (Urteilsanmerkung).

Wochen teilte ihr die Polizei mit, die Leiche ihres Mannes sei in der Nähe der Museumsinsel geborgen, anhand der Fingerabdrücke identifiziert und bereits eingeäschert worden. Es habe sich um Selbstmord gehandelt. Die beiden Grenzsoldaten wurden noch in der Nacht der Tat von ihrem Posten abgelöst und am nächsten Tag mit einem Leistungsabzeichen und einer Geldprämie von 150 Mark ausgezeichnet. Beide wurden vom LG wegen Totschlags zu einem Jahr und zehn Monaten Freiheitsstrafe auf Bewährung verurteilt; die Revision blieb ohne Erfolg[13].

4. *Die Aufgabe der Rechtswissenschaft*

Diese Sachverhalte – die stellvertretend für eine Vielzahl weiterer stehen – sind ohne Zweifel erschütternd und werfen Schlaglichter auf eine jahrzehntelange unmenschliche Praxis an der innerdeutschen Grenze. Sie provozieren naturgemäß den Ruf nach Vergeltung, nach Sühne für derartige Untaten. Von daher erscheint das Medienecho auf die BVerfG-Entscheidung zur Strafbarkeit der Mauerschützen und der politisch Verantwortlichen vom 24. Oktober 1996 verständlich und nachvollziehbar, daß hier – endlich – dem Gerechtigkeitsempfinden Genüge getan wurde, daß man schießwütige Grenzsoldaten und ihre Hintermänner nicht habe entkommen lassen, daß es schlicht ein Gebot der Gerechtigkeit sei, solches Unrecht zu verfolgen, ja daß das Urteil gar der „endgültige Sieg der Gerechtigkeit“ sei, wie der „Schwarzwälder Bote“ meinte vermelden zu können[14]. Aber: juristische Analyse ist nicht dazu da, Empörungsbedürfnisse zu stillen. Nicht mit heißem Herzen, sondern mit kühlem Verstand sollen und müssen die Fälle betrachtet werden. Der gesamte neuzeitliche Zivilisationsprozeß beruht, wie wir spätestens seit Norbert Elias wissen, auf der Zähmung unmittelbarer Artikulation von Gefühlen und Bedürfnissen, der Temperierung der Affekte und Leidenschaften[15]. Ohne die Fälle mit ihren zum Teil beklemmenden Fakten zu vergessen, wollen wir daher versuchen,

---

[13] BGH vom 26.7.1994, BGHSt 40, 241 = NJW 1994, 2708.

[14] Vgl. FAZ Nr. 266 v. 14.11.1996, S. 2: „Stimmen der Anderen“. Zum positiven Politikerecho K.W. FRICKE, Grundrechtsgarantie und DDR-Grenzregime – Zum Beschluß des Bundesverfassungsgerichts vom 26. Okt. 1996, in: Deutschland Archiv 1997, S. 4ff. (5).

[15] N. ELIAS, Über den Prozeß der Zivilisation (1936), 2 Bde. 1976; zu Person und Werk vgl. K.-S. Rehberg (Hrsg.), Norbert Elias und die Menschenwissenschaften, 1996.

sie in ihrer juristischen Problematik *sine ira et studio* zu erfassen[16]. Dazu soll zunächst der Schöpfer der von den Gerichten angesprochenen Formel kurz in Erinnerung gerufen und diese selbst vorgestellt werden.

II. Die Radbruchsche Formel und die Bewältigung der NS-Vergangenheit

1. Person und Werk Gustav Radbruchs

a) Gustav Radbruch war Sproß einer wohlsituierten Lübecker Kaufmannsfamilie[17]. Der 1878 Geborene wurde in Berlin bei Franz von Liszt mit einem strafrechtsdogmatischen Thema promoviert; auch die bei Karl von Lilienthal in Heidelberg eingereichte Habilitation war dem Strafrecht gewidmet. Erst 1914 erlangte er die Stelle eines außerordentlichen Professors in Königsberg; im gleichen Jahr erschien die erste Auflage seiner Rechtsphilosophie. Nach dem ersten Weltkrieg wurde er dann Professor in Kiel und ein Jahr später für die SPD in den Reichstag gewählt. Das war sicher ungewöhnlich für einen Juristen seiner Zeit, noch ungewöhnlicher für einen Universitätsprofessor. Über die Grenzen der akademischen Zunft hinaus bekannt machte ihn seine Tätigkeit als Reichsjustizminister im Kabinett Wirth (Zentrum) im Jahre 1921, in gleicher Funktion dann noch einmal 1923 im Kabinett Stresemann (DVP). Sachlich war er vor allem mit Fragen der Justiz- und Strafrechtsreform befaßt. Die Zulassung von Frauen zum Berufsrichteramt verdankt sich einem von ihm verantworteten Gesetzentwurf. Ab 1926 wirkte Radbruch als Professor in Heidelberg, bis er 1933 von den Nationalsozialisten unter Berufung auf das „Gesetz über die Wiederherstellung des Berufsbeamtentums" entlassen wurde. Seine absolute persönliche Integrität unterlag auch in den folgenden Jahren nie dem geringsten Zweifel. Er war einer der wenigen bedeutenden und nicht emigrierten oder vertriebenen Juristen, die sich im Dritten Reich nichts hatten zuschulden kommen lassen. Auch von dieser Untadeligkeit

---

[16] Vergleichbar die Forderung von M. PAWLIK, Strafrecht und Staatsunrecht. Zur Strafbarkeit der „Mauerschützen", in: Goltdammer's Archiv für Strafrecht 1994, S. 472ff. (472), „gegenüber politischen oder moralischen Überforderungen [...] an der Eigenständigkeit der strafrechtlichen Problemerfassung festzuhalten".

[17] Zu Leben und Werk vgl. E. WOLF, Große Rechtsdenker der deutschen Geistesgeschichte, 4. Aufl. 1963, S. 713ff.; G. SPENDEL, Jurist in einer Zeitenwende. Gustav Radbruch zum 100. Geburtstag, 1979; A. KAUFMANN, Gustav Radbruch – Rechtsdenker, Philosoph, Sozialdemokrat, 1987.

rührte seine hohe moralische Autorität. Am 7. September 1945 setzte man ihn in Heidelberg wieder in seine Ämter ein; drei Jahre später mußte er seine Lehrtätigkeit beenden. Er starb nach schwerer Krankheit am 23. November 1949.

b) Von den zahlreichen Schriften Radbruchs verdienen neben der bereits angesprochenen Rechtsphilosophie, die bis 1973 acht Auflagen erlebte, besondere Erwähnung vor allem die vielgelesene, in zahlreichen Übersetzungen vorliegende und für jeden Juristen – nicht nur den vielzitierten „jungen" – lohnenswerte Einführung in die Rechtswissenschaft. Sein feinnerviger, eleganter Stil und die „Formschönheit seiner Schriften"[18] sind auch unverwechselbare Kennzeichen seiner Biographie über Paul Johann Anselm Feuerbach oder der Abhandlung über den Geist des englischen Rechts[19].

2. *Die Radbruchsche Formel: Inhalt, Bedeutung, Rezeption*

a) Nachhaltigsten Ruhm erwarb sich Radbruch indes nicht mit einem seiner Bücher, sondern mit einem kleinen Aufsatz in der Süddeutschen Juristenzeitung aus dem Jahre 1946 mit dem programmatischen Titel „Gesetzliches Unrecht und übergesetzliches Recht". Dort befaßte sich Radbruch vor dem Hintergrund einschlägiger Strafrechtsverfahren etwa gegen NS-Denunzianten mit der Frage, wie das Verhältnis von Rechtssicherheit und Gerechtigkeit zu bestimmen sei. Denn immer wieder beriefen sich ja Angeklagte auf ihren (guten?) Glauben an die Gültigkeit und Verbindlichkeit der NS-Gesetze und der auf ihnen beruhenden Anordnungen. Radbruch schrieb dazu folgendes:

„Der Konflikt zwischen der Gerechtigkeit und der Rechtssicherheit dürfte dahin zu lösen sein, daß das positive, durch Satzung und Macht gesicherte Recht auch dann den Vorrang hat, wenn es inhaltlich ungerecht und unzweckmäßig ist, es sei denn, daß der Widerspruch des positiven Gesetzes zur Gerechtigkeit ein so unerträgliches Maß erreicht, daß das Gesetz als ‚unrichtiges Recht' der Gerechtigkeit zu weichen hat. Es ist unmöglich, eine schärfere Linie zu ziehen zwischen den Fällen des gesetzlichen Unrechts und den trotz unrichtigen Inhalts dennoch geltenden Gesetzen; eine

---

[18] A. Hollerbach, Gustav Radbruch: neu- und wiedergelesen, in: Festschrift für Hans Maier, 1996, S. 209ff. (210).

[19] Im Erscheinen begriffen ist seit mehreren Jahren die von Arthur Kaufmann herausgegebene, auf 20 Bände konzipierte Gesamtausgabe der Schriften Radbruchs, von der mittlerweile ungefähr die Hälfte vorliegt.

andere Grenzziehung aber kann mit aller Schärfe vorgenommen werden: wo Gerechtigkeit nicht einmal erstrebt wird, wo die Gleichheit, die den Kern der Gerechtigkeit ausmacht, bei der Setzung positiven Rechts bewußt verleugnet wurde, da ist das Gesetz nicht etwa nur ‚unrichtiges Recht', vielmehr entbehrt es überhaupt der Rechtsnatur."[20]

Soweit also die vielzitierte und berühmte Radbruchsche Formel. Sie ist die wohl am stärksten verbreitete und am häufigsten zitierte Passage der gesamten Rechtsphilosophie des 20. Jahrhunderts[21].

b) Woher rührt ihr Erfolg? Zum einen sicherlich aus der absoluten persönlichen Integrität Radbruchs und seiner hohen moralischen Autorität. Zum anderen und mehr noch dürfte der Erfolg einen sachlichen Grund haben. Die Attraktivität der Formel bestand darin, daß sie einer berechtigten Abscheu vor den einschlägigen nationalsozialistischen Gesetzen Ausdruck zu verleihen vermochte. Die Formel diente als Medium für die Artikulation eines moralischen und sittlichen Widerspruches gegen das Unrecht des nationalsozialistischen Regimes, was man gerne auch als „Perversion" des Rechts bzw. Rechtsdenkens umschrieb – ein wiederum recht fragwürdiges, weil pathologisches Vokabular[22]. Radbruchs griffige Sätze schienen die adäquate rechtsphilosophische Antwort der Nachkriegszeit auf die überwundene nationalsozialistische Diktatur zu sein. Nichts konnte anscheinend deutlicher und unmißverständlicher den Unrechtsgehalt des „Dritten Reiches" dokumentieren, als den Schandgesetzen jener Epoche einfach den Rechtscharakter abzusprechen. Denn das ist ja die zentrale geltungstheoretische Aussage: bestimmte Normen mit extremem Unrechtsgehalt werden nicht nur als wertwidriges, unsittliches, falsches oder pervertiertes Recht angesehen, sondern ihnen wird der Rechtscharakter überhaupt ab-

---

[20] G. Radbruch, Gesetzliches Unrecht und übergesetzliches Recht, in: SJZ 1946, S. 105 ff. (107), wiederabgedruckt in: Gustav Radbruch, Gesamtausgabe, Bd. 3 (= Rechtsphilosophie III), bearbeitet von W. Hassemer, 1990, S. 83 ff.

[21] Zur Auseinandersetzung mit ihr u.a.: W. Ott, Die Radbruch'sche Formel, Pro und Contra, in: Zeitschrift für Schweizerisches Recht n.F. 107 I (1988), S. 335 ff.; H. Dreier, Die Radbruchsche Formel – Erkenntnis oder Bekenntnis?, in: Festschrift für Robert Walter, 1991, S. 117 ff. m.w.N.; vgl. auch H. Lecheler, Unrecht in Gesetzesform? Gedanken zur Radbruchschen Formel, 1994; F. Saliger, Radbruchsche Formel und Rechtsstaat, 1995. Zur nachgerade „klassischen" Kontroverse des englischen Rechtstheoretikers Hart mit Radbruch vgl. H.L.A. Hart, Positivism and the Seperation of Law and Morals, in: Harvard Law Review 71 (1958), S. 593 ff. (in deutscher Übersetzung abgedruckt bei: H.L.A. Hart, Recht und Moral. Drei Aufsätze, hrsgg. von N. Hoerster, 1971, S. 14 ff.); dazu etwa W. Ott, Der Rechtspositivismus, 2. Aufl. 1992, S. 187 ff.; H. Geddert, Recht und Moral, 1984, S. 217 ff.

[22] Zu Recht kritisch M. Stolleis, „Perversion des Rechtsdenkens" im Nationalsozialismus, in: RuP 19 (1983), S. 1 ff.

gesprochen. In einem Wort: extremes Unrecht mutiert zu Nichtrecht. Diese Rechtsfolge spricht Radbruch am Ende des Zitats in aller Deutlichkeit aus. Bei genauem Hinsehen zeigt sich übrigens, daß er zwei unterschiedliche Kriterien für diese Rechtsfolge nennt: einmal ein (objektiv bestimmbares) „unerträgliches Maß" des Widerspruches zwischen positivem Gesetz und Gerechtigkeit, zum anderen eine (eher subjektiv zu verstehende) fehlende Bereitschaft, überhaupt eine gerechte Regel zu erstreben. Man bezeichnet diese Varianten der Radbruchschen Formel in der Literatur als „Unerträglichkeitsformel" und als „Verleugnungsformel" und stellt gemeinhin und zu Recht allein auf die erstgenannte ab, da die zweite einen praktisch nie belegbaren Gerechtigkeitsbeugungsvorsatz verlangt[23].

c) In dieser Gestalt fand die Formel Eingang in die Nachkriegsjudikatur des BGH, allerdings zumeist eher versatzstückhaft und ohne daß sie immer von ausschlaggebender Bedeutung gewesen wäre[24]. Auch das BVerfG hat in mehreren Urteilen in der Sache, wenn auch ohne Namensnennung, die Position Radbruchs zugrundegelegt[25]: neben einigen Andeutungen in Urteilen zur Fortgeltung von Beamtenverhältnissen[26] vor allem zu Fragen des Staatsangehörigkeitsrechts und der unrechtmäßigen Ausbürgerung von Juden[27], bis dato aber nicht in Strafrechtsverfahren[28]. Eine gefestigte verfassungsgerichtliche Judikatur, auf die man sich nach der Wende hätte stützen können, gab es also nicht.

Im Laufe der Jahrzehnte verlor die Formel in zunehmender Ermangelung einschlägiger Verfahren an Relevanz. Noch vor zehn Jahren konnte sie als bloße rechtsphilosophische Denkschule oder gar als philosophiehistorisches Element der Auseinandersetzung mit dem NS-System betrachtet werden. Wie so manches, änderte sich auch dieses mit der deutschen Wiedervereinigung und der damit neuerlich gestellten Aufgabe der juristischen

---

[23] R. DREIER, Gesetzliches Unrecht im NS-Staat?, in: Festschrift für Arthur Kaufmann, 1993, S. 57ff. (57f.); ALEXY, Mauerschützen (Fn. 12), S. 3f.; SALIGER, Radbruchsche Formel (Fn. 21), S. 4ff.

[24] Vgl. (ohne Anspruch auf Vollständigkeit): BGHSt 2, 173 – Standgerichtsurteil; BGHSt 2, 234 – Deportationsurteil (hier mit stärkerem Bezug auf die „Verleugnungsformel"); BGHZ 3, 94 – Staatshaftungsurteil. S. auch BGHSt 2, 333f.; 3, 357 = JZ 1953, 377 m. Anm. D. LANG-HINRICHSEN; BGHZ 16, 350 = JZ 1955, 495 (jeweils ohne Erwähnung des Namens Radbruch). Zum ganzen eingehend B. SCHUMACHER, Rezeption und Kritik der Radbruchschen Formel, Diss. jur. Göttingen 1985, S. 90ff.

[25] Vgl. wiederum SCHUMACHER, Rezeption (Fn. 24), S. 71ff.

[26] Dazu auch BLANKENAGEL, Vergangenheitsbewältigung (Fn. 5), S. 70ff.

[27] BVerfGE 23, 98 (Leitsätze 1–3 und S. 106ff.) = JZ 1968, 422, dazu A.N. MAKAROV, ebd., S. 559; BVerfGE 54, 53 (67f., 74) = JZ 1980, 762.

[28] Richtig betont in BVerfGE 95, 96 (134f.).

Bewältigung einer vorrechtsstaatlichen Vergangenheit – und wiederum zeigt sich Faszination und Anziehungskraft der Radbruchschen Formel. Sie erlebt eine bemerkenswerte Renaissance[29] in der Mauerschützen-Judikatur, die es nun zu erläutern gilt.

III. Renaissance der Radbruchschen Formel in den Mauerschützen-Prozessen

1. *Die maßgebliche Rechtslage nach dem Einigungsvertrag*

In allen Verfahren bedurfte zunächst der Klärung, nach welchen Rechtsvorschriften die in den Mauerschützen-Prozessen Angeklagten zu beurteilen waren. Die Gerichte legten als einschlägig die durch den Einigungsvertrag geänderte Norm des § 315 Abs. 1 EGStGB i.V.m. § 2 StGB zugrunde, wonach für die Strafbarkeit prinzipiell das Tatzeitrecht der DDR zur Anwendung kommt; kann danach eine Strafbarkeit festgestellt werden, greift das Recht der Bundesrepublik, sofern es das mildere ist (§ 2 Abs. 3 StGB)[30]. Abgewiesen ist damit zu Recht die von einigen Stimmen in der Literatur vertretene sog. internationale Lösung[31], wonach Deutsche mit Lebensmittelpunkt in der DDR ausnahmslos als Deutsche i.S.d. § 7 Abs. 1 StGB

---

[29] R. Weiland, Recht ohne Gerechtigkeit: Die „Radbruch-Formel" ist wieder aktuell geworden, in: FAZ Nr. 257 v. 4.11.1992, S. N 7; M. Frommel, Die Mauerschützenprozesse – eine unerwartete Aktualität der Radbruch'schen Formel, in: Festschrift für Arthur Kaufmann, 1993, S. 81 ff.; A. Kaufmann, Die Radbruchsche Formel vom gesetzlichen Unrecht und vom übergesetzlichen Recht in der Diskussion um das im Namen der DDR begangene Unrecht, in: NJW 1995, S. 81 ff.

[30] Vgl. nur LG Berlin JZ 1992, 691; BGH NJW 1993, 141 (142 f.): „Inlandslösung". So auch die ganz überwiegende Literatur: vgl. genauer J. Arnold/M. Kühl, Probleme der Strafbarkeit von „Mauerschützen", in: JuS 1992, S. 991 ff. (992 ff.); Alexy, Mauerschützen (Fn. 12), S. 8 ff.; H. Roggemann, Zur Strafbarkeit der Mauerschützen, in: Deutsch-Deutsche Rechts-Zeitschrift 1993, S. 10 ff. (13 f.); W. Gropp, Naturrecht oder Rückwirkungsverbot? Zur Strafbarkeit der Berliner „Mauerschützen", in: NJ 1996, S. 393 ff. (394).

[31] Vertreten etwa von G. Küpper/H. Wilms, Die Verfolgung von Straftaten des SED-Regimes, in: ZRP 1992, S. 91 ff.; J. Hruschka, Die Todesschüsse an der Berliner Mauer vor Gericht, in: JZ 1992, S. 665 ff. (668 ff.). Dagegen E. Samson, Die strafrechtliche Behandlung von DDR-Alttaten nach der Einigung Deutschlands, in: NJW 1991, S. 335 ff. (337); K. Lüderssen, Kontinuität und Grenzen des Gesetzlichkeitsprinzips bei grundsätzlichem Wandel der politischen Verhältnisse, in: ZStW 104 (1992), S. 735 ff. (758 ff.); F.-C. Schroeder, Die Rechtswidrigkeit der Flüchtlingserschießungen zwischen Transzendenz und Immanenz, in: JR 1993, S. 45 ff. (46).

betrachtet werden sollten. Praktisch beinhaltet die von Judikatur und dem überwiegenden Schrifttum präferierte Auslegungsvariante eine Art von „Meistbegünstigungsklausel"[32] für die Bewohner der ehemaligen DDR. Entscheidend ist demnach, ob die tödlichen Schüsse an der Mauer bereits nach DDR-Recht strafbar waren. Da Tötungsdelikte stets in beiden Teilen Deutschlands unter Strafe standen, kommt in den Mauerschützen-Verfahren letztlich der Frage ausschlaggebende Bedeutung zu, ob die tatbestandlich vorliegenden Tötungen als gerechtfertigt anzusehen sind. In Betracht zu ziehen ist hier für alle Ereignisse nach 1982 das aus diesem Jahr stammende DDR-GrenzG mit seinem § 27, für die Zeit davor die aus anderen Normen (etwa des Volkspolizei-Gesetzes oder innerdienstlichen Weisungen) sich ergebende allgemeine Befehlslage[33]. Die im folgenden maßgebliche Frage lautet also: Waren die Todesschützen durch diese Normen des DDR-Rechts gerechtfertigt und daher freizusprechen?

2. *LG Berlin (Fall Gueffroy): offener Rückgriff auf Radbruch*

Die schwierigen Fragen geht das LG Berlin sehr direkt an[34]. Ohne große Umschweife werden die als Rechtfertigungsgründe in Betracht kommenden §§ 26, 27 GrenzG ebenso für unbeachtlich, weil nichtig, erklärt, wie

[32] So plastisch Amelung, Strafbarkeit (Fn. 12), S. 637 ff.; Pawlik, Strafrecht (Fn. 16), S. 472. Roggemann, Strafbarkeit (Fn. 30), S. 14 spricht von „Milderungsprivileg", Gropp, Naturrecht (Fn. 30) S. 394 f., 397 f. von der „lex mitior". Vgl. allgemein zum Milderungsgebot G. Dannecker, Das intertemporale Strafrecht, 1993, S. 403 ff.

[33] Dazu BGHSt 40, 241 = NJW 1994, 2708 (2709); BGHSt 41, 101 = NJW 1995, 2728 (2729 f.). – Daß auch Fälle zur Verhandlung kommen, die zum Teil mehr als 30 Jahre zurückliegen, hat seinen Grund in der Judikatur des BGH zur Hemmung der Strafverjährung bzw. im Verjährungsgesetz vom 26. März 1993 (BGBl. I S. 392). S. etwa BGHSt 40, 48 = NJW 1994, 2237 (2239) = NStZ 1994, 330 m. Anm. G. Jakobs; BGHSt 40, 113. Zum Verjährungsgesetz kritisch B. Pieroth/ T. Kingreen, Die verfassungsrechtliche Problematik des Verjährungsgesetzes, in: NJ 1993, S. 385 ff.; befürwortend Hirsch, Strafrecht (Fn. 10), S. 27 f.

[34] LG Berlin vom 20.1.1992, JZ 1992, 691. Auf dieses erste Mauerschützen-Urteil des LG wird im folgenden zumeist Bezug genommen. Das zeitlich spätere Urteil der Jugendkammer des LG Berlin vom 5.2.1992 (NStZ 1992, 492: Fall Schmidt) geht argumentativ einen anderen Weg, indem § 27 Abs. 2 GrenzG sogleich rechtsstaatlich interpretiert und dadurch als Rechtfertigungsgrund ausgeschlossen wird. Diese Entscheidung (nicht der Fall Gueffroy) lag dem Revisionsurteil des BGH vom 3.11.1992 (BGHSt 39, 1 = JZ 1993, 199 m. Anm. W. Fiedler) zugrunde. Das Revisionsurteil im Fall Gueffroy hingegen war BGHSt 39, 168.

entsprechende Anordnungen der Vorgesetzten (Handeln auf Befehl). Nach der Schilderung des Grenzregimes der DDR (Vorrang der Verhinderung von Grenzdurchbrüchen, Auszeichnungen der Todesschützen, vollständiges Fehlen strafrechtlicher Ermittlungen gegen sie) stellt das Gericht die zentrale Frage, „ob alles rechtens ist, was formal und durch Auslegung als Recht angesehen worden ist."[35] In der Antwort auf die selbstgestellte Frage verweist es zunächst auf einen in höchstrichterlicher Rechtsprechung anerkannten „Kernbereich des Rechts, den nach dem Rechtsbewußtsein der Allgemeinheit kein Gesetz und kein obrigkeitlicher Akt antasten darf."[36] Näheren Bezug nimmt das Gericht dann auf jene Urteile von BGH und BVerfG, in denen man sich auf die Radbruchsche Formel gestützt hatte[37]. Der bloße Grenzübertritt ohne Erlaubnis habe in einem solchen krassen Mißverhältnis zu den grenzsichernden Todesschüssen gestanden, daß eine entsprechende „Regelung keinen Respekt verdient und ihr der Gehorsam zu verweigern war."[38] Damit wird im Kern die Radbruchsche Formel zugrundegelegt, um die – gemessen an der Rechtsrealität der DDR durchaus vorhandenen – Rechtfertigungsgründe auszuschließen[39].

3. BGH: Ausweichstrategien gegenüber der Radbruchschen Formel (Völkerrecht und „menschenrechtsfreundliche Auslegung")

Als sehr viel umwegreicher, heterogener und auch verwirrender erweist sich im Vergleich hierzu die rechtliche Beurteilung der Fälle durch den BGH[40]. In der ersten, grundlegenden Entscheidung „tippt" das Gericht die Radbruchsche Formel zwar zunächst an, läßt aber deren Einschlägigkeit offen und leitet die tragenden Erwägungen mit der Wendung, daß heute

---

[35] LG Berlin JZ 1992, 691 (692).

[36] LG Berlin JZ 1992, 691 (692).

[37] Vgl. oben Fn. 24 ff.

[38] LG Berlin JZ 1992, 691 (693).

[39] Gleiche Einschätzung etwa bei O. MIEHE, Rechtfertigung und Verbotsirrtum, in: Festschrift für Wolfgang Gitter, 1995, S. 647 ff. (658); L. SCHULZ, Der nulla-poena-Grundsatz – ein Fundament des Rechtsstaats?, in: H.-M. Pawlowski/G. Roellecke (Hrsg.), Der Universalitätsanspruch des demokratischen Rechtsstaates (= ARSP-Beiheft 65), 1996, S. 173 ff. (187).

[40] Im folgenden wird von den insgesamt wohl mehr als zehn einschlägigen BGH-Urteilen (vgl. zur Zählung G. DANNECKER/K. F. STOFFERS, Rechtsstaatliche Grenzen für die strafrechtliche Aufarbeitung der Todesschüsse an der innerdeutschen Grenze, in: JZ 1996, S. 490 ff. [490]) vor allem Bezug genommen auf: BGHSt 39, 1 = JZ 1993, 199; BGHSt 39, 168; BGHSt 41, 101.

konkrete Prüfungsmaßstäbe hinzugekommen seien, auf eine ganz andere Begründungsspur um[41]. Das Gericht versucht es mit Ausweichstrategien.

a) Ausweichstrategie Völkerrecht

Erstaunlich ist dabei nicht, daß der Senat den Begründungsschwierigkeiten der Radbruchschen Formel entkommen will, die insbesondere mit der implizierten Vergleichbarkeit von NS-System und DDR-Grenzregime verbunden sind. Erstaunlich ist vielmehr, wie er dies versucht. Denn abgestellt wird nun in anscheinend maßgeblicher Weise auf Völkerrecht, und zwar auf den „Internationalen Pakt über bürgerliche und politische Rechte" (IPbpR) von 1966, den die DDR 1974 unterzeichnete und der dort wie in der Bundesrepublik 1976 in Kraft trat[42]. Insbesondere gegen Art. 6 (Recht auf Leben) und Art. 12 (Ausreisefreiheit) IPbpR habe das Grenzregime der DDR verstoßen[43]. Damit scheint der Senat plausibel machen zu wollen, daß insbesondere § 27 Abs. 2 GrenzG in seiner praktischen Handhabung gegen höherrangiges, von der DDR anerkanntes und übernommenes Völkerrecht verstoßen habe und demgemäß derogiert sei[44]. Diese Ausweichstrategie des BGH muß mißlingen. Sie scheitert gleich an mehreren Einwänden.

---

[41] BGHSt 39, 1 (16) = JZ 1993, 199 (202). Die beklagenswerte Undeutlichkeit und Undurchschaubarkeit insbesondere des Verhältnisses von überpositivem Recht (Radbruchsche Formel), Völkerrecht (IPbpR) und nationalem Recht (DDR-Verfassung) wird eingehend dargelegt von SCHROEDER, Rechtswidrigkeit (Fn. 31), S. 48 ff.; s. auch O. LUCHTERHANDT, Was bleibt vom Recht der DDR?, in: K. Schmidt (Hrsg.), Vielfalt des Rechts – Einheit der Rechtsordnung?, 1994, S. 165 ff. (180).

[42] Zu ihm in aller Kürze H. DREIER, in: ders. (Hrsg.), Grundgesetz-Kommentar, Bd. 1, 1996, Vorb. Rn. 21; ausführlich K. STERN, Das Staatsrecht der Bundesrepublik Deutschland, Bd. III/2, 1994, S. 1592 ff.

[43] BGHSt 39, 1 (16) = JZ 1993, 199 (202); s. auch BGHSt 39, 168 (184) = NJW 1993, 1932 (1935). Dem folgend HIRSCH, Strafrecht (Fn. 10), S. 16 ff.

[44] Doch schon das letzte bleibt unsicher. Der Senat schließt seine Erwägungen mit der wenig präzisen Wendung ab (BGHSt 39, 1 [22 f.] = JZ 1993, 199 [203]): „Die Verletzung der in den Art. 6 und 12 IPBPR garantierten Menschenrechte [...] macht es dem Senat unmöglich, bei der Rechtsanwendung die Vorschriften des § 27 DDR-GrenzG sowie des § 213 III DDR-StGB in dem Umfang, wie sie in der Staatspraxis der DDR verstanden worden sind, als Rechtfertigungsgrund zugrundezulegen. [...] Der im DDR-Recht vorgesehene, in § 27 DDR-GrenzG bezeichnete Rechtfertigungsgrund hat deswegen von Anfang an [...] keine Wirksamkeit gehabt. Er hat [...] außer Betracht zu bleiben, weil bereits die DDR bei Zugrundelegung der von ihr anerkannten Prinzipien den Rechtfertigungsgrund hätte einschränkend auslegen müssen."

aa) Fraglich ist schon, ob die Art. 6, 12 IPbpR überhaupt eine so strikte und weitgehende Interpretation erfahren können, wie sie der BGH ihnen angedeihen läßt[45]. Beide sind mit Einschränkungsklauseln versehen, die von vielen (Unterzeichner-) Staaten recht weitgehend ausgeschöpft werden[46]. Gegenüber den Vereinten Nationen hat sich die DDR für ihr Grenzregime wiederholt auf den Schutz der nationalen Sicherheit und der öffentlichen Ordnung berufen[47], ohne daß dies zu Sanktionen oder Rügen der Staatengemeinschaft geführt hätte[48]. Doch wird man dem BGH darin zustimmen können, daß es sich beim Grenzregime der DDR nicht zuletzt wegen der Begleitumstände (innerdeutsche Grenze, Trennung von Bekannten und Verwandten) insgesamt um eine singuläre Erscheinung handelte[49].

bb) Schwerer wiegt – dies der zweite Einwand – der Umstand, daß ein völkerrechtlicher Vertrag die Rechtsbeziehungen der Staaten als Völkerrechtssubjekte untereinander regelt, ohne automatisch im Innern Rechte und Pflichten zu begründen[50]. Dazu bedarf es der Umsetzung in innerstaatliches Recht, gemäß Art. 51 der DDR-Verfassung von 1968/74 (vergleichbar Art. 59 Abs. 2 GG) einer „parlamentarischen Bestätigung" durch die Volkskammer. An einer solchen innerstaatlichen Umsetzung fehlte es aber[51]. Der BGH setzt sich hierüber mit der zutreffenden, aber gänzlich irrelevanten Behauptung hinweg, die fehlende Zustimmung der Volks-

---

[45] Vgl. dazu AMELUNG, Strafbarkeit (Fn. 12), S. 640f.; ALEXY, Mauerschützen (Fn. 12), S. 24, 27f.; ROGGEMANN, Strafbarkeit (Fn. 30), S. 17f.

[46] S. M. NOWAK, UNO-Pakt über bürgerliche und politische Rechte, 1989, Art. 6 Rn. 14, Art. 12 Rn. 33ff. Eingehend J. POLAKIEWICZ, Verfassungs- und völkerrechtliche Aspekte der strafrechtlichen Ahndung des Schusswaffeneinsatzes an der innerdeutschen Grenze, in: EuGRZ 1992, S. 177ff. (182ff.), der die restriktive Ausreisepraxis für völkerrechtswidrig hält, ohne daraus voreilige Schlüsse für die individuelle Strafbarkeit der Grenzsoldaten zu ziehen.

[47] Vgl. die Ausführungen in BGHSt 39, 1 (16) = JZ 1993, 199 (202) = NJW 1993, 141 (145). Ob eine „Täuschung der Staatengemeinschaft" (AMELUNG, Strafbarkeit [Fn. 12], S. 641) vorliegt, scheint insofern fraglich, als die DDR ihr Grenzregime offensiv verteidigt und weitergehende Ansprüche gerade nicht abgeleitet hat; ähnlich MIEHE, Rechtfertigung (Fn. 39), S. 657.

[48] POLAKIEWICZ, Aspekte (Fn. 46), S. 184f.

[49] BGHSt 39, 1 (20) = JZ 1993, 199 (202): „besondere Härte"; BGHSt 41, 101 (108) und in weiteren Entscheidungen.

[50] Vgl. I. SEIDL-HOHENVELDERN, Völkerrecht, 8. Aufl. 1994, Rn. 539ff.; A. VERDROSS/B. SIMMA, Universelles Völkerrecht, 3. Aufl. 1984, S. 53ff., 59; R. GEIGER, Grundgesetz und Völkerrecht, 2. Aufl. 1994, S. 15ff.

[51] Vgl. G. GRÜNWALD, Die strafrechtliche Bewertung in der DDR begangener Handlungen, in: Strafverteidiger 1991, S. 31ff. (37); ARNOLD/KÜHL, Probleme (Fn. 30), S. 995; B. PIEROTH, Der Rechtsstaat und die Aufarbeitung der vor-rechtsstaatlichen Vergangenheit, VVDStRL 51 (1992), S. 91ff. (98).

kammer ändere nichts an der völkerrechtlichen Bindung[52]. Denn nicht diese steht in Frage, sondern die innerstaatliche Rechtsfolge, näherhin die Bindung der Bürger der DDR. Und selbst wenn man mit einer sehr weitgehenden Auffassung bei dem in Rede stehenden Pakt aus der bloßen Ratifikation bereits Rechtspositionen des Bürgers gegen den Staat ableiten wollte[53], so läßt sich doch keinesfalls aus einem innerstaatlich nicht umgesetzten völkerrechtlichen Vertrag die Begründung für eine individuelle Strafbarkeit der Grenzsoldaten herleiten[54]. Denn ein völkerrechtliches Abkommen kann zur Aufstellung einer Strafnorm oder Einschränkung eines Rechtfertigungsgrundes verpflichten, vermag aber die Transformation in nationales Recht nicht zu ersetzen[55]. Die Völkerrechtswidrigkeit der Ausreisepraxis reicht zur Begründung einer individuellen Strafbarkeit nicht aus.

cc) Die ganze Zweifelhaftigkeit der Konstruktion wurde vollends offenbar, als ein Grenzvorfall zur Verhandlung anstand, der sich vor dem Beitritt der DDR zum Internationalen Pakt zugetragen hatte[56]. Hier konnte die Berufung auf ein in der DDR irgendwie wirksames, von ihr anerkanntes Völkervertragsrecht als Rechtsgrundlage für den Ausschluß von Rechtfertigungsgründen nicht weiterhelfen[57]. Was also tun? Das Gericht behilft sich mit einem Rekurs auf die Allgemeine Erklärung der Menschenrechte von 1948, die ebenfalls das Recht auf Leben (Art. 3) und auf Ausreise

---

52 BGHSt 39, 1 (16) = JZ 1993, 199 (202). Ebenso Hirsch, Strafrecht (Fn. 10), S. 16.

53 Vgl. die genannten Belege (Tomuschat und Buergenthal) in: BGHSt 39, 1 (17) = JZ 1993, 199 (202). Ob die Autoren vom Gericht richtig interpretiert werden, muß offenbleiben.

54 So deutlich E. Schmidt-Assmann, in: T. Maunz/G. Dürig (Hrsg.), Grundgesetz. Kommentar, Art. 103 II (1992), Rn. 255; Polakiewicz, Aspekte (Fn. 46), S. 187, 189. Die Heranziehung des Paktes als „Schritt aus einer gewissen nationalstaatlichen Provinzialität" zu begrüßen (W. Fiedler, JZ 1993, S. 206 ff. [208] – Urteilsanmerkung), läßt außer acht, daß ein Strafurteil des BGH wohl nicht der rechte Ort ist, dem prinzipiell billigenswerten Anliegen einer Stärkung des Völkerrechts zu dienen.

55 G. Gornig, Die Verantwortlichkeit politischer Funktionsträger nach völkerrechtlichem Strafrecht, in: NJ 1992, S. 4 ff. (8 ff.); Roggemann, Strafbarkeit (Fn. 30), S. 17 f.; G. Dannecker, Die Schüsse an der innerdeutschen Grenze in der höchstrichterlichen Rechtsprechung, in: Jura 1994, S. 585 ff. (590 ff.); Gropp, Naturrecht (Fn. 30), S. 395 f.

56 BGHSt 40, 241.

57 Diese Rechtfertigungsgründe waren ihrerseits nicht in § 27 Abs. 2 GrenzG zu finden, da das Grenzgesetz erst 1982 in Kraft trat. Der Senat akzeptiert aber praktisch inhaltlich gleichlautende polizeirechtliche Vorschriften der DDR sowie die allgemeine Befehlslage: vgl. oben Fn. 33.

(Art. 13 Nr. 2) kennt. Nun handelt es sich bei dieser Erklärung um eine bloße Resolution der Generalversammlung der Vereinten Nationen, nicht – wie beim Internationalen Pakt – um Völkervertragsrecht. Auch wenn man berücksichtigt, daß eine im Vordringen begriffene, allerdings nach wie vor stark bestrittene Auffassung Teile der Erklärung als Völkergewohnheitsrecht oder *ius cogens* einstuft[58], so können diese oder ähnliche Tendenzen in der rechtswissenschaftlichen Interpretation (nicht Praxis!) der 1980er Jahre (!!) schwerlich etwas für die Beurteilung eines Ereignisses von 1972 hergeben.

Das kann und will das Gericht offensichtlich auch gar nicht sagen. Vielmehr setzt der Senat nun offen und unübersehbar auf überpositive Gerechtigkeitsmaßstäbe. Es wird an diesem Fall deutlich, was dem Senat schon im ersten Urteil beim Rekurs auf das Völkerrecht „vorschwebte": Er spricht den Menschenrechtserklärungen „naturrechtliche Geltung" zu; mit dem „Nachweis, daß die Todesschüsse dem IPBPR und seiner Grundlage, der Allgemeinen Erklärung der Menschenrechte durch die UNO, widersprechen, ist für den Senat zugleich die Naturrechtswidrigkeit dieser Handlungen belegt"[59]. Nicht, wie es zunächst den Anschein haben konnte, um den Verstoß der Todesschüsse gegen positives und ratifiziertes Völkerrecht geht es also, sondern um einen Verstoß gegen Naturrechtssätze, der aus dem Widerspruch zu den Menschenrechtserklärungen gefolgert wird[60].

---

[58] Nachweise bei Dreier (Fn. 42), Vorb. Rn. 20. Zum Zusammenhang von ius cogens und Völkergewohnheitsrecht vgl. S. Kadelbach, Zwingendes Völkerrecht, 1992, S. 182ff.

[59] Zitate: K. Amelung, Todesschüsse an der Mauer im Februar 1972, in: NStZ 1995, S. 29ff. (29, 30).

[60] So für das erste BGH-Urteil von 1991 bereits Alexy, Mauerschützen (Fn. 12), S. 26: „Der Bundesgerichtshof läßt die [...] Frage offen, ob der IPBPR auch ohne Transformation durch die Volkskammer innerstaatliche Rechte begründete. Das ist insofern konsequent, als es dem Bundesgerichtshof nicht darum geht, die Schüsse an der Mauer an innerstaatlich geltendem positiven Recht völkerrechtlichen Ursprungs zu messen. Vielmehr sollen dem IPBPR nur ‚konkrete Prüfungsmaßstäbe' und ‚Anhaltspunkte' für die Beantwortung der Frage entnommen werden, ob universell anerkannte Menschenrechte verletzt worden sind und dadurch extremes Unrecht begangen wurde. Diese Methode entspricht der Idee Radbruchs". Ähnlich K. Günther, Anmerkung zum Urteil des BGH v. 3.11.1992, in: Strafverteidiger 1993, S. 18ff. (20); s. auch M. Köhler, Strafrecht Allgemeiner Teil, 1997, S. 111f.: „Der Bundesgerichtshof scheint also nur auf positivrechtlicher Grundlage zu argumentieren. In Wirklichkeit bedient er sich aber einer vorpositiv-außergesetzlichen Begründung, wenn er dem internationalen Menschenrechtspakt direkte Geltung zumißt, und übergeht die in der internationalen Ordnung verschiedenen Entwicklungs- und Verwirklichungsweisen des Rechts." – Die Annahme einer im Kern gleichen sachlichen Substanz scheint mir treffender zu sein als diejenige Position, wonach der BGH mit dem hier herangezo-

Die Völkerrechtswidrigkeit bildete im Grunde von Anbeginn nur das entscheidende Indiz für die letztlich ausschlaggebende Naturrechtswidrigkeit.

Sieht man es so, dann wird auch völlig gleichgültig, ob und inwieweit irgendwelche nationale Transformations- oder Umsetzungsakte völkerrechtlicher Vereinbarungen schon stattgefunden haben oder nicht[61].

dd) Der Senat bringt diese Verdeutlichung seiner Position durch zwei kleine, aber signifikante Veränderungen zum Ausdruck: Einmal wird in diesem späteren Urteil zum früheren Sachverhalt bei der wiederum zuerst angesprochenen Radbruchschen Formel deutlicher als zuvor das Unrechtsurteil im Sinne der Unerträglichkeitsformel direkt auf die DDR-Rechtslage bezogen, während im ersten Urteil die Formel gewissermaßen abstrakt angeführt und sodann das Problem ihrer Übertragung vom NS-Regime auf die DDR angedeutet, nicht aber eindeutig gelöst wurde[62]. Zweitens meint der Senat, die Menschenrechtserklärung von 1948 würde den „ungefähren (sic!) Inhalt" der Menschenrechte zum Ausdruck bringen; sie könnte somit „als eine Konkretisierung dessen aufgefaßt werden, was als die allen Völkern gemeinsame, auf Wert und Würde des Menschen bezogene Rechtsüberzeugung verstanden wird"[63].

b) Ausweichstrategie „menschenrechtsfreundliche Auslegung" des DDR-Rechts

Der BGH beläßt es indes nicht bei dem – letztlich gescheiterten – völkerrechtlichen Ausweichversuch. Als fehle ihm das rechte Vertrauen zur eigenen Position[64], schließt er eine zweite Ausweichstrategie an: die immanente Interpretation der DDR-Verfassung nach rechtsstaatlichen Maßstäben.

aa) Zunächst stellt das Gericht richtig fest, daß gemäß der in der DDR obwaltenden Staatspraxis, also der „realsozialistischen" Auslegung, kein Zweifel daran bestehen konnte, daß das Verhalten der Mauerschützen durch § 27 Abs. 2 GrenzG gerechtfertigt war: Niemals hatte ein Grenzvorfall mit tödlichem Ausgang negative Konsequenzen für den Schützen; es gab keine strafrechtlichen Ermittlungen gegen ihn; im Gegenteil wurden

genen Urteil von der „Gesetzes- auf die Naturrechtswidrigkeit" umgewechselt sei (so Gropp, Naturrecht [Fn. 30], S. 396). S. auch S. Zimmermann, Die strafrechtliche „Bewältigung" der deutschen Diktaturen, in: JuS 1996, S. 865 ff. (871).

[61] Deutlich BGHSt 41, 101 (109).

[62] Man vergleiche BGHSt 39, 1 (15 f. unter bb) = JZ 1993, 199 (201 f. unter bb) mit BGHSt 40, 241 (244 f. unter b).

[63] BGHSt 40, 241 (247 f.).

[64] Günther, Anmerkung (Fn. 60), S. 21.

die Betreffenden belobigt und ausgezeichnet; die Praxis des Grenzregimes und der durch die Befehlslage gekennzeichnete Schußwaffengebrauch wurde von Gerichten, Staatsanwaltschaften oder anderen staatlichen Instanzen der DDR nie beanstandet[65]. Die Verhinderung des Grenzübertritts wurde als überragendes nationales Interesse aufgefaßt, hinter dem das Leben des Flüchtlings zurückstehen mußte. Praktisch jeder Fluchtversuch galt als „schwerer Fall" des ungesetzlichen Grenzübertritts (§ 213 Abs. 3 DDR-StGB) und damit als Verbrechen i. S. des § 27 Abs. 2 GrenzG. Der perfiden Logik zufolge war somit der ungesetzliche Grenzübertritt selbst das Verbrechen, das zum Schußwaffengebrauch ermächtigte[66]. Dieser „Vorrang der Fluchtverhinderung vor dem Lebensschutz"[67] konkretisierte sich in den einschlägigen staatlichen Normen, in der Befehlslage, den allgemeinen Dienstvorschriften, der Vergatterung der Soldaten und den staatlichen Reaktionen auf die Grenzvorfälle[68]. Ausdrücklich stellt der Senat fest, daß diese Praxis mit dem Wortlaut des § 27 Abs. 2 GrenzG vereinbar war[69]. Insoweit sind die Ausführungen konzis und treffend.

bb) Von der zweiten Auslegungsvariante, der rechtsstaatlichen oder „menschenfreundlichen" Auslegung[70], läßt sich dies nicht sagen. Hier befremdet schon das Vorgehen, die Rechtsordnung eines Staates, der nach

---

[65] Zu diesen erdrückenden Fakten, die in der Bundesrepublik allerdings im Laufe der neunzehnhundertsiebziger und -achtziger Jahre zunehmend ignoriert und verdrängt wurden: BGHSt 39, 1 (11 f.) = JZ 1993, 199 (201). S. materialreich: E. Kuhrt (Hrsg.), Die SED-Herrschaft und ihr Zusammenbruch. Am Ende des realen Sozialismus, Bd. 1, 1996, insb. S. 143 ff.

[66] Dazu G. Brunner, Neue Grenzregelungen der DDR, in: NJW 1982, S. 2479 ff.; Arnold/Kühl, Probleme (Fn. 30), S. 994 ff.; Miehe, Rechtfertigung (Fn. 39), S. 651 f.

[67] BGHSt 39, 1 (14) = JZ 1993, 199 (201); s. auch BGHSt 40, 241 (244); BGHSt 41, 101 (104).

[68] Das strukturelle Phänomen bleibt also unverändert, gleichviel, ob Fälle vor oder nach Erlaß des Grenzgesetzes zu beurteilen sind. Vgl. oben Fn. 33.

[69] BGHSt 39, 1 (11 f.) = JZ 1993, 199 (201) – dies entgegen LG Berlin NStZ 1992, 492 (494). Dieser Umstand wird zu Recht hervorgehoben von Günther, Anmerkung (Fn. 60), S. 19 f.: „Die an der Staatspraxis orientierte Auslegung des Gesetzes wird nicht als Widerspruch zum Wortlaut des Gesetzes bewertet. Sie ist nicht nur faktisch so praktiziert worden, sondern auch normativ möglich." Eine detaillierte Begründung dafür, daß die Praxis an der Grenze dem Wortlaut des § 27 Abs. 2 GrenzG entsprochen hat, findet sich bei Miehe, Rechtfertigung (Fn. 39), S. 650 ff.; s. auch Luchterhandt, Recht (Fn. 41), S. 185 f. Zum Ausschluß von Exzeßtaten s. unten Fn. 79.

[70] BGHSt 39, 1 (23) = JZ 1993, 199 (203); BGHSt 39, 168 (176 f.); BGHSt 40, 241 (249); BGHSt 41, 101 (110).

völlig anderen Systemimperativen[71] funktionierte als westliche Rechtsstaaten, nach Maßstäben auszulegen, die diesem Staat fremd waren und in ihm niemals eine Rolle gespielt haben. Das wirkt in der Tat wie ein die tatsächlichen Rechtsverhältnisse verzerrendes „Kunstprodukt"[72]. Der BGH sucht diesem Vorwurf zu entrinnen, indem er vorgibt, das DDR-GrenzG „mit Auslegungsmethoden, die dem Recht der DDR eigentümlich waren", zu interpretieren[73]. Praktisch sieht das dann aber so aus, daß Art. 30 Abs. 2 DDR-Verfassung nach Grundsätzen des Verhältnismäßigkeitsprinzips ausgelegt (bzw. die Norm als dessen Ausdruck verstanden) wird, wie es unter dem westdeutschen Grundgesetz entfaltet wurde und namentlich durch die Judikatur des BVerfG zu überragender Bedeutung gelangte[74]. Mit dieser Operation, zu der sich eine völkerrechtskonforme Interpretation der DDR-Verfassung gesellt[75], gelangt der Senat zu dem wenig überzeugenden Ergebnis, daß durch die Praxis der Fluchtverhinderung um jeden Preis und auf Kosten des Lebens des Flüchtlings „der Verhältnismäßigkeitsgrundsatz, so wie er in der DDR galt, verletzt wurde"; der „Wortlaut des § 27 II GrenzG [gestattete] eine Auslegung, die dem auch im

[71] Etwa das Prinzip der sozialistischen Gesetzlichkeit (welches nicht mit rechtsstaatlichem Vertrauensschutz und dem Prinzip der Rechtssicherheit verwechselt werden darf); der unbedingte und anerkannte Vorrang des Politischen; die jederzeitige Interventionsmöglichkeit in Verfahren durch Staats- oder Parteiorgane. Vgl. näher H.-L. Günther, Strafrechtsdogmatik und Kriminalpolitik im vereinten Deutschland, in: ZStW 103 (1991), S. 851 ff. (854 f.); Luchterhandt, Recht (Fn. 41), S. 184 f.

[72] Amelung, Strafbarkeit (Fn. 12), S. 639. Vgl. auch G. Jakobs, Vergangenheitsbewältigung durch Strafrecht, in: Isensee, Vergangenheitsbewältigung (Fn. 5), S. 37 ff. (44): „Skurrilität" (mit Bezug auf das NS-System); zur DDR eindringlich ders., Untaten des Staates – Unrecht im Staat, in: Goltdammer's Archiv für Strafrecht 1994, S. 1 ff. (5 ff.); deutlich auch Frommel, Mauerschützenprozesse (Fn. 29), S. 85 („Man spielt nur DDR-Justiz"); Luchterhandt, Recht (Fn. 41), S. 187 („starker Tobak"). Zum hier aufscheinenden prinzipiellen Problem des Fremdverstehens K. Lüderssen, Der Staat geht unter – das Unrecht bleibt?, 1992, S. 59 ff.; Günther, Anmerkung (Fn. 60), S. 22 ff.

[73] BGHSt 39, 1 (23) = JZ 1993, 199 (203); bei dieser Gelegenheit betont der Senat wiederum Differenzen zwischen dem NS-System und der DDR: hier Verbindlichkeit der Gesetze, dort der bloße Wille der Machthaber als rechtschaffende Instanz (S. 24 f.).

[74] Vgl. Nachweise bei Dreier (Fn. 42), Vorb. Rn. 91 ff.

[75] BGHSt 39, 1 (23): „Schon im Blick auf Art. 6 IPBPR kann es aber keinem Zweifel unterliegen, daß die Verfassungsvorschrift des Art. 30 I DDR-Verf., indem sie die Persönlichkeit für unantastbar erklärte, den Schutz des Lebens einschloß"; ferner S. 24: „Wer heute den Inhalt der Gesetze der DDR unter Berücksichtigung der DDR-Verfassung unter der Bindung der DDR an die internationalen Menschenrechtspakte zu ermitteln sucht [...]".

Recht der DDR (eingeschränkt) vorhandenen Verhältnismäßigkeitsgrundsatz Rechnung trug." Mit bedingtem Vorsatz abgegebene Schüsse auf einen „unbewaffneten und auch sonst nicht für Leib oder Leben anderer gefährlichen Flüchtling" sind „von dem in menschenrechtsfreundlicher Weise ausgelegten § 27 II GrenzG nicht gedeckt"[76]. Doch suggeriert dieser Argumentationsgang, die Flüchtlinge seien gewissermaßen in falscher Anwendung der in der DDR gültigen Rechtsordnung erschossen worden und die Mauerschützen hätten sich „eigentlich" bereits nach DDR-Recht strafbar gemacht[77]. Damit sitzt das Gericht einer „Rechtsstaatchimäre" auf[78]. Denn diese Fiktion beschönigt in unerträglicher Weise den tatsächlich herrschenden Rechtszustand und ignoriert das für die DDR wie für totalitäre Staaten aller Couleur typische instrumentelle, von politischen Vorgaben abhängige Rechtsverständnis. Das Rechtssystem der DDR selbst stellte die Flüchtlinge weitgehend schutzlos, indem es ihrem Leben die Interessen des Staates vorordnete; dies war nicht lediglich Folge einer falschen Auslegung des DDR-Rechts[79]. Schließlich verstrickt sich der BGH in einen unauflösbaren Selbstwiderspruch, wenn er zuerst die Rechtspraxis in der DDR als mit dem Wortlaut vereinbar qualifiziert, dann aber eine menschenrechtsfreundliche Auslegung als die allein richtige bezeichnet und

---

[76] BGHSt 39, 1 (25) = JZ 1993, 199 (203). Damit ist letztlich genau das erreicht, was der Senat am Vorgehen des erstinstanzlichen Urteils (LG Berlin NStZ 1992, 492) gerügt hatte: die Orientierung an der der DDR fremden Rechtsordnung bei der maßgeblichen Auslegung des Grenzgesetzes (wie hier GÜNTHER, Anmerkung [Fn. 60], S. 21; LUCHTERHANDT, Recht [Fn. 41], S. 188). Kritisch dazu auch FIEDLER, Beurteilung (Fn. 54), S. 209; MIEHE, Rechtfertigung (Fn. 39), S. 654. ALEXY, Mauerschützen (Fn. 12), S. 30 sieht hierin eine verdeckte Rückwirkung; ebenso B. SCHÜNEMANN, Aufarbeitung von Unrecht aus totalitärer Zeit, in: Pawlowski/Roellecke, Universalitätsanspruch (Fn. 39), S. 97ff. (115); SCHULZ, nulla-poena-Grundsatz (Fn. 39), S. 185.

[77] Vgl. JAKOBS, Vergangenheitsbewältigung (Fn. 72), S. 53; POLAKIEWICZ, Aspekte (Fn. 46), S. 179; PAWLIK, Strafrecht (Fn. 16), S. 474; GROPP, Naturrecht (Fn. 30), S. 395; SCHÜNEMANN, Aufarbeitung (Fn. 76), S. 111. Dagegen schon für das NS-Recht G. WERLE, Der Holocaust als Gegenstand der bundesdeutschen Strafjustiz, in: NJW 1992, S. 2529ff. (2534). Der Judikatur zustimmend HIRSCH, Strafrecht (Fn. 10), S. 9ff. m.w.N.

[78] JAKOBS, Untaten (Fn. 72), S. 7 m. Fn. 25; vgl. auch FROMMEL, Mauerschützenprozesse (Fn. 29), S. 82; LUCHTERHANDT, Recht (Fn. 41), S. 187ff., 192.

[79] Exzeßtaten sind davon indes nicht umfaßt (Beispiele dafür bei ROGGEMANN, Strafbarkeit [Fn. 30], S. 19). Sie können und müssen bestraft werden und dürften auch einer Amnestie nicht unterfallen (vgl. MIEHE, Rechtfertigung [Fn. 39], S. 653; SCHÜNEMANN, Aufarbeitung [Fn. 76], S. 112; HILLENKAMP, Amnestie [Fn. 6], S. 184f.). Die Begriffsbildung von JAKOBS, Untaten (Fn. 72), S. 9f. ist zu eng; vgl. ZIMMERMANN, Bewältigung (Fn. 60), S. 869.

diese zur Grundlage der Bestrafung macht[80]. Wie bei der Heranziehung des Völkerrechts wendet der BGH nicht das reale, positiv geltende Recht der DDR an, sondern das – bezogen auf diese – ideale Recht freiheitlicher, rechtsstaatlicher Demokratien. Er betreibt „Naturrecht im Gewande der Auslegung"[81].

cc) Ein zusätzlicher Aspekt belegt, daß der Senat letztlich nur auf Unrechtsevidenzen abstellt. Denn zur Stützung seines Arguments, wonach die tödlichen Schüsse gemäß dem „richtig ausgelegten Recht der DDR"[82] strafbar waren, wird angeführt:

„Nichts anderes könnte im übrigen im Ergebnis gelten, wenn ein gesetzlicher Rechtfertigungsgrund, der gleich gewichtigen Einwendungen ausgesetzt ist, überhaupt keiner Auslegung zugänglich wäre, die sich an den Menschenrechten orientiert."[83]

Dieser nicht sehr klare Satz indiziert, daß der Senat auch hier letztlich naturrechtlich im Sinne der Radbruchschen Formel denkt. Deutlicher wird dies in einem späteren Judikat, in dem das Argument aufgegriffen und etwas erläutert wird. Nun heißt es:

„Das würde sich erst recht zeigen, wenn ein Gesetz so pervertiert war, daß eine menschenrechtsfreundliche Auslegung überhaupt nicht in Betracht kam [...]. In Fällen dieser Art könnte Art. 103 II GG nicht die Bestrafung hindern. Das folgt aus der Erwägung, daß eine Freistellung von Strafbarkeit, die derart gegen die Menschenrechte verstößt, von vornherein unwirksam ist, also überhaupt nicht Recht geworden ist."[84]

Das Gericht will also sagen: unterstellt, schon die positive Rechtslage hätte sich als ein flagranter Verstoß gegen die Menschenrechte erwiesen, so hätte sich am Ergebnis nichts geändert: Denn eine solche Verfassungs- oder Gesetzesbestimmung wäre von vornherein nichtig gewesen, so daß das Rückwirkungsverbot zum Schutz der Grenzsoldaten nicht hätte eingreifen können. Den Grund dafür bildet wiederum die Kernaussage der Radbruchschen Formel, derzufolge bei einem eklatanten Widerspruch zu fundamentalen Gerechtigkeitsprinzipien die positiven Normen zu weichen haben. Und diesen Gedanken bringt der Senat nun auf die Weise zum Einsatz, daß – gewissermaßen auf einer Vorstufe – die Normativität von

[80] Dazu kritisch GÜNTHER, Anmerkung (Fn. 60), S. 21; PAWLIK, Strafrecht (Fn. 16), S. 478.

[81] GÜNTHER, Anmerkung (Fn. 60), S. 23.

[82] BGHSt 39, 1 (26) = JZ 1993, 199 (203).

[83] BGHSt 39, 1 (30) = JZ 1993, 199 (205).

[84] BGHSt 41, 101 (112).

DDR-Recht zu retten versucht wird, indem man ihm eine andere, nämlich menschenrechtsfreundliche Interpretation zuteil werden läßt.

c) Scheitern der Ausweichstrategien

Am Ende ist der BGH keinen Schritt weiter als das LG Berlin. Beide Gerichte stützen sich ganz zentral und letztlich allein auf die Annahme, daß das Grenzregime der DDR mit fundamentalen Gerechtigkeitsprinzipien in Widerspruch stand und eine Rechtfertigung der Mauerschützen nicht auf die entsprechenden Normen des DDR-Rechts gegründet werden kann. Der Sache nach wird also mit der Radbruchschen Formel gearbeitet – und damit mit der Annahme von Naturrecht. Die Ausweichstrategien des BGH haben sich als Sackgassen erwiesen, da in beiden Fällen letztlich wieder die naturrechtliche Argumentation dominiert: im einen Fall als Naturrecht im Gewande des Völkerrechts, im anderen als Naturrecht im Gewande der Auslegung.

4. BVerfG: indirekter Rückgriff (Fälle „extremen Unrechts")

Was sagt nun das Bundesverfassungsgericht zu alledem? In seinem Beschluß vom 24. Oktober 1996 hat der Zweite Senat neben den Verfassungsbeschwerden von Mitgliedern des Nationalen Verteidigungsrates auch die eines Mauerschützen zurückgewiesen. Die recht knappe Begründung folgt dabei in weitem Umfang den zum Teil rätselhaften Spuren des BGH und verrätselt diese noch weiter. Das beginnt bei der nur höchst indirekt, nämlich über Wiedergabe älterer Judikatur und Bezugnahme auf die Begründung der angegriffenen Urteile angesprochenen Radbruchschen Formel[85]: An keiner Stelle sagt das Bundesverfassungsgericht ausdrücklich, daß sich die Nichtigkeit des Rechtfertigungsgrundes aus § 27 Abs. 2 GrenzG aus ihrer Anwendung ergäbe.

Ferner wird angedeutet, man teile die Konkretisierung der Radbruchschen Formel durch die völkerrechtlich geschützten Menschenrechte in der vom BGH vorgenommenen Weise[86] – ohne auch nur mit einem Wort auf die in der Literatur nahezu unisono geübte und durchgreifende Kritik

[85] BVerfGE 95, 96 (134 f.).

[86] BVerfGE 95, 96 (135). S. auch BVerfGE 95, 96 (133): „Gebot materieller Gerechtigkeit, das auch die Achtung der völkerrechtlich anerkannten Menschenrechte aufnimmt".

an diesem Vorgehen einzugehen[87]. Als letztlich entscheidend erweist sich aber die Wendung, das Grenzregime der ehemaligen DDR stelle „extremes staatliches Unrecht“ dar[88], so daß ein darauf gestützter Rechtfertigungsgrund unbeachtlich sei. Denn wenn man weiß – was das Gericht selbst nicht preisgibt –, daß es sich bei dieser Wendung vom „extremem Unrecht“ um diejenige Formulierung handelt, die Robert Alexy der Radbruchschen Formel gegeben hat[89], dann wird mit hinlänglicher Deutlichkeit klar, daß auch hier der Grundgedanke Radbruchs die Entscheidung trägt. Verstärkt und gefestigt wird dieser Eindruck durch den mehrfachen Gebrauch typisch Radbruchscher Wendungen wie jene vom „gesetzlichen Unrecht“ oder des „unerträglichen Widerspruchs zur Gerechtigkeit“[90]. In diesen Fällen müsse der strikte Schutz des Art. 103 Abs. 2 GG zurücktreten (dazu sogleich unter IV. 2).

IV. Strafbarkeit der Mauerschützen qua Anwendung der Radbruchschen Formel: Analyse und Kritik

Das Zwischenergebnis lautet also: die Strafbarkeit der Mauerschützen wurde ermöglicht durch die Verwerfung eines im DDR-Recht auffindbaren Rechtfertigungsgrundes. Diese Verwerfung beruhte auf der Anwendung der Radbruchschen Formel: eigentlich eine großartige Bestätigung für einen rechtsphilosophischen Gedanken und für das damit zur Geltung gebrachte Naturrecht, das ja seit Jahrtausenden die Geschichte rechtsphilosophischen Denkens beherrscht! Doch wie nicht automatisch derjenige ein besserer Europäer ist, der nach immer mehr und umfangreicheren Kompetenzen für die Union ruft, so tut man vielleicht auch der Rechtsphilosophie nicht unbedingt den besten Gefallen, ihr beim höchst prekären Problem strafjuristischer Vergangenheitsbewältigung zu unverhoffter Bedeutungssteigerung zu verhelfen und sie zur entscheidenden Instanz werden zu lassen – was ja auch und zugleich immer die Gefahr der Instrumentalisierung in sich birgt. Ferner treten verfassungsrechtliche Probleme ins Bild. Von daher seien im folgenden einige Erwägungen zur Tauglichkeit der Lösung angestellt.

---

[87] Vgl. oben unter III.3.a, S. 366ff.

[88] BVerfGE 95, 96 (133 und 136) = JZ 1997, 142 (144, 145).

[89] Vgl. ALEXY, Mauerschützen (Fn. 12), S. 4.

[90] BVerfGE 95, 96 (135). Wie hier FRICKE, Grundrechtsgarantie (Fn. 14), S. 5.

1. Anwendungsprobleme des Naturrechts

Es geht im folgenden um Anwendungsprobleme, nicht um Begründungs- oder Geltungsprobleme des Naturrechts. Einer der Hauptvertreter des sog. Kommunitarismus hat einmal geschrieben, der Glaube an Natur- oder Menschenrechte unterscheide sich in nichts vom Glauben an Hexen oder Einhörner[91]. Im folgenden unterstellen wir die Existenz eines höheren, über- oder vorpositiven Rechts einfach und lassen den ewigen Kampf zwischen Naturrecht und Rechtspositivismus auf sich beruhen[92].

a) Strafbarkeit kraft Naturrechts?

aa) Die Wirkungsweise der Radbruchschen Formel ist vergleichsweise einfach: Man versagt einzelnen Normen die Rechtsqualität, läßt aber das normative Umfeld dieser Rechtssätze unverändert. Im Falle der Mauerschützen führt dies dazu, daß nach Fortfall des Rechtfertigungsgrundes (§ 27 Abs. 2 GrenzG) das strafbare Delikt, nämlich Totschlag, zurückbleibt und zur Anwendung kommt. Das wirft neben der vieldiskutierten Rückwirkungsproblematik[93] die bislang nur selten erörterte Frage[94] auf, ob man die gesetzliche Strafbarkeit eines einzelnen Täters letztlich aus der Anwendung naturrechtlicher Sätze folgern bzw. darauf stützen kann: Kann das Naturrecht Strafbarkeit begründen?

Es scheint kein Zufall, daß diese Frage in direkter Antwort auf Radbruchs Artikel in der Süddeutschen Juristenzeitung erörtert – und im Ergebnis verneint wurde[95]. In der Tat macht ein Blick in die Naturrechts-

---

[91] A. MACINTYRE, After Virtue, 2. Aufl., London 1985, S. 69 (dt. unter dem Titel: Der Verlust der Tugend, 1987, S. 98).

[92] Dazu etwa H. WELZEL, Naturrecht und materiale Gerechtigkeit, 4. Aufl. 1962; H. HENKEL, Einführung in die Rechtsphilosophie, 2. Aufl. 1977, S. 486 ff.; R. DREIER, Der Begriff des Rechts, in: NJW 1986, S. 890 ff.; N. HOERSTER, Verteidigung des Rechtspositivismus, 1989; K. SEELMANN, Rechtsphilosophie, 1994, S. 33 ff., 134 ff.; M. KAUFMANN, Rechtsphilosophie, 1996, S. 30 ff., 138 ff.; P. KOLLER, Theorie des Rechts, 2. Aufl. 1997, S. 131 ff.

[93] Dazu unten IV.2., S. 385 ff.

[94] Vgl. etwa (fragend) A. ARNDT, Das Verbrechen der Euthanasie (1947), in: ders., Gesammelte juristische Schriften, 1976, S. 269 ff. (273). – Zu Mauerschützen (Möglichkeit der Strafbegründung ablehnend): M. KÖHLER, Wenn Strafe außergesetzlich begründet wird, in: FAZ Nr. 278 v. 30.11.1992, S. 14; JAKOBS, Vergangenheitsbewältigung (Fn. 72), S. 45 f.

[95] H. COING, Zur Frage der strafrechtlichen Haftung der Richter für die Anwendung naturrechtswidriger Gesetze, in: SJZ 1947, Sp. 61 ff. (63): „Das Naturrecht, das auf den sittlichen Werten der Gerechtigkeit, der Treue, der Zuverlässigkeit usw.

geschichte deutlich, daß der Konflikt zwischen dem Gewissen des Einzelnen und einer verbrecherischen Obrigkeit im Vordergrund stand. Das Naturrecht diente zur Rechtfertigung desjenigen, der diesen Gesetzen nicht Folge leistete, es konnte Widerstand, Aufruhr oder gar den Tyrannenmord legitimieren[96]. Doch findet sich, soweit ersichtlich, in keinem neuzeitlichen System eine naturrechtliche Begründung für die Strafbarkeit desjenigen, der den sittenwidrigen Gesetzen Folge leistet[97].

---

beruht, gebietet wohl, bestimmten Gesetzen, die diesen Werten widersprechen, den Gehorsam zu verweigern, es gibt ein Recht zum Widerstand gegen sie; aber es fordert keine Bestrafung dessen, der diesem Gebot nicht gehorcht, von diesem Recht keinen Gebrauch macht." Und Sp. 64 fährt COING fort: „Danach wären also die Richter, die naturrechtswidrige Gesetze angewendet haben, nicht zu bestrafen. Dies Ergebnis entspricht auch, soweit ich sehe, der Lehre des rationalen Naturrechts des 18. Jahrhunderts. Es hat aus dem Naturrecht gegenüber dem positiven Recht wohl Widerstandsrechte und Rechte der Gehorsamsverweigerung, aber keine Strafbarkeit abgeleitet."

[96] Vgl. K. WOLZENDORFF, Staatsrecht und Naturrecht in der Lehre vom Widerstandsrecht des Volkes, 1916; M. KÖHLER, Die Lehre vom Widerstandsrecht in der deutschen konstitutionellen Staatsrechtslehre der ersten Hälfte des 19. Jahrhunderts, 1974; H. MANDT, Tyrannislehre und Widerstandsrecht, 1974; C. LINK, Jus resistendi. Zum Widerstandsrecht im deutschen Staatsdenken, in: Festschrift für Alexander Dordett, Wien 1976, S. 55 ff. – S. auch Art. 3 der Virginia Bill of Rights von 1776 und Art. 2 der Französischen Menschenrechts-Deklaration von 1789.

[97] Gegen eine solche Ableitungsmöglichkeit auch JAKOBS, Untaten (Fn. 72), S. 11 ff. Eingehend KÖHLER, Strafrecht AT (Fn. 60), S. 108 f.: mit dem Gegensatz von bestimmten Unrechtsordnungen (gemessen am entwickelten Menschenrechtsprinzip) kann sich u.U. „die Aufhebung der rechtlichen Gehorsamspflicht und eine vorpositiv-naturzustandsähnliche Widerstandsbefugnis [verbinden]: Der sein Recht des freien Zuges behauptende Flüchtling ist insofern im Recht gegen die unrechtliche ‚Staatsgewalt'. Aber mit diesem Gegensatz sieht sich das staatliche Rechtsverhältnis gerade nicht aufgehoben. Folglich existiert auch kein staatliches Strafrecht, dem das gegensätzliche Handeln, etwa des den Flüchtling verletzenden Grenzwächters, unterworfen werden könnte, sondern nur der naturzustandsähnliche Gegensatz zweier Geltungsansprüche in vorläufiger Unvermitteltheit, von denen der eine allerdings nach dem Rechtsprinzip besser begründet sein kann. Die naturrechtliche Kritik an staatlichen Unrechtsmaximen leistet also nicht deren staatsgesetzliche Strafbarkeit. Das aber ist nach dem Gesetzlichkeitsgrundsatz unabdingbar. Deshalb ist es ausgeschlossen, den Souveränitätsrepräsentanten eines anderen oder früheren Staates für Akte relativen Staatsrechts, z.B. die Kriegsführung oder innenpolitische Menschenrechtsverletzungen, strafrechtlich zur Verantwortung zu ziehen. Ebenso verbietet es sich, den Bürger des früheren Staates zu bestrafen, weil er dessen Gesetzen entsprechend gehandelt hat. Denn dafür fehlt es an der staatsgesetzlichen Allgemeingültigkeit, dessen das Strafrecht als staatliches bedarf; und auch subjektiv kann, was sich als relatives Staatshandeln begriffen hat, nicht schuldhaft strafbar sein." Konkrete Anwendung dieser Grundsätze auf die Mauerschützenfälle ebd., S. 111 f.

bb) Ein großes Fragezeichen wäre ferner bei der Wirkungsweise naturrechtlicher Sätze als „Nichtigkeitsgründe“ für entgegenstehendes Recht angebracht. Die schlichte Schlußfolgerung vom Widerspruch des positiven Rechts zu Naturrechtssätzen im Sinne eines Naturrecht bricht positives Recht, wie sie der Radbruchschen Formel zugrundeliegt, läßt sich jedenfalls für das neuzeitliche Naturrecht des 17./18. Jahrhunderts einschließlich des sog. jüngeren Naturrechts (seit 1785) gerade nicht nachweisen. Im Gegenteil haben neuere Forschungen[98] ergeben, daß ein solcher Geltungsvorrang mit unmittelbar rechtsgestaltender Wirkung dem naturrechtlichen Denken jener Zeit fremd war. Eine „unmittelbare Geltung als Ersatz für positives Recht“ war nicht intendiert[99]. Vielmehr wendete man sich an den Gesetzgeber, ohne eine unmittelbare Derogation des entgegenstehenden positiven Rechts bewirken zu können oder zu wollen. Eine schlichte „Verdrängung des positiven Rechts durch das Naturrecht“ lag also nicht in der Konsequenz jener naturrechtlichen Positionen[100]. Als potentielles Recht verharren die Naturrechtssätze auf der Vorstufe zur Positivierung; die ihnen zuwiderlaufenden, effektiv wirksamen Rechtsvorschriften gelten nicht als Nichtrecht, sondern als zu reformierendes, abzuänderndes schlechtes Recht, dessen Befolgung eine individuelle Strafbarkeit nicht begründen kann.

b) Unbestimmtheit des Naturrechts und Wertungssicherheit der Gerichte – zur Kritik des BGH

aa) Probleme bereitet indes nicht nur die Wirkungsweise, sondern auch die inhaltliche Weite und Vielfalt des Naturrechts[101]. Es gibt ja nicht nur das aufklärerische Vernunftnaturrecht des 17./18. Jahrhunderts, sondern auch ein antikes in vielen Spielarten[102], ferner ein christliches, jedenfalls

---

[98] D. Klippel, Politische Freiheit und Freiheitsrechte im deutschen Naturrecht des 18. Jahrhunderts, 1976, S. 178 ff. et passim; J. Schröder, „Naturrecht bricht positives Recht“ in der Rechtstheorie des 18. Jahrhunderts?, in: Festschrift für Paul Mikat, 1989, S. 419 ff.; zum Umfeld M. Stolleis, Geschichte des öffentlichen Rechts in Deutschland, Bd. 1, 1988, S. 268 ff., 291 ff.

[99] Klippel, Politische Freiheit (Fn. 98), S. 191.

[100] Schröder, Naturrecht (Fn. 98), S. 431.

[101] Davon vermittelt einen ersten Eindruck E. Wolf, Das Problem der Naturrechtslehre, 3. Aufl. 1964; ders. u.a., Art. Naturrecht, in: Historisches Wörterbuch der Philosophie, Bd. 6, hrsgg. v. J. Ritter u. K. Gründer, 1984, Sp. 560–623.

[102] F. Flückiger, Geschichte des Naturrechtes, Bd. 1, 1954.

ein katholisches Naturrecht[103]; auch die Existenz eines islamischen, eines marxistischen und eines feministischen Naturrechts wird man in Rechnung stellen müssen. So hat man unter Berufung auf das Naturrecht nicht nur – höchst erfolgreich – die allgemeine Freiheit und Gleichheit der Individuen begründet, sondern viele Jahrhunderte die Sklaverei legitimiert (Aristoteles, Thomas von Aquin), Frauen von jeglicher politischer Mitsprache ausgeschlossen[104], totalitär anmutende Staatskonzeptionen vertreten (Platon, Hobbes) und ein natürliches Vorrecht des Stärkeren verfochten (Kallikles).

Radbruch selbst löste das damit verbundene Problem der bis zur Gegensätzlichkeit reichenden Unterschiedlichkeit naturrechtlicher Positionen nicht, sondern brachte es nur zum Ausdruck, wenn er sich auf die „jahrtausendealte gemeinsame Weisheit der Antike, des christlichen Mittelalters und der Aufklärung" berief[105]. Gerade wegen dieser Unsicherheit plädierte er für eine äußerst restriktive Anwendung der Lehre vom übergesetzlichen Recht, die er auf die „völlig singulären Verhältnisse" der NS-Zeit beschränkt wissen wollte[106].

---

[103] A. Hollerbach, Das christliche Naturrecht im Zusammenhang des allgemeinen Naturrechtsdenkens, in: F. Böckle/E.-W. Böckenförde (Hrsg.), Naturrecht in der Kritik, 1973, S. 9ff.

[104] Und zwar bis weit in die Aufklärungsphilosophie hinein: vgl. D. Schwab, Frauenrechte und Naturrecht, in: ders., Geschichtliches Recht und moderne Zeiten, 1995, S. 101ff.

[105] G. Radbruch, Erneuerung des Rechts (1947), in: W. Maihofer (Hrsg.), Naturrecht oder Rechtspositivismus?, 1962, S. 1ff. (2); ähnlich ders., Fünf Minuten Rechtsphilosophie (1945), in: ders., Rechtsphilosophie, 8. Aufl. 1973, hrsgg. v. E. Wolf und H.-P. Schneider, S. 327ff. (328): „Es gibt also Rechtsgrundsätze, die stärker sind als jede rechtliche Satzung, so daß ein Gesetz, das ihnen widerspricht, der Geltung bar ist. Man nennt diese Grundsätze das Naturrecht oder das Vernunftrecht. Gewiß sind sie im Einzelnen von manchem Zweifel umgeben, aber die Arbeit der Jahrhunderte hat doch einen festen Bestand herausgearbeitet, und in den sogenannten Erklärungen der Menschen- und Bürgerrechte mit so weitreichender Übereinstimmung gesammelt, daß in Hinsicht auf manche von ihnen nur noch gewollte Skepsis den Zweifel aufrechterhalten kann."

[106] Radbruch spricht an der zitierten Stelle von „Ereignissen, die wir in ihrer Einzigartigkeit auch jetzt noch kaum zu fassen vermögen und deshalb als dämonisch, als apokalyptisch zu deuten geneigt sind." (G. Radbruch, Zur Diskussion über die Verbrechen gegen die Menschlichkeit, in: SJZ 1947, Sp. 131ff. [136]). Er selbst hat die „furchtbaren Gefahren für die Rechtssicherheit" hervorgehoben (Gesetzliches Unrecht [Fn. 20], S. 107), die von einer diesen Ausnahmecharakter nicht berücksichtigenden Handhabung der Formel ausgehen könnten. – Richtige Betonung dieses Faktums bei Miehe, Rechtfertigung (Fn. 39), S. 658, 665f.; Schulz, nulla-poena-Grundsatz (Fn. 39), S. 188.

bb) Selbst wenn man nun das Naturrecht des 20. Jahrhunderts im wesentlichen als „Menschenrechtsnaturrecht" begreift und die Menschenrechtserklärungen als authentische Konkretisierungen ansieht, so umfaßt ein entsprechender weltweiter Konsens doch immer nur die Garantieebene, grundrechtsdogmatisch gesprochen: den Schutzbereich der Norm. Unter welchen Bedingungen und bis hin zu welcher Intensität diese Gewährleistungen eingeschränkt oder gar (temporär) aufgehoben werden dürfen, steht beileibe nicht mit dieser (einmal unterstellten) Sicherheit und weltweit gleichen Geltungskraft fest. Hier spielen nationale Traditionen und Eigenarten politischer Systeme, Art und Gewicht staatlicher Interessen eine ausschlaggebende Rolle, die zeitlich und örtlich höchst variabel sind[107]. Es ist dies der wesentliche Grund dafür, daß weder die Staatenpraxis noch die Rechtsauffassung der internationalen scientific community durchgängig den strengen Standards des BGH entsprechen.

cc) All diese Wertungs- und Konkretisierungsprobleme fechten den BGH nicht an. Er stellt schlicht auf vermeintliche Evidenzerlebnisse ab. Zwar weist der Senat die hochgemuten Aussagen des erstinstanzlichen Urteils zurück, worin den Grenzsoldaten „Bequemlichkeit", „Gleichgültigkeit" und „Rechtsblindheit" vorgeworfen worden war[108]. Doch bei der Frage nach der Schuldhaftigkeit des Handelns der Grenzsoldaten nimmt auch der BGH an, daß diesen die Rechtswidrigkeit ihres Tuns „offensichtlich" sein mußte[109]. Das Hauptargument lautet, „daß die Tötung eines unbewaffneten Flüchtlings durch Dauerfeuer unter den gegebenen Umständen ein derart schreckliches und jeder vernünftigen Rechtfertigung entzogenes Tun war, daß der Verstoß gegen das elementare Tötungsverbot auch für einen indoktrinierten Menschen ohne weiteres einsichtig, also offensichtlich war."[110]

Hier sind einige Nachfragen angezeigt[111]. Kann man wirklich von einer über jeden Zweifel erhabenen Offensichtlichkeit für die jungen Grenzsoldaten in der DDR sprechen? Werden hier nicht vom bequemen westdeutschen Richtersessel aus im nachhinein moralische Höchststandards

---

[107] H. Dreier, in: ders., GGK I (Fn. 42), Art. 1 II Rn. 14 m.w.N.

[108] Vgl. LG Berlin NStZ 1992, 492 (495) und dagegen BGHSt 39, 1 (34).

[109] Zu den einfachrechtlichen Hintergründen (Anwendbarkeit von § 5 Abs. 1 WehrstrafG) vgl. Amelung, Strafbarkeit (Fn. 12), S. 642; Miehe, Rechtfertigung (Fn. 39), S. 667; Gropp, Naturrecht (Fn. 30), S. 397f.

[110] BGHSt 39, 1 (34). Wiederholung dieses Arguments in BGHSt 39, 168 (190).

[111] Die im folgenden pointiert zugespitzte Kritik deckt sich partiell mit ähnlichen Einwänden in der Literatur: vgl. Amelung, Strafbarkeit (Fn. 12), S. 640; ders., Todesschüsse (Fn. 59), S. 30; Alexy, Mauerschützen (Fn. 12), S. 36ff.; Miehe, Rechtfertigung (Fn. 39), S. 664ff.; Gropp, Naturrecht (Fn. 30), S. 396, 398.

formuliert, obwohl seinerzeit weder von der internationalen Staatengemeinschaft noch von der Bundesrepublik die Grenzvorfälle nachhaltig und unnachgiebig angeprangert und die Einhaltung der nun für maßgeblich erachteten Regeln mit allen zur Verfügung stehenden Mitteln eingefordert wurden? Daß die jungen Grenzsoldaten die Internationalen Menschenrechtsdokumente studierten, dürfte einigermaßen unwahrscheinlich sein. Aber sie wußten, daß ihr Staat 1973 zusammen mit der Bundesrepublik in die Staatengemeinschaft der Vereinten Nationen aufgenommen worden war[112]. Auch gab es von dieser Seite niemals klare öffentliche Verurteilungen der Grenzpraxis oder gar Sanktionen wie etwa gegen das Apartheitsregime in Südafrika. Die Grenzsoldaten konnten überdies zahlreiche Besuche westdeutscher Politiker in der DDR verfolgen, die schließlich von einem Gegenbesuch Honeckers in der Bundesrepublik gekrönt wurden[113]. Geht man international und innerdeutsch so mit einem Staat um, dessen Grenzregime extremes Unrecht offenkundigster Art darstellt?

Der BGH zeigt mit dem Finger auf die Grenzsoldaten und wirft ihnen vor, extremes Unrecht offenkundigster Art nicht erkannt zu haben. Doch drei Finger weisen zurück auf ihn bzw. auf Gesellschaft und Politik der Bundesrepublik Deutschland, die gerade in den 1970er und 1980er Jahren immer weniger von den Grenzvorfällen wissen wollte und sie beinahe schamhaft verschwieg – bis hin zur Streichung der Zuschüsse für die Zentrale Erfassungsstelle der Landesjustizverwaltungen zur Registrierung von DDR-Gewaltakten in Salzgitter durch einige Bundesländer[114]. Die politische und öffentliche Kritik war mehr als matt geworden: in den Medien, in den meisten politischen Parteien, in den gesellschaftlichen Großorganisationen wie den Gewerkschaften und wohl auch in den Kirchen[115]. Und

---

[112] Dazu W. Bruns, Zweimal Deutschland in der UNO, in: Deutschland Archiv 1974, S. 497 ff.; ders., Die beiden deutschen Staaten auf der 40. Generalversammlung der UNO, in: Deutschland Archiv 1986, S. 376 ff.

[113] Dazu kritisch F.-C. Schroeder, Juristische Schützenhilfe für das SED-Regime aus der Bundesrepublik, in: Deutschland Archiv 1993, S. 442 ff. (449 f.). Die offiziellen Dokumente in: Bulletin der Bundesregierung 1987, Nr. 83, S. 705 ff.

[114] In den Jahren 1987 bis 1989 strichen nacheinander die Länder Nordrhein-Westfalen, Saarland, Hamburg, Bremen, Schleswig-Holstein sowie zuletzt Berlin (im Mai 1989!) die Zuschüsse. Vgl. Schroeder, Schützenhilfe (Fn. 113) S. 450; H. Sauer/H.-O. Plumeyer, Der Salzgitter-Report, 1991, S. 242 ff.

[115] Deutliche Kritik an kirchlichen Positionen bei G. Besier, Der SED-Staat und die Kirche: 1969–1990 – die Vision vom „Dritten Weg", 1995; abwägend E. Richter, Die Zweideutigkeit der lutherischen Tradition, in: Deutschland Archiv 1993, S. 407 ff.; zur Diplomatie des Vatikans H. Voss, Die Beziehungen der DDR zum Vatikan, in: Deutschland Archiv 1992, S. 1154 ff.; zum gemeinsamen Papier von SPD und SED „Der Streit der Ideologien und die gemeinsame Sicherheit" vgl. G. Japs,

auch wenn man unterstellt, daß die DDR-Bevölkerung das Grenzregime ganz überwiegend für verwerflich hielt, so folgt doch daraus wohl kaum, daß sie auch die Verurteilung der Grenzsoldaten wegen Totschlags gutgeheißen hätte.

Es verträgt sich – um die Reihe der Bedenken und Nachfragen fortzusetzen – zudem denkbar schlecht mit der behaupteten Offensichtlichkeit, daß der Senat selbst „32 Seiten mühseliger Begründung“[116] benötigt, um die Strafbarkeit darzulegen. Ferner finden sich im Rahmen des individuellen Schuldvorwurfs die ineinanderwirkenden und sich wechselseitig stabilisierenden Faktoren von politischer Indoktrination, gesamtstaatlicher Pression und der besonderen Situation der unter der Vergatterung stehenden Soldaten kaum hinlänglich beachtet[117]. Schließlich führt es nicht weit, wenn hier schlichterhand das in der Tat elementare (weil neben dem Inzestverbot in allen Kulturen [und nicht nur, wie der BGH meint, in den „zivilisierten“][118] geltende und selbst in segmentären Gesellschaften anzutreffende) Tötungsverbot als gewissensaufrüttelnd bemüht wird – denn nicht auf das prinzipielle Tabu, sondern auf die Rechtfertigungen seiner Durchbrechung kommt es an. Insofern könnte der BGH vielleicht einmal die Urteile des BVerfG zum Schwangerschaftsabbruch nachlesen oder sich der eigenen Judikatur zur Notwehr vergewissern[119]. Auch der Fall eines 1988 vom BGH freigesprochenen bundesdeutschen Zollbeamten, der aus 100 Metern

Riskanter Dialog, in: Deutschland Archiv 1992, 1011 ff. – Als spätes Beispiel für die Einschätzung der Menschenrechtslage im real existierenden Sozialismus T. Meyer, Menschenrechte in Ost und West – Übereinstimmungen und Differenzen, in: Deutschland Archiv 1989, S. 763 ff.

[116] Hillenkamp, Amnestie (Fn. 6), S. 184.

[117] Insofern besser BVerfGE 95, 96 (141 ff.) = JZ 1997, 142 (147). – In den nach der BVerfG-Entscheidung veröffentlichten Mauerschützen-Urteilen des BGH wird dieser Punkt nun stärker beachtet und des öfteren ein Entschuldigungsgrund angenommen: Für die Betroffenen nimmt die Judikatur dadurch an Unberechenbarkeit und Zufälligkeit eher noch zu.

[118] BGHSt 41, 101 (112 f.) spricht in der Tat von den „zivilisierten Rechtskulturen“ (und überspielt damit die gerade in Deutschland lange gehegte Dichotomie von Zivilisation und Kultur).

[119] BVerfGE 39, 1 = JZ 1975, 205 m. Anm. M. Kriele; 88, 203 = JZ 1993, Anh. nach S. 1172, dazu C. Starck, ebd., S. 816 und H. Dreier, Menschenwürdegarantie und Schwangerschaftsabbruch, in: DÖV 1995, S. 1036 ff. Zu tödlichen Notwehrfällen vgl. BGH NJW 1980, 2263; BGH NStZ 1989, 113; BGH NJW 1991, 503; BGH NJW 1996, 2315. Aus der Literatur H.H. Jescheck/T. Weigend, Lehrbuch des Strafrechts, 5. Aufl. 1996, § 32 II 2b, § 32 V; K. Kühl, Notwehr und Nothilfe, in: JuS 1993, S. 177 ff.; W. Mitsch, Tödliche Schüsse auf flüchtende Diebe, in: JA 1989, S. 79 ff. (86 ff.); kritisch K. Bernsmann, Überlegungen zur tödlichen Notwehr bei nicht lebensbedrohlichen Angriffen, in: ZStW 104 (1992), S. 290 ff. (293 ff.).

in der Dunkelheit auf einen flüchtenden Motorradfahrer nebst Beifahrer geschossen und diesen verletzt hatte, weicht natürlich bei Betrachtung des politischen Gesamtsystems, aber nicht nach den einzelnen Tatumständen und der einfachgesetzlichen Rechtslage von den Mauerschützen-Fällen so deutlich ab, wie man dies gern behauptet[120].

Obendrein wäre ein Blick in den sog. *Staschynskij*-Fall aufschlußreich. Dort hatte das Gericht noch sehr viel Verständnis für jemanden aufgebracht, „der elf Jahre hindurch als bildsamer junger Mensch ununterbrochen im Kern des sowjetischen Machtbereichs zugebracht hat und dort ständig indoktriniert worden ist“[121]. Nun hatten die Grenzsoldaten überwiegend ihr ganzes Leben in einem sozialistischen Staat zugebracht. Aber zu Zeiten des *Staschynskij*-Falles herrschte eben Kalter Krieg – und heute herrscht Menschenrechtseuphorie. So ändern sich die Wertungen, aber nicht die beneidenswerte Wertungssicherheit des BGH. Mit der gleichen Unbeirrbarkeit und Festigkeit hatte dieser übrigens noch einige Jahre vorher aus dem ewigen Sittengesetz gefolgert, daß die Ermöglichung des vorehelichen Geschlechtsverkehrs durch die Eltern von Verlobten strafbare Kuppelei darstelle und die Überordnung des Mannes in Ehe und Familie naturgegeben sei[122]. Aber damals befanden wir uns eben in der katholisch geprägten Restaurationsära Adenauers – und heute herrscht Menschenrechtseuphorie. Die Mauerschützen-Urteile sind, so zeigt sich, wohl „doch aus einer engeren Perspektive entstanden, als ihr weltbürgerlicher Gestus es erscheinen läßt, und stärker vom Zeitgeist beeinflußt, als die Berufung auf naturrechtliche Ewigkeitswerte es glauben machen will.“[123]

Und als letztes Wort zur angeblichen Offenkundigkeit des Unrechts sei vermerkt, daß diese in der Tendenz häufiger verneint wird, wenn es nicht um die Todesschüsse an der Grenze, sondern um Rechtsbeugung durch ehemalige DDR-Richter geht, insofern hier die Justiz „ihren Berufskollegen über die politischen Systeme hinweg ein besonderes Einfühlungs-

[120] BGHSt 35, 379 hatte restriktive Leitsätze formuliert, den Angeklagten aber freigesprochen. Kritisch zu dem Urteil J. A. FROWEIN, Im Zweifel für den vielleicht tödlichen Schuß?, in: Festschrift für Peter Schneider, 1990, S. 112 ff.; POLAKIEWICZ, Aspekte (Fn. 46), S. 185; KÖHLER, Strafrecht AT (Fn. 60), S. 108; genaue Erörterung der Parallelen bei MIEHE, Rechtfertigung (Fn. 39), S. 661 ff.

[121] BGHSt 18, 87 (96).

[122] BGHZ 11 (Anhang S. 34 ff. = JZ 1954, 152); BGHSt 6, 46 (52 ff.). Zur Kritik W. WEISCHEDEL, Recht und Ethik, 1956, S. 6 ff., 19 ff.; W. MAIHOFER, Ideologie und Naturrecht, in: ders. (Hrsg.), Ideologie und Recht, 1969, S. 121 ff.

[123] Treffend AMELUNG, Todesschüsse (Fn. 59), S. 30.

vermögen entgegenbringt."[124] Vom Grenzsoldaten verlangt man offenbar eine differenziertere Gesetzesauslegung und ein höheres Maß an Einsicht als vom Richter.

Als Zwischenergebnis bleibt festzuhalten: Höchst fraglich ist bereits, ob durch die Anwendung naturrechtlicher Sätze eine individuelle Strafbarkeit überhaupt zu begründen ist. Noch weniger eindeutig ist die Ableitung des vom BGH gefolgerten inhaltlichen Standards zu Lebensschutz und Ausreisefreiheit aus naturrechtlichen Sätzen. Die Behauptung der offenkundigen Rechtswidrigkeit vermag schließlich überhaupt nicht zu überzeugen.

2. *Rückwirkungsverbot (Art. 103 Abs. 2 GG) als Hindernis?*

Schon vom Boden des Naturrechts aus ist eine Bestrafung der Mauerschützen alles andere als selbstverständlich. Wie sieht dies bei einer verfassungsrechtlichen Prüfung anhand des Rückwirkungsverbotes aus?

a) Rückwirkender Effekt der Radbruchschen Formel

Hier gilt es zunächst zu erkennen, daß die Radbruchsche Formel einen rückwirkenden Effekt hat. Indem man nachträglich einigen besonders verwerflichen Normen die Rechtsqualität abspricht, die Geltung der anderen aber unangetastet läßt, schafft man eine Rechtslage, die so niemals als wirksame, befolgte und durchgesetzte in Kraft stand. Die Formel bewirkt also eine rückwirkende, partielle Neuordnung des Rechtssystems auf naturrechtlicher Grundlage[125]. Allerdings handelt es sich hierbei nicht

---

[124] SCHROEDER, Geschichtsbewältigung (Fn. 10), S. 88. Zu dieser unerträglichen Inkohärenz auch L. M. PESCHEL-GUTZEIT, Grundrechte und Rückwirkungsverbot, in: FAZ Nr. 139 v. 18.6.1996, S. 11 f.; DIES./A. JENCKEL, Aktuelle Beiträge des Nürnberger Juristenurteils: Auf welchen Grundlagen kann die deutsche Justiz das Systemunrecht der DDR aufarbeiten?, in: L. M. Peschel-Gutzeit (Hrsg.), Das Nürnberger Juristen-Urteil von 1947. Historischer Zusammenhang und aktuelle Bezüge, 1996, S. 277 ff. (295 ff.); U. HOMANN, Die Rechtsbeugungsprozesse gegen ehemalige DDR-Richter und Staatsanwälte vor dem Bundesgerichtshof, in: KritJ 29 (1996), S. 494 ff. (499 f.); SCHULZ, nulla-poena-Grundsatz (Fn. 39), S. 195 f.; KÖHLER, Strafrecht AT (Fn. 60), S. 111 Fn. 122; K. LÜDERSSEN, Entkriminalisierung durch Politisierung?, in: JZ 1997, S. 525 ff. (530 f.). Vgl. oben Fn. 10.

[125] H. DREIER, Diskussionsbemerkung, VVDStRL 51 (1992), S. 137; SCHULZ, nulla-poena-Grundsatz (Fn. 39), S. 188 f. m. w. N.; ferner (allgemein auf Naturrecht bezogen) G. GRÜNWALD, Bedeutung und Begründung des Satzes „nulla poena sine lege", in: ZStW 76 (1964), S. 1 ff. (4 ff.); GEDDERT, Recht (Fn. 21), S. 229 m. Fn. 352; L. KUHLEN, Normverletzungen im Recht und in der Moral, in: M. Baurmann/

um eine Form der offenen, sondern der versteckten Rückwirkung. Nicht zu Unrecht wurde schon vor über 25 Jahren gefragt, ob es sich tatsächlich um eine besonders tiefgreifende „Bewältigung" der NS-Zeit handelt, wenn man Teile jener Rechtsordnung nachträglich durch die Leugnung der Rechtseigenschaft einfach in den Orkus des Nichtrechts wirft. Denn eine solche „punktuelle Betrachtung der einzelnen Gesetze bewirkt, daß für jeden Staat zu jeder Zeit festgestellt werden kann, daß in ihm eine intakte Rechtsordnung gelte oder gegolten habe – nämlich eine Rechtsordnung, bestehend aus den jeweiligen staatlichen Gesetzen, korrigiert durch die Normen des überpositiven Rechts. Mögen in einem Staate noch so abscheuliche Gesetze bestehen, befolgt und durchgesetzt werden – die Welt des geltenden Rechts ist immer eine heile Welt."[126] Und mit Blick auf Stacheldraht und Schießbefehl an der innerdeutschen Grenze muß man weiterfragen, ob die Annahme einer Strafbarkeit der Mauerschützen nach in der DDR geltendem (überpositiven) Recht nicht im Grunde eine „Verharmlosung" des Systems darstellt. Die Annahme, daß die tödlichen Schüsse bereits am Tatort und zur Tatzeit strafbar gewesen seien, kann geradewegs zur (unbeabsichtigten) Verschleierung der kritikwürdigen, weil menschenrechtsverletzenden Zustände führen[127]. Das Grenzregime der DDR und die aufgrund seiner Bestimmungen fehlende Strafbarkeit der Mauerschützen war aber nicht lediglich Unrecht in einem Staat, sondern „Unrecht des Staates"[128] – von diesem gewollt, erlassen und durchgesetzt. Dies gilt es nüchtern zu registrieren, anstatt durch Rückprojektion heute anerkannter Maßstäbe eine akzeptable Rechtswelt zu bauen und diesem schönen Schein normative Geltung zu attestieren.

H. Kliemt (Hrsg.), Die moderne Gesellschaft im Rechtsstaat, 1990, S. 63 ff. (101). A.A. Alexy, Mauerschützen (Fn. 12), S. 33 (nur Feststellung der Rechtslage; daß eine Änderung „unter dem Gesichtspunkt der Faktizität" eintritt, kann auch Alexy nicht leugnen).

[126] G. Grünwald, Zur Kritik der Lehre vom überpositiven Recht, 1971, S. 14; weitere Kritik mit ähnlicher Stoßrichtung bei D. Simon, Waren die NS-Richter „unabhängige Richter" im Sinne des § 1 GVG?, in: B. Diestelkamp/M. Stolleis (Hrsg.), Justizalltag im Dritten Reich, 1988, S. 11 ff., insb. 21; R. Lippold, Geltung, Wirksamkeit und Verbindlichkeit von Rechtsnormen, in: Rechtstheorie 19 (1988), S. 463 ff. (483); F. Dencker, Vergangenheitsbewältigung durch Strafrecht?, in: KritV 73 (1990), S. 299 ff. (305) mit dem Hinweis auf die „Hygiene des Geschichtsbewußtseins"; Dreier, Radbruchsche Formel (Fn. 21), S. 131 ff.; Jakobs, Vergangenheitsbewältigung (Fn. 72), S. 46 u.ö.

[127] Vgl. Jakobs, Vergangenheitsbewältigung (Fn. 72), S. 53; ihm folgend Pawlik, Strafrecht (Fn. 16), S. 477 f. Kritisch Schünemann, Aufarbeitung (Fn. 76), S. 113.

[128] So Pawlik, Strafrecht (Fn. 16), S. 478 unter Bezug auf Jakobs, Untaten (Fn. 72), S. 1 ff.

Was bedeutet dies nun angesichts des verfassungsrechtlichen Rückwirkungsverbotes?

b) Art. 103 Abs. 2 GG als strikt formale Gewährleistung – zur Kritik des BVerfG

aa) Es spricht zunächst für das BVerfG, daß es die dadurch hervorgerufene Problematik nicht umgeht und sich der Frage stellt, ob das grundgesetzliche Rückwirkungsverbot einer Versagung des Rechtfertigungsgrundes für die Mauerschützen entgegensteht[129]. Auch macht sich das Gericht nicht ohne weiteres die Annahme des BGH zu eigen, ein Verstoß gegen Art. 103 Abs. 2 GG liege nicht vor, weil die Verurteilung lediglich auf dem „richtig interpretierten Gesetz" der DDR beruhe und ein Vertrauen auf die abweichende Staatspraxis in der DDR nicht schutzwürdig sei[130]. Zustimmung verdient ferner, daß das Rückwirkungsverbot im Einklang mit der ganz überwiegenden Auffassung in der Literatur auch auf Rechtfertigungsgründe erstreckt wird[131].

bb) Nicht zu überzeugen vermag indes die Begründung dafür, daß in den Mauerschützen-Prozessen das strikte Rückwirkungsverbot zurückzutreten habe[132]. Fehlerhaft erscheint vor allem, daß das Gericht die gegenläufigen Maximen von „Gerechtigkeit" und „Rechtssicherheit" gleichermaßen im allumfassenden Rechtsstaatsprinzip verankert und dann leichtes Spiel hat,

---

[129] BVerfGE 95, 96 (130ff.) = JZ 1997, 142 (143). Das LG Berlin (JZ 1992, 691 [694]) und einige Stimmen in der Literatur hingegen hatten die Frage mit dem schlichten Hinweis eskamotiert, da die überpositiven Rechtssätze schon immer gegolten hätten, läge auch keine Rückwirkung vor (ODERSKY, Rolle [Fn. 5], S. 16; W. NAUCKE, Die strafjuristische Privilegierung staatsverstärkter Kriminalität, 1996, S. 71, 77 u.ö.; HIRSCH, Strafrecht [Fn. 10], S. 18; auch ALEXY, Mauerschützen [Fn. 12], S. 33, 35f.). Zu Recht sieht B. SCHLINK, Rechtsstaat und revolutionäre Gerechtigkeit, in: NJ 1994, S. 433ff. (435) hierin eine bloße Überspielung des Rückwirkungsverbotes.

[130] So BGHSt 39, 1 (29) = JZ 1993, 199 (204); BGHSt 41, 101 (111). Zur Kritik vgl. oben unter III.3.b, S. 370ff. Im praktischen Endergebnis gibt es zwischen BGH und BVerfG indes keinen Unterschied.

[131] BVerfGE 95, 96 (131ff.) = JZ 1997, 142 (144) – jedenfalls für gesetzlich geregelte Rechtfertigungsgründe. Aus der Literatur statt aller H. RÜPING, in: R. Dolzer (Hrsg.), Bonner Kommentar zum Grundgesetz, Art. 103 II (1990), Rn. 67ff.; ferner A. ESER, in: A. Schönke/H. Schröder, StGB, 25. Aufl. 1997, § 2 Rn. 3; C. ROXIN, Strafrecht AT, 2. Aufl. 1994, § 5 Rn. 53; J. BAUMANN/U. WEBER/W. MITSCH, Strafrecht AT, 10. Aufl. 1995, § 9 Rn. 27.

[132] Das Gericht spricht ausdrücklich von „Einschränkungen des absoluten Rückwirkungsverbots" (BVerfGE 95, 96 [132] = JZ 1997, 142 [144]) und davon, daß dessen strikter Schutz „zurücktreten" müsse (Ls. 3).

der Gerechtigkeit in Fällen extremen Unrechts den Vorzug zu geben[133]. Denn das Argument verfängt nicht, da dieser Gegensatz konstruiert ist[134] und die zentrale Funktion des Rückwirkungsverbotes verkennt: Dieses enthält für das begrenzte Feld strafrechtlicher Sanktionierung bereits die Lösung des Konflikts zwischen Gerechtigkeit und Rechtssicherheit, nicht erst dessen Formulierung! Auch Art. 103 Abs. 2 GG liegt ein gerechtigkeitsorientierter Gedanke zugrunde; das Rückwirkungsverbot bildet kein Gegengewicht zur im Rechtsstaat verankerten Gerechtigkeit, sondern ist deren Ausdruck, indem es die Anwendung staatlicher Strafgesetze an strenge Voraussetzungen bindet[135]. Deswegen muß das Rückwirkungsverbot strikt-formal gelten; es kann und darf im Unterschied zum allgemeinen Vertrauensschutzgedanken gerade nicht mehr durch materielle Gerechtigkeitsüberlegungen oder durch Rekurs auf eine „Schutzwürdigkeit" des Vertrauens eingeschränkt werden[136].

cc) Die Kernthese des Beschlusses schließlich, das Rückwirkungsverbot finde seine rechtsstaatliche Rechtfertigung in der besonderen Vertrauensgrundlage, welche die Gesetze eines demokratischen und an die Grundrechte gebundenen Gesetzgebers tragen (Leitsatz 2), ist eine schlichte Erfindung des Gerichts – und keine besonders gute. Denn dieses Verständnis steht in schroffem Kontrast zur langen vordemokratischen Tradition dieser Garantie[137]. Es zerstört deren historischen Sinn, sie in ihrer strikten Anwendung auf den modernen, demokratischen Gesetzgeber einzuengen. Den vollen Schutz des Art. 103 Abs. 2 GG nur demjenigen zukommen zu

---

[133] BVerfGE 95, 96 (130f., 132f.) = JZ 1997, 142 (143f.).

[134] B. Pieroth, Diskussionsbemerkung, VVDStRL 51 (1992), S. 145; Pieroth/Kingreen, Problematik (Fn. 33), S. 392.

[135] Deswegen verfängt nicht, wenn das Gericht davon spricht, das Gebot materieller Gerechtigkeit nehme „auch die Achtung der völkerrechtlich anerkannten Menschenrechte" (BVerfGE 95, 96 [133] = JZ 1997, 142 [144]) auf: denn zu diesen zählt eben auch das Rückwirkungsverbot. Außerdem ist die im Gedankengang des BVerfG implizit enthaltene Annahme fraglich, die Gerechtigkeit fordere gerade strafrechtliche Sanktionen.

[136] Treffend B. Schünemann, Nulla poena sine lege?, 1978, S. 26; B. Pieroth, Diskussionsbemerkung, VVDStRL 51 (1992), S. 168; Schmidt-Assmann (Fn. 54), Art. 103 II Rn. 255; Schlink, Rechtsstaat (Fn. 129), S. 436. In BVerfGE 25, 269 (284ff., 289ff.) wurde klar zwischen möglichen Verstößen gegen Art. 103 Abs. 2 GG und gegen das Rechtsstaatsprinzip getrennt.

[137] Sie ist übrigens deutlich älter als andere Elemente des „nulla-poena-Satzes": vgl. G. Schöckel, Die Entwicklung des strafrechtlichen Rückwirkungsverbots bis zur französischen Revolution (Diss. jur. Göttingen 1952), 1968, S. 1ff., 5ff.; H.-L. Schreiber, Art. „Nulla poena sine lege", in: A. Erler/E. Kaufmann (Hrsg.), Handwörterbuch zur deutschen Rechtsgeschichte, Bd. III, 1984, Sp. 1104ff. (1105).

lassen, der unter einer rechtsstaatlichen Verfassungsordnung lebt, verkennt die verfassungs- und ideengeschichtliche Entwicklung des Rückwirkungsverbotes. Denn natürlich ist der Einzelne besonders schutzbedürftig, wenn die gesetzgebende Obrigkeit gerade nicht rechtsstaatlich diszipliniert und demokratisch organisiert ist.

Voraussetzung für die Anwendbarkeit des Rückwirkungsverbotes ist allein die Existenz eines klar umrissenen, konstitutiven (nicht nur deklarativen) Straftatbestandes, wie man ihn naturgemäß weit vor dem Siegeszug moderner Verfassungsstaatlichkeit[138] fand: im römischen Recht, im kanonischen Recht, partiell vielleicht sogar in der Carolina von 1532, vor allem aber natürlich im Absolutismus[139]. Warum wohl läßt sich gerade beim Vernunftmonarchisten Montesquieu das Rückwirkungsverbot aus dessen Staatstheorie herleiten[140]? Seiner in der Neuzeit entwickelten Hauptstoßrichtung gemäß sollte das Verbot rückwirkender Strafgesetze dem Einzelnen vor allem gegen eine vorrechtsstaatliche und vordemokratische Staatsgewalt Schutz bieten, weswegen es uns schon (und sogar!) bei Thomas Hobbes begegnet[141]. Insoweit ist das Verbot zwar Ausdruck rechtsstaatlicher Entwicklungen, in seiner strikten Anwendung aber gerade nicht auf die Strafgesetze demokratischer Rechtsstaaten beschränkt.

Ganz unabhängig vom Subjekt der gesetzgebenden Gewalt (ob Monarch, Parlament oder Volk) geht es beim „nulla poena"-Satz wieder um Temperierung, um Distanznahme, wie man vor über 100 Jahren zu Recht bemerkt hat: Das Rückwirkungsverbot soll den Strafgesetzgeber dazu anhalten, sich „gegen den Einfluß (seiner) eigenen Erregungen zu sichern"[142]

---

[138] Zur Durchsetzung des Rückwirkungsverbotes in den Verfassungen der Amerikanischen Staaten und in der Französischen Revolution vgl. H. Hennings, Die Entstehungsgeschichte des Satzes nulla poena sine lege, Diss. jur. Göttingen 1933, S. 66ff., 70ff.; Schöckel, Entwicklung (Fn. 137), S. 74ff.; H.-L. Schreiber, Gesetz und Richter, 1976, S. 62ff.; V. Krey, Keine Strafe ohne Gesetz, 1983, Rn. 54, 56.

[139] Vgl. Schöckel, Entwicklung (Fn. 137), S. 5ff. mit Nachweisen zum römischen (8ff.), kanonischen (10f.) und zum mittelalterlichen italienischen Recht (11ff.). Zur Carolina ebd., S. 21f. (eher skeptisch) sowie Krey, Strafe (Fn. 138), Rn. 50ff.; Schreiber, Gesetz (Fn. 138), S. 25ff. Zum kanonischen Recht auch H.J. Berman, Recht und Revolution, 2. Aufl. 1991, S. 309.

[140] Vgl. Schreiber, Gesetz (Fn. 138), S. 57ff.; Krey, Strafe (Fn. 138), Rn. 53; Dannecker, Strafrecht (Fn. 32), S. 81ff.

[141] T. Hobbes, De Cive (1642), ch. XIII, 16; ders., Leviathan (1651), ch. XXVII. Dazu Schreiber, Gesetz (Fn. 138), S. 39ff.; auch Dannecker, Strafrecht (Fn. 32), S. 66ff.

[142] A. Merkel, Über den Zusammenhang zwischen der Entwicklung des Strafrechts und der Gesamtentwicklung der öffentlichen Zustände und des geistigen Lebens der Völker (1889), in: ders., Gesammelte Abhandlungen aus dem Gebiet der allgemeinen

und der Versuchung zu widerstehen, das Geschehen der Vergangenheit nun an den Wertmaßstäben der Gegenwart zu messen[143].

dd) Insgesamt erkauft das BVerfG die Bejahung der Strafbarkeit der Mauerschützen durch eine unhaltbare Relativierung des Rückwirkungsverbotes. Dessen strikte Geltung steht nicht unter Systemvorbehalt[144].

c) Rechtsstaatliche Alternative: offen rückwirkende Gesetzgebung kraft Verfassungsänderung

Festzuhalten bleibt demnach: Selbst wenn man (entgegen den unter IV.1. dargelegten schwerwiegenden Bedenken) eine Strafbarkeit qua Anwendung der Radbruchschen Formel befürworten würde, müßte dies am Rückwirkungsverbot der Verfassung scheitern. Die anderslautende Auffassung des BVerfG ist nicht haltbar.

aa) Damit wäre aber noch nicht das letzte Wort über das Schicksal der Mauerschützen gesprochen. Denn wenn ihrer Bestrafung auch derzeit Art. 103 Abs. 2 GG entgegensteht, so könnte dieses Hindernis durch eine Verfassungsänderung doch überwunden werden. Das Grundgesetz ist bereits mehr als 40 Mal – und zuweilen aus geringerem Anlaß – geändert worden[145]. Besonders tiefgreifend waren dabei u.a. die Veränderungen im Zusammenhang mit dem Einigungsvertrag[146]: Hier wäre im übrigen

---

Rechtslehre und des Strafrechts, 1899, S. 556ff. (565); zu Art. 103 Abs. 2 GG als Schutz gegen „Emotionalisierung" auch GRÜNWALD, Bedeutung (Fn. 125), S. 14.

143 Allerdings (nota bene!): dies gilt nur für den Strafgesetzgeber und nur für den einfachen Gesetzgeber. Andere Vorgehensweisen sind demnach praktizierbar im Beamten-, Berufs-, Sozialrecht etc.; hier hat der Gesetzgeber die Befugnis zur „Umwertung": dazu PIEROTH, Rechtsstaat (Fn. 51), S. 99ff., 104ff. Auch eine Verfassungsänderung bietet alternative Möglichkeiten. Dazu sogleich unter 3.

144 Man fragt sich auch, welchen Wert eigentlich der Vorbehalt der Bundesrepublik zu Art. 7 Abs. 2 EMRK (BGBl. 1954 II, S. 14) hat, wenn das BVerfG nun so leichtfüßig über das Hindernis des Rückwirkungsverbotes hinwegschreitet. Wenn schon bei den Verbrechen gegen die Menschlichkeit, gegen Völkermord etc. die Bundesrepublik keine Relativierung des Art. 103 Abs. 2 GG zulassen wollte – wie ist es zu rechtfertigen, daß nun bei den nach allgemeiner Auffassung nicht unter diese Kategorie fallenden (ausführlich GORNIG, Verantwortlichkeit [Fn. 55], S. 6ff.), sondern in Maß und Unrechtsgehalt darunter angesiedelten Fällen der Mauerschützen eben dies geschieht? Auch hierzu findet sich in der Entscheidung kein Wort.

145 Übersicht: Dreier, GGK I (Fn. 42), S. 1ff.

146 Vgl. M. HERDEGEN, Die Verfassungsänderungen im Einigungsvertrag, 1991; HANS MEYER, Das ramponierte Grundgesetz, in: KritV 76 (1993), S. 399ff.; H. HOFMANN, Zur Verfassungsentwicklung in der Bundesrepublik Deutschland, in: StWStP 6 (1995), S. 155ff.; zur weiteren Entwicklung U. BERLIT, Die Reform des Grundgesetzes nach der staatlichen Einigung Deutschlands, in: JöR 44 (1996), S. 17ff.

der gleichsam natürliche Ort für die Behandlung der Mauerschützen-Problematik gewesen. Auch sind Verfassungsänderungen im Bereich der Grundrechtsgarantien kein Novum[147]: Man denke an das Brief-, Post- und Fernmeldegeheimnis oder das Asylrecht[148].

bb) Im Verhältnis zur derzeitigen Praxis hätte eine explizite Verfassungsänderung zunächst den Vorteil der Rechtsklarheit auf ihrer Seite: zentrales Anliegen und Zierde des Rechtsstaates und damit selbst ein hoher Verfassungswert. An die Stelle einer verdeckten Rückwirkung qua Rechtsprechung träte ein klares verfassungsrechtliches Bekenntnis qua Gesetz[149]. Ein solches Vorgehen – dies der zweite positive Aspekt – befände sich in strukturellem Einklang mit dem Londoner Statut von 1945, dem Kontrollrats-Gesetz Nr. 10 und Art. 7 Abs. 2 EMRK. Nach dieser Bestimmung der Europäischen Menschenrechtskonvention steht das Rückwirkungsverbot der Bestrafung von Handlungen nicht entgegen, die den allgemein anerkannten und strafrechtlich geschützten Rechtsgrundsätzen der zivilisierten Völker zuwiderlaufen. Damit wollte man ausdrücklich die Nürnberger Militärgerichtsverfahren rechtfertigen[150]. Eine ausdrückliche, die Verurteilung der Mauerschützen ermöglichende Verfassungsänderung würde den im Zusammenhang mit der Bewältigung der DDR-Vergangenheit oft beschworenen Geist dieser Rechtsakte atmen – setzte allerdings eine annähernde „Unwertigkeit“ voraus (dazu sogleich unter V.). Mit Art. 79 Abs. 3 GG wäre eine solche Verfassungsänderung jedenfalls nicht unvereinbar[151].

---

[147] Vgl. Dreier (Fn. 42), Vorb. Rn. 18.

[148] Dazu G. Hermes, in: Dreier, GGK I (Fn. 42), Art. 10 Rn. 5, 54; G. Lübbe-Wolff, ebd., Art. 16a Rn. 4 f.

[149] Für diese Verfahrensweise (teils mit Bezug auf NS-Verbrechen, teils auf SED-Unrecht) u.a.: Dencker, Vergangenheitsbewältigung (Fn. 126), S. 306 f.; Kuhlen, Normverletzungen (Fn. 125), S. 98 ff. („größere Redlichkeit“); Werle, Holocaust (Fn. 77), S. 2535; Günther, Anmerkung (Fn. 60), S. 23 f.; Pieroth/Kingreen, Problematik (Fn. 33), S. 392; Schlink, Rechtsstaat (Fn. 129), S. 437.

[150] Vgl. J.A. Frowein/W. Peukert, Europäische Menschenrechtskonvention. EMRK-Kommentar, 1985, Art. 7 Rn. 8. Kritisch zur Aufhebung des Rückwirkungsverbotes H. Quaritsch, Nachwort, in: Carl Schmitt, Das internationalrechtliche Verbrechen des Angriffskrieges und der Grundsatz „Nullum crimen, nulla poena sine lege“, hrsgg. v. H. Quaritsch, 1994, S. 123 ff. (141 ff., 153 ff., 202 ff.); s. auch V. Epping, Die „Lex van der Lubbe“, in: Der Staat 34 (1995), S. 243 ff. (261 ff.).

[151] So die wohl überwiegende Meinung: Pieroth, Rechtsstaat (Fn. 51), S. 104; J. Isensee, Diskussionsbemerkung, VVDStRL 51 (1992), S. 136; Schlink, Rechtsstaat (Fn. 129), S. 436 f. Für eine Erfassung des Art. 103 Abs. 2 GG durch Art. 79 Abs. 3 GG Schmidt-Assmann (Fn. 54), Art. 103 II Rn. 192; B.-O. Bryde, in: I. v. Münch/P. Kunig (Hrsg.), Grundgesetz-Kommentar, Bd. 3, 3. Aufl. 1996, Art. 79 Rn. 36 (beide allerdings ohne nähere Spezifizierung); für Verankerung in Art. 1

cc) Schließlich das dritte und wichtigste: Nicht nur rechtsstaatliche Klarheit und Transparenz, sondern auch die demokratische Verantwortlichkeit des Gesetzgebers würden eingefordert. Ein verfassungsänderndes Gesetz würde die bequeme, weil Politik und Bürger entlastende Justiziabilisierung der hochpolitischen Fragen beenden und zur Rückverlagerung von der dritten auf die erste Gewalt führen. Voraussetzung für einen derartigen Gesetzgebungsakt wäre eine offene gesamtgesellschaftliche Diskussion. Freie Willensbildung und produktiver Streit der Meinungen würden möglich und nötig, wenn man den genauen Kreis der Tatbestände fixieren und mit bestimmten Strafrahmen versehen müßte. Eine solche Diskussion wäre nicht nur heilsam und vermutlich aufschlußreich. Sie und nur sie würde auch herstellen und legitimieren können, woran es jetzt noch fehlt – und woran es, wie zu befürchten steht, nach dem BVerfG-Urteil dauerhaft fehlen wird: einen breiten gesellschaftlichen Konsens über die Notwendigkeit strafrechtlicher Verurteilung der Mauerschützen.

Um es noch einmal schlagwortartig zu formulieren: Der Rechtsprechung zufolge muß bestraft werden, weil den Mauerschützen kein Rechtfertigungs- oder Entschuldigungsgrund zuzubilligen ist; der hier vertretenen Auffassung gemäß darf *de lege lata* nicht gestraft werden, weil dies gegen Art. 103 Abs. 2 GG verstoßen würde. Die eigentliche Frage ist damit noch gar nicht gestellt und naturgemäß noch nicht beantwortet: ob überhaupt gestraft werden soll[152]?

V. Zur Angemessenheit strafrechtlicher Reaktion

Die Frage, ob man durch eine Änderung des Art. 103 Abs. 2 GG den Weg für eine Verurteilung der Mauerschützen bahnen sollte, würde vermutlich höchst unterschiedliche Antworten finden. Es kennzeichnet den modernen

---

Abs. 1 GG Epping, Lex van der Lubbe (Fn. 150), S. 259 ff.; explizit gegen eine Einschränkbarkeit durch eine „Nürnberger Klausel" M. Seebode, Zur Rückwirkung von Strafgesetzen, in: Festschrift für Winfried Trusen, 1994, S. 425 ff. (447). Für die Zulässigkeit einer Verfassungsänderung spricht nicht zuletzt, daß gerade die EMRK und andere internationale Menschenrechtsdokumente als Auslegungshilfe für das Grundgesetz heranzuziehen sind (vgl. Dreier [Fn. 42], Vorb. Rn. 22) und für die inhaltliche Fixierung der Ewigkeitsklausel der Konsens anderer Verfassungsstaaten über mögliche abweichende Regelungen Berücksichtigung finden sollte.

[152] Was von den Gerichten als geltendes und anwendbares Recht ausgegeben wird (was tatsächlich aber nur unter Verschleierung der rückwirkenden Begründung der Strafbarkeit geschieht), müßte erst zu geltendem Recht gemacht und entsprechend positiviert werden – im Verfahren verfassungsändernder Gesetzgebung.

demokratischen Verfassungsstaat, daß er eine von vielfältigen Auffassungen und Meinungen gekennzeichnete, im guten Sinne pluralistische Ordnung voraussetzt und Entscheidungen nach kontroverser Diskussion mit der erforderlichen Mehrheit getroffen werden. In einer derartigen, m.E. dringend erforderlichen Diskussion wären zahlreiche Aspekte zu bedenken. Die im folgenden genannten sollten nicht als Anmaßung mißverstanden werden, der Autor verfüge über den Schlüssel zur einzig richtigen Lösung. Sie geben nur dessen Überzeugung wieder, daß gute Gründe dagegen sprechen, durch eine Verfassungsänderung den Weg für eine Verurteilung der Mauerschützen zu bahnen.

Ganz grundsätzlich wäre in Rechnung zu stellen die besondere Situation in militärischen Verbänden und vergleichbaren „totalen" Institutionen jeder Art[153] wie auch die allgemeinen Lebensbedingungen unter totalitärer Herrschaft, die sich nicht ohne weiteres an den hehren Menschenrechtsprinzipien westlicher Demokratien messen lassen. Die Mauerschützen sind Täter und Opfer zugleich[154]. Ferner wäre daran zu erinnern, daß die innerstaatliche Grenze zugleich eine Systemgrenze zwischen Ost und West markierte und es nicht über jeden Zweifel erhaben ist, diesen „weltpolitischen Gegensatz" nachträglich mit strafrechtlichen Mitteln auszufechten[155], zumal Teil des Systemgegensatzes auch der ideologische Konflikt um den Bedeutungsgehalt der Menschenrechte war, der als genuin politischer nicht auf die „Dimension eines Rechtsstreits" verkürzt werden sollte[156]. Das personalisierende und fragmentarisierende Strafrecht mit seiner Reduktion des Prozeßstoffes und der Ausrichtung auf individuell zurechenbares Handeln ist geeignet, die höchst komplexen Wirkungszusammenhänge zu zerreißen[157] und die skandalösen Vorgänge auf das Schuld-Konto Einzelner

---

[153] Grundlegend E. Goffman, Asylums. Essays on the Social Situation of Mental Patients and Other Inmates, Chicago 1961. Speziell zum Militär H. Treiber, Wie man Soldaten macht. Sozialisation in „kasernierter Vergesellschaftung", 1973.

[154] Zur Schwierigkeit, ja Unmöglichkeit exakter Grenzziehung vgl. A. Zielcke, Gnade vor Recht?, in: KritJ 23 (1990), S. 460ff. (464ff.); H. Schulze-Fielitz, Der Rechtsstaat und die Aufarbeitung der vor-rechtsstaatlichen Vergangenheit, in: DVBl. 1991, S. 893ff. (901f.); J. Isensee, Diskussionsbemerkung, VVDStRL 51 (1992), S. 134ff.; Pieroth/Kingreen, Problematik (Fn. 33), S. 392; Miehe, Rechtfertigung (Fn. 39), S. 650.

[155] Köhler, Strafrecht AT (Fn. 60), S. 112.

[156] Pawlik, Strafrecht (Fn. 16), S. 475.

[157] Jakobs, Vergangenheitsbewältigung (Fn. 72), S. 57f.: Verwechslung von Kriminalität und Politik; s. auch Dencker, Vergangenheitsbewältigung (Fn. 126), S. 311; Odersky, Rolle (Fn. 5), S. 8f.; Schünemann, Aufarbeitung (Fn. 76), S. 103f.; P.-A. Albrecht, Das Bundesverfassungsgericht und die strafrechtliche Verarbeitung von Systemunrecht – eine deutsche Lösung!, in: NJ 1997, S. 1f. (1).

zu verbuchen. Zudem führt deren gewissermaßen stellvertretende Verurteilung zugleich zu einer fatalen Entlastung der vielen anderen Systemträger und Systemmitläufer (vom SED-Kreissekretär bis zum IM), der Zu- und Wegschauer, die gar nicht umfassend zur Rechenschaft gezogen und schon gar nicht alle strafrechtlich belangt werden können – selbst wenn sie Straftatbestände verwirklicht haben sollten[158].

Ohnehin war das eigentlich Katastrophale das heute in vielen Facetten deutlich werdende Gesamtsystemunrecht der DDR mit ihrem umfassenden Spitzelsystem, den gezielten Zersetzungsplänen, der vieltausendfachen seelischen Deformation und Zerstörung von Biographien, der Korrumpierung vieler Idealisten, den beruflichen und sonstigen sozialen Schikanen und dem ungezählten Raub von Lebens- und Entfaltungschancen – einschließlich der lauen Reaktion des Westens hierauf, die nun in zweifelhafter Weise überkompensiert wird[159].

Schließlich wäre zu fragen, welchem rechtsstaatlich akzeptablen Strafzweck die Verurteilung der Mauerschützen eigentlich dienen kann, da Resozialisierung, Spezialprävention und negative Generalprävention ersichtlich ausscheiden und eigentlich nur der reine Vergeltungsaspekt übrig bleibt[160]. Diesem wiederum wird durch die niedrigen Bewährungsstrafen kaum adäquat Rechnung getragen.

Vielleicht könnte man in einer solchen Diskussion aber auch erwägen, dem Bannkreis strafrechtlichen Denkens zu entrinnen und ganz andere Lösungen zu suchen: sich etwa der „Weisheit großer europäischer Friedensschlüsse"[161] zu erinnern, die Sieg und Frieden durch eine Amnestie besiegelten[162]. Es müßte eine Amnestie sein, die nichts verdrängt, nichts be-

---

[158] Diese Selektivität der Sanktionen ist ihrerseits ungerecht und raubt dem strafrechtlichen Zugriff rechtsstaatliche Legitimität. Vgl. Dencker, Vergangenheitsbewältigung (Fn. 126), S. 307 f.; D. Simon, Die Verantwortung des Juristen heute, 1992, S. 19; Schlink, Rechtsstaat (Fn. 129), S. 435.

[159] Mit anderen Worten: Die strafrechtliche Aufarbeitung mit ihrer Anwendung „normaler" Straftatbestände läßt den eigentlichen Unrechtsgehalt in eigentümlicher Weise unabgegolten. S. auch Zielcke, Gnade (Fn. 154), S. 465; Odersky, Rolle (Fn. 5), S. 28 f.

[160] Vgl. Jakobs, Vergangenheitsbewältigung (Fn. 72), S. 58; T. Blanke, Der „Rechtshistorikerstreit" um Amnestie: Politische Klugheit, moralische Richtigkeit und Gerechtigkeit bei der Aufarbeitung deutscher Vergangenheiten, in: KritJ 28 (1995), S. 131 ff. (141 ff.). Gegen positive Generalprävention (dazu allg. Roxin, Strafrecht [Fn. 131], § 3 Rn. 21 ff.) spricht wiederum, daß zahllose Unrechtstaten des SED-Regimes ohnehin ungesühnt bleiben werden.

[161] Köhler, Strafrecht AT (Fn. 60), S. 112.

[162] Dafür eindringlich, vor allem mit dem wichtigen Hinweis auf die Vielfalt fakti-

schönigt, nichts verzeiht, schon gar nicht freispricht – aber einen strafrechtlichen (keinen geschichtlichen und moralischen) Schlußstrich zieht[163]. Wie auch immer man sich zu den hier aufgeworfenen Problemen stellt: Sicher dürfte sein, daß es eine rundum befriedigende Patentlösung nicht gibt und uns auch die Radbruchsche Formel eine solche nicht bietet. Dem würde Gustav Radbruch heute zweifelsohne zustimmen.

scher und verdeckter Amnestien: HILLENKAMP, Amnestie (Fn. 6), S. 179 ff. mit zahlreichen weiteren Nachweisen. Zu ergänzen wäre ZIELCKE, Gnade (Fn. 154), S. 460 ff.

[163] Zu verschiedenen Modellen und zur historischen Praxis seit der Antike eingehend H. QUARITSCH, Theorie der Vergangenheitsbewältigung, in: Der Staat 31 (1992), S. 519 ff.; zum 20. Jahrhundert DERS., Apokryphe Amnestien, in: Festschrift für Hans-Joachim Arndt, 1993, S. 241 ff.

Repräsentative und direkte Demokratie im Grundgesetz*

Wer sich anschickt, über das Verhältnis von direkter und repräsentativer Demokratie unter dem Grundgesetz nachzusinnen, schreibt über einen Antagonismus, dem gleich in doppelter Hinsicht ein Gegenüber fehlt. Es fehlt in normativer Perspektive, weil die bundesdeutsche Verfassung in ihrem Art. 20 Abs. 2 S. 2 „Wahlen und Abstimmungen" einträchtig nebeneinander nennt. Es fehlt in tatsächlicher Hinsicht, weil das Grundgesetz in seinen übrigen Bestimmungen keine Abstimmungen vorsieht, so daß von einer Relation eigentlich nicht die Rede sein kann. Gleichwohl erscheinen

* Zusammen mit FABIAN WITTRECK.

direkte und indirekte Demokratie in der deutschen staatsrechtlichen Literatur wie Judikatur als feindliche Schwestern, wobei die Rollenverteilung klar ist: Während ungeachtet des Art. 20 Abs. 2 S. 2 GG die repräsentative zur „eigentlichen Demokratie" stilisiert wird[1], erscheint ihre unmittelbare Variante als Stiefschwester, deren bloße Existenz ein Ärgernis ist und die – so nicht rundheraus negiert[2] – auf jeden Fall an der gleichberechtigten Entfaltung gehindert werden muß[3].

Diese nach wie vor verbreitete Sicht wird weder dem Grundgesetz noch der direkten Demokratie gerecht[4]. Das soll im folgenden anhand einer Bestandsaufnahme zum Verhältnis von direkter und indirekter Demokratie dargelegt werden. So stellt sich die Frage, ob die bundesdeutsche Verfassung tatsächlich nach dem vielzitierten Wort von Klaus Stern „prononciert antiplebiszitär"[5] ist und – wichtiger noch – auf welcher Normebene diese Front- oder Weichenstellung denn anzusiedeln wäre. Handelt es sich um eine unhintergehbare Systementscheidung, der vermittels des Art. 79 Abs. 3 GG Bindungswirkung für alle Zukunft beizumessen ist, oder haben wir es mit einer Detailfrage der Ausgestaltung des demokratischen Prinzips zu tun, die dem verfassungsändernden Gesetzgeber breiten Spielraum zur Berücksichtigung verfassungspolitischer Argumente läßt?

---

[1] Klassisch E.-W. Böckenförde, Mittelbare/repräsentative Demokratie als eigentliche Form der Demokratie, in: Festschrift für Kurt Eichenberger, 1982, S. 301 ff.

[2] Die Extremposition, daß direkte Demokratie dem Grundgesetz regelrecht widerspricht und auch im Wege der Verfassungsänderung auf Bundesebene nicht eingeführt werden könnte, wird so praktisch nicht mehr vertreten; ihr nahe kommt allerdings die durchgehend kritische Darstellung von P. Krause, Verfassungsrechtliche Möglichkeiten unmittelbarer Demokratie, in: HStR[3] III, § 35 Rn. 17 ff. und passim. – Einzige Ausnahme dürfte K. Engelken, Volksgesetzgebung auf Bundesebene und die unantastbare Ländermitwirkung nach Art. 79 Abs. 3 GG, in: DÖV 2006, S. 550 ff. (552 u. passim) sein, der jedoch ausschließlich darauf abstellt, die grundsätzliche Mitwirkung der Länder an der Gesetzgebung i.S.v. Art. 79 Abs. 3 GG werde bei Bundes-Volksentscheiden nicht gewahrt; gegen diese These argumentiert abgewogen und gründlich die Arbeit von D. Estel, Bundesstaatsprinzip und direkte Demokratie im Grundgesetz, 2006, S. 102 ff.

[3] Zusammenfassend zu der nur aus dieser Grundhaltung erklärlichen einschlägigen Rechtsprechung der Landesverfassungsgerichte F. Wittreck, Direkte Demokratie vor Gericht oder: Direkte Demokratie und Verfassungsgerichtsbarkeit – Ein gestörtes Verhältnis?, in: H.K. Heußner/O. Jung (Hrsg.), Mehr direkte Demokratie wagen, 2. Aufl. 2009, S. 397 ff.

[4] So bereits das Fazit der präzisen und nüchternen Darstellung von H. Maurer, Plebiszitäre Elemente in der repräsentativen Demokratie, 1997, S. 31 ff.

[5] K. Stern, Das Staatsrecht der Bundesrepublik Deutschland, Bd. I, 2. Aufl. 1984, S. 608.

Dazu soll nach einer knappen Klärung der in der Debatte zuweilen mißverständlich, wenn nicht gar tendenziös gebrauchten Begriffe (I.) der verfassungsrechtliche Befund *de constitutione lata* erhoben werden (II.). Er weist die geltende deutsche Bundesverfassung in der Tat als rein repräsentativ geprägt aus, was die Frage nach den Gründen für diese im Vergleich zu den Landesverfassungen markante Andersartigkeit nahelegt. Hinter den öffentlich angeführten und kritisch zu sichtenden Begründungen stehen letztlich unausgesprochene Befürchtungen (III.), die es zu benennen und mit Belegen für die Leistungsfähigkeit der direkten Demokratie zu kontrastieren gilt (IV.). Zugleich sind Beschönigungen beider Spielarten der Demokratie zu verzeichnen und zurückzuweisen (V.). Am Ende steht die Einsicht, daß ihre wohlgeordnete Konkordanz wie wohlverstandene Konkurrenz gleichermaßen belebend für die grundgesetzliche Demokratie sind (VI.).

I. Begriffe

Es ist charakteristisch für die Debatte um das Verhältnis von repräsentativer und direkter Demokratie, daß sie entweder an einer terminologischen Unschärfe krankt oder gar darunter leidet, daß Begriffe bewußt ver- oder überzeichnet, auf jeden Fall aber über Gebühr positiv oder negativ aufgeladen werden. Daher gilt es vorab möglichst präzise zu bestimmen, was repräsentative (1.) und direkte (2.) Demokratie eigentlich bezeichnen. Davon abzugrenzen sind zahlreiche Termini aus beider Weichbild, die in der Diskussion für mehr Verwirrung als Klarheit sorgen (3.).

1. Repräsentative Demokratie

Wenn Demokratie im Kern eine Form kollektiver Selbstbestimmung ist, die wenigstens möglichst vielen Menschen erlaubt, im Einklang mit ihrem individuellen Willen zu leben[6], so bedarf sie eines formalisierten Verfahrens, das die verbindliche Ermittlung dieser Einzelwillen erlaubt. Es besteht kaum ein Zweifel daran, daß dieses Verfahren im modernen Großflächenstaat ohne repräsentative Vermittlung nicht denkbar ist[7]. Der Vorgang

---

[6] Klassisch H. KELSEN, Vom Wesen und Wert der Demokratie, 2. Aufl. 1929, S. 9 f.

[7] Diese Erkenntnis geht im Kern zurück auf die Verfasser der *Federalist Papers* von 1787; siehe dazu näher H. DREIER, Demokratische Repräsentation und vernünftiger Allgemeinwille. Die Theorie der amerikanischen Federalists im Vergleich mit der

der Aggregation eines Volkswillens aus den vielen Einzelwillen erfolgt in diesem Modell zuvörderst durch periodische Wahlen, in denen das Volk Vertreter bestimmt, die ihrerseits weitere Amtsträger kreieren und Sachentscheidungen insbesondere in Form von Gesetzen treffen, die den Bürgern als Urhebern zugerechnet werden[8]. Die gewählten Abgeordneten handeln so für das Volk, das auch in dieser Ausgestaltung nicht allein Ursprung, sondern Träger der Staatsgewalt bleibt. Zwischen Volkssouveränität und repräsentativer Demokratie besteht danach – das gilt es gegen alle Hypostasierungen der unmittelbaren Demokratie festzuhalten – kein Widerspruch[9].

2. *Direkte Demokratie*

Demgegenüber zeichnet sich die direkte Demokratie (auch: unmittelbare oder plebiszitäre Demokratie[10]) dadurch aus, daß Sach- oder Personalentscheidungen durch das Volk selbst gefällt werden, ohne daß die Ent-

---

Staatsphilosophie Kants, in: AöR 113 (1988), S. 450ff. sowie C. Wawrzinek, Die „wahre Republik" und das „Bündel von Kompromissen": Die Staatsphilosophie Immanuel Kants im Vergleich mit der Theorie des amerikanischen Federalist, 2009, S. 424ff. – Zur Unausweichlichkeit der Repräsentation wie hier R.A. Rhinow, Grundprobleme der schweizerischen Demokratie, in: Zeitschrift für Schweizerisches Recht 103 II (1984), S. 111ff. (174); E.-W. Böckenförde, Demokratische Willensbildung und Repräsentation, in: HStR³ III, § 34 Rn. 53; H. Dreier, in: ders. (Hrsg.), Grundgesetz-Kommentar, Bd. II, 2. Aufl. 2006, Art. 20 (Demokratie), Rn. 108.

[8] Zum Modell der repräsentativen Demokratie näher U. Scheuner, Das repräsentative Prinzip in der modernen Demokratie (1961), in: ders., Staatstheorie und Staatsrecht, 1978, S. 245ff.; Hans Meyer, Repräsentation und Demokratie, in: H. Dreier (Hrsg.), Rechts- und staatstheoretische Schlüsselbegriffe: Legitimität – Repräsentation – Freiheit. Symposion für Hasso Hofmann zum 70. Geburtstag, 2005, S. 113ff.; grundlegend zur Ideengeschichte H. Hofmann, Repräsentation (1974), 4. Aufl. 2003.

[9] Geradezu kultiviert hat diesen vermeintlichen Widerspruch kein anderer als Carl Schmitt, Verfassungslehre, 1928, S. 204ff., 276f. – Grundsatzkritik bei H. Hofmann, Legitimität gegen Legalität (1964), 5. Aufl. 2010, S. 147ff.

[10] Die Begriffe plebiszitäre oder identitäre Demokratie sollten in diesem Kontext allerdings mit Vorsicht gebraucht werden, weil der erstere die Unterschiede zwischen dem Plebiszit im engeren Sinne – siehe sogleich unter 3. – und Abstimmungen in Gestalt von Volksentscheiden verwischt und letzterer der irrigen Vorstellung Vorschub leistet, die direkte Demokratie komme ganz ohne repräsentative Elemente aus (vgl. unten V.2.); mißverständlich hier etwa R. Zippelius/T. Würtenberger, Deutsches Staatsrecht, 31. Aufl. 2005, S. 80.

scheidungsfindung Repräsentanten überantwortet wird[11]. „Direkte Demokratie" in diesem weiten Sinne umfaßt sowohl die unmittelbare Volkswahl von Amtsträgern (wie sie in den USA und der Schweiz für Richter verbreitet ist[12] und in Deutschland für den Bundespräsidenten diskutiert wird[13]) als auch die Entscheidung von Sachfragen durch die Bürger (das Grundgesetz spricht hier von Abstimmungen, das Landesrecht von Volks- oder Bürgerentscheiden[14]). Im folgenden soll in einem engeren Sinne nur noch von der letztgenannten Spielart der direkten Demokratie die Rede sein, die in der neueren Literatur auch als „sachunmittelbare Demokratie" firmiert[15].

3. *Plebiszit, Referendum und Verwandtes*

Neben dem Volks- oder Bürgerentscheid als der verbindlichen Entscheidung einer Sachfrage begegnet eine bunte Fülle von Erscheinungsformen direkter Demokratie, die häufig von dieser Form der Abstimmung nicht hinlänglich präzise abgegrenzt werden[16]. Ein *Plebiszit* ist im engeren Sinne nach vorzugswürdiger Auffassung lediglich die nachträgliche Befragung des Volkes über eine Einzelfallentscheidung (im Völkerrecht begegnet ferner das Territorialplebiszit als Entscheidung der Bevölkerung eines um-

---

[11] Zusammenfassend zum folgenden U. Berlit, Soll das Volk abstimmen?, in: KritV 76 (1993), S. 318 ff. (328 ff.); Dreier (Fn. 7), Art. 20 (Demokratie), Rn. 103 ff.; K.-P. Sommermann, Art. Volksabstimmung (Plebiszit, Referendum), in: W. Heun u.a. (Hrsg.), Evangelisches Staatslexikon, Neuausgabe 2006, Sp. 2661 ff.; J. Rux, Direkte Demokratie in Deutschland. Rechtsgrundlagen und Rechtswirklichkeit der unmittelbaren Demokratie in der Bundesrepublik Deutschland und ihren Ländern, 2008, S. 38 ff.

[12] Näher m.w.N. A. Tschentscher, Demokratische Legitimation der dritten Gewalt, 2006, S. 273 ff., 279 ff. sowie F. Wittreck, Die Verwaltung der Dritten Gewalt, 2006, S. 545 ff., 623 ff.

[13] Statt aller L. Wellkamp, Die Volkswahl des Bundespräsidenten, in: BayVBl. 2002, S. 267 ff.

[14] Sie sollen im folgenden außer Betracht bleiben. Eine aktuelle Bestandsaufnahme bietet V. Mittendorf, Bürgerbegehren und Bürgerentscheide in Deutschland. Regelungen – Nutzungen – Analysen, in: Heußner/Jung, Mehr direkte Demokratie (Fn. 3), S. 327 ff.

[15] Propagiert von P. Neumann, Sachunmittelbare Demokratie im Bundes- und Landesverfassungsrecht unter besonderer Berücksichtigung der neuen Länder, 2009.

[16] Unscharf etwa C. Schwieger, Volksgesetzgebung in Deutschland, 2005, der im Untertitel seiner Untersuchung von „plebiszitärer Gesetzgebung" spricht; über „Plebiszite" berichtet unterschiedslos auch J. Kühling, Volksgesetzgebung und Grundgesetz – „Mehr direkte Demokratie wagen"?, in: JuS 2009, S. 777 ff. (777).

strittenen Gebiets über ihre Staatszugehörigkeit[17]). Sein schlechter Leumund rührt – ganz abgesehen vom abfällig konnotierten Wortbestandteil *plebs* – von dem Mißbrauch her, den prominent Napoleon III. und Hitler betrieben haben, die beide das „Plebiszit" als willfähriges Instrument für cäsaristisch erworbene Zustimmung einsetzten[18], ohne daß man hier noch von einer dem Volk auch nur entfernt zurechenbaren Sachentscheidung sprechen könnte[19].

Das *Referendum* hingegen bezeichnet die i.d.R. nachträgliche Volksabstimmung über vom Parlament beschlossene Vorlagen[20]. Es begegnet als entweder obligatorisches oder fakultatives Referendum und erfaßt beispielsweise Gesetze, völkerrechtliche Verträge, Verfassungsänderungen oder Akte der Verfassunggebung. Im deutschen Recht kommt das Referendum vor allem als obligatorisches Verfassungsänderungsreferendum auf Landesebene vor und hat in den Ländern mit einschlägigen Regelungen (namentlich Bayern und Hessen[21]) dazu geführt, daß die Kadenz von Verfassungsänderungen dort ebenso merklich wie wohltuend hinter der motorisierten Dauerrevision des Grundgesetzes zurückgeblieben ist[22].

---

[17] Dazu nur J. Delbrück/R. Wolfrum, Völkerrecht, Bd. I/1, 2. Aufl. 1989, S. 375 f.

[18] Zu den Plebisziten Napoleons III. knapp und m.w.N. Neumann, Sachunmittelbare Demokratie (Fn. 15), S. 160; zu den einschlägigen Abstimmungen oder besser Akklamationen in der NS-Zeit O. Jung, Plebiszit und Diktatur: die Volksabstimmungen der Nationalsozialisten, 1995; ferner Schwieger, Volksgesetzgebung (Fn. 16), S. 214 ff.; H.-J. Wiegand, Direktdemokratische Elemente in der deutschen Verfassungsgeschichte, 2006, S. 142 ff.

[19] Eingehend zu den verschiedenen Plebiszitbegriffen Neumann, Sachunmittelbare Demokratie (Fn. 15), S. 158 ff.

[20] Sommermann, Volksabstimmung (Fn. 11), Sp. 2662; Neumann, Sachunmittelbare Demokratie (Fn. 15), S. 212 ff.

[21] Vgl. Art. 75 Abs. 2 S. 2 BayVerf. (Landtagsbeschluß mit Zweidrittelmehrheit sowie Volksabstimmung ohne Quorum) und Art. 123 Abs. 2 HessVerf. (Beschluß des Landtags mit mehr als der Hälfte der gesetzlichen Mitgliederzahl sowie Volksabstimmung ohne Quorum). – Näher zur bayerischen Regelung jetzt bündig M. Möstl, in: J .F. Lindner/M. Möstl/H.A. Wolff, Verfassung des Freistaates Bayern, 2009, Art. 75 Rn. 5.

[22] Zur Verdeutlichung: Mittlerweile 57 Gesetzen zur Änderung des Grundgesetzes stehen ganze elf (Bayern: Überblick bei J. F. Lindner, in: ders./Möstl/Wolff, Verfassung Bayern [Fn. 21], Vorb. A Rn. 22) resp. sieben (Hessen; dazu, daß diese Stabilität Art. 123 Abs. 2 HessVerf. geschuldet ist, statt aller jetzt M. Will, Die Entstehung der Verfassung des Landes Hessen von 1946, 2009, S. 554 f.) gegenüber; vgl. O. Jung, Regieren mit dem obligatorischen Verfassungsreferendum: Wirkung, Konterstrategie, Nutzungsversuche und Umgangsweise, in: ZParl. 36 (2005), S. 161 ff. – Kritik an der hohen Änderungskadenz des Grundgesetzes bei H. Dreier/F. Wittreck, Das

Im Vorfeld des Volksentscheids sind Volksinitiative und Volksbegehren angesiedelt. Erstere zielt ausschließlich darauf ab, daß sich das Parlament mit einer Frage der politischen Willensbildung befaßt[23]. Das erfolgreiche Volksbegehren hingegen erzwingt die verbindliche Entscheidung des Volkes oder des Parlaments in einer Sachfrage. Volksinitiative wie Volksbegehren können dabei Stufen auf dem Weg zum Volksentscheid sein, müssen dies aber nicht; in der Zusammen- oder Nacheinanderschaltung der verschiedenen Instrumente obwaltet hier schon deutschlandweit größte Vielfalt[24]. Gleiches gilt für die Frage, wie das Parlament in den Prozeß der Willensbildung und Entscheidung des Volkes eingebunden wird[25].

Schließlich bleibt eine Fülle von diversen nur vereinzelt anzutreffenden Möglichkeiten der unmittelbaren Entscheidung des Volkes[26]. Der Bogen spannt sich von der bloßen (unverbindlichen) Volksbefragung[27] bis hin zur vorzeitigen Auflösung des Landtags (prominent einmal mehr in Bayern, aber auch in Bremen[28]).

Grundgesetz für die Bundesrepublik Deutschland: Entstehung und Entwicklung, Gestalt und Zukunft, in: dies. (Hrsg.), Grundgesetz, 4. Aufl. 2009, S. XV ff. (XXX).

[23] Knapp M. Rossi/S.-C. Lenski, Treuepflichten im Nebeneinander von plebiszitärer und repräsentativer Demokratie, in: DVBl. 2008, S. 416ff. (416); im Detail Neumann, Sachunmittelbare Demokratie (Fn. 15), S. 189ff.

[24] Im gerafften Überblick B.J. Hartmann, Volksgesetzgebung und Grundrechte, 2005, S. 31ff.; Neumann, Sachunmittelbare Demokratie (Fn. 15), S. 183ff.

[25] Näher Rux, Direkte Demokratie (Fn. 11), S. 422f., 429.

[26] Einen ersten Überblick verschafft A. Kost, Direkte Demokratie in der Bundesrepublik Deutschland – eine Einführung, in: ders. (Hrsg.), Direkte Demokratie in den deutschen Ländern, 2005, S. 7ff. (8f.); eingehend Neumann, Sachunmittelbare Demokratie (Fn. 15), S. 168ff.

[27] Terminologisch unglücklich hier das Grundgesetz, das eine „Volksbefragung" einmal in Art. 29 Abs. 4, 5 und 6 GG als nur mittelbar verbindliches Votum zur Änderung der Landeszugehörigkeit gerade vom Volksentscheid absetzt, andererseits aber in Art. 118 S. 2 GG für die Neugliederung des südwestdeutschen Raumes als verbindliche Abstimmung vorschreibt; näher zur Abgrenzung I. Pernice, in: Dreier, GGK II (Fn. 7), Art. 29 Rn. 18; ders., in: H. Dreier (Hrsg.), Grundgesetz-Kommentar, Bd. III, 2. Aufl. 2008, Art. 118 Rn. 9. Umfassend zu Volksbefragungen Neumann, Sachunmittelbare Demokratie (Fn. 15), S. 177ff.

[28] Vgl. Art. 18 Abs. 3 BayVerf. (Abberufung durch Volksentscheid auf Antrag einer Million wahlberechtigter Bürger) sowie Art. 76 Abs. 1 lit. b BremVerf. (Beendigung der Wahlperiode durch Volksentscheid auf Verlangen eines Fünftels der Stimmberechtigten); zusammenfassend Neumann, Sachunmittelbare Demokratie (Fn. 15), S. 233ff. (dort auch weitere Beispiele).

II. Befunde

Betrachtet man vorurteilsfrei und nüchtern die Rechtslage *de constitutione lata*, so sieht das Grundgesetz Wahlen und Abstimmungen als gleichberechtigte Formen der Legitimationsvermittlung nebeneinander vor (1.). Erst in der konkreten Ausgestaltung wird deutlich, daß augenblicklich auf Bundesebene allein die Wahlen die *gesamte* Last der demokratischen Legitimation der Staatsgewalt zu tragen haben (2.), während sich für Abstimmungen keine Anwendungsbeispiele finden (3.). Daß das nicht so bleiben muß, belegt bereits der kursorische Blick auf die Landesverfassungen und deren normative Rückbindung an wie Rückwirkung auf das Grundgesetz (4.).

1. Ausgangspunkt: Art. 20 Abs. 2 GG

Als Zentralnorm des demokratischen Prinzips im Grundgesetz statuiert Art. 20 Abs. 2 S. 1 GG knapp die Rückbindung aller Staatsgewalt an das (deutsche) Volk; die Ausübung der Volkssouveränität erfolgt nach Abs. 2 S. 2 durch „Wahlen und Abstimmungen" sowie besondere (Repräsentativ-)Organe. Die Konjunktion „und" signalisiert hier den wohlgemerkt normativen, keineswegs aber den faktisch-statistischen Gleichrang von Sach- und Personalentscheidungen[29]. Weder läßt sich aus der Reihenfolge der Erwähnung auf eine normative „Vorhand" der repräsentativen Legitimationsvermittlung schließen[30] noch läßt sich der sogleich zu erörternde Umstand, daß das Grundgesetz allein die Wahlen näher ausbuchstabiert, im Sinne einer Verfassungsentscheidung für den Vorrang der repräsentativen Demokratie deuten. Ganz im Gegenteil ist zu unterstreichen, daß Art. 20 Abs. 2 S. 2 GG kraft seines hervorgehobenen Schutzes durch die Ewigkeitsklausel des Art. 79 Abs. 3 GG eine Fundamentalentscheidung darstellt, der innerhalb der Verfassungsurkunde ein besonderer Rang eignet. Das schließt es aus, die gleichberechtigte Erwähnung von Wahlen und

---

[29] Anders etwa ThürVerfGH ThürVBl. 2002, 31 (37), der den Vorrang der repräsentativen Demokratie nicht zuletzt aus ihrer Erwähnung an erster Stelle in Art. 45 S. 2 ThürVerf. herleitet; kritisch dazu C. DEGENHART, Volksgesetzgebungsverfahren und Verfassungsänderung nach der Verfassung des Freistaats Thüringen, in: ThürVBl. 2001, S. 201 ff. (204 f.) und F. WITTRECK, Direkte Demokratie und Verfassungsgerichtsbarkeit, in: JöR 51 (2005), S. 111 ff. (163 m. Fn. 278).

[30] In diese Richtung aber tatsächlich KRAUSE, Möglichkeiten (Fn. 2), § 35 Rn. 19 sowie P. SELMER/L. HUMMEL, Zulässige Volksentscheide über alle haushaltsplanexternen Haushaltsangelegenheiten?, in: NordÖR 2009, S. 137 ff. (139).

Abstimmungen im Lichte der „Folgeregelungen“ in Art. 38 Abs. 1 GG oder gar im Bundeswahlgesetz zu interpretieren; vielmehr müssen diese und andere Bestimmungen, die (derzeit) keinen oder nur wenig Raum für direkte Demokratie lassen, von Art. 20 Abs. 2 S. 2 GG her gelesen werden und dabei stets dessen von Art. 79 Abs. 3 GG erhöhter Durchsetzungskraft eingedenk sein.

2. *Wahlen*

De constitutione lata bürdet das Grundgesetz die Last der demokratischen Legitimation aller Staatsgewalt auf Bundesebene allein der alle vier Jahre stattfindenden Bundestagswahl auf (Art. 38 Abs. 1 S. 1, 39 Abs. 1 S. 1 GG). Der Bundestag ist nicht allein zentraler Akteur der sachlich-inhaltlichen Legitimation in Gestalt der Steuerung von Exekutive wie Judikative durch das Parlamentsgesetz[31], sondern durch die Wahl des Bundeskanzlers (Art. 63 Abs. 1 GG) wie weiterer Inhaber von Staatsgewalt[32] auch maßgeblicher Ankerpunkt der vielzitierten „Legitimationskette“, die eine lückenlose Rückbindung von Personalentscheidungen über einzelne Amtswalter an den Volkswillen im Sinne der personellen Legitimation sicherstellen soll[33].

Dieser Legitimationskonnex wird darüber hinaus bis weit in das Staatsorganisationsrecht hinein verlängert: Zahlreiche Kompetenzen weisen den als einziges Repräsentationsorgan direkt vom Volk gewählten Bundestag in der Tat als „Gravitationszentrum des demokratischen Verfassungsstaates“[34] aus: Er teilt sich mit dem Bundesrat das Monopol der Gesetzgebung

[31] Dazu nur F. Reimer, Das Parlamentsgesetz als Steuerungsmittel und Kontrollmaßstab, in: W. Hoffmann-Riem/E. Schmidt-Aßmann/A. Voßkuhle (Hrsg.), Grundlagen des Verwaltungsrechts, Bd. I, 2006, § 9 Rn. 1 ff.

[32] Näher Art. 40 Abs. 1 S. 1, Art. 45b S. 1, Art. 54 Abs. 1 S. 1 u. Abs. 3, Art. 94 Abs. 1 S. 2, Art. 95 Abs. 2 GG; vgl. etwa zur Mitwirkung der Parlamente bei der Richterbestellung auf Bundes- und Landesebene Tschentscher, Demokratische Legitimation (Fn. 12), S. 326 ff., 350 ff. sowie Wittreck, Verwaltung der Dritten Gewalt (Fn. 12), S. 268 ff., 302 f., 305 f., 307 ff. (beide m.w.N.).

[33] Grundgelegt in BVerfGE 9, 268 (281 f.); 83, 37 (50 ff.); 93, 37 (66 ff.); 107, 59 (86 ff.); näher, auch zur Kritik an dieser Figur Tschentscher, Demokratische Legitimation (Fn. 12), S. 30 ff.; Wittreck, Verwaltung der Dritten Gewalt (Fn. 12), S. 116 ff.; Dreier (Fn. 7), Art. 20 (Demokratie), Rn. 113 ff. sowie H.-H. Trute, Die demokratische Legitimation der Verwaltung, in: Hoffmann-Riem/Schmidt-Aßmann/Voßkuhle, Grundlagen I (Fn. 31), § 6 Rn. 4 ff.

[34] Dreier (Fn. 7), Art. 20 (Demokratie), Rn. 98.

und Verfassungsänderung wie die Hoheit über den Haushalt (Art. 77, 79 Abs. 2, 110 GG)[35], kontrolliert – zumindest der Papierform nach – im parlamentarischen Regierungssystem die eng mit ihm verwobene Bundesregierung (Art. 63, 67, 68 GG u.v.a.m.)[36] und entscheidet über den militärischen Einsatz der Bundeswehr (Art. 115a Abs. 1, 115l GG bzw. Bundesverfassungsrichterrecht)[37]; die Liste ließe sich verlängern.

Zentral bleibt freilich die Einsicht, daß es ein Verstoß gegen juristische Kunstregeln wäre, aus dieser faktischen Zurichtung auf eine normative Wertung des Inhalts zu schließen, das Grundgesetz habe – womöglich mit Überverfassungsrang – diese Präponderanz der repräsentativen Demokratie festschreiben wollen[38]. Dieser in Rechtsprechung[39] wie Literatur[40] nach wie vor verbreitete Fehlschluß ignoriert zweierlei: erstens das oben dargelegte Rangverhältnis zwischen Art. 20 Abs. 2 S. 2 GG und den nachgelagerten Normen der Kreations- und Kompetenzvorschriften – die verfassungsrechtlich fixierte normative Gleichrangigkeit von direkter und indirekter Demokratie muß der Interpretation der Bestimmungen des „einfachen" Verfassungsrechts den Weg weisen, nicht umgekehrt. Zweitens wird hier oft verkannt, daß im Kern von einem Sein auf ein Sollen geschlossen wird – die schon den Klassikern der modernen Demokratietheorie vertraute Einsicht, daß Demokratie im modernen Großflächen-

---

[35] Dazu knapp und m.w.N. S. Müller-Franken, Bürgerentscheid und kommunale Finanzhoheit, in: Festschrift für Werner Frotscher, 2007, S. 659ff. (662f.).

[36] Näher M. Brenner, Das Prinzip Parlamentarismus, in: HStR³ III, § 44 Rn. 4ff.

[37] Zusammenfassend F. Kirchhof, Verteidigung und Bundeswehr, in: HStR³ IV, § 84 Rn. 30ff.

[38] Wie hier i.E. SächsVerfGH SächsVBl. 2002, 236 (237; zu Art. 3 Abs. 2 SächsVerf.); HambVerfG NordÖR 2005, 524 (525); C. Degenhart, Direkte Demokratie auf Bundesebene nach dem Grundgesetz, in: Gedächtnisschrift für Joachim Burmeister, 2005, S. 87ff. (89); Dreier (Fn. 7), Art. 20 (Demokratie), Rn. 109f.; Rossi/Lenski, Treuepflichten (Fn. 23), S. 417; Neumann, Sachunmittelbare Demokratie (Fn. 15), S. 340ff. – Daß Volksabstimmungen in Sachfragen durch Änderung des Grundgesetzes eingeführt werden könnten, stellt jetzt auch – im Wege des obiter dictum – BVerfGE 123, 267 (367) fest.

[39] Zusammenfassend m.w.N. Wittreck, Direkte Demokratie (Fn. 29), S. 134f., 141ff., 163ff., 178ff.

[40] Aus der jüngeren Literatur nur R. Scholz, Krise der parteienstaatlichen Demokratie, 1983, S. 6ff.; J. Isensee, Am Ende der Demokratie – oder am Anfang?, 1995, S. 31ff.; ders., Verfahrensfragen der Volksgesetzgebung – Überlegungen zum Landesverfassungsrecht, in: Festschrift für Peter Krause, 2006, S. 303ff. (304ff.); R. Grawert, Verfassung des Landes Nordrhein-Westfalen, 1998, Art. 2 Anm. 4; P. Badura, Die parlamentarische Demokratie, in: HStR³ II, § 25 Rn. 35, 40, 44, 60; Krause, Möglichkeiten (Fn. 2), § 35 Rn. 26; Selmer/Hummel, Volksentscheide (Fn. 30), S. 140.

staat unausweichlich repräsentativ verfaßt sein wird und „plebiszitäre" Instrumente allenfalls der punktuellen Ergänzung dienen können[41], mutiert hier unter der Hand zum Sollenssatz, wonach die Abstimmungen den Wahlen keine ernsthafte Konkurrenz machen dürfen[42]. Das mag im Sinne eines Funktionsvorbehalts dann tragbar sein, wenn eine Ausgestaltung der direktdemokratischen Instrumente in Rede steht, die das Parlament und andere Repräsentativorgane mit hinreichender Wahrscheinlichkeit völlig lahmlegen müßte. Aber erstens werden Forderungen nach einer solch dysfunktionalen Ausgestaltung der Volksrechte nirgends erhoben[43], und zweitens müßte der genannte Funktionsvorbehalt umgekehrt auch mit gleichem Gewicht zugunsten der direkten Demokratie in Ansatz gebracht werden[44]. Nimmt man das funktionale Argument ungeachtet seiner unbestreitbar naturrechtlichen Anmutung ernst, so setzt es die oft viel zu hohen Abstimmungs- und Beteiligungsquoren ebenso unter erheblichen Rechtfertigungsdruck wie die übrigen bürokratischen Hürden, die beispielsweise nach der unfreiwillig offenherzigen Diktion des Thüringer Verfassungsgerichtshofes Volksentscheide „erschweren" sollen[45].

3. Abstimmungen

Abstimmungen des Volkes im Sinne von Sachentscheidungen, die an die Stelle parlamentarischer Gesetzgebung treten, sucht man im Grundgesetz vergebens.

Entgegen verbreiteter Auffassung kennt das Grundgesetz nämlich auch im übrigen keine Abstimmungen i.S.v. Art. 20 Abs. 2 S. 2 GG[46]. Die hier üblicherweise an erster Stelle genannten Volksentscheide, -begehren und -befragungen gem. Art. 29 Abs. 2 S. 1, Abs. 3–6, 8 S. 4 u. 5 GG resp.

---

[41] Vgl. nochmals oben Fn. 7.

[42] Näher WITTRECK, Direkte Demokratie (Fn. 29), S. 134 f.

[43] Deutlich NEUMANN, Sachunmittelbare Demokratie (Fn. 15), S. 342.

[44] Unterstrichen von NdsStGH NdsVBl. 2002, 11 (13); U. STEINER, Schweizer Verhältnisse in Bayern?, 2000, S. 12; DEGENHART, Volksgesetzgebungsverfahren (Fn. 29), S. 203; K. SCHWEIGER, Weiterentwicklung der verfassungsgerichtlichen Rechtsprechung zum Plebiszit, in: BayVBl. 2002, S. 65 ff. (72); WITTRECK, Direkte Demokratie (Fn. 29), S. 130, 143 f.

[45] ThürVerfGH ThürVBl. 2002, 31 (36); vgl. dazu WITTRECK, Direkte Demokratie (Fn. 29), S. 160 f.

[46] So aber etwa STERN, Staatsrecht I (Fn. 5), S. 607; KRAUSE, Möglichkeiten (Fn. 2), § 35 Rn. 19; M. SACHS, in: ders. (Hrsg.), Grundgesetz-Kommentar, 5. Aufl. 2009, Art. 20 Rn. 32; SELMER/HUMMEL, Volksentscheide (Fn. 30), S. 139.

Art. 118, 118a GG stellen sich nicht als Abstimmungen des deutschen Volkes (d.h. des Souveräns i.S.v. Art. 20 Abs. 2 S. 1 GG als Gesetzgebungsorgan), sondern als bloße Bevölkerungsentscheide der jeweils betroffenen Bewohner dar (die geläufige Bezeichnung als „Territorialplebiszite" knüpft hier an den völkerrechtlichen Sprachgebrauch an und trifft die obwaltende örtliche Radizierung recht gut)[47]. Gleiches gilt für die ohnehin längst von der Bildfläche verschwundenen Gemeindeversammlungen, die Art. 28 Abs. 1 S. 4 GG zwar ausnahmsweise zuläßt, die aber in keinem Bundesland mehr vorgesehen sind[48]. Bestenfalls eine vage Aussicht auf eine Volksabstimmung eröffnet schließlich die i.ü. heillos umstrittene Schlußvorschrift des Art. 146 GG. Denn Art. 146 GG erlaubt zwar weiterhin die Ablösung des Grundgesetzes durch eine neue Verfassung[49], schweigt sich über das *procedere* auf dem Weg dorthin aber vornehm aus. Die historischen Vorbilder belegen, daß die Verfassunggebung im Wege der Volksabstimmung über einen Konventsentwurf, genauso gut aber durch eine volksgewählte Nationalversammlung erfolgen könnte; als prominente Beispiele ließen sich die Paulskirche, aber auch die Weimarer Reichsverfassung nennen.

4. *Seitenblick auf Landesverfassungen*

Kräftige Unterstützung erfährt die hier vertretene Deutung durch einen Blick auf die Verfassungen der deutschen Bundesländer. Alle enthalten – nach teils langandauernder Abstinenz – mittlerweile Volksbegehren und Volksentscheide und eröffnen ihren Bürgern teilweise über diese Kerninstrumente der direkten Demokratie hinaus eine Reihe weiterer Abstimmungsmöglichkeiten[50]. In den letzten Jahren läßt sich zudem ein – an-

---

[47] Zusammenfassend m.w.N. Dreier (Fn. 7), Art. 20 (Demokratie), Rn. 104; wie hier auch Neumann, Sachunmittelbare Demokratie (Fn. 15), S. 246ff.

[48] Näher H. Dreier, in: ders., GGK II (Fn. 7), Art. 28 Rn. 84.

[49] Zusammenfassend m.w.N. H. Dreier, Das Grundgesetz unter Ablösungsvorbehalt? Zu Deutung und Bedeutung des Art. 146 GG, in: ders. (Hrsg.), Macht und Ohnmacht des Grundgesetzes, 2009, S. 159ff., in diesem Bande S. 433ff.; auch BVerfGE 123, 267 (364) geht davon aus, daß eine Ablösung des Grundgesetzes via Art. 146 GG möglich und im Rahmen der fortschreitenden europäischen Einigung möglicherweise auch nötig ist.

[50] Guter Überblick in den einzelnen Länderberichten in Kost, Direkte Demokratie (Fn. 26); vgl. ferner Krause, Möglichkeiten (Fn. 2), § 35 Rn. 29ff.; R. Magin/C. Eder, Direkte Demokratie in den Bundesländern: Grundlagen, Institutionen, Anwendungen, in: M. Freitag/U. Wagschal (Hrsg.), Direkte Demokratie. Bestandsauf-

fangs hart erkämpfter – Trend beobachten, diese Möglichkeiten eher zu erweitern respektive bestehende und zum Teil sehr hohe Zugangshürden zu senken[51]. Nach der hier vertretenen Auffassung ist dies durchweg unproblematisch, da die Homogenitätsklausel des Art. 28 Abs. 1 S. 1 GG die Länder zur Übereinstimmung mit dem Grundgesetz lediglich in den Kernbereichen verpflichtet, die nach Art. 20 Abs. 1–3 i.V.m. Art. 79 Abs. 3 GG auch für den Bund identitätsstiftend und daher veränderungsfest sind[52]. Mit anderen Worten: Der Zentralstaat darf die Gliedstaaten nur dort zur Gefolgschaft zwingen, wo er selbst (mit Ewigkeitsrang) gebunden ist. Über Art. 28 Abs. 1 S. 1 GG wird die Erwähnung der „Abstimmungen" in Art. 20 Abs. 2 S. 2 GG somit geradezu zum *Garanten* der weiter ausgebauten direkten Demokratie in den Bundesländern. Was dem Bund dem Grunde nach erlaubt ist (und seinerseits nach Art. 79 Abs. 3 GG nicht umstandslos abgeschafft werden könnte[53]), muß für die Länder nur billig sein. Gelangte man hingegen zum gegenteiligen Ergebnis, daß die angebliche „Präponderanz" des Repräsentativsystems den Schutz von Art. 79 Abs. 3 GG genießt und folgerichtig auch die Länder nach Art. 28 Abs. 1 S. 1 GG festlegte, so wäre das Resultat genau jene „bundesstaatliche Spaltung des Demokratiebegriffs" (*Hasso Hofmann*)[54], vor der selbst entschlossene Verfechter eines Vorrangs der mittelbaren Demokratie zurückschrecken[55].

nahmen und Wirkungen im internationalen Vergleich, 2007, S. 151 ff.; G. Jürgens/F. Rehmet, Direkte Demokratie in den Bundesländern – Ein Überblick, in: Heußner/Jung, Mehr direkte Demokratie (Fn. 3), S. 197 ff. – Speziell zu den ostdeutschen Bundesländern erschöpfend Neumann, Sachunmittelbare Demokratie (Fn. 15), S. 441 ff., 657 ff.

[51] Dazu H.K. Heussner/O. Jung, Einleitung, in: dies., Mehr direkte Demokratie (Fn. 3), S. 11 ff. (12 ff.); Neumann, Sachunmittelbare Demokratie (Fn. 15), S. 90 ff.

[52] Näher zum Korrespondenzverhältnis von Art. 28 Abs. 1 S. 1 und Art. 79 Abs. 3 GG J. Menzel, Landesverfassungsrecht, 2002, S. 250 ff.; Dreier (Fn. 48), Art. 28 Rn. 62; H.D. Jarass/B. Pieroth, Grundgesetz-Kommentar, 10. Aufl. 2009, Art. 28 Rn. 3. – A.A. Selmer/Hummel, Volksentscheide (Fn. 30), S. 140.

[53] Eine Streichung der „Abstimmungen" in Art. 20 Abs. 2 S. 2 GG wäre mit anderen Worten als „Berührung" der nach Art. 79 Abs. 3 GG geschützten Gehalte unzulässig: D. Zacharias, Die sog. Ewigkeitsgarantie des Art. 79 Abs. 3 GG, in: M. Thiel (Hrsg.), Wehrhafte Demokratie, 2003, S. 57 ff. (86); H. Dreier, in: ders., GGK II (Fn. 7), Art. 79 III Rn. 40.

[54] H. Hofmann, Bundesstaatliche Spaltung des Demokratiebegriffs? (1985), in: ders., Verfassungsrechtliche Perspektiven, 1995, S. 146 ff. (152 ff., 155 ff.).

[55] Die These, die direktdemokratischen Elemente der Landesverfassungen seien mit Art. 28 Abs. 1 S. 1 GG nicht zu vereinbaren, wird von niemandem mehr ernstlich vertreten.

III. Bedenken gegen die Einführung direktdemokratischer Elemente

Der Befund auf Bundesebene bleibt danach zunächst kärglich: Das Grundgesetz verheißt zwar „Abstimmungen" als Modus der Legitimation deutscher Staatsgewalt durch das Volk, löst dieses Versprechen aber streng genommen gar nicht ein. Nach wie vor empfinden weite Teile der Staatsrechtslehre wie gewichtige Stimmen in der Politik dies nicht als Defizit, sondern als Segen. Die Argumente, die für eine Aufrechterhaltung des *status quo* geläufigerweise ins Feld geführt werden, gilt es im folgenden kritisch zu beleuchten.

1. Weimarer Erfahrungen?

Als regelrechter Revenant der deutschen Diskussion erweist sich an erster Stelle der Hinweis darauf, die in der Zwischenkriegszeit auf Reichs- wie Landesebene möglichen Abstimmungen hätten unmittelbar zur Destabilisierung der parlamentarischen Demokratie beigetragen und Hitler den Weg zur Macht maßgeblich mitgeebnet[56]. Obwohl dieser nur selten überhaupt näher substantiierte Vorwurf inzwischen in einer ganzen Reihe von Studien wissenschaftlich widerlegt worden ist[57], geistert er – im Wortlaut zurückhaltender, in der Sache aber unbeirrt – weiter durch Stellung-

---

[56] In diesem Sinne etwa der Historiker S. MEINEKE, Die antiplebiszitäre Grundsatzentscheidung des Parlamentarischen Rates – eine Fehlverarbeitung der Geschichte?, in: Jahrbuch für Politik 2 (1992), S. 203 ff.; richtig hingegen die Diagnose/Analyse des Historikers A. WIRSCHING, Konstruktion und Erosion: Weimarer Argumente gegen Volksbegehren und Volksentscheid, in: C. Gusy (Hrsg.), Weimars lange Schatten – „Weimar" als Argument nach 1945, 2003, S. 335 ff. – Aus dem staatsrechtlichen Schrifttum J. ISENSEE, Abstimmungen, ohne zu entscheiden?, in: B. Guggenberger/T. Stein (Hrsg.), Die Verfassungsdiskussion im Jahr der deutschen Einheit, 1991, S. 214 ff. (214); KRAUSE, Möglichkeiten (Fn. 2), § 35 Rn. 10f., 15 sowie SELMER/HUMMEL, Volksentscheide (Fn. 30), S. 139. – Umfangreiche Aufbereitung des Streitstandes zu den „Weimarer Erfahrungen" bei SCHWIEGER, Volksgesetzgebung (Fn. 16), S. 309 ff.

[57] Maßgeblich O. JUNG, Grundgesetz und Volksentscheid, 1994 (prägnante Zusammenfassung durch DENS., Das demokratische Defizit: Deutschland ohne Volksentscheid, in: Blätter für deutsche und internationale Politik 54 [2009], S. 97 ff. [97 ff.]); siehe ferner WIEGAND, Direktdemokratische Elemente (Fn. 18), S. 32 ff. (bes. S. 133 ff.); RUX, Direkte Demokratie (Fn. 11), S. 108 ff.; zuletzt R. SCHIFFERS, Schlechte Weimarer Erfahrungen?, in: Heußner/Jung, Mehr direkte Demokratie (Fn. 3), S. 71 ff. Wie hier auch DEGENHART, Bundesebene (Fn. 38), S. 90.

nahmen zum Thema[58]. Hier ist es an der Zeit, im Rahmen der sich in der jüngeren Diskussion deutlich abzeichnenden Neubewertung der Weimarer Reichsverfassung als fortschrittliche und wohldurchdachte Verfassungschöpfung[59] auch die Stereotypen zu den angeblich schädlichen Wirkungen der direktdemokratischen Instrumente zu verabschieden. Die beiden auf Reichsebene tatsächlich bis zum Volksentscheid gediehenen Begehren (Fürstenenteignung 1926 und Young-Plan 1929) beweisen in der Rückschau einzig und allein, daß hohe Beteiligungsquoren zum Boykott geradezu einladen und funktionsinadäquat sind[60]. Aber auch auf Landesebene belegt der Umstand, daß sich die NSDAP vereinzelt direktdemokratischer Instrumente zum Machterwerb bedient hat[61], keineswegs eine besondere Mißbrauchsanfälligkeit von Abstimmungen. Gerade angesichts der an Straßenschlachten gemahnenden Wahlkämpfe in der Früh- und Endphase der Republik wäre hier noch darzutun, weshalb Volksentscheide über Gesetze oder die Auflösung des Landtags besonders zerstörerische Kräfte freisetzen sollen[62]. *Nota bene*: Gescheitert ist die erste deutsche Republik schlußendlich in einer Selbstentmachtung, zu der ungeachtet aller evidenten Formmängel die Mehrheit des Reichstages sowie Reichspräsident Hindenburg ihre Hand gereicht haben[63].

---

[58] Zuletzt F. KALSCHEUER, Zwischen den Mühlsteinen – Die Weimarer Reichsverfassung, in: GreifRecht 2009, Heft 7, S. 1 ff. (9).

[59] Siehe nur einige Einschätzungen zum Jubiläumsjahr: C. GUSY, Eine gute Verfassung mit schlechtem Image: Die Weimarer Reichsverfassung, in: RuP 2009, S. 74 ff.; KALSCHEUER, Zwischen den Mühlsteinen (Fn. 58), S. 9 f.; M. KUHLI, Zur Verfassung von Weimar – eine Einführung, in: Jura 2009, S. 321 ff. (328 f.); H. DREIER, Rechtskolumne. Die drei gängigsten Irrtümer über die Weimarer Reichsverfassung, in: Merkur 63 (2009), Heft 727, S. 1151 ff.

[60] Das nach Art. 75 WRV – zumindest nach damals herrschender Lesart – notwendige Beteiligungsquorum von 50% lud Sachgegner dazu ein, die Abstimmung zu boykottieren, da sie andernfalls durch ihre bloße Teilnahme am Volksentscheid dem Begehren geholfen hätten; vgl. dazu H. DREIER, Landesverfassungsänderung durch quorenlosen Volksentscheid aus der Sicht des Grundgesetzes, in: BayVBl. 1999, S. 513 ff. (521); WIEGAND, Direktdemokratische Elemente (Fn. 18), S. 76 ff., 87 ff.; RUX, Direkte Demokratie (Fn. 11), S. 124 ff., 148 ff., 153 ff.

[61] Geschildert und differenziert bewertet bei WIEGAND, Direktdemokratische Elemente (Fn. 18), S. 95 ff. sowie RUX, Direkte Demokratie (Fn. 11), S. 161 ff.

[62] Instruktiv zu den bürgerkriegsähnlichen Zuständen um die Jahreswende 1932/1933 H. SCHULZE, Weimar, 1982, S. 382 ff.

[63] Näher zur Machtübergabe an die Nationalsozialisten wie zu ihrer bloß vermeintlichen Rechtmäßigkeit H. DREIER, Die deutsche Staatsrechtslehre in der Zeit des Nationalsozialismus, VVDStRL 60 (2001), S. 9 ff. (20 ff.).

2. *Prämie für jeden Demagogen?*

Eng verzahnt mit dem mahnenden Hinweis auf „Weimar" ist Theodor Heuss' bekanntes Diktum aus dem Parlamentarischen Rat, das Plebiszit sei eine „Prämie für jeden Demagogen"[64]. Fragt man nach dem faßbaren Kern dieser zweifelsohne gelungenen Prägung, so besteht er in dem Vorwurf, Volksabstimmungen seien leichter zu beeinflussen als Wahlen[65], zumindest aber leichter als Abstimmungen in Repräsentativkörperschaften[66]. Der empirische Beleg für diese Behauptung steht freilich ebenso aus wie der Nachweis ihrer wohlgemerkt verfassungsrechtlichen Relevanz. Hier ist mit dem Bundesverfassungsgericht daran festzuhalten, daß das Grundgesetz – ungeachtet der in ihrer Wirkkraft wie Sinnhaftigkeit wahrscheinlich gleichermaßen überschätzten Rechtsinstitute der „wehrhaften Demokratie"[67] – auch Demagogen Meinungsfreiheit einräumt, dabei aber auf Bürger vertraut, die sich diesen im Meinungskampf entgegenstellen und sie – so die durchaus berechtigte Hoffnung – entlarven, bevor sie in Wahlen *oder* Abstimmungen substantielle Erfolge erzielen[68]. Und viel grundsätzlicher noch ist vielleicht daran zu erinnern, daß niemand geringerer als *Max Weber* die Demagogie schlicht als wesentliches Element des politischen Kampfes namhaft gemacht hat[69].

Eng verwandt mit der These von der „Prämie für jeden Demagogen" ist der Vorwurf, Volkentscheide führten zur Polarisierung der Bevölkerung wie zu Gefühlsaufwallungen[70]. Wie diese krankt er daran, daß er sich im Kern in einer Behauptung erschöpft, die – einmal unterstellt, sie träfe

---

[64] T. Heuss, Plenum des Parlamentarischen Rates, Sitzung v. 9.9.1948 (Der Parlamentarische Rat 1948–1949. Akten und Protokolle, hrsgg. v. Deutschen Bundestag u. v. Bundesarchiv, Bd. 9: Plenum, bearbeitet v. W. Werner, 1996, S. 111).

[65] Diese Tönung etwa beim ThürVerfGH ThürVBl. 2002, 31 (36): „Denn Volksgesetzgebung kann auch von einer Stimmung getragen werden, die nicht immer auf wohlüberlegtem Handeln beruht." – Gleichsinnig Krause, Möglichkeiten (Fn. 2), § 35 Rn. 48.

[66] Diese Lesart verficht beispielsweise BremStGH DÖV 2000, 915 (916).

[67] Dazu kritisch H. Dreier, Grenzen demokratischer Freiheit im Verfassungsstaat, in: JZ 1994, S. 741 ff. (750 ff.), in diesem Bande S. 249 ff. (278 ff.); vgl. auch die instruktive Zusammenstellung von Thiel, Wehrhafte Demokratie (Fn. 53).

[68] Std. Rechtsprechung zum „Kampf der Meinungen" seit BVerfGE 7, 198 (208); zusammenfassend H. Schulze-Fielitz, in: H. Dreier (Hrsg.), Grundgesetz-Kommentar, Bd. I, 2. Aufl. 2004, Art. 5 I, II Rn. 43 ff.

[69] M. Weber, Politik als Beruf (1919), in: ders., Wissenschaft als Beruf/Politik als Beruf. Studienausgabe, 1994, S. 35 ff. (53, 78 u.ö.).

[70] Krause, Möglichkeiten (Fn. 2), § 35 Rn. 48. – Dagegen sachlich Kühling, Volksgesetzgebung (Fn. 16), S. 783.

zu – zusätzlich noch auf ihre rechtliche Tragweite hin befragt werden müßte. Zunächst läßt sich weder durch die – eher spärlichen – Daten aus den deutschen Bundesländern noch durch das reichhaltige Material aus den USA und der Schweiz belegen, daß Volksabstimmungen generell eine polarisierende Wirkung zukommt, die über diejenige von Wahlkämpfen hinausginge[71]; für die als „Konsensdemokratie" mitunter bespöttelte Schweiz dürfte eher das Gegenteil festzuhalten sein[72]. Der Rückblick auf die großen Auseinandersetzungen der bundesdeutschen Geschichte legt gleichfalls nahe, daß eine – über den vom Grundgesetz vorausgesetzten pointierten Meinungskampf hinausgehende und tatsächlich potentiell schädliche – Polarisierung immer dann zu verzeichnen war, wenn relevanten gesellschaftlichen Gruppen ein Ventil fehlte, um während der laufenden Wahlperiode ihr Anliegen zu verfolgen[73]. Und umgekehrt mag der bundesweit einzigartige langjährige Wahlerfolg der CSU auch auf die seit jeher bestehende Möglichkeit der bayerischen Bürger zurückzuführen sein, trotz grundsätzlicher Zufriedenheit punktuell im Wege der Volksgesetzgebung (erfolgreich!) Opposition zu üben – das Stichwort „Strauß-Fernsehen" möge hier genügen[74]. Demokratieschädliche Polarisierung wird man das schwerlich nennen können.

3. *Schwächung der parlamentarischen Demokratie?*

Schlechthin zentrales Versatzstück aller kritischen Stellungnahmen zum Thema direkte Demokratie ist die mal als Sorge, mal als Vorwurf formulier-

[71] Näher die materialreiche Studie von M. Hermann/H. Leuthold, Zwischen Konsens und Polarisierung – Volksabstimmungen und Parlamentsentscheide im direkten Vergleich, in: Freitag/Wagschal, Direkte Demokratie (Fn. 50), S. 277 ff. (mit dem Ergebnis, daß parlamentarische Entscheidungen deutlich stärker polarisieren als Volksabstimmungen).

[72] Siehe dazu näher den Beitrag von A. Tschentscher, Direkte Demokratie in der Schweiz – Länderbericht 2008/2009, in: L.P. Feld/P.M. Huber/O. Jung/C. Welzel/F. Wittreck (Hrsg.), Jahrbuch für direkte Demokratie 2009, 2010, S. 205 ff.

[73] Dazu näher H. Dreier, Grundlagen und Grundzüge staatlichen Verfassungsrechts: Deutschland, in: A. v. Bogdandy/P. Cruz Villalón/P.M. Huber (Hrsg.), Handbuch Ius Publicum Europaeum, Bd. I, 2007, § 1 Rn. 73 ff.

[74] Art. 111a BayVerf. wurde 1973 durch volksbestätigten Landtagsbeschluß eingefügt, nachdem im Vorjahr ein Volksbegehren gegen die Pläne der Staatsregierung die Zehnprozenthürde mühelos genommen hatte. – Umgekehrte (und fragwürdige) Perspektive bei B.M. Weixner, Direkte Demokratie in Bayern, in: Kost, Direkte Demokratie (Fn. 26), S. 29 ff. (59): die Schwäche der Opposition im Landtag mache Volksbegehren attraktiv.

te These, Volksabstimmungen (zumindest aber mehr oder auch einfacher zu erzwingende Abstimmungen) schwächten die parlamentarische Demokratie[75]. Verbunden mit der Vorstellung einer vermeintlichen Prävalenz des Repräsentativsystems[76] wird aus dieser eher vagen Befürchtung dem Anstrich nach ein verfassungsrechtliches Argument des Inhalts, das Grundgesetz verbiete eine solche Schwächung oder ziehe ihr zumindest enge Grenzen[77].

Im Kern verwechselt dieser Ansatz das parlamentarische Regierungssystem und diejenigen, die jeweils augenblicklich die von ihm bereitgestellten Machtpositionen innehaben. Denn richtig ist, daß jede Volksabstimmung eine solche des Parlaments ersetzt oder sie zumindest modifiziert. Nüchtern betrachtet bedeutet dies einen punktuellen und aus der Binnenperspektive natürlich unwillkommenen Machtverlust für das Parlament als Ganzes oder zumindest die Regierungsmehrheit, die sich um eigene Gestaltungsmöglichkeiten gebracht sieht[78]. Daraus aber umstandslos auf eine Schwächung des Systems zu schließen, offenbart genau die fehlende Distanz gegenüber den Eigeninteressen der Akteure, die gemeinhin der direkten Demokratie unterstellt wird (dazu sogleich unter III.5).

Zunächst gilt es zu unterstreichen: Wenn das Grundgesetz in Art. 20 Abs. 2 S. 2 Wahlen und Abstimmungen nebeneinander zuläßt, installiert es – zumindest dem Grunde nach – ein Konkurrenzsystem, das auf Konflikte angelegt ist und diese ganz bewußt in Kauf nimmt[79]. Darin eine unerwünschte Störung einer prästabilierten Harmonie zu erblicken, heißt die Verfassung von den Füßen auf den Kopf stellen. Das schließt grundsätzlich jede „Einhegung" der direkten Demokratie auf solche Bereiche aus, die dem parlamentarischen Gesetzgeber nicht wirklich wehtun können[80];

---

[75] Dieser Tenor bei KRAUSE, Möglichkeiten (Fn. 2), § 35 Rn. 23 ff. u. passim, der u.a. deshalb sogar die Einführung von unverbindlichen Volksbefragungen für ausgeschlossen hält (Rn. 24 a.E.: nicht einmal durch Verfassungsänderung [!]).

[76] Vgl. nochmals die Nachweise oben in Fn. 39 f.

[77] Zahlreiche Beispiele für solche Grenzziehungen finden sich in der Rechtsprechung namentlich der Landesverfassungsgerichte: BremStGH DÖV 2000, 915 (916, 919); BayVerfGHE 53, 42 (60 ff.); ThürVerfGH ThürVBl. 2002, 31 (37 ff.).

[78] Zum zentralen Argument wird das vermeintliche Recht der Parlamentsmehrheit, das errungene Mandat auch „ungestört" von solchen direktdemokratischen Initiativen quasi „auszuleben", für das VerfG Bbg LKV 2002, 77 (80) sowie den BayVerfGH (E 53, 42 [63]). Dagegen WITTRECK, Direkte Demokratie (Fn. 29), S. 124 ff., 143.

[79] Luzide ROSSI/LENSKI, Treuepflichten (Fn. 23), S. 417 f. u. passim; so auch SächsVerfGH SächsVBl. 2002, 236 (237).

[80] Sinnfällig die paternalistisch eingehegte Spielwiese, die das Bundesverfassungsgericht dem Volksgesetzgeber (noch) eröffnen will: BVerfGE 102, 176 (189); näher dazu WITTRECK, Direkte Demokratie (Fn. 29), S. 120 f.

thematische Ausschlußklauseln sind vor diesem Hintergrund wiederum vor dem Demokratieprinzip des Grundgesetzes rechtfertigungsbedürftig, keineswegs aber notwendig, um direkte Demokratie überhaupt noch als „Demokratie" durchgehen zu lassen (wie es in manchen Stellungnahmen anklingt[81]). Klar und deutlich betont etwa die Bayerische Verfassung diesen normativen Gleichlauf und die entsprechende Gleichrangigkeit von direkter und repräsentativer Demokratie, wenn es in Art. 72 Abs. 1 lapidar heißt: „Die Gesetze werden vom Landtag oder vom Volk (Volksentscheid) beschlossen."

Das sei näher demonstriert anhand des klassischen Streits um finanz- oder haushaltswirksame Volksabstimmungen[82], in den unlängst durch eine Entscheidung des Berliner Verfassungsgerichtshofs wieder Bewegung gekommen ist[83]. Aus der Perspektive des Grundgesetzes stellt er sich so dar, daß das parlamentarische Budgetrecht (vgl. Art. 110 GG) der Abschirmung gegenüber der *Exekutive* bedarf (sofern diese aus dem 19. Jahrhundert überkommene Zuordnung die Realitäten des parlamentarischen Regierungssystems überhaupt noch einigermaßen hinreichend abbildet, woran man mit guten Gründen zweifeln mag)[84]. Jedenfalls ist damit nichts über die Kompetenzabgrenzung zu einem zweiten Staatsorgan – und daß die Bürger im Volksentscheid als Verfassungsorgan handeln, dürfte mittlerweile unstrittig sein[85] – mit *Legislativ*funktion

---

[81] Wiederum einige Fundstücke aus der Rechtsprechung: BayVerfGHE 53, 42 (64); ThürVerfGH ThürVBl. 2002, 31 (40f.).

[82] Im souveränen Überblick O. JUNG, Das Finanztabu bei der Volksgesetzgebung: die Staatsrechtslehre und Staatspraxis der Weimarer Zeit, in: Der Staat 38 (1999), S. 41ff.; vgl. auch die neueren Darstellungen von M.-C. SCHINKEL, Der Haushaltsvorbehalt in der Volksgesetzgebung, in: Festschrift für Hans-Joachim Driehaus, 2005, S. 570ff.; J. KRAFCZYK, Der parlamentarische Finanzvorbehalt bei der Volksgesetzgebung, 2005; T. ROSENKE, Die Finanzbeschränkungen bei der Volksgesetzgebung in Deutschland: unter besonderer Berücksichtigung des Artikels 68 Absatz 1 Satz 4 der nordrhein-westfälischen Verfassung, 2005; S. MUHLE/C. LONTZEK, Die Zulässigkeit finanzwirksamer Volksbegehren in Niedersachsen – am Beispiel des Volksbegehrens zum Landesblindengeld, in: NordÖR 2007, S. 227ff.; SELMER/HUMMEL, Volksentscheide (Fn. 30), S. 140ff.

[83] Erste Hinweise dazu im Beitrag von C. PESTALOZZA, Auf gutem Weg: Direkte Demokratie in Berlin, in: Feld u.a., Jahrbuch 2009 (Fn. 72), S. 295ff. (307ff.).

[84] Siehe die kritische Gesamtaufnahme von J. ISENSEE, Budgetrecht des Parlaments zwischen Schein und Sein, in: JZ 2005, S. 971ff.

[85] Wie hier BVerfGE 60, 175 (202, 207); 96, 231 (239ff.); BayVerfGHE 53, 42 (71). – Differenzierend ROSSI/LENSKI, Treuepflichten (Fn. 23), S. 422: das Volk trete „funktionell an die Stelle eines Staatsorgans".

gesagt; der vielzitierte Schutz „des" parlamentarischen Budgetrechts zielt auf diese Weise ins Leere[86].

Die Entscheidung über finanzwirksame Volksbegehren und -entscheide ist danach – vorbehaltlich etwaiger Spezialregelungen auf Landesebene – eine der Verfassungspolitik[87]: Daß sich der Gesamthaushalt mit all seinen Verästelungen für Volksabstimmungen nur bedingt eignet, erscheint vergleichsweise evident[88]; jenseits dieser Schwelle eröffnet sich ein weiter Spielraum für den verfassungsändernden wie – im Anschluß daran – den Volksgesetzgeber. Die von der restriktiven Rechtsprechung der Landesverfassungsgerichte angenommenen Prozentsätze, die Mehrausgaben durch ein Volksbegehren im Verhältnis zum Haushalt als „wesentlich" und damit verfassungswidrig ausweisen sollten[89], sind vor diesem Hintergrund teilweise schlicht und einfach absurd[90].

Signum der deutschen Diskussion um direkte Demokratie ist ferner – neben langen Listen von Gegenständen, die sich angeblich „der Natur der Sache nach" nicht für Volksentscheide eignen sollen[91] – der viel grundsätzlichere Hinweis, die Lebensverhältnisse in der modernen Welt seien derart komplex geworden, daß sie sich nicht auf die für den Volksentscheid notwendige Dichotomie von „Ja" oder „Nein" herunterbrechen ließen[92], auf jeden Fall aber die große Mehrheit der Bürger überforderten[93]. Hingegen bilde das parlamentarische Verfahren der gestuften Kompromißbil-

[86] A.A. beispielsweise Müller-Franken, Bürgerentscheid (Fn. 35), S. 662f.; Muhle/Lontzek, Zulässigkeit (Fn. 82), S. 230 sowie Selmer/Hummel, Volksentscheide (Fn. 30), S. 140ff.

[87] Eingehend Neumann, Sachunmittelbare Demokratie (Fn. 15), S. 391ff., 821f.

[88] Einhellige Auffassung: siehe nur Isensee, Verfahrensfragen (Fn. 40), S. 307 sowie zuletzt Kühling, Volksgesetzgebung (Fn. 16), S. 782. – Auch das in Art. 73 Abs. 4 WRV vorgesehene Referendum über den „Haushaltsplan" wurde niemals praktisch.

[89] Lt. BVerfGE 102, 176 (191) kann ein Anteil am Gesamthaushalt zwischen 0,5 und 0,7% „wesentlich" sein; das VerfG Bbg LKV 2002, 77 (81, 82) sieht 0,18% als „beträchtliche finanzielle Belastung". Übersicht zu weiteren Entscheidungen zum Haushaltsvorbehalt bei Wittreck, Demokratie vor Gericht (Fn. 3), S. 399ff., 411f.

[90] Zusammenfassung der Kritik bei Wittreck, Direkte Demokratie (Fn. 29), S. 119f., 124ff. – Unbeirrt hingegen Muhle/Lontzek, Zulässigkeit (Fn. 82), S. 231, die einen Betrag von 10 Mio. Euro (entspricht 0,046% des Gesamthaushaltes) in diesem Sinne für wesentlich halten und deswegen der Volksgesetzgebung entziehen wollen.

[91] Die Finanz- und Haushaltsfragen rangieren hier ganz oben; es folgen Steuern und Abgaben, Besoldungs- und Personalangelegenheiten u.v.a.m. Zusammenfassend Rux, Direkte Demokratie (Fn. 11), S. 271ff.

[92] So Krause, Möglichkeiten (Fn. 2), § 35 Rn. 48.

[93] Statt aller R. Herzog, in: T. Maunz/G. Dürig (Hrsg.), Grundgesetz. Kommentar, Art. 20 II (1980), Rn. 41.

dung die Komplexität der Probleme hinreichend ab; selbst sachverständige oder zumindest sachverständig beratene Repräsentanten seien ferner in der Lage, sowohl den jeweiligen Einzelgegenstand als auch das große Ganze in den Blick zu nehmen[94].

Hier wäre zunächst darauf hinzuweisen, daß auch das Parlament letztlich nach einem „Ja/Nein"-Schema entscheidet (vgl. § 46 S. 1 GOBT) und etwa bei den – in Umfang wie Bedeutung ständig zunehmenden – Zustimmungsgesetzen zu völkerrechtlichen Vereinbarungen ohne Änderungsmöglichkeit auf die Annahme oder Ablehnung *in toto* beschränkt ist (lies §§ 81 Abs. 4 S. 2, 82 Abs. 2 GOBT). Viel grundsätzlicher aber ist zu bemerken, daß jede Argumentation, die auf den ungenügenden Sachverstand der Bürger abzielt, letztlich auch die repräsentative Demokratie unter Rechtfertigungsdruck setzen bzw. delegitimieren müßte[95]. Den Bürgern unter Hinweis auf mangelnde Einsichtsfähigkeit zu versagen, beispielsweise über die Frage der Einführung von Mindestlöhnen oder einer Bürgerversicherung unmittelbar abzustimmen, entwertet nämlich nicht minder ihre Wahlentscheidung nach einem (fiktiven) Wahlkampf, in dem beide Themen eine prominente, vielleicht entscheidende Rolle gespielt haben. Einmal mehr gilt, daß das Grundgesetz ausweislich seines hervorgehobenen Schutzes der politischen oder Kommunikationsgrundrechte auf eine offene Debatte vertraut, die den Bürgern ausreichend pro- und contra-Argumente an die Hand gibt, um ähnlich verantwortungsvoll entscheiden zu können wie Parlamentarier[96] (die, wie man aus zahllosen politikwissenschaftlichen Untersuchungen weiß, in der großen Mehrzahl der Abstimmungen nicht allein von sachverständiger Beratung, sondern auch von Hinweisen und Weisungen ihrer Fraktionsführungen abhängig sind[97]). Von der mangelnden „Eignung" komplexer Gegenstände bleibt danach in rechtstatsächlicher Perspektive allein die Einsicht, daß es zahlreiche Sachverhalte resp. Themen geben mag, die wegen ihrer technischen Komplexität oder Detailliertheit kaum zum Gegenstand erfolgreicher Volksbegehren gemacht werden dürften, weil sie

---

[94] In diesem Sinne BremStGH StGHE 6, 203 (224 f.); ThürVerfGH ThürVBl. 2002, 31 (41).

[95] Wittreck, Direkte Demokratie (Fn. 29), S. 159; Rux, Direkte Demokratie (Fn. 11), S. 94 ff.; O.W. Lembcke/E. Peuker/D. Seifarth, Anmerkung zu BayVerfGH, Entscheidung v. 4.4.2008 – Vf. 8-IX-08, in: DVBl. 2008, S. 787 ff. (790).

[96] Wie hier O. Jung, Volksgesetzgebung, 2. Aufl. 1996, S. 1073 ff. sowie Berlit, Soll das Volk abstimmen? (Fn. 11), S. 342 f.

[97] Vgl. nur H. Schulze-Fielitz, Theorie und Praxis parlamentarischer Gesetzgebung: besonders des 9. Deutschen Bundestages (1980–1983), 1988, S. 350 u.ö.

die Bürger schlicht nicht ansprechen. Damit erledigt sich dieser Einwand in der Praxis von selbst.

Einziger substantieller Nachteil von Volksbegehren und Volksentscheid in Sachen Komplexitätsbewältigung ist demgegenüber die Schwerfälligkeit bzw. Dauer des Verfahrens[98]; die zusätzliche Schwierigkeit, während des laufenden Begehrens auf Kompromißangebote (oder Versuche einer „feindlichen Übernahme") zu reagieren, illustrieren die Vorgänge in Thüringen[99]. Dieser Befund trägt aber nicht den Verzicht auf Volksabstimmungen, sondern verlangt nach intelligenten Instrumenten, die eine sinnvolle Koordination von Volks- und Parlamentsgesetzgebung ermöglichen und den Initiatoren eines Begehrens beispielsweise Spielraum verschaffen, auf Änderungen der Sachlage zu reagieren[100]. Als Beispiel für wünschenswerte Flexibilität mögen hier die Anpassungs- und Aushandlungsprozesse dienen, die in Hamburg zu einer Neuregelung des Rechts der direkten Demokratie geführt haben[101].

4. *Minderheitenherrschaft oder Minderheitenschutz?*

Nächstes Schreckgespenst ist die Herrschaft der vielzitierten „aktivistischen Minderheit", die unweigerlich drohe, wenn Instrumente der direkten Demokratie eingeführt, ausgebaut oder leichter zugänglich gemacht werden sollten[102]. Sofern unter Berufung auf dieses Horrorszenario direkte Demokratie nicht ganz verabschiedet wird, muß sie zumindest – so die ein-

---

98 Unterstrichen von KRAUSE, Möglichkeiten (Fn. 2), § 35 Rn. 47.

99 Näher dazu E.G. MAHRENHOLZ, Zur Änderung des durch Volksbegehren angenommenen Hamburgischen Wahlrechts in derselben Wahlperiode, in: NordÖR 2007, S. 11ff. (12ff.) sowie ROSSI/LENSKI, Treuepflichten (Fn. 23), S. 420ff.

100 Beispielhaft etwa die Bereitschaft des NdsStGH NdsVBl. 2002, 11 (12f.), die Initiatoren eines Volksbegehrens von der Pflicht freizustellen, in ihrem Entwurf nachträgliche Änderungen der Rechtslage detailliert nachzuweisen, sofern nur für die Abstimmenden die Intention des Begehrens klar ist; vgl. dazu WITTRECK, Direkte Demokratie (Fn. 29), S. 129ff.

101 Dazu der Bericht von A. v. ARNAULD, „Refolution" an der Elbe: Hamburgs neue direkte Demokratie, in: Feld u.a., Jahrbuch 2009 (Fn. 72), S. 90ff. (99ff.).

102 Dieses Sorge bewegt namentlich R. HENDLER, Zu den Vorzügen und Nachteilen verstärkter Bürgerbeteiligung auf kommunaler Ebene, in: Der Landkreis 1995, S. 321ff. (324: „Ideen [...], die sich irgendwelche Minderheiten haben einfallen lassen"); ähnlich J. ISENSEE, Verfassungsreferendum mit einfacher Mehrheit, 1999, S. 65f. – Aus der Rechtsprechung BremStGH DÖV 2000, 915 (916, 919).

hellige Ansicht der Vertreter dieser Auffassung – möglichst hohe Hürden in Gestalt von Zustimmungs- oder Beteiligungsquoren überwinden[103].

Auf den ersten Blick wirkt das aus gleich drei Gründen plausibel: Die Beteiligung an Bürger- und Volksentscheiden ist vergleichsweise gering[104], bleibt jedenfalls regelmäßig hinter der (ihrerseits dramatisch sinkenden) Beteiligung an Wahlen zu Repräsentativkörperschaften zurück. Am Ende eines direktdemokratischen Entscheidungsprozesses steht so ein Resultat, das nur von einer Minderheit der Wahlberechtigten *aktiv* sanktioniert worden ist[105]. Und ebenso richtig ist zweitens, daß Volksbegehren überwiegend von Gruppen lanciert werden, die wenigstens in der konkret streitigen Sachfrage in Opposition zur augenblicklichen Parlamentsmehrheit stehen, von der sie sich die Durchsetzung ihres Anliegens nicht erhoffen (können)[106]. Sie greifen damit im Wortsinne Minderheitenanliegen auf. Drittens schließlich dominieren wenigstens in der Anfangsphase einer Initiative oder eines Begehrens überdurchschnittlich engagierte Gruppen, die man getrost als „Aktivisten" bezeichnen mag (und ohne die eine erfolgreiche Abstimmungskampagne ebenso wenig geführt werden könnte wie ein erfolgreicher Wahlkampf)[107].

Bringen diese rechtstatsächlichen Befunde die direkte Demokratie aber in ein verfassungsrechtliches Spannungsverhältnis zum Mehrheitsprinzip als einer der tragenden Säulen des grundgesetzlichen Demokratieprinzips[108]? Nur dann, wenn man gleich mehrfach mit Unterstellungen arbeitet, für die sich weder im Text des Grundgesetzes noch in der westlichen Tradition der Demokratietheorie ein Anhalt findet. Entscheidend ist, daß sich kein rechtlich valides Argument dafür benennen läßt, warum – wie es hier nämlich stillschweigend geschieht – die tatsächliche Inanspruch-

---

[103] Für die Notwendigkeit von (hohen) Quoren etwa BremStGH DÖV 2000, 915 (919); BayVerfGHE 53, 42 (69 ff.); ThürVerfGH ThürVBl. 2002, 31 (35 f., 37 f.); BRENNER, Parlamentarismus (Fn. 36), § 44 Rn. 65; H.-D. HORN, Mehrheit im Plebiszit, in: Der Staat 38 (1999), S. 399 ff. (412 ff.); zuletzt KÜHLING, Volksgesetzgebung (Fn. 16), S. 781 f.

[104] Vgl. nur die Dokumentation von O. JUNG, in: Feld u.a., Jahrbuch 2009 (Fn. 72), S. 161 ff.

[105] Pointiert DEGENHART, Bundesebene (Fn. 38), S. 92.

[106] Unterstrichen von SächsVerfGH SächsVBl. 2002, 236 (238); MAURER, Plebiszitäre Elemente (Fn. 4), S. 31; STEINER, Schweizer Verhältnisse (Fn. 44), S. 22; WITTRECK, Direkte Demokratie (Fn. 29), S. 126; ROSSI/LENSKI, Treuepflichten (Fn. 23), S. 417.

[107] Überpointiert KRAUSE, Möglichkeiten (Fn. 2), § 35 Rn. 48: es handele sich um „selbsternannte Repräsentanten, weniger um Demokraten als um Demagogen".

[108] Statt aller DREIER (Fn. 7), Art. 20 (Demokratie), Rn. 73 ff.

nahme demokratischer Mitwirkungsrechte bei Wahlen und Abstimmungen ganz unterschiedlich in Ansatz gebracht wird[109]. Wahlergebnisse werden unabhängig von der Beteiligung als gültig anerkannt – eine niedrige Wahlbeteiligung ist ein politisches Warnzeichen, aber verfassungsrechtlich nach einhelliger und richtiger Ansicht vollständig irrelevant[110]. Gleiches muß aber auch für Abstimmungen gelten, sofern nur die Abstimmungsfrage formgerecht gestellt wurde und allen Stimmberechtigten die Teilnahme offen stand[111]. Jede Einschränkung – etwa in Gestalt von Quoren – ist nur um den Preis einer Spekulation über den Aussagegehalt der Entscheidung derjenigen zu haben, die der Abstimmung aus welchen Gründen auch immer ferngeblieben sind[112]. Sie verzerrt den Erfolgswert der Stimmen[113] und hebt je nach Ausgestaltung im schlimmsten Fall die Geheimheit der Abstimmung auf, wie die erfolgreichen Boykottaufrufe vor dem Volksentscheid von 1926 hinlänglich belegen[114].

Es gilt daher: Wenn der Umstand, daß Gesetze, die der 17. Deutsche Bundestag mit der Mehrheit der Regierungskoalition annimmt, nur die im Wahlakt manifestierte aktive Unterstützung von ca. 34 % der Wahlberechtigten hinter sich vereinen[115], ihre demokratische Dignität nicht

---

[109] Näher zum folgenden S. PRZYGODE, Die deutsche Rechtsprechung zur unmittelbaren Demokratie, 1995, S. 473 ff.; DREIER, Landesverfassungsänderung (Fn. 60), S. 519 ff.; WITTRECK, Direkte Demokratie (Fn. 29), S. 148, 180 f.; RUX, Direkte Demokratie (Fn. 11), S. 247 ff. sowie NEUMANN, Sachunmittelbare Demokratie (Fn. 15), S. 349 ff.

[110] Ganz selbstverständlich werden nach dem in § 6 BWahlG vorgesehenen komplexen Verfahren alle 598 Sitze des Bundestages unabhängig davon vergeben, ob die Wahlbeteiligung bei 50 oder 100 % gelegen hat.

[111] Wie hier NEUMANN, Sachunmittelbare Demokratie (Fn. 15), S. 354 f.; vgl. auch die folgenden Fußnoten. – A.A. KÜHLING, Volksgesetzgebung (Fn. 16), S. 781, der sich allerdings darauf beschränkt, die Argumentation als „nicht zielführend" zu bezeichnen.

[112] Kritisch zu recht J.-D. KÜHNE, Plebiszitäre Demokratie, in: Ergänzbares Lexikon des Rechts, Nr. 5/535 (1996), S. 1 ff. (5) sowie DEGENHART, Volksgesetzgebungsverfahren (Fn. 29), S. 209.

[113] Präzise vorgerechnet im Beitrag von O. JUNG, Zur Problematik des Beteiligungsquorums, in: Feld u.a., Jahrbuch 2009 (Fn. 72), S. 40 ff. (61 ff.).

[114] Siehe eingehend JUNG, Volksgesetzgebung (Fn. 98), S. 968 ff., ferner SCHWIEGER, Volksgesetzgebung (Fn. 16), S. 53 f., 66 sowie WIEGAND, Direktdemokratische Elemente (Fn. 18), S. 79, 92.

[115] Nach dem Endergebnis der Bundestagswahl vereinen CDU, CSU und FDP knapp 21 Mio. Stimmen auf sich; das ist deutlich weniger als die Hälfte der 44 Mio. Wähler, ein gutes Drittel der 62 Mio. Wahlberechtigten und ein ebenso gutes Viertel der Bevölkerung der Bundesrepublik (http://www.bundeswahlleiter.de/de/bundestagswahlen/BTW_BUND_09/veroeffentlichungen/voetab1_2.pdf).

mindert, dann kann für einen Volksentscheid, der von – möglicherweise deutlich – weniger als 50 % der Bürger aktiv unterstützt worden ist, nichts anderes gelten[116]. Der an dieser Stelle unweigerlich folgende Hinweis, der Wahlakt sei im repräsentativen System des Grundgesetzes schlechthin unentbehrlich[117], ist zutreffend, aber zirkulär: Er unterstellt genau das Rangverhältnis, das es erst noch zu beweisen gälte; ferner gibt er keine Antwort darauf, warum im einen Fall die Herrschaft der faktischen Minderheit akzeptabel sein soll, im anderen nicht. Richtigerweise muß in beiden Fällen der Ausübung der Volkssouveränität durch das deutsche Volk gelten, was die Bayerische Verfassung von 1946 in ihrem Art. 2 Abs. 2 S. 2 souverän zusammenfaßt: „Mehrheit entscheidet."[118]

Aus der Perspektive des grundgesetzlichen Demokratieprinzips sind Quoren im Volksentscheid daher eine (mit allen Konsequenzen des Art. 28 Abs. 1 S. 1 GG) begründungsbedürftige Einschränkung, keine Pflicht[119]. Rechtfertigen lassen sich allein maßvolle Eingangsquoren für Volksbegehren, die sicherstellen, daß hinter einer Initiative ein relevantes gesellschaftliches Anliegen steht, das den Aufwand der Befragung der Bürger lohnt[120]. Die ziffernmäßige Bestimmung der Quoren ist dabei eine primär verfassungspolitische Frage, die dem verfassungsändernden Gesetzgeber breitesten Spielraum läßt[121]; die derzeit etwa im Saarland (noch) geltende

---

[116] Wie hier prägnant MAHRENHOLZ, Änderung (Fn. 99), S. 12.

[117] So BayVerfGHE 53, 42 (71); ThürVerfGH ThürVBl. 2002, 31 (36); K. RITGEN, Zu den thematischen Grenzen von Bürgerbegehren und Bürgerentscheid, in: NVwZ 2000, S. 129 ff. (130); J. ISENSEE, Volksgesetzgebung – Vitalisierung oder Störung der parlamentarischen Demokratie?, in: DVBl. 2001, S. 1161 ff. (1167).

[118] Weniger souverän als kühn allerdings die Umdeutung dieser Norm durch den Bayerischen Verfassungsgerichtshof, der für die (unglücklich auch als „vollplebiszitär") bezeichnete Änderung der Verfassung durch Volksbegehren und Volksentscheid nach Art. 74 BayVerf. zunächst ein richterrechtliches Zustimmungsquorum von 25 % kreiert und in einer Folgeentscheidung sogleich den nach Art. 75 Abs. 1 S. 2 BayVerf. änderungsfesten Gehalten der Verfassungsurkunde zugeordnet hat: siehe BayVerfGHE 52, 104 (127 ff.) sowie E 53, 42 (66) und dazu kritisch WITTRECK, Direkte Demokratie (Fn. 29), S. 139 f., 145 ff.; im Vorfeld der Entscheidung gegen die Notwendigkeit eines solchen Quorums DREIER, Landesverfassungsänderung (Fn. 60), S. 519 ff.

[119] Eingehend belegt von NEUMANN, Sachunmittelbare Demokratie (Fn. 15), S. 344 ff., 814 f.

[120] Für eine „Erheblichkeitsschwelle" auch DEGENHART, Bundesebene (Fn. 38), S. 91 f. – Modelle bei NEUMANN, Sachunmittelbare Demokratie (Fn. 15), S. 813 f.; vgl. auch die Überlegungen bei WITTRECK, Direkte Demokratie (Fn. 29), S. 182 f.

[121] Wie hier i.E. auch KÜHLING, Volksgesetzgebung (Fn. 16), S. 782 (der allerdings fortfährt und ein Unterstützungs- oder Beteiligungsquorum von 10 % als „absolutes Minimum" festsetzt).

Hürde von 20 % der Wahlberechtigten dürfte aber jenseits der Grenze des bundesrechtlich Zulässigen liegen[122].

Auch und gerade weil sie dem zuletzt erörterten contra-Argument diametral zu widersprechen scheint, zählt die Sorge um einen hinreichenden Schutz struktureller Minderheiten zu den ernstesten Einwänden gegen unmittelbare Sachentscheidungen der Bürger. Gestützt auf Ergebnisse aus der Schweiz und insbesondere aus den USA läßt sich hier beobachten, daß im Volksentscheid gerade nicht die perhorreszierten Minderheiten obsiegen, sondern die Mehrheitsbevölkerung zumindest dazu neigen *kann*, die Anliegen von ethnischen, religiösen oder sonstigen Minoritäten hintanzustellen oder rundheraus zu mißachten[123].

Dem entgegenzuhalten, die teils beunruhigenden Ergebnisse seien auf die Bundesrepublik nicht oder nur eingeschränkt übertragbar, etwa weil hier die beispielsweise in den USA deutlich stärker ausgeprägte ethnische Fragmentierung (noch) nicht zu verzeichnen sei, dürfte zu kurz greifen. In verfassungsrechtlicher Perspektive muß die Frage vielmehr lauten, ob der bloße Hinweis auf solche möglichen negativen Konsequenzen den Verzicht auf direktdemokratische Instrumente erzwingt oder auch nur verfassungspolitisch nahelegt. Sie dürfte zu verneinen sein. Grundrechtsgefährdungen sind kein Spezifikum der unmittelbaren Demokratie: Die weit mehr als vierhundert bundesgesetzlichen Normen, die das Bundesverfassungsgericht als verfassungswidrig beanstandet hat[124], belegen, daß die freiheitliche Demokratie – gleich welcher Spielart – als riskante Ordnung[125] eben nicht davor gefeit ist, die Freiheit des einzelnen unverhältnismäßig zu beschneiden – die intensiv diskutierten und in der Prüfung

---

[122] Wittreck, Direkte Demokratie (Fn. 29), S. 182 f. m. Fn. 382; a.A. wohl Degenhart, Bundesebene (Fn. 38), S. 92. – Der Koalitionsvertrag der ersten „Jamaika-Koalition" sieht hier (endlich) die Senkung dieser absurd hohen Hürde (sowie die Abschaffung des absoluten Finanztabus) vor: http://bildungsthema.de/_oneclick_uploads/2009/11/sl_dokument.pdf (S. 73).

[123] Statt aller K.R. Johnson, A Handicapped, Not „Sleeping" Giant. The Devastating Impact of the Initiative Process on Latina/o and Immigrant Communities, in: California Law Review 96 (2008), S. 1259 ff.

[124] Daten: P. Schindler, Datenhandbuch zur Geschichte des Deutschen Bundestages 1949 bis 1999, Bd. II, 1999, S. 2495 ff.; M.F. Feldkamp/B. Ströbel, Datenhandbuch zur Geschichte des Deutschen Bundestages 1994 bis 2003, 2005, S. 594 ff.; siehe ferner die Zusammenfassung bei Dreier, Grundlagen (Fn. 73), § 1 Rn. 87.

[125] H. Dreier, Der freiheitliche Verfassungsstaat als riskante Ordnung, in: Rechtswissenschaft 1 (2010), S. 11 ff., in diesem Bande S. 459 ff.

mehrfach gescheiterten Sicherheitsgesetze der letzten Jahre bilden hier nur die Spitze des Eisbergs[126].

Die Antwort auf diese Einsicht muß lauten, daß es im einen wie im anderen Falle durch öffentliche Debatten im Vorfeld und (notfalls verfassungsgerichtlichen) Rechtsschutz im Nachhinein zu verhindern gilt, daß Minderheitenrechte beschnitten werden. Auch hier hält das Grundgesetz das nötige Instrumentarium längst bereit. Und ebenso ist ausgemacht, daß auch Volksgesetze unter der Verfassung stehen und der verfassungsgerichtlichen Kontrolle im exakt gleichen Umfang unterworfen sind wie Parlamentsgesetze[127].

5. Distanzverlust?

Es bleibt der Vorwurf der fehlenden Distanz: Während Repräsentanten in der Lage seien, sowohl von ihrer individuellen Position als auch von der konkreten Fallgestaltung zu abstrahieren und jede vor sie gebrachte Sachfrage in größere Zusammenhänge einzubetten, entscheide der Bürger praktisch stets in eigener Sache, fechte in der Volksabstimmung mithin seine individuelle Position ohne Rücksicht auf Verluste für das Gemeinwohl durch (als Elternteil im Volksbegehren zu Kindertagesstätten, als Student im Volksbegehren zu Studiengebühren, als Autofahrer im Volksbegehren zur PKW-Maut u.s.f.)[128]. Im Anschluß an *Kants* berühmtes Diktum von der (direkten) Demokratie als notwendigem „Despotism"[129] komme die

[126] Dazu nur U. Di Fabio, Sicherheit in Freiheit, in: NJW 2008, S. 421 ff.

[127] Eingehend zur Grundrechtsbindung des Volksgesetzgebers Hartmann, Volksgesetzgebung (Fn. 24), S. 98 ff. (speziell zur verfassungsgerichtlichen Überprüfbarkeit S. 170 ff., 183 f.); den normativen Gleichrang von Volks- und Parlaments*gesetz* unterstreichen auch Isensee, Verfahrensfragen (Fn. 40), S. 310 f. sowie Rux, Direkte Demokratie (Fn. 11), S. 87 ff. – Genau darin besteht der Schwachpunkt der direkten Demokratie nach Schweizer Art, wie er im Falle des Volksentscheids vom 29.11.2009 („Minarett-Verbot") wieder offenbar geworden ist: Vom Ausschluß einer verfassungsgerichtlichen Normenkontrolle von Bundesgesetzen werden auch volksbeschlossene Bundesgesetze erfaßt, so daß eine verfassungsgerichtliche Vorabprüfung (wie in Deutschland auf Landesebene durchgehend vorgeschrieben) ausscheidet; vgl. dazu näher den Jahresbericht von Tschentscher, Direkte Demokratie (Fn. 72), S. 219 ff.

[128] In diesem Sinne kritisch Krause, Möglichkeiten (Fn. 2), § 35 Rn. 47 f.

[129] I. Kant, Vom Ewigen Frieden (1795), in: Kants Werke. Akademie-Textausgabe, Bd. VIII: Abhandlungen nach 1781, 1968, S. 341 ff. (352). – Näher dazu wie zu der Feststellung, daß Kant hier nicht Demokratie schlechthin, sondern lediglich eine identitäre Demokratie nach dem Muster Rousseaus meint, Wawrzinek, Republik (Fn. 7), S. 246 ff. m.w.N.

Gefahr hinzu, daß sich dieser Distanzverlust auch dahingehend auswirke, daß unmittelbar zu Lasten (mißliebiger) Dritter entschieden werde[130].

Als „Beweis“ für diesen Distanzverlust, dessen Scheinevidenz ein bezeichnendes Licht auf die Vorstellung wirft, die man vom Souverän hegt, gilt Kritikern der direkten Demokratie einmal mehr das haushaltswirksame Volksbegehren. Hier, so die gebetsmühlenartig wiederholte Auffassung, bestehe die unmittelbare Gefahr, daß die Bürger ihre eigenen Steuern senkten, diejenigen anderer Bevölkerungsgruppen aber erhöhten, vor allem aber Ausgaben zu ihren eigenen Gunsten forcieren würden[131]. Fragt man nach Belegen für diese Vermutung, so gelangt man über eine lange Verweiskette von Verfassungsgerichtsentscheidungen zu einer schlichten Behauptung des Bayerischen Verfassungsgerichtshofes, die gewissermaßen kanonischen Status erreicht hat[132]. Dabei belegen – bei aller Zurückhaltung gegenüber der Berücksichtigung rechtsvergleichender Ergebnisse[133] – die vorliegenden Studien aus den USA und der Schweiz, daß der befürchtete negative Effekt für den Haushalt regelmäßig ausbleibt[134]. Ganz im Gegenteil gelten namentlich in der Schweiz die Kantone, die finanzwirksame Volksabstimmungen kennen, im Durchschnitt als finanziell gesünder[135]. Dem „Beweis“ fehlt damit jede empirische Basis. Und umgekehrt entbehrt es nicht einer gewissen Komik, wenn angesichts einer milliarden- und billionenschweren Verschuldung auf der Ebene von Bund, Ländern und Kommunen, die bislang ausschließlich von den Repräsentanten der Bürger verursacht worden

---

[130] Vgl. nochmals oben III.4.

[131] KRAUSE, Möglichkeiten (Fn. 2), § 35 Rn. 48; ISENSEE, Verfahrensfragen (Fn. 40), S. 308; MUHLE/LONTZEK, Zulässigkeit (Fn. 82), S. 230.

[132] Siehe (als Erstzitat) BayVerfGHE 29, 244 (267f.); affirmativ aufgegriffen wird dieses Votum von BayVerfGHE 47, 276 (304); 53, 42 (68) sowie ThürVerfGH ThürVBl. 2002, 31 (42f.). Näher WITTRECK, Direkte Demokratie (Fn. 29), S. 174.

[133] Kritik an der schlichten Weigerung der Rechtsprechung, rechtsvergleichende Befunde zur Kenntnis zu nehmen, bei WITTRECK, Direkte Demokratie (Fn. 29), S. 176ff.

[134] So die eingehend belegten Ergebnisse von G. KIRCHGÄSSNER/L.P. FELD/M.R. SAVIOZ, Die direkte Demokratie: Modern, erfolgreich, entwicklungs- und exportfähig, 1999, S. 71ff. (Schweiz), S. 111ff. (US-Bundesstaaten); R. EICHENBERGER, Mit direkter Demokratie zu besserer Wirtschafts- und Finanzpolitik: Theorie und Empirie, in: H.H. v. Arnim (Hrsg.), Adäquate Institutionen, 1999, S. 259ff.; C.A. SCHALTEGGER/L.P. FELD, Behindert die direkte Demokratie eine erfolgreiche Konsolidierungspolitik?, in: Freitag/Wagschal, Direkte Demokratie (Fn. 50), S. 363ff.

[135] Näher EICHENBERGER, Wirtschafts- und Finanzpolitik (Fn. 134), S. 276ff.; G. KIRCHGÄSSNER, Volksgesetzgebungsreform im Freistaat Thüringen, in: P. Neumann (Hrsg.), Sachunmittelbare Demokratie im Freistaat Thüringen, 2002, S. 177ff. (182).

ist, ausgerechnet die Bürger von finanzwirksamen Entscheidungen ferngehalten werden sollen[136].

Das heißt nicht, daß die Gefahr der Entscheidung in eigener Sache völlig von der Hand zu weisen ist. Einmal mehr ist das aber nicht allein ein Problem der direkten Demokratie, wie nicht nur Politikbereiche und Problemfelder belegen, die mit den Stichworten „Abgeordnetenbesoldung", „Parteienfinanzierung" oder „Ämterpatronage"[137] nur unvollständig beschrieben sind[138]. Ältere werden sich vielleicht noch an den mit dem Namen von Franz Josef Strauß verbundenen Skandal um die Besteuerung von Flugbenzin erinnern. Und damit wären wir bei den Mängeln des Repräsentativsystems, denen die direkte Demokratie vielleicht etwas abhelfen könnte.

IV. Belege für die Notwendigkeit und Leistungsfähigkeit direkter Demokratie

Erweisen sich danach die für den weitgehenden Ausschluß direkter Demokratie vorgebrachten Begründungen als letztendlich kaum tragfähig, so ist umgekehrt nach den möglichen positiven Effekten zu fragen. Hier häufen sich Anzeichen dafür, daß die repräsentative Demokratie entweder Konkurrenz oder Unterstützung durch ihre „Stiefschwester" bitter nötig hat. Mehr direkte Demokratie könnte die Distanz zwischen dem Volk und seinen Repräsentanten verringern (1.), im Einzelfall eine segensreiche Korrektivfunktion ausüben (2.) sowie Oppositionsfunktionen ausfüllen, die nach verbreiteter Auffassung innerhalb des Repräsentativsystems brachliegen (3.).

1. Parlamentsversagen: Kontaktverlust zum Volk

Sucht man nach möglichen Krisensymptomen der repräsentativen Demokratie, so muß man nicht Zuflucht zu vergleichsweise diffusen Befindlich-

---

[136] WITTRECK, Direkte Demokratie (Fn. 29), S. 176; DEGENHART, Bundesebene (Fn. 38), S. 95.

[137] Dazu unlängst materialreich und instruktiv P. MANOW/P. WETTENGEL, Ämterpatronage in der leitenden Ministerialbürokratie der Länder, in: Die Verwaltung 39 (2006), S. 553 ff.

[138] Instruktiv zur Änderung eines volksbeschlossenen Wahlgesetzes durch die Bürgerschaft MAHRENHOLZ, Änderung (Fn. 99), S. 17f. – Näher zum Problem parlamentarischer Befangenheit H. LANG, Gesetzgebung in eigener Sache, 2007, S. 16ff. u. passim.

keiten wie Partei- oder Politikverdrossenheit nehmen. Die stetig sinkenden Wahlbeteiligungen auf Bundes- und insbesondere Landesebene legen nahe, daß ein immer größerer Teil der Bevölkerung nicht mehr glaubt, das Verhalten der Repräsentanten durch Stimmabgabe in seinem Sinne oder auch nur überhaupt beeinflussen zu können[139]. Damit aber droht Stück für Stück die Geschäftsgrundlage jeder Repräsentation verlorenzugehen. Rechtlich mag die demokratische Legitimität und Dignität der Entscheidungen der Repräsentanten fortbestehen bzw. weiterhin fingiert werden. Fragt man aber nach einem *effektiven* Legitimationszusammenhang zwischen den Inhabern der Staatsgewalt und den besonderen Organen, so dünnt dieser immer mehr aus – im schlimmsten Fall bis an den Punkt, an dem das Grundgesetz nicht mehr als erfolgreiche (i. S. v. im Alltagsvollzug akzeptierte) Verfassung gelten kann.

Es ist zumindest nicht von der Hand zu weisen, daß praktizierte direkte Demokratie (verstanden als ‚democracy seen to be done' in dem Sinne, daß die Bürger erleben, wie eine Entscheidung der Repräsentanten tatsächlich korrigiert wird) hier Abhilfe versprechen könnte[140]. Dies in gleich zweifacher Weise: Zum einen wären Repräsentanten, die *realiter* damit rechnen müssen, daß das Volk (und nicht nur das Verfassungsgericht) ihnen in die Parade fährt, notwendig zugänglicher oder neudeutsch responsiver, wenn es um Anliegen der Bürger geht[141]. Zum anderen darf davon ausgegangen werden, daß Bürger, die sehen, wie ihre Stimme tatsächlich wirkt, nicht in die für die Demokratie auf Dauer tödliche Lethargie des „es läßt sich doch ohnehin nichts ändern" verfallen[142]. Die hohen Zustimmungsraten, die eine Erweiterung der direktdemokratischen Mitwirkungsrechte wohlgemerkt quer über alle Parteigrenzen hinweg bei den Bürgern erfährt[143], machen hier durchaus Mut.

---

[139] Repräsentative Daten (2009) dazu unter http://www.volksentscheid.de/kampagne/umfrage/: 41 % der Bürger geben an, mit ihrer Wahlentscheidung bei der Bundestagswahl starken Einfluß auf die Richtung der Politik in Deutschland nehmen zu können; 47 % billigen ihrer Stimme schwachen Einfluß, 11 % keinerlei Einfluß zu.

[140] In diesem Sinne etwa auch H. H. v. ARNIM, Vom Mehrwert direkter Demokratie, in: Heußner/Jung, Mehr direkte Demokratie (Fn. 3), S. 39 ff. (49 ff.).

[141] Zur Responsivität nur LEMBCKE/PEUKER/SEIFARTH, Anmerkung (Fn. 95), S. 791.

[142] Unterstrichen von MAHRENHOLZ, Änderung (Fn. 99), S. 16.

[143] Nach einer repräsentativen Forsa-Umfrage vom Juli 2009 votieren 68 % der Bundesbürger für die Einführung von Volksbegehren und Volksentscheid auf Bundesebene. Aufschlußreich ist die Aufschlüsselung nach Parteipräferenz: Nach Anhängern der Linken (72 %) und der Grünen (66 %) folgen unmittelbar Unionswähler (65 %), während Anhänger von SPD (63 %) und FDP (55 %) skeptischer sind, obwohl beide

2. *Korrektivfunktion der direkten Demokratie*

Volksbegehren werden in aller Regel von Gruppen initiiert, die mit Entscheidungen der Repräsentativkörperschaften nicht einverstanden sind: Entweder sehen sie ihr Anliegen gar nicht berücksichtigt, oder sie halten die vorgenommene Weichenstellung inhaltlich für falsch. Insofern eignet der direkten Demokratie eine Korrektivfunktion: parlamentarische und oft vor allem rein koalitionsspezifisch bedingte Festlegungen werden modifiziert oder ersetzt, parlamentarisches Unterlassen (sei es aus Entscheidungsschwäche, sei es aus koalitionsinterner Rücksichtnahme) wird nicht länger geduldet. In beiden Fällen ist dabei keineswegs ausgemacht, daß die volksbeschlossene Lösung „besser" ist. Hier darf freilich der grundsätzliche Hinweis nicht fehlen, daß eine Demokratie nun einmal über keine Instanz verfügt, die von einer höheren Warte aus über besser oder schlechter, falsch oder richtig entscheidet – man hat nichts mehr als den Mehrheitswillen des Volkes und/oder seiner Vertreter. Und weil das so ist, muß man den demokratietheoretischen Befund ernst nehmen, daß Demokratie Herrschaft auf Zeit und für die Minderheit nur erträglich ist, weil die realistische Aussicht besteht, auf Sicht selbst in die Mehrheitsposition zu gelangen[144]. Tut man dies aber, so wächst der bloßen *Möglichkeit* der Korrektur im Wege einer demokratischen Abstimmung ein besonderer und besonders gewichtiger Eigenwert zu.

Rechtliche Schlußfolgerungen sind freilich aus dieser Beobachtung nur mit äußerster Vorsicht zu ziehen. Insbesondere ist nochmals darauf hinzuweisen, daß diese rein tatsächlich nur punktuell zu aktivierende Korrektivfunktion nicht in ein normatives Rangverhältnis umgedeutet werden darf, das es erlaubte, der direkten Demokratie eine bloße Ergänzungsfunktion zuzuweisen, die es durch Kompetenzvorbehalte zugunsten des Parlaments sogleich zu zementieren gälte. Ganz im Gegenteil wird die rechtliche Konsequenz die sein müssen, im Sinne einer Funktionsadäquanz nach den notwendigen (Mindest-)Bedingungen zu fragen, die erfüllt sein müssen, damit Volksbegehren und Volksentscheid diese Korrektivfunktion ausfüllen können. Einmal mehr streitet das Demokratieprinzip des Grundgesetzes hier gegen hohe Quoren und weitere vergleichbare Hürden.

Parteien – im Gegensatz zur Union – laut Programm für die direkte Demokratie auf Bundesebene votieren (die relevanten Daten sind abrufbar unter http://www.volksentscheid.de/kampagne/umfrage/).

[144] Nochmals BVerfGE 123, 267 (343).

3. Oppositionsersatz

Eine funktionierende Opposition, die Alternativen zur Politik der jeweiligen Mehrheit formuliert, diese kritisch begleitet und zum Machtwechsel bereitsteht, ist begriffsnotwendiger Bestandteil der Demokratie[145]. Nicht nur in Zeiten einer Großen Koalition ist der Eindruck, daß diese Aufgabe zumindest in einigen Sachbereichen nicht adäquat erfüllt wird, nicht von der Hand zu weisen. Je mehr Fragen partei- und fraktionsübergreifend im Wege der außerhalb des Parlaments angesiedelten Absprache entschieden werden, desto weniger wird eine Opposition wahrnehmbar. In dieser Situation können die Instrumente der direkten Demokratie dann eine wirksame Remedur darstellen, wenn sie punktuell dort Alternativen formulieren und notfalls auch erzwingen, wo zwischen den politischen Parteien kein Wettbewerb mehr herrscht: Der Bürger schlüpft in dieser Konstellation in die Rolle der politischen Kartellbehörde oder eben der Opposition. Zwei Beispiele aus Bayern mögen das veranschaulichen: Der letztlich im Landtag erzielte Kompromiß zur Einführung der christlichen Gemeinschaftsschule als Regelschule (Art. 135 BayVerf., 1968) kam nur zustande, nachdem mehrere Volksbegehren die zuvor bestehende Blockade aufgelöst hatten[146]. Und schon die bloße Drohung mit einem Volksbegehren brachte im Herbst 2004 die Zweidrittelmehrheit der CSU im bayerischen Landtag dazu, einen offensichtlich wenig durchdachten Beschluß zur Einschränkung der Lernmittelfreiheit zu revidieren[147].

V. Beschönigungen

Gegner wie Verfechter direkter Demokratie sind nicht vor der Gefahr gefeit, den Gegenstand ihrer Bemühungen weichzuzeichnen und reale Gefährdungen und Fehlentwicklungen auszublenden. Derartige Beschöni-

[145] Statt aller DREIER (Fn. 7), Art. 20 (Demokratie), Rn. 81. Zahlreiche Landesverfassungen erkennen dies inzwischen ausdrücklich an; lies nur Art. 16a Abs. 1 BayVerf. („Parlamentarische Opposition ist grundlegender Bestandteil der parlamentarischen Demokratie.") oder Art. 55 Abs. 2 S. 1 BbgVerf. („Die Opposition ist ein wesentlicher Bestandteil der parlamentarischen Demokratie.").

[146] Siehe dazu K. HAHNZOG, Bayern als Motor für unmittelbare Demokratie, in: Heußner/Jung, Mehr direkte Demokratie (Fn. 3), S. 235 ff. (237, 242); in der Einschätzung wie hier O. JUNG, Grundsatzfragen der direkten Demokratie, in: Kost, Direkte Demokratie (Fn. 26), S. 312 ff. (341).

[147] Näher JUNG, Grundsatzfragen (Fn. 146), S. 340, der den Fall auch als Beispiel für die „Vorwirkung" von Volksbegehren würdigt.

gungen nehmen auf Seiten der Kritiker unmittelbarer Sachentscheidungen des Volkes die Gestalt einer idealisierenden Überhöhung des Parlaments an (1.); auf Seiten ihrer Befürworter begegnet zuweilen eine nicht weniger gefährliche mythologische Aufladung des „Volkes" und seiner Eigenschaften wie Fähigkeiten (2.).

1. Parlamentsidealisierung

Manche Einlassung zur direkten Demokratie muß Parlamentarier ins Schwärmen kommen lassen. Dies gilt etwa für zahlreiche Entscheidungen der Landesverfassungsgerichte, die einen grellen Kontrast zwischen den vermeintlichen Gefahren von Volksabstimmungen und den vielfältigen Sicherungen durch ein parlamentarisches Entscheidungsverfahren skizzieren und dabei im Einzelfall in einen geradezu hymnischen Duktus verfallen[148]. Während der Volksgesetzgeber unweigerlich emotional, eigensinnig und distanzlos entscheide, garantiere die Tätigkeit von Repräsentanten rationale, verantwortungsvolle und allein am Gemeinwohl orientierte Ergebnisse, in denen sich die persönlichen Interessen der Parlamentarier nicht mehr nachweisen ließen[149].

Dieses Zertifikat ist bar jeder Deckung[150], wird aber gleichwohl gern genutzt, um gravierende rechtliche Schlußfolgerungen abzusichern. Es ignoriert – ohne Anspruch auf Vollständigkeit – die Zwänge, denen namentlich Parlamentarier der Regierungsfraktionen ausgesetzt sind, die in den Entscheidungen des Bundesverfassungsgerichts zum Europäischen Haftbefehl und zum Vertrag von Lissabon schonungslos offengelegten Kontrolldefizite[151], die vielfache Verlagerung von Kompetenzen auf informale Gremien[152] und die tatsächlichen Mechanismen der parlamentarischen Kompromißfindung[153]; schließlich harrt es ganz offenbar noch der

---

[148] Besonders lyrisch ThürVerfGH ThürVBl. 2002, 31 (41): „Dagegen schafft der besondere verfassungsrechtliche Status des Abgeordneten […] eine Distanz zwischen Eigeninteresse und Mandatspflichten. Diese Distanz des Parlamentsmitglieds zu populären und eigensüchtigen Interessen ist eine rechtsethische Leistung, die in allen Landesverfassungen der Bundesrepublik Deutschland ihren Niederschlag findet." – Kritik bei WITTRECK, Direkte Demokratie (Fn. 29), S. 166f.

[149] In diesem Sinne prominent ISENSEE, Volksgesetzgebung (Fn. 117), S. 1164f.

[150] Luzide Gegenargumentation bei JUNG, Grundsatzfragen (Fn. 146), S. 343f.

[151] Vgl. BVerfGE 113, 273 (304ff.); 123, 267 (432ff.).

[152] Siehe nur F. SCHOCH, Entformalisierung staatlichen Handelns, in: HStR[3] III, § 37 Rn. 28ff.

[153] Nochmals SCHULZE-FIELITZ, Theorie und Praxis (Fn. 97), S. 349ff.

Entdeckung der Lebensform „Lobbyist". Als simple Kontrollüberlegung diene hier ein aktueller Vorgang: Es erscheint schwer vorstellbar, daß sich die Interessenvertreter des Hotel- und Gaststättengewerbes mit ihrem Ansinnen, vom ermäßigten Mehrwertsteuersatz zu profitieren, der öffentlichen Debatte eines Volksgesetzgebungsverfahrens gestellt (geschweige denn darin obsiegt) hätten[154]. Im vertraut-vertraulichen Gespräch mit Repräsentanten war hier offenbar mehr zu gewinnen.

2. *Volksmythologisierung*

Der ungeschützte Zugriff auf höhere Einsichten und sich selbst absolut setzende Deutungsmuster ist allerdings kein Privileg derjenigen, die der direkten Demokratie skeptisch gegenüberstehen; auch und gerade ihre vehementesten Befürworter sind davor nicht gefeit. So muß es als nicht ungefährliche Verkürzung und Vergröberung demokratietheoretischer Einsichten bewertet werden, wenn vereinzelt der Eindruck erweckt wird, die identitäre Demokratie sei ihrerseits die „eigentliche" Form der Demokratie und darüber hinaus einzig in der Lage, unmittelbar über den Willen „des" Volkes Aufschluß zu verschaffen[155]. Hier gilt es daran zu erinnern, daß auch Instrumente der direkten Demokratie nicht ohne ein hohes Maß an Repräsentation auskommen, das die kategoriale Unterscheidung von unmittelbarer und mittelbarer Demokratie verschwimmen läßt und in die Nähe einer bloß graduellen Differenz rückt. Denn nicht allein müssen die – in aller Regel lediglich eine Minderheit der Stimmberechtigten darstellenden – tatsächlich Abstimmenden nach richtiger Auffassung als Repräsentanten der Unentschlossenen und aus welchen Gründen auch immer daheim Gebliebenen angesprochen werden[156]; auch im Vorfeld

---

[154] Zu den Vorgängen A. NEUBACHER/A. WASSERMANN, Ein bisschen gaga. Die schwarz-gelbe Koalition beschließt einen Steuernachlass auf Hotelübernachtungen. Es ist der Sieg einer Lobby gegen alle ökonomische Vernunft, in: Der Spiegel 47/2009, S. 82.

[155] Streng genommen wird auch diese Extremposition – anders als häufig unterstellt – von Verfechtern der direkten Demokratie so kaum mehr vertreten. Ganz im Gegenteil finden sich bei diesen oft ausdrückliche Distanzierungen von einer solchen Mythologisierung des Volkes, etwa bei T. EVERS, Volkssouveränität und parlamentarisches System – Ideologiegeschichtliche Wurzeln einer aktuellen Debatte, in: Heußner/Jung, Mehr direkte Demokratie (Fn. 3), S. 23 ff. (24 ff. u. passim).

[156] Wie hier BÖCKENFÖRDE, Mittelbare/Repräsentative Demokratie (Fn. 1), S. 309; DREIER, Landesverfassungsänderung (Fn. 60), S. 520; WITTRECK, Direkte Demokratie (Fn. 29), S. 183. – A.A. offenbar BRENNER, Parlamentarismus (Fn. 36), § 44 Rn. 63.

durchlaufen Entscheidungen der sachunmittelbaren Demokratie Prozesse der Aggregation und Kumulation individueller Positionen, in denen die Initianten und Vertreter als Repräsentanten fungieren[157]. Daß in Gestalt der regelmäßig früh involvierten politischen Parteien die Akteure der repräsentativen und der direkten Demokratie zumindest teilidentisch sind[158], unterstreicht diesen Befund noch. Er läßt keinen Raum für rousseauistisch angehauchte Phantasmagorien vom „wahren" Volkswillen, der sich nur dem unverfälscht und in seiner ganzen Tragweite offenbare, der sich ihm im Gewande der direkten Demokratie naht.

VI. (Be-)Schluß: Konkordanz und Konkurrenz

Nach alledem ist das Grundgesetz weit offen für alle Formen direkter Demokratie. Ein Antagonismus von mittelbarer und unmittelbarer Demokratie ist ihm fremd. Vielmehr setzt es auf die wohltuende Konkurrenz beider Formen der Demokratie im Wettstreit um die beste Formulierung von Gemeinwohlzielen. Diese wiederum ist nur möglich, wenn (Verfassungs-)Gesetzgeber wie Rechtsprechung ein System der Konkordanz von repräsentativer und direkter Demokratie entwerfen, das ohne Prävalenzphantasien so konzipiert wird, daß beide ihre Funktion optimal erfüllen können. Für einzelne Fehlentscheidungen – der Repräsentanten wie des Volkes – hält das Grundgesetz alle Mittel der Korrektur vor. Der bisherige Verzicht auf Instrumente direkter Demokratie auf Bundesebene dürfte ein solcher Fehler sein. Er läßt sich beheben.

---

[157] Näher Rhinow, Grundprobleme (Fn. 7), S. 167 ff., 177 ff.; P. Badura, Die politische Freiheit in der Demokratie, in: Festschrift für Helmut Simon, 1987, S. 193 ff. (207); Krause, Möglichkeiten (Fn. 2), § 35 Rn. 48; Hans Meyer, Repräsentative Demokratie und Plebiszit. Fünfundzwanzig Thesen, in: U. Willems (Hrsg.), Demokratie auf dem Prüfstand, 2002, S. 75 ff. (75); Dreier (Fn. 7), Art. 20 (Demokratie), Rn. 107.

[158] Dazu nur W. Luthardt, Direkte Demokratie. Ein Vergleich in Westeuropa, 1994, S. 169 ff.

Das Grundgesetz unter Ablösungsvorbehalt?

Zu Deutung und Bedeutung des Art. 146 GG*

I. Ausgangspunkt: Das Grundgesetz als Provisorium

Einstimmig ist das Grundgesetz nicht beschlossen worden[1]. Bei der Abstimmung in der zehnten Sitzung des Plenums des Parlamentarischen Rates am symbolträchtigen 8. Mai 1949[2] votierten zwölf der insgesamt 65 Abgeordneten gegen seine Annahme. Es war eine bunte Opposition,

---

* Beim folgenden Beitrag handelt es sich um die überarbeitete und stark erweiterte Fassung eines Artikels, der unter dem Titel „Das Grundgesetz – eine Verfassung auf Abruf?" erschienen ist in der Beilage zur Wochenzeitung „Das Parlament": Aus Politik und Zeitgeschichte, Heft 18–19/2009, S. 19 ff.

[1] Zur Entstehungsgeschichte des Grundgesetzes aus der Fülle der Literatur etwa die eingängige und kompakte Schilderung von M.F. Feldkamp, Der Parlamentarische Rat 1948–49. Die Entstehung des Grundgesetzes, 1998; zentrale Dokumente bietet ders. (Hrsg.), Die Entstehung des Grundgesetzes für die Bundesrepublik Deutschland 1949. Eine Dokumentation, 1999; zusammenfassend R. Mussgnug, Zustandekommen des Grundgesetzes und Entstehen der Bundesrepublik Deutschland, in: HStR[3] I, § 8; eingehend und mit vielen Nachweisen K. Stern, Das Staatsrecht der Bundesrepublik Deutschland, Bd. V, 2000, S. 1244 ff., 1277 ff.

[2] Dokumentiert in: Der Parlamentarische Rat 1948–1949. Akten und Protokolle, hrsgg. v. Deutschen Bundestag u. v. Bundesarchiv, Bd. 9: Plenum, bearbeitet von W. Werner, 1996, S. 504 ff.

zu der Politiker der KPD, des Zentrums, der DP und der CSU zählten. Entsprechend vielfältig gestalteten sich die Motive und Gründe der Ablehnung. Die sechs der insgesamt acht bayerischen CSU-Abgeordneten, die mit Nein stimmten (und zu denen auch der langjährige Würzburger Ordinarius Wilhelm Laforet gehörte), begründeten ihre Ablehnung vor allem mit zu geringen Länderkompetenzen, mangelnden Vorkehrungen gegen eine neuerliche Parteienzersplitterung sowie dem fehlenden Bekenntnis zu einer christlichen Staatsauffassung[3]. Zugleich erklärte man aber „mit allem Nachdruck", sich „dem neuen Staat und Gesamtdeutschland aus tiefstem Empfinden verpflichtet" zu fühlen[4]. Das war nicht die einzige Gemeinsamkeit. Denn was praktisch alle Mitglieder des Parlamentarischen Rates verband, die große Mehrheit der 53 wie die Minderheit der zwölf, war die Grundüberzeugung, daß diesem Werk keine lange Existenz beschieden sein würde. Im Grunde genommen gingen alle davon aus, mit diesem Grundgesetz lediglich eine Art Notbau für einen begrenzten Zeitraum geschaffen zu haben – um dem „staatlichen Leben für eine Übergangszeit eine neue Ordnung zu geben", wie es die Präambel in ihrer ursprünglichen Fassung denn auch klar und deutlich ausdrückte[5].

Die Teilung Deutschlands, so die allgemeine Erwartung, würde bald überwunden und damit der Weg frei sein für eine nicht auf die westliche Teilnation beschränkte, sondern gesamtdeutsche Verfassung – und damit für eine Verfassung, die frei von Vorgaben und Genehmigungs- sowie Vorbehaltsrechten der Alliierten in souveräner staatlicher Selbstbestimmung Deutschlands gestaltet werden könnte. Kurz: das Grundgesetz war, um die geläufige Charakterisierung zu gebrauchen, als „Provisorium"[6] gedacht.

---

[3] So der Abgeordnete JOSEF SCHWALBER (CSU) in seiner Erklärung, die er zugleich im Namen der anderen fünf Abgeordneten abgab: Parl. Rat, Bd. 9 (Fn. 2), S. 615 f.

[4] SCHWALBER (Fn. 3), S. 616.

[5] Abdruck der Ursprungsfassung bei: H. Dreier/F. Wittreck (Hrsg.), Grundgesetz. Textausgabe mit sämtlichen Änderungen und andere Texte zum deutschen und europäischen Verfassungsrecht, 4. Aufl. 2009, S. 16 Fn. 1.

[6] Der Terminus begegnet schon im Bericht des Herrenchiemseer Verfassungskonvents vom August 1948 (abgedruckt in: Der Parlamentarische Rat 1948–1949. Akten und Protokolle, hrsgg. v. Deutschen Bundestag u. v. Bundesarchiv, Bd. 2: Der Verfassungskonvent auf Herrenchiemsee, bearbeitet von P. Bucher, 1981, S. 504 ff. [507]); s. ferner KARL (= Carlo) SCHMID, Die politische und staatsrechtliche Ordnung der Bundesrepublik Deutschland, in: W. Matz (Hrsg.), Grundgesetz für die Bundesrepublik Deutschland und Besatzungsstatut, 1949, S. 1 ff. (3 f.). Er wurde auch in den folgenden Jahren und Jahrzehnten immer wieder verwendet: angefangen von THEODOR HEUSS in seiner Abschiedsrede vom 12. September 1959 („Provisorium und Transitorium") über JOHANNES GROSS (Die Deutschen, 1967, S. 77 ff.) bis hin zu WOLFGANG HOFFMANN-RIEM (Das Grundgesetz – zukunftsfähig?, in: DVBl. 1999,

Um seine Vorläufigkeit zu betonen, nahm man von der in Deutschland fest etablierten Nomination von Staatsgrundgesetzen als „Verfassungen" (etwa: Verfassung des deutschen Reiches vom 28. März 1849 [= Paulskirchenverfassung], Verfassung des Deutschen Reichs vom 16. April 1871 [= Bismarcksche Reichsverfassung], Verfassung des Deutschen Reichs vom 11. August 1919 [= Weimarer Reichsverfassung]) ausdrücklich Abstand und griff zur eher ungewöhnlichen Bezeichnung als „Grundgesetz". Darauf hatten, nachdem die drei Westalliierten in den sog. Frankfurter Dokumenten[7] den Weg für eine „constitution" freigemacht und sogleich wesentliche Vorgaben formuliert hatten, insbesondere die Ministerpräsidenten der Länder gedrungen, die mit dieser Terminologie einer Vertiefung der Spaltung Deutschlands entgegentreten wollten[8] und den Begriff des Grundgesetzes geradezu „mit Verbissenheit [...] gegenüber den westlichen Alliierten" verteidigten[9].

Die Erwartung baldiger Überwindung der deutschen Teilung und somit der Vorläufigkeit des Grundgesetzes führte jedoch ebensowenig wie die zurückhaltende Terminologie dazu, das Grundgesetz konzeptionell etwa auf die unabweisbar notwendigen Regelungen staatsorganisatorischer Art (Staatsorgane, Kompetenzverteilung) zu beschränken. In diese Richtung gehende Vorstellungen waren rasch überwunden. Inhaltlich wurde das Grundgesetz dezidiert als Vollverfassung ausgestaltet: es beschränkte sich nicht auf die staatsorganisatorische Seite, sondern regelte auch die Rechtsstellung des Einzelnen im und zum Staat, enthielt Staatsziele und grundlegende Gestaltungsprinzipien. Mit dem fundamentalen Satz von der Menschenwürde (Art. 1 Abs. 1 GG: „Die Würde des Menschen ist unantastbar. Sie zu achten und zu schützen ist Verpflichtung aller staatlichen Gewalt.")

S. 657ff. [658]) und Dieter Grimm (Identität und Wandel – das Grundgesetz 1949 und heute, in: Anwaltsblatt 2009, S. 505 ff. [505]).

[7] Abdruck der Dokumente zur künftigen politischen Entwicklung Deutschlands („Frankfurter Dokumente") vom 1.7.1948 in: Der Parlamentarische Rat 1948–1949. Akten und Protokolle, hrsgg. v. Deutschen Bundestag u. v. Bundesarchiv, Bd. 1: Vorgeschichte, bearbeitet von J.V. Wagner, 1975, S. 30ff.

[8] Vgl. D. Murswiek, in: R. Dolzer/C. Waldhoff/K. Graßhof (Hrsg.), Bonner Kommentar zum Grundgesetz, Überschrift (Zweitbearbeitung 1986), S. 3 ff.; guter und kompakter Überblick über die Wahl der Bezeichnung „Grundgesetz" auch in: JöR 1 (1951), S. 14ff.

[9] So Hans Meyer, „Das gesamte Deutsche Volk bleibt aufgefordert, in freier Selbstbestimmung die Einheit und Freiheit Deutschlands zu vollenden", in: Festschrift für Peter Schneider, 1990, S. 268ff. (271), der zugleich auf die Ironie hinweist, daß sich die Ministerpräsidenten zwar durchsetzen konnten, letztlich aber doch „bei der Realisierung des Vorhabens [...] mit deutscher Gründlichkeit und zunehmend auch gewollt eine Vollverfassung ausgearbeitet wurde."

an ihrer Spitze wurden die Grundrechte in voller Absicht und aus augenfälligen Gründen an den Anfang des Grundgesetzes gestellt, das in seiner Gesamtheit die Grundordnung des politischen Gemeinwesens bildet. Nicht zuletzt an der unbefangenen Formulierung bestimmter Normen des Grundgesetzes wird denn auch hinlänglich und entgegen der vermeintlich restriktiven Titulierung deutlich, daß es schlicht und einfach die Verfassung der Bundesrepublik Deutschland war und ist: so, wenn Art. 5 Abs. 3 GG davon spricht, die Freiheit der Lehre entbinde nicht von der Treue zur *Verfassung*[10]; wenn in Art. 20 Abs. 3 GG von *verfassung*smäßiger Ordnung die Rede ist oder in Art. 93 GG die umfänglichen Kompetenzen des Bundes*verfassung*sgerichts aufgeführt werden.

Und mehr noch: der Parlamentarische Rat wagte 1949 eine Regelung, die – scheinbar in schroffem Gegensatz zur prätendierten Vorläufigkeit – bestimmten Kernelementen des Grundgesetzes sogar die denkbar höchste Stabilität und Dauerhaftigkeit vermittelte. Art. 79 Abs. 3 GG legt selbst dem verfassungsändernden Gesetzgeber Fesseln an, indem er die Grundsätze der Art. 1 und 20 GG (nicht: Art. 1 *bis* 20 GG) dessen Zugriff entzieht. Diese Bestimmung, seinerzeit ein – von wenigen und eher punktuellen Vorläufern abgesehen – absolutes verfassungsrechtliches Novum, bezeichnet man daher auch als Ewigkeitsgarantie oder Ewigkeitsklausel[11]. Eine Carl Schmitt-Klausel wird man sie hingegen schwerlich nennen können. Zwar plädierte Schmitt in der Weimarer Republik vehement dafür, auf der Basis einer von ihm zugrundegelegten begrifflichen Differenz zwischen Verfassung und Verfassungsgesetz immanente Begrenzungen der Befugnis zur Verfassungsänderung anzuerkennen[12]. Doch zielten seine Deduktionen erstens keineswegs auf eine Stabilisierung der ersten deutschen Demokratie[13]. Zweitens schwebte ihm mitnichten eine Norm wie

---

[10] Klarsichtiger Hinweis hierauf sowie auf weitere Züge einer Vollverfassung bereits bei H. P. Ipsen, Über das Grundgesetz, 1950, S. 11 (wiederabgedruckt in: ders., Über das Grundgesetz. Gesammelte Beiträge seit 1949, 1988, S. 1 ff. [5]); s. auch H. Ehmke, Grenzen der Verfassungsänderung, 1953, S. 81 f.

[11] Rechtsvergleichend wichtig: P. Häberle, Verfassungsrechtliche Ewigkeitsklauseln als verfassungsstaatliche Identitätsgarantien, in: Festschrift für Hans Haug, 1986, S. 81 ff.; zum Sachproblem wie auch zum verfassungshistorischen Hintergrund H. Dreier, in: ders. (Hrsg.), Grundgesetz-Kommentar, Bd. II, 2. Aufl. 2006, Art. 79 III Rn. 1 ff., 14 ff.

[12] C. Schmitt, Verfassungslehre (1928), 8. Aufl. 1993, S. 11 ff., 25 f., 102 ff.

[13] Klar erkannt wurde dies von Richard Thoma (Die juristische Bedeutung der grundrechtlichen Sätze der deutschen Reichsverfassung im allgemeinen [1929], in: ders., Rechtsstaat – Demokratie – Grundrechte, hrsgg. und eingel. von H. Dreier, 2008, S. 173 ff. [220]): „Im tiefsten Grunde läuft also diese Verfassungslehre nicht

Art. 79 Abs. 3 GG vor[14], wie seine deutliche Ablehnung eines verfassungsrechtlich fixierten Kataloges von unantastbaren Regelungen zeigte, den er spöttisch mit den „unpfändbaren Sachen" bei der Zwangsvollstreckung verglich[15]. Daß diese verfassungsrechtliche Bestimmung wiederum kein wirksames Abwehr- oder gar Allheilmittel gegen revolutionäre Umbrüche bilden würde, war allen Beteiligten klar und auch weitgehender Konsens im Parlamentarischen Rat[16]. Doch sollte einem etwaigen Umsturz die „Maske der Legalität"[17] entrissen, sollte ein etwaiger Systemwechsel als solcher deutlich markiert werden.

Doch wie verträgt sich diese partielle Selbstverewigung mit seinem vom Parlamentarischen Rat so deutlich hervorgehobenen Charakter als Notbau? Ist das nicht ein eklatanter Widerspruch? Die Antwort gibt das Grundgesetz selbst. Man muß den Blick dazu nur von seinem Vorspruch, der Präambel, auf die Schlußbestimmung lenken. Art. 146 GG lautete bis zu seiner – sogleich zu erörternden – Änderung im Jahre 1990 wie folgt:

„Dieses Grundgesetz verliert seine Gültigkeit an dem Tage, an dem eine Verfassung in Kraft tritt, die von dem deutschen Volke in freier Entscheidung beschlossen worden ist."[18]

Damit war klar und unmißverständlich gesagt: solange das Grundgesetz in Kraft ist, solange ist es als vollgültige Verfassung für alle Staatsgewalt verbindlich und mit seinen in Art. 79 Abs. 3 GG fixierten tragenden Elementen einer Verfassungsänderung entzogen. Wenn aber nach Aufhebung der Teilung Deutschlands das gesamte deutsche Volk „in freier Entscheidung" eine neue Verfassung beschließen würde, dann sollte das Grundgesetz seiner Geltung verlustig gehen.

Dabei bezog sich das Element freier Selbstbestimmung in erster Linie auf den Fortfall der Souveränitätsbeschränkungen durch die Alliierten – hatte es doch zum Inkrafttreten des Grundgesetzes, worüber die Art. 144

---

auf eine besondere Heiligung, sondern auf eine Entwertung der geschriebenen Verfassungen hinaus, denen eine Härte angedichtet wird, an der sie unter Umständen zerspringen müßten".

[14] Siehe w.N. bei Dreier (Fn. 11), Art. 79 III Rn. 3.

[15] C. Schmitt, Zehn Jahre Reichsverfassung, in: JW 1929, S. 2313ff. (2314).

[16] Deutlich eine Anmerkung des Redaktionsausschusses (Der Parlamentarische Rat 1948–1949. Akten und Protokolle, hrsgg. v. Deutschen Bundestag u. v. Bundesarchiv, Bd. 7: Entwürfe zum Grundgesetz, bearbeitet von M. Hollmann, 1995, S. 172): „Eine Revolution kann und soll dadurch nicht verhindert werden."

[17] So die Formulierung von Thomas Dehler in der zweiten Lesung des Hauptausschusses vom 12. Januar 1949, zitiert nach JöR 1 (1951), S. 586.

[18] Abdruck bei Dreier/Wittreck, Grundgesetz (Fn. 5), S. 140 mit Fn. 2.

und 145 GG dezent schweigen[19], nicht nur der Zustimmung der Volksvertretungen der Länder bedurft (wobei bekanntlich allein Bayern mit einem in gewisser Weise konditionierten Nein votierte[20]), sondern zusätzlich der expliziten Genehmigung der drei westlichen Militärgouverneure[21], die zudem während der laufenden Beratungen des öfteren – wenn auch nicht immer mit durchschlagendem Erfolg – intervenierten und vornehmlich stark dezentral-föderalistischen Positionen zum Durchbruch zu verhelfen versuchten[22]. In einem Satz: das Grundgesetz sah in der Naherwartung der deutschen Wiedervereinigung und der damit verbundenen Möglichkeit einer neuen, von alliierten Beschränkungen freien Verfassunggebung seine eigene Ablösung vor. Es stellte sich für diesen Fall sozusagen unter

---

19 Zum Gesamtprocedere der Annahme des Grundgesetzes im einzelnen Feldkamp, Parlamentarische Rat (Fn. 1), S. 174 ff., 178 ff., 180 ff.; Stern, Staatsrecht V (Fn. 1), S. 1329 ff., 1337 ff.; Mussgnug, Zustandekommen (Fn. 1), § 8 Rn. 84 ff.; H. Dreier, in: ders. (Hrsg.), Grundgesetz-Kommentar, Bd. III, 2. Aufl. 2008, Art. 144 Rn. 15 ff.; ders., ebd., Art. 145 Rn. 4 ff.

20 Denn dem Nein folgte die Relativierung auf dem Fuße, hier in Form der Zustimmung des Landtags zum Antrag der Staatsregierung, die Rechtsverbindlichkeit des Grundgesetzes anzuerkennen. Daß diesem Beschluß angesichts der Bindungswirkung des Art. 144 Abs. 1 GG nur deklaratorische Bedeutung zukam, ändert nichts daran, daß das „bayerische Nein zum Grundgesetz eigentlich ein Ja bedeuten sollte“ (so T. Stammen/G. Maier, Der Prozeß der Verfassunggebung, in: J. Becker/T. Stammen/P. Waldmann [Hrsg.], Vorgeschichte der Bundesrepublik Deutschland, 2. Aufl. 1987, S. 391 ff. [424]; vgl. zu den Vorgängen in Bayern insgesamt Dreier [Fn. 19], Art. 144 Rn. 21).

21 Dazu Dreier (Fn. 19), Art. 144 Rn. 17. Erteilt wurde diese Genehmigung mit Schreiben vom 12. Mai 1949. Zwar wurden in dem Schreiben seitens der Militärgouverneure mehrere Vorbehalte formuliert, die u.a. die Beteiligung Groß-Berlins am Bund betrafen, letztlich jedoch zu keinen Änderungen am Verfassungstext mehr führten.

22 Zu den (bei weitem nicht immer erfolgreichen) Einflußversuchen der Alliierten aufschlußreich: Der Parlamentarische Rat 1948–1949. Akten und Protokolle, hrsgg. v. Deutschen Bundestag u. v. Bundesarchiv, Bd. 8: Die Beziehungen des Parlamentarischen Rates zu den Militärregierungen, bearbeitet von M.F. Feldkamp, 1995, insbes. die einführende Übersicht S. VII ff. (XXVIII ff.). Die gelegentlich und vor allem in den Anfangsjahren der Bundesrepublik zu vernehmende Rede vom Grundgesetz als einer „oktroyierten Verfassung“ (so H. Nawiasky, Die Grundgedanken des Grundgesetzes für die Bundesrepublik Deutschland, 1950, S. 12, 79; Hans Schneider, Fünf Jahre Grundgesetz, in: NJW 1954, S. 937 ff. [937]), trifft also, was dessen Inhalte betrifft, insgesamt kaum zu (siehe auch H. Dreier, in: ders. [Hrsg.], Grundgesetz-Kommentar, Bd. I, 2. Aufl. 2004, Präambel Rn. 57 f.). Für die heutige Sichtweise repräsentativ: Grimm, Identität (Fn. 6), S. 506: „Inhaltlich war das Grundgesetz [...] ein deutsches Werk ohne tiefgreifende Einwirkung der Alliierten“.

einen Ablösungsvorbehalt[23]. Friedrich Giese, Autor eines der ersten (Kurz-) Kommentare zum Grundgesetz, brachte den nur scheinbar komplizierten Zusammenhang von Verfassung und Grundgesetz, von Provisorium und Ewigkeitsklausel ganz schnörkellos auf den Punkt: „Die Vermeidung des herkömmlichen Ausdrucks ‚Verf.' ist zwar politisch beachtlich, aber staatsrechtlich belanglos. Politisch sollte damit der räumlich und zeitlich vorläufige Charakter sowie das Fehlen voller Freiheit zu eigenständiger Verfassunggebung gekennzeichnet werden. Vgl. Art. 146."[24] Damit war alles gesagt: obgleich in sachlicher Hinsicht als Vollverfassung konzipiert, hielt der Schlußartikel des Grundgesetzes fest, daß man es in zeitlicher (und räumlicher) Hinsicht als Übergangserscheinung betrachtete.

II. Wendepunkt: Das Grundgesetz im Prozeß der deutschen Wiedervereinigung

Die deutsche Wiedervereinigung kam – aber das Grundgesetz blieb. Die Wiedervereinigung kam freilich nicht alsbald, sondern nach vier Jahrzehnten, während der viele, wenn nicht die meisten Zeit(geist)genossen die Hoffnung auf ein Ende der Teilung längst aufgegeben, andere in ihr wohl sogar einen letztlich begrüßenswerten Zustand zu sehen begonnen hatten. Insbesondere im linksintellektuellen Bildungsbürgertum – aber bei weitem nicht nur dort – hatte sich eine Stimmung verfestigt, die weit über die bloße Anerkennung harter politischer Realitäten hinausreichte und deren Motive durchaus vielgestaltig waren. Diese erstreckten sich von der pragmatischen Einordnung der Teilung als einem stabilisierenden politischen Element über die (auch in den europäischen Nachbarländern geteilte) Sorge vor einem zu starken deutschen Nationalstaat bis hin zur Qualifizierung der

[23] So der allgemein verwendete Terminus. Siehe etwa J. Isensee, Schlußbestimmung des Grundgesetzes: Artikel 146, in: HStR VII, § 166 Rn. 5 in der Überschrift u.ö.; M. Heckel, Die Legitimation des Grundgesetzes durch das deutsche Volk, in: HStR VIII, § 197 Rn. 87 Fn. 78 (ähnlich auch in Rn. 91: Geltungsvorbehalt); siehe noch H. Moelle, Der Verfassungsbeschluß nach Artikel 146 Grundgesetz, 1996, S. 54 u.ö. („Ablösevorbehalt"); C. Winterhoff, Verfassung – Verfassunggebung – Verfassungsänderung. Zur Theorie der Verfassung und der Verfassungsrechtserzeugung, 2007, S. 303 u.ö.

[24] F. Giese, Grundgesetz für die Bundesrepublik Deutschland vom 23. Mai 1949. Textausgabe mit Erläuterungen, 2. Aufl. 1951, S. 21. – Dazu, daß das Grundgesetz nicht in sachlicher, wohl aber in räumlicher und zeitlicher Hinsicht als Provisorium konzipiert war, auch Ehmke, Grenzen (Fn. 10), S. 80ff.

Spaltung als einer wohlverdienten Strafe für das Unrecht der NS-Zeit[25]. Gerade das zuletzt genannte Motiv verknüpft sich prominent mit dem Schriftsteller Günter Grass, der stellvertretend für viele insbesondere das „Auschwitz-Argument" über Jahrzehnte hinweg bemühte und die deutsche Einheit noch im Augenblick ihres Eintritts offen ablehnte[26].

Die Wiedervereinigung kam also nicht nur unverhofft, sondern von manchen durchaus unerhofft[27] – aber sie kam. Allerdings betraf sie zwei politische Gebilde, die sich in den vergangenen vier Jahrzehnten stark auseinanderentwickelt hatten. Sie führte einen politisch und ökonomisch abgewirtschafteten Teil mit einem insgesamt erfolgreichen und trotz mancherlei Krisenphänomene prosperierenden Westdeutschland zusammen, das u.a. einen Exportschlager namens Grundgesetz[28] hervorgebracht hatte. Binnenstaatlich hatte sich die einstige Notverfassung längst vom Provisorium über ein Transitorium zu einem Definitivum entwickelt, war zu einem allseits anerkannten Ankerpunkt der politischen Existenz der Bundesrepublik und einem zentralen Moment ihrer Identität geworden[29]. Und gerade auf dieses Grundgesetz bzw. die mit ihm verknüpfte Erfolgsgeschichte der Bundesrepublik richteten sich die Hoffnungen der friedlichen Revolutionäre

---

[25] Überblick zu den politischen und intellektuellen Positionen bei V. Kronenberg, Patriotismus in Deutschland, 2. Aufl. 2006, S. 215 ff.

[26] Zu Grass vgl. B. Lermen, „Die Geschichte ist so wahr, daß sie erfunden klingt" (Günter Kunert). Die deutsche Einheit im Spiegel der Gegenwartsliteratur, in: G. Langguth (Hrsg.), Die Intellektuellen und die nationale Frage, 1997, S. 173 ff. sowie H. Kiesel, Drei Ansichten des Wiedervereinigungsprozesses: Heiner Müller, Günter Grass, Volker Braun, ebd., S. 210 ff. (216 ff.). Jürgen Habermas äußerte seine Skepsis verhaltener. – Einen kompakten Überblick über den intellektuellen Diskurs verschafft J. Hacker, Über die Tabuisierung der nationalen Frage im intellektuellen Diskurs, ebd., S. 314 ff. (320 ff.).

[27] So die eher zufällige Wortschöpfung von Kronenberg, Patriotismus (Fn. 25), S. 218.

[28] Vgl. die Beiträge in den einschlägigen Sammelbänden: K. Stern (Hrsg.), 40 Jahre Grundgesetz. Entstehung, Bewährung und internationale Ausstrahlung, 1990; U. Battis/E.G. Mahrenholz/D. Tsatsos (Hrsg.), Das Grundgesetz im internationalen Wirkungszusammenhang der Verfassungen. 40 Jahre Grundgesetz, 1990; C. Starck (Hrsg.), Grundgesetz und deutsche Verfassungsrechtsprechung im Spiegel ausländischer Verfassungsentwicklung, 1990. Überblicksartig K. Stern, Das Grundgesetz im europäischen Verfassungsvergleich, 2000, insb. S. 12 ff.

[29] Das bringen implizit repräsentative Gesamtwürdigungen zum Ausdruck. Siehe etwa P. Kirchhof, Das Grundgesetz – ein oft verkannter Glücksfall, in: DVBl. 2009, S. 541 ff.; T. Oppermann, Deutschland in guter Verfassung? – 60 Jahre Grundgesetz, in: JZ 2009, S. 481 ff.; M. Sachs, Das Grundgesetz in seinem sechsten Jahrzehnt, in: NJW 2009, S. 1441 ff.; B.-O. Bryde, 60 Jahre Grundgesetz: Wirkungskraft der Verfassung in der Bewährung, in: Anwaltsblatt 2009, S. 473 ff.

in der DDR[30]. Allerdings ging auch dieses Grundgesetz keineswegs unberührt und unverändert aus dem epochalen Vorgang der Wiedervereinigung hervor[31]. Zudem ist letztlich nicht „die“ DDR „dem“ Grundgesetz beigetreten, wenngleich man in der allgemeinen Debatte wie auch in der politischen Publizistik und der Staatsrechtslehre zumeist vom „Beitritt der DDR“ gemäß Art. 23 GG in seiner alten Fassung (a. F.) spricht. Sie lautete:

„Dieses Grundgesetz gilt zunächst im Gebiete der Länder Baden, Bayern, Bremen, Groß-Berlin, Hamburg, Hessen, Niedersachsen, Nordrhein-Westfalen, Rheinland-Pfalz, Schleswig-Holstein, Württemberg-Baden und Württemberg-Hohenzollern. In anderen Teilen Deutschlands ist es nach deren Beitritt in Kraft zu setzen.“[32]

In der Tat hatte es eine „Beitrittserklärung“ der DDR gegeben, nämlich durch die Volkskammer am 23. August 1990[33]. Aber diese Erklärung bewirkte den Beitritt eben gerade nicht aus sich heraus, sondern beschleunigte nur die politischen Aktivitäten auf beiden Seiten, die Wiedervereinigung herbeizuführen. Nur auf welchem Wege? Durch Annahme des Beitritts, was eine automatische Erstreckung der Geltung des Grundgesetzes sowie der gesamten sonstigen Rechtsordnung in der (ehemaligen) DDR zur Folge gehabt hätte? Das galt als dem Osten nicht zumutbar[34]. Die drängenden ökonomischen Probleme und die diffizile innerdeutsche wie außenpolitische Lage machten andererseits rasches Handeln unabweislich und einen zeitraubenden gesamtdeutschen Verfassunggebungsprozeß unmöglich.

---

[30] Vgl. R. Schröder, Deutschland schwierig Vaterland, 1993, S. 35 ff. – Zur Rolle des Grundgesetzes sowohl in bezug auf seine Ausstrahlungskraft auf die DDR-Bürger als auch umfassend zu seinen Funktionen als Vollverfassung im Wiedervereinigungsprozeß H. Schulze-Fielitz, Die deutsche Wiedervereinigung und das Grundgesetz, in: J.J. Hesse/G.F. Schuppert/K. Harms (Hrsg.), Verfassungsrecht und Verfassungspolitik in Umbruchsituationen, 1999, S. 65 ff. (70 ff.), der en passant eine erhellende Analyse des Einigungsprozesses bietet.

[31] Zu den Änderungen des Grundgesetzes im Zuge der Wiedervereinigung im Überblick M. Herdegen, Die Verfassungsänderungen im Einigungsvertrag, 1991; kritisch Hans Meyer, Das ramponierte Grundgesetz, in: KritV 76 (1993), S. 399 ff. (412 ff.).

[32] Abdruck dieser früheren Fassung des Art. 23 GG in: Dreier/Wittreck, Grundgesetz (Fn. 5), S. 30 Fn. 1.

[33] Ihr messen zentrale Bedeutung bei P. Lerche, Der Beitritt der DDR – Voraussetzungen, Realisierung, Wirkungen, in: HStR VIII, § 194 Rn. 30, 32, 35, 52, 56; P. Badura, Das Grundgesetz – Verfassung für Deutschland, in: B. Guggenberger/T. Stein (Hrsg.), Die Verfassungsdiskussion im Jahr der deutschen Einheit, 1991, S. 325 ff. (325, 327).

[34] Klar und deutlich H. Maurer, Staatsrecht I, 5. Aufl. 2007, § 3 Rn. 66 (S. 103). Zur Wahl des 3. Oktober als „Beitrittstermin“ instruktiv R. Schröder, Einsprüche und Zusprüche, 2001, S. 109 ff.

Es ging um die Realisierung einer einmaligen „historischen Chance“[35]. Nach Durchspielen verschiedener Varianten[36] fand man schließlich die praktikable Lösung im Abschluß eines förmlichen völkerrechtlichen Vertrages zwischen der BRD und der DDR[37], für dessen Inkrafttreten es bei den zuständigen Verfassungsorganen (Bundestag und Bundesrat hier, Volkskammer dort) der nach den jeweiligen staatsrechtlichen Bestimmungen notwendigen Zustimmung bedurfte. Das bedeutet also: die DDR ist nicht dem Grundgesetz beigetreten, sondern hat mit der Bundesrepublik Deutschland einen völkerrechtlichen Vertrag über die Wiedervereinigung geschlossen – den Einigungsvertrag, genauer: den „in Berlin am 31. August 1990 unterzeichneten Vertrag zwischen der Bundesrepublik Deutschland und der Deutschen Demokratischen Republik über die Herstellung der Einheit Deutschlands einschließlich des Protokolls und der Anlagen I bis III sowie der in Bonn und Berlin am 18. September unterzeichneten Vereinbarung“[38]. Zwar ist in diesem Vertrag selbst irritierenderweise vom „Wirksamwerden des Beitritts der Deutschen Demokratischen Republik zur Bundesrepublik Deutschland gemäß Artikel 23 des Grundgesetzes am 3. Oktober 1990“ die Rede – doch war an jenem 3. Oktober Art. 23 in seiner alten Fassung gar nicht mehr existent, sondern bereits aus dem Grundgesetz entfernt worden. Wodurch? Durch eben jenen völkerrechtlichen Einigungsvertrag, der neben der Streichung des Beitrittsartikels auch noch die Präambel, Art. 51 sowie den für uns interessanten Art. 146 GG veränderte; und diese Grundgesetz-Änderungen traten am 29. September 1990 in Kraft[39]. Lassen wir die besondere verfassungsrechtliche Problematik dieses absoluten Ausnahmefalles einer Verfassungsänderung durch

---

[35] BVerfGE 82, 316 (321).

[36] Zur Vielfalt der denkbaren, aber eben politisch nicht realisierbaren Möglichkeiten vgl. die Vorträge und Debatten der einzigen „Sondertagung“ in der Geschichte der Vereinigung der Deutschen Staatsrechtslehrer am 27. April 1990 (VVDStRL, Bd. 49: „Deutschlands aktuelle Verfassungslage“ [mit Vorträgen von JOCHEN ABR. FROWEIN, JOSEF ISENSEE, CHRISTIAN TOMUSCHAT und ALBRECHT RANDELZHOFER]).

[37] Daher treffend der Titel des Buches des seinerzeitigen Innenministers der Bundesrepublik über die Wiedervereinigung: W. SCHÄUBLE, Der Vertrag. Wie ich über die deutsche Einheit verhandelte, hrsgg. und mit einem Vorwort von D. Koch und K. Wirtgen, 1991.

[38] Art. 1 des Einigungsvertragsgesetzes vom 23. September 1990 (BGBl. 1990 II, S. 885).

[39] Das Zustimmungsgesetz zum Einigungsvertrag (= Einigungsvertragsgesetz) stammt vom 23. September 1990 (BGBl. 1990 II, S. 885). Der Einigungsvertrag ist laut Bekanntmachung vom 16. Oktober 1990 (BGBl. 1990 II, S. 1360) am 29. September 1990 in Kraft getreten.

völkerrechtlichen Vertrag hier einmal beiseite[40], so bleibt als letzte wichtige Präzisierung der gängigen, aber irreführenden Rede vom „Beitritt der DDR" gemäß Art. 23 GG zu erwähnen, daß nicht die DDR, sondern die uno actu gebildeten „neuen Bundesländer" Teil der territorial erweiterten Bundesrepublik wurden. Das Grundgesetz ist also weder, wie Art. 23 a.F. GG das vorsah, in unveränderter Gestalt im Beitrittsgebiet in Kraft gesetzt worden, sondern galt für das wiedervereinigte Deutschland in seiner durch den Einigungsvertrag veränderten Gestalt; noch entfaltete es Gültigkeit in der DDR, sondern in den fünf neuen Bundesländern, die durch ihre Wiederbegründung, die an eben jenem 3. Oktober 1990 gemäß Art. 1 Abs. 1 des Einigungsvertrages juristisch wirksam wurde, in der gleichen juristischen Sekunde die alte DDR ablösten, von deren Beitritt man gemeinhin spricht. Insgesamt kann man also nur konstatieren: „In Wahrheit war es eben der völkerrechtliche Einigungsvertrag, der den Beitritt und seine Folgen in einer umfassenden Weise selbst regelte."[41]

III. Nullpunkt oder Fluchtpunkt? Zur kontroversen Deutung des Art. 146 GG

1. Ein Kampf ums Grundgesetz

Was bedeutete dies nun alles für den Ablösungsvorbehalt des Art. 146 GG? Der Abschluß des Einigungsvertrages machte definitiv klar, was schon bald im Laufe der unglaublich rasanten politischen Entwicklung seit dem

[40] Gem. Art. 79 Abs. 1 S. 1 GG kann das Grundgesetz nur durch ein Gesetz, das heißt im üblichen Gesetzgebungsverfahren der Art. 76, 77 GG (i.V.m. §§ 75 ff. GOBT) geändert werden. Daß ein Zustimmungsgesetz zu einem völkerrechtlichen Vertrag mit seiner empfindlichen Beschränkung originärer parlamentarischer Gesetzgebungshoheit durch die alleinige Vertragsgestaltung durch die Exekutive sowie die stark eingeschränkten Einflußmöglichkeiten der Abgeordneten im Beschlußverfahren diesen Anforderungen im Grunde nicht genügen kann, liegt auf der Hand. Im Kern zutreffend billigte das Bundesverfassungsgericht dieses Vorgehen jedenfalls im Ergebnis (BVerfGE 82, 316 [320 f.]; 84, 90 [118 f.]). Doch das betraf einen solitären Vorgang und war nur durch die besonderen und einmaligen Umstände zu rechtfertigen; eine Wiederholung ist praktisch ausgeschlossen (H. Dreier, in: ders., GGK II [Fn. 11], Art. 79 I Rn. 15 m.w.N.; deutlich großzügiger hinsichtlich der Möglichkeit von Verfassungsänderungen durch völkerrechtlichen Vertrag allerdings etwa M. Herdegen, in: T. Maunz/G. Dürig u.a. [Hrsg.], Grundgesetz. Kommentar, Art. 79 [2007], Rn. 17).

[41] H. Hofmann, Zur Verfassungsentwicklung in der Bundesrepublik Deutschland, in: StWStP 6 (1995), S. 155 ff. (158).

Fall der Mauer immer deutlicher ins allgemeine politische Bewußtsein getreten war: daß angesichts der drängenden Probleme und der sich beschleunigenden Entwicklung für eine Herstellung der deutschen Einheit im Wege eines umfassenden neuen Verfassunggebungsprozesses weder genug Zeit blieb noch ein hinlängliches Maß an Bereitschaft bei den relevanten politischen wie gesellschaftlichen Kräften hier wie dort unterstellt werden konnte. Es ging nicht nur, wie Richard Schröder das pointiert hat, um Deutschland „einig Vaterland", sondern auch um Deutschland „eilig Vaterland"[42]. Ob der Abschluß des Einigungsvertrages nun aber der in Art. 146 GG formulierten Option einer neuen gesamtdeutschen Verfassung in freier Selbstbestimmung die Grundlage entzog oder sie ungeschmälert bestehen ließ, erwies sich als eine bis heute äußerst kontrovers behandelte Frage. Dabei führte die ideologisch hoch aufgeladene Debatte um eine jetzt oder später neu zu verhandelnde gesamtdeutsche Verfassung zu einer auf den ersten Blick erstaunlichen Frontverkehrung: Während Vertreter einer eher konservativen Staatsrechtslehre, die allen „verfassungspatriotischen" Anwandlungen angesichts einer vermeintlichen oder tatsächlichen Staatsvergessenheit mit unverhohlener Skepsis entgegengetreten waren, nun das Grundgesetz um jeden Preis verteidigten, votierten eher linksliberale Autoren, die das Staatsrecht der Bundesrepublik stets strikt als Verfassungsrecht des Grundgesetzes ausbuchstabiert hatten, für einen neuen Akt der Verfassunggebung des gesamten deutschen Volkes in freier Entscheidung[43].

Schon in den heftigen Debatten, welche die Verhandlungen über den Einigungsvertrag begleiteten und in denen Verfassungsinterpretation und Verfassungspolitik oft bis zur Unkenntlichkeit verschwammen[44], war mit Macht die erstgenannte Auffassung in den Vordergrund getreten, die als ge-

---

[42] SCHRÖDER, Deutschland (Fn. 30), S. 35.

[43] Hinweis auf diese Frontverkehrung bei H. HOFMANN, Über Verfassungsfieber, in: Ius Commune XVII (1990), S. 310ff. (310), der treffend erläutert (S. 311): Das Eintreten für einen Akt der Verfassunggebung nach Art. 146 a.F. GG lasse sich kaum auf frisch erwachte nationale Gefühle der Linksliberalen zurückführen, vielmehr darauf, „daß nun endlich das Volk als Ganzes nach hergebrachten demokratischen Regeln die Form seiner politischen Existenz sanktioniert". Und andersherum gelte die Sorge der konservativen Staatsrechtslehre nicht vorrangig dem Grundgesetz an sich, sondern wohl eher der „institutionalisierte(n) Staatlichkeit der Bundesrepublik samt ihren Machtpositionen hinter ihrem Verfassungsgesetz".

[44] Rein (verfassungs)politisch argumentiert etwa M. KRIELE, Eine Sprengladung unter dem Fundament des Grundgesetzes, in: Die Welt Nr. 190 v. 16.8.1990, S. 5, der dies allerdings mit seinem Szenario einer drohenden „schleichende(n) sozialistische(n) Restauration in Gesamtdeutschland", die mit der „Zerstörung der geistigen Freiheit und des demokratischen Pluralismus" ebenso einhergehe wie mit der Verbannung der Pressefreiheit aus der Verfassung, auch offen kenntlich macht.

wissermaßen zwingende Konsequenz der Wiedervereinigung die komplette Streichung des Art. 146 GG ansah[45]. Das Hauptargument bestand im wesentlichen darin, daß mit der Herstellung der Einheit Deutschlands der Gegenstandsbereich der Schlußbestimmung in Fortfall gekommen sei: angeblich ganz auf die Funktion reduziert, *einen* Weg zur Wiedervereinigung aufzuzeigen (nämlich vermittels neuer gemeinsamer Verfassunggebung), habe deren Erlangung auf *anderem* Wege (nämlich durch „Beitritt" gemäß Art. 23 a.F. GG) Art. 146 GG obsolet werden lassen[46]. Nach dieser Lesart stellten die beiden genannten Normen zwei alternative, sich zugleich aber wechselseitig ausschließende Möglichkeiten zur Herbeiführung der Wiedervereinigung dar. Den Schlußartikel nach dem Erreichen der deutschen Einheit *nicht* zu streichen, käme der Plazierung oder zumindest der vorsätzlichen Nichträumung einer „Zeitbombe im Verfassungsgehäuse" gleich[47].

2. *Fortbestand ohne Regelungskraft?*

Doch es kam anders. Art. 146 GG wurde nicht gestrichen, sondern nur geändert. Und die Änderung bestand lediglich in einem Einschub, der – in Parallele zur Präambel – noch einmal die Geltung des Grundgesetzes für das wiedervereinigte Deutschland festhielt. In seiner neuen Fassung (n.F.) lautet Art. 146 GG also wie folgt:

„Dieses Grundgesetz, das nach Vollendung der Einheit und Freiheit Deutschlands für das gesamte deutsche Volk gilt, verliert seine Gültigkeit an dem Tage, an dem eine Verfassung in Kraft tritt, die von dem deutschen Volke in freier Entscheidung beschlossen worden ist."

Das konnte die herrschende Meinung (h.M.) freilich nicht davon abbringen, die Schlußbestimmung weiterhin als obsolet anzusehen. Wenn Art. 146 GG auch nicht, wie gewünscht und im Grunde für zwingend befunden, gestrichen worden war, so betrachtete man dessen Neufassung

---

[45] Repräsentativ J. Isensee, Staatseinheit und Verfassungskontinuität, VVDStRL 49 (1990), S. 39 ff. (53 ff.); ders., Selbstpreisgabe des Grundgesetzes?, in: FAZ Nr. 199 v. 28.8.1990, S. 10; siehe noch Kriele, Sprengladung (Fn. 44), S. 5; C. Starck, Deutschland auf dem Wege zur staatlichen Einheit, in: JZ 1990, S. 349 ff. (354); auch R. Bartlsperger, Verfassung und verfassunggebende Gewalt im vereinten Deutschland, in: DVBl. 1990, S. 1285 ff. (1297 f.).

[46] Statt vieler etwa Herdegen (Fn. 40), Art. 79 Rn. 6 (mit der Wiedervereinigung „entfiel die Ratio für die auflösende Geltungsbedingung in der grundgesetzlichen Programmatik") sowie Rn. 10 (die Verfassungsablösung sei „gegenstandslos" geworden).

[47] So Isensee, Selbstpreisgabe (Fn. 45), S. 10.

doch so, als ob genau dies geschehen wäre[48]. Da Art. 146 a. F. GG mit der Entscheidung für die Beitrittslösung gleichsam konsumiert worden sei, komme Art. 146 n. F. GG der Status einer völlig neuen, durch den verfassungsändernden Gesetzgeber eingeführten Norm zu[49]. Diese „Novation"[50] ermächtige nun nicht mehr wie noch Art. 146 a. F. GG zur Verfassungsablösung, sondern nur noch zur Verfassungserneuerung. Hiervon ausgehend bietet sich dann eine bunte Vielfalt divergierender Interpretationsansätze. So wurde Art. 146 n. F. GG attestiert, in vollem Umfang den Beschränkungen des Art. 79 GG zu unterfallen[51]. Dies bedeutete zum einen die Bindung eines Gesetzes zur Volksabstimmung über eine (neue) Verfassung an das Verfassungstextänderungsgebot des Art. 79 Abs. 1 S. 1 GG sowie zum anderen an die nach Art. 79 Abs. 2 GG erforderlichen Mehrheiten. Noch größere Valenz kommt freilich der materiellen Schranke des Art. 79 Abs. 3 GG zu[52]. Gestützt auf Art. 146 n. F. GG dürfte das Grundgesetz also inhaltlich nicht stärker verändert werden als auf dem jetzt schon

---

[48] Ausführlicher und vollständiger zu den folgenden Interpretationsvarianten: HECKEL, Legitimation (Fn. 23), § 197 Rn. 86ff.; H. DREIER, in: ders., GGK III (Fn. 19), Art. 146 Rn. 29ff., 37ff.; knapp und präzise E. WIEDERIN, Die Verfassunggebung im wiedervereinigten Deutschland. Versuch einer dogmatischen Zwischenbilanz zu Art. 146 GG n. F., in: AöR 117 (1992), S. 410ff. (411f.).

[49] Einflußreich J. ISENSEE, Braucht Deutschland eine neue Verfassung? Überlegungen zur neuen Schlußbestimmung des Grundgesetzes, Art. 146, 1992, S. 41ff.; DERS., Schlußbestimmung (Fn. 23), § 166 Rn. 53ff. (insbes. 54, 58); siehe auch P. KIRCHHOF, Brauchen wir ein erneuertes Grundgesetz?, 1992, S. 15.

[50] Eine Begriffsprägung von Isensee: ISENSEE, Braucht Deutschland (Fn. 49), S. 41, 43, 54; DERS., Schlußbestimmung (Fn. 23), § 166 Rn. 58.

[51] So beispielsweise K. STERN, Die Wiederherstellung der staatlichen Einheit, in: ders./B. Schmidt-Bleibtreu (Hrsg.), Verträge und Rechtsakte zur Deutschen Einheit, Bd. 2, 1990, S. 1ff. (50); K.-D. SCHNAPPAUF, Der Einigungsvertrag – Überleitungsgesetzgebung in Vertragsform –, in: DVBl. 1990, S. 1249ff. (1252); H. WEIS, Verfassungsrechtliche Fragen im Zusammenhang mit der Herstellung der staatlichen Einheit Deutschlands, in: AöR 116 (1991), S. 1ff. (30); D. BLUMENWITZ, Braucht Deutschland ein neues Grundgesetz?, in: Zeitschrift für Politik 39 (1992), S. 1ff. (15); C. DEGENHART, Direkte Demokratie in den Ländern – Impulse für das Grundgesetz?, in: Der Staat 31 (1992), S. 77ff. (79); ISENSEE, Schlußbestimmung (Fn. 23), § 166 Rn. 58, 61; KIRCHHOF, Brauchen wir (Fn. 49), S. 15.

[52] Verbreitete Auffassung: R. SCHOLZ, in: Maunz/Dürig, GG (Fn. 40), Art. 146 (1991), Rn. 19f., 22f.; A. v. CAMPENHAUSEN, in: H. v. Mangoldt/F. Klein/C. Starck (Hrsg.), Kommentar zum Grundgesetz, Bd. 3, 5. Aufl. 2005, Art. 146 Rn. 18; H. D. JARASS/B. Pieroth, Grundgesetz-Kommentar, 10. Aufl. 2009, Art. 146 Rn. 4; S. SCHMAHL, in: H. Sodan (Hrsg.), Grundgesetz. Beck'scher Kompakt-Kommentar, 2009, Art. 146 Rn. 4. Nochmals anders hingegen P. M. HUBER, in: M. Sachs (Hrsg.), Grundgesetz-Kommentar, 5. Aufl. 2009, Art. 146 Rn. 8ff., der zwar eine Bindung an Art. 79 Abs. 1 und 2 GG annimmt, nicht jedoch an Art. 79 Abs. 3 GG.

möglichen Wege gem. Art. 79 GG; der Schlußartikel erwiese sich somit als absolut überflüssig. Andere Autoren nehmen zwar eine Freistellung des Art. 146 n.F. GG von den Beschränkungen des Art. 79 Abs. 3 GG an, qualifizieren ihn dann aber aufgrund genau dieses Umstands als „verfassungswidriges Verfassungsrecht" – der verfassungsändernde Gesetzgeber habe außerhalb seiner Kompetenzen gehandelt, da er mit der Restitution der verfassunggebenden Gewalt des Volkes einen Aspekt zu regeln versuche, der allein dem originären Verfassunggeber obliege[53]. Als besonders kühne Form der Interpretation muß schließlich die Ansicht gelten, wonach das jetzige Grundgesetz (vom 23. Mai 1949) genau diejenige Verfassung sei, von der Art. 146 GG unverändert spricht[54] – was einen Kritiker nicht von ungefähr an das „Mirakel der Transsubstantiation" erinnerte[55]. Wie man die Deutung auch im einzelnen anlegte: die h.M. verurteilte Art. 146 n.F. GG zur absoluten Wirkungslosigkeit, indem ihm jeglicher eigenständiger Regelungsgehalt abgesprochen und Art. 79 Abs. 3 GG als in alle weitere Verfassungszukunft unantastbar angesehen wurde. Art. 146 GG bildete in dieser Sichtweise keinen orientierenden Fluchtpunkt für einen neuen Prozeß der Verfassunggebung mehr, sondern war zum bedeutungslosen Nullpunkt geschrumpft.

3. *Fortgeltung mit unveränderter Regelungsoption*

a) *Wiedervereinigungsfrage und Verfassungsfrage*

Doch blieb diese Auffassung nicht ohne Widerspruch. Und die Gegenmeinung hat zwar vermutlich noch immer die kleinere (wenn auch vielleicht

---

[53] So etwa BARTLSPERGER, Verfassung (Fn. 45), S. 1299f.; H. HUBA, Das Grundgesetz als dauerhafte gesamtdeutsche Verfassung – Erinnerung an seine Legitimität –, in: Der Staat 30 (1991), S. 367ff. (373ff.); B. KEMPEN, Grundgesetz oder neue deutsche Verfassung?, in: NJW 1991, S. 964ff. (966f.); G. ROELLECKE, Brauchen wir ein neues Grundgesetz?, in: NJW 1991, S. 2441ff. (2443f.).

[54] Für diese Position z.B.: BARTLSPERGER, Verfassung (Fn. 45), S. 1297, 1300f.; ISENSEE, Schlußbestimmung (Fn. 23), § 166 Rn. 61; KIRCHHOF, Brauchen wir (Fn. 49), S. 16 und passim; R. SCHOLZ, Grundgesetz zwischen Reform und Bewahrung, 1993, S. 5.

[55] Vgl. HOFMANN, Verfassungsentwicklung (Fn. 41), S. 160, mit folgender Erläuterung: „über die mittels eines völkerrechtlichen Vertrages unter besatzungsrechtlichen Einschränkungen von Stellvertretern bewirkte Ausdehnung des räumlichen Geltungsbereichs des Grundgesetzes verwandelt sich dieses unter Beibehaltung seiner äußeren Gestalt substantiell in eine vom ganzen deutschen Volk in freier Entscheidung beschlossene Verfassung."

wachsende) Anhängerschar, dafür aber die stärkeren Argumente auf ihrer Seite. Deren wichtigstes lautet, daß Art. 146 GG entgegen dem vielfach bezeugten Credo der Mehrheitsmeinung eine Doppelfunktion erfüllte. Man kann und darf die Schlußbestimmung nicht als reinen Wiedervereinigungs-Artikel lesen, dem mit Eintritt derselben gleichsam der Gegenstand abhanden gekommen war. Vielmehr war die Norm zum einen durchaus gedacht als möglicher Weg zur deutschen Einheit und enthielt insofern eine Antwort auf die *Wiedervereinigungsfrage*; sie sah aber daneben und ganz selbständig die Ablösung des Grundgesetzes in freier Entscheidung des ganzen deutschen Volkes ohne besatzungsrechtliche Bindungen vor und enthielt insofern eine Antwort auf die *Verfassungsfrage*. Die Erledigung der einen Funktion (Wiedervereinigung) ließ die andere (Verfassunggebung) unberührt[56]. Ein kluger Beobachter der bundesdeutschen Vorgänge aus unserem Nachbarland Österreich hat das Verhältnis von Art. 23 a.F. GG und Art. 146 in einer zeitnahen Analyse in klare Worte gefaßt: „Wie Art. 146, so galt auch Art. 23 als Ausdruck des vorläufigen Charakters des Grundgesetzes. Begrenzte jener den neu zu schaffenden Übergangsstaat in zeitlicher Hinsicht, so konstituierte ihn dieser als räumliches Provisorium. Die beiden Bestimmungen sollten einander mithin ergänzen, nicht ausschließen.“[57]

Eine glänzende Bestätigung erfährt diese Sicht der Dinge durch die Beratungen zum Grundgesetz selbst. Denn ganz in diesem Sinne hatte Carlo Schmid bei den Schlußlesungen im Plenum des Parlamentarischen Rates unwidersprochen festgehalten, daß durch den bloßen Beitritt anderer Länder Deutschlands aus dem Grundgesetz nicht eine gesamtdeutsche Verfassung werden könne:

„Das *Anwendungsgebiet* des Grundgesetzes ist nicht ‚geschlossen‘. Jeder Teil Deutschlands kann ihm beitreten. Aber auch der Beitritt aller deutschen Gebiete wird dieses Grundgesetz nicht zu einer gesamtdeutschen Verfassung machen können. Diese wird es erst dann geben, wenn das

---

[56] Zum folgenden näher und mit umfassenden Nachweisen DREIER (Fn. 48), Art. 146 Rn. 30ff. Siehe auch die frühe Äußerung von U. SCHEUNER, Art. 146 GG und das Problem der verfassunggebenden Gewalt (1953), in: H. Kurz (Hrsg.), Volkssouveränität und Staatssouveränität, 1970, S. 288ff. (297f.): „Richtig bleibt nur die Erkenntnis, daß in einem Grundgesetz, das selbst sich zeitlich einer verfassunggebenden Neuformung unterwirft, die Anrufung einer demokratischen Konstituante oder einer Volksabstimmung zur Gesamtrevision auch außerhalb des Falles der Wiedervereinigung sich auf die Anerkennung einer verfassunggebenden Gewalt in der Verfassung berufen kann.“

[57] WIEDERIN, Verfassunggebung (Fn. 48), S. 423.

deutsche Volk die Inhalte und Formen seines politischen Lebens in freier Entschließung bestimmt haben wird."[58]

Noch deutlicher kann man die Unabhängigkeit von Beitritt und Verfassung eigentlich nicht formulieren[59]. Diesem Willen des historischen Gesetzgebers korrespondieren auch der Wortlaut des Art. 146 a.F. GG, dem keinerlei Anhaltspunkt für die eigene Konsumtion durch Erreichen der Wiedervereinigung auf anderem Wege – wie dem des Art. 23 a.F. GG – entnommen werden kann, sowie systematische Argumente. Denn offensichtlich handelt die eine Norm „vom räumlichen Geltungsbereich des Grundgesetzes, die andere regelt die zeitliche Ablösung dieses ‚Grundgesetzes' durch eine ‚Verfassung'"[60]. Schließlich ist die Vorstellung einer Konsumtion angesichts der unterschiedlichen Voraussetzungen auch unter teleologischen Gesichtspunkten unhaltbar. Während Art. 23 a.F. GG voraussetzungslos galt, die Beitrittsoption also unabhängig von einer expliziten Zustimmung des deutschen Westvolkes konzipiert war, verlangte und verhieß Art. 146 a.F. GG genau dies mit der freien Entscheidung des ganzes deutschen Volkes. Im Ergebnis ist nach alledem festzuhalten: „Wohl gab es zwei Wege zur Einheit, aber nur einen zur *Verfassung*"[61]. Die Erledigung der Wiedervereinigungsfrage bedeutete nicht zugleich die Erledigung der Verfassungsfrage[62]. Das sieht die Literatur mittlerweile überwiegend genauso,

[58] CARLO SCHMID in der 9. Sitzung des Plenums vom 6.5.1949 (Parl. Rat, Bd. 9 [Fn. 2], S. 438), wo er zum Schlußartikel selbst ausführte: „Die neue, die echte Verfassung unseres Volkes wird also nicht im Wege der Abänderung dieses Grundgesetzes geschaffen werden, sie wird *originär* entstehen, und nichts in diesem Grundgesetz wird die Freiheit des Gestaltungswillens unseres Volkes beschränken, wenn es sich an diese Verfassung machen wird." (ebd., S. 444).

[59] In krassem Widerspruch zur Entstehungsgeschichte steht die Aussage: „Aus Art. 23 GG a.F. geht hervor, daß das Grundgesetz auch mit der Wiedervereinigung durch einen Beitritt ohne den Preis der Verfassungsbeseitigung rechnete" (M. HECKEL, Die deutsche Einheit als Verfassungsfrage. Wo war das Volk?, 1995, S. 39).

[60] HOFMANN, Verfassungsentwicklung (Fn. 41), S. 159.

[61] So prägnant E.G. MAHRENHOLZ, Die Verfassung und das Volk, 1992, S. 27.

[62] Treffend WIEDERIN, Verfassunggebung (Fn. 48), S. 425: „Art. 146 GG war nicht nur als ein Weg zur deutschen Einheit konzipiert; er sollte auch und vor allem einen Weg zu einer neuen Verfassung im geeinten Deutschland bilden." Weder entstehungsgeschichtlich haltbar noch logisch nachvollziehbar ist dagegen die Annahme von SCHOLZ, Grundgesetz (Fn. 54), S. 6, die beiden Wege zur Wiedervereinigung formulierten „zugleich jene beiden Grundoptionen für das GG selbst: nämlich entweder die Option für das GG als endgültige gesamtdeutsche Verfassung (Art. 23 GG) oder die Option für das GG als bloßes Provisorium und Transitorium bis zur deutschen Einheit (Art. 146 GG)". Man muß offenbar wieder und wieder daran erinnern: Art. 23 a.F. hatte es mit der räumlichen Geltung, Art. 146 hatte und hat es mit der zeitlichen Geltung zu tun.

wenn man sich einmal nicht an den zeitnahen Stellungnahmen orientiert, die manchem Beobachter wie ein „Glaubenskrieg“[63] anmuteten, sondern z.B. an mehreren sehr soliden und materialreichen Dissertationen, die im etwas ruhigeren Klima der zweiten Hälfte der 1990er Jahre oder später erschienen. Keine von ihnen, so unterschiedlich sie auch sonst ausfallen, teilt die These von der Konsumtion des Art. 146 GG durch die Herbeiführung der Wiedervereinigung im Wege des (vertraglich vereinbarten) „Beitritts“[64].

b) Zur Auslegung von Art. 146 n.F. GG

Auch die Neufassung des Art. 146 GG im Zuge der Wiedervereinigung hat nichts an der prinzipiellen Option einer neuen, das Grundgesetz ablösenden Verfassung geändert[65]. Das ergibt sich schon daraus, daß es dem verfassungsändernden Gesetzgeber gar nicht frei- und zustand, hier eine Veränderung herbeizuführen[66]. Da Art. 146 a.F. GG eine vom ursprüng-

---

[63] P. Häberle, Verfassungspolitik für die Freiheit und Einheit Deutschlands, in: JZ 1990, S. 358ff. (358); desgleichen Wiederin, Verfassunggebung (Fn. 48), S. 411. Vgl. auch M. Kirn, in: I. v. Münch/P. Kunig (Hrsg.), Grundgesetz-Kommentar, Bd. 3, 3. Aufl. 1996, Art. 146 Rn. 1, der nach der Phase hoher verfassungspolitischer Aktualität eine „ruhigere Betrachtungsweise“ anmahnt.

[64] K. Merkel, Die verfassungsgebende Gewalt des Volkes. Grundlagen und Dogmatik des Artikels 146 GG, 1996, S. 27ff., 33ff., 87ff.; Moelle, Verfassungsbeschluß (Fn. 23), S. 155ff., 163f., 193 und B. Stückrath, Art. 146 GG: Verfassungsablösung zwischen Legalität und Legitimität, 1997, S. 79ff., 106ff. Aus der jüngsten Literatur ebenso beispielsweise S. Blasche, Die grundsätzliche Mitwirkung der Länder bei der Gesetzgebung, 2006, S. 29ff., 43ff., 55f.; F. Scriba, „Legale Revolution“?, 2008, S. 325ff.

[65] So u.a. H. Schulze-Fielitz, Der Rechtsstaat und die Aufarbeitung der vorrechtsstaatlichen Vergangenheit, in: DVBl. 1991, S. 893ff. (905); M. Sachs, Das Grundgesetz im vereinten Deutschland – endgültige Verfassung oder Dauerprovisorium?, in: JuS 1991, S. 985ff. (990); Hofmann, Verfassungsentwicklung (Fn. 41), S. 159f. (die beiden letztgenannten freilich mit einer gewissen Tendenz zur zeitlich begrenzten Anwendungsmöglichkeit). Heckel, Legitimation (Fn. 23) spricht von einer „verfassungsablösende(n) Totalrevision“ (§ 197 Rn. 114), setzt deren Voraussetzungen aber so außergewöhnlich hoch an (mehrfache ¾-Mehrheiten), daß – durchaus gewollt und eingestandenermaßen (vgl. Rn. 125ff.) – eine Aktivierung praktisch außerhalb des Denkbaren liegt, und scheint zudem gleichwohl von einer Bindung an Art. 79 Abs. 3 GG auszugehen (vgl. Rn. 127).

[66] Wie hier auch R. Wahl, Die Verfassungsfrage nach dem Beitritt, in: StWStP 1 (1990), S. 468ff. (476); U. Storost, Legitimität durch Erfolg? Gedanken zur Dauerhaftigkeit einer Verfassung, in: Der Staat 30 (1991), S. 537ff. (541, 546); Mahrenholz, Verfassung (Fn. 61), S. 32f.; a.A. Wiederin, Verfassunggebung (Fn. 48), S. 416. Siehe noch Moelle, Verfassungsbeschluß (Fn. 23), S. 73ff.; Dreier (Fn. 48), Art. 146 Rn. 38.

lichen Verfassunggeber gesetzte Norm war, mit der dieser in definitiver und verbindlicher Weise festgelegt hatte, unter welchen Umständen das Grundgesetz von einer neuen, vom gesamten deutschen Volk beschlossenen Verfassung abgelöst werden sollte, darf dieser Ablösungsvorbehalt nicht einfach durch den verfassungsändernden Gesetzgeber gestrichen oder sonst substantiell verändert werden. Daß dies ohnehin nicht gewollt war, zeigt die bloße Durchmusterung der Norm nach geläufigen klassischen Auslegungsmethoden. So blieb die Textgestalt in ihrem Aussagekern nicht nur völlig unverändert, sondern wurde lediglich um die – überdies in erster Linie außenpolitisch motivierte[67] – Feststellung der Geltung des Grundgesetzes für das ganze deutsche Volk ergänzt[68]; hätte man sie als bloße Revisionsnorm in den Schranken des Art. 79 GG neukonzipieren wollen, hätte sich ihre systematische Plazierung in diesem Normumfeld angeboten und nicht ihre Beibehaltung als über das Grundgesetz hinausweisende Schlußbestimmung[69]. Sinn und Zweck der Neufassung bestand im wesentlichen – und nicht zuletzt wegen der verfassungsdogmatischen bzw. -politischen Kontroversen – in der Klarstellung der Weitergeltung des Normgehaltes, was kaum deutlicher als durch die gewählte Ergänzung zum Ausdruck gebracht werden konnte[70]. Schließlich ist bei der historischen Genese zu beachten, daß politische Intentionen der Parlamentarier im Text der Neufassung keine Spuren hinterlassen haben[71] und der Entstehungsgeschichte einer Norm gemäß den – für die durch den völkerrechtlichen Einigungsvertrag herbeigeführte Neufassung des Schlußartikels einschlägigen – Vorgaben für die Interpretation völkerrechtlicher Verträge nach Art. 32 des Wiener Übereinkommens über das Recht der Verträge vom 23.5.1969 nur nachrangige Bedeutung zukommt.

Ein letzter Versuch, dem Art. 146 n.F. GG regulativen Charakter abzusprechen und ihn in die verfassungsrechtliche Bedeutungslosigkeit zu drängen, ist in der nicht selten vertretenen Behauptung zu sehen, die Schlußnorm habe nur (noch) rein deklaratorische Bedeutung[72]. Art. 146 GG, so liest man, bringe lediglich die seit der Französischen Revolution

---

[67] Dazu Mahrenholz, Verfassung (Fn. 61), S. 34; eingehend Moelle, Verfassungsbeschluß (Fn. 23), S. 135 ff.

[68] So auch Blasche, Mitwirkung (Fn. 64), S. 31 f.

[69] Hinweis auf beide Aspekte ebenfalls bei Wiederin, Verfassunggebung (Fn. 48), S. 436 f.

[70] Vgl. nur Moelle, Verfassungsbeschluß (Fn. 23), S. 128.

[71] Siehe nochmals Dreier (Fn. 48), Art. 146 Rn. 42 f.

[72] So Badura, Grundgesetz (Fn. 33), S. 332 f.; Lerche, Beitritt (Fn. 33), § 194 Rn. 64; R. Scholz, Aufgaben und Grenzen einer Reform des Grundgesetzes, in: Festschrift für Peter Lerche, 1993, S. 65 ff. (69).

und ihrem Verfassungskonstrukteur Abbé Sieyes gängige „demokratietheoretische Selbstverständlichkeit“[73] zum Ausdruck, daß sich ein Volk kraft seiner verfassunggebenden Gewalt stets seiner bisherigen normativen Fesseln entledigen und auf revolutionärem Wege zu einer neuen Grundgestalt seiner politischen Existenz schreiten könnte. Hiergegen spricht schon die methodologische Grundregel, daß Rechtsnormen im allgemeinen und Verfassungsnormen im besonderen sich nicht in Hinweisen auf Selbstverständlichkeiten erschöpfen, sondern regulativ wirken wollen. Vor allem aber verkennt ein solches Verständnis die besondere Intention des Schlußartikels, über die beschriebene Selbstverständlichkeit der Ausübung der verfassunggebenden Gewalt durch das Volk hinauszugehen. Art. 146 GG normiert mehr und anderes: er baut eine die juristische Revolution vermeidende normative Brücke von der alten zur neuen Ordnung und zeigt, daß eine Verfassung durchaus die Voraussetzungen ihrer eigenen Ablösung regeln kann. Im Grunde genommen handelt es sich um eine Konstitutionalisierung des Verfassunggebungsprozesses auf der Zeitschiene. Die neue Verfassung wird nicht in den Bereich der „konstitutionellen Illegalität“[74] abgedrängt, sondern von der alten, dem Grundgesetz, ausdrücklich zugelassen. Art. 146 GG in alter wie in neuer Fassung will also gerade vermeiden, daß sich die verfassunggebende Gewalt des Volkes „nur im Umsturz“[75] gegenüber der vorhergehenden Ordung artikulieren kann.

c) Verfassungsablösung und Verfassungsneuschöpfung

Den Bedarf für eine derartige ausdrückliche Regelung schafft die Ewigkeitsklausel des Art. 79 Abs. 3 GG. Denn (nur) weil mit den hier fixierten Grenzen der Revisionsgewalt die Möglichkeit verbaut ist, auf dem Wege

---

[73] U. Di Fabio, Der neue Art. 23 des Grundgesetzes. Positivierung vollzogenen Verfassungswandels oder Verfassungsneuschöpfung?, in: Der Staat 32 (1993), S. 191ff. (212).

[74] Winterhoff, Verfassung (Fn. 23), S. 302; s. auch Wiederin, Verfassunggebung (Fn. 48), S. 416.

[75] So aber Di Fabio, Art. 23 GG (Fn. 73), S. 213. Wahrscheinlich trifft die Prognose von Hans Meyer (Artikel 146 GG. Ein unerfüllter Verfassungsauftrag?, in: H.H. v. Arnim [Hrsg.], Direkte Demokratie, 2000, S. 67ff. [79]) zu, daß diejenigen, die auf die scheinbar deklaratorische Bedeutung der Schlußbestimmung hinwiesen, die ersten wären, „die den Staat zum Eingriff gegen das aufmüpfige Volk aufriefen“. Sehr problematisch auch das „Wort ins Ohr [...] jedes Standortkommandanten“ von Heckel (Legitimation [Fn. 23], § 197 Rn. 106) zur Aktivierung des Widerstandsrechts aus Art. 20 Abs. 4 GG für den Fall einer von der Regierung durchgeführten Volksabstimmung.

schlichter Verfassungsänderung eine fundamental neue staatsrechtliche Ordnung zu schaffen, muß gleichsam ein anderer Rechts(aus)weg gefunden werden. Den Schlüssel zu dieser „Stahlkammer juristischer Unantastbarkeit"[76] bietet für das Grundgesetz allein Art. 146 GG an. Er erlaubt, was Art. 79 Abs. 3 GG verbietet.

Viele andere Verfassungen, angefangen von der amerikanischen von 1787 oder der französischen von 1791 über die Frankfurter Paulskirchenverfassung von 1849 und die Weimarer Reichsverfassung von 1919, bedurften einer speziellen Norm nach Art des Art. 146 GG zur Ablösung der alten Verfassung durch eine neue nicht, weil dort die Reichweite der verfassungsändernden Gewalt inhaltlich unbegrenzt war bzw. ist. So gesehen, erscheint weniger der Schlußartikel eine besondere deutsche Eigentümlichkeit zu sein – stärker trifft das auf die Ewigkeitsklausel in ihrer vergleichsweise breiten Anlage mit Einschluß vieler verfassungsrechtlicher Elemente zu. Die ängstliche bundesdeutsche Binnenperspektive, die im Neuen gleich das Unheil wittert, findet schon im deutschsprachigen Raum klare Alternativen vor. So kann die Bundesverfassung der Schweiz (BV)[77] „jederzeit ganz oder teilweise revidiert werden" (Art. 192 Abs. 1 BV); als Totalrevisionen (Art. 193 BV) gelten etwa die von 1874 und 1999. Initiativberechtigt für eine Totalrevision sind die beiden Räte, die Bundesversammlung oder das Volk, wobei hier für eine Initiative bereits 100.000 Stimmen ausreichen. Erfolgreich ist die inhaltlich unbeschränkte Totalrevision[78], wenn der von der Bundesversammlung ausgearbeitete Verfassungsentwurf die (einfache) Mehrheit des stimmberechtigten Gesamtvolkes und der Stände findet, wobei das Ergebnis der Volksabstimmung im Kanton als dessen Standes-

---

[76] So die noch zu Zeiten der Weimarer Reichsverfassung geprägte anschauliche Wendung von Richard Thoma (Bedeutung [Fn. 13], S. 214).

[77] Zur im folgenden allein interessierenden Totalrevision ausführlicher P. Tschannen, Staatsrecht der Schweizerischen Eidgenossenschaft, 2004, S. 524 ff.; U. Häfelin/ W. Haller/H. Keller, Schweizerisches Bundesstaatsrecht, 7. Aufl. 2008, Rn. 1754 ff.

[78] G. Biaggini, Grundlagen und Grundzüge staatlichen Verfassungsrechts: Schweiz, in: A. v. Bogdandy/P. Cruz Villalón/P.M. Huber (Hrsg.), Handbuch Ius Publicum Europaeum, Bd. I, 2007, § 10 Rn. 35: „‚Ewigkeitsklauseln' nach dem Muster der italienischen Verfassung von 1947 (Art. 139) oder des Grundgesetzes (Art. 79 Abs. 3) sind der schweizerischen Bundesverfassung fremd." Eine Schranke für Total- wie für Teilrevisionen bilden aber seit 2000 die „zwingenden Bestimmungen des Völkerrechts" (Art. 139 Abs. 2, 193 Abs. 4, 194 Abs. 2 BV). Zur nicht einfachen Konkretisierung dieser Formel näher Tschannen, Staatsrecht (Fn. 77), S. 531 ff. sowie jüngst A. Reich, Direkte Demokratie und völkerrechtliche Verpflichtungen im Konflikt, in: Zeitschrift für ausländisches öffentliches Recht und Völkerrecht 68 (2008), S. 979 ff.

stimme gilt[79]. In Österreich kennt man in strukturell ganz ähnlicher Weise neben der Teiländerung auch die Gesamtänderung der Verfassung[80]. Die einzige, aber wesentliche Differenz zwischen beiden besteht darin, daß bei der Gesamtänderung die ansonsten fakultative Volksabstimmung obligatorisch ist (Art. 44 Abs. 3 B-VG)[81]. Da die österreichische Verfassung „keine ewigen Gehalte kennt, sind Abänderungen nach jeder Richtung hin möglich, sofern nur das Verfahren eingehalten wird“[82]. Für die Zustimmung des Bundesvolkes genügt die „unbedingte Mehrheit“ der abgegebenen Stimmen; ein Quorum ist nicht vorgesehen (vgl. Art. 45 Abs. 1 B-VG)[83].

Es stellt also, wie diese wenigen Hinweise deutlich machen, keineswegs eine völlig irreguläre oder gar absurd „selbstmörderische“ Situation dar, wenn sich ein Volk das Recht vorbehält, seine politische Ordnung im Wege nichtrevolutionärer Verfassunggebung bzw. bloßer Verfassungsänderung grundsätzlich neu zu regeln. Wenn diese Möglichkeit für die Situation in Deutschland als „Sprengladung unter dem Fundament des Grundgesetzes“[84] perhorresziert worden ist, so demonstriert das nur eine gewisse Fremdheit gegenüber dem unzweifelhaften Recht autonomer politischer Selbstbestimmung. Jedenfalls leben mit dieser Freiheit sehr viele ältere wie auch jüngere Verfassungsstaaten auf eine durchaus auskömmliche Art und Weise. Warum nicht auch wir? Müssen wir, was in anderen Staaten

---

[79] Man vergleiche dieses Verfahren und die erforderlichen Mehrheiten mit jenen prohibitiv hohen Quoren, die etwa bei einer (immerhin für möglich gehaltenen!) Aktivierung des Art. 146 GG, der zu näheren Verfahrensmodalitäten schweigt, für zwingend gehalten werden: repräsentativ HECKEL, Legitimation (Fn. 23), § 197 Rn. 116ff.; w.N. bei DREIER (Fn. 48), Art. 146 Rn. 53.

[80] Überblick aus jüngerer Zeit bei A. GAMPER, Verfassungsrevision und „Bewahrung“ der Verfassung, in: ZöR 60 (2005), S. 187ff.

[81] Näher R. WALTER/H. MAYER/G. KUCSKO-STADLMAYER, Grundriss des österreichischen Bundesverfassungsrechts, 10. Aufl. 2007, Rn. 481ff.

[82] E. WIEDERIN, Grundlagen und Grundzüge staatlichen Verfassungsrechts: Österreich, in: v. Bogdandy/Cruz Villalón/Huber, IPE I (Fn. 78), § 7 Rn. 39. Freilich gibt es Stimmen in der Literatur und leise Anzeichen in der Judikatur des Verfassungsgerichtshofes, einen gewissen Verfassungskern für unabänderlich zu erachten (vgl. GAMPER, Verfassungsrevision [Fn. 80], S. 206f.), ohne daß jedoch schon von einer durchgreifenden Änderung der tradierten Auffassung die Rede sein könnte.

[83] Unter unbedingter Mehrheit wird hierbei verstanden, daß die Ja-Stimmen die NeinStimmen überwiegen. Hierzu und zur Entbehrlichkeit einer (auch einfachgesetzlich nicht einführbaren) Mindestbeteiligung P. BUSSJÄGER, in: H.P. Rill/H. Schäffer (Hrsg.), Bundesverfassungsrecht. Kommentar, Art. 45 (2004), Rn. 1.

[84] KRIELE, Sprengladung (Fn. 44), S. 5; s. auch ISENSEE, Selbstpreisgabe (Fn. 45), S. 10.

als großartige Idee freier politischer Selbstgesetzgebung gilt (und früher auch in Deutschland galt[85]), geradezu zwanghaft in Bilder von dunkler Bedrohlichkeit fassen[86]? Schreckt uns die Vorstellung einer offenen Verfassungszukunft so sehr? Können wir dem – anderswo ganz selbstverständlichen[87] – Gedanken, daß neue Gestaltungsmöglichkeiten unserer politischen Grundordnung zumindest denkbar und nicht für alle Ewigkeit ausgeschlossen sind, wirklich nichts Positives abgewinnen?

IV. Schlußpunkt: Offene Verfassungszukunft

Für eine solche offen-konstruktive Grundhaltung spricht zunächst einmal die beruhigende Gewißheit, daß der unverändert fortbestehende Ablösungsvorbehalt des Grundgesetzes dieses nicht zu einer Verfassung auf Abruf mutieren läßt – wenn man unter Abruf versteht, daß es praktisch jederzeit, aus banalen Gründen und womöglich allein aufgrund der Entschlossenheit einer aktivistischen Minderheit aus dem Weg geräumt werden könnte. Dem steht schon seine bisherige Erfolgsgeschichte mit entsprechend starken Fundamenten und vielgestaltigen politischen Beharrungskräften entgegen. Das letztlich entscheidende Kriterium für eine Aktivierung des Art. 146 GG liegt im konkreten historisch-politischen Erfolg entsprechender Initiativen. Sie dürften es schwer haben. Denn das ursprüngliche Provisorium hat sich

---

[85] Eindringlich hat R. THOMA, Das Reich als Demokratie (1930), in: ders., Rechtsstaat (Fn. 13), S. 282 ff. (291) davon gesprochen, man dürfe „die, vielleicht gewagte, aber in ihrer Folgerichtigkeit großartige Erfassung der Idee der freien demokratischen Selbstbestimmung“ nicht verkennen, um (S. 291 f.) fortzufahren: „Gewiß kann diese Freiheit demagogisch mißbraucht werden – wie wäre sie sonst eine Freiheit? Unmöglich aber, vom Standpunkt des Demokratismus und Liberalismus, von dem die Auslegung auszugehen hat, kann das, was die entschiedene und unzweifelhafte Mehrheit des Volkes auf legalem Wege will und beschließt (und stürzte es selbst die Grundsäulen der gegenwärtigen Verfassung um) als Staatsstreich oder Revolution gewertet werden!“ Eindrucksvoll auch die Rede von der „Würde freier demokratischer Selbstbestimmung, welche die Gefahren aufwiegt, die alle Freiheit mit sich bringt.“ (R. THOMA, Die Funktionen der Staatsgewalt. Grundbegriffe und Grundsätze [1932], ebd., S. 301 ff. [361]).

[86] Siehe etwa noch HECKEL, Einheit (Fn. 59), S. 10: „Der Ablösungsartikel 146 ist am Schluß der Verfassung wie eine Sphinx gewaltig aufgetürmt, die ihren langen dunklen Schatten über alle vorangehenden Artikel wirft.“ In die gleiche Richtung geht die (wenngleich eher referierende) Rede einer Deutung des Art. 146 GG als „plebiszitärer Dauerdrohung gegen das Grundgesetz“ (M. HOCHHUTH, Die Meinungsfreiheit im System des Grundgesetzes, 2007, S. 142).

[87] Hinweis darauf bei WIEDERIN, Verfassunggebung (Fn. 48), S. 445 ff.

als weitaus stabiler und langlebiger erwiesen als bei seiner Verabschiedung gedacht. Auch den Stürmen der deutschen Wiedervereinigung und den Herausforderungen der europäischen Integration hat es sich gewachsen gezeigt. Seine Wertschätzung in der Gesellschaft im Sinne eines sicherlich oft recht diffusen Verfassungskonsenses darf wohl ungeachtet mancher verstörender demographischer Teilbefunde in den neuen Bundesländern mittlerweile als vergleichsweise tief verankert angesehen werden. Zustimmung und Wertschätzung sind praktisch von Jahrzehnt zu Jahrzehnt gewachsen[88]. Man übertreibt nicht mit der naturgemäß stark spekulativen Vermutung, daß es möglicherweise weitere 60 Jahre vor sich haben könnte. All dies bedeutet, daß es bei Ausbleiben fundamentaler Verfassungskrisen, grundstürzender Umbruchsituationen oder gravierender Wandlungsprozesse kaum zu einer erfolgreichen Aktivierung des Art. 146 GG kommen wird. Aber genau für solche (hier und heute vielleicht schwer vorstellbaren) Fälle kann der Schlußartikel des Grundgesetzes einen nichtrevolutionären, friedlich-evolutionären Übergang in eine neue Verfassungsordnung bahnen und so dem Rechtsgedanken dienen.

Fazit: Das Grundgesetz treibt die Selbstverewigung des Art. 79 Abs. 3 GG nicht auf die Spitze, sondern kennt nach wie vor eine Alternative zu sich selbst und läßt den Weg zu einer neuen Verfassung offen. Das ist weder die bereits erwähnte Zeitbombe noch ein bedrohlicher „Sprung ins Dunkle“[89], sondern kluge Selbstbescheidung. Das Grundgesetz zeigt so eine wohltuende Offenheit für die Zukunft – sowohl für solche Herausforderungen, die wir heute vielleicht noch gar nicht antizipieren können als auch für solche, die über kurz oder lang durchaus konkret anstehen mögen. Nehmen wir zum Beispiel die wohl nicht für alle Ewigkeit auszuschließende Fortentwicklung der Europäischen Union zu einem echten Bundesstaat, wodurch die Bundesrepublik Deutschland wie die anderen Staaten der EU zu bloßen Untergliederungen eines höheren politischen Gemeinwesens heruntergestuft und so ihre Identität in maßgeblicher Weise verändert würde[90]. Für

---

[88] Dazu etwa H. Vorländer, Die Deutschen und ihre Verfassung, in: APuZ 18–19/2009, S. 8ff.

[89] Formulierung bei P. Lerche, Art. 146 GG: Auftrag zur Neuverfassung Deutschlands?, in: Festschrift für Nikolaus Lobkowicz, 1996, S. 299ff. (301), der sie sich freilich nicht zu eigen macht, sondern sich mit einem „zu eröffnen scheint“ leicht distanziert.

[90] Zu Art. 146 n.F. GG als möglichem Anwendungsfall bei der Fortentwicklung der Europäischen Union zu einem echten Bundesstaat siehe etwa Huber (Fn. 52), Art. 146 Rn. 18f.; Dreier (Fn. 48), Art. 146 Rn. 16; Schmahl (Fn. 52), Art. 146 Rn. 5.

diesen „Identitätswechsel der Verfassung"[91] bedürfte es einer neuen Grundentscheidung des deutschen Volkes, für die im geltenden Verfassungsrecht allein Art. 146 GG eine tragfähige Grundlage bietet[92]. Klug ist es umgekehrt aber auch, daß das Grundgesetz die Verabschiedung einer neuen Verfassung nicht zur Pflicht macht, also keinen (womöglich befristeten!) Auftrag zur Verfassunggebung erteilt. Wir können somit alles so lassen, wie es ist, und uns auf Fortentwicklungen durch inkrementale Änderungen des Grundgesetzes beschränken. Aber eben dieses Grundgesetz eröffnet weiterhin die Möglichkeit, auf nichtrevolutionärem Wege eine neue Verfassung „in freier Entscheidung" zu schaffen, wenn die Bürgerinnen und Bürger dieses Landes das wollen. Dieses Recht der Verfassunggebung steht einem freien Volk gut an – und es steht ihm zu.

[91] Dreier (Fn. 11), Art. 79 III Rn. 57: „Identitätswechsel der Verfassung"; ders. (Fn. 48), Art. 146 Rn. 16: „Identitätswechsel der Bundesrepublik Deutschland".

[92] Vom „Identitätswechsel der Bundesrepublik Deutschland" spricht nunmehr auch das Bundesverfassungsgericht in seinem Lissabon-Urteil: BVerfGE 123, 267 (331).

Der freiheitliche Verfassungsstaat als riskante Ordnung

I. Das „aufgelöste Rätsel aller Verfassungen“

Kann man politische Herrschaft, kann man einen Staat dauerhaft auf bloße Meinungen gründen, auf etwas so Schwankendes wie das Wollen und Wirken seiner Bürger[1]? Kann die Legitimität dieser Ordnung wirk-

[1] Formulierung in Anlehnung an: B. HALLER, Die auf Meinungen gegründete Republik – Zur Rehabilitierung der Meinung in der politischen Philosophie der Amerikanischen Revolution, in: J. Schwartländer/D. Willoweit (Hrsg.), Meinungs-

lich ihren tragenden Grund allein in der gemeinsamen Setzung der für alle verbindlichen Rechtsordnung finden – und nicht, um die berühmte Trias Max Webers[2] zu bemühen, zumindest auch in gefestigten Traditionen oder im Charisma eines weisen Herrschers oder erleuchteten politischen Führers? Hat ein solcher Staat überhaupt realistische Aussicht auf dauerhaften Bestand, wenn er zudem auf ein einheitliches Glaubensbekenntnis seiner Bürger verzichtet und freie Wahl der Religion und ihrer Ausübung, den Religionswechsel oder gar den Agnostizismus zuläßt? Kann man ihn, kurz gesagt, auf die Freiheit seiner Bürger gründen?

Die Antwort der frühen Neuzeit, also der entscheidenden Formationsphase moderner Staatlichkeit, lautete bis weit in das 18. und teilweise das 19. Jahrhundert hinein eindeutig: Nein. Dies nicht allein deshalb, weil natürlich an Formen moderner, egalitärer Demokratie im 16. und 17. Jahrhundert noch nicht zu denken war. Vor allem spielte die Homogenität des beherrschten Personenverbandes eine zentrale Rolle. Die Heftigkeit und Grausamkeit der konfessionellen Bürgerkriege läßt sich außer mit religiöser Unduldsamkeit vor allem auch damit erklären, daß die Vorstellung dominierte, ein staatlicher Herrschaftsverband könne unmöglich existieren und gedeihen, wenn in ihm unterschiedliche religiöse Bekenntnisse praktiziert würden. *Un roi, une loi, une foi* hieß die Parole[3], und nicht nur für einen Denker wie Thomas Hobbes stand außer Frage, daß in einem

---

freiheit – Grundgedanken und Geschichte in Europa und USA, 1986, S. 85 ff. – Haller bezieht sich auf die eher beiläufige Formulierung von JAMES MADISON in den Federalist Papers Nr. 49: „If it be true that all governments rest on opinion, it is no less true that the strength of opinion in each individual, and its practical influence on its conduct, depend much on the number which he supposes to have entertained the same opinion." (hier zitiert nach: The Federalist, edited, with Introduction and Notes, by J.E. Cooke, Middletown/CN 1961, S. 338 ff. [340]). Die Autoren der Federalist Papers wiederum kannten ihren Hume gut, der hier sentenzenprägend war: D. HUME, Of the first principles of government (1741), in: ders., Policial Essays, edited by K. Haakonssen, Cambridge 2004, S. 16 ff. (16): „It is therefore, on opinion only that government is founded [...]" (wobei Hume des näheren zwischen „opinion of interest" und „opinion of right" unterscheidet sowie das letztgenannte in „right to power" und „right of property" unterteilt, also letztlich beileibe nicht nur von Meinungsäußerungen spricht). Bei C.F. v. GERBER, Über öffentliche Rechte (1852), 1913, S. 23 heißt es: „Ein Staat, der nicht auf Rechte, sondern auf Meinungen gegründet ist, kann nur eine unsichere und schwankende Existenz haben."

[2] M. WEBER, Wirtschaft und Gesellschaft, 5. Aufl. 1976, S. 122 ff. – Dazu statt aller S. BREUER, Max Webers Herrschaftssoziologie, 1991.

[3] K. BIHLMEYER/H. TÜCHLE, Kirchengeschichte, Bd. III, 19. Aufl. 1958, S. 234; M. GOEBEL, Das Edikt von Nantes und der Toleranzbegriff, in: Hugenotten 64 (2000), S. 123 ff. (125).

Staat nicht zwei Religionen oder auch nur Konfessionen gelten konnten[4]. Der Erfolg gab den führenden europäischen Staaten des 16. bis 18. Jahrhunderts (Spanien, England, Frankreich) recht, die durchweg streng auf konfessionelle Homogenität achteten[5].

Die Antwort des freiheitlichen Verfassungsstaates auf die Ausgangsfragen lautet hingegen ebenso eindeutig: Ja. Im ersten Artikel der Federalist Papers, dem kanonischen Dokument amerikanischen Verfassungsdenkens, in dem das moderne Konzept repräsentativer Demokratie zum ersten Male systematisch entfaltet wurde, bezeichneten deren Verfasser die seinerzeit noch offene Verabschiedung der US-Verfassung explizit als Entscheidung über die Frage von menschheitsweiter Bedeutung, „ob menschliche Gemeinschaften tatsächlich fähig sind, durch Nachdenken und freie Entscheidung ein gutes Regierungssystem einzurichten, oder ob sie auf ewig, was ihre jeweilige politische Verfassung betrifft, von Zufall und Gewalt abhängig bleiben“[6]. Ein halbes Jahrhundert später erblickte der junge Marx in der Demokratie das „aufgelöste *Rätsel* aller Verfassungen“[7]. Und

---

[4] Einige Hinweise für die im konfessionellen Zeitalter allgemein geteilte Überzeugung, daß ein politisches Gemeinwesen bei Glaubensverschiedenheit der Untertanen auf Dauer nicht überlebensfähig sein könne, finden sich bei C. STROHM, Calvinismus und Recht, 2008, S. 248, 383 ff.

[5] Vertiefend gegen die verbreitete These, der moderne Staat mit Glaubens- und Gewissensfreiheit sei unmittelbar aus den konfessionellen Bürgerkriegen der frühneuzeitlichen Epoche entsprungen und habe sich sogleich in Distanz zu den religiösen Wahrheitsfragen auf einer darüberliegenden neutralen Ebene etabliert: H. DREIER, Kanonistik und Konfessionalisierung – Marksteine auf dem Weg zum Staat, in: JZ 2002, S. 1 ff. (6 ff.).

[6] A. HAMILTON/J. MADISON/J. JAY, The Federalist Papers (1787/1788). Die deutsche Übersetzung zitiert nach: A. u. W.P. Adams (Hrsg.), Hamilton/Madison/Jay – Die Federalist-Artikel, 1994, Nr. 1 (HAMILTON), S. 1 ff. (1).

[7] K. MARX, Zur Kritik der Hegelschen Rechtsphilosophie (1843), in: K. Marx/F. Engels, Werke, Bd. 1, 15. Aufl. 1988, S. 201 ff. (231). Dort heißt es im Zusammenhang: „In der Monarchie ist das Ganze, das Volk, unter eine seiner Daseinsweisen, die politische Verfassung, subsumiert; in der Demokratie erscheint die *Verfassung selbst* nur als *eine* Bestimmung, und zwar Selbstbestimmung des Volks. In der Monarchie haben wir das Volk der Verfassung; in der Demokratie die Verfassung des Volks. Die Demokratie ist das aufgelöste *Rätsel* aller Verfassungen. Hier ist die Verfassung nicht nur *an sich*, dem Wesen nach, sondern der *Existenz*, der Wirklichkeit nach in ihren wirklichen Grund, den *wirklichen Menschen*, das *wirkliche Volk*, stets zurückgeführt und als sein *eignes* Werk gesetzt. Die Verfassung erscheint als das, was sie ist, freies Produkt des Menschen [...]“ (Hervorhebungen im Original, H.D.). Die Marx'sche Formel aufgreifend K. HARTMANN, Die Demokratie – das aufgelöste Rätsel aller Verfassungen?, in: ders. (Hrsg.), Die Demokratie im Spektrum der Wissenschaften, 1980, S. 13 ff. (zu Marx S. 25 ff.).

in unseren Tagen bewertet man die demokratische Ur-Idee, wonach Herrschaft nur als vom Volk getragene und abgeleitete legitim ist, als ihre „uneinholbare normative Überlegenheit" gegenüber anderen Herrschaftsformen[8].

Den freiheitlichen Verfassungsstaat zeichnet neben demokratischen und rechtsstaatlichen Prinzipien vor allem anderen die Gewährung bestimmter Freiheits- und Gleichheitsrechte aus, die etwa nach der amerikanischen Unabhängigkeits- und der französischen Menschenrechtserklärung in vielen einschlägigen Dokumenten als unverletzlich und unveräußerlich etikettiert werden. Unter ihnen nimmt die Religionsfreiheit in aller Regel eine prominente Rolle ein. Der Glaube wandelt sich von der Herrschaftsgrundlage zur Herrschaftsschranke, die Religion mutiert vom Staatsattribut zum Individualrecht[9]. Der Religionsfreiheit tritt in den entsprechenden Katalogen ein unterschiedlich weiter Kreis ähnlicher Bestimmungen zur Seite, die durchweg auf Pluralität, auf freie Selbstbestimmung[10] in privaten wie auch in politischen Angelegenheiten abzielen. Vielfalt der Meinungen, auch und gerade der veröffentlichten, ist da nicht Gefährdungstatbestand einer vorgegebenen Ordnung, sondern geradezu Existenzbedingung einer Gesellschaft Freier und Gleicher. Sehr schön drückt das die Virginia Bill of Rights von 1776 aus, wenn es in sec. 12 heißt: „freedom of the press is one of the great bulwarks of liberty". Und ebenso dezidiert stützt sich dieser freiheitliche Verfassungsstaat auf den Gedanken der Selbstherrschaft – also darauf, daß nicht eherne, unverfügbare Traditionen oder die letztlich unkontrollierbaren Entscheidungen charismatischer Führer den Legitimationsgrund politischer Herrschaft bilden, sondern der Wille der Bürger dieses Gemeinwesens selbst. Beide Seiten, die individuelle Selbstbestimmung kraft bürgerlicher Freiheitsrechte wie auch die kollektive Selbstbestimmung des politischen Verbandes gehören zusammen, sind sozusagen zwei Seiten derselben Medaille.

---

[8] U.K. Preuss, Die Bedeutung kognitiver und moralischer Lernfähigkeit für die Demokratie, in: C. Offe (Hrsg.), Demokratisierung der Demokratie, 2003, S. 259ff. (259).

[9] Näher Dreier, Kanonistik (Fn. 5), S. 6ff., 12.

[10] Zur tieferen philosophischen Herleitung dieses Begriffs, der im folgenden unter verfassungsrechtlichen Gesichtspunkten im Vordergrund stehen wird, sowie seiner philosophischen Bedeutungsschichten vgl. etwa V. Gerhardt, Art. Selbstbestimmung, in: Historisches Wörterbuch der Philosophie, Bd. 9, hrsgg. v. J. Ritter u. K. Gründer, 1995, Sp. 335ff.; monographisch ders., Selbstbestimmung. Das Prinzip der Individualität, 1999.

Dies alles ist nun keineswegs selbstverständlich, ja der freiheitliche Verfassungsstaat ist eine evolutionär eher unwahrscheinliche Angelegenheit[11]. Es handelt sich bei ihm um eine höchst voraussetzungsvolle und immer auch gefährdete Ordnung – jeder noch so flüchtige historische Rückblick auf die Zwischenkriegszeit bestätigt das.

Den Strukturelementen, Bestandsvoraussetzungen und Erhaltungsbedingungen dieser riskanten Ordnung sollen die folgenden Überlegungen gelten. Dazu sei zunächst ganz knapp in Erinnerung gerufen, wie die skizzierten Prinzipien ihren Ausdruck in den Gründungsdokumenten freiheitlicher Verfassungsstaaten gefunden haben und worauf sie sozialphilosophisch gründen (dazu II.). Sodann wird der Aspekt der Selbstbestimmung etwas vertieft (III.), bevor sich ein zentraler Abschnitt der verfassungsrechtlichen Konzeption der Freiheitsrechte im bundesdeutschen Grundgesetz zuwendet (IV.). Hier soll vor allem der besonders riskant anmutenden Breite, Tiefe und Unkontrolliertheit der Freiheitsgewährleistungen des Grundgesetzes nachgespürt werden. Das ruft aber die besorgte Nachfrage nach stützenden und haltenden Elementen hervor, die der Diffusität und Beliebigkeit individueller Freiheitsbetätigungen Momente der Gemeinsamkeit entgegensetzen können (V.). Am Schluß steht dann, notgedrungen kurz und thetisch, der Hinweis auf die integrative Kraft des Dissenses und die Bürgertugend der Toleranz (VI.).

II. Die freiheitliche Verfassung als Form der Selbstermächtigung

1. „We the People": Verfassunggebende Gewalt des Volkes

Bekanntlich hebt die amerikanische Verfassung mit den Worten an: „We the People of the United States, in Order to form a more perfect Union [...]". In den drei schlichten Eingangsworten „we the people", also „wir (sind) das Volk", steckt schon die ganze Revolution der Denkungsart, die für den freiheitlichen Verfassungsstaat so kennzeichnend ist[12]. Es ist ein ra-

[11] In Anlehnung an N. LUHMANN, Verfassung als evolutionäre Errungenschaft, in: Rechtshistorisches Journal 9 (1990), S. 176ff.

[12] Für den nach dem Ersten Weltkrieg in Deutschland vollzogenen Bruch mit der Monarchie durch die Weimarer Reichsverfassung notierte G. ANSCHÜTZ, Die Verfassung des Deutschen Reichs vom 11. August 1919, 14. Aufl. 1933, S. 32 zur Präambel („Das Deutsche Volk [...] hat sich diese Verfassung gegeben") in exakt jenem Sinne knapp und klar: „Das Reich ist nichts anderes als das unter der von ihm

dikaler Bruch mit der alten Ordnung, in den Neuenglandstaaten auch und zugleich in Gestalt einer Sezession vom englischen Mutterland, in Frankreich noch radikaler als Bruch mit dem Ancien Régime und seiner Unzahl von Vorrechten und Privilegien, die man in der rauschhaften Sitzung am 4. August 1789 praktisch in einem Durchgang beseitigte. Das Neue dieser Denkungsart liegt darin, daß als Autor und letzter Ursprung der neuen staatlichen Ordnung das Volk sich selbst einsetzt. Die Amerikaner sagen das mit besonderem Nachdruck, wenn es eingangs ihrer Bundesverfassung von 1787 heißt, „(we) do establish and ordain this constitution". Diese Schaffung einer neuen politischen Ordnung aus dem Geiste der Autonomie und Selbstherrschaft ist eine stolze Idee. Eine Selbsterhöhung und Selbstermächtigung[13] hat man sie deshalb nicht zu Unrecht genannt, ja man könnte zumal in Frankreich von einer Selbstinthronisation sprechen, wenn das nicht die stets irreführende Vorstellung von der Volkssouveränität als einer Fürstensouveränität mit anderem Vorzeichen beflügeln würde. Hier in Frankreich findet der große Verfassungskonstrukteur Emmanuel Joseph Sieyes, Abgeordneter des dritten Standes, mit der Lehre vom *pouvoir constituant* denn auch den zentralen verfassungstheoretischen Begriff für diesen Urakt der Herrschaftsbegründung[14]. *Pouvoir constituant,* verfassunggebende Gewalt, nennt er in seiner Schrift über den „Dritten Stand" von 1789 die allein beim Volk liegende und nur von ihm, kraft besonderer Repräsentanten, auszuübende Ur- und Allgewalt. Auf diese Legitimationsformel beruft sich später die Paulskirchenverfassung nicht anders als die von Weimar – und auch in der Präambel des Grundgesetzes heißt es, das Deutsche Volk habe es sich „kraft seiner verfassungsgebenden Gewalt" gegeben[15].

---

selbst gegebenen Verfassung rechtlich geeinte deutsche Volk. Das Reich: *das sind wir.*" (Hervorhebung im Original, H.D.). Die Parole „Wir sind das Volk" brachte 1989 die Mauer zum Einsturz.

[13] E. Zweig, Die Lehre vom Pouvoir Constituant, 1909, S. 2; D. Gosewinkel/J. Masing, Einführung in die Texte: Grundlinien der europäischen Verfassungsentwicklung, in: dies. (Hrsg.), Die Verfassungen in Europa 1789–1949, 2006, S. 9ff. (13ff.).

[14] E.J. Sieyes, Was ist der Dritte Stand? (1789), in: ders., Politische Schriften 1788–1790, hrsgg. v. E. Schmitt u. R. Reichardt, 2. Aufl. 1981, S. 117ff. (164ff.). In den nordamerikanischen Kolonien hatte man zuvor schon von *constituent power* gesprochen. Das revolutionäre Frankreich hat die europäische Entwicklung allerdings stärker beeinflußt. Vgl. H. Dreier, Gilt das Grundgesetz ewig? Fünf Kapitel zum modernen Verfassungsstaat, 2009, S. 7ff., 21ff.

[15] Zum Vorstehenden zusammenfassend und m.w.N. H. Dreier, in: ders. (Hrsg.), Grundgesetz-Kommentar, Bd. I, 2. Aufl. 2004, Präambel Rn. 51ff., 64ff.

Den Charakter dieses Autonomisierungsprozesses und die damit verbundene Absage an Tradition, dynastische Ordnung, Erblegitimität, Führerkonzeptionen oder verwandte Konzepte[16] hat kein Geringerer als Georg Wilhelm Friedrich Hegel in begeisterte Worte gefaßt, mit denen er die Französische Revolution pries: „Solange die Sonne am Firmamente steht und die Planeten um sie herumkreisen, war das nicht gesehen worden, daß der Mensch sich auf den Kopf, d.i. auf den Gedanken stellt und die Wirklichkeit nach diesem erbaut. [...] Es war dieses somit ein herrlicher Sonnenaufgang. Alle denkenden Wesen haben diese Epoche mitgefeiert."[17]

2. *Die sozialphilosophischen Grundlagen*

Mit dieser schönen Sentenz aus seinen Vorlesungen über die Philosophie der Geschichte spielt Hegel ungeachtet seiner eigenen Ablehnung vertragstheoretischer Modelle implizit (wohl) auch auf die sozialphilosophischen Grundlagen dieses neuen Konzeptes staatlicher Herrschaft und ihrer Legitimierung an. Sie finden sich in der Sozialphilosophie des rationalen Naturrechts und der Aufklärung, vorzüglich bei den neuzeitlichen Klassikern von Politik und Staatsrecht, also bei Hobbes, Locke, Rousseau und Kant[18]. Es ist vor allem die individuelle Radizierung der Staatsgenese, die sie – bei allen sonstigen und durchaus gravierenden Unterschieden – verbindet. Die Ideen des Naturzustandes und des Gesellschaftsvertrages bilden die konstruktiven Pfeiler. Dabei fungiert die Idee des Naturzustandes nicht als vage Erinnerung an ein verlorenes Paradies, sondern als (re)konstruktive Idee eines Zustandes, in dem die Menschen losgelöst von allen familiären, kulturellen und ökonomischen Bindungen als frei und gleich gedacht werden[19]. Der Herrschafts- oder Gesellschaftsvertrag, mit dem sie diesen Zustand überwinden, ist wiederum eine Art von genetischer Metapher[20]. Sie zeigt, daß sich politische Herrschaft einzig und allein durch Über-

---

[16] Zu dieser Absage auch R. Gröschner, Die Republik, in: $HStR^3$ II, § 23 Rn. 39.

[17] G.W.F. Hegel, Vorlesungen über die Philosophie der Geschichte, 4. Teil, Dritter Abschnitt, 3. Kapitel (Theorie-Werkausgabe, Bd. 12, 1986, S. 529).

[18] Vgl. aus der Fülle der Literatur etwa: G. Maluschke, Philosophische Grundlagen des demokratischen Verfassungsstaates, 1982; S. König, Zur Begründung der Menschenrechte: Hobbes – Locke – Kant, 1994; M. Brocker, Die Grundlegung des liberalen Verfassungsstaates, 1995; W. Kersting, Politik und Recht, 2000, S. 275 ff., 304 ff.

[19] H. Hofmann, Zur Lehre vom Naturzustand in der Rechtsphilosophie der Aufklärung (1982), in: ders., Recht – Politik – Verfassung, 1986, S. 93 ff. (101 ff., 108 ff.).

[20] W. Kersting, Die politische Philosophie des Gesellschaftsvertrags, 1994.

einkunft der sich zum Staat zusammenschließenden Individuen erklären und verbindlich machen, also: legitimieren läßt. Legitimationsgrund der politischen Ordnung ist der einzelne und freie Mensch, der sich im Wege des Kontraktes mit anderen Menschen zusammenschließt und eine politische Herrschaftsorganisation hervorbringt. Sein Wille schafft den Staat, sein Wille rechtfertigt ihn. Die Vereinbarungsidee macht den Menschen zum autonomen Gestalter seiner Sozialwelt[21]. Herrschaftskonstitution und Herrschaftslegitimation durch kontraktuelle Übereinkunft bildet somit die entscheidende Denkfigur der Neuzeit[22]. In den Gründungsdokumenten der amerikanischen und französischen Revolution gewinnt der konstruktiv-analytische Individualismus des rationalen Naturrechts gewissermaßen staatskonstitutive Funktion.

III. Selbstbestimmung als Verfassungsessenz

Aber ist mit dem Urakt der Verfassunggebung die Selbstgesetzgebung nicht gewissermaßen verbraucht? Liegt hier nicht zugleich der Umschlag- und Endpunkt, weil nun die weitere Geschichte nach Maßgabe und im Rahmen eben dieser Verfassung abläuft?

Diese Sorge ist letztlich unbegründet. Demokratische Selbstbestimmung kommt durch die Verabschiedung einer Verfassung nicht zum Stillstand. Entweder folgen revolutionäre Umstürze mit stetiger Neuentfesselung der verfassunggebenden Gewalt des Volkes – so wie es die Franzosen vorgemacht haben[23]. Oder aber die Verfassung wird Gegenstand formeller Verfassungsänderungen bzw. zuweilen tiefgreifender Prozesse eines Verfassungswandels – dafür bilden die USA das herausragende Beispiel[24].

---

[21] H. Hofmann, Art. Naturzustand, in: Historisches Wörterbuch der Philosophie, Bd. 6, hrsgg. v. J. Ritter u. K. Gründer, 1984, Sp. 653 ff. (654).

[22] Schon bei O. v. Gierke, Johannes Althusius und die Entwicklung der naturrechtlichen Staatstheorien, 3. Aufl. 1913, S. 349 heißt es: „Ist aber der Staat aus einer Willensthat der von Natur freien und gleichen Individuen entsprungen, so kann auch sein Zweck nicht außerhalb der Individuen liegen." Das läßt zwar unterschiedliche Ausgestaltungen zu, wie sie in den divergierenden Konzepten von Hobbes bis Kant denn auch zutage treten, trifft aber den Kern.

[23] Man vergegenwärtige sich nur die rasche Abfolge der französischen Verfassungen seit 1791: die Jakobinerverfassung von 1793, danach die von 1795, nach Napoléon die Charte Constitutionnelle 1814, 1830 die Verfassung des Bürgerkönigs Louis-Philippe I., 1848 die Revolutionsregierung von Napoléon III., 1875 dann die dritte Republik.

[24] Als Motor des Verfassungswandels fungiert dabei der Supreme Court: siehe statt

Eine freiheitliche Verfassung währt nicht ewig und legt dem politischen Prozeß keine unlösbaren Fesseln an, weil sie revolutionär überwunden oder evolutionär fortentwickelt werden kann.

Des weiteren soll eine Verfassung zwar von jeher eine Stabilisierungs- und Fundierungsfunktion erfüllen und erhebt demgemäß den Anspruch, die Grundlage, den Rahmen, das Ruhende und Feste der jeweiligen politischen Ordnung zu bilden[25].

Aber es ist eben ein Rahmen und eine Grundlage, Rahmenordnung und Grundordnung, noch nicht das gesamte Werk oder der gesamte Bau, um im Bild zu bleiben. Die Verfassung wäre mißverstanden, wenn man in ihr und mit ihr alle relevanten Entscheidungen schon als getroffen ansehen und die Arbeit des demokratischen Gesetzgebers bzw. der anderen Staatsgewalten nur als schematische Ausführung, als Vollzug des in ihr vermuteten umfassenden Regelungs- und Steuerungsanspruches qualifizieren würde. Das Schwergewicht insbesondere der staatsorganisatorischen Regelungen liegt gar nicht so sehr darauf, konkrete inhaltliche Entscheidungen zu treffen, sondern demokratisch legitimierte und rechtsstaatlich limitierte Entscheidungen der dazu berufenen Organe zu ermöglichen. Die Verfassung ist Herrschaftsbegründung und Herrschaftsbegrenzung in einem: sie konstituiert und legitimiert die Staatsorgane, grenzt ihre Kompetenzen ab, limitiert dadurch die Staatsgewalt und trägt insgesamt zur Rationalisierung des politischen Prozesses bei[26]. Aber sie macht diesen Prozeß nicht überflüssig. Es ist im Gegenteil ihre vornehmste Aufgabe, in den nicht allzu eng gezogenen Grenzen materieller Festlegungen für hohe Mobilität der Entscheidungsfähigkeit und entsprechend hohe Legitimität der staatlichen Entscheidungsinstanzen zu sorgen. Sie „regelt Entscheidungsprozesse, weniger Entscheidungsergebnisse, stellt die im Rahmen der Verfassung erlassenen Gesetze immer wieder zur Entscheidung des Gesetzgebers"[27].

---

vieler W. Brugger, Der moderne Verfassungsstaat aus Sicht der amerikanischen Verfassung und des Grundgesetzes, in: AöR 126 (2001), S. 337 ff. (343 ff.).

[25] Vgl. nur H. Hofmann, Zur Idee des Staatsgrundgesetzes, in: ders., Recht (Fn. 19), S. 261 ff. (269 ff., 275 ff., 290 ff.); w.N. bei H. Dreier, in: ders. (Hrsg.), Grundgesetz-Kommentar, Bd. II, 2. Aufl. 2006, Art. 79 II Rn. 13.

[26] Siehe P. Badura, Art. Verfassung, in: Evangelisches Staatslexikon, hrsgg. v. R. Herzog u.a., Bd. II, 3. Aufl. 1987, Sp. 3737 ff.; H. Dreier, Art. Verfassung, in: H.J. Sandkühler (Hrsg.), Enzyklopädie Philosophie, Bd. III, 2010, S. 2867 ff., in diesem Bande S. 3 ff.

[27] P. Kirchhof, Das Grundgesetz – ein oft verkannter Glücksfall, in: DVBl. 2009, S. 541 ff. (542); deutlicher noch ebd., S. 549: „Doch der Kerngedanke der Verfassung zielt auf eine Erneuerung des Rechts und der freiheitlichen Wirklichkeit durch die

Dabei bedarf die Übertragung der Gesetzgebungs- und Regierungsgewalt an bestimmte Repräsentanten dem in Art. 20 Abs. 2 GG niedergelegten Grundsatz der Volkssouveränität zufolge der periodischen legitimatorischen Erneuerung durch das Volk. Demokratie ist Herrschaft auf Zeit[28], der Vorgang der Gesetzgebung per Mehrheitsentscheid stets nur eine momentan eingefrorene Präferenz, wie Niklas Luhmann das einmal sehr anschaulich umschrieben hat[29]. Man kann sie jederzeit wieder auftauen. Das Feste, also das Recht als normativ verbindliche und kraft staatlichen Zwangs gesicherte Größe, muß auf das Bewegliche, nämlich den Gedanken seiner permanenten Änderbarkeit, gegründet werden[30]. Ausdrücklich spricht der Jurist und Rechtssoziologe in diesem Zusammenhang von dem Risiko, das in der Positivierung des Rechts wie in der Einrichtung politischer Demokratie liegt[31]. Möglicherweise ist uns das in der Demokratie liegende Wagnis nach 60 Jahren Grundgesetz und dem weltweiten Siegeszug des Verfassungsstaates, vielleicht auch wegen der sedierenden Wirkung der Ewigkeitsgarantie des Art. 79 Abs. 3 GG, nicht mehr so deutlich bewußt[32]. Demokratie gilt als alternativlos. Ganz anders war das naturgemäß in Weimar. Und vielleicht darf man deswegen die eindrucksvollen Worte Richard Thomas in Erinnerung rufen, der die Demokratie gekennzeichnet sah durch „einerseits die volle politische Emanzipation und Gleichberechtigung der sozialen Unterschicht, andererseits die Abschaffung aller stabil-unabsetzbaren Obrigkeit". Und er schließt die für uns besonders wichtige Passage an: „Demokratisierung ist der Name für das welthistorisch epochemachende Wagnis der abendländischen Zivilisation, die handarbeitenden Klassen trotz oder wegen ihrer gewachsenen, ja vielleicht alle andern Klassen und Gruppen überwachsenden Zahl zu gleichem Rechte in den Staat hineinzunehmen. Es ist der Versuch, die ordnende Herrschaftsgewalt aus einem Herrn und Bändiger über einer inter-

---

Gesetzgebung und durch die Garantie der Freiheit." Ähnlich C. Möllers, Demokratie – Zumutungen und Versprechen, 2008, S. 73 f.

[28] Zu diesem vielzitierten Schlagwort H. Dreier, in: ders., GGK II (Fn. 25), Art. 20 (Demokratie), Rn. 79 m. w. N.; M. Droege, Herrschaft auf Zeit: Wahltage und Übergangszeiten in der repräsentativen Demokratie, in: DÖV 2009, S. 649 ff.

[29] N. Luhmann, Positivität des Rechts als Voraussetzung einer modernen Gesellschaft, in: Jahrbuch für Rechtssoziologie und Rechtstheorie, Bd. I, 1970, S. 175 ff. (197).

[30] Luhmann, Positivität (Fn. 29), S. 196.

[31] Luhmann, Positivität (Fn. 29), S. 196.

[32] Siehe aber C. Enders, Nach der Moderne? Das Risiko (rechts-)staatlicher Freiheitsorganisation, in: Behemoth 1 (2008), S. 28 ff. (30 ff.): „Das Risiko der Freiheit als Daseinsform des modernen Rechtsstaats".

essengespaltenen Gesellschaft zum Geschöpf und Diener einer irgendwie im Grunde doch als interessensolidarisch begriffenen Nation zu machen." Sie wage es, „die Lösung der nationalen, der sozialen und der kulturellen Probleme zu suchen auf den Wegen der freien Selbstbestimmung der Individuen, der Klassen, der Nationen"[33].

Mithin bleibt festzuhalten: wenn auch die Stabilitätsfunktion einer Verfassung unbestritten ist, so heißt Stabilität doch nicht Stagnation oder Versteinerung. Der Freiheitsgedanke steht am Beginn moderner Verfassunggebung, verbraucht sich aber in diesem Akt nicht. Die Idee gesamtgesellschaftlicher Selbstbestimmung bleibt weiterhin Movens und Motor politischer Einheitsbildung. Die Verfassung fungiert als Grundlage und Vorgabe für den stets neu zu bewältigenden, niemals stillstehenden demokratischen Prozeß mit all seinen Unwägbarkeiten und Risiken[34]. Sie soll sich nicht nur auf eine freie Entscheidung gründen, sondern auch Freiheit gewährleisten.

IV. Das Grundrechtskonzept des Grundgesetzes

Was für die politische Seite gilt, gilt nicht minder für die von Grundrechten abgeschirmte und gestützte Seite individueller Selbstbestimmung. Hier zeigt sich das Riskante und evolutionär Unwahrscheinliche des freiheitlichen Verfassungsstaates noch deutlicher. Dies sei am Beispiel der verfassungsrechtlichen Konzeption individueller Freiheitsrechte im Grundgesetz näher erläutert.

1. Grundrechte als Fundament personaler Autonomie

Die Freiheitlichkeit des Verfassungsstaates dokumentiert sich besonders eindrücklich und nachdrücklich in den Grundrechtsgewährleistungen[35].

---

[33] Zitate: R. Thoma, Das Reich als Demokratie (1930), in: ders., Rechtsstaat – Demokratie – Grundrechte, hrsgg. u. eingel. von H. Dreier, 2008, S. 282 ff. (286).

[34] Zu den hier auch nicht ansatzweise auszulotenden unterschiedlichen Demokratiekonzeptionen aus der Fülle der Literatur: D. Held, Models of Democracy. Second Edition, Oxford 1996; E.-W. Böckenförde, Demokratie als Verfassungsprinzip, in: HStR³ II, § 24 (S. 429–496). Speziell zur schweizerischen Demokratiekonzeption siehe G. Biaggini, Grundlagen und Grundzüge staatlichen Verfassungsrechts: Schweiz, in: A. v. Bogdandy/P. Cruz Villalón/P.M. Huber (Hrsg.), Handbuch Ius Publicum Europaeum, Bd. I, 2007, § 10 Rn. 58 ff.

[35] Vgl. nur H. Hofmann, Menschenrechtliche Autonomieansprüche, in: JZ 1992, S. 165 ff.; H. Maurer, Idee und Wirklichkeit der Grundrechte, in: JZ 1999, S. 689 ff.

Nicht zufällig gehen die zentralen Dokumente, die Virginia Bill of Rights 1776 oder die Französische Menschenrechtserklärung von 1789, den späteren Gesamtverfassungen voraus. Die grundrechtliche Fundierung steht am Beginn dieser Verfassungsrevolutionen, die noch immer prägend für unsere Epoche sind.

Grundrechte sind Stützpfeiler der Individualität und somit ihrem Wesen nach Faktoren und Garanten gesamtgesellschaftlicher Pluralität, damit aber eben auch der Disparität, der Differenz, ja der Konkurrenz. „Grundrechte entbinden den Pluralismus. Mit ihnen erhebt sich legitime Uneinheit der Bürger in Fragen der Religion, der Weltanschauung, der Politik."[36] Freiheit bedeutet, „sich von den anderen unterscheiden, vorhandene Unterschiede mehren, von Hergebrachtem abweichen und gefestigte Traditionen abbrechen zu dürfen"[37].

Wenn den Grundrechtssubjekten Religions-, Meinungs-, Presse- oder Berufsfreiheit garantiert wird, dann soll das heißen: die eigene, frei gewählte Religion, die eigene Meinung, das selbst verantwortete Presseorgan, der frei gewählte Beruf[38]. Jeder hat sozusagen das Recht, den Grundrechten seinen spezifischen Sinn zu geben[39]. Sie ermöglichen ihm, sein eigener Herr zu sein. Der hinter der Vielfalt von Schutzgütern und Schutzbereichen liegende Grundgedanke ist derjenige personaler Selbstbestimmung: Grundrechte dienen der Ermöglichung einer Lebensform gemäß den eigenen Überzeugungen und Vorstellungen des Einzelnen, dessen Freiheit sich als „Selbstbestimmung über den eigenen Lebensentwurf und seinen Vollzug" umschreiben läßt[40]. Und diese Vielfalt erfaßt nicht nur die Privatsphäre,

---

[36] J. ISENSEE, Schlußwort, in: O. Depenheuer u.a. (Hrsg.), Die Einheit des Staates, 1998, S. 71 ff. (79). Vom „Sündenfall der Ausdifferenzierung" spricht (gleich zweimal) T. VESTING, Politische Verfassung? Der moderne (liberale) Verfassungsbegriff und seine systemtheoretische Rekonstruktion, in: Festschrift für Gunther Teubner, 2009, S. 609 ff. (615, 618).

[37] P. KIRCHHOF, Die kulturellen Voraussetzungen der Freiheit, 1995, S. 1.

[38] Eindringlich H. ZWIRNER, Anhang 1, in: ders., Politische Treupflicht des Beamten, 1987, S. 257 ff. (267 ff., insb. 271). Siehe auch W. HEUN, Medizinethische Pluralität im Spiegel des Verfassungsrechts, in: S. Michl/T. Potthast/U. Wiesing (Hrsg.), Pluralität in der Medizin, 2008, S. 45 ff. (48): das Grundgesetz konstituiere „eine pluralistische Ordnung gerade dadurch, dass es bestimmte Entscheidungen der individuellen oder kollektiven Selbstbestimmung seitens der Betroffenen überlässt und dies verfassungsrechtlich absichert, also Freiräume schafft [...]".

[39] M. MORLOK, Selbstverständnis als Rechtskriterium, 1993, insb. S. 67 ff., 393 ff. Die mit den Grundrechten auch geschützte Funktionslogik autonomer gesellschaftlicher Teilsysteme kann hier nur erwähnt, nicht näher behandelt werden.

[40] So treffend BVerfGE 63, 343 (357); ähnlich, aber weniger prägnant, BVerfGE 60, 253 (268). Die im Text zitierte Formulierung geht vermutlich zurück auf

sondern erstreckt sich darüber hinaus auf allgemeinere Interessen, politische Überzeugungen und Werthaltungen, umfaßt gerade auch Fragen der richtigen und gerechten politischen Ordnung wie des guten Lebens in der Gemeinschaft. Eine Gleichgestimmtheit der Orientierung in zentralen Fragen wird man hier kaum erwarten können, sondern wiederum eine große Pluralität der Meinungen, die Konkurrenz der politischen Parteien, den Kampf um das bessere Argument, den Konflikt[41]. Im Grundgesetz findet diese legitime Interessenvielfalt explizite Anerkennung etwa in Gestalt der Art. 21 (Parteienfreiheit), Art. 8 (Versammlungsfreiheit), Art. 9 (Vereinigungsfreiheit). So hat man etwa die Parteienfreiheit in erhellender Weise als Wettbewerbsfreiheit interpretiert[42]. Unter verschärften Bedingungen religiös-weltanschaulicher Pluralisierung wirkt aber naturgemäß auch die „Religion nicht mehr homogenitätsverbürgend, sondern weit stärker dissoziativ“[43].

2. *Immanente Schranken oder Zweckbindungen grundrechtlicher Freiheit?*

Es liegt somit auf der Hand, daß diese offene Vielfalt, Divergenz und Konkurrenz unterschiedlicher Freiheitsbetätigungen sich nicht von vornherein im Zustand prästabilierter Harmonie befindet. Daher stellt sich gebieterisch die Frage nach immanenten Schranken oder vorgängigen Bindungen grundrechtlicher Freiheit. Wird sie im Verfassungsstaat nur als gebundene, verantwortlich ausgeübte, gemeinwohlorientiert genutzte, also als gemeinwohlverträgliche geschützt[44]? Nicht selten wurde hierauf mit

H. STEINBERGER, Konzeption und Grenzen freiheitlicher Demokratie, 1974, S. 261. – Vgl. noch A. HOLLERBACH, Selbstbestimmung im Recht, 1996, S. 15 („Selbstbestimmung ist ein anderes Wort für Freiheit.“) sowie S. 18 („Selbstbestimmung aktiviert Freiheit, vollzieht, ja vollstreckt sie gewissermaßen.“).

[41] Frühe und tiefgreifende Analysen etwa bei K. LOEWENSTEIN, Verfassungslehre, 1959, S. 367ff., insb. 389ff.; E. FRAENKEL, Der Pluralismus als Strukturelement einer freiheitlichen Demokratie (1964), in: ders., Deutschland und die westlichen Demokratien, 7. Aufl. 1979, S. 197ff.

[42] M. MORLOK, Parteienrecht als Wettbewerbsrecht, in: Festschrift für Dimitris Th. Tsatsos, 2003, S. 408ff.

[43] U. VOLKMANN, Der Preis der Freiheit, in: C. Langenfeld/I. Schneider (Hrsg.), Recht und Religion in Europa, 2008, S. 87ff. (96).

[44] Die Bayerische Verfassung kennt in Art. 117 Abs. 1 S. 2 sogar eine entsprechende Klausel („Alle haben die Verfassung und die Gesetze zu achten und zu befolgen, an den öffentlichen Angelegenheiten Anteil zu nehmen und ihre körperlichen und geistigen Kräfte so zu betätigen, wie es das Wohl der Gesamtheit erfordert.“), die kaum an-

einem vielfach modulierten Ja geantwortet, in der Lehre wie auch in der Judikatur. Aber davon ist auf Dauer nichts übriggeblieben.

a) Gemeinschaftsvorbehalt

Die frühe Rechtsprechung des Bundesverwaltungsgerichts hält ein eindrucksvolles Exempel für die vorgängige Restriktion und „Versozialverträglichung" der Ausübung von Freiheitsrechten bereit. Danach gehörte es zum Inbegriff der Grundrechte, daß „ein Grundrecht nicht in Anspruch genommen werden darf, wenn dadurch die für den Bestand der Gemeinschaft notwendigen Rechtsgüter gefährdet werden; denn jedes Grundrecht setzt den Bestand der staatlichen Gemeinschaft voraus, durch die es gewährleistet wird"[45]. Diese Position erfuhr allerdings von Anfang an scharfe und überzeugende Kritik[46]. Mit ihr wird nicht nur die ausdifferenzierte Schrankensystematik der Grundrechte überspielt, sondern ganz prinzipiell verkannt, daß die Grundrechte nicht Aussparungen der Staatsgewalt, sondern identitätsprägendes Element des freiheitlichen Verfassungsstaates selbst sind. Ihr definitives Ende fand diese Auffassung durch die Judikatur des Bundesverfassungsgerichts[47]. Auch in der Literatur vertretene Positionen eines spezifisch gemeinschaftskonformen Grundrechtsgebrauchs haben niemals recht Fuß fassen können[48].

---

ders als Art. 163 Abs. 1 WRV („Jeder Deutsche hat unbeschadet seiner persönlichen Freiheit die sittliche Pflicht, seine geistigen und körperlichen Kräfte so zu betätigen, wie es das Wohl der Gesamtheit erfordert.") lautet. Was aber folgt(e) daraus? Zu Art. 163 WRV hatte Anschütz lapidar vermerkt, die Titulierung als „sittliche" Pflicht bezeichne „das Gegenteil einer Rechtspflicht" (ANSCHÜTZ, WRV [Fn. 12], Art. 163 Anm. 2 [S. 740]). Und nicht anders sieht es letztlich die jüngste Kommentierung zur Bayerischen Verfassung, in der J.F. LINDNER (in: ders./M. Möstl/H.A. Wolff, Verfassung des Freistaates Bayern, 2009, Art. 117 Rn. 1) konstatiert, weder ließen sich „*konkrete* Pflichten aus Art. 117 ableiten (und auch keine Sanktionen) noch Grundrechtseingriffe rechtfertigen". Im Gegenteil spricht er von einem, wenngleich elementaren, aber doch „moralischen Appell" und von „Verfassungserwartungen" (ebd., Rn. 2).

[45] So BVerwGE 2, 85 (87); ähnlich BVerwGE 4, 167 (171); 6, 13 (17).

[46] O. BACHOF, Die Rechtsprechung des Bundesverwaltungsgerichts, in: JZ 1957, S. 334ff. (337f.); G. DÜRIG, in: T. Maunz/G. Dürig (Hrsg.), Grundgesetz. Kommentar, Art. 2 Abs. 1 (1958), Rn. 70. Gute Zusammenfassung bei F.E. SCHNAPP, Grenzen der Grundrechte, in: JuS 1978, S. 729ff. (732f.).

[47] BVerfGE 28, 243 (260f.); 30, 173 (193).

[48] Etwa bei W. GEIGER, Grundrechte und Rechtsprechung, 1959, S. 53; H. KRÜGER, Allgemeine Staatslehre, 2. Aufl. 1966, S. 526ff. – Zur Kritik resp. Ablehnung vgl. nur J. ISENSEE, Grundrechtsvoraussetzungen und Verfassungserwartungen an die Grundrechtsausübung, in: HStR V, § 115 Rn. 3, 201, 218 u.ö.

Vielmehr setzte sich auf breiter Front, wiederum gestärkt durch das Bundesverfassungsgericht, alsbald die im Grunde genaue Gegenauffassung durch, die Ausübung grundrechtlicher Freiheit als „Freiheit des Beliebens“ zu begreifen, also nach der Vorstellungswelt, den Zielen und Zwecken des Grundrechtsträgers, ohne vorherige oder innere Limitationen. „Grundrechtliche Freiheit“, so das Gericht, „ist, vom Staat aus betrachtet, formale Freiheit. Der Grundrechtsträger muss sein Handeln nicht an den Interessen des Staates orientieren.“[49] Das heißt: Grundrechtliche Freiheit ist Freiheit schlechthin, Freiheit subjektiven Beliebens[50]. Sie kennt keinen vorgängigen Sozialverträglichkeitsvorbehalt.

Flankiert und gestärkt wurde ein entsprechend weites Grundrechtsverständnis noch durch extensiv interpretierte grundrechtliche Schutzbereiche (also durch ein weites Verständnis von Religion, Meinung, Presse, Wohnung, Beruf etc.)[51]. Und mit der Etablierung der allgemeinen Handlungsfreiheit des Art. 2 Abs. 1 GG, gegen die auch das engagierte Sondervotum von Dieter Grimm nichts auszurichten vermochte, steht praktisch jedes denkbare Handeln präsumtiv unter Grundrechtsschutz[52]. Dies heißt nun alles nicht – um allfällige Mißverständnisse zu vermeiden –, daß in diese außerordentlich weit gezogene grundrechtliche Freiheitssphäre nicht eingegriffen werden dürfte. Aber jeder staatliche Eingriff verlangt nach einer Rechtfertigung, bürdet dem Staat also das Abarbeiten entsprechender Rechtfertigungslasten materieller Art, nicht minder aber auch die Realisierung der Eingriffsmöglichkeiten in den streng formalen Bahnen von Zuständigkeit, Verfahren und Form auf. Hier öffnet sich das weite Feld der Grundrechtsschranken[53]. Aber diese treten gleichsam erst nachträglich hinzu. Grundrechtliche Freiheit heißt: es gilt eine weitreichende, prinzipiell

---

[49] BVerfGE 102, 370 (395).

[50] E.-W. Böckenförde/C. Enders, Art. Freiheit und Recht (IV), in: Staatslexikon der Görres-Gesellschaft, Bd. II, 7. Aufl. 1986, Sp. 704 ff. (705 ff.); G. Lübbe-Wolff, Die Grundrechte als Eingriffsabwehrrechte, 1988, S. 98 ff.

[51] Zu dieser Tendenz, die nicht dogmatisch überhöht werden darf: H. Dreier, Grundlagen und Grundzüge staatlichen Verfassungsrechts: Deutschland, in: v. Bogdandy/Cruz Villalón/Huber, IPE I (Fn. 34), § 1 Rn. 137. Eingehend nunmehr D. Merten, Grundrechtlicher Schutzbereich, in: D. Merten/H.-J. Papier (Hrsg.), Handbuch der Grundrechte in Deutschland und Europa, Bd. III, 2009, § 56 Rn. 2 ff., 49 ff.

[52] St. Rspr. seit BVerfGE 6, 32 (36 f.), bekräftigt in BVerfGE 80, 137 (152 ff.); dort auch das *Sondervotum Grimm* (BVerfGE 80, 137 [164 ff.]), gegen dieses wiederum B. Pieroth, Der Wert der Auffangfunktion des Art. 2 Abs. 1 GG, in: AöR 115 (1990), S. 33 ff.

[53] Im Überblick H. Dreier, in: ders., GGK I (Fn. 15), Vorb. Rn. 134 ff.

unbegrenzte Freiheitsvermutung zugunsten des Einzelnen, dem prinzipiell begrenzte und rechtfertigungsbedürftige Eingriffsmöglichkeiten des Staates gegenüberstehen[54].

b) Grundpflichten

Diese weitgehende Freiheitsgewährleistung wird nun auch nicht konterkariert oder balanciert durch ihr gegenüberliegende Grundpflichten. Das Grundgesetz kennt solche als auf gleicher Ebene angesiedelten Widerpart der Grundrechte nicht. Zwischen Grundrechten und Grundpflichten besteht ein Verhältnis der Asymmetrie, und zwar aus freiheitskonstitutiven Gründen, weil nur so der „nichtstaatliche Sinn staatlicher Organisation" und die logisch-systematisch zu verstehende Vorstaatlichkeit der Grundrechte zum Tragen kommen[55]. Pflichten, auch solche, die man verfassungstheoretisch aus guten Gründen als Grundpflichten einstufen kann[56], bedürfen der gesetzlichen Konkretisierung und Umsetzung: sei es die Schulpflicht, die Wehrpflicht, die Steuerpflicht oder die Pflicht zur Eigentumsabtretung. Diese Grundpflichtenenthaltsamkeit praktizieren wir in Deutschland übrigens auch beim staatsbürgerlichen Grundakt der Wahl, indem wir – im Unterschied zu anderen demokratischen Staaten – keine Wahlpflicht statuieren. Dieser Verzicht ist verfassungsrechtlich keineswegs zwingend, wohl aber verfassungspolitisch sinnvoll.

c) Grundrechtsabstinenz

Es gibt übrigens nicht nur keine Grundpflichten, es gibt auch gewissermaßen umgekehrt keine Pflicht zur Grundrechtsausübung. Grundrechte sind Freiheitsangebote, die man ausschlagen kann. Auch der Weltflüchtige, Unpolitische, Privatisierende findet im freiheitlichen Verfassungsstaat seinen Platz. Niemand wird gezwungen, sich eine eigene Meinung zu bilden, sich an der Erörterung öffentlicher Angelegenheiten zu beteiligen, ein Kunstwerk zu schaffen, die Ehe einzugehen oder Eigentum zu erwerben. Religionsfreiheit meint Freiheit *zur* Religion genauso wie Freiheit *von* der Religion. Grundrechtsdogmatisch gesprochen: der negative Freiheits-

[54] So die nicht überholte Formel für das „rechtsstaatliche Verteilungsprinzip": C. Schmitt, Verfassungslehre, 1928, S. 126 (s. auch S. 158 f., 164, 166).

[55] Zitat: H. Hofmann, Grundpflichten als verfassungsrechtliche Dimension, VVDStRL 41 (1983), S. 42 ff. (68).

[56] Näher dazu H. Hofmann, Grundpflichten und Grundrechte, in: HStR V, § 114 Rn. 4 ff., 10 ff., 17 ff.

gebrauch genießt den gleichen Schutz wie die positive Wahrnehmung der Grundrechte[57].

Dabei ist es zu kurz gedacht, den grundrechtsausübenden umstandslos mit dem staatstreuen Bürger zu identifizieren; genauso wenig muß umgekehrt grundrechtliche Enthaltsamkeit ihre Ursache zwingend in staatsferner Passivität haben. Denn wer von den Grundrechten aktiven Gebrauch macht, ist wiederum nicht gezwungen oder irgendwie genötigt, sich mit dem dahinter liegenden Freiheitskonzept zu identifizieren, also das System des freiheitlichen Verfassungsstaates insgesamt gutzuheißen und innerlich zu bejahen – und es damit gleichsam reziprok auch immer als Freiheit der Andersdenkenden und Andershandelnden zu akzeptieren. Man kann die freiheitliche Ordnung von Herzen als Form schwächlichen Liberalismus, westlicher Dekadenz oder Ausgeburt eines gottfernen Kultus des Individualismus verachten und doch von den Freiheitsgewährleistungen intensiven Gebrauch machen, ohne daß das rechtlich zu sanktionieren wäre, solange nicht gegen die Rechtsordnung verstoßen wird.

d) Verfassungstreue

Aber kann man das wirklich so stehen lassen? Sollten wir nicht alle nach der Weimarer Lektion Herzensrepublikaner sein? Schulden wir der vielzitierten „Wertordnung" des Grundgesetzes nicht unsere Loyalität? Gibt es nicht so etwas wie Verfassungstreue? Der folgende kursorische Überblick zeigt, daß Verfassungstreue rechtlich einzufordern durchaus, aber nur dort in Betracht kommt, wo eine spezifische Nähebeziehung zum Staat und zur Ausübung von Hoheitsrechten vorliegt – und in diesen Fällen wie auch bei der Einbürgerung nur selten effektiv wird (aa). Im allgemeinen Staat-Bürger-Verhältnis hingegen greift eine derartige Treueverpflichtung von vornherein nicht (bb).

aa) Nähebeziehungen zum Staat, Einbürgerung

Von der „Treue" zum Grundgesetz ist ausdrücklich nur in Art. 5 Abs. 3 Satz 2 GG die Rede. Danach entbindet die Freiheit von Forschung und Lehre nicht von der Treue zur Verfassung. Diese Regelung war aus dem Zeitkontext heraus verständlich und sicher gut gemeint, aber natürlich

---

[57] Siehe knapp DREIER (Fn. 53), Vorb. Rn. 87 m.w.N.; erschöpfend D. MERTEN, Negative Grundrechte, in: D. Merten/H.-J. Papier (Hrsg.), Handbuch der Grundrechte in Deutschland und Europa, Bd. II, 2006, § 42 Rn. 7ff., 37ff., 62ff.

schon wegen der Eigengesetzlichkeiten der Wissenschaft entweder parteiisch oder wenig wirksam[58]. Die Norm führt ein Schattendasein – und wo man Anwendungsfälle findet, regen sich Zweifel an der verfassungspolitischen Sinnhaftigkeit wie an der verfassungsrechtlichen Überzeugungskraft der Anwendung dieser sehr spezifischen Treueklausel.

Reiches Anschauungsmaterial für die Schwierigkeiten, Verfassungstreue als wirksame Norm zu etablieren, bieten die bis heute mit dem Stichwort „Radikalenerlaß" verbundenen Konflikte um die Verfassungstreue der Beamten. Dabei kann im Kern nicht streitig sein, daß die Amtswalter bei der Erfüllung ihrer Dienstpflichten strikter Grundrechts- und Grundgesetzbindung unterliegen und somit die verläßliche Gewähr, die Rechts- und Verfassungsordnung zu respektieren, eingefordert werden darf. Das Bundesverfassungsgericht hatte in seiner (durch die jüngere Judikatur des EGMR partiell überholten) Leitentscheidung aus den 1970er Jahren darüber hinausgehende Anforderungen statuiert (positive Haltung zu Staat und Verfassung, keine nur innerlich-distanzierte Haltung, eindeutige Distanzierung von verfassungsfeindlichen Gruppen u.a.m.)[59]. Die in der Literatur seit jeher vertretene Gegenposition konzipiert die Treuepflicht hingegen als bloße Verhaltenspflicht und gerade nicht als Gesinnungspflicht[60]. Das hat etwa die konkrete Konsequenz, daß die Identifikation mit verfassungsfeindlichen Inhalten individuell festgestellt werden muß und nicht pauschal mit der Zugehörigkeit zu einer bestimmten Gruppe begründet werden darf. Einzelfallerfordernis und Unzugänglichkeit des *forum internum* setzen hier einer flächendeckenden Prüfung der Verfassungstreue rasch Grenzen, die sich tendenziell auf korrekte Erfüllung der Amtspflichten reduziert[61].

Stark gelockert sind auch die normativen Anforderungen, die eine Religionsgesellschaft zur Erlangung des Status einer Körperschaft des öffentlichen Rechts gemäß Art. 140 GG i.V.m. Art. 137 Abs. 5 Satz 2 WRV erfüllen muß. Im Falle der Zeugen Jehovas hatte das Bundesverwaltungsgericht noch argumentiert, dieser Status dürfe einer Religionsgemeinschaft nicht verliehen werden, die die Teilnahme an Wahlen (auch) in einem de-

---

[58] Zu den tieferliegenden Problemen etwa ZWIRNER, Treupflicht (Fn. 38), S. 238 ff. (resümierend 253: „Die Treueklausel des Art. 5 Abs. 3 S. 2 GG ist ein Irrweg, der von den eigentlichen Bindungen der Lehrfreiheit ebenso abführt, wie von ihren eigentlichen Infragestellungen").

[59] BVerfGE 39, 334 – Extremistenbeschluß.

[60] Statt aller und mit breiten Nachweisen aus Literatur und Judikatur J. MASING, in: Dreier, GGK II (Fn. 25), Art. 33 Rn. 47 f.

[61] So etwa R. POSCHER, Religion und Verfassungstreue. Konstitutionalisierung der Religion – Sakralisierung der Verfassung?, in: J. Oebbecke u.a. (Hrsg.), Islam und Verfassungsschutz, 2007, S. 11 ff. (20).

mokratischen Staat kategorisch ablehne und damit die Legitimationsbasis der staatlichen Ordnung in Frage stelle[62]. Die Entscheidung ist jedoch vom Bundesverfassungsgericht aufgrund der Erwägung aufgehoben worden, daß für die Zuerkennung dieses Status nicht eine spezifische Identifikation etwa mit dem Demokratieprinzip des Grundgesetzes erforderlich, sondern allein allgemeine Rechtstreue und der Verzicht auf aggressiv-kämpferische Agitation gegen die freiheitliche demokratische Grundordnung ausreichend sei[63]. Eine darüber hinausgehende (und schwierig zu bestimmende) Loyalität zum Staat wird nicht verlangt. Von daher bilde auch der Appell zur Wahlenthaltung keinen triftigen Grund für die Vorenthaltung des Körperschaftsstatus. So substituiert das Erfordernis allgemeinen Gesetzesgehorsams spezifische Treue- oder Loyalitätspflichten. Auf das Verhalten kommt es dem Verfassungsgericht zufolge entscheidend an, nicht auf den Glauben[64].

Vor diesem Hintergrund erscheint nicht zweifelsfrei, ob sich die Einforderung von Verfassungstreue bei Religionsgemeinschaften auf Dauer als haltbar erweist, die die Einführung eines ihrer Glaubensrichtung entsprechenden Religionsunterrichtes gemäß Art. 7 Abs. 3 GG begehren[65]. Das Bundesverwaltungsgericht legt hier zwar gesteigerte Maßstäbe der – explizit so titulierten – Verfassungstreue an und statuiert unter Rückgriff auf den Leitsatz 1 b) der Zeugen-Jehovas-Entscheidung des Bundesverfassungsgerichts das Erfordernis, die Religionsgemeinschaft müsse „Gewähr dafür bieten, dass ihr künftiges Verhalten die in Art. 79 Abs. 3 GG umschriebenen fundamentalen Verfassungsprinzipien, die dem staatlichen Schutz anvertrauten Grundrechte Dritter sowie die Grundprinzipien des freiheitlichen Religions- und Staatskirchenrechts des Grundgesetzes nicht gefährdet“[66]. So plausibel das zunächst klingt[67], so sehr ist doch die Frage, ob und – vor allem – in welchem Umfang der geforderte Gleichlauf religiö-

---

[62] BVerwGE 105, 117 ff.

[63] BVerfGE 102, 370 (390 ff., 392 ff.). Dieser Verzicht wird aber auch dem Staatsbürger im allgemeinen abverlangt.

[64] BVerfGE 102, 370 (395 f.). Instruktiv zu dieser Entscheidung wiederum POSCHER, Religion (Fn. 61), S. 24 ff. sowie insb.: A. FRHR. V. CAMPENHAUSEN, Körperschaftsstatus der Kirchen und Religionsgemeinschaften, in: Zeitschrift für evangelisches Kirchenrecht 46 (2001), S. 165 ff.; H. GOERLICH, Art. 140 GG, Art. 137 V 2 WRV und Verfahrenseingriffe – Eine weitere Begegnung der Zeugen Jehovas mit staatlichem Recht, in: NVwZ 2001, S. 1369 ff.

[65] Dazu unter besonderer Berücksichtigung des Islam aufschlußreich die Beiträge in: W. Bock (Hrsg.), Islamischer Religionsunterricht?, 2. Aufl. 2007.

[66] BVerwG DVBl. 2005, 1128 (1135).

[67] Siehe auch R. GRÖSCHNER, in: Dreier, GGK I (Fn. 15), Art. 7 Rn. 93.

ser Überzeugungen und staatlicher Strukturprinzipien zwingend ist. Nicht zufällig finden sich in der Literatur kritische Stimmen[68].

Die Forderung nach einem Bekenntnis zur Verfassung begegnet im übrigen außerhalb des Kreises staatlicher Amtswalter im Grunde nur noch bei der Einbürgerung. Gemäß § 10 Abs. 1 Satz 1 (1. Alt.) des Staatsangehörigkeitsgesetzes ist für diese u.a. Voraussetzung, daß sich der Antragsteller zur freiheitlichen demokratischen Grundordnung des Grundgesetzes bekennt. Die ratio der Norm liegt ganz offensichtlich darin, „die Einbürgerung von Verfassungsfeinden und die daraus herrührende Gefahr für die staatliche Ordnung zu verhindern“[69]. Es geht also um das absolut legitime Anliegen, die mit der Angehörigkeit zum deutschen Staatsvolk verbundenen Vorteile und Rechtsgarantien nicht sehenden Auges Gegnern dieses Staates und seiner freiheitlichen Ordnung zu verleihen. Freilich werden auch hier rasch Grenzen sichtbar: plädiert man doch in der Literatur mit gut vertretbaren Argumenten dafür, daß zur Erfüllung dieser Einbürgerungsvoraussetzung schon die rein formelle Abgabe des Bekenntnisses ausreicht, es also nicht auf seinen materiellen Wahrheitsgehalt und darauf ankommt, ob sich „der Ausländer tatsächlich aus innerer Überzeugung und in Kenntnis von deren Kerninhalten – gar aktiv tätig – zur freiheitlichen demokratischen Grundordnung bekennt“[70]. Ganz unabhängig von der ohnehin in Rechnung zu stellenden Unergründbarkeit bestimmter innerer Vorbehalte reicht danach eine formale Erklärung aus.

bb) Allgemeines Staat-Bürger-Verhältnis

Wo keine spezifische Nähebeziehung zum Staat und auch nicht der Sonderfall der Einbürgerung vorliegt, der Bürger sich also im Status des sog.

---

[68] Eingehend die liberalere Position von Poscher, Religion (Fn. 61), S. 27ff., der es zulassen will, daß der nach Art. 7 Abs. 3 GG gehaltene Religionsunterricht sich inhaltlich an Grundsätzen einer Religionsgemeinschaft ausrichten darf, die den Vorstellungen des Grundgesetzes widersprechen, weil es ansonsten nur noch „verfassungsrechtlich zugerichtete Religionen [gebe], denen kaum mehr verbliebe, als die Grundsätze der Verfassung theologisch zu überhöhen“ (S. 31); Poscher zieht eine (sehr feine und in der Praxis wohl nur schwer im einzelnen identifizierbare) Grenze zwischen zulässiger Vermittlung religiöser Inhalte, die durchaus im Gegensatz zum Grundgesetz stehen dürften, und unzulässigem „Aufforderungscharakter“ (S. 32). Es bleibt dann am Ende nur die verbal sicher leicht zu erbringende Pflicht, die Rechtsordnung zu achten und nicht gegen sie zu agitieren.

[69] VGH Mannheim NVwZ 2006, 484 (485).

[70] Eingehende Darstellung bei U. Berlit, in: R. Fritz/J. Vormeier (Hrsg.), StAR. Gemeinschaftskommentar zum Staatsangehörigkeitsrecht, § 10 StAG (2005), Rn. 125ff. (Zitat: Rn. 126).

allgemeinen Gewaltverhältnisses befindet, da ist sein Verhältnis zum Staat vollends jeglicher Anforderung einer Verfassungstreue entkleidet – was bleibt, ist die Pflicht zum Rechtsgehorsam. Das Bundesverfassungsgericht hat mit großer Klarheit und Entschiedenheit formuliert:

> „Die Bürger sind rechtlich nicht gehalten, die Wertsetzungen der Verfassung persönlich zu teilen. Das Grundgesetz baut zwar auf der Erwartung auf, dass die Bürger die allgemeinen Werte der Verfassung akzeptieren und verwirklichen, erzwingt die Werteloyalität aber nicht. Die Bürger sind daher auch frei, grundlegende Wertungen der Verfassung in Frage zu stellen, solange sie dadurch Rechtsgüter anderer nicht gefährden. Die plurale Demokratie des Grundgesetzes vertraut auf die Fähigkeit der Gesamtheit der Bürger, sich mit Kritik an der Verfassung auseinander zu setzen und sie dadurch abzuwehren."[71]

Und speziell für die Religionsgemeinschaften ist zu unterstreichen, daß sie des grundrechtlichen Schutzes nicht verlustig gehen, wenn ihre Glaubensinhalte zu den Prinzipien der Verfassung in Widerspruch stehen. Die oft zu hörende Frage, ob der Islam mit dem Grundgesetz vereinbar sei, ist schon falsch gestellt[72]. Denn die Religionsgemeinschaften müssen sich weder bezüglich der Glaubensinhalte noch in ihren Organisationsstrukturen an freiheitlichen Verfassungsstaaten orientieren[73]. Sie haben sich nicht so zu organisieren wie ein demokratischer Rechtsstaat, und ihre Glaubenssätze dürfen vom Ideal der gleichen Freiheit aller Menschen und ihrer politischen wie privaten Selbstbestimmung signifikant abweichen. Das ist eine weitere Facette der Entkoppelung von Recht und Religion. Der katholischen Kirche – um nur ein Beispiel zu nennen – bleibt es freigestellt, durch ein nur von Männern besetztes Wahlgremium ihr Oberhaupt auf Lebenszeit zu berufen, das zudem mit umfänglichen Vollmachten ausgestattet ist[74].

---

[71] BVerfG (1. Kammer des Ersten Senats), NJW 2001, 2069 (2070). Die Sentenz hat, leicht variiert, mittlerweile Eingang in die Judikatur des Senats gefunden, und zwar im Beschluß zur Verfassungsmäßigkeit des § 130 Abs. 4 StGB: BVerfGE 124, 300 (320). Siehe auch bereits BVerfGE 102, 370 (397f.).

[72] Ähnlich wie hier POSCHER, Religion (Fn. 61), S. 15.

[73] BVerfGE 102, 370 (394): „Die in Art. 20 GG niedergelegten Grundprinzipien und die Grundsätze des Religions- und Staatskirchenrechts sind schon ihrer Herkunft und ihrem Inhalt nach Strukturvorgaben staatlicher Ordnung. Nur als solche verdienen sie Schutz. Sie enthalten keine Vorgaben für die Binnenstruktur einer Religionsgemeinschaft." Wie hier auch M. HECKEL, Zur Zukunftsfähigkeit des deutschen „Staatskirchenrechts" oder „Religionsverfassungsrechts"?, in: AöR 134 (2009), S. 309ff. (340 [mit Fn. 73, 74], 354ff.) m.w.N.

[74] Vgl. K. SCHLAICH, Das Recht der Papstwahl, in: JuS 2001, S. 319ff.; W.-D. BARZ, Habemus legem fundamentalem! Das neue vatikanische Grundgesetz. Einführung und Text, in: JöR 52 (2004), S. 505ff.

Das Bundesverfassungsgericht hat in seiner Entscheidung zum Körperschaftsstatus der Zeugen Jehovas deutlich gemacht, daß die Ausbildung hierarchischer und autoritärer Strukturen, die dem Demokratiemodell des Grundgesetzes zuwiderlaufen, bei den Religionsgemeinschaften verfassungsrechtlich geschützt sei[75]. Glaubensinhalte und deren Praktizierung unterliegen keinem Verfassungsverträglichkeitsvorbehalt – genausowenig wie sonstige Grundrechtsbetätigungen.

e) Streitbare Demokratie

Eine letzte Grenze der Freiheitsbetätigung gibt es freilich, die sich mit der Formel von der streitbaren (auch: abwehrbereiten oder militanten) Demokratie erfassen läßt. Wer die Freiheiten des Grundgesetzes dazu mißbraucht, in aggressiv-kämpferischer Weise die Grundlagen der freiheitlichen Demokratie selbst zu bekämpfen, dem kann in Gestalt der Grundrechtsverwirkung, des Verbots politischer Parteien oder sonstiger Vereinigungen begegnet werden (Art. 18, 21 Abs. 2, 9 Abs. 2 GG)[76]. Aber schon die geringe Zahl einschlägiger Fälle (bislang kein einziger Fall der Grundrechtsverwirkung gem. Art. 18 GG, zwei Parteienverbots-Fälle aus den 1950er Jahren) sowie das weitgehende Fehlen vergleichbarer Verfassungsnormen in anderen freiheitlichen Demokratien spricht eine deutliche Sprache, was die Effektivität wie vor allem vielleicht die verfassungspolitische Klugheit entsprechender Maßnahmen angeht. Und auch wenn beim Verbot politischer oder sonstiger Vereinigungen nach Art. 9 Abs. 2 GG die Zahlen deutlich höher liegen, besteht doch hier das zentrale Problem darin, daß mit dem Verbot einer bestimmten Vereinigung nicht die konkreten Personen verschwinden, die ihr angehört haben – ganz zu schweigen von ihrem Gedankengut, das sich durch eine Verbotsverfügung ebenfalls nicht einfach verflüchtigt.

3. Ergebnis: Freiheit ohne Identifikationspflicht

Mit alledem ist dem Erfordernis einer verfassungskonformen Gesinnung oder entsprechenden Werteloyalität eine Absage erteilt[77]. Vom Staatsbür-

---

[75] Nochmals BVerfGE 102, 370 (394 f.). S. auch H. Dreier, Religion und Verfassungsstaat im Kampf der Kulturen, in: H. Dreier/E. Hilgendorf (Hrsg.), Kulturelle Identität als Grund und Grenze des Rechts, 2008, S. 11 ff. (23).

[76] Zusammenfassend die Beiträge in: M. Thiel (Hrsg.), Wehrhafte Demokratie, 2003.

[77] Siehe jüngst mit zahlreichen Nachweisen B. J. Hartmann, Eigeninteresse und Gemeinwohl bei Wahlen und Abstimmungen, in: AöR 134 (2009), S. 1 ff. (4 f.): „Das

ger im allgemeinen verlangt der freiheitliche Verfassungsstaat gerade kein Treuebekenntnis, keinen Bürgereid auf die Verfassung, keine Identifikation mit ihren vermeintlichen oder tatsächlichen Werten[78]. Dieser Verzicht hat gute, ja zwingende Gründe. Denn es zeichnet diesen Staat gerade aus, daß er die Vielfalt der Meinungen, ethischen Überzeugungen, divergenten Weltanschauungen und Lebensvollzüge in umfassender Weise schützt. Er würde sich im Grunde zu sich selbst in Widerspruch setzen, wenn er diese Freiheit inhaltlich von vornherein so modellieren wollte, daß sie paßgenau den Verfassungsgehalten des Grundgesetzes entspräche. Mit Bezug auf die Religionsfreiheit, aber in durchaus verallgemeinerungsfähiger Weise hat Ralf Poscher zutreffend formuliert:

„Doch bei der Einforderung der Wertbejahung gerät leicht in den Hintergrund, dass die Verfassung, deren Werte eingefordert werden, nicht in erster Linie einen staatsbürgerlichen Wertekatechismus enthält, sondern gerade auch die Freiheit der Religion vor der staatlichen Zumutung entsprechender Katechismen schützen soll. So beruhigend die Vorstellung einer allfälligen Harmonie zwischen religiösen Glaubensüberzeugungen und verfassungsrechtlichen Wertvorstellungen auch sein mag, folgt daraus, dass die Verfassung bestimmte Werte zum Ausdruck bringt, nicht ohne weiteres, dass sie von jedermann eingefordert werden können.“[79]

Derartige Einforderungen sind, wie angedeutet, möglich bei speziellen Nähebeziehungen zum Staat oder bei der Einbürgerung. Für das allgemeine Staat-Bürger-Verhältnis gelten sie gerade nicht. Säkularer Bekenntniszwang ist dem freiheitlichen Verfassungsstaat fremd. Nicht allein, daß es sich dabei nur allzuoft um ein folgenloses Lippenbekenntnis handeln und die Motivations- und Steuerungskraft von Rechtsnormen sträflich überschätzt würde. Vor allem gilt es, an der freiheitsdienlichen Kantschen Unterscheidung von Recht und Moral und, besonders, von Legalität und

---

subjektive Recht ist folglich Selbstzweck, dem Individuum um seiner selbst willen gegeben [...]. Subjektive Rechte erlauben daher insbesondere die Verfolgung von Eigeninteressen nach persönlichem Belieben. Der Bürger darf von Verfassung wegen die Meinungsfreiheit nutzen, um sich gemeinwohlfeindlich zu äußern, einer Religion oder Partei anhängen, die diesen Staat ablehnt, eine Gewerkschaft unterstützen, die zu seinen Gunsten Arbeitskampf auf Kosten der Allgemeinheit führt [...]“ (alle Fußnoten fortgelassen, H.D.).

[78] Siehe auch das ausführliche Plädoyer gegen „Identitätszumutungen“ und den „Zugriff auf des Bürgers Seele“ bei A. v. BOGDANDY, Europäische und nationale Identität: Integration durch Verfassungsrecht?, VVDStRL 62 (2003), S. 156 ff. (174 ff., 178 ff., 182).

[79] POSCHER, Religion (Fn. 61), S. 12.

Moralität festzuhalten[80]. Genau die darin liegende Distanzierungsmöglichkeit zeichnet den freiheitlichen Verfassungsstaat aus. Zu fordern und im Verletzungsfalle zu sanktionieren ist nicht eine „innerliche Gesinnungstreue gegenüber den sog. ‚Werten' des Grundgesetzes, sondern äußerlicher Respekt gegenüber dem geltenden Recht, also Rechtsgehorsam"[81].

V. Auf der Suche nach Gemeinsamkeit

Bei so vielen Freiheitsgewährleistungen und Distanzierungsmöglichkeiten drängt sich allerdings unweigerlich die Frage nach verbleibenden Gemeinsamkeiten auf[82].

Denn klar dürfte sein: die Summe bloßer Grundrechtsausübungen allein macht noch keinen Staat, zumal die Ausfüllung der grundrechtlichen Freiheitsräume wiederum weitgehend in das Belieben der Bürger gestellt ist – und zwar sowohl, was das Ob, als auch, was das Wie angeht. Und umgekehrt geht das politische Gemeinwesen nicht in der Summe staatlicher Zwangs-, Hoheits- und Leistungsakte auf[83].

Woher, so müssen wir fragen, kommt bei so viel Besonderung eigentlich das Allgemeine, Integrative, das einigende Band, der stabile Grund? Woraus entspringt bei so viel Eigensinn der Gemeinsinn, bei so viel Partikularität das Ganze, bei so viel individueller Interessenverfolgung das Gemeinwohl? Wer oder was trägt eigentlich dieses freiheitliche Gemeinwesen, wer garantiert seine Stabilität und Dauer? Wer oder was zähmt oder konterkariert die „Fliehkraftwirkung"[84] einer sich immer stärker individualisierenden und pluralisierenden Gesellschaft?

Wenn alle Bürger die Rechtsordnung zwar innerlich-distanziert wahren würden, ohne deren tragende Grundlagen zu akzeptieren und zu bejahen, so wäre der Staat womöglich „auf Sand gebaut"[85].

---

[80] Dazu m.w.N. H. Dreier, Kants Republik, in: JZ 2004, S. 745 ff. (746 f.).

[81] F.W. Graf, Protestantismus und Rechtsordnung, in: Dreier/Hilgendorf, Identität (Fn. 75), S. 129 ff. (160). Siehe auch E.-W. Böckenförde, Der säkularisierte Staat, 2007, S. 29 f.

[82] Eindringlich zum folgenden Volkmann, Preis (Fn. 43), S. 88 ff.

[83] Wie hier T. Stein, Gibt es eine multikulturelle Leitkultur als Verfassungspatriotismus?, in: Leviathan 36 (2008), S. 33 ff. (33 f.).

[84] Enders, Moderne (Fn. 32), S. 30.

[85] Formulierung bei W. Hennis, Zur Begründung der Fragestellung, in: ders./ P. Graf Kielmansegg/U. Matz (Hrsg.), Regierbarkeit. Studien zu ihrer Problematisierung, Bd. 1, 1977, S. 9 ff. (16). Siehe zum Problem auch H. Dreier, Staatliche Legi-

1. Vaterland und christliche Kultur

Die lange Zeit gängigen Erklärungsmuster für das gesuchte gemeinsame Band waren Patriotismus, Vaterlandsliebe, auch Nationalismus sowie Christentum und christliche Kultur. Sie sind teils brüchig, teils unglaubwürdig geworden. Gerhard Anschütz, wahrlich einer der wenigen Demokraten und Republikaner unter der Weimarer Reichsverfassung, sprach in seiner Rektoratsrede von 1922 (fast schon in Vorwegnahme des Böckenförde-Diktums) ausdrücklich von „Verhältnisse(n)", „die keine Verfassung schaffen kann, die vielmehr jede Verfassung, vollends die eines demokratischen Staates, voraussetzen muß"[86], um dann einigermaßen nahtlos neben Opferfreudigkeit und Verantwortungsgefühl eine vorbehaltlose Vaterlandsliebe als die größte und wichtigste Tugend zu preisen. Diese Ressource stand sozusagen unhinterfragt und uneingeschränkt zur Verfügung. Nach den Katastrophen des vergangenen Jahrhunderts sind uns solcherart unbedingte Identifikation und ungebrochener Nationalstolz verbaut – von weitergehenden Formen einer in vielen freiheitlichen Nationen dieser Welt gängigen Staatsapotheose einmal ganz zu schweigen. Das heißt nicht, Möglichkeit und Existenz eines Patriotismus im Deutschland unserer Tage zu leugnen – es mehren sich ja die Zeichen eines etwas unverkrampfteren Umganges mit allem, was nationale Symbole, Nationalstolz und dessen Demonstration angeht[87]. (Das wirkt im übrigen auch eher beruhigend auf andere Nationen – beruhigender jedenfalls als der Versuch, ihnen mit forciertem Post-Nationalismus vorzumachen, daß wir Deutschen es wieder einmal weiter gebracht haben als jene Völker, die noch ganz naiv national denken und handeln[88].) Und es heißt schon gar nicht, daß wir nicht mit Stolz auf viele Überlieferungen der deutschen Geschichte zurückblicken könnten, die eben nicht erst im Jahre 1933 mit der folgenden Zivilisationskatastrophe beginnt. Aber eine selbstverständlich abrufbare und gesamtgesellschaftlich tragende Größe ist der Patriotismus wohl nicht und wird es nach seinem massenhaften Mißbrauch im „Dritten Reich" vermutlich

---

timität, Grundgesetz und neue soziale Bewegungen, in: J. Marko/A. Stolz (Hrsg.), Demokratie und Wirtschaft, Wien 1987, S. 139ff. (152ff., 164f.).

[86] G. Anschütz, Drei Leitgedanken der Weimarer Reichsverfassung, 1923, S. 33.

[87] Als Indikator kann etwa die verstärkte Beschäftigung mit dem Thema verstanden werden: M. Rößler (Hrsg.), Einigkeit und Recht und Freiheit. Deutscher Patriotismus in Europa, 2006 (mit eindrucksvoller Literaturliste S. 272ff.).

[88] Vgl. Günter de Bruyn, Dankrede, in: Verleihung des Literaturpreises der Konrad-Adenauer-Stiftung e.V. an Günter de Bruyn, Weimar, 15. Mai 1996, Dokumentation, 1996, S. 20ff. (23).

auch nicht mehr werden[89]. Deutschland bleibt eben ein sehr schwieriges Vaterland[90]. Hier überwiegen die Selbstzweifel noch immer das Selbstvertrauen – bei anderen Nationen ist es umgekehrt.

Ebensowenig kann in der heutigen, zunehmend säkularisierten und religiös stark pluralisierten Gesellschaft[91] noch von einer stabilitätsverbürgenden und staatszuträglichen Glaubenshomogenität der christlichen Religion oder einer bestimmten Konfession die Rede sein. Längst nicht mehr läßt sich in Deutschland Religion weithin mit „institutionell verfaßte(n) Christentümern"[92] identifizieren. Mit dem Wandel von der bikonfessionellen zu einer multireligiösen Gesellschaft ist eine dramatische Pluralisierung eingetreten, die allen Vorstellungen eines rein faktisch christlich gestützten Staatswesens ein Ende bereitet hat. Natürlich war und bleibt das Christentum gleichwohl ein kultureller Prägefaktor erster Ordnung, was sich auf vielerlei Weise bemerkbar macht, nicht zuletzt im Recht. Bezeichnenderweise geraten aber christlich geprägte Rechtsnormen in jüngerer Zeit verstärkt unter Legitimationsdruck, dem sie nicht immer standzuhalten vermögen[93].

2. *Zivilreligion*

Schon vor mehr als 200 Jahren war allerdings in der neuzeitlichen politischen Philosophie das Konzept einer gewissermaßen säkularisierten Religion als einigendes Band eines politischen Gemeinwesens entworfen

---

[89] W. Schmitt Glaeser, Über Tendenzen zur Unterwanderung unserer Verfassung, in: JöR 57 (2009), S. 39 ff. (40): „Einen Patriotismus als unmittelbares Gemeinschaftsgefühl mit der Bereitschaft zur Selbsthingabe an ein hohes Ziel gibt es kaum mehr." Vgl. aber die Zeitdiagnose von V. Kronenberg, „Verfassungspatriotismus" – Zur Rezeption eines Begriffs im Lichte des „Historikerstreits", in: ders. (Hrsg.), Zeitgeschichte, Wissenschaft und Politik, 2008, S. 123 ff. (128 ff.) mit der These eines gewissermaßen neuen Patriotismus in der „Berliner Republik".

[90] Siehe M.R. Lepsius, Nation und Nationalismus in Deutschland (1982), in: ders., Interessen, Ideen und Institutionen, 2. Aufl. 2009, S. 232 ff. Sehr lesenswert auch die sachhaltigen und problemnahen Analysen von R. Schröder, Deutschland schwierig Vaterland, 1993.

[91] Aus der Überfülle der Literatur informativ etwa H. Rottleuthner, Wie säkular ist die Bundesrepublik?, in: M. Mahlmann/H. Rottleuthner (Hrsg.), Ein neuer Kampf der Religionen?, 2006, S. 13 ff.

[92] G. Essen, Sinnstiftende Unruhe im System des Rechts, 2004, S. 94.

[93] Zum Bereich des Strafrechts T. Hörnle, Grob anstößiges Verhalten, 2005; Dreier, Religion (Fn. 75), S. 18 ff.

worden. Es lautet: *religion civile,* Zivilreligion[94]. Rousseau fordert sie im vorletzten Kapitel seines „Contrat Social“[95] ein und spricht ihr zu (oder verspricht sich von ihr?), daß in ihr und durch sie der Zusammenhalt des politischen Gemeinwesens gesichert sei. Deren Glaubenssätze sollen sich gerade nicht in der Weite universal-christlicher Werte verlieren, die nach Rousseau gewissermaßen keinen konkreten politischen Ort haben. Die Zivilreligion hingegen zielt auf eine „Erhaltungsideologie“[96] für ein bestimmtes politisches Gemeinwesen; ohne ihre strikte Befolgung kann man nach Rousseau weder ein guter Bürger noch ein treuer Untertan sein. Genau das aber ist der kritische Punkt. Verlangt wird ein positives Bekenntnis, eine Gesinnung[97]. Wer diese nicht aufbringt, gilt als „insociable“, als nicht gemeinschaftsfähig, in einem ganz fundamentalen Sinn als asozial. Er kann, ja er muß im Grunde aus der Gemeinschaft ausgeschlossen werden. Was damit verlangt wird, läuft der Grundrechtskonzeption des freiheitlichen Verfassungsstaates allerdings diametral entgegen. Denn läßt man sich auf diese Linie erst einmal ein, dann reicht eben Gesetzesgehorsam „bei Zollfreiheit der Gedanken“ nicht mehr aus, „um als gleichberechtigter Bürger oder Schutzverwandter im Staat leben und die Freiheit genießen zu können, vielmehr wird ein Bekenntnis, die Bekundung einer bestimmten Gesinnung als Voraussetzung gefordert und die Freiheit damit auf den so gezogenen Rahmen eingegrenzt“[98].

3. Verfassungspatriotismus

Vielleicht noch häufiger als von Zivilreligion ist in unseren Tagen von Verfassungspatriotismus die Rede. Dolf Sternberger prägte diese Wendung im Jahre 1979 anläßlich des 30jährigen Grundgesetzjubiläums (und der

---

[94] Informativ weit über den hier auf Rousseau konzentrierten Aspekt hinaus W. Vögele, Zivilreligion in der Bundesrepublik Deutschland, 1994; schon beinahe klassisch H. Lübbe, Staat und Zivilreligion, in: H. Kleger/A. Müller (Hrsg.), Religion des Bürgers, 1986, S. 195 ff.

[95] J.-J. Rousseau, Du Contrat Social (1762), IV, 8. Dazu etwa M. Forschner, Rousseau, 1977, S. 170 ff.; I. Fetscher, Rousseaus politische Philosophie, 3. Aufl. 1981, S. 188 ff.

[96] Böckenförde, Staat (Fn. 81), S. 28.

[97] M. Iser, Glauben als Pflicht? Zivilreligion bei Jean-Jacques Rousseau, in: Festschrift für Gerhard Göhler, 2006, S. 303 ff. (insb. 315 ff.).

[98] Böckenförde, Staat (Fn. 81), S. 29. Weiter heißt es (S. 29 f.): „Fundamentalismus kann auch in der Form von Wertordnungsfundamentalismus auftreten.“ Skeptisch zu zivilreligiösen Konzepten auch Essen, Unruhe (Fn. 92), S. 85 ff.

ebensolange währenden, seinerzeit von vielen als definitiv empfundenen Teilung Deutschlands) an prominentem Ort und ersichtlich aus einer gewissen argumentativen Notlage heraus[99]. Woher sollte Westdeutschland seine dauerhafte politische Identität gewinnen, wenn es die *einer* lebendigen Nation angesichts der Teilung Deutschlands in zwei Staaten ganz offensichtlich nicht geben konnte und die üblichen Traditionsstränge gewissermaßen zerschnitten waren? Dieser Charakter einer „das Teilungsdilemma überhöhende(n) Abstraktion"[100] verleiht dem Konzept etwas Defensiv-Lückenbüßerisches, hat wohl auch zu seiner oft und nicht ganz zu Unrecht kritisierten „Blutleere" beigetragen[101]. Es wirkt ein bißchen wie eine intellektuelle Kopfgeburt.

Daß es zugleich etwas für manche Kreise Attraktives aufweist, nämlich die nochmalige Distanzierung von allem Nationalen, vermeintlich Chauvinistischem, hat die wirkungsmächtige Rezeption durch Jürgen Habermas sicherlich kräftig befördert[102]. Im Verfassungspatriotismus vermeinte man nun den Zentralgehalt westlicher Demokratien gefunden zu haben, ohne sich wirklich mit einem bestimmten Staatswesen, mit Land und Leuten und einer konkreten Geschichte in ihren Höhen und Tiefen identifizieren zu müssen[103]. Aber genau hier liegt der Schwachpunkt. Denn wenn es nach Habermas gerade die universalistischen Konzepte wie Menschen-

---

[99] D. STERNBERGER, Verfassungspatriotismus, in: FAZ v. 23.5.1979, S. 1 (wieder abgedruckt in: ders., Schriften X: Verfassungspatriotismus, hrsgg. v. P. Haungs u.a., 1990, S. 13 ff.).

[100] P. KIRCHHOF, Der deutsche Staat im Prozeß der europäischen Integration, in: HStR VII, § 183 Rn. 14. Ähnliche Andeutung bei D. GRIMM, Verfassungspatriotismus nach der Wiedervereinigung (1997), in: ders., Die Verfassung und die Politik, 2001, S. 107 ff. (110).

[101] Dazu Hinweise bei H. VORLÄNDER, Verfassungspatriotismus als Modell, in: T. Hertfelder/A. Rödder (Hrsg.), Modell Deutschland, 2007, S. 110 ff. (111).

[102] J. HABERMAS, Eine Art Schadensabwicklung, 1987, S. 168 f.; DERS., Staatsbürgerschaft und nationale Identität (1990), in: ders., Faktizität und Geltung, 1992, S. 632 ff. (642 f.). Sehr gute und kritische Zusammenfassung der gesamten Debatte mit zahlreichen Nachweisen bei J. D. KUHNEN, Die Zukunft der Nationen in Europa, 2009, S. 191 ff. (dort S. 192 ff. auch der Hinweis, daß bei Sternberger der Verfassungspatriotismus nicht als Ersatz, sondern als Ergänzung konzipiert war).

[103] Dazu die Kritik von C. HILLGRUBER, Der Nationalstaat in der überstaatlichen Verflechtung, in: HStR[3] II, § 32 Rn. 34 f.; J. ISENSEE, Gemeinwohl im Verfassungsstaat, in: HStR[3] IV, § 71 Rn. 130 f. Das Ereignis der deutschen Wiedervereinigung mit seinen wirkmächtigen Parolen wollte hier nicht so recht passen und ist von Habermas wohl eher widerwillig zur Kenntnis genommen worden. Doch auch ganz abgesehen davon konnte er „gerade nicht belegen, daß ‚Nation' in irgendeiner westlichen Tradition seiner abstrakt-verfassungspatriotischen ‚Staatsbürgernation' entspräche. Dieses Konzept reflektiert vielmehr die Partikularität der alten Bundesrepublik, drapiert im

rechte, Rechtsstaat und Demokratie sein sollen, die den Gehalt des Verfassungspatriotismus ausmachen – wie können sich diese sinnvoll auf einen konkret existierenden Staat mit einem fixierten Territorium, einem bestimmten Staatsvolk und seiner je besonderen Historie beziehen lassen? Wäre nicht das eigentliche Objekt dieses Patriotismus ein (utopischer) Weltstaat – oder das eher flüchtige Reich der Gedanken? Und auf der anderen Seite ebnet diese Perspektive zwangsläufig alle Besonderheiten der verschiedenen Staatsverfassungen (im Falle des Grundgesetzes etwa: Ewigkeitsklausel, streitbare Demokratie, Föderalismus, Sozialstaatskonzeption etc.) zugunsten eines höchst unspezifischen und unkonkreten postnationalen Internationalismus von Menschenrechten und Demokratie ein. Der abstrakte Universalismus begräbt die konkreten Staaten mit ihren durchaus unterschiedlichen Rechtssystemen unter sich[104].

VI. Vom Wert des Konflikts – und der Toleranz

1. *Integrationskraft des Dissenses*

Bei den bislang nur ganz holzschnittartig referierten Konzepten von Gemeinsamkeit war die Suchbewegung sozusagen auf die Identifikation substantieller Übereinstimmung gerichtet: die feste Gemeinschaft der Nation, der allgemein geteilte christliche Glaube, die alle verpflichtende Zivilreligion oder der freilich etwas abstrakte Verfassungspatriotismus. Man will gleichsam erkunden, „wo im Meer der Meinungs- und Interessengegensätze denn noch das Verbindende, das Einende, die Mitte“[105] zu finden

---

universalistischen Kostüm.“ (C. Schönberger, Rezension von Jürgen Habermas, Faktizität und Geltung, 1992, in: Der Staat 33 [1994], S. 124ff. [128]).

[104] Schließlich bleibt absolut undeutlich, welchen Status der Verfassungspatriotismus à la Habermas eigentlich haben soll. Ein moralischer Appell wäre ebenso unschädlich wie unwirksam. Eine (noch so schwache) rechtliche Verpflichtung wiederum ließe sich nicht mit dem oben referierten Programm einer grundgesetzlichen Freiheitsordnung vereinbaren. Habermas' Rede von einer nicht länger ethnisch, sondern rein staatsbürgerlich begründeten Identität der Staatsbürger legt die Vermutung einer gewissen Verpflichtung zur Identifikation mit Verfassungswerten nahe, die dem liberalen Grundrechtskonzept zutiefst fremd ist. Für diese und andere Probleme finden auch die an Habermas anknüpfenden Konzepte etwa von Seyla Benhabib (beispielsweise dies., Menschenwürde, Kosmopolitismus und Demokratie, in: Kritische Justiz [Hrsg.], Verfassungsrecht und gesellschaftliche Realität, 2009, S. 24ff.) keine überzeugende Lösung.

[105] R. Herzog, Der Integrationsgedanke und die obersten Staatsorgane, 1986, S. 6.

sein könnte. Die Frage ist aber, ob man bei der Suche nach starren Größen wirklich noch fündig wird. Damit sei keineswegs in Frage gestellt, daß eine Gesellschaft, zumal eine freiheitliche und plurale, sicher eines großen Maßes an Engagement und Altruismus, an Hilfsbereitschaft, gelebter Solidarität und Gemeinsinn ihrer Bürger bedarf. Diese Haltungen speisen sich allerdings zunehmend aus einer diffusen Vielfalt von Quellen. Die „innere Klammer“[106] kann dabei kaum auf ein einziges Konzept zurückgeführt und muß im übrigen vielleicht stärker prozedural und weniger statisch gedacht werden.

Daher sollte man vielleicht einmal etwas anders nuancieren und zumindest ergänzend weniger über oder unter den Entzweiungen, Pluralismen und Zerrissenheiten der realen Gesellschaft nach Einheit und Konsens suchen, sondern Uneinigkeit und Dissens selbst zum Ausgangspunkt der Überlegungen machen. Dahinter steckt die Vermutung, daß der Konflikt, besser vielleicht noch: der nach bestimmten Regeln und in bestimmten Formen ausgetragene Konflikt, einen starken Integrationsfaktor bilden kann[107].

Das bezieht sich zum einen ganz allgemein auf den pluralen Prozeß der Meinungsbildung. Wenn das Bundesverfassungsgericht sagt: „Die freie Diskussion ist das eigentliche Fundament der freiheitlichen demokratischen Gesellschaft“[108], dann ist das nicht bloß eine hübsche Bestätigung des Satzes von Niklas Luhmann, wonach in modernen Gesellschaften das Feste auf das Fließende gestützt werden müsse[109]. Es bringt damit auch nicht nur zum Ausdruck, daß Grundrechte wie die Meinungs- und die Pressefreiheit konstitutive Bestandteile demokratischer Ordnungen sind. Es deutet vielmehr darüber hinaus an, daß gerade in der Austragung von Kontroversen ein stabilisierendes und integratives Moment liegen kann. Wer sich an einer Diskussion beteiligt, an deren Ende möglicherweise eine Abstimmung steht, der wird, wenn er in ihr unterliegt, vermutlich weiterhin an seiner Minderheitenmeinung festhalten. Aber er erfährt das Abstimmungsergebnis nicht als ihm von fremder oder hoher Hand auferlegte heteronome Maßnahme, sondern als Produkt eines offenen Prozesses, an

---

[106] Volkmann, Preis (Fn. 43), S. 87.

[107] Vgl. etwa G. Frankenberg, Tocquevilles Frage – Zur Rolle der Verfassung im Prozeß der Integration, in: G.F. Schuppert/C. Bumke (Hrsg.), Bundesverfassungsgericht und gesellschaftlicher Grundkonsens, 2000, S. 31 ff. (insb. 44 ff., 58); v. Bogdandy, Identität (Fn. 78), S. 173 f.; C. Mouffe, Über das Politische, 2006, S. 29 ff., 47 ff.

[108] BVerfGE 90, 1 (20 f.).

[109] Luhmann, Positivität (Fn. 29), S. 196.

dem er selbst teilgenommen hat. Beziehen wir diese Überlegung nun auf den gesamtgesellschaftlichen Prozeß öffentlicher Meinungsbildung und demokratischer Entscheidungsfindung, insbesondere auf Wahlen und Abstimmungen sowie schlußendlich auf den parlamentarischen Prozeß, so gilt strukturell das Gleiche. Auch hier geht es weniger darum, jenseits der Vielfalt von Interessen und den wirtschaftlichen, politischen, religiösen und sozialen Gegensätzen letztlich doch einen Grundkonsens zu entdecken oder alles harmonisch in einer höheren Wertsphäre als aufgelöst zu betrachten. Vielmehr kommt es darauf an, durch Partizipation an den Deliberationsprozessen Einfluß auf den Ausgang der Entscheidung nehmen zu können. Diese wird realistischerweise immer nur eine Mehrheitsentscheidung sein[110]. Und die Legitimität dieser Mehrheitsentscheidung wiederum kann nicht (mehr) darin gefunden werden, daß bei der Mehrheit auch die Wahrheit liegt; eher schon darin, daß die „Qual der Heteronomie" (Kelsen) geringer wird, wenn die Majorität obsiegt; vor allem aber darin, daß sie revisibel ist, d.h., daß die unterlegene Minderheit von heute zur Mehrheit von morgen werden kann. Der zivilisatorische Fortschritt liegt darin, daß der „Absolutismus der Normen" überwunden wird, weil sie nun als „rein menschliche Satzungen" konzeptualisiert werden können[111].

Freilich bildet die Mehrheitsentscheidung nach vorangegangener offener Diskussion keine freitragende, überall beliebig einsetzbare und von selbst legitimitätserzeugend wirkende Entscheidungstechnik. Vielmehr beruht sie auf angebbaren, aber auch anspruchsvollen Voraussetzungen, die erst ihre Akzeptanzfähigkeit sicherstellen. Es beginnt mit dem ebenso schlichten wie fundamentalen Umstand, daß für Mehrheitsentscheidungen ein Mindestmaß an Homogenität unerläßlich ist. Denn ansonsten wäre es keine legitime Entscheidung im Namen aller, sondern bloße Überwältigung durch die jeweils stärkere Gruppe. Diese Homogenität muß nicht zwingend in einem kollektiven Wir-Bewußtsein, auch nicht in gemeinsam geteilter Geschichte oder Religion liegen. Doch als Fundamentalvoraussetzung muß angesichts der Entscheidungsprozesse in einer pluralen Demokratie gelten, daß man über eine gemeinsame Sprache verfügt. Für Kelsen etwa, der ja auch vor dem Hintergrund des österreichischen Vielvölkerstaates argumentierte, ist eine gemeinsame Sprache der wichtigste Homogenitätsfaktor[112]. Man muß sich verständigen können, um sich – auch und gerade in der Unterschiedlichkeit der Positionen – verstehen zu können. Und das heißt immer: auch

---

[110] Zum folgenden näher DREIER (Fn. 28), Art. 20 (Demokratie), Rn. 73 ff.

[111] Zitate: S. BREUER, Der Staat. Entstehung, Typen, Organisationsstadien, 1998, S. 23.

[112] H. KELSEN, Vom Wesen und Wert der Demokratie, 2. Aufl. 1929, S. 65 f.

die Differenzen überhaupt verstehen, sie also nachvollziehen zu können, ohne die andere Position zugleich auch teilen zu müssen. Sprachlos ausgetragene Konflikte hingegen enden in resignativer Isolation oder in Gewalt. Wer die Einforderung deutscher Sprachkenntnisse für Integration und Einbürgerung als Chauvinismus brandmarkt, hat von Realvoraussetzungen funktionierender Demokratie nichts verstanden. Man darf sich auch vor der Einforderung von Homogenität nicht durch die Diskreditierung irre machen lassen, die dieser Begriff durch seine Inbezugnahme in Carl Schmitts Freund-Feind-Schema erfahren hat[113]. Für Hans Kelsen und Hermann Heller, beides demokratisch gesonnene Zeitgenossen Schmitts, ist ein Mindestmaß an sozialer Homogenität selbstverständliche Voraussetzung gelingender staatlicher Einheitsbildung. Diese erscheint möglich auch bei massiver Zerrissenheit der Gesellschaft und entsprechend tiefgreifenden Konflikten – aber nur, solange die entsprechenden Interessen als Impulse in den komplexen demokratischen Entscheidungsprozeß eingespeist werden. Das ändert sich erst bei politischer Fundamentalopposition oder absoluter Fremdheit gegenüber den Strukturen einer modernen politischen Ordnung. Wie sagte doch einst Günter Dürig? „Nicht Differenzen vernichten das Gemeinsame, es tötet nur die Indifferenz."[114]

Ein weiterer wichtiger Aspekt dieser Homogenität besteht im durchgängigen Vorliegen einer „Emanzipationsstruktur der Gesellschaft"[115]: der (und die!) Einzelne muß sich als prinzipiell frei tätiges Handlungssubjekt fühlen und betätigen können, ohne in unabänderlicher Unmündigkeit in hierarchisch-patriarchalische Strukturen einer Familie, einer Sippe oder eines Clans eingebunden und entsprechend festgelegt zu sein. Homogenität meint also im wesentlichen prinzipielle Verständigungsmöglichkeit über Differenzen und die Fähigkeit und Bereitschaft, an den entsprechenden Prozeduren entweder mitzuwirken oder sie doch zumindest als aufmerksamer Beobachter zu begleiten.

---

[113] Hierzu und zum folgenden etwa G. Lübbe-Wolff, Homogenes Volk – Über Homogenitätspostulate und Integration, in: Zeitschrift für Ausländerrecht und Ausländerpolitik 2007, S. 121 ff.

[114] G. Dürig, Grundrechtsverwirklichung auf Kosten von Grundrechten?, in: Summum ius summa iniuria, 1963, S. 80 ff. (81).

[115] Begriff und treffende Erläuterung bei Böckenförde, Demokratie (Fn. 34), § 24 Rn. 60.

2. *Toleranz als Bürgertugend*

Wenn als wichtigste Voraussetzung für gelingende und umfassende demokratische Selbstbestimmung demnach die politische Inklusion ausgemacht werden kann, so stellt für den Bereich der privaten, persönlichen Selbstbestimmung Toleranz die wichtigste Tugend dar. Denn die geschilderte Breite und Tiefe der Freiheitsgewährleistungen erlaubt und befördert ein außerordentlich hohes Maß an Unterschiedlichkeit der Einstellungen, Lebensstile, Wertetableaus, Meinungen und persönlichen *performances*. Prallen diese aufeinander, werden sie oft wechselseitig als Zumutung wahrgenommen. Doch diese Zumutung ist der Preis, den man für die gleiche Freiheit aller in einer pluralen Lebenswelt zahlen muß. Toleranz, verstanden als eine Forderung an den Bürger, nicht an den Staat[116] (der hat ethisch neutral zu sein), bedeutet im Kern: sich diesen Zumutungen gewachsen zu zeigen.

Denn auch hier hat der prinzipielle Vorrang der Freiheit zu gelten. Wenn Muslime sich im Fall einer umstrittenen Operninszenierung über die angebliche Verhöhnung ihrer Religion empören, so ist das ihr gutes Recht. Aber klar muß sein, daß deswegen die Oper nicht verboten oder abgesetzt werden darf. Nicht die empörten Mitglieder der Religionsgemeinschaft sind vor der Aufführung der Oper zu schützen (niemand zwingt sie ja zum Besuch), sondern die Opernaufführung vor etwaigen Störern. Die gleichen Grundsätze müssen auch im Streit um die Mohammed-Karikaturen greifen, die in einer dänischen Zeitung abgedruckt wurden und zu globalen Gewalteskalationen führten. Der säkulare Verfassungsstaat darf sich weder mit einer bestimmten Religion identifizieren noch sie der Kritik Dritter, auch wenn diese in die Form von Satire oder Karikatur gekleidet

---

[116] Diese (nicht allgemein akzeptierte oder praktizierte, aber m.E. erhellende) Unterscheidung zwischen strikter ethisch-weltanschaulicher Neutralität des Staates einerseits, der Bürgertugend der Toleranz (also des Hinnehmens von etwas, von dessen Unrichtigkeit man im Grunde persönlich zutiefst überzeugt ist) andererseits, findet sich näher ausgeführt bei: M. WINKLER, Toleranz als Verfassungsprinzip?, in: I. Erberich u.a. (Hrsg.), Frieden und Recht, 1998, S. 53 ff.; S. HUSTER, Die ethische Neutralität des Staates, 2002, S. 222 ff., 234 f.; H.M. HEIMANN, Die Toleranz ist ein Anachronismus, in: FAZ Nr. 101 v. 2.5.2007, S. 40. Stärkere Ineinanderspiegelung von privater und staatlicher Toleranz bei C. ENDERS, Toleranz als Rechtsprinzip?, in: ders./M. Kahlo (Hrsg.), Toleranz als Ordnungsprinzip?, 2007, S. 243 ff. (251 ff.), insb. mit der Deutung punktueller Erweiterungen des Freiheitsraumes durch Dispense und sonstige Freistellungen als praktizierter ‚staatlicher' Toleranz.

ist, entziehen[117]. Verfassungsstaatliche Freiheit schließt den „Schutz der geistigen Provokation"[118] Dritter ein. Der offene, kritische und plurale Meinungsbildungsprozeß macht auch vor den Religionen nicht halt und findet in Deutschland derzeit seine Grenze erst im Straftatbestand des § 166 StGB (Beschimpfung von Bekenntnissen, Religionsgesellschaften und Weltanschauungsvereinigungen). Die Definitionsmacht über Grenzen der Freiheitsausübung liegt dabei nicht bei den besonders empfindlichen Betroffenen: ihr Kränkungseifer hätte es sonst in der Hand, die Freiheitsausübungen Dritter ins Unrecht zu setzen.

Toleranz ist voraussetzungsvoll und verlangt Einübung. Angesprochen sind insofern die Sozialisationsagenturen der Gesellschaft, allen voran die Schule. Natürlich ist das Ansinnen wohlfeil, diese ohnehin mit Anforderungen aller Art überzogene und überforderte Institution müsse oder solle es wieder einmal richten. Doch ist die Schule im Grunde der einzige Ort, an dem Tugenden wie die Haltung der Toleranz nicht nur gelehrt und vermittelt, sondern auch als Erziehungsziel zumindest mittelbar rechtlich verbindlich gemacht werden können[119].

Insgesamt läßt sich resümieren: Der Pluralismus der modernen Gesellschaft mit seinen weitgezogenen Freiheitsräumen stellt ohne Zweifel einen großen Gewinn an Individualität und Selbstbestimmungsmöglichkeiten dar. Aber kein Gewinn ist ohne Risiko, das in der Fragilität, den Fliehkräften und der Konfliktträchtigkeit einer politisch-gesellschaftlichen Ordnung besteht, die sich ganz auf das freie Wollen und Wirken ihrer Bürger stützt. Das bedeutet aber umgekehrt auch: wenn im freiheitlichen Verfassungsstaat alle frei sein sollen, dann müssen auch alle etwas dafür tun, daß das so bleibt.

---

[117] Klar und eindringlich D. GRIMM, Nach dem Karikaturenstreit: Brauchen wir eine neue Balance zwischen Pressefreiheit und Religionsschutz?, in: Juristische Studiengesellschaft Jahresband 2007, 2008, S. 21 ff. (insb. 26 ff., 32 ff.).

[118] Ähnlich wie hier ENDERS, Toleranz (Fn. 116), S. 252 (dort das Zitat); U. VOLKMANN, Freiheit in Bindungen, in: W. Pauly (Hrsg.), Der Staat – eine Hieroglyphe der Vernunft, 2009, S. 155 ff. (173).

[119] Entsprechende Bildungs- und Erziehungsziele sind in den Verfassungen verschiedener Länder niedergelegt, so etwa in Baden-Württemberg (Art. 12, 21), Bayern (Art. 131), Bremen (Art. 26), Sachsen (Art. 101) u.a.m. Siehe auch ENDERS, Toleranz (Fn. 116), S. 253.

Nachweise

I. Begriffe

1. Verfassung

Zuerst veröffentlicht als Artikel „Verfassung" in: Enzyklopädie Philosophie, hrsgg. von Hans Jörg Sandkühler, Hamburg 2010, Bd. 3, S. 2867–2875. – Die im Original als Endnoten gestalteten Belege wurden in Fußnoten umgewandelt, die Literaturhinweise in die Fußnoten integriert.

2. Rechtsstaat

Zuerst veröffentlicht als Artikel „Rechtsstaat" in: Enzyklopädie Philosophie, hrsgg. von Hans Jörg Sandkühler, Hamburg 2010, Bd. 3, S. 2265–2272. – Die im Original als Endnoten gestalteten Belege wurden in Fußnoten umgewandelt, die Literaturhinweise in die Fußnoten integriert.

3. Grund- und Menschenrechte

Erstveröffentlichung. Der Text basiert im wesentlichen auf folgenden eigenen Beiträgen: Artikel „Grundrechte", in: Handwörterbuch zur deutschen Rechtsgeschichte, 2., völlig überarbeitete und erweiterte Auflage, hrsgg. von Albrecht Cordes u.a., Bd. II, Berlin 2012, Sp. 591–599; Vorbemerkungen vor Artikel 1 GG, in: Horst Dreier (Hrsg.), Grundgesetz-Kommentar, Bd. I, 3. Aufl., Tübingen 2013, S. 42–153.

4. Menschenwürde

Erstveröffentlichung. Der Text basiert im wesentlichen auf folgenden eigenen Beiträgen: Art. 1 Abs. 1 GG, in: Horst Dreier (Hrsg.), Grundgesetz-Kommentar, Bd. I, 3. Aufl., Tübingen 2013, S. 154–261; Artikel „Human dignity in German law", in: The Cambridge Handbook of Human Dignity. Interdisciplinary Perspectives, ed. by Marcus Düwell et al., Cambridge 2014, S. 375–385.

5. Souveränität

Zuerst veröffentlicht als Artikel „Souveränität" in: Staatslexikon der Görres-Gesellschaft, 7. Aufl., Bd. 4, Freiburg – Basel – Wien 1988, Sp. 1203–1209. – Der Text wurde um Fußnoten ergänzt, bei denen zusätzlich zu den im Originalartikel am Schluß aufgeführten Titeln noch einige weitere Berücksichtigung fanden, die der seinerzeitigen Niederschrift des Artikels zugrundelagen.

II. Strukturen

1. Das Majoritätsprinzip im demokratischen Verfassungsstaat

Zuerst veröffentlicht in: Zeitschrift für Parlamentsfragen 17 (1986), S. 94–118.

2. Das Demokratieprinzip des Grundgesetzes

Zuerst veröffentlicht in: Jura 1997, S. 249–257. In italienischer Übersetzung erschienen unter dem Titel „Il principio di democrazia della Costituzione tedesca", in: Democrazia, diritti, costituzione. I fondamenti costituzionali delle democrazie contemporanee, a cura di Gustavo Gozzi, Bologna 1997, S. 19–52 .

3. Dimensionen der Grundrechte. Von der Wertordnungsjudikatur zu den objektiv-rechtlichen Grundrechtsgehalten

Zuerst veröffentlicht als selbständige Publikation in der Schriftenreihe der Juristischen Studiengesellschaft Hannover, Heft 23, Hannover 1993, 65 Seiten.

4. Grenzen demokratischer Freiheit im Verfassungsstaat

Zuerst veröffentlicht in: JZ 1994, S. 741–752. – Es handelt sich um meine Antrittsvorlesung an der Universität Hamburg vom Juli 1994.

5. Zur „Eigenständigkeit" der Verwaltung

Zuerst veröffentlicht in: Die Verwaltung 25 (1992), S. 137–156. In spanischer Übersetzung erschienen unter dem Titel „En torno a la ‚independencia' de la Administración" in: Documentación Administrativa no. 234 (Abril-Junio 1993), S. 257–280.

III. Kontroversen

1. Lebensschutz und Menschenwürde in der bioethischen Diskussion

Zuerst veröffentlicht in: Horst Dreier/Wolfgang Huber, Bioethik und Menschenwürde, hrsgg. von Hans-Richard Reuter (= Münstersche Theologische Vorträge, Band 4), Münster 2002, S. 9–49.

2. Gustav Radbruch und die Mauerschützen

Zuerst veröffentlicht in: JZ 1997, S. 421–434. – Es handelt sich um meine Antrittsvorlesung an der Universität Würzburg vom Januar 1997. Der Abdruck folgt der durchgesehenen und geringfügig geänderten Version in: Julian Krüper/Heiko Sauer (Hrsg.), Staat und Recht in Teilung und Einheit, Tübingen 2011, S. 88–126.

3. Repräsentative und direkte Demokratie im Grundgesetz

Gemeinsam mit Fabian Wittreck zuerst veröffentlicht in: Lars P. Feld u.a. (Hrsg.), Jahrbuch für direkte Demokratie 2009, Baden-Baden 2010, S. 11–39; des weiteren veröffentlicht in: Horst Meier/Gerhard Panzer (Hrsg.), Direkte Demokratie im Grundgesetz? (= Hofgeismarer Protokolle 353), Hofgeismar 2010, S. 7–44.

4. Das Grundgesetz unter Ablösungsvorbehalt? Zu Deutung und Bedeutung des Art. 146 GG

Zuerst veröffentlicht in: Horst Dreier (Hrsg.), Macht und Ohnmacht des Grundgesetzes. Sechs Würzburger Vorträge zu 60 Jahren Verfassung, Berlin 2009, S. 159–189.

5. Der freiheitliche Verfassungsstaat als riskante Ordnung

Zuerst veröffentlicht in: Rechtswissenschaft. Zeitschrift für rechtswissenschaftliche Forschung 1 (2010), S. 11–38. Als selbständige Publikation in italienischer Übersetzung erschienen: Lo Stato Costituzionale delle libertà come ordinamento azzardato, Modena 2013, 80 Seiten.

Personenregister

Verweise auf Fußnoten sind *kursiv* gesetzt.

Sachregister